2021

TBC 中小企業診断士 試験シリーズ

速修 テキスト

3 企業経営理論

TBC受験研究会

山口 正浩 ［監修］

竹永 亮　岩瀬敦智　渡邉義一　林 義久　真山 良
横山豊樹 ［編著］

早稲田出版
WASEDA PUBLISHING

本書の使い方

受験校の単科講座をまるごと収録した2021年版速修テキスト！
独学合格のための最短合格カリキュラム

　中小企業診断士の１次試験の学習は、本試験の選択肢を判断するために必要な知識を習得する「インプット学習」、応用問題に対応するために数多くの問題を繰り返す「アウトプット学習」の２段階に分かれます。

　速修テキストは、受験校の単科講座（テキスト・講義・理解度確認テスト・過去問）をまるごと収録しているため、これ一冊で、一般的な受験校と同様のカリキュラムで取り組むことができます。

本書の使い方も、TBC受験研究会統括講師（NHK「資格☆はばたく」中小企業診断士代表講師、司会進行講師）の山口正浩が動画解説しています。こちらもご参照ください。

Ⅰ インプット学習の取り組み方

■ 第1部　テキスト ＋ 無料講義動画 ＋ 章末問題

　最新の試験委員の傾向を踏まえた第1部のテキストと、プロ講師が解説した無料講義動画を参考にしながら、学習を進めましょう。

【 第1部 テキスト 】

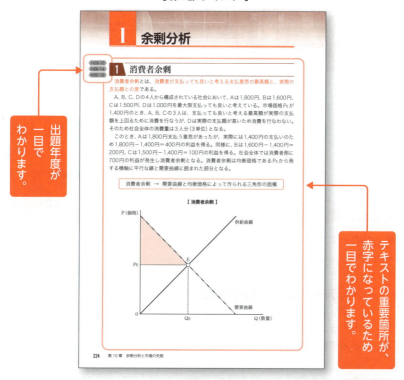

出題年度が一目でわかります。

テキストの重要箇所が、赤字になっているため一目でわかります。

合格者に学ぶ！必勝学習法①

　無料講義の中で、**講師が説明する重要ポイントを理解しながら、一緒に学習**しました。苦手な「経済学・経済政策」「運営管理」「企業経営理論」は時間をかけて勉強し、理解できるまで繰り返し動画を見ました。その中でも経済学・経済政策は苦手意識が強く、また理解が必要な科目でもあったため、経済学・経済政策の**講義は3回以上見た**かと思います。

　　さらに詳しく！　写真入りの体験談と学習法はこちらをチェック

各章の学習が終了したら、章末問題（理解度確認テスト）で理解度を確認しましょう。

【章末問題】

過去20年間（平成13〜令和2年度）の本試験出題の過去問から必須テーマを厳選しています。

Ⅱ アウトプット学習の取り組み方

第1部のテキストでインプット学習が、ひととおり終了したら、いよいよ応用力の養成です。

■ 第2部　テーマ別1次過去問題集

テキスト完全準拠のテーマ別過去問題集は過去10年以上の1次本試験問題から精選した過去問題集です。

合格者に学ぶ！必勝学習法②

講義動画の良い所は、スマートフォンがあればどこでもアクセスでき、理解が難しい所を繰り返し視聴することができる事です。移動中などの**ちょっとした空き時間に繰り返し視聴**しました。テキストを読み直す度に講義の記憶が呼び戻され、まるで「テキストが語りかける」感覚であり、**試験当日も講義内容が頭に浮かび**何度も助けられました。

さらに詳しく！　写真入りの体験談と学習法はこちらをチェック

テキストを学習した後に、過去問を解答することで、試験本番での現場対応力を養成します。

【 第2部　テーマ別1次過去問題集 】

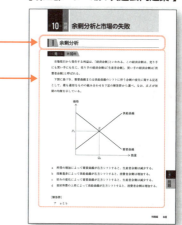

テキストの各章のテーマとリンクしているため、
すぐに、インプットした知識が本試験問題に対応できるかを確認できます。

■ TBC受験研究会 統括講師　山口講師より

　紹介したカリキュラムは、一般的な取り組み方です。合格者の方も様々な工夫をされているとおり、ご自身の生活リズムに合わせて、オリジナルの学習スタイルを見つけましょう。頑張ってください！

III 出題マップの活用

　第1部テキスト末尾（p.424～）の「出題マップ」では、本書の章立てに合わせて、本試験の出題論点を一覧表にしています。最近の出題傾向の把握に活用できます。

出題論点が多く記入されている箇所は、出題頻度が高くなっています。

目 次

本書の使い方 ·· ii

第1部　速修テキスト ·· 1

第1章　経営戦略の概要 ··· 4

I 経営戦略の策定　6

1 経営戦略の策定フロー ·· 6
2 経営理念と経営目標 ··· 7
3 市場環境分析と経営資源分析 ·· 7
4 ドメインの定義 ··· 8
5 階層別戦略の策定 ·· 9
6 経営計画の策定 ·· 10

II ドメイン　12

1 ドメインの定義とその効果 ··· 12
2 エイベル（エーベル）のドメイン理論 ·· 12
3 ドメインの定義方法 ··· 13
4 企業ドメインと事業ドメイン ·· 14
5 再定義されたドメインが進展しない理由 ·· 15

III 戦略論を理解するための経済学の用語　17

1 市場に関連する用語 ··· 17
2 費用に関連する用語 ··· 17

第2章　成長戦略 ·· 22

I 成長戦略の概要　24

1 成長戦略 ··· 24
2 製品・市場マトリックス（成長ベクトル）の戦略 ······································ 24
3 SBU ··· 26
4 リストラクチャリングとリエンジニアリング ··· 26

II 多角化戦略　27

1 多角化戦略の基本分類 ·· 27
2 アンゾフによる多角化戦略の分類 ·· 27
3 ルメルトによる多角化戦略の分類 ·· 28
4 多角化戦略の採用の誘引 ··· 29
5 多角化戦略による効果 ·· 29

III M&A　31

1 M&Aの概要······31
2 M&Aの採用動機······31
3 代表的なM&Aの手法······31
4 M&Aを成功させるための経営課題······32
5 戦略的提携······33

第3章　競争戦略······36

I 競争戦略の概要　38

1 競争戦略と業務効果······38
2 競争戦略の体系······39

II 業界の競争構造の決定　40

1 5つの競争要因による業界の競争構造の決定······40
2 5つの競争要因を考慮した業界内の企業の戦略立案······41
3 新規参入者の脅威······41
4 新規参入者と参入障壁······42
5 売り手 (供給業者) の交渉力······43
6 買い手の交渉力······44
7 代替品の脅威······44
8 既存企業同士のポジショニング争い······45

III 業界内部の構造分析　46

1 戦略グループ······46
2 戦略グループの形成とグループ内競争の激化······48

IV 3つの基本戦略　49

1 コスト・リーダーシップ戦略······49
2 差別化戦略······50
3 集中戦略······51

V その他の競争戦略　52

1 多数乱戦 (市場分散型) 業界の競争戦略······52
2 新興業界 (先端業界) の競争戦略······53
3 成熟業界の競争戦略······54
4 衰退業界の競争戦略······54
5 撤退障壁······55
6 タイムベース競争······55
7 良い競争関係······57
8 その他の競争戦略······58
9 防衛戦略······58

目次　**vii**

VI 国際経営とグローバル戦略　60

1 新興国への進出 ··· 60
2 海外展開をめぐる対応 ·· 61
3 グローバル・マーケティング ··· 62
4 国際展開する企業の経営スタイル ·· 63

VII 競争地位別戦略　64

1 競争地位別戦略の概要 ·· 64
2 コトラー・嶋口の競争対抗戦略フレーム ··································· 64

第4章　経営資源戦略　68

I 経営資源　70

1 経営戦略の概要 ··· 70

II 価値連鎖（バリューチェーン）と垂直統合　72

1 価値連鎖（バリューチェーン）··· 72
2 垂直統合 ·· 73
3 非垂直統合 ··· 73
4 コア・コンピタンス経営 ··· 74

III PPMとビジネス・スクリーン　75

1 PPM ·· 75
2 PPMの前提となる概念 ··· 76
3 PPMの理論的背景 ·· 76
4 4つのセルの概要 ··· 78
5 ビジネス・スクリーン ·· 79

IV VRIO分析　81

1 リソース・ベースト・ビュー ··· 81
2 VRIO分析 ·· 81
3 競争均衡の源泉 ··· 82
4 一時的競争優位の源泉 ·· 82
5 持続的競争優位の源泉 ·· 82
6 組織としての強みの活用 ··· 84

第5章　イノベーションと技術経営（MOT）　88

I イノベーションと技術経営（MOT）　90

1 イノベーションと技術経営（MOT）の定義 ································· 90
2 イノベーションの関連用語 ··· 91

viii

II イノベーションの進化過程　92

1 生産ユニットの進化過程 ･･ 92
2 生産ユニットの各段階 ･･･ 92
3 技術進歩のＳ字型曲線 ･･･ 96

III 製品設計と研究開発　98

1 研究開発の分類 ･･･ 98
2 製品アーキテクチャ ･･･ 98

IV イノベーションのマネジメント　100

1 技術開発・製品開発競争 ･･ 100
2 研究開発組織 ･･ 100
3 海外における研究開発活動 ･･ 104
4 先端技術の活用 ･･ 105
5 イノベーションが成功しない理由 ･･････････････････････････････ 106

V ベンチャー企業のイノベーション　107

1 将来の成長ステージへの計画と資金 ･･････････････････････････ 107
2 技術開発型ベンチャー企業が起業から事業展開で直面する障壁 ･･･････････ 107

第6章　企業の社会的責任とその他戦略論の知識 ････････ 110

I 企業の社会的責任（CSR）　112

1 企業の社会的責任（CSR）･･ 112
2 CSRをめぐる状況 ･･･ 112
3 共通価値の創造（CSV）･･･ 112
4 コーポレートガバナンス ･･ 113
5 同族経営（ファミリービジネス）･･･････････････････････････････････ 113

II その他戦略論に関する事項　115

1 産業集積の産業クラスター ･･ 115
2 リーン・スタートアップ ･･ 116
3 完成品メーカーと部品メーカーの取引関係 ･･････････････････ 117
4 セル生産方式 ･･ 118
5 長寿企業の戦略 ･･ 118
6 分社化 ･･･ 119
7 PIMS ･･ 119
8 ティモンズ・モデル ･･･ 119

第7章 組織論の基礎と環境に組み込まれた組織 122

I 組織論の基礎 124

1 組織論の体系 124
2 組織の定義 124
3 組織と意思決定 125
4 意思決定システム 126
5 組織均衡と組織の存続 129

II 環境に組み込まれた組織 131

1 組織の戦略的選択 131
2 組織の環境戦略 134
3 組織の個体群生態学モデル 136
4 インセンティブとプリンシパル=エージェント 137
5 組織の有効性 138
6 組織のコミュニケーション 139

第8章 組織構造と組織文化 142

I 組織構造と組織デザイン 144

1 組織構造と組織デザイン 144
2 組織コントロール・システム 145
3 ジョブ・デザイン 146
4 さまざまな組織構造 147
5 組織の中のチーム 154

II 組織文化 157

1 経営理念と組織風土 157
2 組織文化 157
3 グループ・ダイナミクス 160

第9章 モチベーションとリーダーシップ 166

I キャリア・マネジメント 168

1 キャリア発達モデル 168
2 キャリア・アンカー 169

II モチベーション 170

1 組織の中の個人 170
2 モチベーションの欲求説 171
3 X理論・Y理論と目標による管理 173
4 コンピテンシー 175

5 モチベーションの過程説······175
6 内発的モチベーション管理······177
7 組織コミットメント······178
8 組織的公正······180

Ⅲ リーダーシップ　181

1 リーダーシップの定義······181
2 リーダーシップの特性理論アプローチ······181
3 リーダーシップの行動理論アプローチ······182
4 リーダーシップのコンティンジェンシー理論······185
5 その他のリーダーシップに関する研究······187
6 リーダーシップとパワー······190

Ⅳ コンフリクト・マネジメント　192

1 コンフリクトの定義······192
2 コンフリクトの発生要因······192
3 コンフリクトの機能性······192
4 集団間コンフリクト······193
5 コンフリクトの是正・解消······193
6 組織ストレス······194

第 10 章　組織の発展と成長······198

Ⅰ 組織の長期適応と発展過程　200

1 組織の短期適応と長期適応······200
2 組織の成長と発展段階モデル······200
3 組織の衰退······202

Ⅱ 組織活性化　203

1 組織活性化······203
2 組織開発······205

Ⅲ ナレッジ・マネジメントと組織学習　206

1 ナレッジ・マネジメント······206
2 組織学習と組織学習サイクル······207
3 組織学習のレベル······208
4 安定的段階における組織学習······208

Ⅳ 組織変革（チェンジ・マネジメント）　210

1 組織変革のプロセス······210
2 変革の必要性の認識······210
3 革新的組織変革案の創造······210
4 組織変革への障害······212
5 移行実施プロセスのマネジメント······212

目次　**xi**

6 解凍－変化－再凍結モデル ··· 214
7 クライシスマネジメント ··· 214

第 11 章 人的資源管理 ·· 218

I 人的資源管理の意義と人事・労務情報　220

1 人的資源管理（HRM の概念）····································· 220
2 人事・労務情報 ··· 221
3 人事考課の意義と方法 ··· 223

II 雇用管理と能力開発　226

1 雇用管理 ·· 226
2 能力開発 ·· 231
3 能力開発の方法 ·· 231

III 賃金管理と作業条件管理　235

1 賃金管理 ·· 235
2 基本給体系 ··· 236
3 昇給制度 ·· 238
4 賞与 ··· 239
5 作業条件管理 ··· 239

第 12 章 労働関連法規 ·· 244

I 労働基準法　246

1 総則・労働条件 ·· 246
2 就業規則 ·· 247
3 労働契約 ·· 249
4 賃金 ··· 251
5 労働時間・休憩・休日 ··· 252
6 解雇 ··· 256
7 労働時間等の規定の適用除外 ··· 257
8 年次有給休暇 ··· 258
9 妊産婦等 ·· 259
10 雑則 ··· 260

II 労働安全衛生法　262

1 総則 ··· 262
2 安全衛生管理体制 ··· 262
3 健康診断 ·· 264

III 労働保険・社会保険　266

1 労働者災害補償保険法（労災保険法）······························ 266

2 雇用保険法 ………………………………………………………………… 268

3 健康保険法 ………………………………………………………………… 271

4 厚生年金保険法 …………………………………………………………… 272

5 保険料の負担と納付 ……………………………………………………… 273

Ⅳ その他の労働関連法規　274

1 労働組合法 ………………………………………………………………… 274

2 労働契約法 ………………………………………………………………… 275

3 育児・介護休業法 ………………………………………………………… 276

4 男女雇用機会均等法 ……………………………………………………… 277

5 労働者派遣法 ……………………………………………………………… 278

6 労働施策総合推進法 ……………………………………………………… 280

7 パートタイム・有期雇用労働法 ………………………………………… 280

第13章　マーケティングの概念 ……………………………………… 284

Ⅰ マーケティングの基礎　286

1 マーケティングの定義 …………………………………………………… 286

2 ニーズとウォンツ ………………………………………………………… 287

3 セリングとマーケティング ……………………………………………… 288

4 マーケティング・ミックス ……………………………………………… 289

Ⅱ マーケティングの考え方　291

1 マーケティング・コンセプト …………………………………………… 291

2 マーケティングのパラダイムシフト …………………………………… 293

Ⅲ ソーシャル・マーケティング　295

1 ソーシャル・マーケティングとは ……………………………………… 295

2 非営利組織のマーケティング …………………………………………… 295

3 社会志向のマーケティング ……………………………………………… 296

4 ソーシャル・マーケティングの近年の動き …………………………… 296

第14章　消費者行動と市場戦略 ……………………………………… 300

Ⅰ 消費者行動分析　302

1 消費者行動と心理的特性 ………………………………………………… 302

2 消費者行動の分析手法 …………………………………………………… 303

3 消費者の購買意思決定プロセス ………………………………………… 310

4 新製品の普及プロセスと準拠集団の研究 ……………………………… 312

5 マーケティング情報の分析 ……………………………………………… 314

Ⅱ 標的市場の決定　318

1 マス・マーケティングとターゲット・マーケティング ……………… 318

目次　xiii

2 市場細分化（マーケット・セグメンテーション）································319
3 標的市場の選択（市場ターゲティング）································321
4 ポジショニング分析································322
5 市場の種類································323

第 15 章　マーケティング・ミックスの展開································328

I　製品戦略　330

1 マーケティングにおける製品································330
2 製品ミックス（プロダクト・ミックス）································331
3 消費財と生産財································331
4 新製品開発································334
5 製品ライフサイクル································336
6 製品差別化戦略································338
7 ブランド戦略································340

II　価格戦略　350

1 価格の概念································350
2 需要の価格弾力性・交差弾力性································350
3 価格設定法の体系································352
4 新製品の価格設定法································354
5 心理面を考慮した価格設定法································355
6 製品ミックスを考慮した価格設定法································356
7 割引による価格戦略································357
8 建値制・オープン価格制とリベート································358
9 その他の価格戦略································359
10 ターゲット・コスティング································362

III　流通チャネル戦略　363

1 流通機構································363
2 流通業の機能································364
3 流通チャネル戦略の体系································366
4 流通チャネルの選択································366
5 流通チャネルの管理································368
6 生産と販売を結ぶシステム································372
7 延期－投機理論································373
8 物流戦略································374

IV　コミュニケーション戦略　378

1 コミュニケーション································378
2 プロモーション・ミックス································379
3 非人的コミュニケーションと人的コミュニケーション································381
4 広告································382
5 パブリシティ································388

6	セールス・プロモーション	389
7	人的販売	391
8	口コミ	392
9	コミュニケーション戦略に関連する法規	394

第16章 応用マーケティング　398

I 関係性マーケティング　400

1	関係性マーケティング	400
2	顧客進化の考え方	400
3	顧客シェアと顧客生涯価値	401

II 顧客関係性管理(CRM)　402

1	CRMの概念	402
2	顧客識別マーケティング	402
3	ワントゥワン・マーケティング	404
4	顧客ロイヤルティ	405

III サービス・マーケティング　407

1	サービス・マーケティング	407
2	サービスの一般的特質	409
3	サービス・トライアングル	410
4	サービス・ドミナント・ロジック	413

IV ダイレクト・マーケティング　415

| 1 | ダイレクト・マーケティングとは | 415 |
| 2 | ダイレクト・マーケティングの類型 | 416 |

V その他のマーケティング用語　419

| 1 | その他マーケティングに関する用語 | 419 |

出題マップ	424
参考・引用文献	428
索　引	431

第2部　テーマ別1次過去問題集　443

2021年版 TBC中小企業診断士試験シリーズ

速修	**テキスト**
3	**企業経営理論**

第1部

速修テキスト

第1章	経営戦略の概要
第2章	成長戦略
第3章	競争戦略
第4章	経営資源戦略
第5章	イノベーションと技術経営（MOT）
第6章	企業の社会的責任とその他戦略論の知識
第7章	組織論の基礎と環境に組み込まれた組織
第8章	組織構造と組織文化
第9章	モチベーションとリーダーシップ
第10章	組織の発展と成長
第11章	人的資源管理
第12章	労働関連法規
第13章	マーケティングの概念
第14章	消費者行動と市場戦略
第15章	マーケティング・ミックスの展開
第16章	応用マーケティング

企業経営理論の体系図

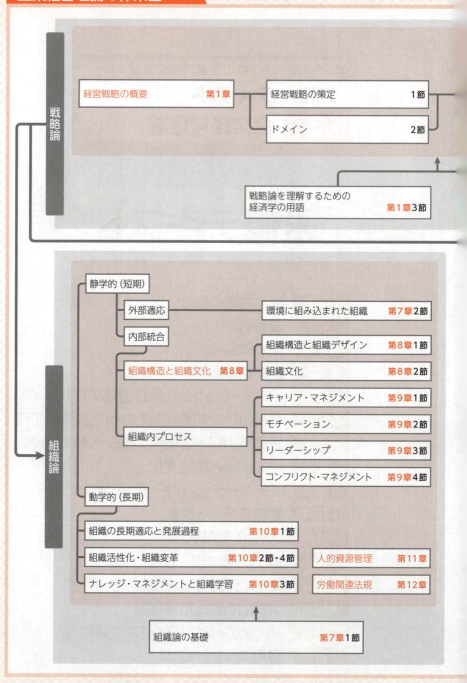

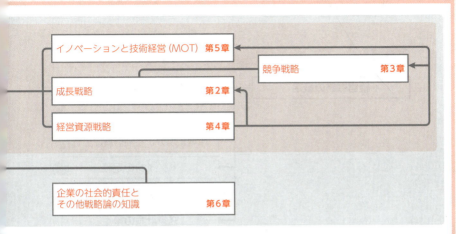
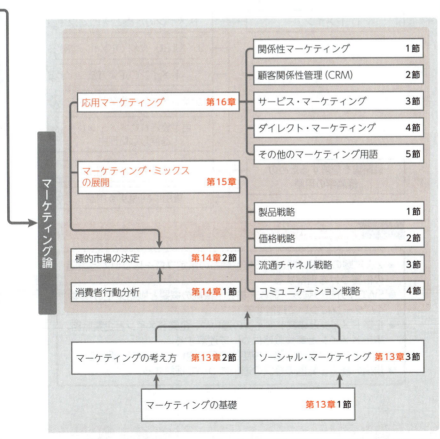

2次 がついた項目は2次試験でも活用する知識です

本章の体系図

経営戦略の策定	経営戦略の策定フロー 2次
	経営理念と経営目標 2次
	市場環境分析と経営資源分析 2次
	ドメインの定義 2次
	階層別戦略の策定 2次
	経営計画の策定

ドメイン	ドメインの定義とその効果 2次
	エイベル(エーベル)のドメイン理論 2次
	ドメインの定義方法 2次
	企業ドメインと事業ドメイン 2次
	再定義されたドメインが進展しない理由 2次

| 戦略論を理解するための経済学の用語 | 市場に関連する用語 |
| | 費用に関連する用語 2次 |

本章のポイント

- 2次試験の学習に関連する経営戦略の策定フローについて各段階の位置づけを理解する
- SWOT分析の強み・弱み・機会・脅威の概要と戦略策定の基本4パターンについて理解する
- 企業ドメインと事業ドメインの違いや、企業ドメインと企業戦略、事業ドメインと事業戦略について理解する
- ドメインの物理的定義と機能的定義の違いについて理解する
- 規模の経済と範囲の経済の違いについて理解する

第1章

経営戦略の概要

I 経営戦略の策定

II ドメイン

III 戦略論を理解するための経済学の用語

Ⅰ 経営戦略の策定

　中小企業診断士試験で、企業経営理論は1次試験のみならず、2次試験の合否にも大きく影響する科目である。その中でも戦略論は、企業の方向性を決定づける中小企業診断士試験科目の「幹」となる科目である。
　戦略論のうち、特に2次試験と関連性が深い箇所は、本文中に【事例】として企業の事例を紹介しているため参考にしてほしい。
　M.E.ポーターによると、**戦略**とは、企業が独自性と価値の高いポジションを創造することであるとしている。

1　経営戦略の策定フロー

　企業は自社が属する市場において、顧客の動向を把握するとともに、競合企業がどのように顧客に対してアプローチをしているのかを分析して戦略を考えている。ここでは、戦略論の詳細な内容の前に、一般的な経営戦略の策定フローを見ながら、経営戦略の全体構造を学習する。

【 経営戦略の策定フロー 】

2 経営理念と経営目標

(1) 経営理念（企業理念）
経営理念とは、経営者が経営活動の根底を支えるものとして重視している信念、信条、理想、イデオロギーなどをいう。

(2) 経営目標の明確化
経営目標とは、企業が長期的に達成しようとする姿を、数値などによって具体化したものである。

企業は経営理念や経営理念に基づいて策定される経営目標を明確にする必要がある。これらを明確にすることにより、自社の将来のあるべき姿を明確にし、自社の内部の役員や従業員、株主や債権者などの外部利害関係者に対して、企業の長期的な方向性を表明できる。

【事例】

> A社は、資本金1,000万円、年間売上高約8億円の菓子製造業である。A社の経営目標は、売上高30億円の中堅菓子メーカーになることである。この経営目標を達成するためには、全国の市場で戦うことのできる新商品の開発が不可避であり、それを実現するための人材の確保や育成も不可欠である。

3 市場環境分析と経営資源分析

(1) 市場環境分析と経営資源分析の必要性
企業外部の市場環境（外部環境）や企業内部の経営資源（内部環境）の分析をせずに、自社の強みが活かせない市場や、自社にとって不利な市場を選択してしまうと、業績が上がらないばかりか、企業の存続も危うくなる。企業が環境に適応するためには、現在の市場環境を分析し、機会と脅威を見極める必要がある。

(2) SWOT分析

企業を取り巻く環境分析の手法の1つに、SWOT分析がある。**SWOT分析**は、**企業の外部環境と内部環境を分析する手法**である。

SWOT分析は、1960年代にスタンフォード研究所（SRI）のハンフリーらにより企業の長期計画の失敗理由を研究する中で考案された、外部環境・内部環境を4象限に分けて分析する手法である。SWOTの意味は次のとおりである。

① 強み（Strengths）
強みとは、目標達成に貢献する組織（個人）の特質（内部環境の特質）である。

② 弱み（Weaknesses）
弱みとは、目標達成の障害となる組織（個人）の特質（内部環境の特質）である。

③ **機会 (Opportunities)**
機会とは、目標達成に貢献する外部環境の特質である。
④ **脅威 (Threats)**
脅威とは、目標達成の障害となる外部環境の特質である。

【 SWOT分析 】

内部環境では、自社の経営資源（ヒト、モノ、カネ、情報など）のうち、「強み」と「弱み」を分析します。「強み」は強化し、「弱み」は克服することが重要です。

外部環境では、自社を取り巻く市場環境のうち「機会」と「脅威」を分析します。「機会」を活かし、「脅威」を回避することが重要です。

戦略策定の基本4パターン　～環境条件と自社の能力とのマッチング～
① 「機会」×「強み」⇒ 「強み」を活かし「機会」をつかむ
② 「機会」×「弱み」⇒ 「機会」を逸しないように「弱み」を克服する
③ 「脅威」×「強み」⇒ 「脅威」からの影響を最小限にとどめる
④ 「脅威」×「弱み」⇒ 撤退し他に委ねる

出典：寺本義也・岩崎尚人編『経営戦略論』学文社を一部加筆

4　ドメインの定義

　経営理念や経営目標に基づいて、市場環境の「機会」と経営資源の「強み」となる要因を組み合わせ、自社のドメインを明確に定義する必要がある。
　ドメインとは、経営理念や経営理念を達成するために必要な、自社が生存していくべき事業領域であり、「標的顧客」「顧客ニーズ」「独自能力」3つの要素で構成される。
　ドメインの定義では、①誰に（Who）＝標的顧客、②何を（What）＝顧客ニーズ（顧客機能）、③どのように（How）＝独自能力、提供していくのかを決定する。（詳細は、本書、第1章第2節ドメインを参照）

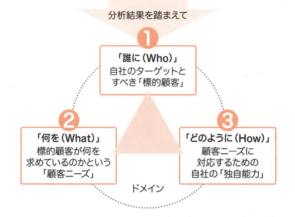

5 階層別戦略の策定

　経営戦略という用語は企業に関わる戦略の総称であるが、企業の仕事の種類やレベルによっていくつかの戦略に分けることができる。

(1) 企業戦略（全社戦略）

　企業戦略とは、企業全体に関わる戦略である。企業戦略にとって主要な戦略要素は、ドメインの策定と資源展開である。

① 資源展開

　資源展開とは、企業が長期にわたって存続し、発展するためにヒト・モノ・カネなどの経営資源や情報的経営資源をいかに蓄積したり、配分したりするかということである。

② 競争優位

　競争優位とは、企業が業界内の競合企業と比較して、平均以上の収益を持続的に獲得できる能力である。

(2) 事業戦略（事業別戦略）

　多角化した企業では、企業戦略によって決定された事業分野ごとに戦略があり、事業戦略と呼ばれている。**事業戦略**は、特定の事業分野の中でいかに競争するかということを決定する戦略である。事業戦略の重要な構成要素は、資源展開と競争優位性である。（多角化については、本書、第2章第2節多角化戦略参照）

(3) 機能戦略 (機能別戦略)

　生産戦略、マーケティング戦略、研究開発戦略、人事戦略など、**機能ごとに決定**されるのが**機能戦略**である。機能戦略では、シナジーと資源展開が特に重要な要素となる。(シナジーについては、本書、第2章第Ⅱ節多角化戦略参照)

6　経営計画の策定

H25-01
(1) 経営計画の概要

　経営計画とは、経営活動を遂行するための目標を設定し、それを実現するための方策と具体的行動予定を決定することである。

(2) 経営計画の役割

① 経営の羅針盤になる

　経営計画の作成により、未来の確定はできないが、経営の進路は明確になる。そして将来のための意思決定や経営資源の調達と配分が適正になる。

② 合理的に経営活動を進められる

　戦略ビジョンを盛り込んだ経営計画の作成により、成り行きに比べて経営目標の実現達成度が高くなる。経営計画で行動を決めていることから合理的な経営活動が展開できる。

③ 経営意識を醸成する

　経営計画策定ステップを通じて、情報の共有化や問題認識の統一ができるので経営への参加意識が高まる。経営計画の進行を本社の経営計画に関連する部門と事業部門において双方向的にコントロールすることで、事業の機会や脅威の発見に有効である。

④ 経営管理の中核になる

　マネジメント・サイクルに必要な計画ができる。また、計画遂行プロセスで学習が起こることで、企業は経営計画にはなかった新規の戦略要素を取り入れられる。

(3) 期間別経営計画

　期間別経営計画には、5年から10年ないし10年以上の長期計画、3年ないし5年間の中期計画、6ヵ月ないし1年間の短期計画がある。

H29-12
(4) 経営計画の修正

　一度作成された経営計画は、必要に応じて修正される場合がある。

① ローリング・プラン

　ローリング方式 (ローリング・プラン) とは、計画のずれをその都度修正する方法である。

② コンティンジェンシー・プラン

10　第1部　テキスト

コンティンジェンシー・プランは、不測事態対応計画・適応計画ともいい、オイルショック以降、注目を集めた。急激な経済環境の変化など、不測の事態に対応するために事前に複数の対策計画を準備する方法である。

不測の事態が発生したら、迅速に計画を差し替えて対応し、損害の極小化を図る。

③ **事業継続計画（BCP）**

自然災害などの緊急事態による事業資産の損害を最小限にとどめ、中核となる事業の継続、早期復旧を可能にするために、あらかじめ行うべき活動や事業継続のための手法を決めておく計画である。事業停止の影響度や、業務の中断の許容期限を把握し、復旧の優先順位を導くことが重要となる。

【マネジメント・サイクル】

マネジメント・サイクルは、計画（Plan）、実行（Do）、評価（Check）に、改善（Act）のプロセスを加え、4つを順に実施することをいう。このサイクルはPDCAサイクル、デミング・サイクルとも呼ばれる。

Plan	目標を設定して、それを実現するためのプロセスを設計（改訂）する
Do	計画を実施し、そのパフォーマンスを測定する
Check	測定結果を評価し、結果を目標と比較するなどの分析を行う
Act	プロセスの継続的改善・向上に必要な措置を実施する

第1章 経営戦略の概要

II ドメイン

1 ドメインの定義とその効果

(1) ドメイン

ドメインとは、企業が経営環境の中で選択した、自社にとって適切な企業活動の範囲や領域のことである。企業の活動領域や生存領域ともいう。

(2) ドメインを定義することによる効果

ドメインを定義することにより、企業の活動領域という範囲が決定する。この範囲の決定により、企業の意思決定者たちの注意の焦点が限定される。注意の焦点が限定されることにより、企業にとっては次の3つの効果がある。

- 経営資源の資源分散を防止することができる
- 今後どの方向に事業展開すべきかという指針が提供される
- 今後どのような経営資源を蓄積すべきかという指針が提供される

また、適切なドメインの定義により、企業の意思決定者たちの注意があまりにも狭い範囲に過度に集中することを回避することもできる。ドメインの定義の際には、企業活動の範囲をどれくらいにするかを決定することが大切である。

(3) ドメイン・コンセンサス

経営者がドメインを定義すると、今後どの方向に事業展開すべきかという指針が提供されるため、その方向に向かって、企業内のメンバーの一体感を形成できる。また、企業外の社会に対して企業の存在意義を明確にする。このような、ドメインの定義による企業内外のアイデンティティの形成をドメイン・コンセンサスと呼ぶ。

2 エイベル（エーベル）のドメイン理論

(1) ドメインの3つの次元

ドメインを提唱したエイベルは、ドメインは次の3つの次元からなるとしている。

12　第1部　テキスト

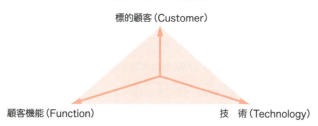

出典:『事業の定義』D・F・エイベル著 石井淳蔵訳 千倉書房

- 自社のターゲットとすべき「標的顧客」(C:Customer)
- 標的顧客が何を求めているのかという「顧客機能」(F:Function)
- 顧客ニーズを満足させるために、自社がどのような経営資源の強みで対応できるかという「技術(独自技術・独自能力)」(T:Technology)

標的顧客とは、同一性に基づいてグループ化された顧客層であり、顧客機能とは、製品やサービスが満たすべき顧客ニーズであり、技術は、企業の持つ強みや利用できる経営資源のことである。

(2) ドメインの再定義

ドメインは、経営環境の変化により、随時、見直し(再定義)が必要となる。**ドメインの再定義**とは、経営理念を実現し、経営目標を達成するために、将来に向かって、現在のドメインを変更することである。

3 ドメインの定義方法

ドメインの定義方法には、物理的定義と機能的定義がある。企業において事業のライフサイクルにおける導入期から成長期には物理的定義であっても、成熟期になるにつれて物理的定義から機能的定義への展開が必要になる場合が多い。

(1) ドメインの物理的定義

物理的定義では、ドメインを製品の物理的実態(モノ)に着目して規定する。発展性がなく狭隘なドメインの定義になる。

例えば、化粧品会社が、自社の事業領域を「化粧品の製造・販売」と定義することである。

(2) ドメインの機能的定義

機能的定義では、ドメインを顧客に提供する機能(コト)に着目して規定する。物理的定義よりも事業発展の可能性が高いといわれる。その反面、標的顧客が不明確になることや、事業の具体的な指針に欠けるといったデメリットもある。

例えば、化粧品会社が、自社の事業領域を「美と将来の希望を売る」と定義することである。

【事例】

> B社は、X市郊外にあるしょうゆ及びしょうゆ関連製品のメーカーである。B社では、代々、自社の事業領域をしょうゆの製造として、原材料と製法にこだわった高品質のしょうゆ製品を提供していた。11代目社長になり、標的顧客を食に敏感な国内外の顧客層として、しょうゆだけでなく、「おいしく、安全で健康に配慮した食生活を提案する」企業としてドメインを再定義した。

4 企業ドメインと事業ドメイン

大企業では、企業のドメインに複数の事業が含まれているのが普通である。この場合、包括的な企業ドメインとは別に、より具体的な事業別のドメインの定義が必要になる。このような個別事業に関するドメインを企業ドメインと区別するために事業ドメインと呼ぶ。

事業ドメインの定義の次元も企業ドメインと同様、標的顧客、顧客機能、技術の3つの次元で規定されるが、規定のしかたは企業ドメインよりも具体的な形でなされる。事業ドメインの定義が、事業戦略（競争戦略）の基礎を構成する。

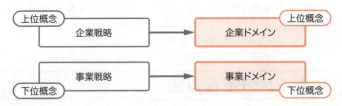

【戦略とドメインのレベル】

⑴ 企業ドメイン

① 企業ドメインの概要

企業ドメインは、経営理念を反映しており、①企業全体の活動範囲の選択、②企業のアイデンティティ（同一性、あるいは基本的性格）の決定、③現在の活動領域や製品・事業分野との関連性のあり方に影響する。

② 企業ドメイン決定の判断基準

企業ドメインの決定の際には、新分野での競争力とその市場の発展性だけではなく、新分野進出による既存事業あるいは、企業全体の将来に与える影響も考慮する。また、企業戦略（全社戦略）策定の第一歩として自社の存続のために外部の多様な利害関係者との間の様々な相互作用も考慮する。

⑵ 事業ドメインの概要

事業ドメインでは、①事業範囲の決定や、②事業の見方を決定する。事業ドメインを決定することにより、通常、設定された領域の中で事業マネジャーにオペレーションを行う自律性を与える。そのため、日常的なオペレーションがルーティン化していたとしても、競争優位を持続するためには事業ドメインの決定が必要である。

また、新規事業進出分野の中心となる顧客セグメント選択の判断に影響し、競争戦略策定の出発点として差別化の基本方針を提供する。

⑶ ドメインと戦略の関係

① 全社戦略と事業戦略との関係

企業ドメインを起点として全社戦略が展開され、事業ドメインを起点に事業戦略が展開されるため、企業ドメインの決定に合わせて事業ドメインを見直すことがある。

② 企業ドメインと多角化戦略との関係

企業ドメインの決定は、多角化の広がりの程度と、多角化した複数事業間の関連性のあり方に影響する。また、多角化した企業においては、個々の事業ドメインの定義を足し合わせることで企業ドメインを決定するのではなく、企業ドメインに合わせて事業ドメインの定義を見直すことが重要である。

複数事業間の関連性における、事業間の関連性のパターンには集約型と拡散型があり、集約型は範囲の経済を重視して、経営資源を有効利用しようとするものである(本書、第2章第2節多角化戦略参照)。

③ 事業ポートフォリオ

事業ポートフォリオとは、企業ドメインの定義の後で、どのような事業ドメインを組み合わせて持つかに関する決定のことである。

⑷ 単一事業を営む企業の企業ドメインと事業ドメイン

多角化せずに単一の事業を営む企業では、企業ドメインと事業ドメインは同義であり、全社戦略と競争戦略は一体化して策定できる。

5 再定義されたドメインが進展しない理由

⑴ 再構築までの時間的問題

既存の事業の仕組みを再構築するのに時間がかかる。事業の仕組みを再構築するには、経営方針の変更や、従業員の同意・協力、業務フローの再編成等が必要となり、時間と労力がかかることが多い。事業の仕組みは、ドメインの中では、独自技術に関連する。

⑵ 魅力の減少

定義されたドメインが以前のものほど魅力的ではない。そのため、すでに標的顧

第1章 経営戦略の概要　15

客に認知されているドメインからあまり代わり映えしないドメインや、以前ほど魅力的なドメインでなくなることもある。

(3) 顧客の理解不足

ドメインの再定義に伴う事業活動の変更について顧客の理解を得るのが難しい。現在のドメインに慣れ親しんだ顧客に理解を得るのが困難な場合もある。

(4) 従業員の抵抗

ドメインの再定義においては、慣れ親しんだ仕事の仕組みを変更することに対し、従業員の抵抗が起こる場合もある。従業員に対する説明を十分に行い、理解を得る必要がある。

III 戦略論を理解するための経済学の用語

　企業経営理論の戦略論は、経済学・経済政策と密接に関連している。特に、第3章にある競争戦略は、経済学・経済政策の産業組織論が基礎になっているため、経済学・経済政策を学習してから、戦略論を学習するとさらに理解が深まる。ここでは、戦略論を学習する際に必要な経済学の知識を学習する（詳細は、弊社、速修テキスト「経済学・経済政策」で学習する）。

1 市場に関する用語

(1) 市場の失敗

　市場の失敗とは、家計の効用の最大化行動や企業の利潤最大化行動を基礎にした市場メカニズムを通じて、最適な資源配分や市場そのものが成立しなくなる状況のことである。

(2) 外部不経済

　外部不経済とは、取引当事者以外の第三者に対して損害を与えることである。例えば、企業の過剰な生産活動によって生じた公害などがある。

(3) ハーフィンダール指数（HHI）

　ハーフィンダール指数は、各企業の市場シェアを2乗して足し合わせて表される。ハーフィンダール指数が小さいほど、激しい競争に陥りやすい。

2 費用に関連する用語

(1) 規模の経済

　規模の経済とは、一定期間内での生産量が大きいほど、製品の1単位当たりのコストが低下する効果のことである。企業は、1単位当たりの製品を産出する平均費用を低下させるべく、産出量を増大させる。また、中小企業においても一定期間内の生産量が多ければ規模の経済に基づく競争優位を求めることができる。
　生産が拡大し組織が大きくなると、一般に規模の経済が得られるが、それにより次のようなことが生じる。

① 組織の規模の抑制

　組織は、一定の規模を超えると調整費用が大きくなり過ぎてしまう。何らかの階層や規則、手続きを設けて管理の複雑性を小さくすることが有効である。

② 人間的配慮の希薄化

規模が拡大するにつれて、生産現場で働く従業員の数が増大し、これまで生産に携わっていた従業員のコミットメント（献身・傾倒）や、従業員への人間的配慮が弱くなる傾向がみられる。規模が拡大するにつれて、従業員をモニターしたり意思疎通を図ったりすることが困難になることが原因である。

③ 追加設備投資による効果増大の可能性

新たな設備の導入により、さらに生産量が増大し、新規の設備投資に要した固定費の負担がいっそう拡散された場合、規模の経済の効果は大きくなり、生産はより効率的になる。

④ 最適生産規模を超えた場合の生産性低下

最適生産規模を超えると、一般的に現有生産技術の生産性が低下し生産コストが上昇する。現有設備に対する過剰な負担を招き、現有生産技術から得られる生産量が限界となるからである。

⑤ 制御可能な新技術の導入

単一大規模設備に異なる技術を混在させると効率が低下することがあるので、新規技術は規模の経済を阻害することのない制御可能なものに限定されがちである。その設備の最大生産能力を発揮することで規模の経済を維持する。

(2) 範囲の経済

範囲の経済とは、それぞれ単一の製品を別々の事業で生産・販売する場合の総費用の合計よりも、同時に生産・販売したときのほうが総費用は少なく、効率がよいことであり、共通利用可能な未利用資源の有効活用から生まれる。

範囲の経済が存在すれば、企業が複数の事業を展開する際に、単独で各事業を営むときよりも、各事業をより効率的に運営できる。

① 範囲の経済の効果

2つの事業がお互いに補い合って1つの資源をより完全に利用して生まれる効果は、範囲の経済の効果である。2つの事業がお互いに情報的資源を使い合うならば、資源の特質から使用量の限界がなく他の分野で同時多重利用できるため、物的資源を使い合うよりも効率性の高い範囲の経済を生み出せる。

② コア・コンピタンスとの関連性

多角化が進みすぎると、新たに進出した事業と自社が保持しているコア・コンピタンスとの関連性が希薄になって範囲の経済が生じなくなる。そのため、多角化の程度が進むにつれて、自社が保有する資源を活用できる事業機会は減ってくる。

【 コラム 】

> 戦略は、もともと軍事用語で、「将軍の術」を意味する言葉である。「ある程度長期にわたって一貫性を持った（軍事的）資源の配分」という意味を持つ。軍事用語の「戦略」が、経営の場に転用されるようになったものを経営戦略という。

厳選!! 必須テーマ［○・×］チェック ──第1章──

過去20年間（平成13～令和2年度）本試験出題の必須テーマから厳選！

■■■ 問題編 ■■■　　　　　　　　　**Check!!**

問1 (H28-01)　　　　　　　　　　　　　　　　　　　　［○・×］
　多角化せずに単一の事業を営む企業では、企業ドメインと事業ドメインは同義であり、全社戦略と競争戦略は一体化して策定できる。

問2 (H17-07)　　　　　　　　　　　　　　　　　　　　［○・×］
　再定義されたドメインで事業がうまく進展しないのは、ドメイン再定義にともなう事業活動の変更について顧客の理解を得るのが難しいからである。

問3 (R01-01)　　　　　　　　　　　　　　　　　　　　［○・×］
　事業ドメインの決定は、多角化の広がりの程度を決め、部門横断的な活動や製品・事業分野との関連性とともに、将来の企業のあるべき姿や経営理念を包含している存続領域を示す。

問4 (H23-07)　　　　　　　　　　　　　　　　　　　　［○・×］
　範囲の経済は、多角化が進みすぎると新たに進出した事業と企業の保持しているコア・コンピタンスとの関連性が希薄になって生じなくなる。

問5 (H18-04)　　　　　　　　　　　　　　　　　　　　［○・×］
　規模が拡大するにつれて、生産現場で働く従業員の数が増大し、これまで生産に携わっていた従業員のコミットメントや従業員への人間的配慮が弱くなる傾向がみられる。

第1章　経営戦略の概要　**19**

■■■ 解答・解説編 ■■■

問1 ○：単一事業を営む企業の企業ドメインと事業ドメインは同義である。

問2 ○：ドメインは通常、将来のあるべき企業像を定義することもある。そのため、現在のドメインに慣れ親しんだ顧客に理解を得るのが困難な場合もある。

問3 ×：事業ドメインの決定ではなく、企業ドメインの決定により、多角化の広がりの程度の決定や製品・事業分野の関連性、将来の企業のあるべき姿や経営理念を包含している存続領域が示される。

問4 ○：多角化の程度が進むにつれて、自社が保有する資源を活用できる事業機会は減ってくる。

問5 ○：規模が拡大するにつれて、従業員をモニターしたり意思疎通を図ったりすることが困難になるため、従業員のコミットメントや従業員への人間的配慮が弱くなる傾向がある。

2次 がついた項目は2次試験でも活用する知識です

本章の体系図

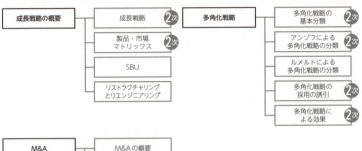

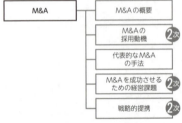

本章のポイント

- 2次の事例問題の分析につながる製品・市場マトリックス（成長ベクトル）を理解する
- 製品・市場マトリックスの市場浸透・製品開発・市場開発・多角化の各戦略について具体例とともに理解する
- SBUの特徴とPPMとの関連について理解する
- リストラクチャリングとリエンジニアリングの違いについて理解する
- アンゾフによる多角化戦略と、ルメルトによる多角化戦略の相違について理解する
- 多角化戦略の採用の外的と内的な成長誘引を理解する
- 相補効果と相乗効果の違いについて理解する
- M&Aの手法について、名称と内容について理解する
- 戦略的提携について課題とメリットについて理解する

第2章

成長戦略

I 成長戦略の概要

II 多角化戦略

III M&A

Ⅰ 成長戦略の概要

　企業ドメインを実現するために必要な、企業戦略が策定される。企業の全社戦略の策定には、アンゾフの製品・市場マトリックス（成長ベクトル）が用いられる。

1 成長戦略

(1) 成長戦略

　成長戦略とは、将来的に利益をもたらすと想定される分野への積極的・計画的な対応方針を指し、具体的活動としては既存製品の新用途の発見、新技術の開発、未開拓市場の開拓、他業種との提携、M&A、多角化などが該当する。

(2) 製品・市場マトリックス（成長ベクトル）の概要

　アンゾフは製品と市場の視点から、成長戦略について、市場浸透戦略、市場開発戦略、製品開発戦略、多角化戦略の4つの方向を示した。それを表したものが成長ベクトルである。

　アンゾフの成長ベクトルは、「製品2セル×市場2セル＝ 4セル」の構造である。企業の成長戦略の方向性を探るための分析ツールとして活用される。

【 成長ベクトル 】

		製　品	
		既存	新規
市場	既存	市場浸透	製品開発
	新規	市場開発	多角化

2 製品・市場マトリックス（成長ベクトル）の戦略

(1) 市場浸透戦略

　製品を変更せずに既存の市場に対する既存製品の売上を増加することにより、企業を成長させる戦略である。具体的に、企業は次のような取り組みによって成長を考える。
　① 既存市場において、既存顧客が、製品を購入する頻度と量を増大させる。
　② 既存市場において、競合企業の顧客を奪う。
　③ 既存市場において、現在、自社製品を購入していない消費者を顧客とする。

【事例】

> 健康食品の通信販売事業を営むA社では、既存顧客が競合企業へ流出しないように、広告宣伝を強化し認知度の低下を防ぎ、オペレーターの対応力を強化して既存顧客のリピート率を高めるとともに固定客化を図っている。

(2) 製品開発戦略

既存の市場に対し、改良製品または新製品を導入することにより、企業を成長させる戦略である。具体的に、企業は次のような製品開発の取り組みによって成長を考える。

　① 既存市場に、既存製品に新しい特徴を付け加えた製品を開発して導入する。
　② 既存市場に、既存製品とは異なる品質の製品を開発して導入する。
　③ 既存市場に、大きさや色などの異なる機能を加えた製品を開発して導入する。

【事例】

> 旅行業を営むB社では、高齢化していく既存顧客に対して、介護付きの海外旅行ツアーを新たに開発した。これはB社の従業員の海外での添乗員経験や、B社の従業員が保有する介護資格などのノウハウを活用できる。また、ツアー商品として長期日程が組めるため、1回あたりの利用金額を高く設定することができた。

(3) 市場開発戦略

既存製品に対する新しい市場を開拓することにより、企業を成長させる戦略である。具体的に、企業は既存製品が対象としていなかった地域に既存製品を導入することによって成長を考える。

【事例】

> 飲食業を営むC社では、国内でチェーン展開しているラーメン店を、東南アジアを含めた新興国にチェーン展開を始めた。海外の新規市場への参入にあたり、進出国のカントリーリスクを分析し、現地従業員の採用と育成を重点的に行った。

(4) 多角化戦略

新規の市場に新規の製品を導入する。あるいは他社の事業を買収することにより、企業を成長させる戦略である。

【事例】

> 資格受験校を営むD社では、T県を中心に数店舗の教室を運営していたが、全国の資格受験者にD社のコンテンツの良さを知ってもらうために、出版社Y社を買収し、新商品を書籍として出版することで、新市場である全国の顧客へ販売することができた。

第2章 成長戦略　25

3 SBU (Strategic Business Unit)

(1) 企業戦略とSBU

　企業が多角化を図り、複数の事業部を運営しているとき、企業戦略に基づき、事業別の戦略が策定される。一般的に個別の事業を、戦略的事業単位（SBU：Strategic Business Unit）と呼ぶ。

(2) 事業戦略とSBU

　SBUは、企業戦略の範囲内で戦略を策定しなければならない。SBUで策定される事業戦略は、企業戦略との一貫性と統一性が求められる。
SBUには、次のような特徴がある。

【 SBUの特徴 】

単一事業であり明確な事業戦略を持つ	他の事業と独立して計画を策定できる
それぞれが独立して競合企業を持つ	権限の範囲で経営資源をコントロールできる

4 リストラクチャリングとリエンジニアリング

(1) リストラクチャリング

　リストラクチャリングとは、事業の再構築である。不採算事業を切り捨て、将来有望な事業へ進出するなど、自社の強みを増大させるために行うもので、成長のためのマネジメントの1つである。リストラクチャリングの一環として事業を子会社として独立させる場合は、各子会社に大幅に権限を委譲し、意思決定の迅速化を図ることが課題となる。

【 事例 】

> 　金属部品製造業を営むE社では、業界内で価格競争が進展しているため、昨年度までに遊休資産の売却等を含めた、全社的なリストラクチャリングを断行した。現在のE社は、大規模なリストラクチャリングを行ったため、取引先Z社からの部品Qの納入価格の大幅な引き下げ要求に対して、さらなる固定費の削減は望めない状況にある。

(2) リエンジニアリング

　リエンジニアリングとは、コストや品質、サービス、スピードなど、企業において重要なパフォーマンス指標を劇的に向上させるため、ビジネスのプロセスを根本から再設計し、経営効率を高める全社横断的な取組みである。

II 多角化戦略

1 多角化戦略の基本分類

H29-01
H20-04

(1) 関連型多角化

　関連型多角化とは、企業を構成する各SBU（戦略事業単位）が、開発技術、製品の用途、流通チャネル、生産技術、管理ノウハウなどを共有する多角化である。

　関連性の深い事業への多角化は、既存事業と新規事業の間のシナジー効果により、高い収益性をもたらす。ただし、主力事業に関連する事業分野を中心に多角化すると、主力事業の市場において自社の他事業との競合が起こり、企業の収益性は低下するおそれがある。

(2) 非関連型多角化

　非関連型多角化とは、きわめて一般性の高い経営管理スキルと財務資源以外、企業を構成するSBU間の関連性が希薄な多角化である。鉄鋼メーカーがエレクトロニクス分野に進出するような、まったくシナジーのない異質な分野に進出する多角化である。何らかの外部資源の利用が不可欠となる。

2 アンゾフによる多角化戦略の分類

　多角化を行う方向や既存事業との関連性の違いに応じて、水平型多角化、垂直型多角化、集中型多角化、集成型多角化、の４つに分類できる。

(1) 水平型多角化

　水平型多角化とは、現在の顧客と同じタイプの顧客を対象にして、新しい製品を投入する多角化である。
【事例】

> パソコンメーカーのF社が、既存のパソコン事業から、新規のプリンター事業へと進出した。

(2) 垂直型多角化

　垂直型多角化とは、現在の製品の川上や川下に対する多角化である。川下への多角化を前方的多角化、川上への多角化を後方的多角化という。
【事例】

> 衣料品メーカーのG社が、直営店を出店して小売業へ川下進出し、品揃えを拡充するために、関連する新商品を自社ブランドで開発し、数年後に店舗をチェーン展開した。

第2章　成長戦略　27

⑶ 集中型多角化

集中型多角化とは、現在の製品とマーケティングや技術の両方、またはいずれか一方に関連がある新製品を、新たな市場に投入する多角化である。

【事例】

日本酒メーカーのH社が、自社の強みである発酵技術を活かして、バイオ事業へと進出した。

⑷ 集成型多角化

集成型多角化とは、コングロマリット型多角化ともいい、現在の製品と既存の市場の両方にほとんど関連がない中で、新製品を新しい市場に投入する多角化である。

【事例】

CVSチェーンのJ社が、豊富な資金と、全国に展開している店舗による顧客への利便性を活かして、金融事業へと進出した。

3 ルメルトによる多角化戦略の分類

多角化戦略は、各事業相互間の定性的なパターンによって、集約的なものと、拡散的なものに分類される。

⑴ 集約型多角化

事業間の関連性パターンが網の目状に緊密になっており、少数の種類の経営資源をさまざまな分野で共通利用するような多角化である。このような場合、多角化を一層進めようとする経営者は、範囲の経済を重視した資源の有効利用を考える。

⑵ 拡散型多角化

現在保有する経営資源をテコにして新分野に進出し、その新分野で蓄積した経営資源を土台にして、さらに新しい分野に進出するパターンである。事業全体として緊密なつながりを持たない資源展開である。

【集約型多角化と拡散型多角化】

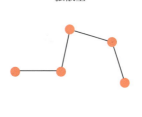

出典:『経営戦略論(新版)』石井淳蔵 他著　有斐閣

4　多角化戦略の採用の誘引

　企業が多角化戦略を採用する動機には、外的な成長誘引と内的な成長誘引の2つがある。

(1) 外的な成長誘引

　外的な成長誘引とは、企業を新たな事業へと参入させる外部環境の条件である機会や脅威である。
　例えば、機会には外部環境の成長がある。脅威には、主要な既存事業の市場の需要の低下や、既存の主力製品の市場で、上位数社が市場全体の売上高の多くの割合を占め、寡占化が進んでいる場合などがある。

(2) 内的な成長誘引

　内的な成長誘引とは、企業を多角化へと向かわせる企業内部の条件である。例えば、単一事業に依存していることのリスクの分散や、未利用資源の有効活用などがある。

5　多角化戦略による効果

(1) 相補効果（コンプリメント効果）

　相補効果とは、複数の事業の組み合わせにより、各製品市場分野での需要変動や資源制約に対応し、需要変動の平準化や余剰資源の有効利用に結びつく効果である。足し算的な効果ともいわれる。
　具体的な効果として、複数の製品分野での事業が、互いに足りない部分を補い合うことで、企業全体として売上の季節変動などを平準化できる。

【事例】

> K社は、冬はスキー場を運営しているが、夏はアウトドア・レジャー施設を運営することにより、夏は休眠していた施設を活用して、季節による需要変動を補い合っている。

⑵ 相乗効果（シナジー効果）

相乗効果とは、複数の事業の組み合わせによる情報的資源の同時多重利用によって発生する効果である。掛け算的効果ともいわれる。

具体的な効果として、複数の事業が互いに見えざる資産を生み出しあい、使いあうことにより、相互依存的に売上高が増大する。

静的なシナジーよりも動的なシナジーをつくり出せるような事業の組み合わせの方が望ましいとされる。

【事例】

> L社では、L社独自の経営資源であるナノ技術という情報的資源を同時多重利用することにより、現在の事業から、化粧品事業や医薬品事業へと多角化を図り、効率性の高い範囲の経済を生み出せた。

III M&A

1 M&Aの概要

M&Aとは、企業の合併（Mergers）と買収（Acquisitions）の総称である。

(1) 敵対的M&A

敵対的M&Aとは、買収する企業が被買収企業の合意を得ず、無理やり買収する方法である。この場合、買収する企業は、被買収企業の株式を取得するための手段としてTOB（株式公開買付け）を行うのが一般的である。乗っ取りともいわれる。

(2) 友好的M&A

友好的M&Aとは、買収企業と相手企業との交渉によって合意が成立する買収方法である。

(3) コングロマリット（複合企業体）

コングロマリット（複合企業体）とは、合併・買収により広範な産業に多角化した企業のことである。

2 M&Aの採用動機

わが国の大企業におけるM&Aの動機として多いのは、「国際競争力をつけるため」「国内市場競争力強化のため」「破綻企業再生のため」である。

一方、中小企業におけるM&Aの譲渡側の動機として多いのは、「後継者問題」および「事業の将来性の不安」である。

【事例】

> 製造業を営むM社では、国際競争力をつけるために現地企業をＭ＆Ａした。Ｍ＆Ａされた企業の現地人材に自社のビジョンや戦略の理解を促し、現地に大幅な経営権限を与えて、現地に即した経営を展開して現地化を推進している。

3 代表的なM&Aの手法

(1) 株式公開買付け（TOB）

株式公開買付け（TOB：Take-Over Bid）とは、会社の経営権を奪取する目的で、複数の株主に対して行われる株式買取りの提案である。

第2章 成長戦略 31

(2) マネジメント・バイアウト（MBO）

マネジメント・バイアウト（MBO：Management Buyout）とは、**企業の経営陣が、自社や自社の事業部門を買収**することである。

【事例】

> N社の財務担当役員と同僚の役員は、現在のオーナー社長が経営する企業の事業承継の方法としてMBOを活用した。MBOを進めるために、投資ファンドの支援を通じて、オーナー社長から株式を買い取り、経営を引き継いだ。

(3) エンプロイー・バイアウト（EBO）

エンプロイー・バイアウト（EBO：Employee Buyout）とは、**会社の従業員がその会社の事業を買収したり経営権を取得したりする**行為のことである。

(4) レバレッジド・バイアウト（LBO）

レバレッジド・バイアウト（LBO：Leveraged Buyout）とは、企業買収において、**対象となる企業の資産を担保に、少ない自己資金で買収する**ことである。実際には銀行借入や債券発行を行う。自社資産を担保に調達した資金によって、オーナーではない経営者が自社を買収するタイプの買収は**広義のレバレッジド・バイアウトの一形態**であり、通常、買収後には経営の自由裁量の確保や敵対的買収に対する防衛などのために株式を非公開とする。

(5) マネジメント・バイイン（MBI）

マネジメント・バイイン（MBI：Management Buy-in）とはMBOの一類型で、**経営陣が社外の第三者に自社株式を買い取らせ、経営を引き継いでもらう**ことである。

【事例】

> O社では、現社長が高齢化したために、家族や親族以外の者への事業承継をMBI（management buy-in）によって行うことを検討していた。現社長は、社外の第三者である取引先企業に自社株式を買い取らせ、経営を引き継いでもらうことにした。

4 M&Aを成功させるための経営課題

(1) 効果と管理コストの関係

M&Aによって得られる効果と、新たに獲得した企業を管理していくコストとのトレードオフに注意する必要がある。M&Aで企業規模が大きくなれば、獲得した規模の経済性や市場支配力の便益を上回る管理コストが発生する可能性が高まるので、管理コストの削減を図るとともに、M&Aで経営の柔軟性が失われないようにする。

⑵ ベクトルの統合

企業間のベクトルをあわせて統合するには、同業種であってもそれぞれの企業で培われてきた企業文化の衝突を避け、互いを尊重しつつ、1つの企業体に融合することが重要になる。

⑶ 業績への貢献

買収戦略にのめりこむと、買収先企業を適切に評価することがおろそかになり、相手に対する高いプレミアム価格の支払いや、高いコストの借り入れや格付けの低い社債の過度な発行などが起こりやすく、大きな負債が経営危機を招きやすくなる。

⑷ イノベーションの再認識

買収によって新規事業分野をすばやく手に入れることは、イノベーションによる内部成長方式の代替であるので、M&Aの成功が積み重なるにつれて、研究開発予算の削減や内部開発努力の軽視の傾向が強まり、イノベーション能力が劣化しやすくなる。

5 戦略的提携

R01-05
H25-04
H24-09

⑴ 戦略的提携

戦略的提携とは、他社（大学や政府機関も含む）と連携を考慮する企業にとって、企業としての独立性を維持し、企業間に緩やかで柔軟な結びつきをつくるために、有効な戦略オプションのひとつである。

戦略的提携は提携先企業が裏切る場合も考えられる。しかし、提携関係の裏切りにより、企業の評判に悪影響が起こる可能性は、裏切りのインセンティブを抑制する要素となる。

戦略的提携は、範囲の経済を利用できる内部開発によるコストよりも、共同開発のような提携によるコストが小さい場合、内部開発に代わって選択される。

⑵ 戦略的提携の課題

①提携するパートナー企業が提携関係を裏切る可能性を最小化しつつ、提携による協力から得られる恩恵を最大限に享受することである。
②提携が長くなるにつれて互いに心が通い合い信頼が醸成されやすいが、そのことによって取り引きの経済評価が甘くならないようにすることである。

⑶ 戦略的提携のメリット

戦略的提携により、新たな業界もしくは業界内の新しいセグメントへ低コストで参入しようとするのは、企業間のシナジーを活用する試みとなる。

第2章 成長戦略 **33**

必須テーマ［○・×］チェック —第2章—

過去20年間（平成13〜令和2年度）本試験出題の必須テーマから厳選！

■■■ 問題編 ■■■　　　Check!!

問1 (H29-01)　　　　　　　　　　　　　　　　　　　　　　　　　　［○・×］
多角化を一層進めようとする経営者は、事業間の関連性パターンが集約型の場合、範囲の経済を重視した資源の有効利用を考える。

問2 (H30-01)　　　　　　　　　　　　　　　　　　　　　　　　　　［○・×］
企業の多角化による効果には、特定の事業の組み合わせで発生する相補効果と、各製品市場分野での需要変動や資源制約に対応し、費用の低下に結びつく相乗効果がある。

問3 (H14-06改題)　　　　　　　　　　　　　　　　　　　　　　　　　［○・×］
リストラクチャリングにおいて、生産効率のよい工場に生産機能を集約し、採算の悪い工場からの撤退を図る。

問4 (H16-15改題)　　　　　　　　　　　　　　　　　　　　　　　　　［○・×］
Ｍ＆Ａは規模の経済をもたらすが、Ｍ＆Ａにともなう統合のコストがかかり、統合の効果があがらないことがある。

問5 (H29-09)　　　　　　　　　　　　　　　　　　　　　　　　　　［○・×］
同業種のM&Aには、基本的には、範囲の経済と習熟効果の実現というメリットがあり、組織文化の調整のコストは必要であるが、統合のコストはかからない。

■■■ 解答・解説編 ■■■

問1　○：事業分野間の関連が密接で経営資源の共有度が高いため、範囲の経済を重視する。
問2　×：各製品市場分野での需要変動や資源制約に対応し、費用の低下に結びつくのは相補効果である。
問3　○：リストラクチャリングとは、事業の再構築を意味する。企業は、環境変化に対応して、不採算事業を切り捨て将来有望な事業へと進出する。
問4　○：M&Aによって得られる効果と、新たに獲得した企業を管理していくコストとのトレードオフに注意する必要がある。
問5　×：調整のコスト、統合のコストともに発生する。

2次 がついた項目は2次試験でも活用する知識です

本章の体系図

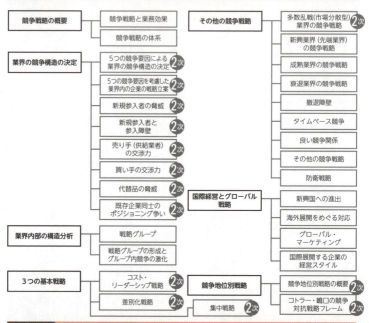

本章のポイント

- 競争戦略と業務効果の違いについて理解する
- ポーターの5つの競争要因と業界を取り巻く脅威や買い手と売り手の交渉力を理解する
- 参入障壁と移動障壁の概念について理解する
- 戦略グループが形成される理由について理解する
- コスト・リーダーシップ、差別化、集中の3つの基本戦略について理解する
- 新興国への進出や海外展開をめぐる対応について理解する
- 多数乱戦業界や新興業界、成熟業界など各業界における競争戦略について理解する
- リーダー、チャレンジャー、ニッチャー、フォロワーの戦略について理解する

第 3 章

競争戦略

Ⅰ 競争戦略の概要

Ⅱ 業界の競争構造の決定

Ⅲ 業界内部の構造分析

Ⅳ 3つの基本戦略

Ⅴ その他の競争戦略

Ⅵ 国際経営とグローバル戦略

Ⅶ 競争地位別戦略

I 競争戦略の概要

　競争戦略は、試験対策上、ポーター（M.E.ポーター）の競争戦略論が中心となる。本書では、経営資源戦略と密接に関連のあるバリューチェーンについては、第4章の経営資源戦略に掲載している。

1 競争戦略と業務効果

　ポーターは競争戦略論において、戦略と業務効果を明確に区別しており、企業に競争優位をもたらすものは、業務効果ではなく、戦略であるとしている。

(1) 競争戦略

① 競争戦略の定義

　ポーターは、**競争戦略**とは、自社が競合他社との違いを打ち出すことであるとしている。自社が競合他社と異なる企業活動を選択することで、顧客に対して自社が提供する価値を独自に組み合わせて提供できるとしている。

② 競争対抗と競争回避

　競争戦略では競争対抗と競争回避という2つの方向がある。**競争対抗**には、競争を優位に進展するために、コスト面、品質面に優れた製品の提供、イメージアップのための広告宣伝活動などがある。**競争回避**には、競争相手の得意分野とは意図的にずらした市場の獲得のための価格設定や広告宣伝活動などがある。

(2) 業務効果（オペレーション効率、業務改善） `H25-03`

　業務効果とは、企業が生産や販売などの活動において、競合他社よりも投入資源（インプット）を有効活用することである。具体的には、単純な作業効率の向上や製品の欠陥の減少、競合他社よりも優れた製品を、より速く開発することなどがある。

　自社と競合関係にある複数の企業が、業務効果の高い自社をベンチマーキングすることにより、各社とも業務効果は類似してくる。業務効果の視点のみで競争を捉えると、真のイノベーションが生まれず、競争において持続的な成功を収めることが難しい。

【事例】

　A社では効率的な在庫管理を行うために、外部の企業に在庫管理をアウトソーシングしていた。競合企業のB社はA社をベンチマーキングし、A社と同じ企業にアウトソーシングしたため業務効果は類似した。これによりA社とB社は次第に同質化していった。

【戦略と業務効果の違い】

	戦略	業務効果
企業活動	競合企業と異なる活動を行う	競合企業と同じ活動をうまく行う
創出される価値	異なる顧客ニーズを満たす 同じニーズを低コストで満たす 上記の両方を満たす	同じニーズを低コストで満たす
競争の目的	独自性を目指す	最高を目指す

出典：『[新版]競争戦略論Ⅰ』マイケル・E・ポーター著　竹内弘高監訳　ダイヤモンド社

2 競争戦略の体系

本書では、ポーターの理論と平成13年度からの第1試験の出題傾向を踏まえて競争戦略について効果的な学習をするために、次のように進めていく。

【競争戦略のフロー】

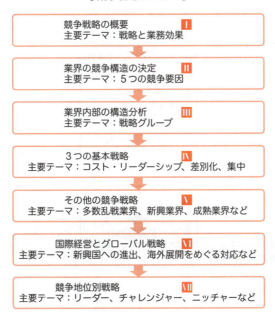

第3章　競争戦略　39

Ⅱ 業界の競争構造の決定

5つの競争要因（Five Forces）は、ポーターの競争戦略論の核となる部分である。5つの競争要因が業界に与える影響について学習する。

1 5つの競争要因による業界の競争構造の決定

(1) 5つの競争要因

ポーターは、業界内の企業を取り巻く競争環境が、企業の収益性や戦略に影響を与えると指摘した。

業界内の企業が戦略を考える際には、同じ業界内において直接競合している既存の企業同士の競争にのみ目を奪われるのではなく、業界への新規参入者、業界企業の製品やサービスの代替品、業界内への売り手（供給業者、サプライヤー）、業界内の企業からの買い手（顧客）、も含めた、5つの競争要因を考慮する。この**5つの競争要因**（Five Forces）が、**企業の属する業界の構造とその業界における競争の性質を決定**する。

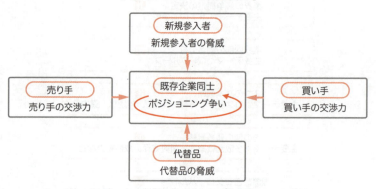

【ポーターの5つの競争要因】

出典：『競争の戦略』マイケル・E・ポーター著　土岐坤　服部照夫　中辻萬治訳　ダイヤモンド社

2 5つの競争要因を考慮した業界内の企業の戦略立案

5つの競争要因を考慮することにより、次のような、自社の属する業界における立ち位置や、業界の構造と競争の性質を考慮した戦略の立案が可能になる。

> ● 業界内の競合他社や、買い手、売り手、新規参入者、代替品との関係から、自社の強みと弱みを評価し、自社の立ち位置がわかる。
> ● 業界内の競合他社だけでなく、買い手、売り手、新規参入者、代替品との関係から、自社の属する業界の構造と競争の性質が決まる。また、業界の中長期的な収益性にも影響する。

3 新規参入者の脅威

(1) 新規参入者による業界内への影響

新規参入者は、新たな生産能力を既存の業界に持ち込み、業界内の市場シェアを奪おうとする。業界内の既存企業には、価格の見直しや、値下げのためのコスト削減の必要性、新規参入者を迎え撃つための投資が必要となる。

【 事例 】

> スペシャルティコーヒーチェーンのC社は、業界内でトップの市場シェアを維持していた。しかし、食品業界からの経営資源が豊富な新規企業の参入に備えて、今までよりも顧客が店内でくつろげるような改装や提供する商品のラインアップを増やすなど、メニューの見直しを行った。

(2) 新規参入者の脅威と業界内の企業の収益性

業界への**新規参入者の脅威**は、現在の参入障壁の高低、既存企業からの反撃の強弱によって変化する。新規参入者が、参入障壁が低く、既存企業の反撃が弱いと予想すると、業界内への新規参入者の脅威は高まり、業界内の企業は収益性の抑制に迫られる。

第3章 競争戦略 **41**

【 業界への新規参入者の脅威への影響 】

現在の参入障壁の高低　　　⇒　　低い
既存企業からの反撃の程度　⇒　　弱い

新規参入者の脅威の程度　⇒　　高い

既存業界の収益性　　⇒　　抑制

4　新規参入者と参入障壁

参入障壁は、新規参入者に対して既存企業が有する優位性である。これには次の7つが該当する。

⑴ 供給側の規模の経済

業界内の供給企業のシェアが大きく、大量生産により規模の経済が働いていると、新規参入者は、業界内の既存企業からシェアを奪うために大規模な参入を行うか、コスト面での劣位を受け入れて参入することになる。

⑵ 需要側の規模の利益

需要側の規模の利益とは、ネットワーク効果ともいわれ、ある企業の製品を購入する顧客が増えると、その製品に支払っても良いと考える金額が高まる業界で生じる。

具体的には、顧客が重要な買い物をするとき、大企業の方を信頼することなどがある。このような場合に、新規参入者は、業界内で顧客が増加し、認知されるまで低価格で販売しなければならない。

⑶ 顧客のスイッチングコスト

スイッチングコストとは、買い手が供給業者を変更するときに生じる費用である。スイッチングコストが高いほど、新規参入者は参入する業界内において顧客獲得が困難になる。

⑷ 資金ニーズ

参入しようとする業界内で既存企業と競争する際に巨額の投資が必要な場合がある。このような場合には、新規参入者の参入障壁は高くなる。

⑸ 企業規模に無関係な既存企業の優位性

業界内の既存企業が、企業規模と関係のないコスト上の優位性や品質上の優位性を保有している場合がある。新規参入者が、このような優位性を保有していない場合には参入障壁は高くなる。

⑹ 流通チャネルへの不平等なアクセス

業界内の顧客へ製品を販売するための卸売や小売の流通チャネルが限られており、業界内の既存企業が流通チャネルを占めている場合がある。新規参入者は業界に参入するためには、独自のチャネルを開拓する必要があり参入障壁が高くなる。

⑺ 政府による参入規制

政府が許認可制度や外資規制等により、業界の新規参入者を妨げている場合がある。このような場合には、新規参入者の参入障壁が高くなる。

---

5 売り手（供給業者）の交渉力

R02-03
H27-04

⑴ 交渉力が強い供給業者の影響

交渉力が強い供給業者は、他社よりも高価格で販売でき、サービスの質を制限することができる。また、業界内の企業にコストを転嫁して利益を獲得できる。

業界内の企業がコストを自社の販売価格に転嫁できない場合には、原材料などを交渉力の強いサプライヤーから仕入れることにより、自社の収益性が低下する。

【事例】

> パソコンメーカーのD社は、業界内の企業と価格競争を繰り広げていたが、パソコンのOSの供給業者が価格改定で値上げしたため、昨年度と比較して収益性が低下した。

⑵ 供給業者の交渉力が強くなるケース

次のような状態のときは、特定の資源の供給者に強く依存することになり、供給業者の交渉力は強まる。業界内の企業が、常に代替的な資源の開発に取り組むことは、供給業者の交渉力を弱めることができる。

①供給業者の業界が少数の企業で支配されている
②供給業者の販売する製品に独自性があり高度に差別化されている
③供給業者の製品が代替品の脅威にさらされていない
④供給業者が自社の属する川下の業界を垂直統合するおそれがある
⑤供給業者にとって自社の業界がさほど重要ではない
⑥業界内の買い手側の企業が供給業者を変更する際のスイッチングコストが高い

第3章　競争戦略　**43**

H27-04

6 買い手の交渉力

(1) 有力な買い手による影響

有力な買い手は業界内の企業に対して、企業を競わせることで値下げを迫り、品質やサービスの向上を求める。そのため、価格感度が高い業界で値下げ圧力をかけてくるような場合には、買い手の交渉力は強くなる。業界内の企業は買い手の圧力により、コストが上昇し、業界全体の収益性は低くなる。

【事例】

> 自動車部品メーカーのE社が製造する部品に対して、買い手の自動車メーカーが交渉の際に自社で部品を内製化すると伝えてきたため、原材料価格が高騰しているにもかかわらず、現状の価格で販売することになり、収益性が低下した。

R01-06 ### (2) 買い手の交渉力が強くなるケース

次のような状態のときは、個人の消費者でも法人の顧客でも同様に買い手の交渉力は強くなる。差別化されていない製品や高額な製品、それほど性能の良さが重要ではない製品を購入するときには価格感度が高くなりやすい。

業界内の企業が、常に独自性が高く、差別化された模倣困難性の高い製品の開発に取り組むことは、買い手の交渉力を弱めることができる。

①自社製品の買い手が少数しかいない
②買い手が自社の生産規模を超えて大量に購入する
③買い手に販売される自社製品が差別化されておらず標準品である
④買い手が自社製品から他社製品に変更してもスイッチングコストが低い
⑤買い手が自社の属する業界を垂直統合（川上統合）するおそれがある
⑥自社の製品価格が、買い手の製品原価の大部分を占めている
⑦買い手が高い経済的利益を得ていない

7 代替品の脅威

(1) これまでにない新製品による影響

代替品は、大きな技術の変化や消費者のニーズの変化によってこれまでにない新製品として登場し、既存の製品に取って代わる脅威になることがあるので、技術や市場のマクロなトレンドを見失わないように注意しなければならない。代替品の相対的な価値が高いほど、業界内の企業の潜在利益が抑制される。

【事例】

> レンタルビデオチェーン店のF社は、近年のインターネットによる映画などのオンライン動画配信サービスの台頭により、レンタル数が大幅に減少して収益性が低下した。

44 第1部 テキスト

⑵ 代替品の脅威が高まるケース

①業界内の現在の製品よりも価格に対して性能が良くなる傾向を持つ製品
②買い手が現在の製品から乗り換える際のスイッチングコストが低い製品

8 既存企業同士のポジショニング争い

⑴ 競合企業同士の有利な市場地位の確保

　業界内の既存企業同士は、競合企業であるため、価格競争や新製品の投入、広告や販促活動、顧客サービスの拡充などを行い、市場における有利な地位を確保しようとする。

⑵ 4つの競争次元

H29-32

　競争には類似した製品やサービスによる**ブランド競争**、同じ産業間の製品・サービスによる**産業競争**、同じ便益（ベネフィット）を得られる製品・サービスによる**形態競争**、消費者の財布の中身をめぐる**一般競争**の4つの競争次元がある。

【事例】

> 　ローカルスーパーのG店は、近隣のローカルスーパーの数店舗と競合関係である。近隣の競合店舗とG店は、同じような品揃えのため、顧客の獲得のために、値下げによる価格競争を行っている。そのため、この地域のスーパーは各社ともに収益性が低下している。

⑶ 既存企業同士のポジショニング争いが激しくなるケース

R01-06

①業界内に競合企業が多数存在する
②業界内の競合企業同士が同規模で、市場への影響力も同程度である
③業界内の市場成長率が低い
④業界内の撤退障壁が高い
⑤業界内で競合企業同士が同じような製品・サービスを提供している
⑥業界内で効率を高めるために生産能力を増強しなければならない

　一般的に産業の成長が低下すると、その産業に属する企業間の市場シェアをめぐる競争は激しくなる。業界の成長率が低い場合、拡張志向を持った企業を巻き込んだ市場シェア争いが起こる。

　固定費が高い産業は固定費を回収するために、また、在庫費用が高い産業は在庫の陳腐化を避けるために、価格競争に陥りやすい。

　製品の差別化が難しい場合、別の企業から顧客を奪われる可能性が高く、競争が激しくなる。同業者が減ったとしても、圧倒的な市場シェアをもつ企業がいない産業では、競争が激しくなりやすい。

第3章　競争戦略　**45**

III 業界内部の構造分析

先ほど学習した5つの競争要因によって、企業の属する業界の構造とその業界における競争の性質を把握してきた。本節では、同一業界の中にある企業の一つが、なぜ、他の競合企業よりも高い収益性を維持しているのかという、同一業界内の企業収益の格差の原因について学習する。

1 戦略グループ

(1) 戦略グループ

戦略グループは、同一の業界内において、類似の戦略を採用している企業グループである。戦略グループ内の企業は、戦略グループ外の企業とは異なる共通の脅威と機会に面している。

(2) 業界内の企業を分類する切り口

業界内の構造分析をする際には、業界内の競合企業が採用している戦略の特徴を、切り口によって分類する。切り口には、製品の品質の水準、価格政策、流通チャネルの選択、垂直統合など様々なものがある。

業界内を分類するための切り口は、その業界において主要な移動障壁を決定するものでなければならない。清涼飲料水業界での主要な移動障壁は、ブランドと流通チャネルとなるため、切り口は縦軸がブランド、横軸が流通チャネルの選択となる。

(3) 移動障壁

移動障壁とは、同一業界内における戦略グループ間の参入障壁のことである。移動障壁があるため、業界内の企業が、ある戦略グループから、別の戦略グループへと移動することが困難になる。

具体的には、業界内の競争を通じて形成された事業システムやマネジメント方式は、企業に戦略上の癖や慣性を生み出す。そのため、企業が別の戦略グループに移動しようとしても、移動障壁により、現在の戦略グループにとどまることになる。

(4) ある製薬業界の戦略グループのイメージ

ある製薬業界の戦略グループについて、縦軸を製品の専門度（特殊な医薬品の場合は高い、一般的な医薬品の場合は低い）の切り口、横軸を研究開発スキルの高・低の切り口で分類すると次の図のようになる。

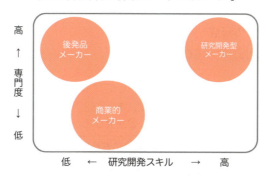

上記の【ある製薬業界の戦略グループのイメージ】のように、移動障壁が特定されて戦略グループごとに企業のグループが分類されると、戦略グループ内での企業行動がわかる。

(5) ある白物家電業界における戦略グループのイメージ

ある白物家電業界における戦略グループについて、縦軸を垂直統合の高い・低いの切り口、横軸を製品ラインの狭い・広いの切り口で分類すると次の図のようになる。

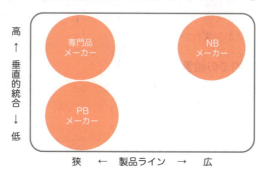

【 戦略グループの企業行動 】

> ある製薬業界の戦略グループにおいて、研究開発型メーカーは、自社の研究開発力を強化し、後発品メーカーは、研究開発型メーカーが開発した製品のうち特許が切れた製品を改良して販売する。商業的メーカーは、研究開発力は外部から調達することで時間とコストをかけない代わりに、一般的な医薬品を消費者に販売するため、販売やマーケティングにコストをかけるかもしれない。

2 戦略グループの形成とグループ内競争の激化

(1) 戦略グループの形成

　戦略グループが形成される理由には、①業界内の企業の能力や経営資源に差があることや、②業界内の企業の目標やリスクに対する考え方が異なることがある。

　上記の①と②が異なると、同一業界内の戦略グループ間が直面する機会や脅威が異なるため、グループ間の収益も異なる。また、同一業界内に複数の戦略グループが存在するのは、製品ラインの絞込みなどが異なるからである。

> ● 製薬業界において、企業の研究開発能力に差があるため、研究開発型メーカーや後発品メーカーなどの戦略グループが形成される。研究開発型メーカーは、リスクは高いが、研究開発に成功すると一定の期間、高い収益を確保できる。
> ● 白物家電業界において、すべての白物家電を自社ブランドで提供するという目標があるため、NBメーカーやPBメーカーなどの戦略グループが形成される。NBメーカーは、豊富な経営資源のため、製品ラインを絞り込まず広くしているが、PBメーカーは、経営資源が限られているため、製品ラインを絞り込んで狭くしている。

(2) 類似した戦略グループの形成

　業界内の企業が、製品の生産のために垂直統合を強めると、企業の生産体制や製品ラインは似通ってくるので、類似した戦略グループが生まれやすくなる。

　業界内の企業が、顧客層と製品ラインの幅を考慮して、最適生産規模を追求したり、共通コストの節約を図ったりすると、次第に一貫した戦略行動になるので、類似した戦略グループが生まれやすくなる。

(3) 戦略グループ内での競争

　いったん戦略グループが形成されると、そのグループから他のグループへの移動障壁が築かれ移動は難しくなる。したがって、その戦略グループ内で限られた顧客を奪い合うため、競争は激化する。

48　第1部　テキスト

Ⅳ 3つの基本戦略

　企業が、業界内で業界平均を上回る収益率を長期間に維持するためには競争優位が必要である。ポーターは、企業が競争優位を確立するには、①コスト・リーダーシップ、②差別化、③集中のいずれかが源泉になると唱えた。

　コスト・リーダーシップと差別化は相反するものであり、同時に追求することは難しい。この原則に従えば、業界内の企業はコスト・リーダーシップと差別化のいずれかを選択しなければならない。

【 3つの基本戦略 】

		競争優位	
		他社より低いコスト	差別化
戦略ターゲットの幅	広い	コスト・リーダーシップ	差別化
	狭い	コスト集中	差別化集中

出典：『競争優位の戦略―いかに高業績を持続させるか』マイケル・E・ポーター著　土岐坤訳　ダイヤモンド社

1 コスト・リーダーシップ戦略

R02-04
H28-06
H23-05

⑴ コスト・リーダーシップ戦略

　コスト・リーダーシップ戦略は、製品の生産やサービスの提供において、同一業界内の競合他社よりも、低コストで最優位を獲得する戦略である。コスト・リーダーシップ戦略を行う企業が、市場浸透価格政策をとると、自社の経験効果によるコスト低下のスピードは、競合他社よりもはやくなる。

⑵ 低コスト実現のための取り組み

　低コストで業界内の最優位の地位を占めるためには、競合他社よりも高い市場シェアを獲得したり、早い時点で参入したりして、経験曲線効果を得ることや、原材料の大量購入により、原材料を低コストで調達することが必要である。

【 事例 】

> 　製造業のH社では、コスト・リーダーシップ戦略を採用するため、製品を製造し易い製品設計やコストを分散するために関連製品の種類を増やした。また、効率的に製造できる生産設備に多くの投資を行い、大口の標的顧客に対して大量販売のためのサービスや攻撃的な価格政策を実施した。
> 　当初は、赤字だったが、高い市場シェアが確保でき、原材料の大量購入によるコスト低下により、競合他社よりも利益率が高くなった。
> 　さらにH社では、蓄積された利益をコスト・リーダーシップの維持のために、新設備や機械の再投資を行った。

第3章　競争戦略　**49**

(3) コスト・リーダーシップ戦略のリスク

コスト・リーダーシップを維持するためには、常に効率の良い生産設備に再投資し、古い生産設備は廃棄することが必要である。

また、技術革新や市場の変化のスピードが速い場合にも注意が必要である。テクノロジーの急速な変化が、過去の投資や習熟を無駄にしてしまうような、企業の戦略不適合のリスクを高める。次のようなリスクには注意が必要である。

- 自社の今までの投資や時間をかけて形成された習熟が無駄になるような、テクノロジーの変化が起きる
- 資金力が豊富な業界内への新規参入者が、自社よりも新しい生産設備により、低コストで追随してくる
- コスト引き下げに注力しすぎて、業界内の顧客ニーズの変化に合わせ、製品やマーケティングを見直すことを忘れている

2 差別化戦略

(1) 差別化戦略

差別化戦略は、業界内の競合他社に対して、自社の製品やサービスなどにおいて、特異性を創造することで優位性を獲得する戦略である。

(2) 差別化の切り口

差別化の切り口には、次のようなものがある。業界内で差別化戦略を成功させるためには、複数の組み合わせで差別化する。

【 差別化の切り口 】

製品設計やブランド・イメージ	技術
顧客サービス	販売店のネットワーク

【 事例 】

製造業のJ社では、自社製品の特性を高く評価する顧客層に事業領域を絞り込むことにより、これまでの価格政策を見直し、プレミアム価格を設定して差別化戦略を行った。

(3) 差別化戦略のリスク

差別化戦略を維持するためには、テクノロジーの変化などを見落として、コスト面において競合企業に大きく遅れをとり、差別化によるブランド・ロイヤリティが維持できなくなるほどのコストの差がつかないように注意する必要がある。

差別化戦略においては、次のようなリスクに注意が必要である。

- 差別化を果たした自社と、競合他社との間で、コストの差があまりにも開きすぎて、顧客に対して差別化によるブランド・ロイヤリティが維持できなくなる
- 業界内が成熟期になることにより、競合企業の模倣が激化し、顧客が自社の提供する製品やサービスの差別化を認めなくなる

3 集中戦略

H23-06

(1) 集中戦略

集中戦略は、業界内の特定セグメントに焦点を絞り、企業の経営資源を集中して優位性を獲得する戦略である。特定セグメントに集中するため、業界内の競合企業と効率よく戦うことができる。集中戦略は、コスト集中戦略と差別化集中戦略の2つに分類できる。

【事例】

　料亭を営むK社では、予約をすべて常連客からの紹介のみに絞り、1日5組に限定した。料理も事前に顧客の好みを伺い顧客に合わせてメニューを提案し、一度来店した顧客には、季節毎に支配人からの手書きの季節の便りを送付している。これにより、一般客を受け入れていた頃に比べて、予約のキャンセルが大幅に減少し、リピート客も大幅に増加した。

(2) 集中戦略のリスク

　集中戦略を維持するためには、業界内の特定のセグメントに絞り込み、自社の強みを発揮している市場セグメントに、競合他社が参入してきた場合、自社の能力（コンピタンス）をより強力に発揮できるようにビジネスの仕組みを見直すことが必要である。

　また、絞り込みをかけた市場セグメントの顧客ニーズが、時間の経過とともに、業界全体のニーズと似通ったものにならないように監視するとともに、顧客が評価する独自性のある製品の提供を怠らないようにすることが必要である。集中化戦略では、次のようなリスクに注意が必要である

- 自社が戦略的に絞込みをかけた市場セグメントの内部に、競合他社がさらに小さな市場セグメント見つけて集中戦略を進める
- 業界内で広い市場セグメントを対象としている競合他社と、集中戦略を採用している自社との間のコストの差が開き、絞り込まれた市場セグメントと取引することによるコスト優位や、集中戦略により達成された差別化が相殺される

第3章　競争戦略　　51

Ⅴ その他の競争戦略

　その他の競争戦略では、業界特性の異なる様々な市場における競争戦略を学習する。異なる業界であるが、今まで学習した競争戦略の知識の応用となるため、今まで学習した理論とどのように結びつくかを考えながら学習してほしい。

1 多数乱戦(市場分散型)業界の競争戦略

(1) 多数乱戦業界

　多数乱戦業界は、多数の中小企業や個人企業がしのぎを削っている業界である。業界内には、市場シェアの大部分を獲得して、業界の生産量を大きく左右する企業や、主要技術を占有するような企業がいない。

(2) 多数乱戦業界の特徴

　多数乱戦業界には、次のような特徴がある。
　①参入障壁が低く、規模の経済性や経験曲線効果が作用しない
　②企業が小さいことによりインセンティブを持つような規模の不経済がある
　③市場のニーズが多様であり、人手によるサービスが中心である

(3) 多数乱戦業界における戦略

　多数乱戦業界を制圧するためには、多数の中小企業や個人企業を少数の企業に集約するような、集約・統合戦略を行う。多数乱戦業界で集約・統合戦略を実行すると、市場シェアの大きい企業が享受する様々な優位性を獲得できる。

【事例】

- 個別指導の学習塾業界のLa社は、市場が分散している個別指導の学習塾業界にフランチャイズ方式を導入した。各地域に点在している塾のオーナーに対して、専門的な教育方法や教材の提供、自社のブランド・ネームによる高い認知度を提供している。
- 製造業のLb社は、今までの内部留保を活用して、同業他社との合併を進めることで市場シェアを拡大し、規模の経済や経験効果を高めて、コスト優位性を生み出して収益の拡大を図っている。
- 金属加工業のLc社は、差別化が難しい汎用品による乱戦状況を改善するべく、加工の水準をあげて顧客の信頼を得たり、顧客に利便性の高いサービスを付け加えたりして、自社製品の付加価値を高めて、根強いロイヤルティをもつ顧客層の拡大を図っている。
- 製造業Ld社は、多数の企業が乱立する原因である多様な市場ニーズに対応するべく、製品の設計を見直して生産コストを大幅に切り下げて、標準品がお買い得であることを理解してもらい、規模の経済を基に競争優位をつくり出している。

2 新興業界(先端業界)の競争戦略

(1) 新興業界
新興業界は、技術革新や市場需要の変動、新しい顧客ニーズの出現などにより、生まれた業界である。

(2) 新興業界の特徴
①標準的なビジネスの運営方法が確立されていない
②非常に大きな不確実性が存在する

(3) 新興業界における先行者優位 (先発企業の優位性、先発優位、先発利得)
新興業界に最初に参入した企業(先行企業)は、後発企業と比較して非常に有利なポジションを得ることが可能である。**先行企業**は、自社に有利なかたちで業界内での競争のルールを確立したり、業界構造を創造したりすることができる。

(4) 先行者優位の源泉
先行者優位の源泉には、①技術的リーダーシップ、②希少性の高い経営資源の確保、③顧客のスイッチングコストを高めることの3つがある。

①技術的リーダーシップ
業界内の発展段階のうち、初期の段階で特定の技術に投資する企業は、技術的リーダーシップを発揮し、早期に経験曲線効果(経験効果)を得られる。
先行企業は、特定の技術に基づく累積生産量が後発企業よりも大きくなり、大きな経験曲線効果を得て、低いコストを実現できる。

②希少性の高い経営資源の確保
成功に結びつく経営資源を業界に知れ渡る前に入手することによって、持続可能な競争優位を獲得して、模倣に対する障壁を築くことができる。成功に結びつく経営資源を他社に先んじて入手し、それを独占することができれば、**後発企業**の模倣による参入を防ぐことができる。

③顧客のスイッチングコストを高めること
業界内の顧客が先行企業の製品やサービスを使用するために行う投資は、後発企業の製品やサービスへのスイッチングコストを高めることになる。

(4) 先行者劣位 (先発企業の不確実性)
新興業界において、先発企業であることにより、上記の①〜③の先行者優位の源泉という機会を得る可能性がある。しかし、新興業界で先発企業であることは、非常に大きな不確実性を伴う。新興業界における技術の進展や顧客ニーズ、生産技術が、先発企業の製品やサービスから何も影響を受けない場合には、先発企業の企業努力が報われない可能性が大きくなる。

先発企業が早期投資により獲得できる収益の不確実性が高い場合、早期投資の成

果について特許取得をしたとしても、得られる利益が必ずしも大きくなるとはいえない。特許取得により独占した技術が優れたものであっても、それが業界内の顧客ニーズに合致して収益を生み出すことを保障するものではないからである。

3 成熟業界の競争戦略

H26-01

(1) 成熟業界

成熟業界は、業界内が成熟期に入り、新製品や新技術の開発の可能性が少なくなり、業界内の総需要の成長が鈍化している状態である。業界内の市場が広がっていかないため、これまでの成長率を維持するために、競合企業間のシェア争いは厳しくなる。

(2) 成熟業界の特徴

①新製品や新技術の開発の可能性の低下
②業界内の総需要の成長の鈍化
③経験豊富なリピート顧客の存在
④外国製の競合製品が増加し国際競争が激化する

(3) 成熟業界における競争戦略

業界内が成熟期に移行するにつれ、顧客の知識が増え、技術が成熟し製品の規格化が進む。すると、成熟業界おいて業界内の多くの企業は、プロセス革新や現行製品の改良に力を入れるようになり、競争の重点がコストとサービスに移行する。

4 衰退業界の競争戦略

H28-03

(1) 衰退業界

衰退業界は、業界全体の売上規模が継続的に減少している業界である。衰退業界の企業は機会よりも多くの脅威に直面している。

(2) 衰退業界における競争戦略

継続的に売り上げが減少している衰退業界においては、できるだけ早く投資を回収して撤退する戦略の他に、縮小した業界においてリーダーの地位を確保することも重要な戦略である。具体的には、次の4つの戦略の方向性がある。

①業界のリーダーの地位を確保する

衰退業界においてリーダーの地位を確保することにより、競合他社の市場退出を促すことである。衰退業界では、既存の経営資源を活用するための投資を増強していく内部成長よりも、競合企業を買収する方が適している。競合他社の退出を促すためには、①競合企業の製品ラインを買収してから、その製品ラインを縮小させる

54 第1部 テキスト

ことや、②競合他社製品向けの部品を生産し供給を開始することなどがある。

②事業領域をさらに絞り込む（ニッチ戦略）

衰退業界において、自社の事業領域をさらに絞込み、特定のセグメントに集中する。集中することで、業界全体の需要がさらに縮小しても収益を維持することができる。

③投資を回収して撤退する（収穫戦略）

衰退業界から撤退する際に、収益を最大限に刈り取ろう（収穫しよう）とする戦略である。この戦略を実行する企業は、業界が衰退する前に、業界内においてある程度の地位を確立していることが必要である。製品ラインや配送網の縮小、小口の顧客の切り捨て、製品品質やサービスの水準を下げることなどがある。ある程度、収穫した後は、業界内のリーダーに売却するか操業停止する。

④即時撤退する（即時撤退戦略）

衰退業界から、できるかぎり早期に投資を回収し撤退する戦略である。業界内において競争優位を持たず、ある程度の地位を確立していない企業は、収穫戦略よりも有効である。

5 撤退障壁

H26-03

撤退障壁は、業界内の企業が、収益性が低い状態でも、その業界にとどまらざるをえなくしている要因である。撤退障壁には次のようなものがある。

【 撤退障壁の種類 】

①	転用のきかない耐久資産がある	特定の業種にしか利用できない資産は清算価値が低く、移動や他に流用しようとするときのコストが高い
②	撤退のための固定コストが大きい	労働協約を変えるコストや社内再配置等のコストが発生する
③	戦略から生じる撤退障壁	不採算に陥っている部門を撤退させると他部門の不利益を招く場合、自社の強みを失うことがある
④	経営者の感情障壁がある	事業に対する経営者の愛着や従業員への思いやりなど、個人的・感情的な障壁によって撤退の判断が難しくなる
⑤	政府と社会の障壁がある	撤退による失業や地域経済への影響が大きい場合、政府や地域社会からの圧力が加えられる

出典：『競争の戦略』マイケル・E・ポーター著　土岐坤・中辻萬治・服部照夫訳　ダイヤモンド社

6 タイムベース競争

H30-10
H27-05
H24-04

(1) タイムベース競争

タイムベース競争とは、どのようにして早く競争力のある製品を開発し、市場に供給するかという時間をめぐる競争である。

第3章　競争戦略　　**55**

(2) タイムベース競争の効果

タイムベース競争の効果には次のようなものがある。

①製品開発において、最初に製品を生産・販売することにより、企業のブランドを一般名詞のように使うことで顧客の頭の中に刷り込み、商品選択の際に有利となるような先発者の優位性が生じる。

②先発して市場に参入すれば、有利な立地や優秀な人材を先取りできるだけではなく、市場動向に素早く対応して、売り上げが増大する可能性が高くなる。

③開発から生産・販売までのリードタイムを短縮して、販売上の機会損失の発生の防止にもつながる。

④工場での生産リードタイムの短縮による原材料費の削減により、原材料購入にかかわる金利の削減にもつながる。

⑤顧客ニーズに俊敏に対応することで価格差を克服し、結果的に競合他社よりも高い利益率の実現にもつながる。

(3) 製品開発期間の短縮

製品ライフサイクルが短期化し、激しい競争に直面する中、多くの企業にとって製品開発期間を短縮することは重要な課題として認識されている。製品開発期間の短縮を図るために、製品開発のプロセスに注目して、次の手法を体系的に組み合わせることが行われている。

①オーバーラップ型の開発手法

オーバーラップ型の開発手法では、開発プロセスの上流タスクの完了前に下流タスクを先行してスタートさせる。上流タスクと下流タスクの混乱を最小限に抑えるために、緊密なコミュニケーションが必要である。

②コンカレント・エンジニアリング

コンカレント・エンジニアリングとは、製品設計と製造など各機能業務を並行させて商品開発の同時進行化を行うための方法である。

③シーケンシャル型の開発手法

シーケンシャル型の開発手法とは、上流タスクが終了してから下流タスクを開始する手法である。これは、変化の激しいメインフレームなどの開発で適しているといわれている。

【事例】

M社では、上流段階のボディ設計と、下流段階の金型開発のオーバーラップ化を実践した。オーバーラップ化においては、上流段階で早期に未完成の情報を下流段階に少しずつ流し、下流段階では、上流段階の未完成の情報に基づき徐々に仕事を進めていった。また、上流段階と下流段階で、頻繁に情報交換をすることにより、混乱を最小限に抑えている。

(4) フロント・ローディング

フロント・ローディングとは、問題解決のタイミングを前半に出すことによって、

全体の開発期間を短縮させることである。開発前半に速いスピードで解決できる問題を集中させて、開発後半で発生しやすく、時間や費用のかかる設計変更などの反復回数を減らすことは、開発期間の短縮に効果的である。

⑸ フロント・ローディングによるCAD・CAEの活用

3次元CADやCAEを活用し、実物試作などによる設計変更にかかる時間や費用を短縮する。

①CAD（コンピュータ支援の製品設計）による開発期間の短縮

CADの導入により、従来、「設計→現図作成・数値化→試作」の工程が、「設計＋数値化→試作」のプロセスとなるため、現図作成の作業が省略され、設計と数値化の工程が同時並行化されることにより開発期間が短縮される。

②CAE（コンピュータ支援エンジニアリング）による開発期間の短縮

CAEは、試作によって実際に評価するのではなく、コンピュータ内に表現された製品のモデルを用いて仮想的に評価を行うことで、製品開発過程の早い段階での事前検討が可能になり、開発期間の短縮や設計改善に効果がある。

【事例】

> 自動車のエアコンを製造しているN社は、自社のエアコンが親企業から発売される新車種に搭載されることが決定した。N社では、CAEを用いて新車種の車内での温度分布をシミュレーションして調べたところ、従来と同じ温度設定で、後部座席と運転席との間でかなりの温度差があったため、エアコンの吹き出し口の設計改善に取り組んだ。

7 良い競争関係 H21-03

業界内での競争や取引関係は、限られた市場の争奪という側面ばかりではない。逆に市場を奪い合わずに自社の売上や利益を増やす関係になることもある。良い競争業者とは、企業の競争的地位を強める競争業者のことである。

【 良い競争関係 】

①	競争優位の向上	需要変動の吸収、差別化能力の強化、魅力のないセグメントを任せる、高コストに基づく市場価格の形成、独占禁止法違反の危険性低下、モチベーションの向上
②	業界構造の改善	業界需要の拡大、供給源の複数化、業界構造の好ましい要因の助長
③	市場開発の促進	市場開発コストの分担、買い手のリスク低減、技術の標準化の促進、業界のイメージ向上
④	参入阻止	報復の可能性の向上、参入の厳しさを思い知らせる、論理的参入経路を閉鎖、チャネルの混雑化

出典：『経営戦略－論理性・創造性・社会性の追求』 大滝精一・金井一頼・山田英夫・岩田智著 有斐閣

第3章 競争戦略 **57**

8 その他の競争戦略

競合企業との競争は、市場でコストや差別化をめぐって展開されるばかりではなく、ビジネスのさまざまな局面で戦略的に展開されている。

①報復戦略
報復戦略は、競合企業が自社の得意分野に攻めてきた時に、競合企業の得意分野を逆に攻める戦略である。相手の経営資源を相手の得意な分野に集中させるためにも有効である。

【事例】

> O社では、自社の主力製品の即席カップ麺に競合企業が攻勢をかけてきたため、その対抗策として競合企業が得意とする袋入即席麺に自社製品を大量投入することにした。

②先端技術の産学官連携
先端技術について産学官連携を活用し、他社に先行して先端技術を確保して自社の研究開発部門を強化する。

③販売チャネル上の差別化
競合企業の製品との技術差異があり、業界内の顧客が価格に敏感に反応する場合、販売網を再構築して、競合企業と同じ価格を維持しながらシェア拡大を図る。

9 防衛戦略

競合他社に勝つことが戦略の唯一の目的ではない。むしろ競合他社との競争を回避し、自社独自の市場地位を強化して収益を獲得することが重要である。

防衛戦略は、①構造障壁を高める、②報復見込みを高める、③攻撃の魅力を減らす、という3つの防衛戦術に分かれる。

【 ポーターの防衛戦略における3つの防衛戦術 】

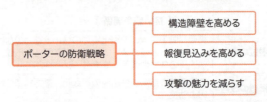

①構造障壁を高める
戦略的提携やM&Aによって、鍵となる技術や資源を保有する他社を、自社の影響下に囲い込む。鍵となる技術や資源を自社の影響下に囲い込むことは、構造障壁を高める戦術である。

②報復見込みを高める
報復の可能性を高める方法も有効である。具体的には、防衛意欲を宣伝する、障

壁作りの気配を見せる、防衛拠点を確立する、販売政策を同等にする、撤退または
シェア低下による損失を大きくする、報復資源を蓄積する、良い競争業者を刺激する、
見本を示す（報復のイメージを植えつける）、防衛的提携を築くといった方法がある。

③攻撃の魅力を減らす

(a) 限定された市場規模の業界に圧倒的な新鋭設備を導入して市場を占有し、
新規参入者がその市場に参入する魅力を削ぐことは、攻撃の魅力を減らす
戦術である。

(b) 競争優位の源泉となる生産工程をブラックボックス化し、コストと品質の
面で他社の模倣を困難にすることも、攻撃の魅力を減らす戦術である。

(c) 特許申請や社内ノウハウの管理を厳重に行って自社技術の漏洩を防ぎ、他
社の参入を阻止することや、競争相手の模倣を困難にすることも、攻撃の
魅力を減らす戦術となる。

VI 国際経営とグローバル戦略

1 新興国への進出

新興国に、先進国で成功している製品を持ち込むだけでは、現地の市場に適合的な製品を提供しながら成長を遂げている巨大なコングロマリットとの競争に後れをとることになりやすい。

新興国の低所得層の市場へ浸透を図る際は、商品配送に支障をもたらす道路事情や商品知識に乏しい顧客が散在しているなどのため、濃密でコストのかかる人的接触重視によるアプローチも求められることに注意する必要がある。

(1) 東南アジアの新興国に進出する際の戦略的課題

① 海外直接投資から業務提携や技術提携

東南アジアへの進出では、海外直接投資による資産の所有が市場の成長への対応を鈍くするため、現地生産による内部化を避けてライセンシングによる生産委託を選択する必要もある。

近年、業際的対応(品質管理や納期管理、販路の確保・拡大など)の必要性が増大している中で、自社が保有する経営資源に限りがあるときは、海外直接投資ではなく、現地企業にライセンシングを行うことにより生産拠点を持たずに早期に製品を供給することにより、先発者の地位を確保し、厳しい競争に勝ち残る必要がある。

② ライセンシング(実施許諾)

ライセンシングとは、特許権などの産業財産権や著作権を保有している権利者が、第三者に対してその使用を有償で許諾することである。権利者は、第三者に対してそのライセンスを許諾することにより、その対価(ライセンス料)を得ることができる。

(2) 中国市場に進出する際の戦略的課題

① 中国市場での企業間競争

巨大な市場となった中国では激烈な企業間競争が繰り広げられている。わが国のエレクトロニクス産業は劣勢に立たされることが多いのに対して、自動車産業は市場への浸透を高めている。そうしたなかで、中国での成功事例を踏まえて、リバースイノベーションの重要性が指摘されている。

② リバースイノベーション

リバースイノベーションとは、先進国で開発された製品を、途上国の開発拠点で現地向けに開発し直し、現地の生産販売を図りつつ、それを先進国モデルへと進化させるイノベーション戦略である。

③ 中国市場進出への戦略行動

現地の需要に対応するための製品開発やマーケティングに関する取り組みとして、次のような戦略がある。

(a) 富裕層をターゲットに先進国の高品質で高価格の製品を輸出して、ステイタス・シンボルに訴える顕示的な消費を促している。

(b) ボリュームゾーンと呼ばれる巨大な大衆市場向けに、現地生産による低価格商品を投入して、価格競争を挑んでいる。

(c) 有名ブランドながら、中国人好みのデザインや色彩、ネーミングにこだわったきめ細かい現地向けの商品政策を展開している。

(d) 流通販売網を独自に整備し、現地の販売拠点に向けて魅力的な報奨制度を設けたり、現地販売員に顧客志向のホスピタリティを訓練したりしながら売り上げを伸ばしている。

【 重要用語 】

> マス・カスタマイゼーションとは、大量生産に近い生産性を保ちつつ、生産（ないし流通）のプロセスの一部を顧客からの注文を受けるまで延期することにより、個々の顧客のニーズに合う商品やサービスを生み出すことである。マス・カスタマイゼーションの例として、モジュラ・コンポーネントの組み合わせを顧客が指示できるパソコン・周辺機器メーカーの製品がある。

リバース・エンジニアリングとは、他社のオリジナル製品のソフトやハードの構造や機能を解析し、その製品における製品技術を読み取り、学習・製品開発することである。

2 海外展開をめぐる対応

`R01-08` `H26-12` `H25-09`

産業空洞化の進行や、国内市場が縮小したために、拡大する海外市場を目指す企業も多い。海外進出する際には、進出予定国のカントリーリスクを分析するとともに、現地人の採用は生産現場の雇用期限付きの賃労働者に限定し、現地人の幹部や現場指導者の登用は能力と適性を見て判断する必要がある。

中小企業が直面する課題は、次の通りである。

① 海外実務を任せられる人材の確保

海外でのマネジメント経験のあるOB・OG人材の採用、社内での海外要員の育成、日系工業団地の活用がある。トラブル対処には、国際弁護士や国内関係機関との連携を構築することも必要である。

② 現地従業員の管理職層への育成と定着

管理職候補者として、日本国内にいる外国人留学生や現地に滞在している日本人を採用し、定着率を図ることが必要である。

③ 信頼できるビジネスパートナーの確保

海外見本市・展示会や懇親会、公的支援機関の支援制度、民間のビジネスマッチングサービスの利用は有効である。また、ビジネスパートナーが信頼できるかどうかを見極め、信頼の構築が難しい場合は進出を中止することも選択肢になる。

第3章 競争戦略　**61**

3 グローバル・マーケティング

企業の海外市場への進出に関連して、企業が国境を越えて進化していくマーケティングには、5つの異なる段階がある。

現地の習慣や文化への配慮の必要性は高く、グローバルな統合の必要性は低い製品を取り扱う企業では、通常、海外子会社が独自に製品開発やマーケティングに取り組み、現地の需要の変化に即座に対応する戦略がとられる。

【 グローバル・マーケティングの発展 】

第1段階	国内マーケティング	対象市場は国内である。競争相手には国内の企業だけでなく海外企業も含まれるが、この段階では多くの企業は国際的な事業環境への注視を行わない。
第2段階	輸出マーケティング	中間業者を利用した輸出が着手され、次第に直接輸出に移行していく。国際化の展開は、組織内部の問題の観点からとらえると、経営者のマインドや組織資源・能力、あるいは事業規模によって左右されることがある。
第3段階	国際マーケティング	製品やプロモーションを、必要に応じて現地の顧客ニーズやウォンツに適合化しようとする。この段階では、生産能力の大きな部分を輸出に割り当てることがあり、国外市場での人的資源の調達だけでなく、輸送コスト、関税、その他規制などの問題を考慮して、国外での生産も行われることもある。
第4段階	多国籍マーケティング	製品開発、生産、マーケティング活動などを主要地域の中で統合的に実施することがもたらす規模の経済の重要性が高まる。共通性の高い地域内での統一コミュニケーション・キャンペーンを実施したり、物流費用の共同負担や生産拠点の共同化を採用したりすることがある。
第5段階	グローバルマーケティング	従来の段階でみられた高コスト化傾向を防ぐため、マーケティング・ミックス標準化によるグローバル顧客の創出や、事業活動全体の国境を越えた統合性の強化などを実施する。

4 国際展開する企業の経営スタイル

R02-12

　本国の本社と、海外拠点間との分業に関する主な経営スタイルには、次の4つがある。

マルチナショナル	資産や能力は各拠点に分散。海外拠点で現地の機会を感知して、自己充足的に活動する。知識は海外拠点で開発・保有される。
インターナショナル	コア・コンピタンスの源泉は本国に集中し、その他は分散。各拠点は本国の能力を活用する。知識は本国で開発し、海外拠点に移転される。
グローバル	資産や能力は本国に集中し、海外拠点は本国の戦略を忠実に実行する。知識は本国で開発・保有される。
トランスナショナル	資産や能力は海外拠点に分散。本国と海外拠点は専門化されて相互依存的になる。知識は各国の拠点が共同開発し、全拠点で共有される。

参考：『新経営戦略論』寺本義也　岩﨑尚人編　学文社

第3章　競争戦略　**63**

VII 競争地位別戦略

1 競争地位別戦略の概要

業界内の企業を、その経営資源の質の高低、量の多寡により、リーダー、チャレンジャー、ニッチャー、フォロワーの4つのポジションに分類し、各々のポジションに最適な戦略のあり方を考えるフレームワークである。

【 相対的経営資源の質・量による業界ポジショニング 】

		相対的経営資源の量	
		多い	少ない
相対的経営資源の質	高い	リーダー	ニッチャー
	低い	チャレンジャー	フォロワー

2 コトラー・嶋口の競争対抗戦略フレーム

コトラーと嶋口充輝は、4つのポジションにおける各々の戦略課題・基本戦略方針・定石戦略を整理・体系化した。

【 競争対抗戦略フレーム 】

	競争対抗戦略		
	戦略課題	基本戦略方針	戦略定石
リーダー	シェア 利潤 名声	全方位型 オーソドックス 同質化（模倣）	周辺需要拡大 同質化 非価格対応 最適市場シェア
チャレンジャー	シェア	対リーダー差別化 非オーソドックス	リーダーができないことへの挑戦
フォロワー	利潤	模倣	リーダー・チャレンジャーの観察と迅速な模倣
ニッチャー	利潤 名声	製品・市場の絞り込み （集中化）	特定市場内での ミニ・リーダー戦略

出典：『戦略的マーケティングの論理』嶋口充輝著　誠文堂新光社　をもとに作成

【 リーダー企業の戦略定石 】

戦略定石	リーダー企業の判断
周辺需要 拡大政策	●市場そのもののパイを大きくする戦略 ●リーダーは質量とも優れた経営資源を持つので、周辺需要が拡大すると、それに対応した市場シェアが獲得でき、売上増加とシェアの維持を見込む
同質化政策	●リーダーは最大シェアを持つため、学習効果あるいは規模の経済性が働き、同じ製品を作れば、競合他社には負けない ●競合企業の採用してきた差別化戦略を模倣・追随して、差別化戦略を無にする
非価格 対応政策	●競合他社の安売り競争に安易に応じない ●価格競争を行うと、最大シェアを持つリーダーが最も利益減少の損害を受ける
最適シェア 維持政策	●シェアをとりすぎるとトータル・コストが上昇する、あるいは、営業に支障をきたす場合がある(消費者運動、法的規制、マスコミからのバッシング 等) ●シェア独占を狙わず、ほどほどのシェアの維持に努める

出典:『戦略的マーケティングの論理』嶋口充輝著　誠文堂新光社　をもとに作成

厳選!! 必須テーマ [○・×] チェック ──第3章──

過去20年間（平成13～令和2年度）**本試験出題の必須テーマから厳選！**

■■■■ 問題編 ■■■ **Check!!**

問1 (H15-04) [○・×]
　業界のリーダー企業は、競争戦略において、経営資源の優位性を生かして、非価格競争をする。

問2 (H15-09改題) [○・×]
業界のニッチャーが行う、ニッチ戦略は隙間市場を狙うので、収益性が悪くなる。

問3 (H15-10改題) [○・×]
企業がタイムベース戦略を実行することは、新たなブランド・イメージを形成するのに有効である。

問4 (R02-03) [○・×]
　売り手が前方統合できる場合には、前方統合が不可能な場合と比べて、売り手に対する買い手の交渉力は低下する。

問5 (H20-03) [○・×]
　いったん戦略グループが形成されると、そのグループから他のグループへの移動は難しくなりがちであるが、グループ内では競争関係は緩和される。

問6 (R02-04) [○・×]
　経験効果を利用したコスト・リーダーシップを追求する場合には、競合企業よりも多くの累積生産量を達成するために、できるだけ早い時点で参入することが有利な方策となる。

問7 (H16-03) [○・×]
　企業が差別化戦略を採用する際には、製品ラインを幅広くして価格訴求力を強めて、広範囲な顧客をターゲットにする。

問8 (H18-05) [○・×]
　時間をかけて形成され獲得される資源は、企業の競争優位の源泉になることが多いが、技術革新や市場の変化のスピードが速い場合は企業の戦略不適合のリスクを高める。

66 ` 第1部 テキスト

問9 (H18-06) [○・×]

　企業は、ライバルとの競争を回避し、自社独自の市場地位を強化して収益を獲得するために、競争優位の源泉となる生産工程をブラックボックス化し、コストと品質の強みを守る。

問10 (H30-05) [○・×]

　継続的に売り上げが減少している衰退業界においては、できるだけ早く投資を回収して撤退する戦略の他に、縮小した業界においてリーダーの地位を確保することも重要な戦略の1つである。

■■■ **解答・解説編** ■■■

問1 ○：リーダー企業の競争戦略の定石は、①周辺需要拡大政策、②同質化政策、③非価格対応、④最適シェア維持政策である。

問2 ×：ニッチャーは、特定市場内でのミニリーダー戦略を採用するため、収益性が悪くなるとは限らない。

問3 ○：市場ニーズに適した新しいブランドをタイミングよく打ち出し、短期間で普及させることができる。

問4 ○：川下の業界を垂直統合（前方統合）できる場合、売り手の交渉力は上昇し、相対的に買い手の交渉力は低下する。

問5 ×：戦略グループが形成されると、そのグループから他のグループへの移動障壁が築かれ、移動は難しくなり、その戦略グループ内で限られた顧客を奪い合うため、競争は激化する。

問6 ○：早い時点で市場に参入することで、先行者優位の源泉のうち技術的リーダーシップを獲得できる

問7 ×：広い範囲とセグメント間の低い差別性と、低価格志向を戦略とした非差別化についての内容である。

問8 ○：ポーターは、テクノロジーの変化が過去の投資や習熟を無駄にしてしまう危険性を挙げている。

問9 ○：競争優位の源泉となる生産工程をブラックボックス化することは、攻撃の魅力を減らす戦術である。

問10 ○：衰退業界においてリーダーの地位を確保することにより、競合他社の市場退出を促すことができる。

第3章　競争戦略　**67**

2次 がついた項目は2次試験でも活用する知識です

本章の体系図

本章のポイント

- 経営資源のうち、情報的資源と他の資源との違いを理解する
- 垂直統合と非垂直統合の違いや、非垂直統合の契約について理解する
- 規模の経済性と経験効果の違いについて理解する
- 2次試験の学習に関連するPPMの4つのセルの概要や対応事例を理解する
- 2次試験の学習に関連するVRIO分析の経済性から組織の各段階の違いを理解する

第4章

経営資源戦略

I 経営資源

II 価値連鎖（バリューチェーン）と垂直統合

III PPMとビジネス・スクリーン

IV VRIO分析

I 経営資源

　本章の経営資源戦略は、PPMやバリューチェーン、VRIOなど、戦略のフレームワークの学習が中心である。それぞれのフレームワークは2次試験にも密接に関連しているため、記述できるレベルまで学習の精度を高めてほしい。

1 経営資源の概要

(1) 経営資源の概要

　企業において、経営資源の利用と蓄積は、経営戦略の策定と実行にとって重要である。**経営資源**は、通常、人的資源、物的資源、資金的資源、情報的資源に区別される。

【 経営資源の種類（情報的資源以外）】

資源の種類	定　義	具体例
資金的資源	戦略を構想し、実行するうえで企業が利用できるさまざまな金銭的資源	自己資本、借入金、信用力、担保となる資産
物的資源	戦略を構想し、実行するうえで企業が利用できる物理的資源	工場・設備・機械・立地、取引先との距離
人的資源	戦略を構想し、実行するうえで企業が利用できる、人的資源	研究者、販売員、経営者、フロー型人材

出典：『企業戦略論【上】基本編 競争優位の構築と持続』
ジェイ・B・バーニー著　岡田正大訳　ダイヤモンド社　をもとに加筆

(2) 情報的資源の特徴

　情報的資源は、①知識情報、②企業情報に分類される。企業の特定の事業分野における活動で蓄積された情報的資源は、その事業に補完的な事業分野以外でも利用することが可能である。

① 知識情報

　市場や技術について企業の日常活動を通じて得られるものである。これは、企業活動における仕事の手順や顧客の特徴のように、日常の企業活動を通じて経験的な効果として蓄積される。

　企業活動における熟練やノウハウなどは、設計図やマニュアルのように言語や数値化されている情報よりも模倣困難性が高く、ノウハウのような情報的資源は、その特殊性が高いほど企業に競争優位をもたらす源泉となる。

② 企業情報

　ブランド・イメージや企業の信用など、企業に関する良い情報を、企業を取り巻く利害関係者が持っていることであり、他の企業に対して差別的な価値を提供する。

企業のブランドのような情報的資源は、その特殊性が高いほど企業に競争優位をもたらす源泉となる。

(3) 情報的資源と他の経営資源との違い

① 学習により自然に蓄積していくこと

情報的資源は、経営戦略の実行により、実際の経営活動の中で経験として自然に蓄積される。他の経営資源である、物的資源の商品や人的資源の労働力、資金的資源の資金は自然に蓄積しない。

② 多重利用が可能なこと

情報や知識は使用しても減少しない資源であるため、ある分野での仕事を通じて蓄積されたノウハウを、他の事業分野で活用することが可能である。他の経営資源（人的・物的・資金的資源）では、多重利用は困難である。

③ 消去するのが困難なこと

経験として蓄積されたノウハウを意識的に消去することは困難である。他の資源では、商品としての物的資源は廃棄できるし、労働者としての人的資源も解雇できる。また、資金としての資金的資源も使い切ることができる。

第4章 経営資源戦略　71

価値連鎖(バリューチェーン)と垂直統合

1 価値連鎖(バリューチェーン)

(1) 価値連鎖

ポーターは、**価値連鎖(バリュー・チェーン)**とは、**価値のすべてを表すものであり、価値を作る活動とマージンからなる概念である**としている。

(2) 価値連鎖分析の目的

価値連鎖分析の目的は、顧客が対価を支払う価値が、自社のどの活動で生み出されているかの観点から、**自社の経営資源およびケイパビリティ(能力)を評価**することにある。

価値連鎖では、商品・サービスが顧客に届くまでにつくられた価値を、活動別に分解して分析する。企業が行う事業活動を調達活動、生産活動、マーケティング活動などの役割ごとに分解すると、自社のどの部分に強みと弱みがあるかを識別しやすくなる。

(3) 価値連鎖の分解

価値連鎖では、企業の活動を主活動と支援活動とに分けている。**主活動**は、**部品や材料の購買物流活動、製造活動、出荷物流活動、販売・マーケティング活動、サービス活動**からなる。

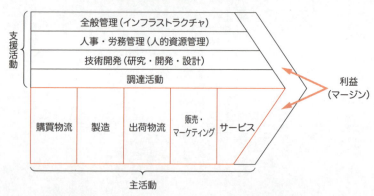

【 価値連鎖(バリュー・チェーン) 】

出典:『競争優位の戦略』マイケル・E・ポーター著　土岐坤・小野寺武夫・中辻萬治訳　ダイヤモンド社

支援活動は、調達活動、技術開発（研究・開発・設計）、人事・労務管理（人的資源管理）、全般管理（インフラストラクチャ）からなる。

現在の事業活動を個々の活動に分解して評価することにより、①強みを発揮して差別化の源泉になる活動、②トータル・コストに占める割合が大きい活動、③今後コストが大きく増加しそうな活動などを識別することができる。

2 垂直統合

R02-06
H30-06
H28-11
H25-06

(1) 垂直統合

垂直統合とは、生産・流通・販売・サービスといった一連の垂直的に関連した機能を企業内に取り込むことである。

企業が自社の中で、価値連鎖（バリューチェーン）の活動にどこまで携わるかによって、垂直統合度は異なる。携わる活動の数が多いほどその企業の垂直統合度は高く、その数が少ないほど垂直統合度は低い。

(2) 前方垂直統合

前方垂直統合とは、企業が垂直統合度を高くする際に、製品やサービスの最終顧客と、よりダイレクトに接触する方向に進む場合である。

【事例】

> 完成品メーカーB社は、販売代理店を通じて製品を販売しているが、販売代理店がライバル会社の製品を優先して販売するため、前方垂直統合により垂直統合度を高めることを検討し始めた。

(3) 後方垂直統合

後方垂直統合とは、製品やサービスの最終顧客から遠ざかる方向に進む場合である。

【事例】

> 部品メーカーのA社は、自社の部品を作るために必要な原材料を製造しているメーカーが少数であり、今後の環境変化により、A社はこれらの原材料の入手が困難となると考えたため、原材料メーカーを買収する後方垂直統合により垂直統合度を高めた。

3 非垂直統合

H25-06

企業が経済的な取引を管理する際に実施する統治選択についてはオプションを持っているのが通常である。その内容を垂直統合か非垂直統合かによって大きく2つに分けた場合、**非垂直統合**による管理・統治の方法は、完備契約、スポット市場契約などに分類できる。

第4章 経営資源戦略　73

(1) 完備契約

完備契約とは、取引において将来起こり得るすべての事態を想定し、それら個々の事態に伴う取引主体の権利と義務を詳細に特定している契約である。完備契約は、契約履行の詳細なモニタリングと、取引主体が契約上の義務を果たさない場合に法的な制裁が科されるという脅威で機会主義をコントロールできる。

(2) スポット市場契約

スポット市場契約とは、製品またはサービスの取引量、価格、および取引時期に関する売り手と買い手間の単純な合意である。売り手も買い手も、非常に低コストで取引相手の変更が可能なため、現在の取引相手が機会主義的に行動し始めた場合にはすぐに、他の取引相手にスイッチして機会主義を回避することができる。

4 コア・コンピタンス経営

コア・コンピタンスとは、プラハラードとハメルが提示した概念で、顧客に対して、他社には、まねをすることのできない自社固有の価値を提供する、その企業独自の中核的な技術やスキルの束である。他社に対して圧倒的に有利で他社には提供できないような利益をもたらすことができ、各企業で何十年にもわたって蓄積され、新事業や新製品開発の成否を担ってきた固有技術や知的資産のことである。

コア・コンピタンスは、企業の未来を切り拓くものであり、所有するスキルや技術が現在の製品やサービスの競争力を支えていることに加えて、そのスキルや技術は将来の新製品や新サービスの開発につながるようなものであることが必要である。

III PPMとビジネス・スクリーン

1 PPM

R01-02
H29-02
H28-02
H27-01
H26-06
H25-02
H25-24
H25-26
H24-07

(1) PPMの概要

　PPM（Product Portfolio Management）は、自社の製品・事業を２つの評価尺度を用い、問題児、花形製品、金のなる木、負け犬の４つのセルに分類し、企業全体としてバランスのとれた収益の獲得と成長の実現を狙う戦略策定手法である。

　自社の経営資源配分の手法であり、多角化が進展したアメリカで複数の事業の合理的な管理手法として誕生した。ボストン・コンサルティング・グループ（BCG：Boston Consulting Group）が開発した。

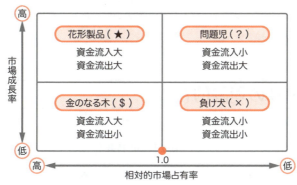

【 BCGのPPM 】

(2) PPMの目的

　PPMの目的は、企業全体のキャッシュフローのバランスをとりながら、収益力と成長性を高める検討を行うことである。また、ドメインの定義と併せることで現実的な資源配分の指針となる。

　金のなる木で生み出した余剰資金を、魅力の高い問題児や花形製品に集中投入しつつ、魅力のない問題児や負け犬から撤退するという、資金の選択と集中が戦略ポイントになる。

　また、事業間のマーケティングや技術に関するシナジーが考慮されていないが、外部技術の導入によって規模の経済を達成することで優位性を構築する事業にも適用できる。

2 PPMの前提となる概念

(1) 戦略的事業単位（SBU）

　戦略的事業単位（SBU：Strategic Business Unit）とは、既存の事業部の枠にとらわれない、戦略的な投資計画の基礎となる組織単位である。戦略事業単位の責任者は、当該事業の成功に必須の技術、製造、マーケティングに関して、計画の範囲内で自由に対処できる。

(2) 市場占有率

① 市場占有率

　ある商品の市場全体において、1つの企業がどの程度の割合を供給しているかを示す指標を市場占有率（市場シェア）という。

② 相対的市場占有率

　PPMで用いられる市場占有率は、相対的市場占有率（相対的市場シェア）である。これは、業界における最大の競合他社の市場占有率に対する自社の市場占有率で表される。高低の分岐点は通常1.0となり、最大の競合他社と自社のシェアが同一であることを示している。

3 PPMの理論的背景

　PPMは次の2つの考え方が理論的背景となっている。

【 PPMの理論的背景 】

(1) 製品ライフサイクル

　製品ライフサイクルとは、ある製品が市場に登場してからやがて消え去るまでに、その売上と利益がたどる変化の過程で、導入期・成長期・成熟期・衰退期の4段階から成立する。これを製品ライフサイクル（プロダクト・ライフサイクル：PLC）という（詳細は、本書のマーケティング論で学習する）。

(2) 経験曲線（学習曲線）

　経験曲線とは、生産量の累積に伴いコストが低下する様子を示す曲線である。縦

軸にコスト、横軸に累積生産量を配したグラフでは原点に対して凸となる。

経験効果（経験曲線効果）によるコストの逓減率は、製品の累積生産量が2倍になると、通常10%〜30%低下するといわれている。

経験効果に基づくコスト優位を享受するためには、競合企業を上回る市場シェアを継続的に獲得することが、有効な手段となり得る。

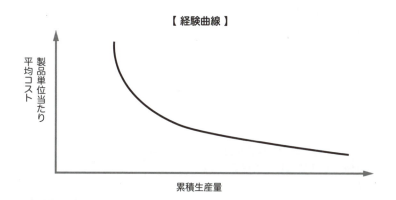

(3) 経験効果の要因

経験効果とは、経験の累積による、作業改善、生産工程・製品設計の改良などがコストの低下をもたらすことである。経験効果は、次のような要因の相乗効果である。また、生産機能において生じる経験効果だけではなく、組織学習の効果も含まれる。そのため、生産工程を保有しないサービス業においても、経験効果は競争優位の源泉となり得る。

① 習熟効果

習熟効果とは、特定の仕事の反復により、能率的な仕事の方法や最短の方法を学習することである。

② コスト低減努力の結果

コスト低減努力には、材料の節約や製造効率の向上、投入資源の代替などの向上への意識的な取り組みがある。

(4) 規模の経済と経験効果の違い

規模の経済は、ある一定程度の総生産量が増加することによるコストの低下を指し、大規模な工場施設の建設などで模倣することはできる。しかし、経験効果の構築にはある程度の時間を必要とする。

4 4つのセルの概要

(1) 花形製品

① 特徴
- 高成長率・高シェア
- 短期的に資金供給源にはならない

② 対応
- SBUのシェアが高いため、利益率が高く資金流入が多いが、成長のための先行投資も必要になる

(2) 金のなる木

① 特徴
- 低成長率・高シェア
- シェア維持のための再投資を上回る、多くの資金流入
- 他のSBUの重要な資金供給源となる

② 対応
- すでに競争優位性のあるSBUは、分野の将来性に大きな魅力はないため、さらなる資金投下には資金効率からの判断が必要である

(3) 問題児

① 特徴
- 高成長率・低シェア
- 資金流入を上回る、シェア拡大のための投資が必要

② 対応
資金投入により、成長市場で競争優位の実現を期待できるSBUの選択が必要である。問題児のSBUに対して積極投資するか否かの判断が必要である。

(4) 負け犬

① 特徴
- 低成長率・低シェア
- 市場成長率が低いため資金流入は少ない
- 収益性は長期的に低水準

② 対応
競争優位性を期待できないSBUからの撤退の検討に加え、市場成長率が低くとも高収益のSBUを選別することが必要である。

78　第1部　テキスト

【 PPMに基づく対応例 】

セル		対応例	解説
①	問題児	自社ではいくつか有力な製品の開発が進んでいるが、莫大な研究開発費がかかるので、有望分野を絞り込むために、これまでしたことのない方法であるが営業部門の意見を聞くべく、開発担当者と第一線の営業所長との合同会議を開催する	やみくもに投資を行うのではなく、「花形製品」へ成長する可能性のある分野に投資を絞るべきであり、顧客のニーズを探るために営業担当の意見を聞くことは有効である
②	花形製品	自社の独創技術による新製品は業界トップを占めて急進しているが、近々他社が類似製品を投入する予定であり、競争の激化が予想されるので、投資を行って他社製品との差別化を図る	さらなる成長のため、生産や研究開発への投資は継続して行うべきである
③	金のなる木	自社製品が強い市場は売上が伸び悩んでいるが、一定の収益が得られているし、これまで投入した生産設備や販売網の投資を考えると撤退は難しいので、現有の製品の改良や販売方法の改善をすることにした	必要最低限の投資を行い、現状を維持すべきである。製品の改良や販売方法の改善は、大きな投資を必要としないため行うべきである
		市場の成長力はかつてのような勢いを失いつつあるものの、自社製品は依然として業界トップの地位にあるので、ライバルに対しては必要最小限の対抗手段をとり、コストのかかる追加投資については慎重な姿勢をとることにした	必要最低限の投資を行い、大きな投資は控えるべきである
④	負け犬	成長力の乏しい不採算部門については、リストラの一環として他社へ売却することにしたが、存続部門と技術的に関連の深い熟練技能者や技術者については他の部門に配属することにした	撤退を検討すべきである。ただし、撤退により他のセグメントの製品に悪影響を与えないように考慮すべきであり、存続部門と技術的に関連の深い技術者を他の部門に配属する方策は適切である

5 ビジネス・スクリーン

　ゼネラル・エレクトリック社（GE社）は、BCGのPPMの限界を補うために、マッキンゼー社と新しいPPMモデルを開発した。ビジネス・スクリーン・モデル（戦略的事業グリッド）である。

　各事業の長期収益性は事業強度と産業魅力度で影響されるとして、3段階に区分した9つのセルのマトリックスになっている。BCGのPPMが現在の事業評価になるのに対し、現在と将来の側面から分析できる点で違いがある。

第4章　経営資源戦略　**79**

【 GEのビジネス・スクリーン 】

		事業強度		
		高	中	低
産業魅力度	高	1 投資・成長	1 投資・成長	2 選別・維持
	中	1 投資・成長	2 選別・維持	3 収穫・撤退
	低	2 選別・維持	3 収穫・撤退	3 収穫・撤退

【 ビジネス・スクリーンの評価内容 】

評価尺度	評価要因の例
産業魅力度	市場規模、市場成長率、利益マージン、競争度、季節性、規模の経済性、学習曲線など
事業強度	相対的マーケット・シェア、価格競争力、製品の質、顧客・市場の知識、販売効率、地理的カバレッジなど

IV VRIO分析

1 リソース・ベースト・ビュー

(1) リソース・ベースト・ビュー (Resource Based View) の概要

リソース・ベースト・ビュー (Resource Based View) とは、企業の強みと弱みを分析する経営資源に基づく企業観の総称である。具体的には、特定の経営資源を活用することにより、企業は競争優位が獲得できると考え、さまざまな経営資源を分析する。VRIO分析はその代表例である。

(2) リソース・ベースト・ビューの特徴

リソース・ベースト・ビューには、次のような特徴がある。

- 企業ごとに異質で、複製に多額の費用がかかるリソース（経営資源）に着目する
- 外部環境（機会・脅威）よりも内部環境（強み・弱み）を重視する

2 VRIO分析

H30-03
H29-03
H29-07
H27-03
H23-03
H20-02

VRIO分析は、SWOT分析の補完分析として、S（強み）の分析に用いる。企業の持つさまざまな強みを4つの問いかけをすることで、ふるいにかけ、強みの優先順位を明らかにする。

【 VRIO分析の4つの問い 】

段階	名　称	内　容
V	**経済性** (Value) に関する問い	企業の保持する経営資源は、その企業が外部環境（脅威や機会）に適応することを可能とするか
R	**希少性** (Rarity) に関する問い	どのくらい多くの競争企業が、その特定の価値のある経営資源をすでに保持しているか
I	**模倣困難性** (Imitability／Difficult to Imitate) に関する問い	その経営資源を保持していない企業は、その経営資源を獲得あるいは開発するのに多大なコストを要するか
O	**組織** (Organization) に関する問い	企業が保持する、価値があり、希少であり、模倣コストの大きな経営資源を、組織全体で使いこなせる仕組みがあるか

出典:『企業戦略論【上】基本編 競争優位の構築と持続』
ジェイ・B・バーニー著　岡田正大訳　ダイヤモンド社　をもとに作成

第4章 経営資源戦略　**81**

3 競争均衡の源泉

(1) 競争均衡の源泉

　企業の経営資源のうち、経済性に関する問いに「Yes」と答えられるものが、競争均衡の源泉となる強みである。企業の経営資源に経済的価値があると判断されるのは、次の2つのいずれかの場合である。

> - 当該企業がそれらの経営資源を保持していなかった場合と比較して、企業のコスト・支出が減少する
> - 当該企業がそれらの経営資源を保持していなかった場合と比較して、企業の収益・収入が増大する

(2) 競争均衡と競争劣位

　経済的価値はあるが、希少ではない経営資源は、業界における競争均衡を創出するが、競争優位の源泉にはならない。

　競争均衡のもとでは、競争優位を獲得できる企業は存在しないが、各企業は互いに標準的な経済パフォーマンスを獲得できる。当該経営資源を持たない企業は、競争劣位に陥り、低い経済パフォーマンスしか享受できない。

R02-01

4 一時的競争優位の源泉

　企業の経営資源のうち、経済性に関する問い、希少性に関する問いの両方に「Yes」と答えられるものが一時的競争優位の源泉となる強みである。

　経済的価値があり、希少性があれば、当該経営資源は、少なくとも一時的競争優位の源泉になりうる。一時的競争優位は、競合他社の模倣戦略によって失われる短期的な優位である。

　保有する経営資源が希少であっても、価値に結びついていなければ競争優位にはつながりにくい。保有する経営資源が希少であることは大事であるが、そのような経営資源は特殊であるため、顧客の価値と合致しないことが起こりやすくなるので、これだけでは競争優位にはつながりにくい。

R02-10

5 持続的競争優位の源泉

(1) 持続的競争優位の概要

　企業の経営資源のうち、経済性に関する問い、希少性に関する問い、模倣困難性に関する問いの3つに「Yes」と答えられるものが持続的競争優位となる強みである。当該経営資源は、持続的競争優位の源泉になりうる。コア・コンピタンス（中核的能力）に該当する強みである。

82　第1部　テキスト

⑵ 持続的競争優位の獲得

予測が困難な環境変化が起きない場合は、希少で価値があり模倣が難しい経営資源は企業の持続的な競争優位の源泉となる。

競争優位の源泉である特殊な経営資源のうち、外部からの調達可能性が低く、その調達コストが高いほど、それを調達済みの企業はコスト上優位になり、持続的競争優位を獲得できる。模倣にかかるコストには、独自の歴史的条件と、因果関係不明性とがある。

【事例】

> B社では、最先端の機械を、最先端の機械を所有しているだけではなく、この機械を使いこなすために熟練技能者同士の協力関係を構築している。B社では、熟練技能者同士の協力関係の構築には、相当な時間とコストが必要であった。

⑶ 独自の歴史的条件

企業が特定の経営資源を獲得・開発・活用する能力は、その企業がいつどこに存在したかに依存している場合がある。以前は国有企業で現在は民営化され株式会社になっている企業の店舗網や技術設備は、国の政策で作られたものであるため、後発の競合企業が模倣することは困難である。また、経路依存性のある経営資源も歴史的条件に含まれる。

経路依存性のある経営資源とは、時間の経過とともに形成され、その形成のスピードを速めることが難しく、時間をかけなければ獲得できない経営資源である。市場における先発企業が、経路依存性のある経営資源を保有することにより、競合企業の模倣を遅らせることができ、市場における脅威から保護される。しかし、経路依存性は企業の行動を規定するため、問題解決が定型化されるなど、組織学習の機会が制約されることがある。

⑷ 因果関係不明性

企業の持続的競争優位と、個々の経営資源の関係が不明確であれば、競合他社が個々の経営資源の因果関係を分析し、要素を分解して模倣するのが困難になる。反対に、因果関係が明確であれば、優れた経営資源も因果関係を分析し、要素分解して模倣しやすくなる。因果関係が不明な場合は、次のような場合である。

> - 企業の内部のメンバーにとってその経営資源があまりに当然なものである場合
> - 経営資源が個別に分離しにくく一体となって競争優位を作り出している場合

第4章 経営資源戦略 **83**

6 組織としての強みの活用

　企業の競争優位は、当該企業の保持する経営資源の経済的価値、希少性、模倣困難性により決まる。

　しかし、競争優位を真に実現するには、当該企業がそれらの経営資源を十分に活用できるように組織化されていなければならない。VRIO分析に組織に関する問いがあるのはこのためである。

厳選!! 必須テーマ［○・×］チェック ――第4章――

過去 20 年間（平成 13〜令和 2 年度）本試験出題の必須テーマから厳選！

■■■ 問題編 ■■■　　　　Check!!

問1 (H14-06改題)　　　　　　　　　　　　　　　　　　　　［○・×］
　PPMにおいて、最大のキャッシュフローは最も成長力の高いセグメントにおいてトップシェアを占めている事業から生み出される。

問2 (H28-08)　　　　　　　　　　　　　　　　　　　　　　［○・×］
　バリューチェーンの各々の価値活動とともに、それらの結びつき方は、企業の独特の経営資源やケイパビリティとして認識することができる。

問3 (H20-02)　　　　　　　　　　　　　　　　　　　　　　［○・×］
　競争優位の源泉である特殊な経営資源の外部からの調達可能性が高く、その調達コストが低いほど、それを調達する企業はコスト上優位になり、競争優位性を長期的に維持できる。

問4 (H30-06改題)　　　　　　　　　　　　　　　　　　　　［○・×］
　部品メーカーA社の部品を作るために必要な原材料を製造しているメーカーが少数であり、環境変化により、A社はこれらの原材料の入手が困難となる場合には、部品メーカーA社は、垂直統合度を高める。

問5 (R02-01)　　　　　　　　　　　　　　　　　　　　　　［○・×］
　組織内のオペレーションを他の企業に比べて効率的に行うことができる技術やノウハウが、業界内で希少である場合、模倣困難性を伴わなくても企業の一時的な競争優位の源泉となる。

第4章　経営資源戦略　　**85**

■■■ 解答・解説編 ■■■

問1 ×：最大のキャッシュフローは、相対的市場シェアが高く、市場成長率の低いセルである金のなる木の事業から生み出される。

問2 ○：価値連鎖では、商品・サービスが顧客に届くまでにつくられた価値を、活動別に分解して分析する。

問3 ×：競争優位の源泉である「特殊な」経営資源は、「希少性」を満たしている。しかし、外部から安い調達コストで調達できるということは、競合企業も安く調達できる可能性があり、「模倣困難性」を満たしているとはいえない。

問4 ○：原材料の安定的な確保のために、垂直統合度を高める。

問5 ○：「効率的に行うことができる」という経済性と、「業界内で希少である」という希少性を満たすため、一時的な競争優位がある。

本章の体系図

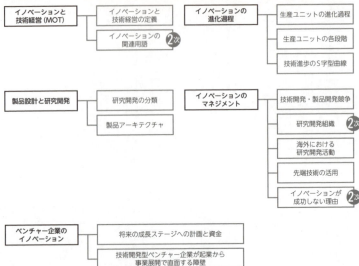

本章のポイント

- イノベーションの定義と関連用語を正確に理解する
- 生産ユニットの進化過程の流動化・成長・特定化のそれぞれの段階の特徴について理解する
- 技術進歩のS字曲線の特徴について理解する
- 製品アーキテクチャのインテグラル型とモジュラー型の内容と、モジュール化の進展について理解する
- 研究開発組織に関する個々の用語について正確に理解する
- ダーウィンの海、デビルリバー、デスバレーについて障壁の内容と対応策を理解する

第5章

イノベーションと技術経営（MOT）

I イノベーションと技術経営(MOT)

II イノベーションの進化過程

III 製品設計と研究開発

IV イノベーションのマネジメント

V ベンチャー企業のイノベーション

I イノベーションと技術経営(MOT)

イノベーションや技術経営 (MOT) には、様々な定義や解釈があるが、試験対策上、中小企業白書と経済産業省の資料 (技術経営のすすめ) を中心に紹介する。

1 イノベーションと技術経営(MOT)の定義

(1) イノベーションの定義

イノベーションとは、一般に、企業が新たな製品を開発したり、生産工程を改善するなどの「技術革新」だけにとどまらず、新しい販路を開拓したり、新しい組織形態を導入することも含み、広く「革新」を意味する概念である。

また、シュンペーター (J.シュンペーター) は、イノベーションとは、既成の概念を覆すような新規の技術や材料、生産手段、産業や組織の再編等によってもたらされる革新と定義している。また、イノベーションにあたる**新結合**の遂行として、次の5項目をあげている。

①新しい財貨(製品)の開発
②新しい生産方法の導入
③新しい販売先(新市場)の開拓
④新しい仕入先(供給源)の獲得
⑤新しい産業組織の実現

【 コラム：経営革新の定義 】

> 中小企業経営・政策で学習する経営革新計画の承認の対象になる新事業活動は、①新商品(製品)の開発又は生産、②新役務(サービス)の開発又は提供、③商品(製品)の新たな生産又は販売の方式の導入、④役務(サービス)の新たな提供の方式の導入、その他の新たな事業活動の4類型としている。シュンペーターの定義と比較すると、④新しい仕入先(供給源)の獲得と⑤新しい産業組織の実現がやや異なる。

(2) 技術経営(MOT)の定義

技術経営 (MOT：Management of Technology) とは、技術に立脚する事業を行う企業や組織が、持続的発展のために、企業が保有する独自技術が持つ可能性を見極めて事業に結びつけ、経済的価値を創出していくマネジメントである。

2 イノベーションの関連用語

⑴ プロダクト・イノベーション

プロダクト・イノベーションとは、新製品・サービスの開発を目指すことである。

⑵ プロセス・イノベーション

プロセス・イノベーションとは、製品・サービスを生産・配送する新しい方法を導入することである。

⑶ 連続的なイノベーション H30-09
（漸進的イノベーション、インクリメンタル・イノベーション）

連続的なイノベーションとは、既存の技術・知識等の延長上での小刻みな改善である。連続的なイノベーションが成功するのは、漸進的に積み上げられた技術進化の累積的効果が、技術の進歩や普及を促進するからである。

⑷ 非連続的なイノベーション H29-11
（急進的イノベーション、ラディカル・イノベーション）

非連続的なイノベーションとは、これまで存在しない画期的な製品や生産方法を誕生させることである。

第 5 章　イノベーションと技術経営（MOT）　**91**

II　イノベーションの進化過程

1　生産ユニット(productive unit)の進化過程

(1) 生産ユニットの進化過程

生産ユニットの進化過程では、横軸に時間、縦軸に重要な革新の頻度をとり、**製品革新（製品イノベーション）** と**工程革新（工程イノベーション）** の観点から分析する。

(2) 製品革新と工程革新

①**製品革新**では、企業内の経営資源（人材や生産設備、顧客情報）が、逆に開発の幅を狭め、イノベーションを抑制する要因になる。
②**工程革新**では、業界内のリーダー企業の経営資源が機能する。

【 製品革新と工程革新における企業対応 】

　企業はドミナントデザインの成立過程に応じて、自社の経営資源を製品技術と製法技術のそれぞれに配分していくことが重要である。

2　生産ユニットの各段階

ドミナントデザインの確立までを**流動化段階**、その後、製品革新の頻度が減少しつつ**工程革新が進む段階を成長段階**、もはや製品革新は末端技術に限られ**工程革新も成熟してきた段階を特定化段階**と呼ぶ。

【 生産ユニットの進化過程 】

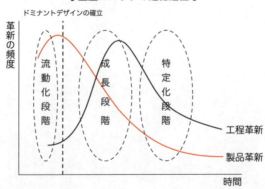

(1) 流動化段階の特徴

① 流動化段階の特徴

消費者が何を求めているか明確ではなく、製品の性能も基準も定まっていないために、多数の異なった製品と工程の組み合わせが存在する。製品革新は起こりやすいが、大量の製品を低コストで連続生産することはできない。

② 流動化段階の組織対応

ドミナントデザインが確立される前は、製品の大きな変更が頻繁に行われるため、設計と製造部門の密接な連携が必要となる。部品毎に企業間で水平分業するのではなく、自社内におけるプロセスとすることが望ましい。

(2) 成長段階の特徴

H25-18

① 成長段階の特徴

ドミナントデザインが確立すると、製品革新は減少し始め、工程革新が増加し、ドミナントデザインをもつ製品をいかに低コストで生産するかについての競争が展開される。

② ドミナントデザイン

ドミナントデザインとは、新たな製品市場において、標準化・固定化されたデザイン（支配的デザイン）のことである。その確立前後で、イノベーションの種類が製品に関する非連続的なイノベーションから、工程に関するイノベーションや連続的なイノベーションへと変化する。

③ 成長段階の組織対応

成長段階前期には、製品アーキテクチャは確立され製品革新は減少する。しかし、低コスト生産や生産量拡大に対応するために大幅な工程の変更が必要となる。成長段階後期には、製品アーキテクチャが安定し不確実性が減少するため、専用的な原材料の利用へと移行し、供給源は垂直統合されるようになる。

(3) 特定化段階の特徴

H19-07

① 特定化段階の特徴

機能上も標準化されコモディティ化した製品を、高度にオートメーション化された設備と監視労働による製法で生産する。当該製品の市場での需要の伸びも大きくなくなり、一応の工程革新を終えた生産工程は業界内で標準的なものになる。

製品革新は末端技術に限られ、品質向上や原価低減のための積み重ね的な革新は行われているが、大きな革新は行われにくくなる。

② コモディティ化

コモディティ化とは、参入企業が増加し、商品の差別化が困難になり、価格競争の結果、企業が利益を上げられないほど（限界費用の水準）に価格低下することである。コモディティ化の3要素として、①モジュール化、②中間財の市場化、③顧客価値の頭打ちがあげられる。

コモディティ化により標準化した技術や中間財が利用できる市場は参入障壁が低

第5章　イノベーションと技術経営（MOT）　93

いため多くの企業が参入する。商品間の差別性が失われ同質化（パリティ化）し、価格競争に陥ってしまう。

【 コモディティ化の3要素 】

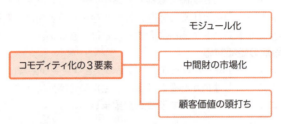

③ **特定化段階の組織対応**
　特定化段階には企業間の分業が進み、製品・工程ともに革新の頻度は低くなってしまうが、これを再び流動化段階に脱成熟させるには、一定以上の垂直統合が必要となる。バリューチェーンの中で、今まで携わってこなかった活動も取り込み、垂直統合度を上げることで、革新の創出を図る。

【 各段階のイノベーション 】

段階	業界の状況	イノベーションのテーマ
流動化段階	業界内で製品の機能や性能が定まっていない	製品革新による差別化が中心
成長段階	ドミナントデザインの確立により、競争の展開が変化する	製品革新から工程革新へと移行
特定化段階	コモディティ化された製品が市場を支配する	コスト優位を確保する工程革新の追求

(4) ドミナントデザインの確立に影響を与える4つの要因
　ドミナントデザインの確立に影響を与える条件として、次の4つの要因がある。

要因	具体的内容
補完的資源	流通チャネル、ブランド・イメージ、顧客のスイッチングコスト、ネットワークの外部性など
産業の規制と政府の介入	業界のルールを変える、規制や規制緩和、補助金等の施策など
企業レベルの戦略行動	業界内に「仲間を増やす」ためのオープン戦略など
生産者とユーザーのコミュニケーション	リードユーザー（革新者）との密接な関係によるブランディング

① **ネットワークの外部性**
　ネットワークの外部性とは、ネットワークのゲームなどのネットワーク型のサー

ビスにおいて、加入者数が増加するほど、1人の利用者の便益が増加する現象である。競合よりも早期にユーザー数を増やすことで、競争優位を獲得しやすくなる。

【 ネットワークの外部性の効果 】

直接的効果	ユーザー数が増加するほど、品質や利便性などの便益が直接増加する効果
間接的効果	ユーザー数が増加するほど、補完財の多様性が増大したり価格が低下したりすることで、ユーザーの便益が結果的に増加する効果

② オープン戦略とクローズ戦略

オープン戦略とは、他社に公開またはライセンスを行う戦略のことである。他社に自社技術の使用を許すことで、業界内での標準化やデファクト・スタンダード化を図り、自社利益の拡大を目指す。

クローズ戦略とは、技術などを秘匿または特許権などの独占的排他権を実施する戦略のことである。

③ デファクト・スタンダード（業界標準、事実上の標準）

デファクト・スタンダードとは、事実上の標準であり、国際機関や標準化団体によって公式に定められたものではなく、市場の実勢によって標準とみなされるようになった規格・製品のことである。

また、**デジュール標準（公的標準）**とは、公的で明文化され公開された手続きによって作成された標準である。具体的には、写真フィルムの感度を表すISOの値などがある。

> ● 自社規格がデファクト・スタンダードとなるためには、公的な標準化機関の認定を必要としない。
> ● デファクト・スタンダードとなる規格の登場により、多くの企業が同一規格の製品を販売し、機能面での差別化競争や安さを売りにした低価格競争が激化することがある。

④ リードユーザーの意見の活用

リードユーザーとは、先端的な提案型ユーザーのことである。リードユーザーの意見は、イノベーションの源泉となり、革新的な製品を生み出す可能性を秘めている。一方、一般ユーザーの意見に基づく製品開発は、既存製品の改良に留まる可能性が高い。リードユーザー法は、①先進性新製品やプロセスのニーズに関連して特定されるトレンドの最先端にいるという先進性、②それらのニーズが解決されることによって、比較的高い純便益が得られると期待しているという高便益期待という、2つの特徴を持つリードユーザーを調査対象者として選定し、彼らからソリューション情報を収集することによって新製品開発を行う手法である。

リードユーザーから得られた外部情報をどれだけ利用できるかは、当該企業が持つ、その情報についての事前知識（吸収能力：absorptive capacity）の量に依存している。

⑤ 吸収能力（absorptive capacity）

吸収能力とは、企業のイノベーションにとって欠かせない、外部の知識を評価し活用する能力のことである。自社の基礎研究への投資は、吸収能力を高める効果を持ち、急速に進化する科学技術をイノベーションに活かすことに役立つ。

様々な分野で知識創造が行われている現代社会において、すべての技術的知識を自社内で開発することは困難であり、企業のイノベーションプロセスには外部からの知識が不可欠になっている。

3 技術進歩のS字型曲線

(1) 技術進歩のS字型曲線（S字カーブ、Sカーブ）

技術進歩のS字型曲線は、技術戦略を考える際に重要なものである。これは、一定期間の技術努力によって得られる製品の性能向上の成果が、技術が成熟するにしたがって変化していくことを表している。

技術進歩のパターンが、時間が経過するにつれて、S字型の曲線をたどることがあるのは、時間の経過とともに基礎となる知識が蓄積され、資源投入の方向性が収斂するからである。

(2) 技術進歩のS字型曲線の特徴

①初期段階では、性能向上の速度は比較的遅く、②普及段階では、技術に関する知識が蓄積し、理解されて扱いやすくなり普及すると技術の向上は加速していき、性能向上も加速する。③成熟段階になると物理的な限界に近づくため、性能向上のために今まで以上の技術努力が必要となる。

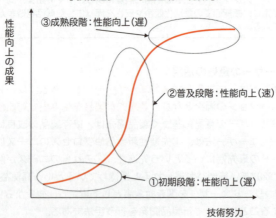

【 技術進歩のS字型曲線の特徴 】

(3) 不連続な性能向上

S字型曲線では、現在の技術と後継の技術が重なり合って現れることが多い。そのため、企業において技術経営を考える際には、S字型曲線の変曲点を見きわめ、現在の技術に取って代わる後継技術を開発する必要がある。

図表のように現在の技術と後継技術が重複する時期が来たら、うまく技術を乗り換えることが課題である。

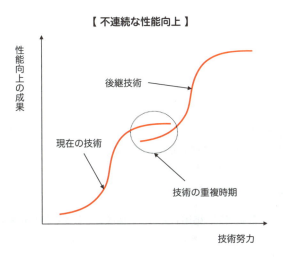

【 不連続な性能向上 】

(4) テクノロジー・プッシュによるイノベーション

業界主流の製品を供給している企業は、技術イノベーションに注力しすぎて、当該製品をしばしば消費者の求める製品の性能から乖離した高性能製品にしてしまうことがある。技術中心の**テクノロジー・プッシュによるイノベーション**は、顧客のニーズと乖離してオーバー・スペックの製品を開発してしまうおそれがある。

III 製品設計と研究開発

1 研究開発の分類

企業内の研究開発は一般的に、基礎研究、応用研究、開発研究の3つに分類される。

(1) 基礎研究

基礎研究とは、特別な応用、用途を直接に考慮することなく、仮説や理論を形成するため、もしくは現象や観察可能な事実に関して新しい知識を得るために行われる理論的または実験的研究をいう。

(2) 応用研究

応用研究とは、基礎研究によって発見された知識を利用して、特定の目標を定めて実用化の可能性を確かめる研究およびすでに実用化されている方法に関して、新たな応用方法を探索する研究をいう。

(3) 開発研究

開発研究とは、基礎研究、応用研究および実際の経験から得た知識の利用であり、新しい材料、装置、製品、システム、工程などの導入または既存のものの改良をねらいとする研究をいう。

2 製品アーキテクチャ

(1) 製品アーキテクチャ (product architecture)

① 製品アーキテクチャの定義

製品を構成するどの部品に、必要な機能を持たせ、その部品の間をつなぐインターフェースをどうするかについての設計思想を製品アーキテクチャという。

② インテグラル型とモジュラー型

製品アーキテクチャは、構成要素間に配分される機能のパターンと構成要素のインターフェース（共用部分）のルール化の程度によって、自動車や大型旅客機などのインテグラル型（すり合わせ型）とデスクトップパソコンなどのモジュラー型（組み合わせ型）に分類される。

近年、わが国の自動車メーカーにおけるモジュール生産の進展にともない、車種間で共用化を進める基本部分と、多様化のための可変的な部分を切り分ける生産体制がとられるようになった。

サプライヤー（自動車部品メーカー）は、モジュール生産に柔軟に対応するために、あらかじめ一定数の部品をモジュール化して組み立てて自動車メーカーに納入し、

自動車メーカーの最終組み立てを容易にしている。

【 製品アーキテクチャの違い 】

製品アーキテクチャ	特徴	メリット	デメリット
インテグラル型	●機能と物的構成要素の間の対応関係が複雑に絡み合う ●構成要素間の機能的相互依存性が高い	●製品全体の性能の向上や構成要素の最適化が可能になる	●製品の複雑さが増大する ●調整の負荷や開発コストが上昇する
モジュラー型	●構成要素間の機能的独立性が高い ●構成要素は構造的に相互に独立している ●インターフェースがルール化されている	●個々の構成要素の設計は、他の構成要素の設計とはある程度無関係に並行して進めることができる ●設計の自由度が増し、構成要素ごとの技術革新が促進される	●製品全体の最適設計が困難になる ●構成要素間のインターフェースの管理コストが増大する

出典:『ビジネス・アーキテクチャ　製品・組織・プロセスの戦略的設計』
藤本隆宏・武石彰・青島矢一編　有斐閣　をもとに作成

⑵ モジュール化の進展による技術戦略の変化

モジュール生産とは、部品又はユニットの組み合わせによって顧客の多様な注文に対応する生産方式 (JIS-Z8141-3205) である。組立品から完全に取り外されるように設計されたユニットを**モジュール**と呼び、その単位の部品をモジュール部品と呼ぶ。

① 価格競争の進展

部品の**モジュール化の進展**によって、生産工数を減らすことができるので、短期的にはコストの低下や生産性の向上が期待できる。しかし、自社固有の技術開発余地が狭まり、標準部品を使った製品間の競争が激化する。

モジュール化の進展は組立メーカーの参入障壁を低下させ、技術面での差別化が難しくなるため、価格競争に陥りやすい。

② 独自の技術開発の進展

パソコンでいうと、CPUやOSなどの製品サブシステムのインターフェースが標準化されるにつれて、部品メーカーは一定のデザインルールのもとで、独自に技術開発を進めることが可能になる。

③ 製品ライフサイクルの短縮化

モジュール化の進展により、メーカーは要素部品の組み換えや製品デザインの変更によって消費者の購買意欲を喚起する方向に進みやすい。しかし、部品の組み換えやデザイン変更は、一時的な効果しか得られない場合も多く、そのことが製品ライフサイクルの短縮化につながっている。

IV イノベーションのマネジメント

1 技術開発・製品開発競争

(1) 性能アップ競争における数値目標の追随

技術革新をめぐる競争が製品の性能アップ競争として展開される場合、性能を数値目標化して開発を進めると、数値目標が目に見えやすくなるので、ライバル企業の追随を受けやすくなる。

(2) 国際水平分業化によるシェア拡大

製品のキーデバイスを外部調達して大量安価に製品を供給できる仕組みを、国際的な水平分業によって実現できれば、世界的に市場シェアを高めて、コスト・リーダーシップを握ることが可能になる。国際水平分業化は、世界的な生産規模をいかに早く達成するかという時間と規模を優先したモデルである。

(3) 性能アップ競争に伴う顧客の評価の厳格化

製品の性能アップ競争が激しくなると、顧客による性能対費用の評価も厳しくなり、性能アップに費やした研究開発費を価格に転嫁できず、企業の収益性は悪化する。

2 研究開発組織

H25-11
(1) 研究開発組織の組織形態

企業におけるプロダクト・マーケティングを担当する組織にはさまざまな形態がある。最も一般的なのは、「商品企画部」「製品開発部」といった名称を持つ製品の企画・開発を恒常的に担っている組織である。

① 製品開発部門

製品開発部門とは、製品の企画・開発を恒常的に行っている組織である。全社の役割が機能的に区切られている機能別組織を採用している場合、生産や研究開発、販売（営業）や総務・財務部門とともに、企業の一部を構成する。

② プロダクト・マネジャー組織

プロダクト・マネジャー組織とは、1つの事業部門で、特定の製品ないしブランドごとに担当するプロダクト・マネジャーないしブランド・マネジャーを設置して、生産・営業・研究開発などの垂直的職能組織間の水平的調整を図る組織形態である。

⑵ 自己組織化（セルフ・オーガナイゼーション）

H21-10

① 自己組織化の概要

　変化の激しい市場環境の下では、新製品開発にもスピードと柔軟性が求められる。そのため、概念設計、機能設計、生産設計、量産設計などの設計プロセスや生産計画の立案などの各フェーズに、関連する部門が重複して参加・協働する知識創造の場として、自己組織化（セルフ・オーガナイゼーション）を促進する開発方式がとられることがある。

② 自己組織化した組織において新製品開発活動が成功する条件

　自己組織化したチームの中では、お互いの担当領域に侵入することが奨励される。部門の責任・権限関係に混乱が生じないよう、あらかじめ明確に分業関係を構築しておかないことが条件となる。

⒜ 異なる職能間での学習の促進

　自己組織化した組織では、個人・集団・企業といった異なるレベルの学習とともに、異なる職能間での学習も促進する必要がある。

⒝ トップによる具体的基準の設定の不必要

　自律性の要件により、組織メンバーはできるだけ自由であるべきであり、トップは具体的基準を設定しない。

⒞ 命令の一元性の適用除外

　自己組織化した組織は、多様な部門から参加するプロジェクト組織であり、命令の一元性の確保は難しい。複数の部門間での調整に混乱が生じないよう、命令の一元性を徹底する必要はない。

⑶ 企業内起業家制度

H30-08

　企業内起業家制度では、組織内で自律した位置づけと経営資源を与えられるベンチャー・チームを活用することがあり、イノベーションを生み出す企業家精神、哲学、組織構造を内部に発展させようとする試みである。

⑷ 社内ベンチャー

R01-10
H28-09
H24-08
H22-15

　社内ベンチャーとは、何らかの形で規律を課され、コントロールされた擬似的ベンチャーであり、社内における創業である。

　社内に独立性の高い集団を設けて小さな独立した企業のように運営させるが、新しい事業領域での学習のための装置としても適切な組織である。本業や既存事業の思考様式にとらわれない発想を生み出し、本業や既存事業とは異なった事業分野への進出や根本的に異質な製品開発を目的として設置されることが多い。

① 社内ベンチャー導入の留意点

- トップは自社の未来について明確なビジョンと方向性を提示し、社内企業家が自社の戦略と直接に関係する革新を創造するよう奨励する。
- 必ずしも早期にスピンアウト（企業から独立）させることが望ましいとは限らない。

第5章　イノベーションと技術経営（MOT）　**101**

- 戦略的重要性と業務上の関連性によって、その性格に適した組織的位置付けを与えてコントロールする。

② 社内ベンチャーの効果

- 新事業の運営について、本業や既存事業からの過剰な介入や悪影響を排し、トップダウン型の思考様式から乖離した発想を生み出すことができる。
- 中間管理職（革新的ミドル）やトップ・マネジメントに組織学習の契機を与える。
- 新事業の運営について自律感を高め、新事業の推進に必要な心理的エネルギーを生み出す組織としての役割を果たすことができる。

③ 社内ベンチャーを成功に導く要因

高額の金銭的報酬ではなく、全社的な見地から、組織的な枠組みを与え、社内企業家の自由と創造性を発揮しうる「舞台」を設定することである。

R02-08
(5) バウンダリー・スパンニング (boundary spanning)

バウンダリーとは、組織論において組織の内側と外側の境界線をいい、**バウンダリー・スパンニング**とは、組織の内側と外側の境界線を連結する活動（境界連結活動）である。

製品イノベーションを効果的に行うための境界連結活動は、①組織内に対しては、研究資金の獲得、製造部門やマーケティング部門などの情報収集、②組織外に対しては、顧客情報や専門性の高い技術情報の収集、外部組織との連携促進をすることなどがある。

H29-10
(6) 新製品開発や新規事業の進捗管理

① ステージゲート管理

ステージゲート管理とは、新製品開発や新規事業などのプロジェクトを、効果的、効率的にマネジメントすることを目的に、プロジェクトの段階ごとにチェックポイントを設ける管理方法である。

【 ステージゲート管理の例 】

発見 魅力的な顧客提案機会の発見	企画 事業提案の作成	実行 取り組みの実行	準備 市場投入の準備	市場投入 市場参入
主要な意思決定の例	人員を配置すべきか？	基本設計は完了したか？実行を開始するか？	基準を満たすか？市場投入計画は承認されたか？	市場投入の準備は完了しているか？
マイルストーンの例	プロジェクトの組成	プロジェクトへのコミットメント	市場投入計画の合意	市場投入の承認

出典：『ステージゲート法　製造業のためのイノベーション・マネジメント』ロバート・G・クーパー著　英治出版

② 新製品の事業化

新製品の事業化では、顧客や市場の評価を早期に把握して、その結果を開発活動にフィードバックして、場合によっては開発段階が後戻りすることを許容する方が新製品の迅速な立ち上げに有利に働く。

(7) NIH (Not Invented Here) 症候群

NIH症候群とは、安定した構成のプロジェクトグループが、自らが属す分野の知識を独占的に所有していると信じる傾向のことである。NIH症候群により、外部の新しいアイデアはパフォーマンスを損なうとして排除してしまうことがある。

【事例】

> A社では、既存製品のバージョンアップによる新製品開発も成熟段階に達したため、既存のマトリックス組織のもとで、これまでの製品とは不連続な技術による新製品の事業化に乗り出した。
> 　この製品の利益率は既存の製品群に比べて高かったので、機能マネジャーは積極的に生産的経営資源を新規事業分野に配分し始めたが、既存製品のバージョンアップが新製品に結びつく段階では有効に機能したマトリックス組織が、既存製品とは不連続な技術に基づく新規事業を遂行するには障害となり、A社全体の利益率は低下した。

(8) OEM
(Original Equipment Manufacturer/Original Equipment Manufacturing)

OEMとは、相手先ブランドによる委託生産を受託する製造業者、またはその委託生産方式のことである。技術革新のスピードが速い技術分野では、生産設備への投資が陳腐化してしまうリスクが大きい。

そのため、製品供給は外部の企業に委託し、自社では当該製品の技術標準や自社ブランド力維持に重点をおくという戦略行動が有効である。

(9) オープン・イノベーション

① オープン・イノベーションの概要

オープン・イノベーションとは、企業内部と外部のアイデアを有機的に結合させ、価値を創造することである。オープン・イノベーションのメリットは次のとおりである。

(a) 企業外部の経営資源の探索プロセスにおいて、内部での商品開発に対する競争圧力が強くなり、組織の活性化につながる。
(b) 企業内部の優れた人材に限らず、企業外部の優秀な人材と共同で新商品開発を進めればよく、内部での開発コストの低減が期待できる。
(c) 一般的に、より高い専門性を持つ企業との連携などによって、新商品開発プロセスのスピードアップにつながる。

② チェスブローのオープン・イノベーション

知識の流入と流出を自社の目的にかなうように利用して、社内イノベーションを加速するとともに、イノベーションの社外活用を促進する市場を拡大することをいう。

チェスブローは、自社のテクノロジーを発展させたいなら、社内のアイデアとともに社外のアイデアを活用すべきであり、市場への進出にも社内とともに社外を経由したルートを活用すべきだとしている。

また、オープン・イノベーションは、基盤技術の開発などのコラボレーションというよりも、事業化レベルのコラボレーションを促進するという特徴がある。

H25-15 ⑽ 企業の渉外担当者 (boundary personnel)

① 企業間取引関係

企業間取引関係は、それぞれの企業の渉外担当者 (boundary personnel) の行動によって担われている。

企業の渉外担当者は、外部組織が自らの組織に対して影響力を行使する際にターゲットとなるため、それに対応するのに十分な交渉力を持つ必要がある。また、組織変革にとって重要な誘導者となることもある。

② 企業の渉外担当者の機能

企業の渉外担当者の機能には、次のようなものがある。

(a) 外部環境の情報を得て、組織内の各部門に対し不確実性を削減する機能
(b) 外部組織との連結環としての機能
(c) 外部組織の脅威から自らの組織を防衛する境界維持的機能
(d) 組織内部の組織的意思決定を、具体的な環境適応行動として実行する機能

R02-07 ⑾ プロジェクト・マネジャー

商品ライン間の技術共通化など、複数の開発プロジェクトを統合的にマネジメントする場合、関連組織を横断的に組織化したプロジェクトを先導する重量級プロジェクト・マネジャーを設けることより、複数のプロジェクトを統括管理するプラットフォーム・マネジャーを設けることが効果的である。

3 海外における研究開発活動

⑴ 海外拠点の設置の特徴

企業はグローバル化するにつれて、海外でも研究開発活動を展開するようになる。海外拠点の設置には次のような特徴がある。

- 海外市場や海外生産への依存度が高くなると増える傾向が見られるが、進出先の研究開発力が劣っているとその傾向は弱まる
- 企業が、海外への技術移転、海外子会社の要請、現地の研究能力や技術の獲得を考えている場合に、海外研究開発拠点の開設に積極的になりやすい
- 企業が、国内で研究開発の規模の経済が大きい場合や技術ノウハウの保護を重視する場合、海外研究開発拠点の開設に消極的になりやすい
- 国の差異を利用してグローバルに技術ノウハウを蓄積することによって、研究開発のグローバル・シナジーが実現される可能性が高い場合には積極的になりやすい

(2) グローバル・シナジー

グローバル・シナジーとは、国際的な複数の拠点で生み出された資源を多重あるいは共通利用することによって生じる国際的な地域（拠点）間シナジーである。グローバルレベルで競争優位を獲得している企業は、海外研究開発拠点の能力をグローバルな製品開発に活かしている。

4 先端技術の活用

近年、先端技術を集積したデジタル製品が苦戦している。その原因として、急速に悪化する景気の影響をあげることができるが、それ以上に、この分野に特有の競争と収益の構造による影響が大きい。

(1) レファレンス・モデルの活用

レファレンス・モデルとは、組立メーカーの製品開発を支援するための機器（モデル）である。レファレンス・モデルには、組立メーカーが必要とする機能をふんだんに盛り込んでおり、組立メーカーはこのモデルを使用して自社が望む製品に仕上げることができる。

最新技術の擦り合わせのための技術が最小限で済み、製品市場への参入障壁は低くなる。

① EMSなどでのレファレンス・モデルの活用

EMS（Electronic Manufacturing Service：電子機器受託製造サービス）やモジュール部品供給メーカーはシステム統合の技術を、レファレンス・モデルを通じて提供する場合が多い。

② インターフェースの標準化

インターフェースとは、2つ以上の異種のものを接続する場合の接続部分である。通常、コンピュータと周辺機器を接続する際の転送手順や速度などの仕様のことをいう。人間とコンピュータの間のインターフェースを特にユーザー・インターフェースという。

5　イノベーションが成功しない理由

　イノベーションが成功しない理由の一つに、新規技術への取り組みの遅れがある。新規技術への取り組みが遅れる原因には、次のようなものがある。

(1) 既存製品への依存

- 新しい技術による新製品に市場は移りつつあるのに、既存の旧製品で利益が出ているため、経営者が新製品への投資を躊躇している状態がある。
- 業界で市場シェアの高い有力な製品をもつ企業では、現有市場の顧客ニーズを重視するあまり、自社のこれまでの技術と異質な新規技術への取り組みが後手に回り、次世代技術に乗り遅れる。
- イノベーションにより既存製品の顧客ではない、新しい顧客が重要なユーザーとして登場するとしても、既存製品の顧客とのつながりを大切にして見逃したり、つい後回しにしたりしてしまうことがある。

(2) 技術面の影響

- 開発時の技術が顧客の支持を受けるほど、その後の技術発展の方向が制約されやすく、技術分野が固定化されて企業の競争優位が失われていくことがある。
- ある技術システムとそれを使用する社会との相互依存関係が、その後の技術発展の方向を制約するという経路依存性がある。
- 製品の要素部品の進歩や使い手のレベルアップが、予測された技術の限界を克服したり、新規技術による製品の登場を遅らせたりすることもある。
- 自社技術の拡散スピードが速く、技術優位性を守りにくい場合、後発企業から模倣されやすいため、先発者利得を獲得するのは困難である。累積生産量を大きくしても、コスト面での差別化につながりにくい。

(3) 市場ニーズとの関係

- 市場ニーズに適合的な技術に基づく製品は、企業の成長に貢献すればするほど、革新的な技術の製品が新しい市場を築き始めると、急速に市場を失うことがある。
- 部門内に蓄積された大量の情報や暗黙知などは、技術部門と営業部門の交流を阻むので、市場ニーズから遊離した製品が開発されやすくなる。

V ベンチャー企業のイノベーション

1 将来の成長ステージへの計画と資金

スタートアップ段階のベンチャー企業は、将来の成長ステージについて段階を追って計画を立て、達成目標と時期を明確にしたマイルストーンの明示を真剣に考慮する必要がある。累積的なキャッシュフローを予測して、それを経営の根幹に位置付けて計画を検討することも必要である。

(1) Jカーブ曲線

H26-11

① Jカーブ曲線の概要

スタートアップ段階のベンチャー企業のような新規事業の立ち上げにおいては、最初はキャッシュフローがマイナスになり、成果が出るとキャッシュフローがプラスに転じる。この累積的なキャッシュフローを描いた曲線をJカーブ曲線という。

② リスクと時間の影響

Jカーブ曲線は、新製品・サービスの開発、生産、販売などを予想通り行えるかどうかのリスクを示し、商品の市場投入までの時間と量産までの時間の両方から影響を受ける。

(2) ベンチャー企業の成長と資金提供

H29-09

成長をめざすベンチャー企業にとって外部資金の獲得は欠かせない。ベンチャー企業への資金提供には、次のようなものがある。

① ベンチャーキャピタル

ベンチャーキャピタルとは、ベンチャー企業を資金的に支援する機関である。事業の成長により企業価値を高めることで、新規株式公開やM&Aを通じて投資した資金を回収することが一般的である。ベンチャーキャピタルのうち、投資先に経営者を派遣し経営に深く関与するのがハンズオン型、投資先のマネジメントに任せるのがハンズオフ型と呼ぶ。

② 投資事業有限責任組合

ベンチャー企業など、事業者への投資を行うファンドを創設・運用するために設立された組合である。無限責任組合員と有限責任組合員とから構成され、組合の業務は無限責任組合員が執行する。業務執行を伴わない組合員は、その出資額を限度として組合の債務を弁済する責任を負う。

2 技術開発型ベンチャー企業が起業から事業展開で直面する障壁

H30-12
H27-08
H26-09
H20-07
H17-03

ダーウィンの海は、ハーバード大学のブランスコム（L. Branscomb）が提唱している概念である。製品を市場に投入した後に、厳しい市場環境の中で本当に生き残

第5章　イノベーションと技術経営（MOT）　　107

れるかどうかを、ダーウィンの進化論になぞって名前をつけたものである。

(1) ダーウィンの海

① 障壁の内容

ダーウィンの海とは、開発商品を事業化して軌道に乗せる際、既存商品や他企業との激烈な競争に直面するという障壁である。

② 対応策

大手企業とのアライアンスやファブレス生産に取り組み、生産、販売、マーケティング、アフターサービスが一体となった体制などによって回避を試みる。

③ ファブレス生産

ファブレス生産とは、工場を持たずに生産をアウトソーシングし、他社に依存する生産方法である。工場を持たないため、多大な設備投資や設備維持の負担やリスクを負わずに、設計や開発、マーケティングなどに専念することができる。

④ アウトソーシングの留意点

アウトソーシングをする場合には、アウトソーシングする事業領域と自社で取り組む事業領域を区分して経営資源を集中特化することが必要である。これにより、特定事業領域で独自能力の構築を目指すことが可能になる。

(2) デスバレー (死の谷)

① 障壁の内容

デスバレーとは、応用研究と商品開発ないし事業化との間に存在する資金や人材の不足などという障壁である。

② 対応策

所有している特許権や意匠権などの知的所有権のうち、一部の専用実施権を第三者企業に付与することや、社内プロジェクトメンバーについての担当の入れ替え、メンバーの権限付与の見直しなどによって回避を試みる。

③ 専用実施権

特許権者以外の者が、ある範囲内において、独占的に特許発明の実施をする権利である（詳細は弊社「経営法務」で学習する）。

(3) デビルリバー (魔の川)

① 障壁の内容

デビルリバーとは、技術シーズ志向の研究のような基礎研究からニーズ志向の応用（開発）研究に至る際の障壁である。

② 対応策

基礎技術や高い要素技術を必要とする領域は大学に任せ、TLO を活用して連携を積極的に行うことなどによって回避を試みる。

③ TLO (Technology Licensing Organization)

TLOとは、技術移転機関のことで、大学の研究者の研究成果を特許化し、それを企業へ技術移転する法人であり、産と学の「仲介役」の役割を果たす組織である。

厳選!! 必須テーマ［○・×］チェック ― 第5章 ―

過去20年間（平成13〜令和2年度）本試験出題の必須テーマから厳選！

■■■ 問題編 ■■■　　　　Check!!

問1 (H30-09)　　　　　　　　　　　　　　　　［○・×］
技術進歩のパターンが経時的にS字型の曲線をたどることがあるのは、時間の経過とともに基礎となる知識が蓄積され、資源投入の方向性が収斂するからである。

問2 (H30-08)　　　　　　　　　　　　　　　　［○・×］
製品イノベーションを戦略的に達成するには、バウンダリー・スパンニングが必要となるが、バウンダリー・スパンニングは、技術、マーケティング、生産の各担当者が、互いにアイデアや情報を共有することである。

問3 (H17-03)　　　　　　　　　　　　　　　　［○・×］
ダーウィンの海とは、医療技術がITやロボット工学と融合して医療ベンチャーが誕生する現象をいう。

問4 (H28-04)　　　　　　　　　　　　　　　　［○・×］
オープン・イノベーションは、企業外部の経営資源の探索プロセスにおいて、内部での商品開発に対する競争圧力が強くなり、組織の活性化につながる。

問5 (H29-09)　　　　　　　　　　　　　　　　［○・×］
中小企業へ投資する投資事業有限責任組合では、組合の業務を執行する者は有限責任組合員である。

■■■ 解答・解説編 ■■■

問1　○：設問文のとおり。
問2　×：バウンダリー・スパンニングとは、組織の内側と外側の境界線を連結する活動（境界連結活動）である。
問3　×：ダーウィンの海とは、最新の技術で開発された製品が市場競争を通して生き残ることが難しい現象をいう。
問4　○：設問文のとおり。
問5　×：組合の業務は無限責任組合員が執行しなければならない。

第5章　イノベーションと技術経営（MOT）

2次 がついた項目は2次試験でも活用する知識です

本章の体系図

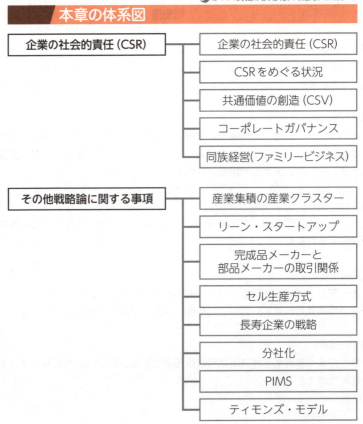

本章のポイント

- 企業の社会的責任（CSR）とCSRをめぐる状況について理解する
- 同族経営（ファミリービジネス）のスリー・サークル・モデルを理解する
- 承認図方式・貸与図方式・委託図方式の相違点について理解する
- 長寿企業の戦略について理解する

第 6 章

企業の社会的責任と
その他戦略論の知識

I 企業の社会的責任(CSR)

II その他戦略論に関する事項

I 企業の社会的責任（CSR）

1 企業の社会的責任（CSR）

　国民経済の主な担い手は営利企業であるが、その活動にはおのずと限界がある。特に市民社会が求めるサービスは、営利企業以外の活動主体によって提供される方がうまくいくことが多い。そのような活動主体としてNPO（Non Profit Organization）が数多く存在する。

　また、企業も市民社会の構成単位として、企業の社会的責任（CSR：Corporate Social Responsibility）を明確にして経済活動を展開することが強く求められており、さまざまな非経済的な活動に取り組んでいる。

　国際標準化機構の社会的責任の国際規格ISO26000は、日本ではJIS Z 26000「社会的責任に関する手引き」として普及している。

2 CSRをめぐる状況

　CSRは企業にとっては重要な戦略課題になっている。企業のあり方を問い直そうとするCSRへの取り組みは、国際的な広がりを示しつつ、大企業のみならず中小企業、さらには企業経営者にとっても重要な経営課題になっている。

(1) フィランソロピー

　フィランソロピーは、博愛的な精神に基づく慈善活動行為であり、金銭、物品、時間、労力をささげる行為のことである。

(2) わが国企業の動向

　経済団体連合会は、会員企業による経常利益の1％相当額以上の支出や個人の寄付を財源にする1％（ワンパーセント）クラブを設立して社会貢献活動を行っている。

　また、意欲的な企業では、NPOに金銭的な寄付をするだけでなく、余剰の商品在庫の提供や従業員のボランティア派遣など、NPOとの連携で社会貢献を図ろうとする例もある。

3 共通価値の創造（CSV）

　共通価値の創造（CSV：Creating Shared Value）とは、企業の事業を通じて、社会的な課題を解決することから生まれる「社会価値」と「企業価値」を両立させようとする経営フレームワークである。マイケル・E・ポーターは、共通価値の概念を「企業が事業を営む地域社会や経済環境を改善しながら、自らの競争力を高める方針とその実行」と定義している。CSVのアプローチには、①製品と市場を見直す、

②バリューチェーンの生産性を再定義する、③企業が拠点を置く地域を支援する産業クラスターをつくる、の３つがある。

4 コーポレートガバナンス

H26-20

(1) コーポレートガバナンス (Corporate Governance)

コーポレートガバナンスとは、企業統治とも訳され、企業は経営者のものではなく、株主のものであるという考えのもとで、企業の経営を監視する仕組みである。

企業経営における意思決定の不正を防止したり、企業価値の向上を目指したりするために重要性が高まっている。企業統治を強化するために有効な方法として次のようなものがある。

① 内部統制
業務に関係して違法行為や背任行為を起こさないよう内部統制制度を導入する。

② 会社の機関設計
取締役会に社外取締役を、監査役会に社外監査役を導入することなどがある (機関設計の詳細は弊社、速修テキスト「経営法務」で学習する)。

(2) アメリカ型のガバナンスの概要

① 概要
- 社長の権限の分散と牽制が鍵となる
- 指名委員会、報酬委員会、監査委員会などが設置されている

② ウォールストリートルール
投資先企業の経営に関して不満があれば、その企業の株式を売却することで不満は解消されるという、多くの株主が株式を手放すことで経営者責任を問い、経営者を交代へ追い込むことである。しかし、機関投資家が多くの株を所有する現実の下ではほとんど期待できないといわれている。

(3) ドイツ型のガバナンスの概要

株主総会で選出された株主と労働者の代表からなる監査役会が最高決定機関として取締役の任免と監督を行う。形式的には株主と労働者が主権を分かち合っている。

5 同族経営 (ファミリービジネス)

R02-11
H30-11

(1) スリー・サークル・モデル (Three Circle Model)

創業家とその一族によって所有、経営されるファミリービジネスの中小企業は多い。**スリー・サークル・モデル**では、ファミリービジネスのシステムを、互いに重なり合う部分を持つ「オーナーシップ」「ビジネス」「ファミリー」の３つのサブシステムで表している。

第６章 企業の社会的責任とその他戦略論の知識 **113**

(2) スリー・サークル・モデルの活用

　スリー・サークル・モデルは、経営理念の核となる家訓の維持を重視するファミリービジネスに適用でき、ファミリービジネスの限界が何に起因するのかを知るなど、個々のファミリービジネスで異なる経営の問題解決に有用である。特に複数のサークルが重なる部分、図表の④〜⑦において、ファミリービジネス特有の課題が生じることが多い。
　①外部の投資家
　②所有権を持たず経営者又は従業員でもない家族
　③所有権を持たず家族ではない経営者又は従業員
　④所有権を持ち経営者又は従業員でもない家族
　⑤所有権を持たず経営者又は従業員の家族
　⑥所有権を持つ家族ではない経営者又は従業員
　⑦所有権を持ち家族である経営者又は従業員

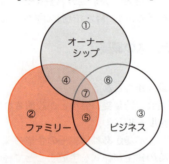

【スリー・サークル・モデル】

出典:『Next Generation Success: Reflections on a Decade of Dialogue Between Senior and Junior Generations』John A. Davis

(3) 同族経営の企業における懸念

　同族経営の企業では、株式公開によって事業規模の拡大とともに株式の分散化が生じ、創業者一族の影響力が低下し、機関投資家などの比重が高まることを懸念する場合が多い。

II その他戦略論に関する事項

1 産業集積と産業クラスター

(1) 産業集積

産業集積とは、地理的に接近した特定の地域内に多数の企業が立地するとともに、各企業に受発注取引や情報交流、連携等の企業間関係が生じている状態のことである。

(2) 地場企業と大企業の関係　　H24-11

地元に進出した大企業が、地場企業に部品やメンテナンス等の発注をすることが多い。しかし、地場企業が産業集積に進出した大企業との新規取引に応じられないことが多いのは、次のような原因によるものである。

① 進出企業側の納期や受注単価などの条件の厳しさ

進出企業側の納期や受注単価などの条件が厳しく、地場の中小企業は慣れ親しんでいる既存の取引を優先しがちになる。

② 新規設備投資の難しさ

進出企業の発注に応えるには新規設備投資が必要な場合が多く、地場の中小企業は資金的にも人材的にも投資余力が乏しく対応しきれないことが多い。

③ 地場の中小企業の技術水準問題

地場の中小企業の技術水準が低いため、進出企業の発注仕様に応じられないことが起こりがちである。

(3) 有力企業の進出が産業集積に与える効果

① 産業集積内技術の高度化

異質な業種の進出に伴って競争が激化すればするほど、地場企業が新規技術の導入や固有の技術の精練化に取り組み、産業集積内の技術は高度化する可能性が高くなる。

② 集積による技術革新の発生

大手の進出企業が地場の中堅中小企業に求める新規技術をめぐって、産業振興を図ろうとする自治体や公的機関による技術移転あるいは地場企業間の学習を通じた技術習得などがみられ、集積による技術革新が発生しやすくなる。

③ 産業構造の高度化の進行

新規進出企業の技術革新のスピードが速いほど、地場の中小企業はそれに対応できる企業とそうでない企業との間で格差を拡大しながら、産業構造の高度化が進行する。企業が集中的に立地している「産地」等の産業集積にも変化が生じている。集積のメリットの低下により産業集積の拡散や低迷が見られる一方、新たな集積が作られつつある業種や地域も見られる。これは、技術革新により産業構造の高度化

第6章　企業の社会的責任とその他戦略論の知識　**115**

が進行することを示している。

④ 産業集積の経営効率化

新規の企業立地に伴って、工場用地や労働力の不足が起こりやすくなるが、製品の高付加価値化によって産業集積の経営効率化が進む。

H26-19

(4) 産業クラスター

産業クラスター（クラスター）とは、異業種の企業が連携して生まれた新たな産業集積のことである。

ポーターは、クラスターについて、「ある特定の分野に属し、相互に関連した、企業と機関からなる地理的に隣接した集団」と定義している。クラスターを地理的に見た場合、一都市のみの小さなものから、国全体、あるいは隣接数カ国のネットワークにまで及ぶものがある。ポーターの産業集積のダイヤモンド・モデルとは、立地の競争優位性の源泉を表したモデルのことであり、「要素（投入資源）条件」、「企業戦略および競争環境」、「需要条件」、「関連・支援産業」の4つの要因から構成される。産業クラスターは、ダイヤモンド・モデルの構成要因の「関連・支援産業」にあたる。

従来の産業集積と比較した場合の産業クラスターの今日的意義は、次の4つに集約できる。

【 産業クラスターの意義 】

- 産業の地域的集積の要因が、天然資源などの伝統的生産要素から科学技術インフラや先進的な顧客ニーズのような知識に変化している
- 集積が企業群だけでなく、大学、研究機関など多様な組織で構成されている
- 従来の産業集積が費用の最小化を目指すのに対し、クラスターではイノベーションを目指している
- ネットワークをベースにした協調とともに、競争が強調される

R01-12

2 リーン・スタートアップ

E.リースによって提唱された「リーン・スタートアップ」モデルは、構築、計測、学習のプロセスを短期間で繰り返すことで、新しいビジネスの成功率を高めようとするモデルである。

(1) リーン・スタートアップのサイクル

リーン・スタートアップは、「構築‐計測‐学習」のフィードバックループを中心にモデル化されている。まず、顧客ニーズに基づく仮説の段階をクリアしたら、最初のステップである「構築」のフェーズに入り、できるだけ早くMVP（Minimum Viable Product）といわれる実用最小限の製品を、コストをかけずに開発する。次のフェーズでは、流行に敏感な消費者（初期採用者）に提供して反応をみる「計測」をする。最後のフェーズでは、初期採用者の反応の結果を製品に反映させる「学習」をする。この3つのフェーズを1つのサイクルとして、このサイクルをできるだけ

短期間で回転させる。

(2) 戦略の方向転換の重要性

リーン・スタートアップでは、戦略を検証する実験によって、その実験段階の製品やサービスが失敗に終わった場合、ビジョンを実現するためには、それまでの開発コストが無駄になっても、**戦略の方向転換（ピボット）**が必要であるとしている。

3 完成品メーカーと部品メーカーの取引関係

部品の開発や生産をめぐる完成品メーカーと部品メーカーの取引関係は多様である。そのような取引関係に関して、自動車業界の自動車部品取引方式を例に取り学習する。ここでは、完成品メーカーが発注側で、自動車メーカーとする。

(1) 市販品方式

部品メーカーが、特定の部品（市販部品）のコンセプト作成から生産までを一貫して行う。完成品メーカーは、部品メーカーのカタログから選択して発注する。

(2) 承認図方式

各部品の基本的な要求仕様（基本設計）は、完成品メーカーが作成し提示するが、詳細設計や部品を試作し性能評価は部品メーカーが行い、完成品メーカーの承認を得る。

(3) 貸与図方式

完成品メーカーが部品の詳細設計に至るまで作成し、入札で選ばれた部品メーカーは図面どおりに部品を製造するのみである。

(4) 委託図方式

詳細設計を部品メーカーが行う点では承認図方式に近いが、図面の所有権や品質保証の責任は完成品メーカー側にある。

【 設計外注化の視点から見た部品取引の方式 】

	当該部品についての作業分担			権限・責任	
	部品製造	詳細設計	基本設計	図面の所有権	品質保証の責任
貸与図方式	●	○	○	○	○
委託図方式	●	●	○	○	○
承認図方式	●	●	○	●	●

●は部品メーカーが担当、○は自動車メーカーが担当する。

出典：『生産システムの進化論』藤本隆宏著　有斐閣を一部修正

(5) デザイン・イン

承認図方式や委託図方式では、部品メーカーには製造能力ばかりでなく設計開発能力が要求される。これは完成品メーカーが部品メーカーを選定する重要なポイントとなる。このような設計の外注化による部品メーカーの開発参加は、デザイン・インと呼ばれる。

4 セル生産方式

セル生産方式とは、1人あるいは数人のチームで製品を組み立てる生産方式である。セル生産方式は、現場労働者の多能工化により成立するので、多工程持ちが進み、作業工程の手待ちの無駄を排除できる。多能工とは、複数の作業群または製品について1人で担当できる作業者である。

5 長寿企業の戦略

(1) 三方よし

近江商人が重視する三方よしとは、「売り手よし、買い手よし、世間よし」を意味する。近江商人中村治部兵衛宗岸の「書置」と「家訓」に起源が見出され、近江（現在の滋賀県）商人の伝統的精神として有名である。

(2) 競争と共生のバランス

老舗企業では互いに市場を棲み分けながら、自社製品への根強い愛顧者を安定的に確保しており、競争と共生のバランスが生まれていることが見受けられる。老舗企業は、長年の経営の中で、自社の強みと標的顧客とを十分に認識している場合が多い。

(3) 地域の生活ニーズへの対応

地域に根を下ろした長寿企業では地域の生活ニーズを満たすべく、地域の資源や伝統的な技術を駆使するとともに、そこに現代の技術成果を導入して、生産性の向上や商品開発を試みるなどの例が多い。

(4) 老舗ブランドの逆機能

強い商品ブランドや企業ブランドを守るべく、新製品や新市場の開発が鈍くなる傾向がある。企業は強い商品を保有していると、その成功体験が忘れられずに経営が保守的になりやすい。

6 分社化

H29-05

⑴ カンパニー制

　企業グループ内の個々の業態ごとに、事業組織を再編し、あたかもそれぞれが一つの企業であるかのように大幅な権限委譲を行う組織である。

⑵ 持株会社

　株式を所有することにより、子会社の事業活動の支配を目的とする会社である。

7 PIMS（Profit Impact of Market Strategies）

R02-04

　「市場戦略が利益にもたらす影響」という分析である。PIMSの主な結果には次のものがある。
　　・絶対的・相対的市場シェアは投下資本収益率（ROI）と強い関係になる。
　　・製品の相対的品質は市場のリーダーシップを確立する鍵である。

8 ティモンズ・モデル

R02-09

　ティモンズ・モデルによると、事業機会・経営資源・経営者チームの3要素が均衡することはまれであり、起業家には不安定な状態の3要素のバランスをとる役割があるとしている。

第6章　企業の社会的責任とその他戦略論の知識　**119**

厳選!! 必須テーマ［〇・×］チェック ―第6章―

過去20年間（平成13〜令和2年度）本試験出題の必須テーマから厳選！

■■■ **問題編** ■■■ **Check!!**

問1 (H29-13) [〇・×]

現地の習慣や文化への配慮の必要性は高く、グローバルな統合の必要性は低い製品を取り扱う企業では、通常、海外子会社が独自に製品開発やマーケティングに取り組み、現地の需要の変化に即座に対応する戦略がとられる。

問2 (H15-13) [〇・×]

クラスターの経済効果では、柔軟にシステム変更できる分業構造として、多数の企業が互いに専門性を活用しあう。

問3 (H30-11) [〇・×]

スリー・サークル・モデルは、ファミリービジネスの合理的経営のための戦略計画とファミリー固有のビジョンや目標との間の適合を図り、コンフリクト回避のためにファミリーメンバーの継続的関与と戦略を並行的に計画させるモデルである。

問4 (H30-07改題) [〇・×]

発注側である完成品メーカーと受注側である部品メーカーの取引関係において、承認図方式では、発注側が準備した部品の詳細設計に基づいて製造できる能力やコストを評価して部品外注先が選ばれる。

■■■ **解答・解説編** ■■■

問1 〇：設問文のとおり。

問2 〇：設問文のとおり。クラスターとは、異業種の企業が連携して生まれた新たな産業集積のことである。

問3 ×：スリー・サークル・モデルは、ファミリービジネスの限界が何に起因するのかを知るなど、個々のファミリービジネスで異なる経営の問題解決に有用である。

問4 ×：貸与図方式の説明である。

2次 がついた項目は2次試験でも活用する知識です

本章の体系図

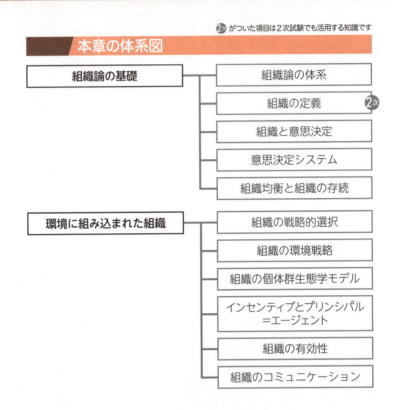

本章のポイント

- 公式組織の3要素を理解する
- 最適化意思決定と満足化意思決定の違いを理解する
- 組織の有効性と能率の概念上の違いを確認する
- 組織のコンティンジェンシー理論について確認する
- 組織の資源依存について確認する

第7章

組織論の基礎と環境に組み込まれた組織

I 組織論の基礎

II 環境に組み込まれた組織

Ⅰ 組織論の基礎

1 組織論の体系

　企業、大学、病院、政府、自治体、労働組合、警察、軍隊、ボランティア団体、宗教団体そして家族など、現代社会には、組織が満ちあふれている。現代社会は組織によって構成されている。組織論の体系は次の図表のようになる。

【組織論の体系】

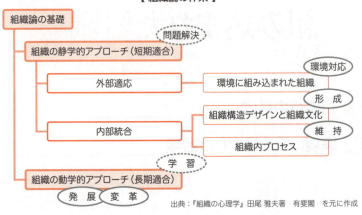

出典：『組織の心理学』田尾 雅夫著　有斐閣　を元に作成

2 組織の定義

R02-14
H29-21

(1) 組織の定義

　バーナードは、組織を2人以上の人々の、意識的に調整された諸活動、諸力の体系であると定義した。このような組織は公式組織と呼ばれ、無意識的に調整される諸活動の体系は非公式組織と呼ばれる。一般的に組織論で学習する「組織」は、公式組織を指している。

(2) 公式組織の3要素

　バーナードは、組織には必ず3つの要素が必要であるとした。
　① 貢献意欲（協働意欲）
　組織は構成するメンバーの活動を提供しようとする意欲なくしては成立しない。
　② 目的（共通目的）
　組織は本来個人では達成できないことを協働で達成するために形成されるものであり、共通の目的が不可欠である。
　③ 伝達（意思伝達・コミュニケーション）

目的と貢献意欲が存在しても、両者を結びつける意思伝達がなければ集団の行為は呼び起こせない。

(3) 組織アイデンティティ

組織アイデンティティとは、「誰が組織であるのか？」という質問に対する答えである。アルベルトとフェッテンは、個人の集合である組織を1つの主体として捉え、中心性、独自性、連続性の3つを満たすような組織の特徴を組織アイデンティティと定義した。組織アイデンティティは、組織文化に埋め込まれ、組織文化の理解を表したものとなる。

3 組織と意思決定

R02-02
R01-03
H28-12

戦略を実行するために、組織内の各階層において様々な意思決定が行われる。**意思決定**とは、ある目標を達成するために、複数の選択可能な代替案の中から最適なものを選ぶことである。企業の経営では、戦略目標を達成するための様々な意思決定が行われる。

(1) 意思決定の段階構造

一般的に、組織内の階層は、①トップ・マネジメント（経営職能）、②ミドル・マネジメント（管理職能）、③ロワー・マネジメント（監督職能）、④業務執行職能の階層構造になっている。職能とは、職務上の能力である。

①経営職能では、経営環境に適応するための戦略的意思決定が中心であり、②管理職能では、最大限の業績を上げられるように企業の資源を組織化する管理的意思決定が中心である。③監督職能では、企業の資源変換プロセスの能率を最大にする決定が業務的意思決定の中心である。

【 組織階層と意思決定 】

	①トップ・マネジメント
階層	経営階層（経営職能）
職制	社長、副社長、専務等［会社制度上では、トップ・マネジメントの位置づけは取締役会（受託機能）と代表取締役（全般管理機能）となる］
機能	経営計画策定・組織編成・重要な人事配置・経営全般にかかわる統制（戦略的意思決定） ＝ 非定型的意思決定

	②ミドル・マネジメント
階層	管理階層（管理職能）
職制	部長・課長等
機能	トップ・マネジメントが設定した事項を自己の部門領域に具体化（管理的意思決定）＝経営資源の配分

	③ロワー・マネジメント
階層	監督階層（監督職能）
職制	係長・主任等
機能	部下の指導、職場の人間関係を良好に維持（業務的意思決定）

④業務執行職能

第7章　組織論の基礎と環境に組み込まれた組織　　**125**

4 意思決定システム

(1) 意思決定の概念

① サイモンの意思決定

サイモンによれば、**意思決定**とは、行動に先立って行われる行動の選択である。また、有機体（人間）とは、欲求を満たすために意思決定する行動主体である。

サイモンは経験主義を排して管理の適用プロセスないしシステム、すなわち、「意思決定過程」の分析を中心に行い経営管理論をシステム・アプローチにより体系的に発展させた。

② アンゾフの意思決定

アンゾフは、環境変化が激しく、企業が決定すべき選択肢の評価基準も与えられていない高度に不確実な状況を、**部分的無知**という概念で捉え、部分的無知の状況下において、企業が取り組むべき問題を確定させ、その問題解決の方向性を探求することを経営戦略論の固有の課題と示した。

(2) 意思決定前提

意思決定をするには、以下の5つの要素、すなわち意思決定前提が必要である。

【 5つの意思決定前提 】

- 目標
- 代替的選択肢の集合
- 各代替的選択肢の期待される結果の集合
- 各結果がもたらす効用の集合
- 意思決定ルール

追究すべき目標があり、それを実現する可能性のある代替的選択肢の集合が与えられたとき、その各選択肢がもたらすであろう諸結果を予測し、その結果がもたらす効用を計算したうえで、何らかの基準（意思決定ルール）に照らして望ましい選択肢を1つ選択する。

(3) 最適化意思決定と満足化意思決定

最大の期待効用をもたらす選択肢を選択する意思決定を最適化意思決定という。これは、古典的管理論が前提とした経済人（economic man）モデルのとる意思決定である。主要な局面のみをとらえた単純化されたモデルの中で行われる場合の意思決定を満足化意思決定という。これは、サイモンが提唱した経営人（administrative man）モデルのとる意思決定である。

【 経済人モデルと経営人モデル 】

経済人モデル	経営人モデル
古典的管理論	サイモンの意思決定論
最適化（極大化）基準で意思決定	満足化基準で意思決定
●すべての代替案を列挙する。 ●代替案のすべての結果を予測する。 ●代替案の結果を完全に評価する。	●部分的代替案を列挙する。 ●代替案の結果を部分的に予測する。 ●代替案の結果を不完全に評価する。

(4) 意思決定プロセス

① 意思決定プロセスは、情報収集、代替案の列挙、代替案の結果の推定と評価、代替案の選択、行動という順序になる。
② 情報収集段階は、意思決定の前段階であり、価値前提と事実前提の2つの情報が与えられる。
　(a) 価値前提とは、組織目的、公正の基準、個人的価値などの目的に関する情報であり、価値前提は目的や人それぞれの価値観によって変わるので、客観的ではなく、検証不可能であるとした。
　(b) 事実前提とは特に、技術、情報などの目的達成のために選択する手段についての情報であり、事実前提は客観的であり、検証可能であるとした。

【 サイモンの意思決定プロセス論の体系 】

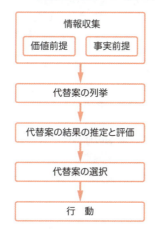

(5) 共通バイアスとエラー

人は経験、衝動、直感、便宜的な「経験則」に過度に依存する傾向がある。その結果、合理性から大きく逸脱するおそれがある。そのため、意思決定プロセスにおいて、意思決定者の判断には体系的なバイアスやエラーが入りこむ。一般的に見られる主なバイアスには次のようなものがある。

【 バイアスの種類 】

バイアスの名称	バイアスの内容
自信過剰バイアス	人は実際より、多くのものを知っていると思いこむ
アンカリング・バイアス	最初に与えられた情報に固執する
確証バイアス	過去に行った選択を肯定するような情報を探索し、そうでない情報は軽視する
入手容易性バイアス	身近にある情報に基づき判断を下す
代表性バイアス	ある事態が起こる可能性を測るために、以前にあった類型に合わせようとする
ランダムネス・バイアス	偶発的な出来事の中に意味を見出そうとする（例：迷信を信じる）
後知恵バイアス	結果が判明した後になって、結果を正確に予測できたと思いこむ

出典：スティーブン・P・ロビンス著『組織行動のマネジメント』ダイヤモンド社より作成

⑹ 行動プログラム

　意思決定する人間に合理性の限界を仮定し、ほとんどの場合に、満足化意思決定が行われると考えるならば、我々は、動機づけられた人間の適応行動を次の「動機づけられた適応行動の一般モデル」のように表現することができる。代替的選択肢やその結果を予測する探索プログラムには、時間とコストがかかる。ただし、人間は不完全な情報の中で常に自分が満足するよう行動したりするため、必ずしも合理的とは限らないことが、このモデルで表されている。

① 意思決定主体（人間）の満足度が低いほど、代替的選択肢に対する探索活動は積極的に行われる（a）

② 探索活動が積極化するほど、いっそう多くの報酬が期待されるようになる（b）

③ 報酬の期待値が高くなるほど、満足度も高くなる（c）

④ 報酬の期待値が高くなるほど、意思決定主体（人間）の希求水準（求める水準）も高くなる（d）

⑤ 希求水準が高くなるほど、報酬の期待値に対する満足度は低くなる（e）

⑥ 満足度が低くなると、さらに探索する（a）

【 動機づけられた適応行動の一般モデル 】

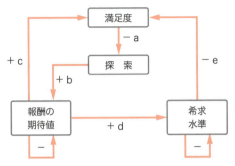

出典:『組織論』桑田耕太郎・田尾雅夫著　有斐閣

5　組織均衡と組織の存続

(1) 組織均衡論

組織均衡論とは、組織が成立・存続していくためには、どのような条件が必要になるかを明らかにした理論である（マーチとサイモン）。

(2) 均衡（組織均衡）

均衡（組織均衡）とは、組織が成員に対して、継続的な参加を動機づけるのに十分な支払いを整えることに成功している状態である。組織が生存に必要な経営資源の獲得・利用に成功している状態であり、「誘因効用≧貢献効用」の状態である。

【 組織均衡＝組織の利害関係者との均衡 】

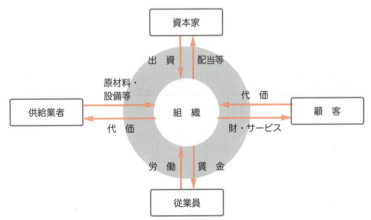

出典:『組織論』桑田耕太郎・田尾雅夫著　有斐閣

第7章　組織論の基礎と環境に組み込まれた組織

(3) 有効性と能率

組織論では、有効性と能率という2つの用語を次のように捉えている。

① 組織の有効性

組織の有効性とは、受容可能な行動もしくは成果を生み出す組織の能力である。受容可能とは、組織均衡が成立するのに必要な参加者が組織に課する要求水準を、組織の成果が満たしているということである。

組織は共通目的を達成するために手段を選択する。ある手段が組織の目標水準を達成するときは、その手段は有効となる。

② 組織の能率

一般にはインプットのアウトプットへの変換率（能率＝アウトプット／インプット）として定義されるが、組織均衡論では、有効性の基準を満たすものの中から、より能率的なものを選択する際に用いられる概念である。

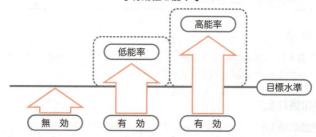

【 有効性と能率 】

II 環境に組み込まれた組織

1 組織の戦略的選択

　企業の戦略ドメインに基づいて策定された戦略が実行され、企業が戦略の効果を最大限に享受するかどうかは、どのように経営資源の一つである「人」をコントロールするかに左右される。

　チャンドラーは、米国の事業部制を研究して「組織構造は戦略に従う」という命題を主張した。企業が策定した戦略の効果を最大限に享受するためには、自社が策定した経営戦略に合致した、最適な組織を構築する必要がある。

(1) 取引コスト・アプローチ

`H20-18`
`H19-14`

　組織と利害関係者との関係の決定は、どのようなメカニズムで資源取引が調整されるのかを把握することが必要である。

　取引コスト・アプローチでは、ある資源取引が内部化、つまり階層組織のもとで調整されるのは、この場合の取引コストが、市場メカニズムで調整される場合の取引コストよりも低いからであると説明される。

　取引コストとは、正当な取引契約を結ぶために必要なコストと、その契約を正しく履行させるために必要なコストの和である。

　また、取引コスト・アプローチは、次の2つの命題を前提としている。

　　(a) 経済活動は取引とみることができる。

　　(b) 取引を調整する組織形態（市場か階層か）は、取引コストに依存する。

　資源取引の調整には下記のようなものがある。

① 市場メカニズムを通じての調整

　市場メカニズムによって調整される場合には、組織も利害関係者もともに自由に行動し、その行動は自動的に調整される。

② 階層的権限関係（内部組織）によって調整

　内部組織すなわち階層的な権威によって調整される場合には、資源の取引は、より上位の権威によって計画と統制を通じて調整される。

(2) 環境の不確実性

`H23-19`

　不確実性は、組織が有効性を達成するための最も基本的な問題である。組織がさまざまな特性をもつのは、不確実性に対処していくためである。

　不確実性とは、環境要因について合理的意思決定をするために十分な量の情報を意思決定主体がもっていないことを意味する。不確実性が増大すれば、有効な意思決定が行われなくなり、結果として組織は失敗する可能性が高まる。不確実性は環境の複雑性と環境の変化性との関数である。

　環境の複雑性とは、組織の活動に関連する環境要因の数の多さ、相互の異質性、

第7章　組織論の基礎と環境に組み込まれた組織　　**131**

相互作用関係を表している。**環境の変化性**とは、環境構成要素が一定期間安定しているか否か、その変化が予測可能なものであるか否かを表している。

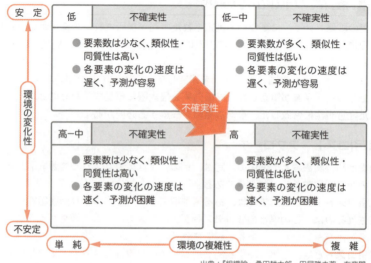

出典：『組織論』桑田耕太郎・田尾雅夫著　有斐閣

(3) 不確実性への組織の対応

不確実性の高い環境に適した組織と、低い環境に適した組織とでは、その情報処理特性（公式化の程度やコミュニケーションのあり方）に違いがある。あらゆる環境に適した組織化の唯一最善の方法（one best way）は存在しない。このように、環境の変化により組織を変化させることを、**組織のコンティンジェンシー理論**という。

① ウッドワードのサウス・エセックス研究

技術のコンティンジェンシー要因を追求したウッドワードは、サウス・エセックス研究と呼ばれる100に及ぶ製造企業の実態調査を行い、技術と組織構造の適合について証明した。その結果、「技術が組織構造を規定する」という有名な命題を打ち立てた。

② 機械的管理システムと有機的管理システム

バーンズとストーカーは、英国の産業企業20社を調査し、外部環境が組織内部の管理システムに影響を与えることを明らかにした。外部環境が安定的ならば、内部管理システムは、規則や手続き、明確な責任・権限の階層化等の特徴をもつ。すなわち不確実性が低ければ、公式化の程度は高くなる。多くの意思決定は、トップマネジメント・レベルで行われ、組織は集権化されるという。彼らはこの種の管理システムを、機械的管理システムと名づけた。

【 機械的管理システムと有機的管理システムの比較 】

機械的管理システム	有機的管理システム
●機能的タスクの専門分化・分割 ●各タスクの抽象性（全体目標や技術と関係が遠い） ●直属の上司による各成果の調整 ●各役割の職務・権限および方法の明確化 ●職務・権限・方法が機能的地位の責任に変換される ●制御・権限・伝達の階層的構造 ●階層トップへの知識の集中による階層構造の強化 ●メンバー間の垂直的相互作用（上司－部下） ●上司の指示・命令に支配された職務 ●組織への忠誠と上司への服従の強調 ●組織内特有の知識・経験・スキルの強調	●共通のタスクに対し、異なる知識・経験を基礎とする専門化 ●各タスクの具体性（全体状況の結びついている） ●横の相互作用を通じた各タスクの調整・再定義 ●責任を限られた領域に限定しない（問題を他者の責任にしない） ●技術的規定を越えたより広い関心へのコミットメント ●制御・権限・伝達のネットワーク型構造 ●ネットワーク内での知識の分散、権限・伝達の中心はアドホックに変化 ●より水平的相互作用、異なる地位間の伝達は命令的ではなく指導的 ●情報提供と助言的内容のコミュニケーション ●タスクそのものと優れた仕事をしようとする精神へのコミットメント ●組織外の専門家集団でも通用する専門能力およびそうした集団への参加の強調

出典：『組織論』桑田耕太郎・田尾雅夫著　有斐閣

　一方、変化が速く、不確実性の高い環境の組織では、階層的な責任・権限関係も明確でなく、人々は有効な意思決定を行うために比較的自由に組織内を走り回る。権限は分散化されており、より現場の問題発生に近い点に委譲されている。バーンズとストーカーは、この種の管理システムを有機的管理システムと呼んだ。不確実性が高まると組織は有機的になる。

③ 分化と統合

　分化とは、異なる部門の管理者間で、認知・感情的志向に差異がある状態をいう。統合とは、部門間の協調の程度を意味する。環境の不確実性は、組織内部の部門間における分化と統合の程度に影響を与える。

　ローレンスとローシュは、組織内で分化が進むと、部門間の調整は次第に困難になるとした。部門間の調整により多くの時間・資源・労力を投入しなければならない。不確実性が高くなると、分化が進み部門間の調整の必要性が高くなる。

⑷ 分化した部門を統合する方法

　分化した部門を統合するための方法には、次のようなものがある。

① 公式の統合担当者の設置

　公式の統合担当者を置くことである。この統合担当者は、リエーゾン担当者、ブランド・マネジャー、あるいはコーディネーターと呼ばれる。

② 公式組織の調整能力の向上

　調整の必要な部門を横断的に貫く構造をつくる方法がある。マトリックス組織や、プロジェクト・チーム、タスク・フォース等の自己完結的組織単位を形成し、その

中に調整の必要な諸業務を組み込む。

③ スラック資源の活用

スラック資源を用い、不確実性がもたらすショックを和らげる方法である。**スラック資源**とは、現在の業務間で直接活用されていない余裕資源である。営業部門と製造部門の間に在庫を持つことによって、営業部門は顧客の需要の変化に対応でき、かつ製造部門はそうした変化に関わることなくコンスタントに操業することができる。このような在庫が多くなりすぎると、逆に高コストを負担することにもなる。

(5) 生産技術と組織の管理構造

小規模バッチ生産技術から大規模バッチのマスプロダクション技術、さらに連続的処理を行うプロセス技術へ移行するにしたがって、一人の監督者の部下数や組織の階層、スタッフやスペシャリスト支援の管理職の比率が増え、一人当たりの労務費が低下する。

2 組織の環境戦略

(1) 資源依存と組織間関係

組織間における資源依存関係は、組織の意思決定に対して、より具体的な要求をつきつけるパワーを行使する。**組織間関係**は、組織が存続するために必要な資源を、外部の組織に依存せざるを得ないことから生じ、親企業と下請企業の関係のように、相互に自律的であろうとしながら、相互に直接的な依存関係をもつ組織間の関係である。市場での取引の調整や、組織内部の権限関係とは異なる関係である。

組織間関係の調整は、複数の組織間で締結される契約や合意、あるいは非対称的なパワー行使の関係に影響される。

(2) 組織間関係の類型

① 組織のアライアンス（提携）

アライアンス（提携）とは、2つ以上の企業が、新たな事業機会を開発するために、お互いの経営資源を共有する組織編成をいう。アライアンスの目的は、①余っている生産能力、販売能力、開発能力の有効利用、②不足している能力の補充、③学習を通じた新しい能力の獲得、④投資リスクの削減、などがある。

② コンソーシアム

コンソーシアムとは、一個人や企業等では知識・技術的、情報上の問題で実現不可能であるが、当該領域に関心のある複数者によって、これを実現する目的でつくられる個人、企業などのグループである。参加者は、投資負担や事業リスクを軽減できる。一般的にオープンで緩やかな提携関係であるため、解散後の企業間の差別化が維持される。

③ 下請関係

下請関係は親企業にとって、資本投資の節約、不況期における危険負担の軽減、

下請企業の低賃金利用など、製品製造コストの削減に有効である。また、新製品の開発や技術革新についても、親企業は下請企業から入手する情報により、利用可能な技術の内容を把握することが容易であり、下請企業も親企業からの情報で、完成品市場の動向や必要とされる技術の動向をつかめるなど「情報の流通網」として機能する。下請関係では、取引コストは低く抑えられる。

④ ジョイント・ベンチャー

ジョイント・ベンチャー（合弁企業）は、企業が保有している資本、研究開発力、技術ノウハウ、生産能力、市場活動能力、ブランド・イメージ、労働力などに限界がある場合に、経営資源の相互利用を目的として、複数の企業が経営資源を持ち寄って設立する会社のことである。

H22-15
H21-17

(3) 組織間関係の調整メカニズム

組織間調整メカニズムは、組織間関係の協力の仕組みであるとともに、組織と組織が協力関係を作り上げていくメカニズムである。また、組織間調整メカニズムは、組織が自らの目標を達成するために、他組織との依存関係を処理、管理する機能ともいえる。組織間調整メカニズムは組織間関係が当事者間で直接に操作されるのか、間接的に操作されるのか、また組織が他組織との依存関係そのものをどの程度吸収するのか、により次の3つに分けることができる。

R01-19
H26-18
H19-16

① 自律化戦略

組織が依存している他組織との関係の必要性をなくす戦略である。そのために組織は他組織との合併を行ったり、既存の事業分野以外への多角化を図る。ある企業が製品を作るために、他組織からの部品が重要であるときに、部品を調達する他組織と合併することや、その部品を必要としない事業分野に進出するなどはその例である。また、企業が部品を自社で作ることによって、部品メーカーへの依存を回避することも含まれる。

② 協調戦略

組織間の依存関係を前提としつつ、互いの自主性を維持する戦略である。したがって、協調戦略では、組織は他組織（ステイクホルダーを含む）との折衝により、一定方向の合意を形成し、他組織との安定的で良好な関係を作りあげる。協調戦略には、規範形成、契約（協定）締結、合弁による共同事業、業界団体の形成、調整機関の設置などがある。その他の方法として、交渉、包摂などがある。

(a) 交渉

交渉とは、組織間の財・サービスの取引に関する合意を意図した折衝である。例えば、経営者と労働者が将来の行動について双方が満足できるように折衝することなどがある。

(b) 包摂 (ほうせつ)

包摂とは、環境からの脅威を小さくするために、政策決定機関に利害関係者の代表を参加させることを意味する。例えば、財務的資源を必要とする企業が、金融機関の代表を自社の取締役会に招いたりすることなどがある。

第7章　組織論の基礎と環境に組み込まれた組織　**135**

③ 政治戦略

組織が他組織との依存を当事者同士で対処することができないときに用いられる戦略である。政治戦略は組織間の相互依存関係を当事者レベルで変えていくのではなく、第三者機関の働きかけ、あるいは第三者機関への働きかけにより、間接的に操作していく戦略である。例えば、企業が政府に対して補助金を求めることや、市場の保護を図ること、独占禁止法の緩和を図ることなどがある。

3 組織の個体群生態学モデル

(1) 自然淘汰モデル

組織の個体群生態学モデルとは、個々の組織ではなく、共通の特性を持つ組織の集合に対して外部環境が与える影響を取り上げたモデルのことである。このモデルの中における組織の個体群の変化は、「変異」「選択・淘汰」「保持」のステップを経る「自然淘汰モデル」によって説明される。

【 組織の自然淘汰モデル 】

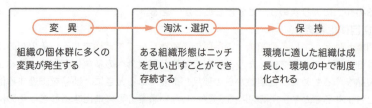

出典:『組織論』桑田耕太郎・田尾雅夫著 有斐閣

(2) 組織慣性

個体群生態学モデルでは、組織の形態について強い慣性が働いていることを前提としている。

組織が強い慣性を持つのは、組織が変化することに対して内的・外的制約を課されているからである。

① 組織慣性への内的制約

組織慣性が生まれる内部からの制約条件には、次の4つがある。

(a) 埋没コスト

組織が既存の設備や資産に大きな投資をしていると、変化に対して埋没コストを生み出す。

(b) 情報による制約

意思決定者が利用できる情報に関する制約がある。意思決定者が入手できる情報は、現在の業務・職務に関係するものが中心となり、新しい変革のための情報は入手しにくい。

(c) 組織内の政治的制約

組織を変えるには、組織内の資源を再配分することが必要となる。そうした動きに対し、資源の優先配分を受けてパワーをもっている部門や人々が抵抗を示す。

(d) 変化への抵抗

歴史や伝統からくる変化への抵抗である。歴史的一貫性を保ち、伝統を守ろうとする組織の性質は、新たな変革に対して大きな障害となる。

② 組織慣性への外的制約

組織に慣性を与える外的制約には、次の2つのものがある。

(a) 法制面・財務面での障壁

法制面や財務面において退出障壁が高ければ、既存の活動を続けることに強い誘因が働き、新市場への参入障壁が高ければ、新しい活動をすることから得られる期待利益は大幅に低下する。その結果、現在の活動を続けようとする強い慣性が生まれる。

(b) 外部環境からの正当性の要求 (信頼性と会計責任)

組織と参加者は組織均衡論で示したような資源取引を行っている。各参加者は誘因－貢献が正になることを第一義的に要求するが、それとともに誘因の信頼性と、貢献に関する広義の会計責任を組織に要求する。

信頼性は、組織が参加者に支払う誘因の品質におけるバラツキ (偏差) を意味する。広義の会計責任とは、組織に対するインプット資源が、組織内でどのような手続きに従って処理され、どのような成果を生み出したかを説明する責任を意味する。

---

4 インセンティブとプリンシパル＝エージェント H30-19

(1) インセンティブ強度原理

① インセンティブ強度原理

経営者と従業員は、賃金を支払って従業員に職務を委託するプリンシパルと、賃金を受け取って委託された職務を遂行するエージェントの関係として考えることができる。

インセンティブ強度原理では、従業員 (エージェント) が、自由裁量が認められている場合や階層の上位で利益責任を負う管理職であり、インセンティブへの対応が十分可能な場合に、インセンティブを最大に与えるべきであると考えている。

② 具体例

ここで、Pは賃金、Aは固定給、Bは歩合、Xはエージェントの売上や生産量などの成果として、次のような業績インセンティブ制度を仮定する。

$$P = A + B \times X$$

Aの割合が小さいほど、組織階層の下位にいる従業員 (エージェント) にとっては、ハイリスク・ハイリターンになり、階層の上位で利益責任を負う管理職 (エージェ

第7章 組織論の基礎と環境に組み込まれた組織 **137**

ント）にとっては、インセンティブを高める制度となる。

⑵ 最適なインセンティブの強度

　最適なインセンティブの強度は、次の４つの要因に依存する。

① 追加的な努力がもたらす売上や生産量などの増加分

　上記の式で、固定給（A）と歩合（B）を一定とするなら、従業員（エージェント）の賃金（P）は、売上や生産量の増加率に比例するため、追加的に努力しても、それに見合った増加分がなければ、努力しても意味がないと考えて、動機づけが弱くなる。

② 期待されている行動に対する評価の正確さ

　従業員（エージェント）の職務の成果の測定が難しい場合には、評価の誤差が大きくなるため、上記の式で歩合（B）の割合が高い業績インセンティブ制度のもとでは、動機づけが弱くなる。

③ 従業員（エージェント）のリスク許容度

　リスク回避的な従業員（エージェント）に対しては、与えるインセンティブを弱めることが必要である。

④ 従業員（エージェント）のインセンティブに対する反応の強度

　工場内で一定のスピードで動く生産ラインの従業員（エージェント）は、業績インセンティブ制度に反応して産出量を増やすことはできない。そのため、インセンティブを最大化しても動機づけられない。

5 組織の有効性

⑴ 組織の有効性に関する４つのモデル

　組織の内部構造や管理システムは、有効性を達成するためにデザインされる。２つの次元により、４つのモデルに分類される。

① オープン・システム・モデル

　資源を獲得し成長するために、外部環境との良好な関係を構築することに中心的な価値がおかれるモデルである。

② 合理的目標モデル

　合理的な管理、しっかりとしたコントロールに重点がおかれ、目標を達成しようとするモデルである。

③ 内部プロセス・モデル

　効率的なコミュニケーションや情報管理・意思決定メカニズムを構築して、安定的な組織構造を通じて秩序だった操業を行うモデルである。

④ 人間関係モデル

　人的組織の開発に主要な関心を持ち、従業員には機会と自律性が与えられるモデルである。

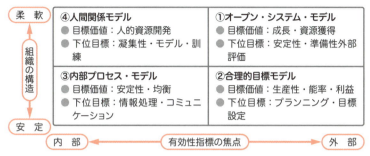

【組織の有効性に関する4つのモデルのイメージ】

	モデル	イメージ
①	オープン・システム・モデル	成長、企業間連携、SCM、資本提携、新規獲得
②	合理的目標モデル	計画、管理、PDCA、生産性、目標達成
③	内部プロセス・モデル	標準化、文書化、システム、仕組み、予定調和、官僚制
④	人間関係モデル	能力開発、モチベーション、士気、企業は人なり、権限委譲

6 組織のコミュニケーション

R01-13

(1) 組織におけるコミュニケーションの機能

① 内部統合機能

組織内のコミュニケーションが円滑に稼働することによって、メンバーの行動の予測可能性が高まり、協働を確保し促進することができる。

② メンバー間の価値共有

組織内のコミュニケーションによりメンバー間の相互理解を通じて、共通認識が形成され価値共有を図ることができる。

③ 環境適応機能

環境からの情報を感知し、その情報を組織の関連部門に伝達することで、組織の環境適応が可能になる。

(2) メディア・リッチネス理論

コミュニケーションでは対面関係、電話、文章、情報機器など様々なメディア（媒体）が用いられる。コミュニケーション媒体のもつ情報移転能力を**メディア・リッチネス**と呼ぶ。情報処理モデルに従って組織構造をデザインする際には、情報処理の必

要性が不確実性（uncertainty）の除去に関わるものなのか、多義性（equivocality）の除去に関わるものなのかによって、必要となるコミュニケーションメディアのリッチネスや調整メカニズムが異なる。

　環境の質的な変化は、組織部門間での多義性の除去の必要性を増加させるので、部門間でのフェイス・ツー・フェイスコミュニケーションなどのリッチなコミュニケーションメディアを利用した調整メカニズムが必要になる。

①多義性と不確実性

　(a) **多義性**とは、課題の所在が曖昧で、課題の解釈について組織内で多様な解釈が並立したり、衝突してしまう状態である。

　(b) **不確実性**とは、課題は明確に把握されており、課題の解決策を導き出すための情報が不足している状態である。

②コミュニケーションメディア

　リッチネスの高いメディアは、多義性の縮減に有効であり、リッチネスの低いメディアは、不確実性の縮減に有効である。次の (a) 〜 (d) のうち、(a) はリッチネスが高く、(b)、(c)、(d) の順に低くなる。

　(a) ミーティングなどの対面関係（フェイス・ツー・フェイス）のコミュニケーション

　(b) 電話によるコミュニケーション

　(c) 手紙などの宛先が特定されている書類

　(d) 社内報や定量的なデータなどの宛先が特定されていない書類

厳選!! 必須テーマ［○・×］チェック —第7章—

過去20年間（平成13〜令和2年度）**本試験出題の必須テーマから厳選！**

■■■ 問題編 ■■■　　　　　**Check!!**

問1（H27-13改題）　　　　　　　　　　　　　　　　　　　［○・×］
　人が実際より多くのものを知っていると思いこんでしまうバイアスのことを、「確証バイアス」という。

問2（H24-14改題）　　　　　　　　　　　　　　　　　　　［○・×］
　組織の参加者が、組織への参加を続けるのは、「誘因効用≦貢献効用」の場合である。

問3（H29-21）　　　　　　　　　　　　　　　　　　　　　［○・×］
　異なる利害関係者が関わる組織においては、コンフリクトなどが頻繁に発生するため、組織アイデンティティは効果を発揮することができない。

問4（H21-17改題）　　　　　　　　　　　　　　　　　　　［○・×］
　ある領域に関心のある複数者によって、これを実現する目的でつくられる個人、企業などのグループを「アライアンス」という。

問5（H26-18改題）　　　　　　　　　　　　　　　　　　　［○・×］
　経営者と労働者が将来の行動について双方が満足できるように折衝するのは、取引される財やサービスについての合意を意図する包摂戦略である。

問6（R01-13）　　　　　　　　　　　　　　　　　　　　　［○・×］
　環境の質的な変化は、組織部門間での多義性の除去の必要性を増加させるので、部門間でのフェイス・ツー・フェイスコミュニケーションなどのリッチなコミュニケーションメディアを利用した調整メカニズムが必要になる。

■■■ 解答・解説編 ■■■

問1　×：「自信過剰バイアス」の説明である。
問2　×：誘因効用≧貢献効用の場合である。
問3　×：コンフリクトの解消などに、組織アイデンティティは重要な意味をもつ。
問4　×：コンソーシアムの説明である。
問5　×：交渉戦略である。
問6　○：設問文のとおりである。

第7章　組織論の基礎と環境に組み込まれた組織　　**141**

②次 がついた項目は2次試験でも活用する知識です

本章の体系図

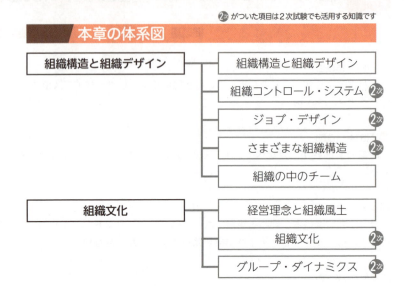

本章のポイント

- さまざまな組織構造について理解する
- ミンツバーグの組織形態分類の概要をおさえる
- 組織文化の役割について確認する

第 **8** 章

組織構造と組織文化

I 組織構造と組織デザイン

II 組織文化

Ⅰ 組織構造と組織デザイン

1 組織構造と組織デザイン

(1) 組織構造の概念

　組織構造とは、組織の内外でさまざまな構成要因の間で相互作用が繰り返され、それらが積み重なって、比較的安定的な関係にいたった状態、すなわち、安定した相互依存状態である。

(2) 組織のデザイン要素 [H29-14]

　組織を成り立たせているデザイン要素として、サイズ以外に階層数、分業化の程度、統制スパンがある。いずれも、ファヨールのあげた管理原則に基づく要素である。

① 階層数 [H27-12] [H23-12]

　上から下への程度の階層（ヒエラルキー）があるかという要素である。階層数が多いと、トップの意思決定が現場に伝達されるまでに遅れが出たり、時間のコストが増えたりするが、トップの権威は大きくなる。階層数が少ないと、トップと現場は相互に連絡しやすいが、トップの権威は小さくなる。

② 分業化

　同時並行的にタスクを遂行する際の役割分担をどうするかという要素である。組織は多くの複数のタスクを達成しなければならない。同時並行的にタスクが遂行されるためには、互いのタスクが重複しないことが前提である。分業化によって、無駄を排除でき、少ないコストによる作業も可能となる。

③ 統制スパン [H20-13]

　統制スパン（スパン・オブ・コントロール、統制範囲、管理の幅、統制の幅）とは、1人の上司の管理限界は何人かという要素である。

　組織が、複雑なタスク環境に対応しなければならないようであれば、スパンを小さくして少数精鋭で対応しなければならない。単純なタスクであれば大きなスパンが可能であり、多くの部下を管理できる。

　管理の幅は、自在に変えることができない。次図に示す要因が組み合わされることにより、「管理の幅」が決定される。

144　第1部　テキスト

【 管理の幅を左右する要因 】

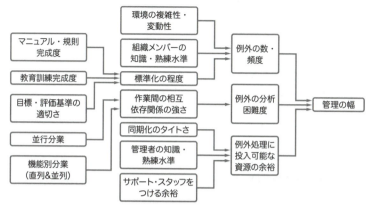

出典:『組織デザイン』沼上幹著　日本経済新聞出版社

2　組織コントロール・システム

(1) コントロール手法

　有効な組織デザインには、適切なコントロール・システムを組み込むことが不可欠である。組織のトップやマネジャーは、次の3つの包括的なコントロール手法から選択することができる。

① 官僚主義的コントロール
　規則や基準、階層構造や合法的権威など、官僚主義的メカニズムを用いて、従業員の行動を標準化しコントロールすることである。官僚主義的コントロールの一部として用いられるマネジメント・コントロール・システムには、予算、統計的報告、報酬システム、業務手続きといったサブシステムがある。

② 市場コントロール
　市場における価格競争が組織の生産量と生産性を評価するときに行うコントロールである。市場コントロールは、企業、事業部門、あるいは部の製品に価格設定することが可能で、競争がある場合にのみ利用することができる。

③ クラン・コントロール (仲間的コントロール)
　組織文化や帰属意識、伝統などの社会的特性を利用して行動をコントロールすることである。変化があまりに急で、組織がサービスの価格を設定できず、ルールや規則で従業員の正しい行動を特定できないような不確実性の高い環境で重要になる。
　クラン・コントロールに類似して自律的コントロールがある。クラン・コントロールはグループへの社会化機能であるが、自律的コントロールは個人的価値観や目標、基準に由来するものである。直接的な介入がなくても組織目標が達成できる場合、従業員自身に自己目標を設定させ、自らの成果を監視させる自律的コントロールが有効である。

第8章　組織構造と組織文化　　**145**

(2) コントロール・システムのデザイン

アウトプットを起点とするフィードバック型、インプットを起点とするフィードフォワード型、活動プロセスの外部を起点とするオープンループ型のコントロール・タイプに分けられる。

① オープンループ・コントロール

オープンループ・コントロールは、一連の活動プロセスの外部にある情報処理メカニズムによって活動をコントロールする。具体的には、管理者は、職務記述書や標準業務手続きなどによりコントロールを行うが、アウトプット（成果）の望ましさを評価するメカニズムを備えていない。

② フィードバック・コントロール

フィードバック・コントロールは、一連の活動プロセスが終了した後のアウトプット（成果）に焦点をおいて活動をコントロールする。具体的には、管理者は、フィードバックの内容において、活動の目標と活動のアウトプット（成果）との差異がわずかであるならば計画が全体として目標どおりに実現されていると考える。しかし、差異が重大な意味をもつならば、是正のためのコントロールや、効果的な計画の再設定を行う。管理者がフィードバックを受けとったときには、すでに組織においてダメージが発生していることが問題である。

③ フィードフォワード・コントロール

フィードフォワード・コントロールは、一連の活動プロセスが終了する前に修正を行うもので、インプットに焦点をおいて活動をコントロールする。管理者は、活動プロセスにおいて目標との乖離を発見し、結果を予測してコントロールすることが求められる。

H25-14
H22-13
H20-11
H19-19

3 ジョブ・デザイン

ジョブ・デザインとは、個々の作業の中身をどのようにとらえるかであり、労働の人間化と深く関わる概念である。

H27-17
(1) 職務拡大

職務拡大（enlargement）とは、作業単位の増加である。アージリスが提唱した概念で、職務の水平的拡大ともいう。

10個の作業単位は5個のそれよりも幅があり、広がりがある。幅のない、種類の乏しい仕事は、それだけ構造が単純であり、それを持続的に行うことになれば、単調な仕事になる。逆に、作業単位が多くなると、複雑になり、動作の繰り返しも少なくなる。多能工化を推進する際の根拠理論である。

(2) 職務充実

職務充実（enrichment）とは、仕事の中身のつくりかえである。ハーズバーグが提唱した概念で、職務の垂直的拡大ともいう。

QCサークルや従業員の経営参画、目標管理制度等を推進する際の根拠理論となる。

職務内の権限を下位の構成員に委譲することをエンパワーメント（権限委譲）という。職務の充実化は、エンパワーメントにより実現する。

4 さまざまな組織構造

実際の企業の組織図を見ると、複雑なものもあるが、事業部制組織と機能別組織が基本となっていることが多い。

(1) 機能別組織

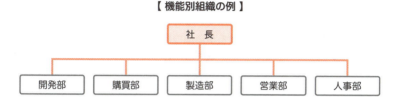

【 機能別組織の例 】

① 機能別組織の特性

機能別組織は、経営機能（販売・生産・購買等）のそれぞれの機能を部門に統合しているヒエラルキー型組織である。部門長の責任範囲は自部門に限られるため、会社全体を見渡すようなトップ・マネジメントの育成には適していない。

構造は、命令の一元性の原則にのっとり構築されているため、すべての権限はトップ・マネジメントに集中している。

規模が拡大するにつれて多重階層を形成するようになる。その結果、組織の情報処理能力が低下し、トップ・マネジメントの機能低下や部門間対立（組織の垣根）が起こりやすい状況となる。

部門の専門化が高度化するにつれて規模の経済性を発揮することができる。

単一事業で製品の品種も少なく、規模の経済が重要な意味をもち、強力なリーダーシップを発揮できるトップ・マネジメントがいる場合に有効である。

② 機能別組織の長所と短所

機能別組織には次のような長所と短所がある。

【 機能別組織の長所と短所 】

長所	短所
●業務範囲が細分化、専門化されている ●従業員は個々の業務分野の専門家となる ●意思決定権限がユニット内の上位管理者に集中しやすい	●組織の細分化、階層化が進みやすい ●ユニット間の連携が難しい ●組織の規模が拡大するにつれ「組織の垣根」が顕在化する

(2) 事業部制組織

単一事業の場合には機能別組織で問題はないが、企業が多角化して、複数の事業を営むようになった場合には、それぞれの事業を総合的に管理する機能が存在しな

いことで問題が生じる。

事業部制組織は、一定の基準（製品・地域・顧客など）で組織を分割して事業部を設立し、事業部に大幅な権限委譲が行われる組織形態である。事業部制組織は、自己完結的組織の1つであり、情報処理の必要性を低くする。

① 事業部制組織の特性

それぞれの事業部は独立性が高く、「組織の垣根」が生じる。「組織の垣根」により、事業部間のコミュニケーションが不足し、調整が困難になる。事業部制組織では、本社はそれぞれの事業戦略に関する権限を事業部に委譲し、本社は全社戦略に集中することが特徴である。

オーバーヘッドコスト（間接費）に関して、各事業部を評価する統一的な基準がないために発生する問題は、オーバーヘッドコストの高騰ではなく、各事業部への配賦基準の設定にある。限界利益率は各事業部の規模を無視しているため、予算配分の基準としては適さない。事業部制組織では、各事業部に配分した資金がどれだけ利益を生み出しているかを示すROI（投下資本利益率）で予算配分を行うことが多い。

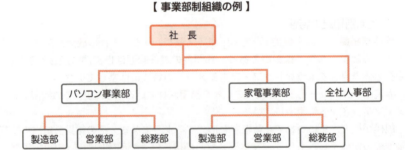

【 事業部制組織の例 】

② 事業部制組織の事業部の本質

独自の市場を持ち、その事業に必要な生産、販売、開発などの職能を持つ自己充足的組織単位である。事業運営に必要な意思決定権限がトップ・マネジメントより委譲された分権的組織単位である。トップ・マネジメントに対して利益責任を負う利益責任単位（プロフィット・センター）である。

③ 事業部の編成基準

一般に次の3つが事業部の編成基準とされる。
　(a) 製品別事業部
　(b) 地域別事業部
　(c) 得意先別事業部

④ 事業部制組織の長所と短所

事業部制組織において指摘される長所と短所は次のとおりである。

【事業部制組織の長所と短所】

長　　所	短　　所
●事業ごとに事業部が編成されるので、利益責任が明確化する ●事業ごとに事業部が編成されるので、事業間の調整が軽減される ●限定された事業環境に特化しているので、的確で迅速な対応ができる ●事業部の業績評価に基づき、資源配分とコントロールが比較的容易になる ●事業部長には大幅な権限が委譲されるので、経営者の訓練・育成ができる	●本社は事業部の現状を十分に把握できなくなり、事業部の逸脱した行動をコントロールしにくくなる ●利益責任の遂行に必要な職能を事業部内に組織するため、組織面での重複や、設備などの重複投資が発生する ●短期業績志向が強まり、長期的・戦略的取り組みが抑制されやすい ●事業部間の壁が生じ、コミュニケーションが不足したり、調整が困難になったりする ●事業部間の人事交流が消極化し、人事の硬直化が生じる

(3) マトリックス組織

　マトリックス組織は、横断的組織の1つであり、分権化の利点と専門化の利点の両方を狙った、網の目構造の組織形態である。従来の機能別組織に、プロジェクト・チーム等の水平的組織を交差させた組織形態であり、情報処理の必要性を高くするとともに、組織の情報処理能力を高くする。

　マトリックス組織では、指揮系統の一貫性の概念が排除されているために、機能マネジャーと事業マネジャーの間にコンフリクトが生じやすい。従業員も指揮系統の一貫性の概念を排除することによる曖昧さの発生と、機能マネジャーと事業マネジャーの対立により安心が失われる。コンフリクトを解消するために、①トップ・マネジメントが最終的な判断を行う、②あらかじめ命令の優先順位をルール決めしておく、などの対策が必要となる。

　マトリックス組織は、現場での事業感覚を重視し、機能と事業を連携させるために採用される。現場での事業感覚がなく、全社戦略を重視する本社機構にはマトリックス組織を導入しにくい。

【マトリックス組織の例】

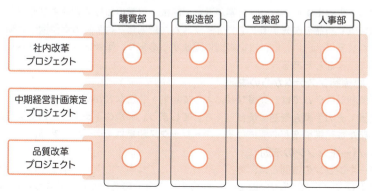

(4) 官僚制システム

組織構造の典型は官僚制システムである。官僚制とは、最高責任を担う幹部を頂点に、ピラミッド型を形成し、上意下達のコミュニケーション・チャネルを発達させた典型的な組織構造である。

① 官僚制の特徴

官僚制には、次のような特徴があるため、情報の流通をシステム化し、不要な混乱を回避できる長所がある。

(a) 規則と手続き

何をすべきか、どのようにすべきかを公的に定めて、すべてのメンバーに、それに準拠して考え、行動するように、枠組みを提供する。

(b) 専門化と分業

互いに役割を明確に定めて、重複しないようにする。それぞれの役割について、専念できるようにする。

(c) ヒエラルキー

指示を発する人、指示を受ける人という役割が分化する。この役割関係は階層構造（ヒエラルキー）を構成する。階層構造の中では、その人に指示を与える人はただひとり、仕事を済ませてその成果を報告する人もただひとり、とするような命令の一元化の関係を作らなければ、混乱をきたす。

(d) 専門的な知識や技術をもった個人の採用

与えられた職務を遂行するために必要な能力をもっていることが不可欠の要件である。能力のない人を縁故などによって採用すべきではない。

(e) 文書による伝達と記録（文書主義・文書重視主義）

ミスや誤解の生じないように、正確に伝達されなければならない。どのような経過でどのようなことが決められたかを保存することで、誰もがそれを事実として共有しなければならない。

② 官僚制の逆機能

膨大な手続きと書類作成に煩わされる繁文縟礼や、本来は手段に過ぎない規則や手続きが目的に転じてしまう目的置換、規則や手続きそのものを絶対視し、画一的な対応を生み出す形式主義、分業が進んだ結果、組織の目標や利益よりも自分の部門の目標や利益を優先するセクショナリズム、規則化されている最低限の行動しかしなくなる最低許容行動、古い規則に固執するあまり、革新的な行動を許容しない革新の阻害などがある。

③ 官僚制システムからの脱却

官僚制システムでは、文書などによって規則・礼法などが細々としている。過剰な文書でその手続きを逆に煩わしくさせてしまう。環境の不確実性に対応するために、新たな組織構造が必要になる。マトリックス組織はその一例である。

④ パーキンソンの法則

パーキンソンの法則とは、負担を散らすことで仕事が必要以上に膨らみ、組織が肥大化していくという法則である。組織の中で自分の負担が増えるようになると、

同僚と仕事を分け合うよりも、部下を2人任命して負担を軽減し、自らはその仕事を監督する地位を望むようになる。競争相手よりも部下を増やしたがる傾向から指摘されるようになった法則である。

(5) ミンツバーグの組織形態分類

① 企業組織を構成する5つの基本的要素

ヘンリー・ミンツバーグは、企業組織を構成する5つの基本的要素として、①戦略的トップ、②ミドルライン、③現業部門、④テクノストラクチャ(職能スタッフ)、⑤サポートスタッフ(事務管理)をあげた。

【 組織の5つの基本的要素 】

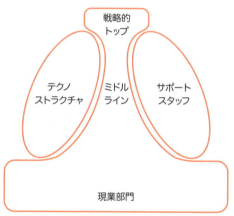

出典:『H. ミンツバーグ経営論』ヘンリー・ミンツバーグ著
DIAMOND ハーバード・ビジネスレビュー編集部訳　ダイヤモンド社

② 組織形態(コンフィギュレーション・相対的配置)の5分類

これら5つの要素の組み合わせによって、組織形態(コンフィギュレーション・相対的配置)は、①単純構造、②機械的官僚制、③プロフェッショナル官僚制、④分権構造、⑤アドホクラシーの5つに分類できるとした。このうち、プロフェッショナル官僚制とアドホクラシーについての概要は次のとおりである。

(a) プロフェッショナル官僚制

プロフェッショナル官僚制における現業部門は、医師や会計士などの高度な専門的スキルを有しており、スキルの標準化は組織の外で行われるため、テクノストラクチャはほとんど必要ない。一方、現業部門がやりたがらないルーティン作業などの業務を大勢のサポートスタッフがこなすことになる。

(b) アドホクラシー

アドホクラシーは限りなく流動的な構造であり、権限は常に移動している。調整と統制は、関係者間の相互調整により、インフォーマルなコミュニケーションや有能なプロフェッショナル同士の相互作用を通して達成される。

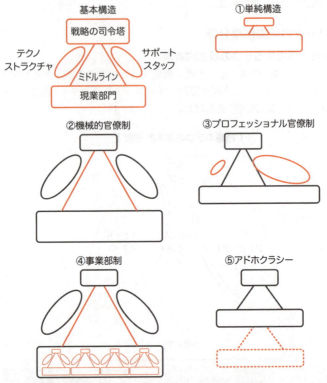

出典：『H. ミンツバーグ経営論』ヘンリー・ミンツバーグ著
DIAMOND ハーバード・ビジネスレビュー編集部訳　ダイヤモンド社を一部改訂

H26-15 (6) マイルズ＝スノーの環境適応類型

　マイルズとスノーによれば、何らかの問題への対応が迫られる企業は、一定の意思決定のサイクルを反復することによって対処しようとする。
　組織の諸問題は、①企業者的問題（製品市場の選択）、②技術的問題（生産と流通のための技術の選択）、③管理的問題（組織構造・過程の合理化）というサイクルで行われ、組織は一定の適応パターンを生み出し、それを継続しようとする傾向がある。問題に対応しようとする組織の戦略類型には、4つのタイプがある。

【 戦略類型のパターン 】

①防衛型	自社のドメインの中で自社の強みで防衛することに重きをおき、脅威に対抗しようとする組織である。新しい機会を求めて領域外を探索しようとはしない。
②探索型	防衛型とは対極をなす関係にあり、積極的な行動で、機会を探索していこうと環境適応する組織である。新しい環境にいつでも柔軟に対応できる体制をとろうとする。
③分析型	防衛型と探索型の中間で、対象市場ごとに防衛型と探索型の行動を分析的に組み合わせる組織である。安定性と柔軟性のバランスを図ろうとする。
④受動型	防衛型、探索型、分析型のいずれにも該当しない行動をとる組織である。一貫性のある戦略はなく、環境からの圧力がない限り対応しようとしない。

(7) 逆ピラミッド型組織

逆ピラミッド型組織は、サーバント・リーダーシップに見られる組織形態である。

サーバント・リーダーシップは、リーダーのビジョンとサーバント・エシックス（奉仕の精神に裏付けられた倫理観）に基づき、①他者への奉仕を重視し、②仕事に対するホリスティック（全体論的）なアプローチでコミュニティ（共同体）の感覚を促進し、③意思決定における権限を共有することを強調する。

企業においては、権限をリーダーに集中するのではなく、部下や仲間に権限委譲を行う。また、この組織では共同体としての協調性や参画を重視する。リーダーは、常に部下や従業員の成長を援助する。そのことでリーダー自身の成長にもつながる。援助された部下や従業員は、自身の立場に置き換えて、顧客の成長に奉仕することを志向するようになる。

サーバント・リーダーシップに基づく、部下の潜在能力を発見し、開発するためのコミュニケーションの原則には、①オープンな雰囲気での環境づくり、②積極的傾聴、③受容、④明確化、⑤共感的支持、⑥相互理解、⑦フィードバック、がある。

【 サーバント・リーダーシップにおける逆ピラミッド型組織の構造 】

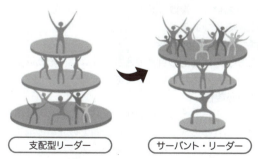

出典：NPO法人　日本サーバント・リーダーシップ協会ホームページ

(8) ネットワーク組織

ネットワーク組織とは、階層的組織に代わる、新しい組織編成のあり方である。従来の階層的組織とは異なり、メンバーは固定化されず、メンバー間の関係は対等的であり、規則よりも価値によって調整されている。変化の激しい環境の中で迅速・創造的な対応をするための組織である。

5 組織の中のチーム

(1) チームとグループ

チームとグループは同じではなく、一般的には業績において次のような違いがある。
① **チーム**では、個々のメンバーが集団的な業績を目標として、メンバー同士の協調を通じてプラスの相乗効果を生みだそうとする。そのため、個々のメンバーの投入量の総和よりも高い業績水準をもたらす。
② **グループ**では、メンバーが個々の責任分野内で、業務遂行の助け合いを目的としている。そのため、業績は個々のメンバーの投入量の総和となる。

(2) チームの活用

チームで業務を遂行する場合は、個人で業務を遂行する場合よりも、一般に多くの時間と資源を必要とし、コンフリクトが顕在化する傾向にある。そのため、チームで業務を遂行することによるメリットが、このような代償を上回る必要がある。

(3) チーム活用の判断

ある業務において、チームを活用した方が良いのかどうかを判断するためには、次の3つの判断基準がある。3つの判断基準において必要とするならば、個人よりチームの方が高い業績をあげる傾向にある。

① 業務の複雑性と異なる視点の必要性

その業務の遂行において、複数のメンバーでの対応や多様なスキルや経験を必要とするかどうかという点である。

② 価値ある目標への到達の必要性

その業務の目標が、単に個別の目標の合計ではなく、それ以上の価値のあるメンバー共通の目標につながるのかという点である。

③ 相互依存関係の必要性

その業務において、チーム全体の成功がメンバーの個々の仕事に左右され、加えて、メンバーの個々の仕事の成功が、メンバー同士の仕事の成功にかかっているように、チームのメンバー同士が、相互依存関係にあるかどうかという点である。

(4) チームの種類

① 問題解決型チーム

(a) 概要

問題解決型チームは、メンバーが作業の工程や手法を改善する方法について、アイデアを共有したり、提案したりする。提案内容をチームが単独で実施する権限が与えられることは少なく、解決策の実行に関する最終決定はマネジメントに委ねられることが多い。

チーム型作業組織に期待される効果には、自律的な調整のための積極的な参加が求められるため、メンバー間のコミュニケーションが活発になり、互いに助け合いながら共同することによる労働生活の質（QWL）の向上が期待できる。

(b) 問題解決型チームの利用法

第一線の職場で働くメンバーが継続的に、製品の品質やサービスなどの問題の原因調査や解決策の提案などを行うQCサークル（クオリティ・サークル、クオリティ・コントロール・サークル）として利用される。

② 自己管理型チーム

(a) 概要

自己管理型チームは、メンバーは高度に関連した業務や独立的な業務を遂行し、従来、上司が負っていた責任を引き継ぐ。自己管理型チームが完全になると、自らメンバーの選定や、メンバー相互で業績評価も行い、監督者の地位の重要性が薄れ、監督者が排除される場合もある。

(b) 自己管理型チームの留意点

自己管理型チームは、状況に左右される。例えば、組織のリストラの実施や、チームの規範の強さ、チームが遂行する仕事の種類、報酬体系などが、チームの業績に大きな影響を与える。

③ 機能横断型チーム

(a) 概要

機能横断型チームは、組織内の多様な分野の人々が情報を交換し、新しいアイデアの開発や問題解決を行い、複雑なプロジェクトを調整することができる効果的な手段である。

タスク・フォースは、臨時的に設置された機能横断型チームであり、さまざまな部門からの委員で構成される委員会も機能横断型チームである。

(b) 機能横断型チームの留意点

機能横断型チームにおいて、チームの発展の初期段階には、メンバーが多様性や複雑性への対処の仕方を学ぶために時間がかかる。また、信頼やチームワークを確立するのにも時間がかかる。

④ バーチャルチーム

(a) 概要

バーチャルチームは、チームを構成するそれぞれのメンバーが、物理的に離れた場所にいようとも、一つのチームとして機能している集団である。一つのチー

ムとして共通の目標を達成するために、直接対面する機会が少なくても、ITツールなどの活用により、コミュニケーションをはかりながら業務を遂行する。

(b) バーチャルチームの留意点

メンバー同士が直接顔を合わせた経験がない場合には、そうでない場合に比べて、タスク志向性が高くなり、メンバー同士の社会的・感情的な情報交換が少なくなる傾向がある。

II 組織文化

1 経営理念と組織風土

経営理念とは、経営者が経営活動の根底を支えるものとして重視している信念、信条、理想、イデオロギーなどをいう。**組織風土**とは、一般には、組織メンバーが、他のメンバーや外部の人々と相互作用するパターン・組織内の物理的環境などによって生み出される雰囲気である。社風と呼ばれることもある。

2 組織文化

R02-10
H29-19
H25-10
H22-17
H21-13

組織文化（コーポレート・カルチャー）とは、組織の中で、構成する人々の間で共有された価値や信念、あるいは、習慣となった行動が絡み合って醸し出されたシステムである。

組織文化は、組織の骨組みを知るために不可欠の概念であり、組織のそれぞれの相違を知るためには都合のよい概念である。しかし、組織文化の構築の方法や測定技法などについてまだ十分な段階にはいたっていない。

(1) 組織文化の要素

組織文化は「価値観」「パラダイム」「行動規範」の3つの要素からなっており、これらは、従業員に対して「モチベーション」「判断」「コミュニケーション」の3つのベースを与える。また、組織は「採用」「トップ・マネジメントの行動」「社会化」を通じて、組織文化を維持することに努める。※パラダイムとは「認識の枠組み」を意味する。

(2) 組織文化の機能

組織文化の持つ機能は、次のとおりである。
① 境界を定義する。1つの組織と別の組織とを区別する。
② 組織のメンバーにアイデンティティの感覚を伝える。
③ 組織文化により、個人の興味を超えた、もっと大きなものへの関与を促進する。
④ 社会システムの安定性を強化する。組織文化により従業員が何を語り、行うかについて適切な基準が提供され、組織の結束に貢献する社会的接着剤となる。
⑤ 従業員の態度や行動を形成する。

(3) キャメロンとクインによる組織文化理論

キャメロンとクインは、組織文化には、価値観やリーダーシップスタイル、仕事の進め方などさまざまな要素が反映されるとし、組織文化を4つに類型化している。

第8章　組織構造と組織文化　**157**

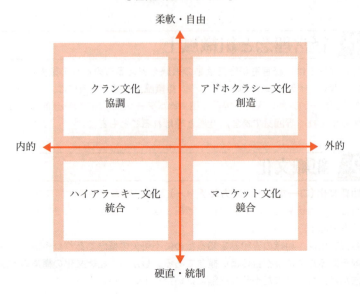

4つの組織文化タイプごとの求められるリーダーシップや志向性は、次の表のとおりである。

【 各組織文化の特徴 】

組織文化タイプ	求められるリーダーシップ	志向性
クラン文化	支援的リーダーシップ	協力的、協調性
アドホクラシー文化	革新者(企業家)的リーダーシップ	イノベーション、創造性
ハイアラーキー文化	規則や手続きの遵守	安定性、予測可能性
マーケット文化	現実主義的リーダーシップ	競争環境への対応、結果

(4) 組織文化の解読

組織文化を読み取るためには、以下のようないくつかの手がかりがある。

① 儀式やセレモニー

儀式やセレモニーは、厳かさや深遠さを演出することで、価値の高揚を図ることができる。入社式、年頭のあいさつなどで、組織の価値を強調する。

② シンボル・表象

独自の価値意識の高揚を企てる効果がある。社旗、制服、バッジ、店舗の外装・内装、パンフレット、コーポレート・カラーなどが該当する。

③ 言葉

組織文化は、隠喩のような、メンバーでないと理解できない言葉にも表れる。標

語や社内用語が該当する。

④ 物語や伝承

創業に関するエピソード等について装幀を施して成員に伝える、読ませる、聴かせる、見せるなど様々な方法が考えられる。社史、パブリシティ、創業者による講演などが該当する。

(5) 組織文化を形成する要因

組織文化の形成には、組織構造、組織デザインに関わる要因がすべて関与している。組織デザインの変更は、当初は、物理的環境の変更であるが、徐々に行動環境の変更に至り、新たな組織文化を醸成する。

次のような5つの要因が分散を小さくして、強力な組織文化を形成する。

① 近接性

近接性とは、成員が物理的に近接していることをいう。本社以外の出張所を増やすと横断的な組織文化は形成されにくくなる。これは近接性が低くなるからである。

② 同質性

同質性とは、成員が相互に類似し、同質であることをいう。従業員の性別・年齢・学歴・経歴・趣味・関心が似通っていると、組織としての分散は小さくなる。

③ 相互依存性

相互依存性とは、相互に依存しあう関係にあることをいう。個人プレイ型の営業スタッフしかいない組織には、強固な組織文化は形成されない。

④ コミュニケーション・ネットワーク

コミュニケーション・ネットワークとは、情報の流れとなるコミュニケーション経路が形成されていることをいう。情報の流れが一方通行では、強固な組織文化は生まれない。

⑤ 帰属意識の高揚

帰属意識の高揚とは、研修その他の手法で、成員のロイヤルティを高める機会を設けていることである。

(6) 組織文化形成における創業者の役割

企業の草創期においては、組織文化の推進力となるのは創業者である。創業者のシンボリック・アクションなどを通じて組織に植えつけられた文化は、その組織独特の能力となり、メンバーのアイデンティティの基礎となり、組織を結束させる心理的な糊となる。

第8章　組織構造と組織文化　**159**

【 コミュニケーション・ネットワーク 】

①チェーン型

②星　型

③Y字型

④サークル型

⑤マルチチャネル型
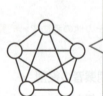

> どこからでも誰からでも情報を入手できるマルチチャネル型のネットワークが、同質の情報を過不足なく全員に到達できるため、明瞭な組織文化が形成され、分散が小さくなる。

出典：『組織論』桑田耕太郎・田尾雅夫著　有斐閣

3　グループ・ダイナミクス

(1) グループ・ダイナミクス（集団力学・社会力学）

　グループ・ダイナミクス（集団力学・社会力学）とは、集団とその成員個人の力動的な相互依存関係を把握し、そこから普遍的な一般法則を求めようとする分析的理論である。集団の中では、グループ・ダイナミクスを維持するように、基準や規範をつくり、それに従うように強要したり、従わないメンバーには相応の制裁を加

えたりするなどの固有のメカニズムが働く。

(2) 斉一性（せいいつせい）の圧力

凝集性の高い集団では、時間の経過とともに、客観的事実とは関係なく、多数のメンバーが信じるべきであるとするソーシャル・リアリティ（社会的事実）を創造して、すべての成員がその価値を受け入れ、それに同調することを強要するようになる。

成員が入手できる情報が限られていたり、その真偽を確認する手段や方法に欠けるほど、また、意思決定に緊急を要するほど、ソーシャル・リアリティは強固になる。

【斉一性の圧力】

凝集性の高い集団では、ソーシャル・リアリティが強固になり、逸脱者に対しては同調させようとしてコミュニケーション量が増えるが、それが無駄とわかれば、むしろ仲間外れにしてしまう。規範に従えば、他のメンバーから組織の一員であることが認められ、従わなければ、制裁を受けるか、一員であることが認められなく、追放の処分を受ける。

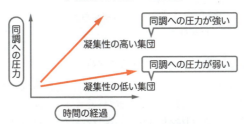

【凝集性と同調への圧力】

出典：『組織論』桑田耕太郎・田尾雅夫著　有斐閣

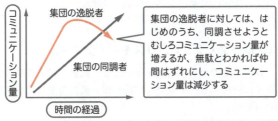

【凝集性とコミュニケーション】

集団の逸脱者に対しては、はじめのうち、同調させようとむしろコミュニケーション量が増えるが、無駄とわかれば仲間はずれにし、コミュニケーション量は減少する

出典：『組織論』桑田耕太郎・田尾雅夫著　有斐閣

第8章　組織構造と組織文化

(3) 集団凝集性と生産性

集団凝集性と生産性との関係について、集団の凝集性が高いほど、メンバーは集団の目標に向かって努力する。業績関連の規範（集団目標と組織目標の一致度）が高い場合、凝集性の高い集団は凝集性の低い集団より生産的である。

【 集団凝集性と生産性との関係 】

出典：『【新版】組織行動のマネジメント―入門から実践へ』
スティーブン・P・ロビンス著　高木晴夫訳　ダイヤモンド社

(4) 凝集性を高める方法

マネジャーが集団の凝集性を高めるには、以下の7つの方法を複数試すとよい。
① 集団をより小規模にする。
② 集団目標への合意を促進する。
③ メンバーが共に過ごす時間を増やす。
④ 集団のステータスを高め、その集団への参加資格を得がたいものに見せる。
⑤ 他の集団との競争を促進する。
⑥ 個々のメンバーではなく集団全体に報酬を与える。
⑦ 集団を物理的に孤立させる。

(5) 集団思考（集団浅慮・グループ・シンク）

集団思考（グループ・シンク）とは、「集団浅慮」とも訳され、集団による意思決定が多くの場合適切でなく、浅慮（考えが浅い）ともいうべき結果になることを指す。集団のメンバーたちがコンセンサスを作らなければならないという規範によって、意見の統一に集中するあまり、さまざまな行動の選択肢の現実的評価や、とっぴな意見や少数派の意見、不人気な意見の十分な表現が妨げられることが要因となる。凝集性の高い集団の場合、凝集性の低い集団より多くの議論を行い、多くの情報を明らかにするが、一方で異なった意見を思いとどまらせ、「集団思考」に陥りやすい。

(6) 集団傾向（グループ・シフト、リスキー・シフト）

小集団では、資料不足のままに結論を急いだり、発言力の大きな人の意見に従ったり、極端な意見に引きずられて妥当な結論を得る機会を逸したりする可能性が高い（小集団特有の病理）。
　集団による意思決定と個人による意思決定を比較すると、集団による意思決定の

方が高いリスクを踏む傾向が強い。声の大きい人の意見に従ったり、多数決による決定に従ったりする場合、それぞれの個人が責任を負うことがなくなり、慎重さを欠くなど、集団の決定は個人の決定よりもリスクを含みやすくなる。これを**集団傾向（グループ・シフト、リスキー・シフト）**という。

(7) 組織文化のダイナミクス

H27-21

　組織文化の変化にとっては、規模や複雑さよりも、その組織の発展段階が重要な意味をもつ。組織の発展段階と組織文化の機能に応じて、変容メカニズムも異なる。例えば、組織が成熟段階に達し、パラダイム・レベルでの深い組織文化の変革が必要な場合には、首脳陣の大量交代や組織構造の再編成などの方法が有効である。

(8) 並列的部門間関係（組織内における相互依存性）

H28-13

　組織内における相互依存性は、①プールされた (pooled) 相互依存性、②連続的相互依存性、③相互補完的 (reciprocal) 相互依存性という３つのタイプに分類できる。

① プールされた相互依存性

　相互依存性が最も弱い関係であり、フランチャイズチェーンにおける本部と店舗の関係がある。この関係は各店舗の直接的な相互依存性は少ないが、各店舗が本部に対して別々に貢献している。各店舗の行為は互いに関係なく進展していくため、店舗間の調整の必要性は低く「標準化」が中心となる。

② 連続的相互依存性

　相互依存性が中程度の関係である。自動車メーカーの生産工程における、購買部門、生産部門、流通・販売部門における関係などがあり、プールされた相互依存性の場合よりも部門間の調整が必要で、「計画による調整」が必要になる。

③ 相互補完的相互依存性

　相互依存性が最も強い関係である。新製品開発における設計、購買、製造、販売等の各部門における情報のやりとりなどがあり、部門間の調整は最も必要とされ「相互調節による調整」が求められる。

(9) 組織文化の逆機能

R02-10

① 保守化と固定化

　過去の成功体験に依存するため、変化の必要性を認識できたとしても行動が困難になる。

② 組織の画一化

　多くの社員が同じ考え方になり、新しい発想や実践を阻害する。

【事例】

> 　A社では、創業以来の伝統的な価値観に基づく戦略による過去の成功が、現在の戦略を機能させていない根本的原因となっていることを誰も認めようとはしない。

第8章　組織構造と組織文化　　**163**

厳選!! 必須テーマ［○・×］チェック —第8章—

過去20年間（平成13～令和2年度）本試験出題の必須テーマから厳選！

■■■■ 問題編 ■■■   Check!!

問1 (H29-14)   [○・×]
組織の頂点に意思決定を集中する度合いとして集権化と分権化が決められ、集権化するほど環境変化への対応力を高めることができ、分権化するほど迅速な組織的な行動が可能になる。

問2 (H26-14)   [○・×]
市場コントロールは、組織内部の部門のコントロールには利用できないが、市場における価格競争が組織の生産量や生産性を評価する時に有効である。

問3 (H20-11)   [○・×]
事業部制組織では、各事業部は独立採算のプロフィットセンターとして管理されるために、複数の事業部にまたがる統合的な製品の開発などは遅れがちになる。

問4 (H21-13)   [○・×]
組織文化は、新入社員に対して、この組織ではどのような振る舞いが望ましいのか、何を良いと感じるべきかを教育する機能を持つ。

問5 (H19-13)   [○・×]
集団のメンバーがコンセンサスを重視しすぎると、「グループ・シンク (group think)」と呼ばれる現象に陥る可能性が高まる。

問6 (H30-14)   [○・×]
遂行すべきタスクに必要なスキルや経験の多様性が低い場合は、個人よりチームの方が高い業績を上げる傾向にある。

164　第1部　テキスト

■■■ 解答・解説編 ■■■

問1　×：集権化するほど迅速な組織的な行動が可能になり、分権化するほど環境変化への対応力を高めることができる。

問2　×：部門のコントロールにも利用できる。

問3　○：組織の垣根により、調整が困難になる。

問4　○：組織文化には、従業員の態度や行動を形成する機能がある。

問5　○：集団への同調の圧力が強いほど、グループシンクに陥りやすい。

問6　×：遂行すべきタスクに必要なスキルや経験の多様性が高い場合は、個人よりチームの方が高い業績を上げる傾向にある。

②次 がついた項目は2次試験でも活用する知識です

本章の体系図

| キャリア・マネジメント | — | キャリア発達モデル |
| | — | キャリア・アンカー |

モチベーション	—	組織の中の個人
	—	モチベーションの欲求説 ②次
	—	X理論・Y理論と目標による管理 ②次
	—	コンピテンシー
	—	モチベーションの過程説 ②次
	—	内発的モチベーション管理 ②次
	—	組織コミットメント
	—	組織的公正

リーダーシップ	—	リーダーシップの定義
	—	リーダーシップの特性理論アプローチ ②次
	—	リーダーシップの行動理論アプローチ ②次
	—	リーダーシップのコンティンジェンシー理論 ②次
	—	その他のリーダーシップに関する研究
	—	リーダーシップとパワー

コンフリクト・マネジメント	—	コンフリクトの定義
	—	コンフリクトの発生要因
	—	コンフリクトの機能性
	—	集団間コンフリクト
	—	コンフリクトの是正・解消
	—	組織ストレス

本章のポイント

- 欲求段階説、期待説など、さまざまなモチベーション理論を理解する
- リーダーシップに関する様々なアプローチの違いを確認する
- 企業のコンフリクト・マネジメントの基本をおさえる

第 9 章

モチベーションと
リーダーシップ

I キャリア・マネジメント

II モチベーション

III リーダーシップ

IV コンフリクト・マネジメント

I キャリア・マネジメント

1 キャリア発達モデル

モチベーションを高揚するために欠かせない視点とは、人は組織においてどのような経緯を経て形成されるかということである。組織の中で自身の立場や役割を修得し、知識や技術を蓄えていくかである。

(1) 職業的自己概念とキャリア発達

D.スーパーは、**職業的自己概念**について、個人が職業に関連すると考えた自己特性の配置と定義している。この職業的自己概念は職業選択や職場適応というプロセスの中で変化する。その変化には規則性があり、ある発達上の課題を達成すれば、次の課題へというように段階的に起こる。**キャリア発達**とは、職業的自己概念を発達させていくプロセスである。

職務満足は、職業的自己概念を適切に表現する場を見つける程度によって決まり、人の職業に対する好みや能力は、時間や経験とともに変化し、職業的自己概念として社会的に学習される。

(2) キャリア発達モデル

① 試行期

試行期は、自分の適性や能力について確信を持つにはいたらず、まだ自分がどのような仕事に向いているのかがよくわからないため、探索と試行錯誤を繰り返す時期である。

② 確立・発展期

確立・発展期は、自分の適性や能力がどのようなものであるかを理解し、職場でどのような立場にあるかがわかるようになり、よりいっそう自分の適性や能力にあった仕事を探すことに関心を向ける時期である。

③ 維持期

維持期は、これまでに得た地位や立場を維持し、余分なコストを払ったりリスクを冒したりするような危険を避け、保身的になる時期である。

④ 衰退期

衰退期は、閑職に就く、転職・出向・退職等によって、徐々にまたは急に、キャリアの終焉を迎える時期である。再度、発展期に転じることもある。衰退期に向かうキャリアを再び発展期に転じることができるような人事施策は、企業のHRM上の重要なポイントである（キャリアの延命化・長期化）。

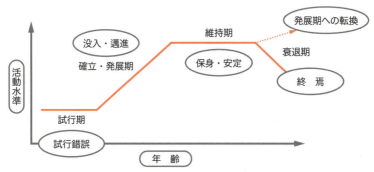

出典:『組織論』桑田耕太郎・田尾雅夫著　有斐閣

2　キャリア・アンカー

職務遂行にあたって個人が合理的にキャリアにまつわる決定をするための指針のことをいう。キャリア・アンカーの種類は以下の8つのカテゴリーがある。

ひとつひとつに対してある程度の関心は誰もが持っているが、その中でこれだけはあきらめたくないと思う重要な領域が、その個人にとってのキャリア・アンカーとなる。例えば、しっくりこないという経験を通じて自らのキャリア・アンカーを反省し、転職や働き方の変化につながることなどがある。

【 キャリア・アンカーの種類 】

①技術的・機能的コンピタンス	⑤企業家的独創性
②全般的な管理コンピタンス	⑥奉仕・社会貢献
③自律・独立	⑦純粋な挑戦
④保障・安定	⑧生活様式（ライフスタイル）

II　モチベーション

1　組織の中の個人

H29-18

　組織は組織人によって成り立つ。組織人とは、組織の枠組みに、自らの考えや行動を準拠させ、組織のために働く人や、組織目標の達成に貢献する人である。組織の成果は、彼らが熱心に働くことによって得られる。

　組織の中でそれぞれ一人ひとりが、働くことに動機づけられるほど、組織はより多量の、より上質の成果を得ることになる。動機づけ（モチベーション）は、組織にとって欠かせない要因である。

(1) パーソナリティ

R01-18

　パーソナリティとは、個人の思考と行動を特徴づける傾向のことである。パーソナリティの5要素モデルでは、「ビッグ・ファイブ」と呼ばれる5つの基本的な要素が他のパーソナリティ基礎になるとされている。

【 パーソナリティの「ビッグ・ファイブ」 】

外向性	社交的、話し好き、独断的
人当たりのよさ（調和性）	気立てが良い、協力的、人を信頼する、温和
誠実さ（誠実性）	責任感が強い、頼りになる、不屈、完璧主義、計画的
安定した感情（神経症傾向）	冷静、熱心、緊張に動じない、心配性、傷つきやすい
経験に開放的（開放性）	想像力が豊か、芸術的、知的、好奇心が強い

　人はそれぞれ異なるパーソナリティを持つ一方で、パーソナリティの要因と職業に必要とされる能力には関連性があることが示されている。

(2) モチベーション管理

　モチベーション管理とは、人間行動の方向、強度、持続性を決定する心理的メカニズム、もしくは従業員を組織目標の達成に向かわせるために経営者が用いる手法である。動機づけと訳される。

(3) モラール管理

　モラールとは、士気のことである。経営学では、従業員の勤労意欲を指す。モラールを向上させるため、企業はモラール・サーベイ（勤労意識の調査）を実施し、その結果をもとに人事・労務管理などの諸方策を立てる。

　モチベーション管理で効果が上がれば、結果としてモラールも向上する。

2 モチベーションの欲求説

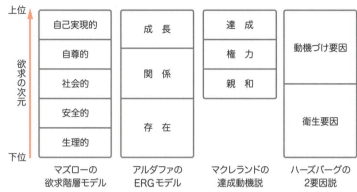

【 欲求説（欲求モデル）の比較 】

出典：『組織論』桑田耕太郎・田尾雅夫著　有斐閣

(1) マズローの欲求階層モデル（欲求階層説・5段階欲求説）

マズローの欲求階層モデル（欲求階層説・5段階欲求説）によれば、すべての人は、全体を見通したい、成長を続けたいという生来の欲求があり、自身の潜在的な能力を最大限発揮したいという欲求をもっているとされる。人間が行動を起こす動機には、欠乏動機と成長動機の2つがある。

① 欠乏動機

欠乏動機は、自分が持っていないものを満たすことが動機づけの要因となることである。欠乏動機は充足されれば、それより高い次元の欲求に関心が向かう。また、実質的に満たされれば、もはや動機づけとはならない。欠乏動機には次の4つがある。

(a) 食欲や性欲、睡眠などの生理的欲求
(b) 衣や住に関わる安全的欲求
(c) 所属や友人を求める社会的欲求
(d) 自らが他よりも優れていたいとする自我（自尊）的欲求

② 成長動機

成長動機は、満たされるほど、いっそう関心が強化される欲求である。自己実現的欲求がこれにあたり、最も人間的とされる動機づけであり、外発的に動機づけられるものではなく、自分自身の理想を追い求め続けることを通じた内発的な動機づけとも考えられる。

(2) アルダファのERGモデル

アルダファは、マズローの欲求階層モデルを修正して**ERGモデル**を提示した。人間の欲求は、人間にとって基本的な存在の欲求（existence）、人間関係に関わる

関係の欲求（relatedness）、人間らしく生きたいとする成長の欲求（growth）の3次元に分けられるとした説である。

アルダファの理論の特徴は、3個の欲求が、同時に存在したり並行したりすることもあり得るとした点である。関係の欲求は成長の欲求と並存することがあり、高次の欲求が充足されないときは、後退して低次の欲求が強くなることもある。成長の欲求が充足されなければ、関係欲求が強くなる。3つの欲求カテゴリーが連続的であり、可逆的であるとしている。

(3) マクレランドの達成動機説（三欲求理論）

①三欲求理論の概要

マクレランドの達成動機説（三欲求理論）は、モチベーションにつながる3つの欲求を、①達成欲求、②権力欲求、③親和欲求とし、この3つの欲求のうち、とくに達成欲求を重視した。

【3つの主要な欲求】

①達成欲求	ある一定の標準に対して、成功の報酬よりも、個人的な達成感を求め、それを達成しようと努力すること
②権力欲求	他の人々に、インパクトを与え、影響力を行使してコントロールしたいという欲望
③親和欲求	他の人々に好かれ、受け入れてもらいたい、という、密接な対人関係を結びたいという欲望

②達成欲求の高い人の特徴
・職務の困難さが中程度の場合に、最も動機づけされ、職務成果も最高になる
・現実的だけど難しく、少し手を伸ばせば届くような目標を立てたがる
・個人的な責任を引き受け、フィードバックが確立され、中程度のリスクを伴う職務状況を好む
・大企業において、必ずしも優秀なマネジャー（管理職）になるとは限らない

【達成欲求の高い人における職務の困難さと職務成果との相関関係】

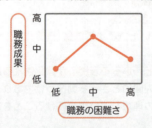

(4) ハーズバーグの二要因説（二要因理論、動機づけ・衛生理論）

ハーズバーグの二要因理論では、従業員が不満足を知覚する衛生要因と、満足を知覚する動機づけ要因を独立した要因として捉え、必ずしも不満足を解消せずとも、

モチベーションを高めることができることを提唱した。

①衛生要因

賃金やさまざまのフリンジ・ベネフィット、作業条件、経営方針、上司・同僚・部下との人間関係などは低次の要因であり、衛生要因とされる。仕事そのものではなく、仕事の外にあるので外発的要因でもある。これらは、なければ不満であるが、あったとしても満足にいたらない。

②動機づけ要因

自らが仕事を成し遂げたり、自身が認められ評価を受けたり、仕事をすること自体に満足できるなどは高次の欲求である。働くという行為そのものの中にあり、内発的要因である。これらは動機づけ要因とされ、なくても、特に不満ということはないが、経験するとさらに強い満足を得ようとする欲求である。

【 ハーズバーグの二要因説 】

衛生要因	動機づけ要因
職務不満を防止	積極的な職務態度を誘発
●会社の方針 ●管理者の質 ●対人関係 ●物理的な作業条件 ●給与 ●職務保障	●達成 ●表彰 ●昇進の機会 ●個人的成長の機会

3 X理論・Y理論と目標による管理

(1) X理論・Y理論

H29-16
H19-15

マグレガーは、マズローの欲求段階説の自己実現的欲求に依拠した新しい人間観を提唱した。彼は伝統的な人間観をX理論、新しい人間観をY理論と呼びマネジメント理念の変革を主張した。

【 X理論・Y理論 】

	X理論 (伝統的人間観)	Y理論 (新しい人間観)
人間観	人間は生来、仕事が嫌い	人間は条件次第で、すすんで仕事に身を委ねる
管理方式	命令と統制による管理	組織目標と個人目標の統合
動機づけの方法	アメ (賃金) とムチ (処罰) で働かせる	目標による管理で、自己実現的欲求の充足をはかる

① X理論の管理スタイル

命令と統制による管理が行われ、担当者は職務記述書に従って割り当てられた目標を上司の監督のもとで実行し、結果を上司に報告して評価を受けるだけである。

第9章 モチベーションとリーダーシップ **173**

② Y理論の管理スタイル

目標による管理を導入すると、担当者は自分の意思、判断、創造性に基づいて自律的目標を設定し、職務を遂行するので自己実現的欲求を充足できる。

上司は、部下に対して助言者となる。企業目標または部門目標と個人目標との調整を行う。また、部下が高次の欲求を満たせるように環境・条件を整備する。

(2) 目標による管理

H26-17
H19-01

① 定義

組織全体の目標と個人の目標を関連づけてチャレンジ目標に挑戦させる自主的管理方法のことである。MBO（MBO：Management By Objectives）ともいう。職務内容の管理だけではなく、動機づけのための手段としても利用される。

② 目標による管理の問題点

目標による管理は従業員の自己実現欲求を尊重する非常に優れた管理技法であるが、その性格上どうしても数値目標の設定が必要になり、運用を誤ると弊害が生じて本来の狙いが実現されない。

【 目標による管理の問題点 】

- 仕事をとにかく定量化（数値化）すれば良いとする誤解が生じる
- 組織全体の成果より自分や自部門の目標の達成のみを中心に考え、組織における目標のつながりが忘れがちになる
- 長期目標よりも短期目標の達成を偏重しがちになる
- 業績評価と人事評価の結びつきを意識して、目標水準を低く設定することが生じる

③ 目標による管理の実施ステップ

目標による管理を導入する場合、以下のような実施ステップに基づき、部下を管理するのが基本である。

【 目標による管理の実施ステップ 】

	ステップ	内　容
①	主要職務の決定段階	担当者が分担する職務は予め規定されているものの概括的指針であるため、本当に遂行すべき職務内容と目標を担当者自身の立場で検討し、定義する
②	目標の設定段階	担当者が一定期間内に達成すべき目標を決定する。上司は担当者が考えた個人目標と企業目標との双方を達成できるように、また非現実的な目標にならないように助言する
③	計画の実行期間の段階	担当者が自分の計画を自主的判断に基づき実行する。自己統制を原則におき、上司は部下が援助を求めてこない限り、指導や介入をしない
④	自己評価の段階	計画の期間が終了したら各計画事項について担当者は自己評価を行う。上司はその結果に対して、率直に意見を交換し、問題点を明確にして次の目標設定に反映できるようにする

4 コンピテンシー

コンピテンシーとは、職務上の高い成果や業績と直接的に結びつき、行動として顕在化する職務遂行能力と定義され、性格やパーソナリティ、知的能力を含む概念である。コンピテンシー・マネジメントの導入により、各人材は職務遂行能力を高め、業績を向上させることにより、仕事に対するモチベーションとコミットメント（貢献意欲）を高め、さらに企業の業績を向上させることが期待できる。

コンピテンシーの対象になる職務遂行能力の要素には、「達成・行動」「援助・対人支援」「インパクト・対人影響力」「管理領域」「知的領域」「個人の効果性」があり、同僚支援という行動特性は「援助・対人支援」のひとつである。

5 モチベーションの過程説

過程説とは、人がどうやって動機づけられるかという「動機づけの過程」を重視した研究であり、動機づけの理由や背景に対する検討が中心となる。

欲求説では、個人の安定した傾性（反応）を仮定している。しかし、過程説では人は絶えず、その価値や選好さえも変えるダイナミックな存在であるという認識が背景にある。また、自分の利害について、人は必ず最適な判断ができるとの合理人仮説が根底にある点が過程説の弱点である。人は、常に最適な判断、最適な行動ができるわけではないからである。

(1) 公平説（公平理論）

公平説は、個人の努力に対する公平な評価がモチベーションに影響を与えるというグッドマンとフリードマンの説である。過大な報酬を受け取っていると感じている従業員は、時間給制においては時間あたりの生産量を増やそうとし、出来高給制においては、生産量を減らしても高品質の製品を作ろうとする。逆の場合は、時間給制においては時間あたりの生産量を減らそうとし、出来高給においては低品質の製品を大量に作り出そうとする。

(2) 強化説（学習説）

強化説は、適切な報酬を受けると動機づけられ、報酬を受けられなかったり罰せられたりすると動機づけが消えてしまうというルーサンスとハムナーの説である。

(3) 期待説（期待理論）

期待説とは、努力すれば相応の成果が得られそうだという期待と、その成果がその人にとって価値がある、あるいは、重要であると考える誘意性を掛け合わせたものがモチベーションの強さの関数であるというものである。最初にブルームが公式化した。いいかえると、モチベーションは、個人の努力があらかじめ定められた報酬につながるという期待の程度と、その報酬が本人に与える魅力の程度による、というものであり、個人が何かをしようと努力するモチベーションの水準は「個人の

努力（成果をあげられるか）→個人の業績（成果が評価されるか）」→「組織からの報酬（成果が自身の報酬になるか）」→「個人目標の達成（報酬に満足できるか）」の要因で説明される。

　期待説に基づいたリーダーシップ行動では、個人の努力によって目標を実現することによって得られる報酬が、いかに魅力的なものであるのかを説得することが必要である。

　期待説によれば、職務を達成できそうだと予想したときに従業員の動機づけは強くなり、逆に職務を達成することが難しいと予想したときには動機づけは弱くなる。職務を達成できそうだと予想するのは、当然職務の困難さが低いときであり、職務の困難さと職務成果の間には負の相関がある。

【 期待理論における職務の困難さと職務成果との相関関係 】

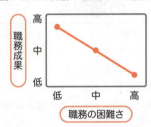

(4) 目標設定理論

　目標設定理論では、自らが何をどのようにすべきかを決定できるような状況のもとでは、モチベーションが向上するとしている。困難な目標を与えられた場合に、目標の達成度合いについてのフィードバックが得られることで、個人のパフォーマンスが高まるとされる。

(5) 職務特性モデル

　職務特性モデルとは、仕事自体の様々な特性が、従業員の仕事意欲にどのような影響を与えているのかを示す枠組みである。職務特性モデルによると、あらゆる職務は、次の5つの中核的職務特性を用いて説明できる。

① スキルの多様性（技能多様性）

　職務において、従業員が多様なスキルや技能をどの程度活用できるかを示す特性である。

② タスク・アイデンティティ（タスク完結性）

　職務において、どの程度全体像をつかむことができ、その職務全体を完結させることがどの程度必要とされているかを示す特性である。つまり、自らがかかわる仕事が自己完結していて、全体像がつかめるかを示す。

③ タスクの有意味性（タスク重要性）

　ある職務が、他人の仕事や生活にどの程度大きな影響を与えるかを示す特性である。

④ 自律性

職務を行うにあたり、どれだけの裁量が与えられているかを示す特性である。

⑤ フィードバック

職務を行った結果、職務に関する有効性のある明確な情報が、従業員にどの程度直接提供されるかを示す特性である。

【 職務特性モデル 】

中核的職務特性	→	心理状態	→	結 果

スキルの多様性 タスク・アイデンティティ タスクの有意味性	→	仕事の有意味感	→	
自律性	→	責任の認識	→	仕事意欲 業　績 満　足 欠勤や離転職 内発的動機づけ
フィードバック	→	仕事の把握感 結果の理解	→	

成長欲求の強さ

出典：『組織の心理学』田尾雅夫著　有斐閣を一部修正

6　内発的モチベーション管理

H30-15
H22-14

(1) モチベーションの外発的要因と内発的要因

　個人の活動が外的な報酬などによって動機づけられている場合の動機づけを**外発的動機づけ**と呼び、内的な報酬によって動機づけられていたり、活動を行うことそれ自体が目的となっていたりする場合の動機づけを、**内発的動機づけ**と呼ぶ。

　①内的な報酬とは、「好奇心」に駆られて活動が生じ、好奇心が満たされることであったり、活動を行うことによって得られる「楽しさ」であったりする。

　②活動を行なうことそれ自体が目的になることは、「有能さ」を発揮することを目的として何らかの自発的な活動が生じたりすることである。

　強制や押し付けではなく、自ら進んで働きたいという意欲を、自然に醸成することがモチベーション管理の基本である。

(2) デシの理論

　デシは、内発的に動機づけられるためには、自らの有能さと報酬のためにやらされているのではなく、自分の好きにやっているという自己決定が最も重要な条件と

第9章　モチベーションとリーダーシップ　**177**

なると考えた。自らの有能さを誇示でき、自己決定ができるような選択肢が多くあるところでは、内発的に動機づけられる。ただし、内発的な動機づけは、外発的な要因の介入によって効果を失う（弱められる）。

H27-15 (3) 心理的契約

　企業で働く人々は、雇用契約として規則で明文化されている処遇が改善されるかどうかにかかわらず、業務上で必要な仕事に取り組む傾向がある。このような働き方を支える人々の心理的状態に注目する概念のひとつに、心理的契約がある。心理的契約（Psychological contract）が組織と個人の間にあり、そういう雰囲気を醸し出すような組織でないと、積極的に動機づけられないと考えられている。

H30-15 (4) チクセントミハイのフロー経験

　M.チクセントミハイは、特定の活動に没頭する中で、自身や環境を完全に支配できているという感覚が生まれることをフロー経験と呼んでいる。フロー経験では、その活動自体が目的となるため自己充足的な活動となる。また、他者からのフィードバックも必要とせず、給与などの報酬とも無関係であり、個人に「楽しさ」という内的な報酬をもたらすようになる。

H30-15 (5) ホワイトのコンピテンス（有能性）概念

　R.W.ホワイトが提唱するコンピテンスでは、生物が環境と効果的に相互作用する有機体の能力自体が、「うまくいった」という内発的な動機づけの源泉となる。
　例えば、ものをつかむこと、探索すること、歩くこと、注意や認知を集中させること、操作することなどを通じて周囲に変更を加えることは、環境との効果的な、そして有能な相互作用を促進するものである。環境と効果的に関わりたいという内発的な欲求を満たすためにこれらの行動が持続する。

7　組織コミットメント

　組織によって公式に表明された目標に対し、個人は私的な目標（私的目標）を持つ。組織の公式目標と個人の私的目標とが互いに合致しない場合、個人と組織は対立する。この組織と個人の目標の相違、あるいは溝ともいうべきものを埋めるのが、コミットメントである。コミットメントは、言質・誓約と訳する場合や、献身・傾倒という意味で用いられていることもある。
　組織の価値や目標に関与するほど、個人と組織、この２つの目標の相違は小さくなる。しかし、相違を小さくしたいとは考えず、ほとんど関心をもたない人もいる。
　コミットメントは、態度的次元と行動的次元の２つに分けられる。

(1) 態度的次元

　コミットメントの態度的次元とは、個人が、組織の目標や価値を進んで受け入れ、それに関連した役割などに積極的に関与することで、組織の目標に個人が同一化し

た状態である。主観、情緒、個人の思いなどに現れる次元である。

(2) 行動的次元

コミットメントの行動的次元とは、自らの投資とそれに見合う報酬のバランスが合えば、行動的に献身しようとする次元である。客観、理性、組織均衡などと関連する次元である。

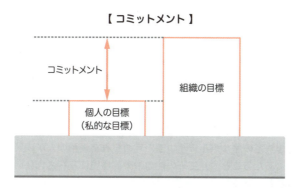

コミットメントの強いメンバーは、通常、組織に対して前向きで、貢献の意欲が強く、組織均衡も高い水準で達成される。コミットメントの高揚を図ることが、管理運営のポイントである。

(3) 組織コミットメントが高揚する理由

- 個人が目指す目標や価値観と組織のそれらとが一致している
- 組織のメンバーに対する好意を持ち、組織に参加すること自体に誇りを持っている
- 長い時間の訓練を費やして身につけた技術や知識が他の組織に転用できない
- 複数の企業を転々と移動するより、1つの企業にとどまることが道徳的に正しいと考える

(4) 自発的に職務にコミットさせるためのプロセス

組織における個人のコンピテンシーを高め、自発的に職務にコミットさせるようにするためのプロセスとして、現場の従業員に経営資源を活用する権限を委譲し、自己規律に基づくエンパワーメントをしていく。

(5) 個人のコンピテンシーとコミットメントの統合

個人のコンピテンシーとコミットメントを組織全体の力として統合していくためには、成熟した事業部門の枠を超えて、他の事業部門との横方向の情報交換を促進するような場の設定をする。

H27-16

8 組織的公正

　企業において、経営者はすべての側面で平等に個人を処遇することはできず、差異を正当に評価する必要がある。この正当性は、一般的に広く認められた公平なルールによって担保されるが、とくに企業で広く利用されるルールのことを、組織的公正と呼ぶ。組織的公正の概念は、大別すると、分配的公正と手続的公正に分けることができる。

① 分配的公正

　分配的公正は、受け取った報酬の総量に関して知覚された公平性である。

　例えば、組織や社会に対して個人が提供した客観的便益の対価として成果を分配することや、個人が置かれた境遇に基づき、社会的な必要性に応じて成果を分配することである。

② 手続的公正

　手続的公正は、報酬が決定される際の手続きに関して知覚された公平性である。

　例えば、意思決定の諸ルールに基づき、定められた役割の人が成果の分配にかかわる意思決定にあたることや、生来の能力や外的環境に左右されない、努力に応じた処遇を行うことである。

III リーダーシップ

1 リーダーシップの定義

H20-14

　リーダーシップとは、対人的な影響関係を捉えるために不可欠な概念である。特定の個人の能力や資質によるのではなく、対人的な関係の中で発揮され、場合によっては、集団の機能そのものである。

　スタジルは、**リーダーシップ**を、集団の成員に受け入れられるような目標を設定し、それを達成するために個々の人たちの態度や行動を統合的に組み立て、いわゆる組織化を行い、それをさらに、一定の水準に維持するという集団全体の機能と定義している。リーダーシップの変数はリーダーの能力や資質だけではなく、対人的な影響が集団に及ぶ過程全体がリーダーシップである。それは、その集団が求めている方向や価値などとともになければならない。

2 リーダーシップの特性理論アプローチ

(1) 特性論アプローチ

　特性論アプローチ（偉人説） は、リーダーになる人には、リーダーになれない人とは異なる能力や資質、パーソナリティ特性が備えられているのではないかと考える。いくつかの個人的な特性について、ある人たち、特に有能とされる人たちに一貫してみられ、その特性は組織の成果にも有意に関連していることが主張されている。

(2) カリスマになれるリーダー

　カリスマになれるリーダーとは、自己犠牲を厭わず、進んでリスクを背負い、既存の秩序を超えたところに、新たなビジョンを打ち立て、人々をそれに向けて動員できるような改革者である。

【 カリスマになれるリーダーの要素 】

第9章　モチベーションとリーダーシップ　181

3 リーダーシップの行動理論アプローチ

リーダーシップの行動理論では、有効なリーダーとそうでないリーダーを区別する行動を発見することで、どのような行動が有効なリーダーを作り上げるのかを発見しようとした。

(1) レヴィンのグループ・ダイナミクス研究

レヴィンを中心にしたグループ・ダイナミクスの研究の結果、民主的リーダーシップでは集団凝集性、メンバーの積極性や満足度、集団の作業成果のいずれにおいても他のリーダーシップ・スタイルよりも優れていること、専制的リーダーシップでは同程度の成果は上がるものの、集団のダイナミズムやメンバーの満足度が低いこと、自由放任的リーダーシップがすべての点で最低の結果になることがわかった。

【 レヴィンによるリーダーシップ・スタイルの実験結果 】

リーダーの型	実験による評価結果
専制的（独裁的）リーダー	リーダーへの潜在的不満が生じ、依存性も高まる。メンバー相互間の敵意、攻撃性が高まる。
自由放任的リーダー	メンバーは自分で訓練し、モチベーションを高めなければならなくなる。作業の質、量ともに低下する。
民主的リーダー	集団の生産性、メンバーの満足度、集団の凝集性に最も望ましい結果が生じる。

H20-15 (2) オハイオ研究

オハイオ研究では、リーダーシップは構造づくりと配慮という次元を異にする2つの要因からなるとして、リーダーシップの2次元論が結論として得られた。

構造づくりとは、メンバーの仕事（タスク）の内容にリーダーが積極的に関心を示して、その目標を定め、その達成を督励するなどの目標達成に必要な仕事の道筋（構造）を明確に示そうとする仕事中心のリーダーの行動である。**配慮**は対照的に、集団の凝集性を高めるべく、メンバーに人間的な関心をもって接し、メンバーの個人的欲求の満足をはかろうとするリーダーの行動である。

H22-12 (3) マネジリアル・グリッド

ブレイクとムートンは、業績に対する関心と人間に対する関心を横軸と縦軸に配置して、リーダーシップの類型化をはかっている。この図を彼らは**マネジリアル・グリッド(MG)** と呼んで、横軸・縦軸のスコアがともに高くなるスーパーマン型のリーダーシップ・スタイルを理想型においた。

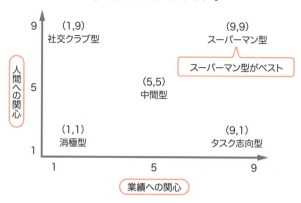

(4) PM理論

心理学者の三隅二不二は、リーダーシップの2要因を**目標達成機能**(Performance：P機能)と**集団維持機能**(Maintenance：M機能)と呼ぶ2つの機能と解釈して、自らの理論をPM理論と名づけている。

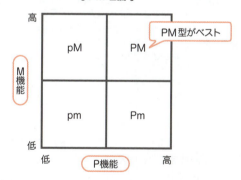

(5) リカートの研究

① システムⅣ理論

リーダーシップ・スタイルが組織システムの特性を決め、それがメンバーの行動に作用するという、「リーダーシップ・スタイル→組織システム→成果」の因果関係を明らかにしている。

まず、リーダーシップ・スタイルをシステムⅠ(独善的専制型スタイル)、システムⅡ(温情的専制型スタイル)、システムⅢ(相談型スタイル)、システムⅣ(集団参加型スタイル)の4つに区別する。システムⅠでは権限が上層に集中した組織システムが発展し、従業員は懲罰の恐怖心や不信感を募らせ、従業員満足度は低く、生産

性は一定以上上昇しないが、これと対照的なシステムIVでは、民主的な参画型のコミュニケーションが発展した組織システムになり、従業員満足度、生産性とも高くなると結論づけている。

【リカートのシステムIV理論】

システムⅠ	独善的専制型スタイル
システムⅡ	温情的専制型スタイル
システムⅢ	相談型スタイル
システムⅣ	集団参加型スタイル

> システムIVこそが理想のリーダーシップである

リカートによれば、システムIVには支持的関係の原則、集団的意思決定の原則、高い業績目標の原則という3つの原則が存在する。そして、システムIVが最も集団の成果を高め、モチベーションを高めるとした。

【システムIVの3原則】

リーダーの型	実験による評価結果
支持的関係の原則	リーダーが部下の個人的側面に関心を寄せて良好な信頼関係ができると、部下はその集団に所属することに満足感をもつ。
集団的意思決定の原則	小集団のリーダーが連結ピンの役割を円滑に果たすためには、集団内部の意思決定に部下を参加させ、集団の凝集性を高めることが必要である。
高い業績目標の原則	支持的関係の原則と集団的意思決定の原則が行われていれば、高い業績目標はメンバーの自己実現欲求を満足させる目標になる。

② 連結ピン

リカートのシステムIV理論では、組織は上位集団と下位集団、左右の集団の重複集団型組織として構成されており、各小集団の管理者や監督者が各集団をつなぐ役割を果たすことによって、コミュニケーションや意思決定がよくなるとした。リカートはこの役割を果たす者を連結ピンと呼んだ。

【重複集団型組織と連結ピン】

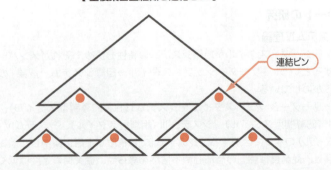

R01-17		
H22-12		
H21-16		
H20-15		

4 リーダーシップのコンティンジェンシー理論

リーダーシップのコンティンジェンシー理論とは、リーダーシップはリーダーの特性や行動だけで決まるのではなく、リーダーの権限や対人関係、タスク構造、部下の成熟度といった状況によって異なるとしている。

⑴ フィードラーのコンティンジェンシー理論

① 状況特性とリーダーシップ

フィードラーは、リーダーシップ・スタイルには属人的な特性があるため、個々のリーダーの特性と、リーダーとメンバーの関係や仕事の明確化など、リーダーが置かれている環境的な状況要因とを適合させることが有効なリーダーシップを発揮して、好業績を上げる条件になると主張した。

② リーダーの特性の測定

リーダーの特性を測定する際には、LPC（Least Preferred Coworker：最も好ましくない仕事仲間）という尺度を用いる。リーダーに、かつて一緒に働いた仲間の中で、最も一緒に働くことが困難であった人を思いだしてもらい、その人物への好意さを評点させる。これにより、リーダーの特性を、人間関係志向型リーダーと課題達成（タスク）志向型リーダーに区分する。

⒜ 人間関係志向型リーダー

最も一緒に働くことが困難であった人を好意的に評価するリーダーは、LPC得点の高いリーダー（以下、高LPC）となる。このリーダーは人間関係志向型で部下との関係性を配慮しながら仕事を進めるタイプである。許容的、非指示的、部下に対して配慮的である。

⒝ 課題達成（タスク）志向型リーダー

最も一緒に働くことが困難であった人を非好意的に評価するリーダーは、LPC得点の低いリーダー（以下、低LPC）となる。このリーダーは課題達成志向型で、業績目標や業績の達成を念頭に仕事を進めるタイプである。指示的、管理的、部下をコントロールする。

③ リーダーの置かれている状況の区分

リーダーの置かれている状況を、(A)リーダーとメンバーとの関係が良好か否か、(B)仕事（タスク）の構造が明確か否か、(C)リーダーの権限の強弱という3つに区分する。

3つの区分のそれぞれを「①良い、②明確、③強い」、「①良い、②明確、③弱い」のように組み合わせていくと、次の図のように8つのタイプに区分できる。

第9章　モチベーションとリーダーシップ　**185**

【 リーダーが置かれている状況要因の区分 】

	Ⅰ	Ⅱ	Ⅲ	Ⅳ	Ⅴ	Ⅵ	Ⅶ	Ⅷ
リーダーシップ業績の高いリーダーのタイプ	低LPC	低LPC	−	高LPC	高LPC	−		低LPC
(A) リーダーとメンバーとの関係	良い	良い	良い	良い	悪い	悪い	悪い	悪い
(B) 仕事の構造	明確	明確	不明確	不明確	明確	明確	不明確	不明確
(C) リーダーの権限	強い	弱い	強い	弱い	強い	弱い	強い	弱い
リーダーの置かれている状況	有利な状況			−	やや有利な状況		−	不利な状況

出典:『組織行動のマネジメント』スティーブン.P.ロビンス著、高木晴夫訳　ダイヤモンド社
※出典は概念的な図表であるため、試験対策上、どちらともいえないものには「−」としている。

④ リーダーの置かれている状況の評価

フィードラーは、リーダーとメンバーとの関係が良好で、仕事の構造が明確であり、リーダーの権限が強い「Ⅰ：良い、明確、強い」という状況を、リーダーが影響力を最も行使でき仕事がしやすい有利な状況とした。

また、関係が悪く、仕事の構造が不明確で、権限が弱い、「Ⅷ：悪い、不明確、弱い」という状況を、リーダーの影響力の行使が困難で仕事がしにくい不利な状況とした。

⑤ フィードラー理論の結論

リーダーの置かれている状況のうち、有利な状況と不利な状況のときには、課題達成志向型リーダー（低LPC）の機械的リーダーシップが望ましいとした。

やや有利な状況では、人間関係志向型リーダーの有機的リーダーシップが望ましいとした。本試験では、有利な状況を環境の不確実性が低い場合又は組織が成熟しており管理体制が緩やかな場合、不利な状況を環境の不確実性が高い場合又は組織が未成熟で管理体制が厳しい場合としている。

> - 課題達成志向型リーダー：環境の不確実性が高い場合と低い場合に最も適している
> - 人間関係志向型リーダー：環境の不確実性が中程度の場合に最も適している

R01-17
H21-16
(2) 状況理論 (SL理論)

ハーシーとブランチャードは、ブレークとムートンのマネジリアル・グリッドに部下の成熟度という状況要因を導入して、リーダーシップの状況理論（状況適応理論・状況適合理論・SL理論：Situational Leadership）を展開している。

部下の成熟度とは、部下の目標達成意欲、責任負担の意思と能力、集団における経験の3項目で測られる得点で示される。部下の成熟度は右にいくほど低くなっている。

それにあわせて、有効なリーダーシップ・スタイルは実線で示すようなカーブをたどっている。これは自律的な行動が可能なよくできた部下には大いに任せ、未熟

186　第1部　テキスト

な部下にはまず仕事のやり方を徹底して教え込むべきであることを示している。

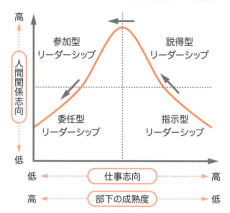

【リーダーシップの状況理論（SL理論）】

出典：『入門から応用へ 行動科学の展開―人的資源の活用』
ポール・ハーシィ、デューイ・E・ジョンソン、ケネス・H・ブランチャード著
山本 成二・山本あづさ訳　生産性出版

【部下の成熟度とリーダーシップのスタイル】

部下の成熟度	低い	やや低い	やや高い	高い
人間関係志向	低い	高い	高い	低い
仕事志向	高い	高い	低い	低い
リーダーシップのスタイル	指示型リーダーシップ(Telling)	説得型リーダーシップ(Selling)	参加型リーダーシップ(Participating)	委任型リーダーシップ(Delegating)
状態	感情的な配慮に時間を費やすよりも、詳細にわたる業務的な指示を出すのに時間をかける。	情報交換や社会連帯的支援を通じて、指示に対する心理的抵抗を低くする。	相互の情報交換およびリーダーの促進奨励的行動を通じて、双方の意思決定への参加が見られる。	権限を大きく委譲し、部下に思い通りにやらせることができる。

5　その他のリーダーシップに関する研究

(1) アージリスの未成熟・成熟理論　H21-16

　アージリスは、欲求によって人格が未成熟から成熟していく段階で、職務拡大を通じて、受動的行動から能動的行動へと変化していくと主張した。
　また、組織で働くことが個人の成長につながるように、職務内容の決定にメンバーを参加させる参加的リーダーシップの必要性を唱えた。

H21-16 **(2) ヴルームの研究**

ヴルームは、リーダーシップ・スタイルを管理者の意思決定モデルに結びつけて、どのような状況で、どのようなリーダーシップが望ましいかをモデル化した。

状況を12場面にまとめ、メンバーの合意や情報の共有が欠かせられない状況ほど参加的リーダーシップが望ましく、その逆になるほど、専制的リーダーシップが望ましいと主張した。

H19-13 **(3) セルズニックの制度的リーダーシップ**

セルズニックは、役割体系としての公式組織に価値観を注入された組織を「制度」と呼び、組織を制度にすることがリーダーシップの本質であると指摘した。

R01-17
H30-16 **(4) パス・ゴール理論**
H22-12
H20-15 **① パス・ゴール理論の概要**

パス・ゴール理論は、ロバート・ハウスの開発した状況理論の1つであり、「構造作り」「配慮」に関するオハイオ研究と、動機づけの期待理論から主な要素を抽出している。用語は、有能なリーダーは道筋（パス）を明確に示してフォロワーの業務目標（ゴール）達成を手助けすることが由来となっている。

② パス・ゴール理論の本質

パス・ゴール理論の本質は、フォロワーの目標達成を助けることはリーダーの責務であり、目標達成に必要な方向性や支援を与えることは、集団や組織の全体的な目標にかなうというものである。

③ パス・ゴール理論におけるリーダーの行動

リーダーの行動とその結果を結びつける、①リーダーが直接コントロールできない環境（タスク特性、公式の権限体系、ワークグループなど）と、②部下の個人的特徴（行動決定権の所在意識、部下の経験、認知されている能力など）の2種類の状況要因を提案した。

リーダーの行動が環境的構造の源に対して過剰であったり、部下の特徴と調和していなかったりする場合、有効なリーダーシップは発揮できないとしている。

また、指示型・支援型・参加型・達成志向型という4つのリーダーシップ行動を規定し、同じリーダーでも状況によって、4つのリーダーシップ行動のいずれも採用する可能性があるとした。

【 4つのリーダーシップ行動 】

リーダーシップ行動	内容
指示型リーダーシップ	何を期待されているのかを部下に教え、するべき仕事のスケジュールを設定し、タスクの達成方法を具体的に指導する
支援型リーダーシップ	親しみやすく、部下に気遣いを示す
参加型リーダーシップ	決定を下す前に部下に相談し、部下の提案を活用する
達成志向型リーダーシップ	困難な目標を設定し、部下に全力を尽くすように求める

④ パス・ゴール理論の結論

パス・ゴール理論から、パス・ゴール理論が明らかにしたリーダーシップには、次のようないくつかの結論が得られている。

(a) 指示型リーダーシップ
- 部下が明確化されたタスクを遂行しているときには、高業績と高い満足度をもたらす
- ワークグループ内に相当なコンフリクトが存在するときには、従業員に高い満足度をもたらす
- 複雑なタスクに携わるような高い能力や豊富な経験を持つ従業員に対してはくどすぎる可能性が高い
- 行動決定権の所在意識が、外部にある部下（自分の命運は自分がコントロールできないと信じている部下）は、最も満足する

(b) 支援型リーダーシップ
- 部下が構造化されたタスク（ルーチンワーク）を遂行しているときは、高業績と高い満足度をもたらす
- 公式の権限関係が明確かつ官僚的であるほど、リーダーは支援的行動を示し指示的行動を控える必要がある

(c) 参加型リーダーシップ
- 行動決定権の所在意識が、自分の内部にある部下（自分の命運は自分がコントロールできると信じている部下）は、最も満足する

(d) 達成志向型リーダーシップ
- タスクの構築が曖昧なとき（タスクが構造化されていないとき）に、努力すれば好業績につながるという部下の期待を増す

(5) リーダー・メンバー交換（LMX）理論

リーダー・メンバー間に存在する社会的交換（LMX）に着目した理論であり、リーダーシップは、リーダーのみが要因ではなく、メンバーとその関係によって有効性が決まると考えている。

リーダーは、全てのメンバーに対して平等に振る舞うことはなく、リーダーとメンバーの個々のつながり（垂直二者連関、VDL：vertical dyad linkage）により、メ

ンバーを内集団（in-group：好意的に振る舞う）と外集団（out-group：非好意的に振る舞う）に分類する。

① **内集団のメンバーの傾向**
  (a) 自分と似た考え方や個人的特性を持った部下や外集団のメンバーよりも能力の高い部下が多い傾向
  (b) メンバーが業績に応じた報酬をリーダーから受け取ることを期待し、業績をあげるために積極的にリスクを取る傾向
  (c) 外集団のメンバーと比較して総じて業績は高く、離職の意思は低い傾向

② **外集団のメンバーの傾向**
  (a) リーダーとは公式のやりとりのみの関係をとる傾向
  (b) 内集団のメンバーと比較して相対的に業績は低く、離職の意思も高い傾向

【 LMXにおけるリーダーとメンバーの関係 】

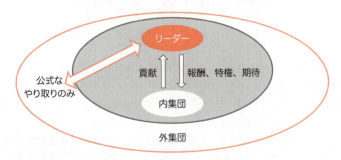

(6) 権威受容説

権威受容説とは、バーナードによって提示された。権威とは受け入れられてはじめて有効となり、上意下達のリーダーシップが維持されるという説である。権威とは、むき出しで、むりやり服従を強要するようなやり方では、受け入れられない。むしろ、権威を権威と感じさせないような影響関係が形成される方が望ましい。従業員が組織の権威を受け入れている場合、組織的なコミュニケーションに従わないことは、自らの利害を損ねることになるため、上意下達のリーダーシップが維持される。

6 リーダーシップとパワー

(1) パワーの源泉

集団のリーダーには、メンバーが集団目標を自身の目標として達成しようとするように働きかけることが求められるが、その手段としてメンバーを追従させるためのパワーが必要である。ジョン・フレンチとバートラム・ベーランは、パワーの源泉もしくは供給源の5つのタイプを提案した。

【 パワーの源泉 】

パワーの源泉	内容
①強制力	強制力は恐怖心に依存する。ある人物が強制力に反応するのは、そうしなければ、よくない結果が起こるかもしれないという恐怖心からである。例えば、リーダーがメンバーに集団内での不利益を与える場合などがある
②報酬力	強制力の逆である。人が他者の望みや指示に従うのは、そうすることがプラスのメリットをもたらすからである。例えば、リーダーがメンバーの昇給や昇進、その他の好意的な労働条件を与えることができる権限を持っている場合、メリットを求めて指示に従うことなどがある。
③正当権力	組織の公式のヒエラルキーにおける地位の結果として得られる権力である。例えば、職位権限など、組織から公式に与えられた地位は、それ自体が人々を従わせることなどがある。
④専門力	専門技術、特殊スキル、知識を有する結果として行使される影響力である。例えば、技術が高度化するにつれ、リーダーが専門的な知識やスキルを有している、あるいは専門家からのサポートを得ていることなどがある
⑤同一視力	好ましい資質や個性を備えた人物との同一化のことである。例えば、誰かの行動や態度を模倣するほどその人物を称賛しているとすれば、その人物は行動や態度を模倣している者に対して、同一視力を有することになる

第9章　モチベーションとリーダーシップ　**191**

IV コンフリクト・マネジメント

1 コンフリクトの定義

コンフリクトとは、2つないしは3つ以上の人ないしは集団の間に生じる対立あるいは敵対的な関係のことである。

コンフリクトは、表出されたものも、それ以前の、互いに好ましく思わない、潜在的なものも含めて無数にある。また、コンフリクトは不可避である。

2 コンフリクトの発生要因

(1) 資源の希少性

組織が活用できる資源が不足している場合にコンフリクトは発生する。

(2) 自律性の確保

互いが自律を求めて、他者を統制したり自らの管轄下に置きたいと意図したりした場合にコンフリクトは発生する。自律とは、自分で自分の行為を規制すること、すなわち、外部からの制御から脱して、自身の立てた規範に従って行動することである。

(3) 意図関心の分岐

組織内の作業集団で、共通の目標を確立するに至らず、協力関係のコンセンサスが成り立たない場合にコンフリクトは発生する。

3 コンフリクトの機能性

一般的に、コンフリクトの問題点が取り上げられることが多いが、コンフリクトを巧みに処理できれば、組織の効率や生産性を高めることができる場合もある。

組織は、あまりにもハーモニー（調和）を重視すると、逆に自己満足に陥って崩壊にいたる場合がある。コンフリクト自体は悪いことではなく、建設的に働くか、破壊的に働くかの問題であり、組織の業績向上に貢献するようにコンフリクトを管理することが重要である。

コンフリクトが組織にとって機能的であるとする視点は以下のとおりである。

① 多少の緊張の存在は、コンフリクトの低減に向けてメンバーの行動を動機づけ、関心や好奇心を刺激して、成員の行動を活性化させる。
② 見解の対立は、上質のアイディアを生み出す源泉となる。
③ 対立や敵対に対する攻撃行動は、組織の変革意欲につながる。

4 集団間コンフリクト

R01-15

　専門分化が進んだ相互依存的な集団の間では意図が十分伝わらず、歪められたり、利害が競合したりするなど、構造的にコンフリクトが発生している。

⑴ 水平的コンフリクト

　組織同士が相互依存的であるほど、水平的コンフリクトは発生しやすい。
　水平的コンフリクトは、その組織がおかれた環境が曖昧で、それぞれの部門の目標が互いにまとまりを欠いたり、そのために限られた資源を取り合ったりする場合に大きくなる。事業部と総務部のコンフリクト、事業部間コンフリクトなどは水平的コンフリクトの代表例である。
　組織内の部門間コンフリクトは、共同意思決定の必要性が高ければ高いほど、また予算など限られた資源への依存度が大きければ大きいほど、発生する可能性が高まる。

⑵ 垂直的コンフリクト

　垂直的コンフリクトは、組織のヒエラルキーが有効に機能せず、権威が正当性を失い、権限の配分に歪みが生じるなどの場合に発生しやすい。親会社・子会社間のコンフリクトなどがその代表例である。

5 コンフリクトの是正・解消

⑴ コンフリクトの協調的解消法

　コンフリクトの協調的解消法には以下の３つがある。
　① コミュニケーション機会を増大させる
　② 仲介者を設ける
　③ 人事交流を深める

⑵ コンフリクト処理モデル

　シュミットは、どの程度自らの利害にこだわるかの自己主張性と、どの程度他者の利害に関心を有するかの協力性について２次元上でとらえるモデルを示した。
　① 競争
　競争とは、自らの利得にこだわり、相手を打ち負かす方法である。
　② 和解
　和解とは、自らの利得を捨て、相手に譲る方法である。
　③ 回避
　回避とは、自らの利得・相手の利得の両方が表立つのをやめる方法である。
　④ 妥協
　妥協とは、自らも譲り、相手も譲るようにしむけ、折り合いをつける方法である。

第９章　モチベーションとリーダーシップ　　**193**

⑤ 協力
協力とは、自らの利得・相手の利得も大きくなる方法をともに探す方法である。

【 コンフリクト処理モデル 】

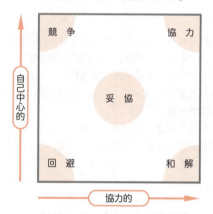

出典:『組織論』桑田耕太郎・田尾雅夫著　有斐閣

6 組織ストレス

(1) ストレスの状態

ストレスの状態は、ストレッサー（ストレスを起こす刺激）とストレン（ストレスの結果起こる心身の変化）、および、それらの間に介在するモデレーター要因という3つの要因群の相関関係として捉えられており、次の分析図式が示されている。

【 モデレーター要因 】

①個人差	感受性とストレス耐性がある
②コーピング	ストレスの影響に対して積極的に対処し、場合によっては、その影響をなくしたり、軽減しようとしたりする行動のこと
③社会的支持	周囲に支えてくれる人がいるかどうか（職場の同僚・上司・部下、職場外の友人や知人など）

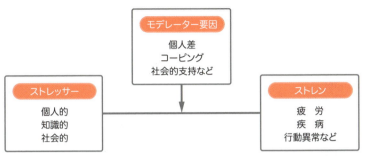

出典:『組織の心理学』田尾雅夫著　有斐閣

(2) ストレス管理における介入プロセス

　企業のストレス管理はストレッサーそのものの解消だけではなく、ストレッサーを解消しようとする介入のプロセスが重要である。具体的には、ストレス管理の対象となる従業員を、介入案の策定や実施のプロセスに積極的に関わらせ、自身のストレッサーを自覚させるようにする。

(3) ストレスと組織の成果

　ストレスと組織の成果は次の図のような逆U字型の関係にある。ストレスのない、弛緩した状態では、モラールは低下し、生産性も乏しくなり効率的ではなくなる。逆に、極度に緊張した状態であってもモラールは阻害される。適度のストレスは必要であり望ましいことである。

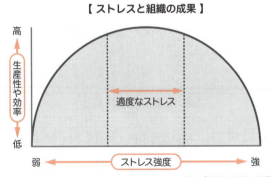

出典:『組織の心理学』田尾雅夫著　有斐閣

第9章　モチベーションとリーダーシップ　　195

厳選!! 必須テーマ［○・×］チェック —第9章—

過去20年間（平成13～令和2年度）本試験出題の必須テーマから厳選！

■■■ 問題編 ■■■　　　**Check!!**

問1 (H29-16)　　　　　　　　　　　　　　　　　　　[○・×]
マズローの欲求段階説は、多様な欲求が同時に満たされることによって、個人のモチベーションが階層的に強まっていくことを提唱した。

問2 (H30-15)　　　　　　　　　　　　　　　　　　　[○・×]
内発的動機づけを概念として広く知らしめたE.デシは、報酬のためにやらされているのではなく、自分の好きにやっているという自己決定が重要であるとした。

問3 (H19-17)　　　　　　　　　　　　　　　　　　　[○・×]
公平理論によると、出来高給制度の下では、過大な報酬をもらっていると感じている従業員は、公平な報酬を得ている従業員と比較して生産量を低く抑え、品質を高くするよう努力する。

問4 (H27-15)　　　　　　　　　　　　　　　　　　　[○・×]
心理的契約は、正規社員との間には結ばれるが、非正規社員との間には結ばれない。

問5 (H23-16)　　　　　　　　　　　　　　　　　　　[○・×]
態度的コミットメントとは、組織の価値や目標を進んで受け入れ、関連した役割などに積極的に関与することである。

問6 (H22-12改題)　　　　　　　　　　　　　　　　　[○・×]
ブレイクとムートンのマネジリアル・グリッドでは、「中間型」のリーダーシップ・スタイルが理想的であるとした。

■■■ 解答・解説編 ■■■

問1　× : 高い次元の欲求は、低い次元の欲求が満たされてのちに実現するものとしている。
問2　○ : ただし、外発的な要因の介入で効果を失うことがある。
問3　○ : 時間給制度の下では時間当たりの生産量を増やそうとする。
問4　× : 非正規社員との間にも結ばれることがある。
問5　○ : 設問文のとおり。
問6　× : スーパーマン型が理想的であるとしている。

②次 がついた項目は2次試験でも活用する知識です

本章の体系図

```
組織の長期適応と        組織の短期適応と
発展過程               長期適応
                      組織の成長と        ②次
                      発展段階モデル
                      組織の衰退  ②次


ナレッジ・マネジメント    ナレッジ・マネジメント
と組織学習
                      組織学習と
                      組織学習サイクル
                      組織学習のレベル
                      安定的段階における
                      組織学習


組織活性化              組織活性化  ②次
                      組織開発  ②次


組織変革               組織変革のプロセス  ②次
(チェンジ・マネジメント)
                      変革の必要性の認識
                      革新的組織変革案の創造
                      組織変革への障害  ②次
                      移行実施プロセスの  ②次
                      マネジメント
                      解凍-変化-
                      再凍結モデル
                      クライシスマネジメント
```

本章のポイント

- 企業の成長と発展段階モデルを理解し、特徴をおさえる
- 組織の衰退と活性化について理解する
- 組織学習の概念、サイクル、レベルについて理解する
- 組織変革のプロセスを理解し、移行実施プロセスにおけるマネジメントがどうあるべきかについて確認する

第 10 章

組織の発展と成長

I 組織の長期適応と発展過程

II 組織活性化

III ナレッジ・マネジメントと組織学習

IV 組織変革（チェンジ・マネジメント）

I 組織の長期適応と発展過程

1 組織の短期適応と長期適応

　良くデザインされた組織は、一定の環境適応能力をもっている。その組織は既存の構造、文化、組織プロセスや人員の能力によって、ある程度の環境変化に対して適応できる行動プログラムのレパートリーをもっているからである。

(1) 組織の行動能力

　組織の行動能力は、組織のもつ行動プログラム（ルーティン）に依存している。組織のもつ行動プログラムは、公式の文書として制度化されている諸規則・手続き、組織構造だけでなく、メンバー間に暗黙のうちに共有されている組織文化や、個人の頭脳に記憶されている知識等の形態をとっている。

(2) 組織の適応能力

　組織の適応能力は、組織のもつ行動プログラムの体系であり、ある時点での組織の適応能力は、その組織がもつ行動プログラムのレパートリーによって決定される。
　① 組織の短期適応とは、組織のもつ行動プログラムにおける問題解決活動を通じて行われる適応である。
　② 組織の長期適応とは、組織のもつ行動プログラムそのものの変化を伴う適応である。**組織学習**は、組織のもつ行動プログラムそのものを変化させる。

2 組織の成長と発展段階モデル

　組織の成長・規模の拡大に対応して、組織の戦略行動や構造、組織文化、管理システムなどが変化していくパターンを包括的に説明するモデルとして、クインとキャメロンが提唱した組織のライフサイクル・モデルがある。組織の誕生から成長、成熟していく過程を段階的に見ていく。

(1) 起業者段階（企業者的段階）

　創業者が創造力の高い技術志向の経営者の場合、従業員は非公式で非官僚主義的なコミュニケーションで管理されることが多い。初期の市場が成長し、それに伴い従業員が増加すると、創業者の個人的能力では管理できないほどの資源を扱うようになるため、財務管理などを含めた、組織全体を統率するリーダーシップを持った経営者が必要になる。

(2) 共同体段階（集合化段階）

　組織が強力なリーダーシップを得ることに成功し、持続的な成長を迎えると、明

確な目標と方向性が策定される。従業員は、組織のミッションを自身のミッションとして、自身が共同体の一員であると強く感じるようになる。

職務の割り当てが専門化され、組織の階層化が進む。組織の階層化の進展により規模が拡大すると、強力なリーダーシップだけでは組織が有効に機能しなくなり、リーダーから中間管理職への権限委譲が必要になってくる。

⑶ 公式化段階 (形式化段階)

職務規制や評価システム、予算・会計制度や財務管理制度などの規則・手続きが導入され、組織は次第に官僚的になっていく。組織の規模がさらに拡大すると、官僚制の逆機能が弊害となって現れてくる。

⑷ 精巧化段階 (成熟段階・精緻化段階)

官僚制のもたらす形式主義的な弊害を克服するために、組織の柔軟性を得ようとする。場合によっては、公式のシステムを単純化し、チームやタスク・フォースを活用することもある。

小企業的な価値観や発想を維持するために、組織全体に絶えず新しい挑戦や努力を推奨する必要が生じる。

組織が成熟段階に達し、パラダイム・レベルでの深い組織文化の変革が必要な場合には、首脳陣の大量交代や組織構造の再編成などの方法が有効である。

【 組織の成長と発展段階モデル 】

出典:『組織の経営学―戦略と意思決定を支える』リチャード・L・ダフト著、高木晴夫訳　ダイヤモンド社

⑸ 経営戦略と組織形態の発展段階モデル

経営戦略と組織形態の発展段階モデルとは、経営戦略の変革に従って組織形態も変革が必要な場合、経営戦略の変革によって異なる変革経路をとることをモデル化したものである。

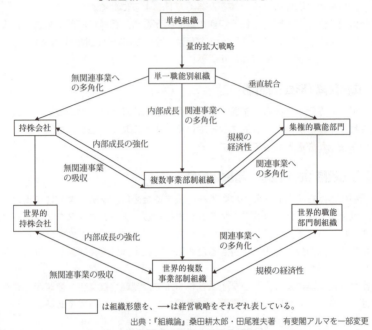

3 組織の衰退

(1) 組織の衰退

組織はやがて衰退に向かう。組織の衰退は、避けられないことである。

(2) 組織の衰退に対する方策

衰退の回避のために、組織として次のようなさまざまな方策を考えなければならない。ただし、このような試みによっても、環境そのものがその組織の生存にとって不適合な場合は、組織の衰退を止めることはできない。

① 組織の動態化・柔構造化

資源の調達能力が低下するようであれば、積極的に、動態化や柔構造化などを果敢に断行して、組織の若返り、つまり活性化を図らなければならない。

② ドメインの再定義

組織の活動分野を、より成果を得られるように修正したり訂正したりするドメインを再定義する。組織目的を変更することである。

③ ダウンサイジング (規模の縮小)

ダウンサイジング、つまり、規模の縮小を図って、残された人員で効率的な経営を行うこともある。

II 組織活性化

1 組織活性化

R02-18
H20-27

組織が活性化された状態とは、「組織のメンバーが、相互に意思を伝達しあいながら、①組織と共有している目的・価値を、②能動的に実現していこうとする状態」である。①の組織と目的・価値を共有している程度を表すものとして**一体化度**を、②に関連して、逆に受動的に思考している程度を表すものとして**無関心度**を考える。一体化度と無関心度は、それぞれ次のような意味をもっている。

(1) 一体化度

サイモンは、メンバーが組織と目的・価値を共有しているとき、そのメンバーは組織に自身を一体化していると呼んだ。一体化の程度を表す指標を一体化度という。他集団と競争する場合や集団の威信が高まる場合、集団の凝集性が高い場合、集団内で個人欲求が充足される場合などは一体化度が高くなるが、集団圧力も強くなることがある。組織外部への代替的選択肢を持つメンバーの一体化度は低くなる。

(2) 無関心度

バーナードは、各メンバーには無関心圏が存在し、その圏内では命令の内容は意識的に反問することなく受け入れられると考えた。

無関心圏が大きいということは、上司の命令に対して忠実で従順であることを意味している反面、受動的で、組織において受け身でいることも意味し、言われたことは実行するが、自分で代替案を作っていくようなことはしない。無関心圏の大きさを表す指標を無関心度という。

(3) 組織活性化のフレームワーク

無関心度を横軸、一体化度を縦軸にとったグラフにメンバーや組織をプロットして、活性化度の比較を行う手法が開発された。無関心度の高低と一体化度の高低の組み合わせによる次のような4つのタイプにメンバーを類型化することである。

【 一体化・無関心度によるメンバーの類型化 】

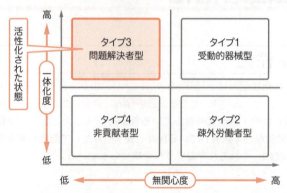

出典：『経営管理』塩次喜代明・小林敏男・高橋伸夫著　有斐閣

① タイプ1：受動的器械型
無関心度が高く、一体化度が高い組織メンバーである。このタイプのメンバーは組織の要請・命令に忠実で、かつ組織と目的・価値を共有している。指示を受けて仕事を遂行するが、自分から行動を起こして影響力を行使したりはしない。また、組織と目的・価値を共有しているので、動機づけはあまり問題にならない。

② タイプ2：疎外労働者型（官僚型）
無関心度は高く、一体化度は低いメンバーである。命令には従うが、個人的な目的・価値と組織の目的・価値が一致していない。そのため、目的・価値の対立から、権力現象や勤労意欲が組織内の行動の説明で重要となってくる。目的・価値の点では組織と一線を画しているが、行動の点では命令に従っているので、公務員タイプ、官僚タイプに相当する。

③ タイプ3：問題解決者型または意思決定者型
無関心度は低く、一体化度は高いメンバーである。メンバーは無関心圏が狭いので、命令・指示の忠実な受け手というよりは、それらに反問し、組織と共有している目的・価値に基づいて、組織の立場から常に問題意識をもって、問題解決をし、意思決定を行おうとする者である。このタイプ3のメンバーが多いとき、組織は活性化された状態にある。

④ タイプ4：非貢献者型（非構成員型）
無関心度も一体化度も低いメンバーである。個人的な目的・価値と組織の目的・価値が一致していないうえに、命令にも従順ではなく、組織的な行動を期待できない者である。実質的には組織のメンバーとはいえない。

2 組織開発

(1) 組織開発の意義

組織開発とは、計画的に、組織全体にわたり、トップが管理しながら、組織の効果性と健全性を増すために、行動科学の知識を用いて、組織過程の中で計画的干渉を通じて行う努力である。

主な特徴は、①組織行動の有効な様式を学習するキーユニットとしてワークチームを重視する、②参加および協力的マネジメントの重視、③組織文化の変革を重視する、④チェンジ・エージェントとして行動科学の専門家を活用する、⑤変革努力は進行形のプロセスととらえる、などがある。

(2) 組織開発の価値観

H27-18

組織開発は、今の状態よりもよくなること、効果的になることを目的とするため、どのような状態が組織にとって望ましいのか、という価値観が重視される。組織開発の研究者でありコンサルタントでもあるロバート・マーシャクは、組織開発の根底にある価値観として次の4つを挙げている。

【 組織開発の価値観 】

価値観	意味
①人間尊重の価値観	人間は基本的に善であり、最適な場さえ与えられれば、自律的かつ主体的にその人が持つ力を発揮すると捉えることを重視する考え方である
②民主的な価値観	ものごとを決定するには、それに関連する、できる限り多くの人が参加し関与する方が決定の質が高まり、関与した人々やお互いの関係性にとっても効果的である、と捉える考え方である
③クライアント (当事者) 中心の価値観	組織の当事者が現状と変革にオーナーシップをもつ、という考え方である
④社会的・エコロジカル的 システム志向性	組織開発の結果、社会や環境、そして世界に悪影響が生じることは避ける必要があるという考え方である

第10章　組織の発展と成長　**205**

III ナレッジ・マネジメントと組織学習

1 ナレッジ・マネジメント

(1) ナレッジ・マネジメント

　ナレッジ・マネジメントとは、組織の中や社外にあるナレッジ（過去の経験から得られた知識）を管理し、新しい価値を創造する力（資産）に変えていく経営管理手法である。

(2) SECIモデル

　野中郁次郎が提唱するSECIモデルでは、知識創造プロセスは、「共同化（Socialization）」「表出化（Externalization）」「連結化（Combination）」「内面化（Internalization）」という4つのフェーズからなる。

【 組織開発の価値観 】

フェーズ	変換プロセス	内容	具体例
共同化	暗黙知と暗黙知を結ぶ	個人、小グループでの暗黙知の共有と創造	顧客との直接的な接触、トップの社内歩き回り、休憩室や喫煙室での雑談
表出化	暗黙知を形式知に変換する	個人、小グループが有する暗黙知の洗い出しと形式化	ミッションをもった建設的対話、議論
連結化	形式知と形式知を結ぶ	形式知の組み合わせと新たな形式知の創造	電子メール、イントラネットやグループウェアを活用したサイバー・スペース、バーチャル・スペース上のコミュニケーション
内面化	形式知を暗黙知に変換する	創造された知識を組織に広め新たな暗黙知として習得	学習、研修、OJT、テレビ会議

　知識変換は「共同化」「表出化」「連結化」「内面化」という4つのフェーズをスパイラルに展開することで進化する。

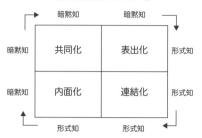

出典:『知識創造企業』野中郁次郎・竹内弘高 著 東洋経済新報社

2 組織学習と組織学習サイクル

(1) 組織学習

　組織の行動能力は、組織のもつ行動プログラム(ルーティン)に依存している。組織学習は、組織がもつ行動プログラムの変化プロセスである。組織学習は、組織のもつ行動プログラムそのものを変化させる組織の長期適応に対応する。

(2) 組織学習サイクル

　マーチとオルセンによれば、組織学習は、次のようなサイクルを通じて行われる。
① 組織行動がもたらした結果を観察・分析した結果、個人レベルの信念・知識に修正が加えられる
② 個人が学習した成果は個人レベルの行動の変化を促す
③ 個人レベルの行動の変化は組織レベルでの行動の変化をもたらし、組織は新しい行動を展開する
④ 組織の新しい行動は環境での優れた成果に結びつく(①に戻る)

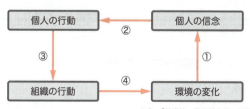

出典:『組織論』桑田耕太郎・田尾雅夫著　有斐閣

第10章　組織の発展と成長　**207**

3 組織学習のレベル

　組織学習には、2つの異なるレベルの学習（低次学習と高次学習）がある。異なるレベルの組織学習は同じメカニズムでは学習できない。

　低次学習には、単なる行為の繰り返しや部分修正、シングルループ学習などが含まれる。高次学習には、全体組織に影響を与える学習やダブルループ学習、規範・認知枠組・根源的仮定の変化等が含まれる。

　シングルループ学習とは、所与のコンテクスト（環境・状況）のもとで、手段行動のエラーのみを修正する学習である。ダブルループ学習とは、前提となる価値・目標・政策などのコンテクスト（環境・状況）そのものの修正を伴う学習である。

【 組織学習のレベル 】

低次学習	高次学習
●単なる行為の繰り返し ●部分修正 ●シングルループ学習 ●ルーティン ●組織の全レベル（全階層）で起こる ●表層的	●全体組織に影響を与える学習 ●規範・認知枠組・根源的仮定の変化等 ●ダブルループ学習 ●非ルーティン ●組織の上位レベル（上位階層）で起こる ●本質的

4 安定的段階における組織学習

(1) 安定的段階における組織学習の傾向

　安定的段階では、組織学習サイクルは不完全なものになる傾向がある。結果として低次レベルの組織学習が中心となる。これは、この時期に展開される組織構造の精巧化と密接に関係している。

　企業組織は規模の成長に伴い、垂直的および水平的に分業関係が進展し、階層化、専門化、規則の制度化を導くことになり、多数の専門化された部門から構成される安定的な存在になる。環境と組織の戦略や構造、組織文化やプロセスの間には、一貫した整合性がみられる。

　このような特徴をもつ安定的段階では、組織学習サイクルは、次の4つのパターンに示すように、不完全なものになる傾向がある。

(2) 安定的段階における組織学習サイクル

① 役割制約的学習

　個人の信念の変化が行動の変化に結びつかない場合である。複雑な組織では、個人の自由な行動を抑制するさまざまな制約が存在し、業務手続・罰則規定・集団圧力等のために、自己の信念に反するような行動を余儀なくされることがある。また、組織内の人々は役割が規定され、その成果によって評価されるために、環境の変化に対応した新しい知識を獲得しても、それを直ちに個人や組織の行動の変化に反映

できないこともある。

② 迷信的学習

組織の行動と環境の反応とが断絶している状況である。組織の行動とそれが環境に与える効果の因果関係が分かりにくい場合に起こりやすい。広告・宣伝費の支出を増加させた場合に、実際には景気の回復により売上高が伸びても、組織メンバーが「広告宣伝費の支出増は、売上高の増加をもたらす」という信念を強めることがある。

③ 傍観者的学習

個人は学習し、それに基づいて行動するが、個人の行動が組織の行動には活かされない場合である。画期的な新製品を発明した個人研究者の業績は、その事業計画が取締役会で採用されなければ、その企業の戦略行動の展開には結びつかない。

④ 曖昧さのもとでの学習

組織の行動がもたらした環境の変化を、組織メンバーが適切に解釈できず、結果として個人の信念が修正されない状況である。曖昧な事情に直面すると、個人はあらかじめ持っている自己の認識枠組の中で、それを解釈する傾向がある。

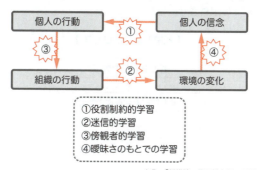

【 不完全な組織学習サイクル（マーチとオルセン）】

①役割制約的学習
②迷信的学習
③傍観者的学習
④曖昧さのもとでの学習

出典：『組織論』桑田耕太郎・田尾雅夫著　有斐閣

組織変革(チェンジ・マネジメント)

1 組織変革のプロセス

(1) 変革の必要性の認識
　組織は、組織内外の新しい事実に気づき、既存の方法ではもはや適応できなくなることを認識する。

(2) 革新的組織変革案の創造
　経営戦略・組織構造・組織文化・組織プロセスなどをどのようなものに変革していくのか、目標・ビジョン・具体案を作り出す。

(3) 変革の実施・定着
　実際に組織を変革するために、実施計画を作成し、移行過程を適切に管理し、その変革の成果を確実に定着させ、維持していく。

【組織変革のプロセス】

2 変革の必要性の認識

H26-21

　戦略的組織変革は自然に始まるものではない。経営者もしくは経営者グループによって、変革を創始する必要性が認識されなければならない。経営者自身が、既存の認知プロセスによって、情報を自動的に処理するのではなく、より意識的に経験・外部環境の情報をよりリッチな物語として解釈することが必要である。
　経験(情報)のリッチさとは、その経験から多様な解釈を導き出せる程度、すなわち情報の潜在的多義性を意味する。

3 革新的組織変革案の創造

H26-21
H24-19

　特定の個人が経験を通じて組織変革の必要性を認識し、革新的なアイディアを創始しても、個人的知識あるいは言語で表現できない暗黙的知識(暗黙知)にとどま

る限り、革新的組織変革には結びつかない。ハイレベルの組織的プロセスを通じて、明示的な変革案として経営者層に公式に認められる組織的知識創造が必要である。

組織における創造過程に影響を与える条件が３つある。それは、①リッチな情報を処理する自律的組織単位、②フェイス・トゥ・フェイスの対話、③冗長性と最小多様性の法則である。

(1) 自律的組織単位

革新のための組織単位は、自由に考え行動できる自律性をもつ必要がある。ここでいう自律性とは、第１に目標、手段、基準を自ら決定する自由をもち、第２に既存の組織構造や文化、管理システムにとらわれない自由をもつことを意味する。

自ら目標や手段を設定する自由を与えられた人々は、内発的に動機づけられる。こうした人々は、問題解決過程に積極的にコミットし、多様で創造的な解決案を創り出せるようリッチな情報にコミットする傾向がある。彼らが積極的に行動する際、新しい現実を創出し、新しい秩序、ものの見方を自ら生み出す可能性が高くなる。

(2) フェイス・トゥ・フェイス・コミュニケーション

革新的アイディアは、既存の言語では表現できないという意味で、「暗黙知」の形態をとることが多い。暗黙知は既存の言語ではなく、行動やメタファー（隠喩）を通じて他の人へ伝えるため、フェイス・トゥ・フェイスの対話が最も有効となる。

(3) 冗長性と最小有効多様性の法則

自律的組織単位は、それぞれのメンバーがまったく異なる知識や情報をもっている場合には成立しない。各メンバーが重複した情報をもつという冗長性は、能率を重視する伝統的な分業体系においては無駄だと考えられているが、メンバーは、少なくとも自己の専門領域をもちつつも、組織全体に関する知識や情報を共有していなければならない。

一方で情報の冗長性は、組織の情報負荷を著しく高めてしまう。そのコストを抑制するためには、最小有効多様性の法則にしたがって、必要以上の多様性を組織がもたなくて済むようにすることが重要となる。最小有効多様性とは、複雑な環境に対処するために、組織は同じ程度の多様性を内部に持っていることが必要であるということである。これにより、組織メンバーは多様な状況に対処することができるようになる。

一定以上の情報の冗長性を確保しつつ、最小有効多様性を達成するには次の２つの方法がある。第１は、すべてのメンバーが環境探査に責任を負うことである。第２の方法は、キーとなる環境要因や革新に影響を与える要因を理解できる人員を、適切に配置することである。こうした人員が組織内のどこにいるのか、正しい情報を各メンバーがもつことによって、組織メンバーのそれぞれが重要な要因に精通していなくても、組織としての多様性は確保できるからである。

4 組織変革への障害

(1) 埋没コストと継続

革新のコストの典型は埋没コスト（サンク・コスト）である。**埋没コスト**とは、現在のプログラムを継続している限り発生しないコストでありながら、それを捨てて新しいプログラムを採用する場合に発生するコストである。

そのため、一般に組織はできる限り現在の戦略・構造に執着する傾向がある。

(2) 外部環境へのロックイン

漸次的プロセスにおける組織学習を特徴づけるのは、高い安定性と強力な慣性である。安定性と慣性が強く作用するのは、第1に、組織が矛盾した要求をもつ外部環境に組み込まれている、すなわち利害関係者の圧力があるからであり、第2に、一定以上の業績を上げていれば、あえて不連続な変革をもたらすような探索を行わない傾向があるからである。

利害関係組織にとって、現在の組織均衡の変革は、既得権益の喪失を意味する。一方で、自らの利益が失われる可能性のある戦略行動に対しては、彼らはさまざまなルートを通じて影響力を行使し、変革に強力な抵抗を示す可能性が高くなる。

(3) 有能さのワナ

企業組織および環境を構成している諸組織は、成熟段階にある組織均衡状態から満足水準を超過する十分な利潤を得ているが、このように不満がない状況では、組織成員は現状を変更する可能性を探索したり、改革を実行したりしようとする十分な動機を持たなくなる。

あるプログラムや戦略知識が希求水準を超えるような成果をもたらすと、そのプログラムや戦略はますます使用されるようになる一方、現在のプログラムや戦略よりも優れたものを探索しようとする動機づけは失われる。

(4) 「ゆでガエル」シンドローム

業績が希求水準を少し下回ると、満足度が若干低下し探索量を増やすが、第2次的には希求水準そのものを若干低くすることによって適応しようとするようになる。

業績低下が緩やかに起こると、希求水準自体がそれに適応してしまい、革新へのきっかけがつかめなくなる。

5 移行実施プロセスのマネジメント

戦略的組織変革の到達点である、望ましい組織の変革案が明らかになると、現在の組織に働きかけて、それを望ましい組織に変えていく変革実施プロセスに入る。組織を、現在の状態から将来の望ましい状態にシフトさせていく変革実施のプロセスは、移行状態と呼ばれる。この移行状態には、以下に述べる固有の不安定な問題

が発生するため、この時期の組織管理には特別の注意が必要である。

(1) 移行状態における諸問題

組織変革を実施していく過程で生じる問題は次の3つである。

① 変化に対する「抵抗」の問題

変化が生み出す「未知」の状況への不安、既存の状況で確立されていたアイデンティティや能力が新しい状況で適応できない可能性、既得権の喪失からの苦痛を回避するために抵抗が起こる。たとえば、組織変革に伴い、これまで積み上げてきた自分のキャリアを活かせる業務が消滅するという事実は受け入れがたい、というものである。

② 変化に対する「混乱」の問題

変革が組織構造や文化に及ぶ場合に、組織内に制度化されていた既存の秩序が破壊されることによって混乱が生ずる。たとえば、事業部が合併する際に、日常業務の滞りが心配である、というものである。

③ 変化に伴う「対立」の問題

変革に伴って生じる組織中のパワー・バランス（権力の均衡）の変化をめぐり、成員間で対立が起こる。たとえば、新しい組織の中に自分のポジションが確保されないのなら、組織変革そのものに反対である、というものである。

(2) 移行状態のマネジメント

これらの諸問題に対する基本的な対策は、第1に移行状態のマネジメントを専門に担当する管理者およびチームを形成することである。第2にトップ・マネジメントがこの移行管理チームを、全面的にサポートし、彼らが職務を完遂できるよう支援する必要がある。移行管理者は、移行期の諸問題に適切に対処するための移行計画を、以下のような方法を統合して形成し、移行過程を管理していく。

① 抵抗問題への対処

組織メンバーの変革への抵抗を少なくし、移行への関心を高める代表的方法には、次の5つがある。

    (a) 現行組織の問題点をメンバーへ周知徹底
    (b) 変革過程へのメンバーの参加
    (c) 変革支持に対する報酬配分
    (d) 現状脱却のための時間と機会の提供
    (e) 新組織に向けての教育・訓練

② 混乱問題への対処

混乱問題の管理は、次の3つの方法によって対処される。

    (a) 望ましい新組織像の具体的な明示
    (b) 関係者間の緊密かつ継続的な情報伝達
    (c) 迅速な問題解決とその支持体制

③ 対立問題への対処

組織内の権力闘争に伴う問題への対処法として、次の2つが重要である。

    (a) 中心的な権力集団からの協力の確保

第10章 組織の発展と成長

(b) 下位集団リーダーの役割行動の利用：対立がある諸集団（リーダー）に、共通の外部環境の敵を作り、行動させて、集団全体の統合をはかる

6 解凍－変化－再凍結モデル

組織の計画的変革には、さまざまな手法がある。試験対策上はそれぞれのモデルについて区別して理解してほしい。ここでは、K.レヴィンらが主張した、解凍－変化－再凍結モデルを紹介する。環境変化により組織に新しい均衡状態の確立が必要なとき、組織の計画的変革を成功させるためには、解凍－変化－再凍結が必要である。

(1) 現状の解凍

現状の組織は均衡がとれた状態と考えられているとき、この均衡を破るためには解凍が必要である。解凍の際には、新しいことを学ぶだけではなく、その人のパーソナリティや社会関係と一体化していることをやめることが含まれる。そのため、その人を変革に対して動機づけ、変わろうというモチベーションを起こさせることが重要である。

① 動機づけのために必要な取り組み
　(a) 現状に対する認識の欠如や誤解を知覚させる
　(b) 脅威の原因を取り除いたり、心理的な障壁を取り除く

(2) 新しい状態への変化（変革）

変化の過程では、その人の認識を再定義させるような介入が行われる。模範的な役割を演じるロールモデルや信頼のおける仲間たちとの同一視と、そうした人々の立場から新しいことを学ぶことが必要である。

(3) 新しい変化を永久化するための再凍結

新しい状況を長期間維持するためには再凍結の必要がある。この最後の段階の注意を怠ると変革が短期に終わり、従業員が以前の均衡状態に逆戻りする可能性が非常に高い。この段階では変化した行動様式を、パーソナリティの中に統合し、新しい行動様式と現実を関連づけられるようにできるような介入が行われる。

① 再凍結のための介入
　(a) 新しい役割や行動が、その人のアイデンティティにあっているかどうか、パーソナリティと矛盾しないかどうかを確認する機会を持たせる
　(b) 新しい行動様式を身につけた人にとって重要な他者たちから、その行動や態度を認めてもらえるかどうかを試す機会を持たせる

7 クライシスマネジメント

予測可能な事態に対応する「リスク・マネジメント」に対して、予測不能な事態に対応するものを「クライシスマネジメント（危機管理）」という。

危機（クライシス）とは、「システム全体や個人に物理的または精神的影響を与え、基本理念つまりシステムそのものの抽象的意義やシステムの実在する核心事項を脅かす崩壊」と定義されている。具体的には、新型インフルエンザや自然災害の発生、工場・設備の不備、経営者の突然死、企業買収などが挙げられる。

効果的なクライシスマネジメント（危機管理）とは、①危機前兆の発見、②準備・予防、③封じ込め・ダメージの防止、④平常への復帰、⑤学習とフィードバックによってまた①に戻る、という５段階のサイクルを構築することである。学習とフィードバックが鍵とされる点で、危機に関する学習システムを構築することが重要となり、組織学習と合わせて議論されることが多い。

危機管理には、組織として労働者全員参加型の取り組みが重視され、それが組織の安全文化を育むとされている。安全文化を創出するためには、安全を脅かすものに関して従業員と経営側の間にオープンなコミュニケーション・ラインを確立することが必要となる。

危機対応はまず個人レベルで始まるため、ダメージの防止を経て、平常への復帰が可能となるころ、危機によって経験する知識は個人が獲得する。この危機対応における個人レベルの活動が組織の経験となるよう、組織学習により組織能力を高める必要がある。個人の活動は「対話」により、組織全体に共有され、組織内の知識として蓄積される。

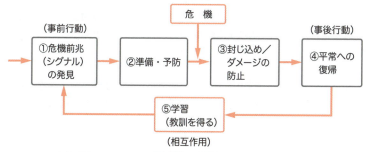

【 危機管理の５段階モデル 】

出典：『クライシスマネジメント－危機管理の理論と実践（三訂版）』大泉光一著　同文舘出版

第10章　組織の発展と成長

厳選!! 必須テーマ［○・×］チェック——第10章——

過去20年間（平成13〜令和2年度）本試験出題の必須テーマから厳選！

■■■ 問題編 ■■■   Check!!

問1 (H30-21 改題)   [○・×]
　組織が公式化段階になると、規則や手続き、管理システムの公式化が進み、戦略的意思決定や業務的意思決定をトップマネジメントに集権化する必要が生まれ、トップが各事業部門を直接コントロールするようになる。

問2 (H27-18)   [○・×]
　信頼関係で結ばれ、他者に対して開かれ、協力的な環境を持った組織が効果的で健全である。

問3 (H30-18)   [○・×]
　シングルループ学習とは、ある目的とそれを達成するための行為の因果関係についての知識を、一度見直すことを意味する。

問4 (H26-21)   [○・×]
　組織メンバー間やコンサルタントとの間で、フェイス・ツー・フェイスのコミュニケーションを通じて、できるだけ問題が生じている現場の生のデータを収集し、予期されなかった事態についての情報にも耳を傾ける必要がある。

問5 (H26-21)   [○・×]
　変革を自己に有利な形で利用して権力を握ろうとする集団が登場することがあるため、混乱が収まるまで新しい組織案を提示しないようにしなければならない。

■■■ 解答・解説編 ■■■

問1　×：公式化段階は権限が委譲されているため、トップは戦略的意思決定に専念する。
問2　○：組織開発では、参加および協力的なマネジメントが重視される。
問3　×：ダブルループ学習についての説明である。
問4　○：フェイス・ツー・フェイスの対話が重要である。
問5　×：新組織像を具体的に明示することが望ましい。

本章の体系図

②がついた項目は2次試験でも活用する知識です

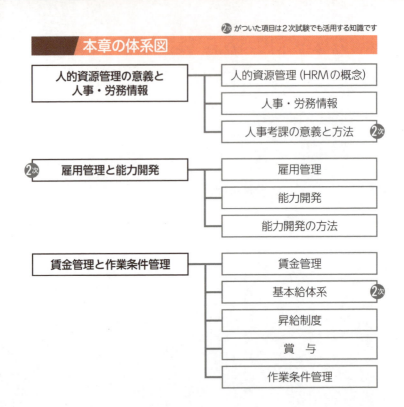

本章のポイント

- 人的資源管理の意義を理解する
- 雇用管理と能力開発について意義と具体的内容を把握する
- 賃金管理、作業条件管理の概要をおさえる

第11章

人的資源管理

I 人的資源管理の意義と人事・労務情報

II 雇用管理と能力開発

III 賃金管理と作業条件管理

Ⅰ 人的資源管理の意義と人事・労務情報

1 人的資源管理（HRMの概念）

(1) 人事システムの目的

　人事システムとは、「経営戦略の実現のために、人と組織を動かす仕組み」である。人事システムの目的は、「人」という経営資源を最大限活用し、経営戦略の実行を促進することと、長期に人材を育てることであり、HRM（Human Resource Management：人的資源管理）の中心的役割を果たすシステムといえる。

(2) 人的資源管理の概念

　人的資源管理（HRM：Human Resource Management） とは「人的資源理念に基づく労務管理」である。人的資源理念は、
　① 経済的資源としての人間重視（従業員の知識・技能に基づく生産能力の側面）
　② 人間的存在としての人間重視（個と組織の目的の一致）
という両面を持つ。この理念に基づき、企業における最も重要な経済的資源こそ従業員そのものであるという認識に立って、行動科学を理論的基礎において構築された労務管理の考え方がHRMである。
　これを簡単に公式化すると、

> 労働能率（生産性）＝ 労働能力（①の観点）× 労働意思（②の観点）

という関係になる。

(3) HRMの領域

　HRM領域には、組織運営、人材フローマネジメント、報酬マネジメントがあり、戦略性の高い全社レベルでの取り組みが必要とされている。

【 HRMの領域 】

(4) 戦略的人的資源管理（SHRM）

　人的資源を競争優位の源泉としてとらえる**戦略的人的資源管理（SHRM：**

Strategic Human Resource Management）は、従業員の戦略的活用という問題を含んでいる。

　人材の調達先（外部からの登用－内部での育成）、管理の対象（仕事の結果－仕事のプロセス）という二軸から分類した場合、次のような人的資源戦略となる。

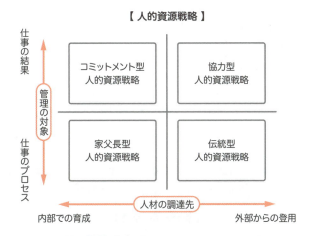

2　人事・労務情報

⑴ 職務分析の意義と方法
① 職務分析の意義
（a）職務分析

　職務分析とは従業員が行う職務の内容、性質、特徴、責任、権限、資格要件を明らかにして、他の職務との違いを明確にするものである。

（b）職務分析の目的

　職務分析の目的は時間研究や動作研究を通じて業務の標準化を図り、適切な従業員を配置し、効率的な人的資源管理を行うことにある。

【 職務分析の目的 】

目的	内容
採用、配置、異動、昇進（適正配置）	職務の内容が明らかになると、必要な人材、必要な人員が明確になる。また、人事評価制度（従業員情報）を活用して異動・昇進が的確に行える
教育訓練（職務に必要な知識と技能）	教育訓練の計画作成に役立つ
業務の標準化	業務内容の無駄を省き、標準化を進めて効率化を図る
組織の改善	職務相互の関係が明らかになり、合理的な職制を決定することができる
職務給の決定	各職務の相対的重要度・貢献度を決定する。この職務評価の結果を適切な給与設計に活用する

② **職務分析の方法**

職務分析は職務調査を行い、職務記述書を作成することから始まる。職務記述書により職務を分類し、職務に序列をつける職務評価を行う。

【 職務分析の手順 】

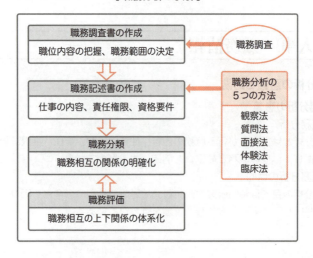

【 職務分析の5つの方法 】

方法	内容	特徴
観察法	分析者の観察による内容把握	現場作業に適切な方法
質問法	質問票による内容把握	あらゆる業務に適用可能
面接法	面接による内容把握	管理・監督者や専門的業務に適している
体験法	分析者が自分で体験し内容を把握	心理的・生理的内容把握に適する
臨床法（実験法）	時間研究及び動作研究によって内容把握	実験

【 職務分類 】

種類	内容
職種	職務の性質または種類により分類されたものである。他の職種との違いが明らかになる
職級	職務の困難度、重要性により区分されたものである。職級の決定は職務評価により行う
等級	従業員の資格要件による分類である。職能資格制度に活用される

【 職務評価の方法 】

方法	内容
序列法	職務全体で評価。すべての職務について一対比較法により困難度・重要度に序列をつけ、それを各等級に分けて等級法を作成。組織が小さく、従業員の数が少ない中小企業向き
等級法	職務全体で総合的に評価。職務の重要度・困難度等により予め等級表を作成し、等級ごとに定義しておき、各職務をその等級にあてはめ、等級を決定。等級表の作成に十分な注意が必要。管理職向き
点数法	職務の価値を決める個々の要素（知識・体力・熟練度・責任度等）を職務ごとに比較して、要素ごとにいくつかの段階を決定。その段階ごとに点数をつけ、その点数の合計で順位を決定。数量により表示され、比較的客観的なので、大企業向き
要素比較法	現在の賃金を基準にして評価。基準職務について、職務の価値を決める要素ごとに点数法によって評価し、その要素ごとに他の職務を比較し、合計点により順位を決定。現状の賃金が大部分の従業員に納得されている場合に効果的

3 人事考課の意義と方法

(1) 人事考課の意義と目的

人事考課とは、人事管理に活用するために、個々の従業員の職務遂行能力、勤務態度、勤務成績を一定の項目に従って、上司等が査定する制度である。人事考課を活用する目的には、①昇給査定、②昇進・昇格、③賞与査定、④配置・異動、⑤教育訓練・能力開発である。

⑵ 人事考課の方法

① 評価項目

　人事考課の評価項目には、勤務記録や生産・能率記録などの客観的データの他に、能力や勤務意欲・態度のような主観データも含まれる。通常、管理職になるに従って成果や実績の比重が増え、勤務態度や能力の比重が減ってくる。

【 人事考課の評価項目 】

能力考課	仕事経験や教育訓練を通して、ストックされた「職務遂行能力」を評価対象とする
業績考課	一定期間にどの程度企業に貢献したかという「顕在的貢献度」を評価対象とする
情意考課	職務に取り組む意欲や勤務態度、積極性や協調性などを評価対象とする

② 評価方法

　人事考課には、絶対評価と相対評価がある。絶対評価とは絶対的な基準に基づいて評価する方法で、相対評価とは評価する対象者の中で比較して、優劣を決定する方法である。

【 人事考課の評価方法 】

絶対評価	絶対的な基準（定められたレベル）に基づいて評価
相対評価	評価する対象者の中での比較により、優劣を決定

相対評価	成績順位法	被考課者を評価要素ごとに序列化し、総合順位を決める手法
	人物比較法	従業員の中から各評定項目の段階ごとに標準的人物を選定し、その人物を基準として他の従業員を評価する方法
絶対評価	算出記録法	生産量・販売量など一定の基準を設け、その結果を記録・整理し、一定の基準に達しているかを評価する方法
	勤怠記録法	従業員の出欠席、遅刻早退等を記録し客観的に勤務状態を評価する方法
	図式尺度法	信頼性、知識度といった要素ごとに段階的評価基準を示す5段階程度の目盛りを設け、考課者が該当する目盛りをチェックしていく方法
	成績評語法	評価要素をS、A、B、Cなど、いくつかの段階を表す言葉で表現し、その選択肢の中から選択し、成績を評価する方法
	プロブスト法	被考課者の日常の勤務態度、行動などに関連する具体的事例のリストを作成し、考課者が確信をもてる項目のみをピックアップしていく方法

③ 評価の留意点

　(a) 人事考課の対象・目的に応じた考課要素を選定し、基準を被考課者に公表すること

⒝ 選定方法が客観的かつ比較可能であること

　⒞ 評価者が適正であること（考課者訓練の実施）

　⒟ 評定にあたって生じやすい心理的誤差傾向をできるだけ是正すること

　⒠ 評価結果を被考課者へフィードバックすること

⑶ 人事考課の心理的誤差傾向

　人事考課は公平な評価が行われることが最も重要であるが、一般に心理的誤差が生じがちである。よって、心理的誤差を是正、排除する仕組み作りや、誤差を踏まえ運用することが人事考課の課題である。

【 人事考課の心理的誤差傾向 】

心理的誤差傾向	内容
ハロー効果	一部の優れた点（悪い点）があると、他の考課要素まで良く見える（悪く見える）傾向
論理的誤差	考課要素間に関連があると、ある要素が優れている場合に、それと関連のある要素も優れていると評価する傾向
対比誤差	考課者が、自分の得意分野ほど辛めに評価したり、得意分野でないほど甘めに評価したりする傾向
寛大化傾向	考課者の自信欠如から甘めに評価する傾向
個人的偏向	考課者が自分自身の特性や行動を基準として判断する傾向
恒常誤差	特定項目を暗黙のうちに重視もしくは軽視してしまう傾向
時間差による誤差の原則	同じ人が同じ人物を評定しても、時間や順序が違うと異なる評定になる傾向
中心化傾向（中央化傾向）	考課者が、被考課者の集団に対してあまりにも多数の者を「普通」と評価しすぎる傾向
逆算化傾向	先に全体の評価結果を決めて、それに沿うように個別の評価をする傾向

⑷ 360度評価

H28-20

　360度評価は、「多面評価」とも呼ばれ、直属の上司・同僚・部下・他部門などにより多面的に評価する制度である。360度評価の効果には、顧客や取引先が評価者となることで被評価者の顧客志向が高まる、異なった評価を見ることで評価者を訓練する機会を提供する、などの効果がある。

第 11 章　人的資源管理　　**225**

II 雇用管理と能力開発

1 雇用管理

雇用管理とは、単に適性テストを中心とする採用のための管理だけではなく、**求人、選考、配置、人事異動（配置転換、昇進、昇格を含む）、休職・退職の領域を含む一連の管理**を指す。

(1) 採用管理

人材の募集（求人）から選考・採用までの管理を**採用管理**という。企業は、要員計画で、どの部署にどのような人材がどれぐらい必要なのかを決定し、求人を行う。

働き方の多様化により、正規従業員（正社員）だけでなく、非正規従業員（契約社員、パートタイマー、アルバイトなど）の活用が注目されている。

① RJP(Realistic Job Preview)

RJPとは、労働市場に対して組織の状況や特色をアピールする際に、応募者に好感される情報を強調するのではなく、ときには好感されにくい現実をありのままに伝えようとする広報戦略のことである。効果として、職務や職場への初期適応を円滑にすることや、入社後の離職を回避させる効果などがある。

② 人材のダイバーシティ

人材のダイバーシティにより、これまで社外に求められていた異質な見方を社内に取り込むことで、組織やそのメンバー対して、組織変革や新商品開発などのイノベーションの影響を与える。

(2) 配置管理

① 配置管理の意義

配置管理とは、企業の経営管理上必要とされる職務にふさわしい人材を割り当てるための管理、つまり適材適所を貫くための管理である。

従業員の適正配置のためには、①企業全体の要員計画、②個々の職務に必要とされる資格要件、③個々の従業員の持つ職務能力、の3つが結びつくことが必要である。

要員計画とは、企業の採用ポリシーや経営計画に基づいて、将来いかなる能力の人材が各部門・各職種に何人必要となるかを長期・短期にわたり明らかにすることである。

② 配置転換が行われる理由

(a) 従業員の能力発揮を目的として定期的に行われる配置転換（ジョブ・ローテーション）

(b) 経営上の必要（新分野進出、技術革新や新製品の開発などに伴う仕事の創設・改廃等）に基づく配置転換

(c) 雇用調整による配置転換（部門間の労働力の再配分、出向等）

(d) 不正防止や困難を伴う職務（寒冷地・海外勤務等）の交替による配置転換

③ 質的基幹化

質的基幹化とは、職場において、正社員以外の労働者が、仕事内容や能力が向上し正社員と同じ責任を持って職務に従事することを指す。

(3) 異動管理

① 異動管理の意義

異動とは、「雇用管理の過程における職位の位置づけの変更」を意味し、これを計画・実施・統制する過程が**異動管理**である。

異動の形態には、同一水準の他の職位への異動を図る配置転換異動と責任や賃金の上昇を伴う昇進・昇格異動、降職・降格異動がある。配置転換は水平的異動であり、昇進・昇格及び降職・降格は垂直的異動である。

【 異動の目的と動機 】

目　的	動　機
●労働意欲の向上（昇進欲求の刺激） ●能力の開発 ●労働力の効率的利用 ●人心の刷新（同一職位への定着化を排除） ●後継者の育成	●要員補充・欠員の補充を必要とするため ●個々の従業員について、その職務能力と職務条件の乖離が生じたため

② 自己申告制度と社内公募制度

異動の決定だけでなく、異動先を決めるのは人事労務管理部門や職能分野の責任者などであることが一般的である。しかし、従業員自身の希望を異動決定の情報としてより重視したり、仕事の内容から社内公募を行い、異動を行う企業が増えている。

(a) 自己申告制度

自己申告制度とは、毎年一回程度定期的に、現在の仕事についての評価や満足度、今後の進路、担当したい仕事等についての希望を申告させ、それを配置転換や能力開発に活かそうとする制度である。

(b) 社内公募制度

社内公募制度とは、新商品の開発、新規ビジネスへの進出、新しい営業拠点の運営など、担当する仕事をあらかじめ明示し、その仕事に従事したい人材を社内から広く募集する制度である。

【 社内公募制度の導入目的と留意点 】

導入目的	留意点
●人材発掘手段としての活用 ●人材活性化策としての活用 ●組織活性化策としての活用 ●能力開発活性化策としての活用	●社内公募に自由に応募できるようにする ●制度に対する管理職の理解を求める ●人選にもれた従業員に対してフォローを実施する

H29-12 (4) 福利厚生

① 福利厚生

福利厚生は、企業が従業員とその家族などに福祉向上のために設けた様々な施設と制度の総称である。これらは、直接的・間接的に生産性の向上、労使関係の安定、労働力の保全などに寄与する。

② カフェテリア・プラン

カフェテリア・プランは、従来の社員全員が一律の福利厚生を受ける制度に対して、企業があらかじめ用意した様々な福利厚生メニューの中から、従業員が自身のポイントの範囲内で、自主的に希望するメニューを選択して利用する制度である。一般的には、従業員には事前に企業から福利厚生のポイントが付与される。

(5) 退職管理

① 退職管理の意義

退職とは、従業員が労働契約を解除することである。退職には、定年退職や中途退職があり、中途退職には、自己都合によるものと会社都合によるものがある。

退職管理の対象は、定年退職や中途退職の他、定年延長・勤務延長・再雇用等も含まれ、さらに最近では早期退職優遇制ないし選択定年制なども加わっている。

② 退職管理の内容

(a) 定年退職

定年退職は、従業員が一定の年齢に達すると自動的に退職となる制度である。「自動的に退職する」旨は、通常就業規則または労働協約に記載している。定年制の類型としては、一律定年制の実施割合が圧倒的に多い。

【 定年制の類型 】

一律定年制	常用労働者全部について、職種などに関係なく定年年齢が一律に定められているもの
職種別定年制	職種別に定年年齢が定められているもの
その他	生産労働者・事務労働者別／資格別定年制等

(b) 中途退職

中途退職については、自己都合によるものと会社都合によるものがある。自己都合による退職は、結婚・出産・転勤・家業継承・独立自営等、個人の自発的意思に基づく任意退職である。会社都合による退職は、定年退職の他事業不振による人員整理・転籍等がある。

③ 早期退職優遇制・選択定年制

早期退職優遇制は、一律定年制に代わって複数の退職コースを設け、定年前の一定期間に退職する従業員に対し、退職金を優遇する制度である。制度の適用を受けるかどうかは、本人の選択に任されていることから、選択定年制ともいう。

企業側としては、人件費の総額抑制や組織の活力維持が狙いである。

④ 雇用延長

H24-23

これまでの日本の企業では、一定の年齢に達した労働者を一律的、強制的に退職させる定年制が、退職管理の中心であった。しかし高齢化を背景に、定年の延長を含めて定年後の雇用継続の推進が求められている。

雇用延長の種類としては、定年延長と継続雇用制度があり、継続雇用制度には勤務延長と定年者再雇用制がある。

【 雇用延長の種類 】

定年延長		定年そのものを延長する制度。従業員にとっては最も有利だが、企業にとってはコスト増につながる。
継続雇用制度	**勤務延長**	定年に達した者を直ちに退職させないで、個別調査により企業が特に必要とする人材に限って、能力・健康状態に応じて退職時期を延長する制度。この制度は、役職・給与等を定年前と変えないところが多く、再雇用制よりも従業員にとって有利である。
	定年者再雇用制	定年に達した従業員をいったん退職させ、改めて嘱託等の形で再雇用する制度。この制度は、役職や給与などについて切り替えたうえで、再スタートするケースが多い。再雇用者の処遇は定年前より悪くなるのが普通である。

⑤ 雇用調整

H22-20

雇用調整とは、事業の生産規模等事業活動の変動に応じて適正雇用量が変化するのに合わせ、現実の雇用量を調節するもので、要員管理の一環である。したがって、過剰人員の調整のみではなく、不足人員の雇用も含む。

雇用調整の方法には、労働者数と労働時間数いずれかの調整による数量調整と、賃金などを削減する賃金調整に分けることができる。

実際の雇用調整では、数量調整と賃金調整の両者を組み合わせて実施されることが多い。

【 雇用調整の方法 】

数量調整	新規採用削減、出向・転籍、希望退職者募集、解雇、残業抑制
賃金調整	賞与の削減、ベースアップの水準削減、定期昇給の停止・延期

雇用調整を実施する場合、社員のモラールダウン・会社に対する不信感が発生する可能性がある。実施にあたっては、会社側として社員への納得いく説明と毅然とした態度が必要である。

また、実施前には、経営全体としてのコストダウン・生産性向上・売上拡大への挑戦が行われていることが前提である。

(6) 資格制度

① 職能資格制度

組織内において、各職務の困難度、複雑度および責任などを判断基準として資格区分を行い、各職務部分に該当する職務資格等級基準を設定すること（各資格部分に該当する職務遂行能力（職能）の種類や程度を明確にして設定）によって、この基準に基づいた人事処遇を行う制度である。

この制度の目的は、企業の人事諸制度を職能資格等級基準と連動させ、適正な運用基準とすることによって能力主義人事を行い、社員の動機づけと能力開発を図ることにある。

【 職能資格と役職の関係 】

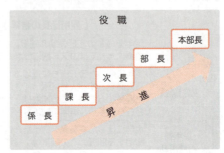

職能資格制度は、企業内の各職務の困難度・責任度等を基準として資格等級を定め、それぞれの等級の能力要件を明確にする。

そのうえで、各従業員の職務遂行能力（職能）を評価して資格等級格付し、賃金や職位と連動させる（職能給）。

また、従業員の職務遂行能力の上昇が認められれば、たとえそれに見合う上位階層のポストや職務が社内で用意できなくても、社内等級は上げることができる。

② 専門職制度

専門的な知識や技術を持つ有能な人を個人の特性に応じてスタッフないしスペシャリストとして、調査役、主任研究員等の名称を与えて、管理職と同等な社内の地位と賃金を保障しようとする制度である。

【 専門職の類型 】

類型	内容	例
社会的専門職	高度の知識・技術・経験あるいは技能を要し、一般に社会的に職業として確立しているもの	弁護士、医者、通訳、電気工事士、運転手、タイピスト
研究・開発専門職	研究所等において、高度の技術的専門知識および経験を要する基礎研究・開発職務	諸工学・力学研究、科学分析、基礎研究、新製品開発

企業内専門職	事務・技術専門職（ホワイトカラー）	経営管理あるいは生産・販売活動全般において専門的に高度なあるいは実務上広範な知識、技術および経験を要する職務	経営管理（企画、計画、調査）、技術、生産管理、エンジニア、コンサルタント、セールスマンなどのエキスパート、テクニシャン
	技能専門職（ブルーカラー）	工場等の製造、操作、保守作業において、高度な経験的技能、熟練を要する職務	機械工、鋳鉄鋳物工、仕上工、配管工等の現業作業職におけるベテラン

出典：『人を生かす組織戦略』日経連職務分析センター編

2 能力開発

(1) 能力開発の目的

　企業が社員に求めることは、仕事に関係した能力（職務遂行能力）である。能力開発は、従業員の職務遂行上必要な知識と技能を与え、その知識を活用できる技能を会得させるとともに、従業員の能力をレベルアップさせるものである。

【 能力開発の目的と効果 】

3 能力開発の方法

能力開発は、その実施形態から、OJT、Off-JT、自己啓発の３つに大別できる。

① OJT (On the Job Training)

日常業務の遂行を通じて上司・先輩が部下や後輩を指導育成していく教育技法である。仕事上の実務能力を向上させるためには非常に効果が高い。

② Off-JT (Off the Job Training)

日常業務を離れて内部・外部の専門家等を招いて行われる能力開発である。社内での集団研修や社外でのセミナー・講習会などの参加が代表的である。

③ 自己啓発

社員自身が自らの意思で行う能力開発である。個別の興味や将来必要とされる能力の開発などを自発的に実施するものである。

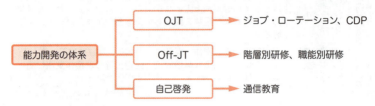

(1) OJT

① OJTの重要性
OJTは職場において上司が日常の業務遂行の中で教育訓練を行うことである。職務遂行の具体的知識が身につくのはOJTによる場合が多く、効率的な職務遂行が可能となり、管理者にとって、OJTは重要な職務である。

② OJTの留意点
忙しい日常業務の中で行われるOJTは、実行にあたり充分な準備が必要である。その際の留意点は次のとおりである。

(a) 管理者は、日頃から自己啓発を行い、新しい考え方、技術を身につける。
(b) 人事部門は積極的に管理者能力の向上を援助する。
(c) 事前に人事担当者と充分な打ち合わせを行う。
(d) 誰に、何を教育するか明らかにする。
(e) 達成すべき目標を決定する。
(f) いつ、どこで、どのように教育するか計画を立てる。
(g) 教育の成果をチェックする。
(h) マニュアルを作成する。
(i) 次の目標を立てる。

③ ジョブ・ローテーション
ジョブ・ローテーションとは、一定の時期ごとに、従業員の職場や職務を変えて職務遂行能力の向上を図ることである。

【 ジョブ・ローテーションの目的 】

目的
①幅広い業務経験を積むことにより、対応能力向上が期待される
②異動を通じた部門間のコミュニケーション向上による業務内容の相互理解が進む
③従業員の業務体験拡大による潜在的適性が発見できる

④ CDP
CDP（キャリア・デベロップメント・プログラム） とは、経歴開発制度、経歴管理制度と訳され、社員個人の職業生涯目標と会社の長期経営目標の達成とを両立させた長期的なキャリア育成計画を作成し、その計画に則した配置転換、昇進と能力開発を行う制度である。

ジョブ・ローテーションは経験により個々の従業員の能力向上を図るが、それに能力開発を加えて、長期的、体系的に計画し、実行するのがCDPである。

⑵ Off-JT

① Off-JTの体系
　Off-JTは、日常業務を離れて内部・外部の専門家等を招いて行われる能力開発である。

② 階層別研修
　階層別研修は、新入社員、中堅社員、管理者、経営者といった経営階層に応じて従業員に必要とされる共通的な知識・技能の習得を目的としている。

　新入社員教育では、企業で働く従業員としての心構えや態度の形成が基本的なねらいである。

　中堅社員では経営階層に応じた実務能力の習得が中心となる。また、職場のチームワーク向上や人間関係の改善を確保することも期待できる。

　管理職や経営者には、企業の変化を敏感に察知してそれを業務に反映する戦略的な能力や、新たなビジネスチャンスをものにする企業家的センス、さらにはこうした内容を効果的に遂行する職場リーダーシップや職場モラール形成の技能などの習得が重要である。

⑶ 自己啓発

① 自己啓発の意義
　自己啓発は従業員が自らの意思や判断によって、自己の能力向上に努力することである。自己啓発の目指すところは、単に知識や技能を習得するだけでなく、能力を向上し自己実現を図るための強い欲求を引き出すことである。

② 自己啓発援助の内容
　自己啓発に関する援助には、経済的支援と時間的支援が中心だが、主なものは次のとおりである。
　　ⓐ 通信教育講座の援助・あっせん
　　ⓑ 公的資格取得の援助
　　ⓒ 図書等の貸出し
　　ⓓ 社外講座等の紹介・あっせん・援助
　　ⓔ 留学等特殊事項の相談

⑷ 経験学習

R02-21

　経験学習とは、実際にやってみることで得られた成功や失敗について振り返る学習を、後の経験・学習の土台とすることをくり返すもので、次のモデルになっている。

第11章　人的資源管理　　**233**

【 経験学習モデル 】

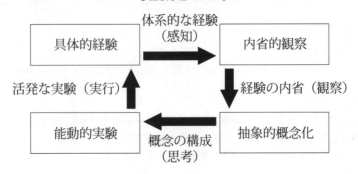

出典：『人事管理』平野光俊　江夏幾多郎著　有斐閣ストゥディア

III 賃金管理と作業条件管理

1 賃金管理

(1) 賃金体系の構成要素

 １年間に支給される賃金は通常、月例賃金と賞与で構成される。月例賃金とは毎月支給される賃金で基本給と各種手当等の所定内賃金、及び時間外勤務手当等の所定外賃金から構成されている。

① 所定内賃金・所定外賃金
 所定内賃金とは、企業であらかじめ決められた１日の労働時間（所定労働時間）内の労働に対して支払われる賃金である。一方、所定外賃金とは、所定労働外の労働に対して支払われる賃金である。

② 基準内賃金・基準外賃金
 基準内賃金とは、予定された労働時間に就労したことに対して支払う基本的賃金部分である。残業手当等の計算の基準として用いる賃金を指すことが多く、基本給と手当の一部を含む。企業によっては、所定内賃金と同じ場合もある。

【 賃金体系の構成要素 】

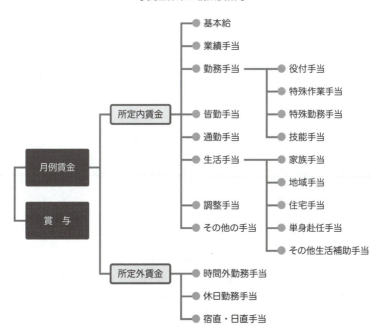

第 11 章　人的資源管理　**235**

H25-23

2 基本給体系

(1) 基本給の定義

基本給は、量的に賃金の中核を形成し、質的に賃金の性格を規定する中核的な賃金形態といえる。基本給の機能としては、下記の3つの機能がある。

① 従業員の内部序列を反映する

② 他の賃金項目（賞与、退職金）の算定基礎として使われることが多い

③ 賃金収入の安定性の度合を示す

上記②に関し、近年人件費抑制の観点から第2基本給の導入を図る企業もみられる。第2基本給とは、本来基本給に繰り入れるべき金額の大部分または一部分を別建ての賃金項目とし、これを賞与や退職金の算定基礎としない制度である。

H22-14 ### (2) 基本給の種類

基本給の種類としては、属人給、職務給、職能給、総合給等がある。

【 基本給の種類 】

属人給	年齢・勤続年数など属人的要素を基準に上昇する賃金。年齢給と勤続給がある
職務給	各職務の相対的価値の大きさに対して支払われる賃金
職能給	職務遂行能力の大きさに対して支払われる賃金
総合給	成果給・業績給として、属人的要素と仕事的要素を総合的に評価し決定される賃金

① 属人給

属人給とは、従業員の年齢・勤続年数など属人的要素のみを基準に上昇していく賃金のことである。属人給としての基本給項目には、年齢給と勤続給とがある。

(a) 年齢給

年齢給とは、年齢を基準として定められる基本給項目のことで、一般に年齢の増加とともに賃金が増額するように定められている。

(b) 勤続給

勤続給とは、従業員の勤続年数を基準として機械的に定める基本給項目のことで、職務内容や職務遂行能力等とは直接関連を持たないものである。

② 職務給

職務給は、職務の内容に対応して決められる賃金のことで、職務の重要度と困難度を中心に各職務の相対的価値を定め、その価値に応じて定められる賃金といえる。

職務給は、1つの職務等級に1つの賃金額を決める単一職務給（シングル・レート）と職務等級ごとに2つ以上あるいは幅のある賃金を決める範囲職務給（レンジ・レート）とがある。職務給は、本来同一職務同一賃金の単一型とされている。しかし、我が国の職務給は、大部分が範囲職務給型のもので、この型の職務給では、同一職務等級内でも昇給制度を有し、年功的要素により昇給するものもある。

職務給を導入するには、正確に職務分析を行う必要がある。職務分析の目的は、

(a) 職務価値の判定

(b) 適正配置を具体化するための各職務に必要な資格要件の把握

(c) 職務のニーズに合わせた能力開発の計画

の3つである。

成果主義賃金として職務給が制度化される場合には、職務間に賃金差が発生する。職務の違いによる賃金の不公平感を低減させるため、自己申告制度や社内公募制度など配置転換の機会を与えるのが一般的である。

③ 職能給

職能給は、個々の従業員の職務遂行能力を基準として定められる基本給項目である。この場合の能力とは、現在の職務における顕在的能力の他に潜在的能力をも含めた総合的な能力を指す。

職能給の実施にあたっては、職務遂行能力を分類するための職能分類制度と、個々の従業員の能力を判定して職能分類制度にあてはめるための人事考課制度が必要になる。

職能分類制度では、職務遂行能力の同質もしくは類似した職務を一括して職務群に分類し、その職務群ごとにその仕事を遂行するのに要する資格要件（習熟度・理解力・判断力など）を定めた職能等級基準（職能分類基準）を設定する。職能給は、この等級に基づいて賃金表を作成し、そのうえで、人事考課で従業員各人の適正な能力評価を行い、その効果を上げようとするものである。

また、職能給と密接に結びついている制度に職能資格制度がある。

【 職務給と職能給のメリット・デメリット 】

	メリット	デメリット
職務給	●仕事内容を反映した賃金となる ●差別的な賃金とならない	●配置転換が難しい ●新しい業務への取り組みが弱い
職能給	●能力開発を促進させる ●職務との関係が緩やかで配置転換をしやすい	●能力評価が難しい ●年功賃金になりやすい

④ 総合給

総合給は、属人的要素（年齢、勤続年数、学歴等）と仕事的要素（職務内容、職務遂行能力、勤務成績）を総合的に評価し決定するので、賃金決定基準が不明確になり、賃金と職務との結びつきが曖昧になるため、結果的に属人給の色彩が濃くなる可能性がある。

(3) 年俸制

H22-14

年俸制は、賞与も含めた年間の賃金をあらかじめ決めておく制度で成果主義賃金制度の代表例である。日本では月給に相当する部分（基本年俸）および賞与に相当する部分（業績年俸）からなる場合が多い。

① **年俸制の適用条件**

年俸制には以下のような適用条件が求められる。

　ⓐ 各人の役割と責任が明確となっている。
　ⓑ 各人の仕事上の役割と責任が大きい。
　ⓒ 各人の業績を明確に把握できる。

年俸制になじむ職種には、①管理職、②専門職、③研究員、④営業社員等がある。

② **年俸制の留意点**

年俸制の導入にあたっては、①確固たる方針と目標の設定、②目標と方針の社員への公表・周知徹底、③段階的な導入、④導入後の精査、⑤状況に応じた柔軟な変更、というプロセスに留意しなければならない。

【 年俸制のメリット・デメリット 】

メリット	デメリット
●経営意識の高揚が図れる ●業績目標の設定によりチャレンジ精神が醸成される ●年収の調整が容易になる ●目標管理制度の効果が高まる ●実力主義の導入が図れる	●社員が目先の業績のみを追い、生産性が低下するおそれがある ●連帯感が失われるおそれがある ●社員の不公平感や意欲低下が生じるおそれがある ●部下育成を軽視しがちになる ●社員が失敗をおそれがちになる

3 昇給制度

(1) ベースアップ

ベースアップは、消費者物価の上昇、会社の業績、労働生産性の向上等、画一的要素による全従業員一斉の賃上げである。年齢や能力・成績・勤怠などにはかかわりなく、賃金水準そのものを「底上げ」するものであり、賃金表を書き換えることになる。

(2) 昇給

昇給は、個々の従業員における年齢等の属人的要素や職務遂行能力・職務内容といった仕事的要素の変化に対応して、既定の昇給基準線（新規学卒入社者が、年とともに標準的に昇級・昇格をした場合、基本給がどのように変化するかを描いたもの）に沿って、賃金額を増額修正することになる。

昇給制度には、基幹的労働者の長期勤続を確保するために、将来にわたり一定の賃金上昇があることを労働者に約束する機能がある。年齢・勤続に伴う昇給や職務遂行能力の向上、職場における重要性の増大を一定期間ごとに評価して、基本給に反映させるための制度といえる。

4 賞与

H25-23

(1) 賞与の性格と役割

賞与の性格と役割については、以下の3点が指摘できる。

① 企業業績の動向や従業員個々人の業績評価を反映させ、弾力的に支給することができる。これにより景気動向に伴う人件費負担をある程度緩和できる。

② 賞与には、出費がかさむ時期（盆と年末年始）の生活補給金としての性格がある。

③ 賞与は割増賃金（時間外勤務手当）の算定基礎となる賃金に含まれないので、賞与を増加させても時間外のコスト増につながらない。

(2) 賞与原資の算定方式（考え方）

賞与の算定方式には、売上高を基準にした売上高配分方式と付加価値を基準にした付加価値配分方式がある。売上高配分方式はスキャンロン・プラン、付加価値配分方式はラッカー・プランと呼ばれる。

【 スキャンロン・プランの算定方式 】

> 賞与総額＝（売上高×標準人件費比率）−既払賃金総額
> ＊標準人件費比率＝賃金総額（人件費）÷売上高

【 ラッカー・プランの算定方式 】

> 賞与総額＝（付加価値額×標準労働分配率）−既払賃金総額
> ＊標準労働分配率＝人件費÷付加価値額

賞与原資の算定に成果配分・利潤分配方式等を取り入れていない企業は企業業績や世間相場・同業他社の動向を基準に、算定基礎となる基礎給の「何か月分」という形で決定する「世間相場に基づく算定方式」を採用している企業が多い。

5 作業条件管理

(1) 労働時間管理

① 労働時間の管理の意味

労働時間管理とは、労働時間の長さ、配置（休憩を含む）、休日、有給休暇日数等について、人的資源管理の目的達成に役立たせるための組織的、計画的施策である。

② 労働時間短縮の方法

労働時間短縮の方法として、以下のようなものがある。

(a) 所定労働時間の短縮

(b) 所定外労働時間の短縮

第11章 人的資源管理 **239**

(c) 週休2日制の推進
(d) 年次有給休暇の完全消化等

我が国においても、平成19年に「仕事と生活の調和（ワーク・ライフ・バランス）憲章」および「仕事と生活の調和推進のための行動指針」が策定され、家庭や地域社会などにおいても、子育て期、中高年期といった人生の各段階に応じて多様な生き方が選択・実現できる社会を推進している。

(2) 労働安全衛生管理

① 労働安全衛生管理の重要性

労働安全衛生管理は、労働者に働く意欲を与え、企業のイメージを高め、生産性を向上させる。労働者にも企業にも大きな利益をもたらすものであり、重要性を認識し、十分な対策をとる必要がある。

【 労働安全衛生管理の領域 】

② 労働安全管理

(a) 災害の防止と対策

労働安全管理は労働災害の発生を防ぐためにその原因を究明し、原因に応じた対策を考え、計画的に災害防止対策を実行することである。そのためにまず原因を明らかにする必要がある。労働災害の原因には主に次のようなものがある。

【 労働災害の原因例 】

物的・技術的原因	作業設備の不備、作業方法の不適切
個人的原因	経験不足、不注意、過失、怠慢、命令無視
管理的条件の不備	管理組織の不備、安全検査の欠如、不十分な安全教育

労働安全管理の代表的な方法は次のとおりとなっている。
・主要な諸施設について安全検査を行う
・危険な作業については能力検定試験合格者を充てる
・通路を確保し、整理整頓を行う
・有害物の除去、機械の危険部分の被覆、安全作業の励行、保護具の着用を実行する
・不適性者を危険作業に就けない
・安全衛生教育訓練の励行と安全マニュアルを作成する

(b) 災害補償

労働災害の防止に努力しても、完全に防ぐことは困難である。不幸にして災害を受けた労働者を救済するのが労働者災害補償保険法である。

③ 労働災害発生状況の把握

労働災害発生状況を把握する代表的指標として以下の2つがある。

【 労働災害発生状況の把握指標 】

指標	内容
強度率	災害の重軽度合を表す形式で、我が国では1,000労働時間当たりの労働災害の死傷による労働損失日数で表現する。 強度率＝（労働損失日数÷延実労働時間数）×1,000
度数率	ILOで決議され国際的に適用する災害発生率の表現方式で100万実労働時間当たりの1日以上休業の死傷者数で表現する。 度数率＝（死傷者数÷延実労働時間数）×100万

④ 労働衛生管理

労働衛生管理は、作業環境の条件が労働者の健康に及ぼす悪影響を組織的、計画的に防ぐための施策である。労働災害と違い、目にみえる直接的な被害がないので関心が低いが、人的資源管理に大きな関係があり、十分な対応が必要である。

(a) 従業員の健康を維持することにより、欠勤等を防げる。

(b) 作業環境の整備は労働能率の向上に役立つ。

(c) 作業環境の改善は労働者に安心感を与え、モラールの形成や企業イメージの向上に役立つ。

厳選!! 必須テーマ［○・×］チェック ──第11章──

過去20年間（平成13～令和2年度）本試験出題の必須テーマから厳選！

■■■ 問題編 ■■■ Check!!

問1 (H26-22) ［○・×］
コミットメント型人的資源戦略では、企業内部の従業員に仕事のプロセスに対して責任を負うことを求めていく。

問2 (H21-20) ［○・×］
ハロー効果とは、同じ考課者が同じ被考課者を評価しても、時間や順序が変わると異なった評価になる傾向のことをいう。

問3 (H20-24) ［○・×］
CDP（キャリア・ディベロップメント・プログラム）は、社員各自の希望と企業の人材ニーズに照らした長期的なキャリア・プランに基づく教育訓練と人事評価や処遇を合わせて行う必要がある。

問4 (H26-26) ［○・×］
OJTは、管理職等が日常の活動の中で指揮命令を通して行うものであるから、OJTを計画的に実施したり、マニュアルに基づいてOJTを行うなどということは、実際には困難であり、あまり現実的ではない。

問5 (H25-23改題) ［○・×］
ベースアップとは、全従業員一斉の賃上げのことをいう。

問6 (R01-21) ［○・×］
従業員の職務遂行能力の上昇が認められれば、たとえそれに見合う上位階層のポストや職務が社内で用意できなくても、社内等級は上げることができる。

■■■ 解答・解説編 ■■■

問1 × ：プロセスではなく、結果に対して責任を求める。
問2 × ：ハロー効果とは、一部の悪い点があると、他の考課要素まで悪く見える現象のことである。
問3 ○ ：長期的、体系的な計画が必要である。
問4 × ：計画を立てマニュアルづくりを行うなど日頃の準備が重要である。
問5 ○ ：設問文のとおり。
問6 ○ ：設問文のとおり。

242　第1部　テキスト

2次 がついた項目は2次試験でも活用する知識です

本章の体系図

本章のポイント

- 労働基準法について、重要ポイントをおさえる
- 労働安全衛生法のポイントを理解する
- 労災保険法と雇用保険法、健康保険法と厚生年金保険法の概要を俯瞰する
- その他の労働関連法規の概要をおさえる

第 12 章

労働関連法規

I 労働基準法

II 労働安全衛生法

III 労働保険・社会保険

IV その他の労働関連法規

Ⅰ 労働基準法

1 総則・労働条件

(1) 目的

労働基準法は憲法27条に基づき、1947（昭和22）年に制定された法律で、労働法の根幹をなす法律である。

一般に労働者は使用者に対して経済的に弱い立場にある。使用者が勝手に賃金や労働時間などの労働条件について、何の制約もなく自由に決めることになると、労働者は劣悪な条件のもとで働かされることにもなりかねない。

労働基準法は社会的・経済的弱者である労働者の保護を目的として、労働者が人たるに値する生活を営むために必要な賃金・労働時間・労働契約等の労働条件の最低基準を規定している。

原則として、事業の種類、規模等に関係なく、労働者を使用するすべての事業または事務所に適用される。

(2) 定義

① 労働者

職業の種類を問わず事業又は事務所に使用される者で、賃金を支払われる者のことを労働者という。不法就労の外国人、パートタイム労働者（パートタイマー、アルバイト等）も労働者である。

② 使用者

事業主又は事業の経営担当者その他その事業の労働に関する事項について、事業主のために行為をするすべての者のことを使用者という。

③ 労働条件

賃金、労働時間、解雇、災害補償、安全衛生等に関する条件をすべて含む労働者の職場における一切の待遇のことを労働条件という。

④ 過半数組合

事業場において労働者の過半数で組織する労働組合のことを過半数組合という。

⑤ 過半数代表者

事業場において労働者の過半数を代表する者のことを過半数代表者という。

(3) 労働条件の原則

労働基準法で定める労働条件の基準は最低のものであるから、労働関係の当事者は、この基準を理由として労働条件を低下させてはならないことはもとより、その向上を図るように努めなければならない。

⑷ 労働条件の決定

労働条件は、労働者と使用者が、対等の立場において決定すべきものである。労働者及び使用者は、労働協約、就業規則及び労働契約を遵守し、誠実に各々その義務を履行しなければならない。

同一の労働条件については、**労働基準法>労働協約>就業規則>労働契約**の順に効力がある。

【 労働協約・就業規則・労働契約 】

労働協約	労働組合と使用者又はその団体とが結んだ労働条件その他に関する協定
就業規則	会社の労働者が就業上守るべき規律（服務規律）や賃金、労働時間その他の労働条件に関して細かく定めた規則
労働契約	労働者個人と使用者とが結んだ契約

⑸ 均等待遇、男女同一賃金の原則

H28-24

使用者は、労働者の国籍、信条又は社会的身分を理由として、賃金、労働時間その他の労働条件について、差別的取扱いをしてはならないと均等待遇について規定しているものの、性別による差別は対象ではない。

労働基準法では、男女差別を禁止しているのは**賃金**だけで、それ以外の差別の禁止については男女雇用機会均等法で定めている。

差別的取扱いは、女性を不利に扱うことはもちろん、有利に扱うことも禁止されている。

【 均等待遇と男女同一賃金の原則約 】

	差別理由	差別禁止事項
均等待遇	国籍、信条又は社会的身分	賃金、労働時間その他の労働条件
男女同一賃金の原則	女性であること	賃金

2 就業規則

⑴ 作成および届出の義務

H30-26

常時**10人以上の労働者**を使用する使用者は、就業規則を作成し、遅滞なく行政官庁（所轄労働基準監督署長）に届け出なければならない。
就業規則は、その作成及び届出義務が規定されているだけでなく、使用者は、社内掲示や書面交付などの方法で、就業規則を労働者に**周知**させることが義務づけられている。当該労働者に関係する部分を明示して就業規則を書面交付することや、常時事業場の見やすい場所に掲示する方法、全労働者に配布する方法で、当該部分の労働契約の明示義務を果たすことができる。

H30-27 **(2) 減給の制裁の制限**

就業規則で、労働者に対して減給の制裁を定める場合においては、その減給は、1回の額が平均賃金の1日分の半額を超え、総額が1賃金支払期における賃金の総額の**10分の1**を超えてはならない。

ただし、就業規則において明確に規定されている懲戒処分によって出勤停止を命じた従業員に対する賃金は、出勤停止期間が適切な範囲内のものである限り、その出勤停止期間に対応する分は支給しなくてもよい（ノーワーク・ノーペイの原則）。

H27-23
H26-23 **(3) 記載事項**
H20-22

就業規則は、①**絶対的必要記載事項**（記載が義務づけられている事項）、②**相対的必要記載事項**（定めをする場合には記載義務のある事項）および③**任意的記載事項**（その他の事項）から構成される。就業規則の法定記載事項は、①絶対的必要記載事項と②相対的必要記載事項である。

①、②の一部を欠く就業規則（例 育児・介護休業についての記載のない就業規則）であっても、その他の要件を備えていれば有効な就業規則であるが、作成及び届出の義務違反となる。

【 絶対的必要記載事項と相対的必要記載事項 】

絶対的必要記載事項	相対的必要記載事項
① 始業及び終業の時刻、休憩時間、休日、休暇並びに労働者を2組以上分けて交替に就業させる場合においては就業時転換に関する事項 ② 賃金（臨時の賃金等を除く）の決定、計算及び支払の方法、賃金の締切り及び支払の時期並びに昇給に関する事項 ③ 退職に関する事項（解雇の事由を含む）	① 退職手当の定めが適用される労働者の範囲、退職手当の決定、計算及び支払の方法並びに退職手当の支払の時期に関する事項 ② 臨時の賃金等（退職手当を除く）及び最低賃金額に関する事項 ③ 労働者に負担させる食費、作業用品その他の負担に関する事項 ④ 安全及び衛生に関する事項 ⑤ 職業訓練に関する事項 ⑥ 災害補償及び業務外の傷病扶助に関する事項 ⑦ 表彰及び制裁の種類及び程度に関する事項 ⑧ その他労働者のすべてに適用される定めをする場合においては、これに関する事項

(4) 意見書作成の手続き

使用者は、就業規則の作成または変更について、当該事業場に、労働者代表（過半数労働組合がある場合はその労働組合、過半数労働組合がない場合は過半数代表者）の意見を聴き、書面を作成しなければならない（同意は**不要**である）。

⑸ 届出の手続き

H22-22

　就業規則は、事業場ごとに届けることが原則である。しかし、複数の事業場がある企業において、企業全体で統一的に適用される就業規則を定める場合は、各事業場ごとに所轄の労働基準監督署に届けることは効率的ではない。そこで、次の条件を満たしている場合、本社で一括届出ができる。

　① 本社の所轄労働基準監督署長に対する届出の際には、本社を含め事業場の数に対応した必要部数の就業規則を提出すること（本社＋事業場の数の必要部数）

　② 各事業場の名称、所在地および所轄労働基準監督署名、ならびに本社の就業規則と各事業場の規則が同一の内容であるという旨が附記されていること

　③ 意見書については、その正本が各事業場ごとの就業規則に添付されていること

3　労働契約

⑴ 部分無効自動引き上げの原則

　労働基準法で定める基準に達しない労働条件を定める労働契約は、その部分について無効とする。

　労働基準法に違反する契約の部分は、労使間でどう判断しようと関係なく、法律上、自動的に労働基準法で定めた基準（最低基準）で契約したことになり、効力が発生する。

⑵ 契約期間

H30-24
H28-22

　期間の定めのある労働契約については、一定の事業の完了に必要な期間を定めるものの他は、契約期間の上限を **3年**（次のいずれかに該当する労働契約にあっては、**5年**）とすることができる。

　① 専門的な知識、技術または経験（以下「専門的知識等」という）であって高度のものとして厚生労働大臣が定める基準に該当する専門的知識等を有する労働者（当該高度の専門的知識等を必要とする業務に就く者に限る）との間に締結される労働契約

　② **60歳**以上の労働者との間に締結される労働契約

　※「高度の専門的知識等を有する労働者」の例には、i) 博士の学位を有する者、ii) 公認会計士、医師、歯科医師、獣医師、弁護士、一級建築士、薬剤師、不動産鑑定士、弁理士、技術士、社会保険労務士または税理士の資格を有する者等がある。

第12章　労働関連法規　**249**

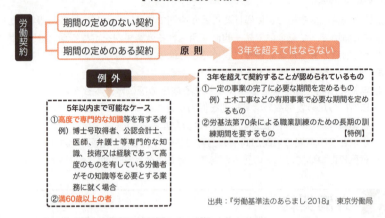

出典:『労働基準法のあらまし 2018』東京労働局

(3) 有期労働契約の更新、雇止め、無期労働契約への転換に関する基準

① 1年を超える継続勤務者について契約更新しない場合は30日前までに予告をしなければならない。
② 1年を超える継続勤務者について契約更新しない場合に労働者がその理由の証明書を請求したときは交付しなければならない。
③ 契約を1回以上更新し、かつ、1年を超える継続勤務者について、更新の際、契約の実態や労働者の希望に応じて、契約期間をできるだけ長くするように努めなければならない。
④ 同一の使用者との間で、有期労働契約が通算で5年を超えて繰り返し更新された場合は、労働者の申込みにより、無期労働契約に転換できる。また、労働者が申し込んだ時点で、使用者は申込みを承諾したものとみなされる。

H29-24 (4) 労働条件の明示

使用者は、労働契約の締結に際し、労働者に対して賃金、労働時間その他の労働条件を明示しなければならない。
明示事項には、必ず明示しなければならない事項(絶対的明示事項。要書面交付)と使用者が定めをした場合には明示しなければならない事項(相対的明示事項)がある。

【 絶対的明示事項と相対的明示事項 】

絶対的明示事項 書面交付による明示事項	相対的明示事項 口頭の明示でもよい事項
①賃金 (退職手当等を除く) の決定、計算・支払の方法、賃金の締切・支払の時期、昇給に関する事項 ②就業場所・従事する業務 ③始業及び終業時刻・所定労働時間を超える労働の有無・休憩時間・休日・休暇・就業時転換に関する事項 ④退職に関する事項 (解雇の事由を含む) ⑤労働契約の期間 ⑥期間の定めのある労働契約を更新する場合の基準に関する事項	①退職手当 (適用される労働者の範囲、退職手当の決定、計算及び支払の方法並びに退職手当の支払の時期に関する事項) ②臨時の賃金等 (退職手当を除く) 及び最低賃金額に関する事項 ③労働者に負担させる食費、作業用品その他の負担に関する事項 ④安全及び衛生に関する事項 ⑤職業訓練に関する事項 ⑥災害補償及び業務外の傷病扶助に関する事項 ⑦表彰及び制裁の種類及び程度に関する事項 ⑧休職に関する事項

4 賃金

(1) 賃金支払いの5原則

H30-27
H29-26
H27-22

賃金とは、賃金、給料、手当、賞与その他名称の如何を問わず、**労働の対償**として使用者が労働者に支払うすべてのものをいう。

【 賃金支払いの5原則 】

	原則	例外
通貨払いの原則	賃金は通貨で支払わなければならない。	法令や労働協約により現物支給は可能。労働者の同意などにより銀行振込は可能。
直接払いの原則	賃金は直接労働者に支払わなければならない。	使者への支払いは可。未成年者の親権者等への支払い不可。
全額払いの原則	賃金は全額を支払わなければならない。	法令 (例 税金や社会保険料等を控除)
		労使協定 (例 組合費、社内預金等を控除)
毎月1回以上払いの原則	賃金は毎月1回以上支払わなければならない。	賞与、臨時に支払われる賃金等は可
一定期日払いの原則	賃金は毎月25日等一定の期日に支払わなければならない。	同上

(2) 平均賃金

H25-23

平均賃金とは、これを算定すべき事由の発生した日以前**3か月**間にその労働者に対し支払われた賃金の総額を、その期間の**総日数**で除した金額をいう。

第12章 労働関連法規 **251**

$$平均賃金 = \frac{算定事由発生日以前3か月間に支払われた賃金の総額}{算定事由発生日以前3か月間の総日数}$$

H30-25
H28-24
H23-25
H22-19

(3) 割増賃金

労働時間を延長し、または休日に労働させた場合や深夜（原則午後10時から午前5時）に労働させた場合は、割増賃金を支払わなければならない。

割増賃金は、通常の労働時間または労働日の賃金を基礎として計算されるが、①家族手当、②通勤手当、③別居手当、④子女教育手当、⑤住宅手当、⑥臨時に支払われた賃金、⑦1か月を超える期間ごとに支払われる賃金は、割増賃金の基礎となる賃金から除外される。ただし、①〜⑤の手当については、これら名称にかかわらず実質により判断される。

【 時間外労働の割増率一覧 】

法定の時間外労働	2割5分以上
法定の時間外労働（月60時間超）	5割以上
法定の休日労働	3割5分以上
深夜労働（原則午後10時から午前5時）	2割5分以上
時間外労働が深夜の時間帯に及んだ場合	5割以上
時間外労働が深夜の時間帯に及んだ場合（月60時間超）	7割5分以上
法定の休日労働が深夜の時間帯に及んだ場合	6割以上

※（月60時間超）法定割増賃金率の引上げについては、中小企業には、2023年3月まで適用が猶予される。
中小企業基本法で定義されている中小企業の範囲である。

(4) 休業手当

使用者の責に帰すべき事由による休業の場合、使用者は、休業期間中当該労働者に、その平均賃金の100分の60以上の手当を支払わなければならない。

5 労働時間・休憩・休日

H27-22

(1) 法定労働時間

労働基準法では、休憩時間を除き、原則として、1週間について**40時間**、1日について**8時間**を超えて労働させてはならないことを定めている。この1週40時間、1日8時間を法定労働時間という。

特例事業場については、労働時間の特例措置として、1週44時間、1日8時間まで労働させることができるようになっている。※特例事業場とは、常時使用する労働者の数が10人未満である商業、映画・演劇業（映画の製作の事業を除く）、保健衛生業、接客娯楽業を営む事業場のことである。

252　第1部　テキスト

【 時間外労働の割増率 】
[所定労働時間が 9:00 から 17:00 までの場合（休憩 1 時間）]

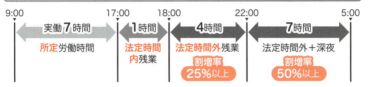

出典：『労働基準法のあらまし 2018』 東京労働局

R02-25
H29-27
H25-20
H19-24

(2) 変形労働時間

変形労働時間制とは、一定の条件のもとで、一定の期間における特定の日又は特定の週に法定労働時間を超えて労働させることを認める制度である。

変形労働時間制は、1か月単位の変形労働時間制、フレックスタイム制、1年単位の変形労働時間制、1週間単位の非定型的変形労働時間制の4つがある。

フレックスタイム制は、始業時刻及び終業時刻を労働者が決定し、標準の1日の労働時間などを就業規則に定める。

【 変形労働時間制 】

	1か月	フレックス	1年	1週間非定型
手続き方法	就業規則等 または労使協定	就業規則等 および労使協定	労使協定	労使協定
労使協定の届出	必要	清算期間が1か月超の場合必要	必要	必要
対象期間	1か月以内	－	1か月を超え1年以内	1週間
清算期間	－	3か月以内	－	－
業種・規模制限	なし	なし	なし	常時使用労働者数30人未満の小売業、旅館、料理店、飲食店

第12章 労働関連法規　253

(3) 休憩

使用者は、労働時間が6時間を超える場合においては少なくとも**45分**、8時間を超える場合においては少なくとも**1時間**の休憩時間を労働時間の途中に与えなければならない。

労働者の疲労を減らし、労働災害を防止するため、使用者は、労働者に対して労働時間の途中に原則**一斉**に休憩時間を与え、**自由**に使わせなければならない。

(4) 休日

使用者は、労働者に対して、毎週少なくとも**1回**の休日を与えなければならない（原則）。この規定は、4週間を通じ4日以上の休日を与える使用者については適用しない（例外）。

(5) 時間外労働・休日労働（36協定）

① 36協定（サブロク協定）

労働基準法第36条に基づく労使間の協定のことを**36協定**という。

使用者は、労働者代表（過半数労働組合がある場合はその労働組合、過半数労働組合がない場合は過半数代表者）と労働時間の延長や休日労働について、書面による協定（36協定）を締結し、この協定を行政官庁（所轄労働基準監督署長）に届け出ることによって労働基準法に反することなく、労働時間を延長したり、休日に労働させたりすることができる。

ただし、坑内労働その他厚生労働省令で定める健康上特に有害な業務の労働時間の延長は、1日について2時間を超えてはならない。

② 時間外労働の限度

法律上、時間外労働の上限（原則）が定められ、新たな技術、商品又は役務の研究開発を除き、臨時的な特別の事情がなければ、時間外労働の上限（原則）を超えることができなくなった。臨時的な特別の事情があって労使が合意する場合（特別条項）でも、年6か月を限度とするなど、法律による上限（特別条項）が定められた。上限（原則）や上限（特別条項）に違反した場合には、罰則が科される。

【 上限規制のイメージ 】

出典：『時間外労働の上限規制　わかりやすい解説』厚生労働省・都道府県労働局・労働基準監督署

⑹ 代替休暇

労使協定により、月60時間を超える時間外労働をした場合には、当該労働者の健康を確保するため、引上げ分の割増賃金の代わりに有給休暇（代替休暇）を付与することができる。

代替休暇は1日または半日単位で与え、また時間外労働が1か月60時間を超えた月の末日の翌日から2か月以内の期間で与える必要がある。

⑺ みなし労働時間制

H29-27
H25-20
H20-26

産業構造の変化に伴い、営業活動や在宅勤務などの事業場外労働や、研究開発、システム設計など裁量度の高い仕事の増加により、使用者の具体的な指揮監督が及ばないために労働時間を算定しがたい業務が増加している。**みなし労働時間制**は、このような業務における労働時間の算定が適切に行われるように規定されたものである。みなし労働時間制は、事業場外労働制と裁量労働制に分類でき、裁量労働には、専門業務型裁量労働制と企画業務型裁量労働制がある。

① 事業場外労働制

原則として**所定**労働時間労働したものとみなす制度のことである。通常、所定労働時間を超えて労働することが必要となる業務については、その業務の遂行に通常必要とされる時間労働したものとみなす。ただし、労使協定が締結されているときは、協定で定める時間労働したものとみなす。

② 裁量労働制

⒜ 専門業務型裁量労働制

業務の遂行の方法を大幅に労働者の裁量にゆだねる必要があるため、具体的な指示をすることが困難なものとして厚生労働省令で定める業務については、労使協定に当該業務の遂行の手段及び時間配分の決定等に関し具体的な指示をしない旨を定めれば、その協定で定める時間労働したとみなす。労使協定は、行政官庁（所轄労働基準監督署長）に届け出なければならない。

⒝ 企画業務型裁量労働制

労使委員会が設置された事業場において、当該委員会の委員の5分の4以上の多数による議決により対象業務、対象労働者の範囲、対象業務に従事する労働者の労働時間として算定される時間その他一定の事項に関する決議をし、かつ、当該決議を行政官庁（所轄労働基準監督署長）に届け出た場合において、対象労働者を決議により定めた時間労働したものとみなすためには、個別の同意を得なければならない。

第12章　労働関連法規　**255**

H29-25
H24-24
H21-18

6 解雇

(1) 解雇のルール

解雇とは、使用者の一方的な意思表示による労働契約の解除である。法に定められた手続きに従って解雇することは、使用者に認められた権利であるものの、労働者の生活に及ぼす影響は大きい。また、解雇に関する紛争も増大していることから、労働契約法や労働基準法では、解雇について一定の制限を設け、労働者を保護している。

【 解雇のルール 】

> 解雇は、客観的に合理的な理由を欠き、社会通念上相当であると認められない場合は、その権利を濫用したものとして、無効とする。（労働契約法16条）

(2) 解雇制限期間

労働者が会社の仕事上（業務上）で負傷したり、病気になったりして入院しているときや、女性労働者が出産で会社を休む間は、働きたくても働けない状態である。このような場合に、解雇により職を奪うことは人道上問題があるので、労働基準法では解雇に一定の制限を設けている。

【 解雇制限期間 】

原則（解雇できない）	例外（解雇できる）
①業務上負傷し、又は疾病にかかり療養のために休業する期間＋30日間 ②産前産後の女性が労働基準法65条の規定によって休業する期間＋30日間	A) 左記①の場合で、療養開始後3年を経過しても治らず、打切補償（平均賃金の1,200日分）を支払ったとき B) 左記①、②の場合で、天災事変等により事業の継続が不可能となったとき（→行政官庁の認定が必要）

（労働基準法19条）

(3) 解雇予告

使用者は、労働者を解雇しようとする場合においては、少なくとも**30日前**にその予告をしなければならない。**30日前**に予告をしない使用者は、**30日分**以上の平均賃金を支払わなければならない。

ただし、天災事変その他やむを得ない事由のために事業の継続が不可能となった場合（行政官庁の認定が必要）または労働者の責に帰すべき事由に基づいて解雇する場合（行政官庁の認定が必要）においてはこの限りではない。即時解雇の意思表示後に行政官庁から認定された場合、当該即時解雇は意思表示時から有効となる。

256　第1部　テキスト

【 解雇予告 】

原則	例外（解雇予告不要）
①30日前に予告する ②30日前に予告しないときは、30日分以上の平均賃金を支払う ③①＋②≧30日（例：20日前に解雇予告して、残りの10日分の平均賃金を支払う）	A) 天災事変その他やむを得ない事由のため事業継続が不可能となった場合（→行政官庁の認定が必要） B) 労働者の責めに帰すべき事由による場合（→行政官庁の認定が必要）

(労働基準法20条)

(4) 解雇予告の適用除外

　使用者は、臨時的な労働者については即時に解雇できる（解雇予告及び解雇予告手当の支払いは不要）。

　しかし、短期労働契約を繰り返し、臨時的雇用を常態化しつつ、使用者の都合で即時解雇できるようにするといった脱法行為に利用されるおそれがあるので、引き続き使用される労働者の場合は、解雇予告が適用される。

【 解雇予告の適用除外 】

原則（解雇予告は適用されない）	例外（解雇予告が適用される）
日日雇い入れられる者	1か月を超えて引き続き使用されるに至った場合
2か月以内の期間を定めて使用される者	所定の期間を超えて引き続き使用されるに至った場合
季節的業務に4か月以内の期間を定めて使用される者	所定の期間を超えて引き続き使用されるに至った場合
試用期間中の者	14日を超えて引き続き使用されるに至った場合

(労働基準法21条)

7 労働時間等の規定の適用除外　H30-25

　労働時間、休憩及び休日に関する規定は、次のいずれかに該当する労働者については適用しない。

① 農業、水産業に従事する者
② 事業の種類にかかわらず監督若しくは管理の地位にある者（**管理監督者**）又は機密の事務を取り扱う者（秘書室長など）
③ 監視又は断続的労働に従事する者で、使用者が行政官庁の許可を受けた者
④ 宿直又は日直の勤務で断続的労働に従事する者で、使用者が行政官庁の許可を受けた者

　なお、①～④に該当する者は、労働時間、休憩及び休日に関する規定が除外されるが、年次有給休暇の付与や深夜業の割増賃金の規定は適用される。

第12章　労働関連法規　257

【 労働時間等に関する規定の適用（×：除外、○：適用）】

労働時間等に関する規定の適用	労働時間、休憩及び休日	有給休暇・深夜業
農業、水産業に従事する者	×	○
管理監督者又は機密の事務を取り扱う者	×	○
監視又は断続的労働に従事する者で、使用者が行政官庁の許可を受けた者	×	○
宿直又は日直の勤務で断続的労働に従事する者で、使用者が行政官庁の許可を受けた者	×	○

8 年次有給休暇

⑴ 発生要件

使用者は、その雇入れの日から起算して6か月間継続勤務し全労働日の8割以上出勤した労働者に対して、継続し、又は分割した10労働日の有給休暇を与えなければならない。※パートタイム労働者であっても、要件を満たせば有給休暇を付与しなければならない。

⑵ 年次有給休暇の日数

1年6か月以上継続勤務した労働者に対しては、雇入れの日から起算して6か月を超えて継続勤務する日（6か月経過日）から起算した継続勤務年数1年ごとに、一定の有給休暇を与えなければならない。

【 年次有給休暇の付与すべき日数 】

勤続年数	6か月	1年6か月	2年6か月	3年6か月	4年6か月	5年6か月	6年6か月
年休日数	10日	11日	12日	14日	16日	18日	20日

⑶ 比例付与

所定労働日数の少ないパートタイム労働者であっても、6か月間継続勤務し、そのパートタイム労働者の所定労働日の8割以上出勤した場合には、一般労働者と同様に年次有給休暇を与えなければならない。所定労働日数の少ない労働者については、その労働日数に比例した日数の年次有給休暇を与えることになっている。これを年次有給休暇の比例付与という。

⑷ 計画付与

労使協定により有給休暇の日数のうち5日を超える部分については、使用者が与える時季を具体的に定めることができる。

【 比例付与と計画付与 】

比例付与	●週所定労働日数が4日以下、または年間所定労働日数が216日以下で、かつ週所定労働時間が30時間未満の労働者 ●比例付与による年次有給休暇の付与日数 通常の労働者に対する付与日数×$\dfrac{当該労働者の週所定労働日数}{5.2（日）}$ 例 6か月経過し、出勤率8割以上の週3日勤務労働者の場合 $10 \times \dfrac{3}{5.2} = 5.76 \rightarrow 5$日となる
計画付与	●労使協定を締結 ●年次有給休暇のうち5日を超える部分 ※計画付与が決まった日数については、時季指定権、時季変更権とも行使できない

※時季指定権とは、労働者が有給休暇を取得する日を労働者自身が指定できる権利である。時季変更権とは、当該労働者から指定された使用者が、業務の規模や内容、代替要員の確保等を総合的に判断した結果、事業の正常な運営を妨げる場合、当該労働者が指定した日を変更できる権利である。

⑸ 時間単位の付与

労使協定により、年に5日を限度として、時間単位で年次有給休暇を与えることができる。

⑹ 年次有給休暇の取得義務

R01-22

全ての企業において、年10日以上の年次有給休暇が付与される労働者（管理監督者を含む）に対して、年次有給休暇の日数のうち年5日については、使用者が時季を指定して取得させなければならない。時季の指定にあたっては、労働者の意見を尊重するよう努める。ただし、既に5日以上の年次有給休暇を請求・取得している労働者に対して時季を指定する必要はない。

9 妊産婦等

H25-21

⑴ 産前産後の休業

使用者は、**6週間**（多胎妊娠の場合にあっては14週間）以内に出産する予定の女性が休業を請求した場合においては、その者を就業させてはならない。

使用者は、**産後8週間**を経過しない女性を就業させてはならない。ただし、産後6週間を経過した女性が請求した場合において、その者について医師が支障がないと認めた業務に就かせることは、差し支えない。

第12章 労働関連法規 **259**

【 妊産婦の保護 】

産前休業	請求により6週間（多胎妊娠の場合は14週間）は就業禁止
産後休業	8週間は就業禁止（6週間経過後に請求があったときは、医師が支障がないと認めた業務につき就業可）
妊娠中の作業転換	請求に基づく軽易な業務への転換措置
妊産婦の保護 （管理監督者等を除く）	請求により禁止 ●法定労働時間を超える労働 ●休日労働 ●深夜労働 ●非常災害の場合の時間外・休日労働、深夜業 ●公務の例外規定の時間外・休日労働、深夜業
解雇制限（原則）	休業期間中及びその後30日間
管理監督者等	請求により深夜労働禁止

（労働基準法65条他）

(2) 育児時間

　生後満1年に達しない生児を育てる女性は、休憩時間のほか、1日2回各々少なくとも30分、その生児を育てるための時間を請求することができる。使用者は、育児時間中は、その女性を使用してはならない。

　生後満1年に達しない生児は、実子でなくても養子でもかまわないが、育児時間を請求できるのは、女性労働者のみである。1日の労働時間が4時間以内の場合、育児時間は1回のみの30分与えればよい。

10 雑則

(1) 労働者名簿

　使用者は、事業場ごとに労働者名簿を、各労働者（日日雇い入れられる者を除く）について調製し、労働者の氏名、生年月日、履歴その他厚生労働省令で定める事項を記入しなければならない。

(2) 賃金台帳

　使用者は、事業場ごとに賃金台帳を調製し、賃金計算の基礎となる事項及び賃金の額その他厚生労働省令で定める事項を賃金支払の都度遅滞なく記入しなければならない。

(3) 時効

　退職手当の請求権は5年間、賃金（退職手当を除く）、災害補償などその他の請求権は2年間行わない場合は、時効によって消滅する。

【 時効のまとめ 】

2年	5年
●賃金 ●休業手当 ●割増賃金 ●災害補償 ●年次有給休暇	●退職手当

第12章　労働関連法規　　261

II 労働安全衛生法

1 総則

(1) 目的

労働安全衛生法は、労働基準法と相まって、労働災害の防止のための**危害防止基準**の確立、**責任体制**の明確化及び**自主的活動**の促進の措置を講ずる等その防止に関する総合的計画的な対策を推進することにより職場における労働者の安全と健康を確保するとともに、快適な職場環境の形成を促進することを目的とする。

(2) 用語の定義

用語の定義については、次のとおりである。

【 用語の定義 】

①	労働災害	労働者の就業に係る建設物、設備、原材料、ガス、蒸気、粉じん等により、または作業行動その他業務に起因して、労働者が負傷し、疾病にかかり、または死亡すること
②	労働者	労働基準法第9条に規定する労働者(同居の親族のみを使用する事業または事務所に使用される者及び家事使用人を除く)
③	事業者	事業を行う者で、労働者を使用するもの

※「事業者」とは、事業を行う者で、労働者を使用するものをいう。つまり、個人企業にあっては経営者個人、法人企業であれば法人そのもの(法人の代表者ではない)を指す。

(3) 事業者の責務

事業者は、単にこの法律で定める労働災害の防止のための最低基準を守るだけでなく、快適な職場環境の実現と労働条件の改善を通じて職場における労働者の安全と健康を確保するようにしなければならない。

また、事業者は、国が実施する労働災害の防止に関する施策に協力するようにしなければならない。

2 安全衛生管理体制

(1) 総括安全衛生管理者

事業者は、一定の規模以上の事業場ごとに、総括安全衛生管理者を選任し、その者に安全管理者、衛生管理者又は救護に関する技術的事項を管理する者の指揮をさせるとともに、労働者の危険又は健康障害を防止するための措置に関することなど労働災害を防止するため必要な一定の業務を統括管理させなければならない。

262　第1部　テキスト

【 総括安全衛生管理者の選任すべき事業場 】

①	屋外的業種	林業、鉱業、建設業、運送業、清掃業	常時100人以上
②	工業的業種	製造業 (物の加工業を含む)	常時300人以上
		水道光熱 (水道、電気、ガス、熱供給) 業	
		通信業、各種商品卸売業	
		各種商品小売業 (デパート業)	
		家具・建具・じゅう器等の卸売業と小売業	
		燃料小売業 (ガソリンスタンド業)	
		旅館業、ゴルフ場業	
		自動車整備業、機械修理業	
③	その他の業種	上記①・②以外の業種	常時1,000人以上

【 総括安全衛生管理者が統括管理する業務 】

①	労働者の危険又は健康障害を防止するための措置に関すること
②	労働者の安全又は衛生のための教育の実施に関すること
③	健康診断の実施その他健康の保持増進のための措置に関すること
④	労働災害の原因の調査及び再発防止対策に関すること
⑤	上記①～④のほか、労働災害を防止するため必要な業務で、厚生労働省令で定めるもの

(2) 安全管理者

　事業者は、常時50人以上の労働者を使用する屋外・工業的業種の事業場ごとに、一定の者で厚生労働大臣が定める研修を修了した者や労働安全コンサルタントなど資格を有する者のうちから、安全管理者を選任しなければならない。

　安全管理者とは、総括安全衛生管理者が統括管理する業務のうち安全に係る技術的事項について管理する者である。

(3) 衛生管理者

　事業者は、常時50人以上の労働者を使用する事業場ごとに、資格を有する者のうちから、衛生管理者を選任しなければならない。

【 衛生管理者となる資格 】

①	都道府県労働局の免許を受けた者	(イ) 第1種衛生管理者免許
		(ロ) 第2種衛生管理者免許
		(ハ) 衛生工学衛生管理者免許
②	医師	
③	歯科医師	
④	労働衛生コンサルタント	

※第2種衛生管理者免許を有する者について、製造業や建設業、鉱業、運送業などにおいては、衛生管理者として選任できないことになっている。

第12章　労働関連法規　263

衛生管理者は、少なくとも毎週1回作業場等を巡視し、設備、作業方法又は衛生状態に有害のおそれがあるときは、直ちに、労働者の健康障害を防止するために必要な措置を講じなければならない。事業者から指名された衛生管理者や産業医は衛生委員会の委員になる。

H23-23 **(4) 安全衛生推進者と衛生推進者**

事業者は、常時10人以上50人未満の労働者を使用する事業場の業種に応じて、安全衛生推進者または衛生推進者を選任しなければならない。

①安全衛生推進者…屋外・工業的業種

②衛生推進者………屋外・工業的業種以外の業種

---

3 健康診断

労働安全衛生法では労働者の健康を確保する観点から、事業者に対して医師等による健康診断の実施を義務づけるとともに、労働者に対しては健康診断の受診を義務づけている。

H28-25
H24-21
H21-19 **(1) 一般健康診断**

【 一般健康診断 】

雇入れ時の健康診断	常時使用する労働者を雇い入れるときは、当該労働者に対し、一定の項目について医師による健康診断を行わなければならない。ただし、雇い入れ日以前3ヵ月以内に医師による健康診断を受けた労働者が、その診断結果の証明書類を提出した場合には実施を省略できる。
定期健康診断	常時使用する労働者に対し、1年以内ごとに1回、定期に、医師による健康診断を行わなければならない。
特定業務従事者の健康診断	坑内労働、深夜業務等の特定業務 (有害業務) に常時従事する労働者に対し、配置換えの際及び6月以内ごとに1回、定期に、医師による健康診断を行わなければならない。
海外派遣労働者に対する健康診断	労働者を本邦外の地域に6月以上派遣しようとするとき、及び本邦外の地域に6月以上派遣した労働者を本邦の地域内における業務に就かせる場合 (一時的に就かせるときを除く) に、定期健康診断の項目及び厚生労働大臣が定める項目のうち医師が必要と認める項目について、医師による健康診断を行わなければならない。

※「常時使用する労働者」は、1週間の所定労働時間が、その事業場の同種の業務に従事する通常の労働者の1週間の所定労働時間の4分の3以上であるパートタイム労働者も含まれる。

(2) 健康診断の記録・報告

事業者は、健康診断の結果に基づき、健康診断個人票を作成して、これを5年間保存しなければならない。

264 第1部 テキスト

(3) 医師による面接指導

　事業者は、時間外・休日労働時間が１カ月当たり80時間を超え、かつ、疲労の蓄積が認められる労働者の申し出により、医師による面接指導を実施しなければならない。面接指導の結果の記録については、これを5年間保存しなければならない。

　面接指導は、常時50人未満の労働者を使用する事業場にも適用される。事業者は、タイムカードによる記録、パーソナルコンピュータ等の電子計算機の使用時間の記録等の客観的な方法その他の適切な方法で労働時間を把握しなければならない。

III 労働保険・社会保険

1 労働者災害補償保険法(労災保険法)

(1) 目的

労災保険法は、業務上の事由又は通勤による労働者の負傷、疾病、障害、死亡等に対して迅速かつ公正な保護をするため、必要な保険給付を行い、あわせて、労働者の社会復帰の促進、当該労働者及びその遺族の援護、労働者の安全及び衛生の確保等を図り、もって労働者の福祉の増進に寄与することを目的とする。

【労災保険の体系図】

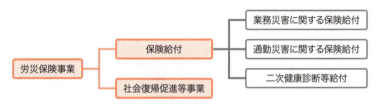

(2) 適用事業の範囲

① 適用事業の原則

原則として労災保険法は「労働者を使用する事業」に適用される。労働者を1人でも使用する事業ならば適用事業となる。

※適用事業に使用される労働者であれば、出入国管理及び難民認定法による在留資格ないし就労資格を有しない外国人にも、労災保険法の適用がある。

② 適用除外

原則	例外・備考
国の直営事業(国有林野の事業)に使用される者	国家公務員災害補償法が適用
国家公務員(非現業の官公署の事業)	日本郵政公社、特定独立行政法人に使用される者も、身分は国家公務員のため、労災保険は適用除外
地方公務員(非現業の官公署の事業)	現業の非常勤職員は労災保険法が適用
船員保険の強制被保険者	船員保険法が適用

(3) 業務災害

業務災害とは、業務に起因して生じた、いわゆる業務上の事由による災害のことである。

業務災害と認定されるためには、業務遂行性と業務起因性の２つの条件を備えていることが必要である。
① 業務遂行性…労働者が労働契約に基づいて事業主の支配下にある状態
② 業務起因性…業務に起因して災害が発生し、その傷病等との間に相当の因果関係があること

(4) 通勤災害

① 通勤の定義

通勤とは、労働者が、就業に関し、次に掲げる移動を、合理的な経路及び方法により行うことをいい、業務の性質を有するものを除くものとする。
(a) 住居と就業の場所との間の往復
(b) 厚生労働省令で定める就業の場所から他の就業の場所への移動（複数就業者の事業場間の移動）
(c) aに掲げる往復に先行し、又は後続する住居間の移動（単身赴任者の赴任先住居・帰省先住居間の移動）
※同居の親族の介護や子の養育など厚生労働省令で定める要件に該当するものに限られる。

【 複数就業者の事業場間の移動 】

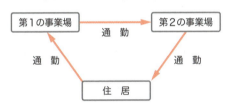

【 単身赴任者の赴任先住居・帰省先住居間の移動 】

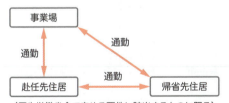

（厚生労働省令で定める要件に該当するものに限る）

② 逸脱・中断

労働者が、通勤に係る移動の経路を逸脱し、又はこの移動を中断した場合は、その逸脱、中断の間及びその後の移動は、通勤としない。
ただし、当該逸脱又は中断が日用品の購入や病院での診察などの日常生活上必要な行為であって、やむを得ない事由により行うための最小限度のものである場合は、その逸脱又は中断の間を除き、再び合理的な経路に復した後は、通勤とされる。

(5) 中小事業主等の特別加入

本来、労災保険は労働者の災害補償を行うものであり、保護の対象となるのは、労働基準法上の労働者である。しかしながら、業務の実態や災害の発生状況から見て、一般の労働者と同様な状態で労働に従事し業務災害を被る危険がある中小事業主、自営業者やその家族、家内労働者などに対しては、申請に基づき一定の条件のもとに特別に労災保険に加入することを認めている。

申請は、所轄労働基準監督署長を経由して所轄都道府県労働局長に提出する。

【 中小企業主等の特別加入 】

要件	労働保険事務組合に加入申請や労働保険の事務の処理を委託する者	
規模	業種	常時使用する労働者の数
	金融業、保険業、不動産業、小売業	50人以下
	卸売業、サービス業	100人以下
	その他の事業	300人以下

2 雇用保険法

(1) 目的

雇用保険は、労働者が失業した場合及び労働者について雇用の継続が困難となる事由が生じた場合に必要な給付を行うほか、労働者が自ら職業に関する教育訓練を受けた場合に必要な給付を行うことにより、労働者の生活及び雇用の安定を図るとともに、求職活動を容易にする等その就職を促進し、あわせて、労働者の職業の安定に資するため、失業の予防、雇用状態の是正及び雇用機会の増大、労働者の能力の開発及び向上その他労働者の福祉の増進を図ることを目的とする。

【 雇用保険事業 】

雇用保険	失業等給付	失業した場合	求職者給付
		求職活動を容易にする等その就職を促進する場合	就職促進給付
		自ら職業に関する教育訓練を受けた場合	教育訓練給付
		雇用の継続が困難となる事由が生じた場合	雇用継続給付
	雇用二事業	失業の予防、雇用状態の是正及び雇用機会の増大	雇用安定事業
		能力開発及び向上	能力開発事業

(2) 被保険者の種類

被保険者は、その就労の実態に応じて、一般被保険者、高年齢被保険者、短期雇用特例被保険者、日雇労働被保険者の4種類に分けられる。

【 被保険者の種類と区分 】

一般被保険者	高年齢被保険者、短期雇用特例被保険者、日雇労働被保険者以外の被保険者
高年齢被保険者	65歳以上の被保険者(短期雇用特例被保険者及び日雇労働被保険者を除く)
短期雇用特例被保険者	被保険者であって、季節的に雇用される者又は短期の雇用(同一の事業主に引き続き被保険者として雇用される期間が1年未満である雇用をいう。)に就くことを常態とする者(日雇労働被保険者を除く)
日雇労働被保険者	日々雇用される者又は30日以内の期間を定めて雇用される者で、一定の者

(3) 被保険者の具体例

H22-18

雇用保険が適用される事業所であっても、被保険者とならない者がいる。

① 1週間の所定労働時間が20時間未満である者(日雇労働被保険者は除く)
② 同一の事業主の適用事業に継続して31日以上雇用されることが見込まれない者(日雇労働被保険者は除く)
③ 短時間労働者であって季節的に雇用される者等
④ 4か月以内の期間を予定して行われる季節的事業に雇用される者

【 被保険者の範囲に関する具体例と例外 】

具体例	例外
法人の代表者	代表取締役として子会社へ在籍出向した場合は、親会社との雇用関係に基づき被保険者となる
監査役、株式会社・有限会社の取締役、合名会社・合資会社の社員	同時に会社の部長、支店長、工場長等、従業員としての身分を有するものについては、報酬支払等の面からみて労働者的性格の強い者であって、雇用関係があると認められる者は被保険者となる
昼間学生	次のいずれかに該当する場合で、一般の労働者と同様に勤務し得ると認められた者は被保険者となる (イ) 卒業見込証明書を有する者であって、卒業前に就職し、卒業後も引き続き当該事業に勤務する予定の者 (ロ) 休学中の者 (ハ) 一定の出席日数を課程修了の要件としない学校に在学する者
家事使用人	適用事業に雇用されて主として家事以外の労働に従事することを本務とする者は、家事に使用されることがあっても被保険者となる

第 12 章　労働関連法規　**269**

同居の親族	次の条件を満たす者は被保険者となる （イ）業務を行うにつき、事業主の指揮命令に従っていることが明確であること （ロ）就業の実態が当該事業所の他の労働者と同様であり、賃金もこれに応じて支払われていること （ハ）事業主と利益を一にする地位（取締役等）にないこと
生命保険会社の外務員等	その職務の内容、服務の態様、給与の算出方法等の実態により判断して雇用関係が明確である場合は被保険者となる
在日外国人	日本国において合法的に就労する在日外国人は、その者の在留資格の如何を問わず被保険者となる

(4) 失業等給付の体系

【 失業等給付の体系 】

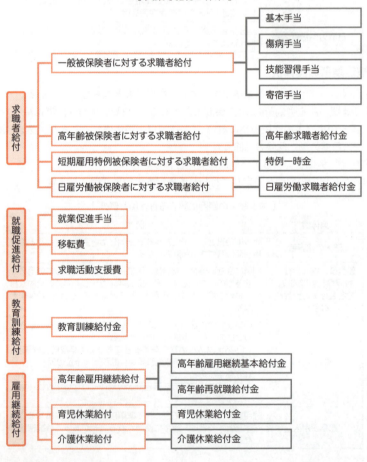

3 健康保険法

H27-25

(1) 目的

健康保険法は、労働者又はその被扶養者の**業務災害以外**（労災保険法に規定するもの以外）の疾病、負傷若しくは死亡又は出産に関して保険給付を行い、もって国民の生活の安定と福祉の向上に寄与することを目的とする。

(2) 保険者

健康保険（日雇特例被保険者の保険を除く）の保険者は、全国健康保険協会及び健康保険組合とする。

(3) 被保険者

適用事業所に使用される者は、適用除外者を除き（国籍・年齢等にかかわらず）健康保険の被保険者となる。

※適用除外者とは、船員保険の被保険者、臨時に使用される者（日々雇い入れられる者、2月以内の期間を定めて使用される者）、事業所で所在地が一定しないものに使用される者、季節的業務に4月以内の期間で使用される者、臨時的事業の事業所に6月以内の期間で使用される者、国民健康保険組合の事業所に使用される者、後期高齢者医療の被保険者等である。

【 被保険者の具体的な取扱い 】

法人の代表者・業務執行者	会社等の理事、監事、取締役等であっても、法人から労務の対償として報酬を受けている者は、その法人に使用される者として被保険者となる。 これに対し、個人経営の事業の事業主は、使用されるとはみなされないので被保険者とはならない。
労働組合の専従職員	従前の事業主との関係では被保険者の資格を喪失し、労働組合が健康保険の適用事業所となった場合には、その労働組合に使用される者として被保険者となる。
試用期間中の者	試用期間中であっても、使用関係の実体が常用的であれば被保険者となる。

(4) 被扶養者

被保険者本人のみならず、養われている扶養家族に対しても保険給付が行われる。この保険給付が行われる扶養家族のことを被扶養者という。

ただし、後期高齢者医療の被保険者等である者は除く。

① 被保険者の直系尊属、配偶者（届出をしていないが、事実上婚姻関係と同様の事情にある者を含む。以下④まで同じ）、子、孫及び弟妹であって、主としてその被保険者により生計を維持するもの

② 被保険者の三親等内の親族のうち、①に掲げる者以外のものであって、その被保険者と同一の世帯に属し、主としてその被保険者により生計を維持するもの

第12章 労働関連法規 **271**

③ 被保険者の配偶者で届出をしていないが事実上婚姻関係と同様の事情にある
　ものの父母及び子であって、その被保険者と同一の世帯に属し、主としてそ
　の被保険者により生計を維持するもの
④ ③の配偶者の死亡後におけるその父母及び子であって、引き続きその被保険
　者と同一の世帯に属し、主としてその被保険者により生計を維持するもの

(5) 標準報酬月額

　健康保険では、事業主から支払われる報酬に基づき、被保険者が負担する保険料
の額、保険給付の額を計算する。

　ただし、被保険者が受け取る報酬は、年や月によってばらつきがあるため、一
定の収入幅で標準的な収入額（標準報酬月額）を決め、これをもとに計算している。
標準報酬月額は、いくつかの等級に区分され、等級区分に被保険者の報酬をあては
め、保険料及び保険給付の額の計算の基礎として使用される。

　この等級区分は厚生年金保険についても同様に適用される。

【 報酬のまとめ 】

報酬とは…
賃金、給料、俸給、手当、賞与その他いかなる名称であるかを問わず、労働者が労
働の対償として受けるすべてのものをいう。

報酬となるもの	報酬とならないもの
●基本給、家族手当、住宅手当、通勤手当、 　残業手当等 ●年4回以上の賞与 ●就業規則等に規定されている休職手当	●退職手当 ●解雇予告手当

4　厚生年金保険法

H27-25 **(1) 目的**

　厚生年金保険法は、労働者の老齢、障害又は死亡について保険給付を行い、労働
者及びその遺族の生活の安定と福祉の向上に寄与することを目的とする。

(2) 保険給付

① 老齢給付

　厚生年金保険の被保険者だった者が65歳に達すると、原則として老齢基礎年金
に上乗せする形で老齢厚生年金が支給される。

　一定の資格要件を満たしている者に対しては、65歳未満でも特別に老齢厚生年
金が支給される。

② 障害給付

　障害給付には、障害等級1級〜3級の障害厚生年金と、障害等級3級よりも軽い
障害が残った場合に支給される障害手当金（一時金）がある。

272　第1部　テキスト

③ 遺族給付

厚生年金保険の被保険者や老齢厚生年金・障害厚生年金（障害等級３級を除く）の受給権者などが亡くなった場合に、その遺族に支給される遺族厚生年金がある。

5 保険料の負担と納付 R01-25

健康保険や厚生年金保険といった社会保険において、被保険者及び被保険者を使用する事業主は、それぞれ保険料額の２分の１を負担する。事業主は、その使用する被保険者および自己の負担する保険料を、翌月末日までに、納付する義務を負う。例えば、被保険者の負担する保険料を被保険者に支払う報酬から控除できなかったとしても、事業主は、使用する被保険者および自己の負担する保険料を納付する義務を負うものと解釈されている。

Ⅳ その他の労働関連法規

1 労働組合法

(1) 労働組合法の目的

労働組合法は、労働者が使用者との交渉において**対等の立場**に立つことを促進することにより労働者の地位を向上させること、労働者がその労働条件について交渉するために自ら代表者を選出することその他の団体行動を行うために自主的に労働組合を組織し、団結することを擁護すること並びに使用者と労働者との関係を規制する労働協約を締結するための団体交渉をすること及びその手続を助成することを目的とする。

(2) 労働組合

労働組合とは、労働者が主体となって自主的に労働条件の維持改善その他経済的地位の向上を図ることを主たる目的として組織する団体またはその連合団体をいう。
この法律でいう労働者には、アルバイトやパートタイマーだけでなく失業者も含まれる。

【 労働組合に該当しない例 】
①監督的地位にある労働者その他使用者の利益を代表する者の参加を許すもの
②使用者の経理上の援助を受けるもの
③共済事業その他福利事業のみを目的とするもの
④主として政治運動又は社会運動を目的とするもの

(3) 交渉権限

労働組合の代表者または労働組合の委任を受けた者は、労働組合または組合員のために、使用者またはその団体と労働協約の締結その他の事項に関して交渉する権限を有する。合同労働組合や上部団体にも交渉権限がある。

(4) 不当労働行為

①労働者が労働組合に加入せず、若しくは脱退することを条件として雇用すること（黄犬契約）、②労働者が労働組合を結成し、若しくは運営することを支配し、若しくはこれに介入すること（支配介入）、③労働組合の運営のための経費の支払につき経理上の援助を与えること（経費援助）、などは不当労働行為に該当し、同法により禁止している。

【 不当労働行為 】

不当労働行為に該当するもの	不当労働行為に該当しないもの
① 労働者が、労働組合に加入し、もしくは労働組合を結成しようとしたこと等を理由としてその労働者を解雇し、その他の労働者に対して不利益な取扱いをすること ② 労働者が労働組合に加入しないこと、又は労働組合から脱退することを雇用条件とする契約 (黄犬契約) を結ぶこと ③ 使用者が雇用する労働者の代表者と団体交渉をすることを正当な理由なく拒むこと ④ 労働者が労働組合を結成し、若しくは運営することを支配し、若しくはこれに介入すること、又は労働組合の運営のための経費の支払につき経理上の援助を与えること ⑤ 労働者が、労働委員会に対し不当労働行為の救済命令の申立をしたこと等を理由としてその労働者を解雇し、その他これに対して不利益な取扱いをすること	① 労働組合が特定の工場事業場に雇用される労働者の過半数を代表する場合において、その労働者がその労働組合の組合員であることを雇用条件とする労働協約 (ショップ契約) を結ぶこと ② 労働者が労働時間中に時間又は賃金を失うことなく、使用者と協議し、又は交渉することを使用者が許すこと ③ 厚生資金又は経済上の不幸、災厄を防止し若しくは救済するための支出に実際用いられる福利その他の基金に対して寄附をすること ④ 労働組合に対して最小限の広さの事務所を供与すること ⑤ 組合費を組合員の賃金その他の給与から差し引くこと ⑥ 専従期間又は就業時間中に組合活動に費やした時間を出勤日数、昇給年限、勤続年数等に算入すること ⑦ 組合業務のうち、福利厚生活動のみに専ら従事する専従職員の給与を使用者が支給すること

(5) 労働協約

労働組合と使用者又はその団体との間の労働条件その他に関する労働協約は、書面に作成し、両当事者が署名し、又は記名押印することによってその効力を生ずる。

労働協約に定める労働条件その他の労働者の待遇に関する基準に違反する労働契約の部分は、無効となる。労働契約に定めがない部分についても、同様である。

【 労働協約 】

有効期間の定めのある労働協約	有効期間の定めのない労働協約
● 3年を超える有効期間の定めをすることができない ● 3年を超える有効期間の定めをした労働協約は、3年の有効期間の定めをした労働協約とみなす	● 当事者の一方が、署名し又は記名押印した文書によって解約しようとする日の少なくとも90日前に相手方に予告して、解約することができる

2 労働契約法

H20-21

(1) 目的

労働契約法は、労働者及び使用者の自主的な交渉の下で、労働契約が合意により成立し、又は変更されるという合意の原則その他労働契約に関する基本的事項を定めることにより、合理的な労働条件の決定又は変更が円滑に行われるようにすることを通じて、労働者の保護を図りつつ、個別の労働関係の安定に資することを目的とする。

⑵ 労働契約の原則

① 対等の立場における合意に基づいて締結し、または変更すべきものとする。
② 就業の実態に応じて、均衡を考慮しつつ締結し、または変更すべきものとする。
③ 仕事と生活の調和にも配慮しつつ締結し、または変更すべきものとする。
④ 労働契約を遵守するとともに、信義に従い誠実に、権利を行使し、および義務を履行しなければならない。
⑤ 労働契約に基づく権利の行使に当たっては、それを濫用することがあってはならない。

H25-22 ## ⑶ 労働契約の変更

　労働契約の変更は、労働者と使用者が、合意することによって、労働契約の内容である労働条件を変更することができる。

　就業規則を変更することにより、労働者の不利益になるような労働契約の内容である労働条件を変更するためには、労働者との合意が必要である。ただし、変更後の就業規則を労働者に周知させ、かつ、就業規則の変更が、労働者の受ける不利益の程度や変更の労働条件の変更の必要性等の事情に照らして合理的なものであるときは、労働契約の内容である労働条件は、変更後の就業規則で定めた内容になる。

⑷ 期間の定めのある労働契約 (有期労働契約)

① 使用者は、有期労働契約について、やむを得ない事由がある場合でなければ、その契約期間が満了するまでの間において、労働者を解雇することができない。
② 有期労働契約の反復更新により無期労働契約と実質的に異ならない状態で存在している場合、または有期労働契約の期間満了後の雇用継続につき、合理的期待が認められる場合には、雇止めが客観的に合理的な理由を欠き、社会通念上相当であると認められないときは、有期労働契約が更新 (締結) されたとみなされる。
③ 同一の使用者との間で、有期労働契約が通算で5年を超えて反復更新された場合は、労働者の申込みにより、無期労働契約に転換できる。この場合、無期労働契約の労働条件は、別段の定めがない限り、直前の有期労働契約と同一となる。

3 育児・介護休業法

⑴ 育児休業

　育児休業は、1歳に満たない子を養育する労働者が事業主に申し出ることにより取得することができる。また、一定の要件に該当する場合は、1歳6か月まで延長することができ、さらに、1歳6か月に達する時点で一定の要件に該当する場合は、2歳まで再延長することができる。

⑵ 介護休業

H25-21

　介護休業は、要介護状態にある対象家族を有する労働者が事業主に申し出ることにより、取得することができる。介護休業の期間は、特別の事情がない限り、同一の対象家族について、1要介護状態ごとに通算93日まで3回を上限として、介護休業を分割して取得できる。

4 男女雇用機会均等法

⑴ 目的及び基本理念

　男女雇用機会均等法は、法の下の平等を保障する日本国憲法の理念にのっとり雇用の分野における男女の均等な機会及び待遇の確保を図るとともに、女性労働者の就業に関して妊娠中及び出産後の健康の確保を図る等の措置を推進することを目的とし、労働者が性別により差別されることなく、また、女性労働者にあっては母性を尊重されつつ、充実した職業生活を営むことができるようにすることをその基本的理念とする。

⑵ 差別禁止規定

① 募集及び採用
② 配置・昇進、降格及び教育訓練
③ 福利厚生
④ 職種及び雇用形態の変更
⑤ 退職の勧奨、定年及び解雇

⑶ 間接差別の禁止

　雇用関係において、性別を理由にして女性を男性より不利に扱うことを直接差別というのに対し、表向きは性別に関係のない中立的な取扱いであっても、結果として男女間に不均衡を生じさせる場合を間接差別という。

　男女雇用機会均等法では、直接差別とともに、厚生労働省令で定める以下の3つの措置について、合理的な理由がない場合、間接差別として禁止している。

　※厚生労働省令に定めるもの以外については、男女雇用機会均等法違反とはならないが、裁判において、間接差別として違法と判断される可能性もある。

① 労働者の募集又は採用にあたって、労働者の身長、体重又は体力を要件とするもの
② 労働者の募集もしくは採用、昇進または職種の変更に当たって、転居を伴う転勤に応じることができることを要件とすること
③ 労働者の昇進にあたり、転勤の経験があることを要件とすること

第12章　労働関連法規　**277**

H24-23 **(4) ポジティブ・アクション**

男女の均等な機会および待遇の確保の支障となっている事情を改善することを目的として女性労働者に関して行う特別措置は違法とはならない。なお、男女の均等な機会及び待遇の確保となっている事情は、女性労働者が男性労働者と比較して相当程度少ない状況（4割に満たない程度）にあるか否かで判断される。

R01-24 **(5) ハラスメントの禁止**

男女雇用機会均等法では、職場において行われる労働者への不利益な取扱いや就業環境を害する行為（ハラスメント）を禁止している。

ハラスメント対策の責任は、派遣元事業主と派遣先事業主に及ぶ。

女性労働者が婚姻し、妊娠し、又は出産したことを退職理由とした労働契約を締結することはできない。

妊娠中の女性労働者及び出産後1年を経過しない女性労働者に対してなされた解雇は、無効とする。ただし、当該解雇の理由が妊娠または出産に起因するものでないことを事業主が証明したときは、有効である。

5 労働者派遣法

(1) 目的

労働者派遣法は、職業安定法と相まって労働力の需給の適正な調整を図るため労働者派遣事業の適正な運営の確保に関する措置を講ずるとともに、派遣労働者の保護等を図り、もって派遣労働者の雇用の安定その他福祉の増進に資することを目的とする。

(2) 用語の定義

本法における主な用語の定義は次のとおりである。

【 用語の定義 】

①	労働者派遣	自己の雇用する労働者を、当該雇用関係の下に、かつ、他人の指揮命令を受けて、当該他人のために労働に従事させることをいい、当該他人に対し当該労働者を当該他人に雇用させることを約してするものを含まないものとする。
②	派遣労働者	事業主が雇用する労働者であって、労働者派遣の対象となるものをいう。
③	労働者派遣事業	労働者派遣を業として行うことをいう。
④	紹介予定派遣	労働者派遣のうち、労働者派遣事業と職業紹介事業の双方の許可を受け又は届出をした者が、派遣労働者・派遣先の間の雇用関係の成立のあっせん（職業紹介）を行い、又は行うことを予定してするものをいう。紹介予定派遣の場合、同一の派遣労働者について6か月を超えて労働者派遣を行うことはできない。

⑶ 労働者派遣事業

　労働者派遣事業には、認可要件にもとづく厚生労働大臣の許可が必要である。新規3年（更新後5年）の有効期間がある。

【 労働者派遣事業 】

主な認可要件	・専ら労働者派遣を特定の者に提供する目的でないこと ・派遣労働者のキャリア形成支援制度があること ・教育訓練等の情報を労働契約終了後3年間保存すること ・労働派遣契約の終了のみの理由で無期雇用派遣労働者を解雇しないこと ・使用者の責に帰すべき理由で休業させた場合に休業手当を支払うこと ・派遣労働者に対する安全衛生教育の実施体制があること
派遣禁止業務	①港湾運送業務 ②建設業務 ③警備業務 ④その他政令で定める業務
管理台帳	派遣元（派遣先）事業主は、派遣就業に関し、派遣元（派遣先）管理台帳を作成し、当該台帳に派遣労働者ごとに一定事項を記載し、これを3年間保存しなければならない。

⑷ 派遣元・派遣先の講ずべき措置

　労働条件の明示、36協定、年次有給休暇などは派遣元に、休憩、休日、公民権行使の保障などは派遣先にそれぞれ義務を負わせている。

【 使用者責任のまとめ 】

派遣元の使用者責任	派遣先の使用者責任
労働契約	労働時間、休憩、休日
時間外・休日・深夜業の割増賃金	公民権の行使
年次有給休暇	危険有害業務の就業制限
就業規則	育児時間
災害補償	生理休暇
派遣元及び派遣先に共通の使用者責任	
均等待遇	
強制労働の禁止	
記録の保存	
報告の義務	
法令等の周知義務（派遣先は就業規則を除く）	

⑸ 派遣可能期間

　派遣先は、無期雇用派遣労働者に係る労働者派遣や期間の定めがある労働者派遣など一定の場合を除き、原則として、次の2つの期間制限が適用される。

第12章　労働関連法規　**279**

① 派遣先事業所単位の期間制限

派遣先の同一の事業所に対して派遣できる期間（派遣可能期間）は、原則3年が限度となる。派遣先が3年を超えて派遣を受け入れようとする場合は、派遣先の事業所の過半数労働組合等からの意見を聴く必要がある。

② 派遣労働者個人単位の期間制限

同一の派遣労働者を派遣先の事業所における同一の組織単位に派遣できる期間は、3年が限度となる。組織単位を変えれば同一の事業所に引き続き同一の派遣労働者を（3年を限度として）派遣できるが、事業所単位の期間制限による派遣可能期間が延長されていることが前提となる。派遣労働者の従事する業務が変わっても、同一の組織単位内である場合は、派遣期間は通算される。

(6) 日雇派遣の禁止

派遣元は、原則として、日雇労働者について労働者派遣を行ってはならない。日雇労働者とは、日々または30日以内の期間を定めて雇用する労働者のことをいう。「30日以内の期間」は、派遣元と派遣労働者との間の労働契約に定められた雇用期間で、派遣元と派遣先との間の労働者派遣契約に定められた派遣期間ではない。

(7) マージン率の公開

派遣元は、労働者派遣事業を行う事業所ごとの派遣労働者の数、派遣先の数、マージン率などの情報を提供しなければならない。

6 労働施策総合推進法

働き方改革の一環として、フリーランスや時短労働といった多様な働き方や育児・介護・治療などと仕事の両立を目的として、雇用対策法から改正された。パワーハラスメントを「職場において行われる優越的な関係を背景とした言動であって、業務上必要かつ相当な範囲を超えたものによりその雇用する労働者の就業環境が害されるもの」と定義したり、外国人労働者を新たに雇い入れた場合には、厚生労働大臣に届け出たりする規定がある。

7 パートタイム・有期雇用労働法

同一企業内における正規社員（無期雇用のフルタイム労働者）と非正規労働者（パートタイム労働者、有期雇用労働者、派遣労働者）との間の不合理な待遇（基本給・賞与・役職手当・食事手当・福利厚生・教育訓練等）の差をなくすための法律である。派遣労働者の均等待遇については労働者派遣法に規定される。厚生労働省は同一労働同一賃金ガイドラインを策定し、不合理な待遇の差を例示している。

厳選!! 必須テーマ［○・×］チェック —第12章—

過去 20 年間（平成 13 〜令和 2 年度）本試験出題の必須テーマから厳選！

■■■ 問題編 ■■■

Check!!

問1 (R02-25)　　　　　　　　　　　　　　　　　　　　　　　　　　　［○・×］
フレックスタイム制を採用する場合には、労働基準法第32条の3に定められた労使協定において標準となる1日の労働時間を定めておかなければならない。

問2 (R01-22)　　　　　　　　　　　　　　　　　　　　　　　　　　　［○・×］
使用者は、年次有給休暇を10労働日以上付与される労働者に、付与した基準日から1年以内に5日について、時季指定して年次有給休暇を取得させなければならないが、既に5日以上の年次有給休暇を請求・取得している労働者に対しては、時季指定をする必要はない。

問3 (H29-26)　　　　　　　　　　　　　　　　　　　　　　　　　　　［○・×］
使用者が賃金を労働者の銀行口座への振込みによって支払うためには、当該労働者の同意を得なければならない。

問4 (H21-19)　　　　　　　　　　　　　　　　　　　　　　　　　　　［○・×］
事業者は、健康診断個人票を5年間保存しなければならない。

問5 (H26-24)　　　　　　　　　　　　　　　　　　　　　　　　　　　［○・×］
労災保険の保険給付には、労働者の業務上の負傷、疾病、障害又は死亡に関する保険給付及び労働者の通勤による負傷、疾病、障害又は死亡に関する保険給付並びに二次健康診断等給付の3つがある。

問6 (H22-18)　　　　　　　　　　　　　　　　　　　　　　　　　　　［○・×］
いわゆる不法就労の外国人は、業務上の災害のため傷病にかかった場合にも、労災保険の給付は受けられない。

問7 (H27-25)　　　　　　　　　　　　　　　　　　　　　　　　　　　［○・×］
健康保険は、労働者の疾病、負傷、死亡に関して保険給付を行い、国民の生活の安定と福祉の向上に寄与することを目的とするが、出産は保険給付の対象とならない。

第 12 章　労働関連法規　　281

問8 (H26-25) 　　　　　　　　　　　　　　　　　　　　　　　[○・×]

　解雇した労働者が解雇後に加入した個人加盟の合同労組から解雇撤回の団体交渉を求められた場合、この合同労組は当該使用者が雇用する労働者が参加する労働組合ではないので、この団体交渉に応じる義務はない。

■■■ **解答・解説編** ■■■

問1　○：例えば、年次有給休暇取得時に、支払われる賃金の算定に使用される。
問2　○：設問文のとおり。
問3　○：設問文のとおり。
問4　○：設問文のとおり。
問5　○：設問文のとおり。
問6　×：不法就労であっても労災保険法の適用がある。
問7　×：健康保険では、出産も保険給付の対象である。
問8　×：応じる義務がある。

本章の体系図

2次がついた項目は2次試験でも活用する知識です

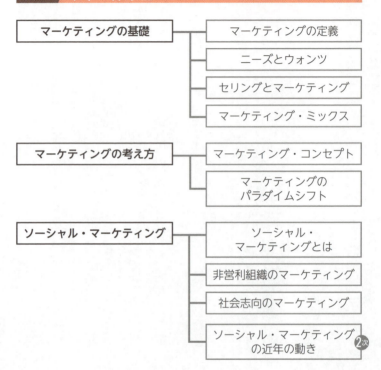

本章のポイント

- マーケティングの定義を理解する
- マーケティング・コンセプトの変遷を確認する
- ソーシャル・マーケティングについて理解する

第 13 章

マーケティングの概念

I マーケティングの基礎

II マーケティングの考え方

III ソーシャル・マーケティング

Ⅰ マーケティングの基礎

1 マーケティングの定義

"マーケティング（Marketing）"は、多くのマーケティング研究者によって、さまざまに定義されている。AMA（アメリカ・マーケティング協会）の定義は、次の通りである。

(1) 1985年の定義

マーケティングとは、個人目標および組織目標を満たす交換を創造するための、アイディア・商品・サービスのコンセプト、価格設定、プロモーション、流通の計画と実行のプロセスである。

〈特徴〉
① 交換の概念を重視
② 目的が明確
③ 非営利組織のサービスや無形財などを製品として含む
④ 製品・価格・プロモーション・流通のマーケティング・ミックスの4要素が組み込まれている

(2) 2004年の定義

マーケティングは、組織的な活動であり、顧客に対し価値を創造し、価値についてコミュニケーションを行い、価値を届けるための一連のプロセスであり、さらにまた組織および組織のステークホルダーに恩恵をもたらす方法で、顧客関係を管理するための一連のプロセスである。

〈特徴〉
① 価値（顧客価値）を重視
② 顧客関係（カスタマー・リレーションシップ）の管理を重視
③ 対象を顧客に限定せず、企業の利害関係者全体に拡大
④ 組織的な活動を強調

(3) 2007年の定義

マーケティングとは、顧客やクライアント、パートナー、さらには広く社会一般にとって価値のあるオファリングス（提供物）を創造・伝達・提供・交換するための活動とそれにかかわる組織・機関、および一連のプロセスである。

〈特徴〉
① 透明性を重視
② より広い組織・機関全体の活動と位置づけ
③ 持続可能性の視点をより明確化

④ 社会一般まで拡大

2 ニーズとウォンツ

(1) 顧客のニーズを把握する

　企業がマーケティングを実践する際には、顧客のニーズを正確に把握する必要がある。例として、女性が化粧品を購入するケースを考える。コラーゲン配合『つやつやα』という美肌効果のある化粧品が売れているとする。なぜ女性はその化粧品を購入するのだろうか。

　美肌効果のある化粧品を購入する女性は、自分の肌を美しくしたいという欲求を抱えている。その欲求を満たすために、商品の効果（便益）を期待して『つやつやα』を購入する。

　この女性が持っている「肌を美しくしたい」という本質的な欲求をニーズという。一方、本質的な欲求である「ニーズ」を満たすための「手段」にあたる表層的な欲求をウォンツという。この場合の「ウォンツ」は「化粧品『つやつやα』が欲しい」という欲求となる。

　それぞれ「欲求」という点では共通であるが、両者を比較すると大きく異なる。顧客の表層的な「ウォンツ」に惑わされずに、本質的な「ニーズ」をとらえることが必要である。

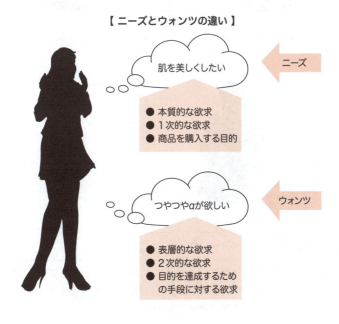

【 ニーズとウォンツの違い 】

第13章　マーケティングの概念

(2) 目的は１つでも手段は多数

　「ニーズ」と「ウォンツ」を説明したが、女性の「肌を美しくしたい」という「ニーズ」を満たす「手段」は化粧品だけだろうか。

　女性にとって「肌を美しくできる」という効果（便益）を手に入れることができれば、『つやつやα』でなくても、他社の「コラーゲンパック」や「美肌クリーム」、さらに「エステ」や「美容整形手術」など、他の手段を選んでもよい。

　消費者にとっては、「ニーズ」は変わらない反面、「ウォンツ」は他の手段に置き換わる可能性がある。そのため、企業がマーケティングを展開するときには、自社が標的とする消費者のニーズが何かを把握して、ニーズに対応するマーケティング・ミックスを展開していく必要がある。

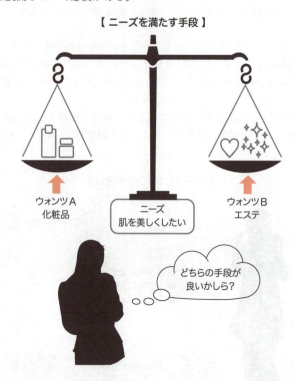

【 ニーズを満たす手段 】

3　セリングとマーケティング

　マーケティングを学習する際に、よく耳にする言葉に「セリング」がある。「セリング」も「マーケティング」も、企業が消費者に製品を販売する活動に関する言葉である。しかし、それぞれの言葉の意味するところは異なる。

【 セリングとマーケティングの違い 】

	セリング	マーケティング
特　徴	● 「売り込む方法」を追求 ● 「アクション」中心 ● 「今日の糧」に焦点 ● 日常的な努力が必要	● 「売れる仕組み」を追求 ● 「分析力、創造力」中心 ● 「明日の糧」に焦点 ● 長期的、継続的な努力が必要
考え方	日常業務的思考 (短期的)	戦略的思考 (長期的)
内　容	● 短期的な売上を増加させるための販売員の労力など、マーケティング・コストがかかる ● 積極的に企業側から消費者に売り込む販売努力が必要	● さほど販売努力をしなくても商品が売れていくので、マーケティング・コストが少なくて済む ● 消費者ニーズの把握と、それに見合った商品・サービスの提供が必要

出典：『戦略的マーケティングの論理』嶋口充輝著　誠文堂新光社を一部修正

セリングは、目先の販売に重点を置き、今日の売上のために「売り込む方法」に重点を置いた活動である。一方、**マーケティング**は、将来の売上のための「売れる仕組みづくり」に重点を置いた活動である。

企業活動においては「売れる仕組み」を追求する「マーケティング」を実行することで、「売り込む方法」を追求する「セリング」に費やす努力を徐々に減らすことができる。

4 マーケティング・ミックス ［H30-33］

⑴ マーケティングの4つの要素 (マーケティングの4P)

企業がマーケティングを実行する際には、**製品政策 (Product)**、**価格政策 (Price)**、**広告・販売促進政策 (Promotion)**、**チャネル政策 (Place)** の4つの要素の組み合わせを考える。この4つの要素の組み合わせを**マーケティング・ミックス**という。マーケティング・ミックスにより、企業のマーケティングの「個性」が決定する。

⑵ マーケティング・ミックスと2つの整合性

企業がマーケティング・ミックスを構築する際に、考えなくてはならない「2つの整合性」がある。

一つ目は、4Pと消費者との整合性である。4Pとターゲットとなる消費者 (標的顧客) との整合性のことを「ターゲット・フィット」という。標的顧客に整合的な製品政策、価格政策、広告・販売促進政策、チャネル政策を構築する必要がある。

例えば、30〜40歳代のミセス層を標的顧客とした化粧品のテレビCMを深夜帯に流しても、標的とするミセス層に見てもらえない可能性が高く、CM効果は低くなる。

二つ目は、4P相互の整合性である。4Pそれぞれの整合性のことを「ミックス・フィット」という。例えば、廉価品を提供するという製品政策を採用する場合、価格政策では廉価品に見合った価格をつけなくてはバランスがとれない。このように、

第13章　マーケティングの概念　**289**

製品と価格だけでなく、4Pを互いに整合的な構成にすることが大切である。

(3) マーケティング・ミックスの具体例

　化粧品を参考に、マーケティング・ミックスを考えてみる。商品Aの場合、企業がターゲットとする消費者は10～20代の女性だとする。製品政策は、標準品質の製品を提供し、価格政策は、若者が気軽に購入できる安価な価格にする。広告・販促政策は、若者がテレビをよく見る時間帯にCMを流し、チャネル政策は、若者の利用頻度が高いコンビニや量販店を中心に展開するマーケティング・ミックスになる。

　最初から完璧なマーケティング・ミックスを構築することは容易ではない。実際の企業活動では、マーケティング・ミックスの仮説を立て、実行し、結果を測定・分析し、分析から得られた改善点を活かして、マーケティング・ミックスの最適化を図っていく。

【 マーケティング・ミックスの具体例 】

	商品A	商品B
標的顧客	10～20代の女性 （ヤング層）	30～40代の女性 （ミセス層）
製品政策 (Product)	●標準品質の商品を提供	●高品質の商品を提供
価格政策 (Price)	●安価	●高価
広告・販促政策 (Promotion)	●若者向けファッション誌 ● TVCM （PM7:00～9:00） 10～20代の観る時間帯	●女性週刊誌 ● TVCM （PM1:00～3:00） 30～40代の観る時間帯
チャネル政策 (Place)	●コンビニ、量販店	●通販のみ

(4) マーケティングの4C

　マーケティングの4Cとは、①Customer Value（顧客にとっての価値）、②Customer Cost（顧客の負担）、③Convenience（顧客の利便性）、④Communication（コミュニケーション）の4つの要素である。4Cはマーケティングの4Pを顧客の視点から見た考え方で、Customer ValueはProduct、Customer CostはPrice、ConvenienceはPlace 、Communication はPromotionに対応している。

II マーケティングの考え方

1 マーケティング・コンセプト

R02-28

(1) マーケティング・コンセプト

企業経営に必要な市場に対する考え方やアプローチ方法のことである。マーケティング・コンセプトに従って、企業のマーケティングの意思決定が行われる。コトラーは、「生産志向」「製品志向」「販売志向」「消費者志向」「社会志向」の5つの概念を述べている。

(2) マーケティング・コンセプトの変遷

マーケティングの定義が時代とともに変化してきたように、「マーケティング・コンセプト」も時代とともに変化している。

【 マーケティング・コンセプトの変遷 】

時代背景	マーケティング・コンセプト	関連キーワード
1900～1930年頃 モノ不足で、作れば作っただけ売れた時代	**生産志向（製品志向、シーズ志向）** ●テーマ：生産活動を効率的に行うこと ●生産性の追求	●シーズ重視、技術重視 ●プロダクトアウトの発想 ●製品開発において、マーケティング・マイオピアに陥ることがある
1930～1950年頃 技術革新による大量生産で、所得水準の上昇が実現した時代	**販売志向** ●テーマ：大量生産品を効率的に販売すること ●販売効率の追求	●売り手（販売業者）重視 ●セリングの発想 ●プッシュ戦略中心の販売促進活動 ●生産者は、顧客ニーズより販売業者に積極的に売り込むことを考える
1950年頃～現在 経済が成熟化し、消費者の嗜好が多様化してきた時代	**消費者志向（顧客志向、ニーズ志向）** ●テーマ：顧客のニーズ、ウォンツを探るためのマーケティングの仕組みを作ること ●顧客ニーズの追求	●顧客重視、ニーズ重視 ●マーケティングの発想 ●プル戦略中心の販売促進活動 ●市場（顧客）のニーズを探り、それを満たせる製品提供を考える
現在～未来 企業が成長し、社会全体へ与える影響力が大きくなり、企業も社会の一員としての責任を果たす必要性が高まる時代	**社会志向** ●テーマ：企業も社会の一員であるという認識のもと、企業として果たすべき社会責任、社会貢献を実現すること ●社会性の追求	●社会責任、社会貢献を重視 ●企業市民（コーポレートシチズンシップ）の自覚 ●自社が社会に与える影響を考慮する ●消費者志向のさらに上をいく考え

第13章　マーケティングの概念　**291**

(3) マーケティング3.0

　コトラーは、インターネットやソーシャル・メディアの登場など、取り巻く社会環境の変化にともない消費者の行動が変化していることを踏まえて、マーケティング3.0のコンセプトを提唱した。

　マーケティングは、モノを売り込むマーケティング1.0、顧客満足を目指す"消費者志向"のマーケティング2.0を経て、価値主導型のマーケティング3.0に進化している。マーケティング3.0とは、企業が消費者中心の考え方から、人間中心の考え方に移行し、収益性と企業の社会的責任がうまく両立する段階を指す。

【 マーケティング1.0、2.0、3.0の比較 】

	マーケティング1.0 製品中心の マーケティング	マーケティング2.0 消費者志向の マーケティング	マーケティング3.0 価値主導型の マーケティング
目的	製品を販売すること	消費者を満足させ、つなぎとめること	世界をよりよい場所にすること
可能にした力	産業革命	情報技術	ニューウェーブの技術
市場に対する企業の見方	物質的ニーズを持つマス購買者	マインドとハートを持つより洗練された消費者	マインドとハートと精神を持つ全人的存在
主なマーケティグ・コンセプト	製品開発	差別化	価値
企業のマーケティング・ガイドライン	製品の説明	企業と製品のポジショニング	企業のミッション、ビジョン、価値
価値提案	機能的価値	機能的・感情的価値	機能的・感情的・精神的価値
消費者との交流	1対多数の取引	1対1の関係	多数対多数の協働

出典：『コトラーのマーケティング3.0』P.コトラー・H.カルタジャヤ・I.セティアワン著　朝日新聞出版

(4) マーケティング4.0

　コトラーはマーケティング3.0以降、技術の進歩という点で多くの進展があったことを踏まえ、企業と顧客のオンライン交流とオフライン交流を一体化させるアプローチとしてマーケティング4.0を提唱した。

　モバイル・インターネットによって顧客どうしの接続性が高まり、排他的・個別的な縦の世界から、横のつながりを重視する包摂的、社会的なビジネス環境へと変化している。マーケティング4.0でコトラーは、顧客のカスタマー・ジャーニー（製品やサービスを知った顧客が購入・推奨に至るまでの道筋）の質の変化に対しデジタル・マーケティングは伝統的なマーケティングにとって代わるべきものではなく、役割を交代しながら共存すべきものだとしている。

【 デジタル・マーケティングと伝統的マーケティングの融合 】

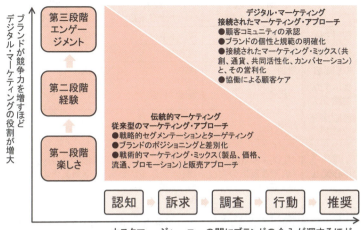

出典:『コトラーのマーケティング4.0』P. コトラー・H. カルタジャヤ・I. セティアワン著　朝日新聞出版

2　マーケティングのパラダイムシフト

マーケティングにおける取引の捉え方を**マーケティング・パラダイム**という。マーケティング・パラダイムは、時代や市場の成熟度によって変化する。パラダイムとは、認識の枠組みのことである。

マーケティング・パラダイムには、①刺激－反応パラダイム、②交換パラダイム、③関係性パラダイム、の3つが存在している。3つのパラダイムは、取引の環境によって有効性が決定され、現在では関係性パラダイムへとシフトしている。

① 刺激－反応パラダイム
売り手が商品に販売刺激を加えて、買い手の購買反応を引き出す方法として取引を捉える考え方である。

② 交換パラダイム
売り手と買い手の自由意思に基づく、相互同意型の交換として取引を捉える考え方である。

③ 関係性パラダイム
売り手と買い手を一体化されたパートナーと捉え、両者の協働による長期的な共創価値実現として取引を捉える考え方である。

【 3つの主要取引パラダイムの比較 】

	刺激－反応 パラダイム	交換 パラダイム	関係性 パラダイム
取引主体	売り手中心	買い手中心	両者中心
取引方向	一方的	双方的	一体的
取引思想	統制	適応	共創
買い手の 位置づけ	反応者	価値保有者	パートナー
時間的資格 (視点)	短期	短・中期	長期
中心課題	プロモーション (刺激と反応の生産性を重視)	マーケティング・ミックス (買い手の満足を高め、交換の円滑化を重視)	関係マネジメント (信頼関係の構築を重視)
前提	買い手は主体性を持たず、売り手のマーケティング刺激に必ず反応する	売り手は買い手のニーズを常に発見し続けることができる	売り手と買い手の間に強い信頼関係を構築する
取引の 継続性	売り手中心のアプローチでは、買い手の満足を継続的に保証できるとは限らない	未成熟市場であればニーズの把握は比較的容易だが、成熟市場では限界がある	強い信頼関係を構築すれば、取引が容易になり、ニーズの把握が困難な環境下での継続性が保たれる

出典:『現代マーケティング [新版]』嶋口充輝・石井淳蔵著　有斐閣Sシリーズを一部加筆

III ソーシャル・マーケティング

1 ソーシャル・マーケティングとは

(1) ソーシャル・マーケティングの類型

ソーシャル・マーケティングとは、社会とマーケティングとの関係を考察する、社会に対応したマーケティングのことである。

ソーシャル・マーケティングの目的は、「企業が社会的な存在として、社会的な価値としてどのように対応していけばよいのか」を追求することである。

ソーシャル・マーケティングは、次の2つに分類される。
① **非営利組織のマーケティング**（コトラー）
② **社会志向のマーケティング**（レイザー）

(2) 情報化社会とソーシャル・マーケティング

情報化が進展したことで、企業の非倫理的・非社会的行為に対する非難の意見が、迅速かつ広範囲に伝播しやすくなったことから、ソーシャル・マーケティングの重要性は増している。ソーシャル・マーケティングの実践は、教育的要素を伴うため、いかに楽しくメッセージを伝達し、理解してもらうかが重要である。

2 非営利組織のマーケティング

非営利組織のマーケティングは、営利企業を対象として開発された4Pをはじめとするマーケティング技術を、非営利組織にも適用しようとするものである。

非営利組織とは、営利企業以外のすべての組織が含まれる。学校、病院、美術館、教会、政府・地方公共団体などである。

非営利組織のマーケティングの特徴は、消費者ニーズの把握が難しいことである。営利企業の場合は消費者ニーズが存在するが、非営利組織の場合はゼロ（無関心）またはマイナス（嫌悪）である。ゼロ（無関心）またはマイナス（嫌悪）の消費者ニーズに対しては、コンセプト提案を行うことが重要であり、コンセプトを最低限受容してもらえばよい。コンセプト提案とは、例えば、大学の場合は「建学の精神」、医療機関の場合は「最高の医療水準」の訴求などである。

非営利組織のマーケティングを成功させるためには、長期的な視点で、コンセプト提案を粘り強く行い、適切なプロモーションによって、細分化したターゲットに働きかける必要がある。

3 社会志向のマーケティング

社会志向のマーケティング（ソサイエタル・マーケティング）は、企業の社会責任や社会貢献などの社会的な視点を、企業の意思決定に反映させていこうとするマーケティング・アプローチのことで、次の2つに分類できる。

(1) 社会責任のマーケティング

排気ガスや欠陥車、環境破壊の問題など、企業に対する社会的な批判に応えるかたちで誕生したのが、**社会責任のマーケティング**である。社会志向のマーケティングは、社会責任のマーケティングからスタートした。社会責任のマーケティングには、事業遂行における法令遵守だけでなく、製品の安全性などを追求する企業の責任、ISOなどの環境管理、ディスクロージャー（企業の情報公開）などが含まれる。

(2) 社会貢献のマーケティング

企業が社会とかかわっていくとき、社会責任を果たすだけではなく、本業以外の活動によって社会貢献を果たしていこうとする考え方がある。これが**社会貢献のマーケティング**である。

社会貢献のマーケティングは、メセナ（文化支援）やフィランソロピー（慈善行為）といった文化支援などを通じた企業市民（コーポレート・シチズンシップ）としてのあり方が、その根幹をなしている。

4 ソーシャル・マーケティングの近年の動き

(1) ソサイエタル・マーケティング・コンセプト

標的市場のニーズや欲求、利益を正しく判断し、消費者と社会の幸福を維持・向上させる方法をもって、顧客の要望に沿った満足を他社よりも効果的かつ効率的に提供することが営利企業の役割であるとしている。

(2) コーズリレーテッド・マーケティング

コーズリレーテッド・マーケティング（コーズ・マーケティング）とは、売上によって得た利益の一部を社会貢献の目的で寄付し、企業イメージの向上や売上の増加を目指すマーケティング手法である。コーズとは、人に影響を与える「大義」や「理念」を意味する。

コーズリレーテッド・マーケティングに取り組む企業は増えており、東日本大震災の発生後に復興関連商品を販売して売上の一部を寄付する活動もコーズリレーテッド・マーケティングである。

(3) グリーン・マーケティング

グリーン・マーケティングとは、地球環境に配慮した製品・サービスそのものを

提供するマーケティング手法である。企業イメージの改善、ブランド価値の向上、環境保護団体からの圧力の回避、グリーン製品を販売することで市場の需要に応える、などの目的がある。

厳選!! 必須テーマ［○・×］チェック ——第13章——

過去 20 年間（平成 13～令和 2 年度）本試験出題の必須テーマから厳選！

■■■ 問題編 ■■■　　　　　　Check!!

問1 (H22-28)　　　　　　　　　　　　　　　　　　　　　　　　［○・×］
　2007年のマーケティングの定義は、「透明性」・「より広い参加者」・「継続性」の3つの観点の重要性を示唆している。

問2 (H24-25)　　　　　　　　　　　　　　　　　　　　　　　　［○・×］
　マーケティング・パラダイムについて、1990年代には、それまでの関係性パラダイムに変わって、交換パラダイムに注目が集まるようになった。

問3 (H24-25)　　　　　　　　　　　　　　　　　　　　　　　　［○・×］
　顧客満足の重視は、「マーケティング3.0」固有の特徴である。

問4 (R02-35)　　　　　　　　　　　　　　　　　　　　　　　　［○・×］
　製品の売上の一定額を社会的課題の解決のために寄付する行為はコーズリレーテッド・マーケティングとも呼ばれ、実務において社会的価値と密接に結びつけられたソサイエタル・マーケティングの一部である。

問5 (H21-30)　　　　　　　　　　　　　　　　　　　　　　　　［○・×］
　非営利組織や政府機関が社会問題などに直接的に働きかけるために実施されるマーケティング活動もソーシャル・マーケティングと呼ばれる。

■■■ 解答・解説編 ■■■

問1　○：2007年の定義に関する3つの特徴と一致する。

問2　×：交換パラダイムに変わって、関係性パラダイムに注目が集まるようになった。

問3　×：顧客満足を目指す「マーケティング2.0」から、価値主導型の「マーケティング3.0」に進化している。

問4　○：コーズリレーテッド・マーケティングは、ソサイエタル・マーケティングの一部である。

問5　○：政府機関などの非営利組織が行うマーケティングはソーシャル・マーケティングのひとつである。

298　第1部　テキスト

本章の体系図

②次 がついた項目は2次試験でも活用する知識です

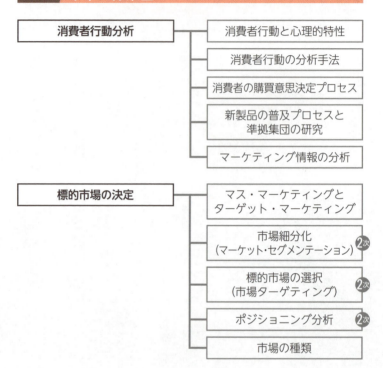

本章のポイント

- さまざまな消費者行動の分析手法について理解する
- マーケティング情報の分析手法について理解する
- マス・マーケティングの限界と市場細分化の必要性について理解する

第 **14** 章

消費者行動と市場戦略

I 消費者行動分析

II 標的市場の決定

I 消費者行動分析

1 消費者行動と心理的特性

(1) 消費者行動とは

消費者行動とは、製品やサービスなどを取得、消費、処分する際に従事する諸活動（意思決定を含む）のことで、①消費行動（消費様式と支出配分の選択）、②購買行動（製品・サービスの選択と調達）、③買物行動（買物場所の選択と買物出向）、④使用行動（製品・サービスの使用と処分）という4つのレベルに階層化できる。

消費者行動分析では、企業にとって自社製品・ブランドの売上やシェアに直結する、購買行動が分析の中心となる。購買行動とは、①製品カテゴリーの選択、②ブランドの選択、③購入量・購入頻度の選択をいい、広義には、買物行動が含まれる。

(2) 消費者行動に影響を与える心理的特性

【 心理的特性 】

動機（動因）	特定の行動を駆動し、方向づけ、維持する内的な要因や状態を指す概念である。一種のニーズであり、動機を感じると人はその充足を切実に求める。
知覚	情報を選択・整理・解釈し、何らかの意味ある世界観を形成するプロセスである。知覚には、①選択的注意（さらされている情報の多くをふるい落としてしまう傾向）、②選択的歪曲（すでに持っている信条にあうように、情報を解釈してしまう傾向）、③選択的記憶（学んだことの大半は忘れてしまうが、自分の態度や信念の裏づけとなる情報は記憶しているという傾向）という3つのプロセスがある。
学習	経験によって起こる個人の行動の変化のことである。学習は、動因・刺激・きっかけ・反応・強化といった要因の相互作用によって行われる。
態度	ある対象や考え方に対して抱く評価・感情・傾向のことであり、持続性を備え、好意的なものと非好意的なものがある。あるブランドに対して好意的な態度を持つ消費者は、そのブランドを購買する可能性が高く、ブランドに対する好意的な態度は、広告によって生み出したり変えたりできる。

(3) 対人的影響によって承諾を引き出す方法

多くの情報が溢れている現代社会では、企業は商品・サービスを生産するだけでなく消費者に購入してもらうよう積極的に働きかける必要がある。チャルディーニはセールスパーソンたちが使う対人的影響を巧みに利用した手法を「影響力の武器」として返報性・コミットメントと一貫性・社会的証明・好意・権威・希少性の6つに分類した。

2 消費者行動の分析手法

消費者行動の分析は、モチベーション・リサーチに代表される「購買行動の探求（Why：消費者はなぜ購買するのか）」に焦点を当てたものから、ブランド選択モデル（S-RモデルやS-O-Rモデル）に代表される「行動の測定と予測（What：消費者は何を購買するのか）」への展開を経て、消費者情報処理理論の登場とともに「内的プロセスの解明（How：消費者はどのようにして購買するのか）」に関する研究へと発展していった。近年では、消費者のブランド知識構造の解明や関係性の構築・維持を意図した顧客接点の分析などの広がりを見せている。

(1) モチベーション・リサーチ（購買動機調査）

H28-29
H26-27
H24-28

モチベーション・リサーチとは、消費者の購買行動における潜在的欲求を明らかにする「質的調査技法（定性的調査技法）」である。多数の被験者を対象にした定量調査とは異なり、少数の被験者に対して専門家が十分な時間をかけて面接し、事例の詳細な記録と考察を行う点が特徴である。

モチベーション・リサーチは、①1人の被験者と向き合う時間が長いために、サンプル数が多くとれないこと、②回答された結果を処理する際に、解釈する人間の主観が入って解釈に客観性が保たれにくいこと、などの理由から科学的な方法論としての限界が問題となり衰退した。

しかし最近では、インターネットの普及やテキスト・マイニングの技法により、サンプル数と客観性の問題が解決され、質的調査技法はコンシューマー・インサイトと呼ばれるなど、再注目されている。テキスト・マイニングとは、単語の共起（文章においてある単語と単語が同時に出現すること）関係により文章がどのような内容で構成されているかを把握する方法のことである。

モチベーション・リサーチの質的調査技法には、さまざまな技法がある。

【 モチベーション・リサーチの主な技法 】

深層面接法	ある事柄についての深層心理を探り出すために行われる技法
語句連想法	刺激語を与え、その反応によって深層心理を調べる技法
第三者技法	ある特定の状況に対して、ごく一般の人は、どう考え、どう行動するかを対象者に尋ねることによって、自分の考えを第三者に投影して、対象者自身の真の感情を明らかにする技法
文章完成法	課題の文章の欠けている部分を被験者に補わせる技法
物語法 （絵画統覚テスト：TAT）	所定のテーマについての物語に対象者を誘い、その物語に対して対象者がどういう反応を示すか探る技法
ロールプレイング法	実際に経験のないことを、自己流に演じることで生じる主観的なゆがみを分析する技法

第14章　消費者行動と市場戦略　**303**

(2) S-RモデルとS-O-Rモデル

S-Rモデル（刺激－反応モデル）は、消費者の心理面は解明できない不明なもの（ブラック・ボックス）と位置づけている。ブラック・ボックスの前の段階を刺激（Stimulus）、後の段階を反応（Response）としている。刺激とは、消費者の購買に働きかける製品や、プロモーションなどのマーケティング刺激、経済的、技術的な刺激のことである。反応とは、製品選択や、ブランド選択など、消費者の購買行動のことである。

S-O-Rモデルは、消費者を"S-O-R"で捉えている。Sは刺激（Stimulus）、Oは生活体（Organism）、Rは反応（Response）を示している。S-O-Rモデルは、S-Rモデルがブラック・ボックスと位置づけた消費者の心理面を解明しようとしたものである。

刺激と反応の代表的な条件づけに道具的条件づけ（オペラント条件づけ）がある。ネズミがボタン（条件刺激）を押したときに（条件反応）、食べ物（無条件刺激）を与えると、最初は偶然でも、やがて自発的にボタンを押すようになる。条件反応が、無条件刺激を得るための手段や道具となるという条件づけである。

【 S-RモデルとS-O-Rモデルの構造対比 】

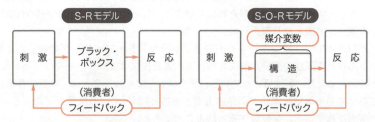

出典：『消費者行動論』青木幸弘・新倉貴士・佐々木壮太郎・松下光司著　有斐閣アルマ

(3) ハワード＝シェス・モデル

企業のマーケティング手段である製品、広告、価格などの商業的刺激や、友人からのパーソナル・コミュニケーションによる刺激に対して、消費者がどのような購買行動（反応）をするのかという、消費者の選択行動を包括的に扱ったモデルである。ハワード＝シェス・モデルでは、刺激なくして反応は起こらないと考えられている。

消費者の意思決定類型は、態度形成を前提としている。製品ライフサイクルの段階に応じて3つの意思決定類型に分かれる。導入期では、消費者は拡大的問題解決行動をとるが、成長期には限定的問題解決行動をとり、成熟期・衰退期には日常的反応行動をとるプロセスをたどる。

【 消費者の意思決定類型 】

意思決定類型	概要	必要情報量	意思決定時間	製品ライフサイクルとの対応
拡大的問題解決行動	広範囲に情報探索して、複数の代替案の中から選択しようとする購買行動である。	多い	長い	導入期
限定的問題解決行動	ある程度、製品知識を持つ消費者が多少の情報検索や店頭でいくつかのブランドを見比べて選択しようとする購買行動である。	少ない	短い	成長期
日常的反応行動 (定型的問題解決行動)	購買行動を起こす前に調べたりせず、既に知っている製品やいつも買っている製品を選択しようとする購買行動である。	極少	極短	成熟期 衰退期

(4) 消費者情報処理モデル

消費者情報処理モデルでは、消費者を情報処理者と捉えており、消費者を刺激や情報を探り出す能動的な主体とみなし、購買に至るまでの実際の情報処理のプロセスを説明している。

消費者は、目や耳などの感覚レジスターによって、広告や口コミなどの外部情報を取得する。外部情報と、長期的に記憶していた過去の購買経験などの内部情報を、短期的に記憶内で統合し、この結果に基づいて購買行動を起こす。結果として得られた情報は、長期的に記憶される。

消費者が行う情報処理活動を規定する代表的な要因として、関与と知識がある。関与とは、消費者が行う情報処理に対する動機づけを規定するものであり、知識とは、消費者が行う情報処理の能力を規定するものである。

【 消費者情報処理の基本図式 】

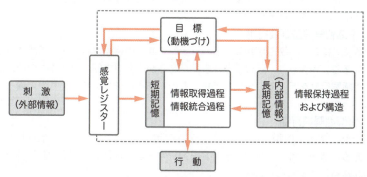

出典：『マーケティング戦略』和田充夫・恩蔵直人・三浦俊彦著　有斐閣アルマ

(5) アサエルの消費者行動類型

　アサエルは、製品ごとに関与のレベルは一定と考える<u>製品関与</u>概念と、ブランド間でどの程度消費者が特性の違いを知覚しているかを表す<u>知覚差異</u>を用いて消費者行動を分類している。<u>製品関与</u>とは、<u>消費者がある製品に対してどれだけ重要性やリスクを感じるかの水準</u>を指し、消費者がその製品にどれだけこだわりを持っているかということである。

　高関与な消費者に対して、商品の金銭的・社会的リスクや専門性を知覚させることで、企業は自社が行うマーケティング・コミュニケーション活動への反応を高めることができる。

　消費者のブランドの知識の形成を通して、判別力と関与度を高めることが、脱コモディティ化のための方策であるとしている。

【 関与と知覚差異による消費者行動分類 】

	高関与	低関与
ブランド間 知覚差異　大	複雑型 購買行動	バラエティ・シーキング型 購買行動
ブランド間 知覚差異　小	不協和解消型 購買行動	習慣型 購買行動

出典:『マーケティング原理 第9版』P.コトラー、G.アームストロング著　ダイヤモンド社

① 複雑型購買行動 (情報処理型購買行動、ブランド・ロイヤルティ型購買行動)

　<u>消費者の購買への関与度が高く、著しいブランド間での格差も意識されている状況</u>である。消費者は、製品について学んでから、その製品について信念・態度を築き、熟慮したうえで購買行動を起こす。価格が高く、購入にリスクを伴い、めったに買わないもので、消費者の嗜好がはっきりでる製品であることが多い。

② バラエティ・シーキング型購買行動

　<u>消費者の購買への関与度が低いが、著しいブランド間での格差が意識されている状況</u>である。消費者はさまざまなブランドを試すような購買行動を起こし、ブランド・スイッチングが頻繁に起こる。

③ 不協和解消型購買行動

　<u>消費者の購買への関与度が高いが、ブランド間での格差はほとんど意識されない状況</u>である。消費者は、どのような製品があるか店を見て回りはするものの、比較的早く購買行動を起こす。手頃な価格のもの、あるいは買いやすいものに最も良い反応を示す。

④ 習慣型購買行動

　<u>消費者の購買への関与度が低く、ブランド間での格差もほとんど意識されない状況</u>である。消費者は、適当なブランドを選択するか、決まったブランドについて習慣的な購買行動を起こす。

　<u>経験則をもとに情報処理を簡略化して選択すること</u>を、<u>ヒューリスティクス</u>という。ヒューリスティクスは、必ずしも最善の結果を約束するわけではないが、十分

満足できる結果を短い時間で手軽に導く。

(6) 店舗選択における購買関与度と品質判断力

R01-34
H24-26
H20-36

消費者の情報処理行動は、主にブランド選択にかかわるものであるが、店舗（業態）選択を購買関与度と品質判断力を用いて説明しようとする研究もある。

購買関与度が高いほど、消費者の購買前の情報探索量は大きく広範囲に渡り、選好されるブランドや店舗への執着が高くなるために購買努力量も大きくなる。

品質判断力は、知識と関連しており、消費者がどのような情報（要約度）によって購買できるかを意味している。品質判断力の高い人は、カタログなどで評価する。品質判断力の低い人は、カタログを見ても判断できないため、店員などに加工され意味づけられた情報を必要とする。

コンタクト・ポイントとは、消費者が判断するための情報源のことである。

【 消費者類型とコンタクト・ポイント 】

消費者類型	特徴	コンタクト・ポイントの例
高関与・高知識	豊富な内部情報を持ち合わせており、積極的な探索・選択を行う。	製品仕様書・パンフレットなどの文字情報
高関与・低知識	積極的な探索は行うが、文字情報だけでは十分な理解ができない。	販売員の説明、友人や家族の口コミ
低関与・高知識	製品情報は十分持ち合わせているが、積極的な探索は行わない。	現物、サンプリング
低関与・低知識	製品情報はあまり持ち合わせておらず、積極的な探索も行わない。	テレビCMなどの広告

(7) ブランド・カテゴライゼーション研究

H30-38
H28-31

情報が消費者の長期記憶の中でどのように構造化され保持されているかに関する研究である。ブランドに対する関与の水準は、想起集合（購入を真剣に検討するブランド群）内のブランドに対して規定される。想起集合は考慮集合と呼ばれることもある。消費者は知っているブランド（知名集合）のすべてを検討しているわけでなく、市場の諸ブランドを想起集合や拒否集合（買いたくないブランド群）、保留集合（認識していても明確な態度形成をせず検討対象とはなっていないブランド群）にカテゴライズしていく。たとえ、知名集合に入っていても、拒否集合に入っていれば、決して購入されることはない。

(8) 精緻化見込みモデル

H28-33
H25-25
H22-27

精緻化見込みモデルとは、広告を目にしたり、製品やサービスを評価したりする時に、消費者自身がどの程度意思決定にかかわるかという消費者関与と消費者の評価方法の関係について説明する、態度の形成と変容についてのモデルである。

精緻化見込みモデルによると、消費者が意思決定をする際の道筋には、中心的ルートと周辺的ルートの2通りがある。消費者は、十分な「動機」「能力」「機会」を有しているときにのみ、中心的ルートを通る。この3つの要素の1つでも欠ければ、周

辺的ルートを通る可能性が高まる。

【 中心的ルートと周辺的ルート 】

中心的ルート	態度の形成と変容は十分な考察を伴い、製品またはサービスに関する最も重要な情報を入念かつ合理的に検討する。
周辺的ルート	態度の形成と変容はあまり深い考察を伴わず、肯定的または否定的な周辺的手がかりを持つブランドとの連想によって起こる。消費者にとっての周辺的手がかりの例として、有名人の推奨、信頼性のある情報源、肯定的感情を生むものごと、がある。

出典:『コトラー&ケラーのマーケティング・マネジメント』P.コトラー、K.ケラー著
ピアソン・エデュケーション をもとに作成

(9) 消費者の購買心理過程モデル

AIDMAモデルは、消費者が製品やサービスを初めて知ってから購入するまでの心理的なプロセスを段階的に示したものである。AIDMAモデルでは、消費者の心理的なプロセスを「注意(Attention)」「興味(Interest)」「欲求(Desire)」「記憶(Memory)」「行動(Action)」の5段階で説明している。

最近では、インターネットの普及にともなってAISASモデルが注目されている。**AISASモデル**は、デジタル化による生活者の新しい購買プロセスモデルとして電通グループが提唱した。AISASモデルは「注意(Attention)」「興味(Interest)」「検索(Search)」「行動(Action)」「共有(Share)」の5段階からなる。

さらに、ソーシャル・メディアの普及を背景に、共感を重視したSIPSモデルが提案されている。SIPSとは、「共感(Sympathize)」「確認(Identify)」「参加(Participate)」「共有・拡散(Share & Spread)」という4段階からなるモデルである。

【 AIDMAモデルとAISASモデル 】

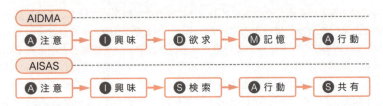

(10) 消費行動分析

「人々はなぜ消費するのか」「どのように消費するのか」といった消費行動に注目する。消費行動の分析においては、消費者個人ではなく、家族という「社会単位」または家計という「経済単位」が基本的な分析単位として用いられることが多い。消費様式の選択や支出の配分において、家族人数などの規模的要因が大きく影響するため、個人ベースでの分析よりも家計単位の分析が適しているからである。

生活構造や生活意識を関連づけて消費行動を分析する視点として、次の3つのアプローチがある。

① ライフスタイル・アプローチ

ライフスタイル（life style）とは、生活の構造的側面や価値観、生活意識、生活行動などを同時に複合的に表現するものである。衣食住だけではなく、交際や娯楽なども含めた暮らしぶりを指し、生活に対する考え方や習慣など、文化と同じ意味で使われることもある。ライフスタイル・アプローチは、モチベーション・リサーチやパーソナリティ研究から発展したサイコグラフィクスを源流としている。

② ライフサイクル・アプローチ

ライフサイクル（life cycle）とは、人の誕生から死に至るまでの循環を指すが、家族の形成－発展－衰退－消滅といった「家族の生活周期」として捉え直したものがライフサイクル・アプローチである。

【 ライフサイクル上の典型的なライフステージ 】

ライフステージ	家族構成
①独身段階	結婚前の独身者
②新婚段階	子供のいない新婚の夫婦
③満杯の巣段階（フルネスト）	子育てをしている夫婦
④空の巣段階（エンプティネスト）	子供が自立している夫婦
⑤高齢単身段階	配偶者を亡くした高齢単身者

家族は各ステージを経る

出典：『消費者行動論』青木幸弘・新倉貴士・佐々木壮太郎・松下光司著　有斐閣を一部加筆

ライフステージごとに、家族構成や家計収入などの生活構造は大きく異なり、その結果、新婚段階ではファッション、レジャー、耐久財（家電製品など）への支出が多く、空の巣段階では、家の修繕、旅行、医療・健康機器、医薬品などへの支出が多くなるなど、消費の特徴も異なる。

③ ライフコース・アプローチ

ライフコース（life course）とは、人がこれまで歩んできた軌跡のことで、「個人が一生の間にたどる道筋（人生行路）」を指す概念である。

ライフコース・アプローチでは、家族の中での個人の生き方（人生）に着目するため、「家族の個人化」が進む現代社会に適した分析である。例えば、女性のライフコースは、専業主婦、ワーキング・マザー（DEWKS）、子供を持たない共働きの妻（DINKS）、ワーキング・シングルと、選択したライフコースに価値意識が反映されるとともに、各コースの生活構造は異なる。

⑴ ヒューリスティクス

H29-33

ヒューリスティクスは、すでに形成され記憶されている代替案の全体的評価を用いる感情参照型、代償型、非代償型に大別できる。消費者がどのヒューリスティクスを用いるかは、意思決定課題に含まれる代替案の数などに依存する。また、代償型と非代償型の組み合わせが用いられることもある。

① 代償型ルール

ある属性に関する消費者の否定的評価は、他の属性に関する肯定的評価によって代償（相殺）されるヒューリスティクスである。代表的な代償型ルールは、代替案

第 14 章　消費者行動と市場戦略　**309**

の各属性に関する評価と重要度の積和によって代替案の全体的評価を形成し、全体的評価が最も高い代替案を選択する線形代償型ルールである。

② 非代償型ルール

ある属性に関する否定的評価が他の属性に関する肯定的評価によって代償（相殺）されないヒューリスティクスである。非代償型には、連結型、分離型、辞書編纂型、EBA（elimination by aspects）型などが含まれる。

連結型とは、各属性について必要条件を設定し、すべての必要条件を満たす代替案を選択するルールである。分離型とは、各属性について十分条件を設定し、1つでも十分条件を満たす代替案を選択するルールである。辞書編纂型では、最も重要な属性について最も高い評価を持つ代替案が選択される。ただし、同順位の代替案があれば、2番目に重要な属性について最も高い評価を持つ代替案が選択される。EBA型は、属性の重要度の順に、属性についての必要条件を満たしているかどうかを検討し、必要条件を満たさない代替案を排除していくルールである。

(12) 心理的財布

心理的財布とは、1人の消費者が保持している財布は1つであっても、購入する商品の種類ごとに金銭感覚の異なる複数の財布を持っているという考え方である。食品を購入する際には30円高いことを理由に購入を止める人でも、他より1万円高い家具や家電品を購入するような場合のことである。

3 消費者の購買意思決定プロセス

消費者の購買意思決定プロセスとは、消費者がある製品やサービスに関心を持ってから、購買の意思決定を下すまでの一連の過程のことである。

コトラーは、消費者の購買意思決定プロセスを次の5段階で説明している。

【 消費者の購買意思決定プロセス 】

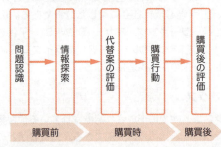

出典：『コトラー＆ケラーのマーケティング・マネジメント』P. コトラー、K. ケラー著
ピアソン・エデュケーション　をもとに作成

① 問題認識

消費者の問題認識は、消費者が生活するうえで、ある製品やサービスが不足して、不満や不自由を感じたときに生じる。

(a) **内部要因**…自らの日常生活上から生じる問題認識
(b) **外部要因**…広告など外部からの刺激によって生じる問題認識

② 情報探索

消費者は、認識した問題を解決するために必要な情報を探索する。多くの場合、消費者自身が今までに経験的に記憶している内部情報の探索から始める。したがって、長期記憶により多くの知識を持っている消費者は、知識が少ない消費者と比べて、意思決定のための情報を効果的に処理できる傾向が強い。内部情報の探索で満足ができないときは、広告や友人などからの外部情報を探索する。

消費者の主な情報源は「個人的情報源」「商業的情報源」「公共的情報源」「経験的情報源」の４つのグループに分類できる。

【 購買意思決定プロセスにおける情報探索の情報源 】

個人的情報源	家族、友人、隣人、知人
商業的情報源	広告、ウェブサイト、販売員、ディーラー、パッケージ、ディスプレイ
公共的情報源	マスメディア、製品評価をする消費者団体
経験的情報源	製品の操作、検討、使用

出典:『コトラー＆ケラーのマーケティング・マネジメント』P.コトラー、K.ケラー著
ピアソン・エデュケーション をもとに作成

③ 代替案の評価

探索した情報の中から、いくつかの代替案に絞られる。消費者は、具体的な製品やサービスを評価の対象とするのである。代替案の評価は、製品やサービスについてだけでなく、店舗や接客などを含めて総合的に行われる。

④ 購買行動

消費者は、代替案の中から最も評価が高かった製品やサービスを購入しようとする。ただし、消費者は製品やサービスに対して評価を形成した後も知覚リスクを回避するために、決定を変えたり先延ばしにしたりすることがある。知覚リスクとは、消費者が製品を購入したり消費したりする際にリスクとして知覚する機能（期待どおりに機能しない）や金銭（払った代価に見合わない）などの様々な要因のことである。

⑤ 購買後の評価

消費者は、購買が終わると製品やサービスを実際に使用し、自らの購買に対して評価を行う。価格の高さは品質に対する期待の高さとも連動し、高価格で提供されていれば、それに見合うだけの品質の高さが期待されるが、安価に提供されているものであれば、そこそこの品質なのだろうと期待が低くなる。

消費者は購入前の期待以上であれば満足し、リピート購買につながる。逆に、不満足であった場合は、製品やサービスを次回から購入しなくなる。いずれにしても、満足や不満足の情報は蓄積され、次回の購買のときに内部情報として使用される。

ある商品を購入した後に、その購入が正しい選択であったかどうかを疑う気持ちを**認知的不協和**という。購入者は、認知的不協和が生じると、好ましい情報を求めて、当該企業のホームページや広告を見る等の傾向がある。認知的不協和の防止には次のような取り組みがある。

第14章 消費者行動と市場戦略 311

(a) 購買後に高い満足を示した消費者に、その製品の広告の推奨者として登場してもらう。
(b) 購買後に容器などを廃棄する段階での消費者の環境意識を考慮し、環境に優しい容器を使用する。
(c) 購買後の消費者の声を収集する仕組みをつくる。
(d) 無条件返品保証制度を採用する。

4 新製品の普及プロセスと準拠集団の研究

新製品の普及プロセス研究は、オピニオン・リーダーなどの「個人からの影響」を説明したもので、準拠集団の研究は「集団からの影響」を説明したものである。

(1) 新製品の普及プロセス研究

消費者がある製品を購買するとき、常に自分自身で意思決定をしているわけではない。消費者は、仮に製品について十分情報を持ち合わせていなかったら、家族や友人など他人の影響を受けて購買の意思決定をする。

E.M.ロジャースは、新製品が消費者によって購買または採用され、市場全体に普及していく過程をモデル化している。このモデルでは、消費者が新製品を購買する時期によって、消費者を5つのグループに分類し、そのプロセスを次のように説明している。

① 革新者（イノベーター）

革新者（イノベーター）は、商品やサービスが「新しい」という理由から、未知の商品やサービスに自ら進んで手を伸ばす。イノベーターはきわめて少数で、価値観や感性が社会の平均から離れすぎており、全体に対する影響力はあまり大きくない。したがって、イノベーターは、革新性は高いがオピニオン・リーダーにはなり得ない。

② 初期採用者（目利きの層、アーリー・アダプター、アーリー・アドプター）

初期採用者は、新しい商品やサービスを自ら判断して採用する先進性を持ちながら、一般的な価値評価とずれが少ない価値観を持っている。したがって、初期採用者は、他の大衆からみれば生活のモデル（オピニオン・リーダー）となる。

③ 前期大衆（アーリー・マジョリティ）

前期大衆は、社会集団において、メンバーが購買する平均的な時期に新製品を購買する。したがって、前期大衆は、仲間と一緒になって行動することが多く、リーダーシップを発揮することは稀である。

④ 後期大衆（流行を後追いする層、レイト・マジョリティ）

後期大衆は、社会集団において、メンバーが購買する平均的な時期よりも後になって新製品を購買する。すなわち後期大衆は、社会集団の大多数が購買するまで慎重に動向を見守り、社会的に十分に支持されると分かった後で新製品を購買する。したがって、後期大衆に購買を促すには、他のメンバーが強力に説得する必要がある。

⑤ 遅滞者（採用遅滞者、ラガード）

遅滞者は、オピニオン・リーダーシップをまったく持っておらず、判断基準は過

去である。したがって、遅滞者は、伝統的な価値観を持っている人々と交流する。一般的には、遅滞者によって新製品を購買される段階になると、既にイノベーターの段階では、次の新製品や新しいサービス、アイディアなどが購買または採用され普及し始めていることが多い。

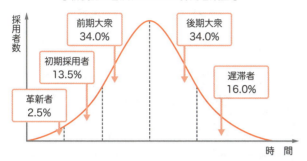

【 新製品の普及プロセスと採用者類型 】

出典:『マーケティング戦略』和田充夫・恩蔵直人・三浦俊彦著 有斐閣アルマ

　ジェフリー・ムーアのキャズム（深い溝）理論では、ハイテク製品が市場に普及していくとき、初期採用者と前期大衆との間で明確なギャップがあり、求めるものが大きく異なっているため、成長の伸びが止まってしまうことがあるとしている。この理論では、大衆マーケットを構成する流行に敏感な層（アーリー・マジョリティー）にいかに受け入れられ、その需要を喚起するかが課題となる。
　キャズムを超えるため早期に前期大衆への普及を図るためには、SNSのフォロワーを100万人以上もつ若手人気モデルと契約し、SNSを用いて若者をターゲットにした自社商品に対するブランドのプロモーションを強化することなどがある。

(2) オピニオン・リーダーとマーケット・メイブン

　オピニオン・リーダーは、特定の製品カテゴリーについて深い知識を持つ消費者である。家族や友人などの小集団（スモール・グループ）の中にあって、個人的な接触を通して他の人々に影響を与える。
　マーケット・メイブンは、複数の製品カテゴリー、小売店などについて熟知し、話を自ら主導すると同時に、人から情報源として頼りにされている消費者である。マーケット・メイブン（マーケットの達人、市場の達人）は、オピニオン・リーダーと比べると他者への影響力は弱いが、幅広い情報を提供し広めるので、マーケティング上においても重要な役割を果たしている。

(3) 準拠集団の研究

　準拠集団とは、個人の行動規範や自己評価などの意識に対して影響を与える集団のことである。家族、学校・職場・地域の友人グループなど、個人が直接所属する所属集団に限らず、芸能人やスポーツ選手など、あこがれや参加・所属を熱望する非所属集団（希求集団・願望集団）、模倣にしたくないと思う分離集団（拒否集団）

第14章 消費者行動と市場戦略　313

も準拠集団に含まれる。

準拠集団の影響は、製品の使用場面（パブリック⇔プライベート）と必需性（必需品⇔贅沢品）によって異なる。使用場面においては、家の中で使うプライベートな製品よりも、人の目に触れるパブリックな製品の方が準拠集団からの影響を受けやすい。必需性においては、必需品より贅沢品の方が準拠集団からの影響を受けやすい。

【 製品・ブランド選択への準拠集団の影響 】

必需性 使用場面	必需品 （製品選択への 準拠集団影響・弱）	贅沢品 （製品選択への 準拠集団影響・強）
パブリック ブランド選択への 準拠集団影響・強	必需品・パブリック ●影響：製　品　＝ 弱 　　　　ブランド　＝ 強 ●例：腕時計、車、紳士服	贅沢品・パブリック ●影響：製　品　＝ 強 　　　　ブランド　＝ 強 ●例：ゴルフクラブ、スキー、帆船
プライベート ブランド選択への 準拠集団影響・弱	必需品・プライベート ●影響：製　品　＝ 弱 　　　　ブランド　＝ 弱 ●例：マットレス、冷蔵庫、フロアランプ	贅沢品・プライベート ●影響：製　品　＝ 強 　　　　ブランド　＝ 弱 ●例：TVゲーム、ゴミ圧縮機、製氷機

出典：『マーケティング戦略』和田充夫・恩蔵直人・三浦俊彦著　有斐閣アルマ

他者から自分への否定的評価を避け、肯定的評価を形成したい自己高揚が高い消費者は、所属集団よりも、願望集団で使用されているブランドとの結びつきを強める傾向がある。

5　マーケティング情報の分析

H28-29
H26-27

(1) マーケティング・リサーチのプロセス

企業がマーケティング戦略を策定し、マーケティング活動を効果的に実行していくために、常にマーケティング環境の動向や変化についての情報を、マーケティング・リサーチで十分に把握しておくことが重要である。

一般的にマーケティング・リサーチは、次の手順で行われる。

【 マーケティング・リサーチの手順 】

(2) 2次情報の収集

情報分析にあたっては、時間やコストを考慮して、初めに2次情報のなかに利用

可能なものがあるかどうかを調査し、不十分な場合に１次情報の収集を行う。

内部情報とは、企業内に存在するデータのことである。会計記録、販売記録、配送記録などが該当する。外部情報とは、企業外部に存在するデータのことである。図書館、業界団体、政府・公共団体、調査会社などから得ることができる。

【 １次情報と２次情報 】

		１次情報	２次情報
定義		調査している特定の目的のために新たに能動的に収集される情報である。	他の目的のために既に収集・加工された既存の情報である。
特徴		ある特定の目的に適合した情報が得られ、最新情報を入手できるが、マーケティング調査を実施する場合、ある程度の時間とコストが必要となる。	時間やコストは節約できるが、本来の目的に適合した情報が得られにくい。また、国勢調査のように公表されるまで相当な時間を要するため、情報が陳腐化することがある。
具体例	内部情報	売上高予測や営業経費の予測などの分析モデル	売上高をはじめとする会計記録などの内部記録
	外部情報	消費者実態調査・パネル調査などの市場調査	官公庁・業界団体などの書籍・レポート・刊行物、新聞・雑誌の情報など、商用オンライン・データベース

R02-32
R01-32
H26-27
H23-28

(3) １次情報の収集

１次情報の収集には、サーベイ法、観察法、実験法がある。

① サーベイ法（質問法）

サーベイ法とは、知識、態度、嗜好、購買行動などについて質問し、１次情報を収集する方法である。客観性と正確性に優れているが、収集できるデータのタイプには制約がある。例えば、用意した質問への回答だけでは新発見や少数意見が出にくいため、被験者を観察してから疑問点を質問するエスノグラフィー調査を併用し、両方の調査結果を考慮する。

【 主な質問法 】

デプス・インタビュー	深層インタビューといわれ、インタビュアーと被験者が１対１で行う。グループ・インタビューよりも、より深く聞き取ることができるが、一人当たりの調査コスト（金銭および時間）は高い。
グループ・インタビュー（フォーカスグループ・インタビュー）	５人から10人程度の被験者を集めて、インタビュアーの司会で、一つのテーマについて話し合ってもらう。グループで話し合うことで、個人では思いつかないアイデアが生まれる可能性があるが、インタビュアーの力量に調査の成否が左右されてしまう。被験者と一線を画することなく、同じ立ち位置で、被験者が自由に発言できるような雰囲気を作る。

第14章 消費者行動と市場戦略 **315**

【 サーベイ法における主な調査方法 】

	定義	特徴
面接調査	インタビュアーが被験者と直接対面することで情報を得る調査方法。グループ・インタビューの形式が用いられることが多い。	●回収率が高く、視覚的な用具を使用できるため、回答者の反応に応じて機動的な質問ができる。 ●コストが高く、インタビュアーの力量によって回答の隔たり（バイアス）が生じやすい。
電話調査	電話を用いて行う調査方法。	●最も素早く実施でき、回答者を無作為に選びやすい。 ●調査に時間をかけられず視覚的な用具を使用できないため、回答者側の不信などによる回収率の低下や不十分な回答が発生しやすくなる。
郵送調査	調査票を郵便で送る調査方法。	●比較的少ないコストで遠隔地に到達でき、バイアスが生じにくい。 ●柔軟性が低く、見込み回答者のリストを見つけにくく、回収率が低い。
留置調査	国勢調査や家計調査など、あらかじめ調査票を回答者に配布しておき、後日調査員が回答者を訪問して回収する調査方法。	●郵送調査に比べて回収率が高く、調査結果の信頼性が高い。 ●回収時の調査員によるバイアスが生じやすく、調査コストが高くなる。
ファックス調査	ファックスを用いて行う調査方法。	●バイアスが生じにくく、簡単な図表を用いた質問が可能である。 ●ファックスを所有している家庭が少なく、サンプリングに偏りが生じる。
インターネット調査	電子メールで質問を送付したり、ホームページ内に質問を盛り込んだりして行う調査方法。	●コストが低く、短時間でデータを回収でき、バイアスが生じにくい。 ●回答者が特定できず、サンプリングに偏りが生じる。

② 観察法

　観察法とは、関連ある人々、行動、状況を観察して、1次情報を収集する方法である。観察主体が人か機械かによって分類できる。

　また、実験的条件下の調査対象者の行動を観察する方法や、調査者自らが体験しその体験自体を自己観察する方法が含まれる。

　主体が人の場合、交通量調査、消費者が店舗内をどのように買い回るかを追跡する動線調査、競合店の客層や品揃えをみる他店調査（ストアコンパリゾン）、顧客の生活に入り込んで観察するエスノグラフィー調査などがある。主体が機械の場合、

316　第1部　テキスト

アイ・カメラで消費者の店舗内での目の動きを追跡する調査やセンサーによる買い回り方の調査などがある。

③ 実験法

目的に合致するいくつかの被験者グループを選び出し、それぞれのグループに異なる処置を施し、グループごとの反応の違いをチェックするという手順により、1次情報を収集する方法である。例えば、「ガソリン・スタンドで従業員が笑顔で対応すると（原因）、顧客クレームが減る（結果）」という仮説に基づき、実験する。

特定の要因間の因果関係を明らかにすることができるが、その他の要因（関連性のない要因）の影響を統制できなければ実験結果の信頼性が低下する。

(4) サンプリング計画　H19-31

母集団（調査対象となる集団）の中から小さなサンプル集団（標本）を調べること（標本調査）により、母集団全体についての結論を推測する。サンプルを抽出するために、次の3点について意思決定する。

① サンプリング単位…誰に調査すべきか

例「事務所の防犯装置について質問表を使って意識調査（アンケート調査）を行う場合、社長を対象とするべきか、総務部長を対象とするべきか」

② サンプル・サイズ…対象人数をどの程度の規模にするか

例 100人でよいか、1,000人必要か

③ サンプリング手順…回答者をどのように選択すべきか

【 サンプリング手順の種類 】

手順の種類		概要
確率的抽出	単純無作為抽出法	母集団の全メンバーが、同じ確率で選定される
	階層別無作為抽出法（層化抽出法）	母集団を相互に独立したグループ（年齢層など）に分け、グループごとに無作為抽出を行う
	集団別無作為抽出法（集落化法）	母集団を排他的なグループ（地域など）に分け、調査者がインタビューのためのサンプルを抽出する
非確率抽出	便宜的抽出法	調査者が最も入手しやすい対象者を抽出する
	作為的抽出法	調査者が正確な情報を得るために最適と判断した対象者を選出する
	割当抽出法（規定抽出法）	調査者が各カテゴリーから事前に指定された数の対象者を選出し、インタビューする

出典：『マーケティング原理　第9版』P.コトラー、G.アームストロング著　ダイヤモンド社をもとに作成

※階層別無作為抽出法は、各層のいずれからも標本が選ばれるのに対し、集団別無作為抽出法は、集団に分割された段階で標本となる集団と標本から外れる集団に分かれるという点で異なる。例えば我が国の大学生を母集団とする場合、集団別無作為抽出法では、各大学に分割した後、その中から標本となる大学を抽出する。

第14章　消費者行動と市場戦略　　**317**

II 標的市場の決定

1 マス・マーケティングとターゲット・マーケティング

(1) マス・マーケティング

マス・マーケティングとは、すべての消費者を対象として、大量生産、大量販売、大量プロモーションを単一製品について同じ方法で行うことである。最低限のコストと価格の引き下げによって最大規模の市場を開発しうることが特徴である。マス・マーケティングでは、市場を同質ととらえ、需要の相違にまったく注意を払わない。

(2) ターゲット・マーケティング

ターゲット・マーケティングとは、市場をさまざまなセグメントに区別し、これらのセグメントのいくつかを選択して集中化し、それぞれの標的市場のニーズにあった製品とマーケティング・ミックスを開発することである。

コトラーは、ターゲット・マーケティングを、「**市場細分化（セグメンテーション）**」「**市場ターゲティング**」「**市場ポジショニング**」の3つの段階で示した。"Segmentation""Targeting""Positioning" の頭文字をとって**"STP"**という。

ターゲット・マーケティングのメリットは、次の通りである。

① 市場機会を獲得しやすい好位置につけることができる（競争対応）

既存の製品では完全に消費者ニーズを満たしきっていない市場セグメントを見出すことができる。これは、新製品開発の契機になる。

② 顧客の多様なニーズに対しきめ細かく対応することができる（顧客対応）

標的市場における消費者、すなわち「限定された顧客」に直接向かい合って特定のニーズに関する適切な観察が可能となり、きめ細かく対応することができる。

③ マーケティング・コストを有効に配分することができる（コスト対応）

明確化した顧客ターゲットに最適なマーケティング・ミックスを開発することにより、マーケティング・コストが有効に配分される。

2 市場細分化（マーケット・セグメンテーション）

(1) セグメンテーション

消費者ニーズの高度化や多様化に伴い、単に人口統計的変数だけでは、消費者の行動、意識を正確に把握することが困難になってきているため、さまざまな細分化変数を単独あるいは組み合わせることが重要である。

消費財市場は、通常、次のような変数により細分化される。

① 地理的変数（ジオグラフィック変数）
国・地域・都市の規模・人口密度・気候などにより、細分化する方法である。エリア・マーケティングには、欠かせない変数である。

② 人口統計的変数（デモグラフィック変数）
人口統計的変数の代表的なものには、年齢、性別、所得、学歴、職業、家族構成、ライフステージ、世代、居住地域などがある。

人口統計的変数は、次の2つに分類できる。
　(a) 帰属特性…消費者がこの世に誕生したときから与えられた特性である。
　(b) 達成特性…消費者が自らの努力によって勝ち取った特性である。

③ サイコグラフィック変数
サイコグラフィック変数は、心理学、社会学、社会心理学などで規定される概念であるため、そのデータは、主に主観的な消費者調査を行って入手する。

④ 行動変数
ベネフィット、使用率、ロイヤルティ、購買状況など、消費者の行動特性を基準に細分化するものである。決定役割も行動変数のひとつで、購買決定には「発案者」「影響者」「決定者」「購買者」「使用者」の5つの役割がある。

【 主な行動変数 】

ベネフィット	利益、便益、効用などのことであり、消費者が製品によってどのようなベネフィットを求めているのかに重点を置いて区分するものである。乗用車を購入することによって得られるステータス、アウトドアライフ、スポーツライフなどがある。
使用率	消費者が製品を単位時間あたりどのくらい使用するのかに重点を置いて区分するものである。大口消費者、小口消費者、普通消費者などがある。
ロイヤルティ	忠誠度のことであり、消費者が製品のブランドに対してどのくらいロイヤルティを示すのかに重点を置いて区分するものである。
購買状況	消費者がどのような使用状況によって製品を購入するのかに重点を置いて区分するものである。同じお茶でも毎日飲むもの、来客用、ギフト用などがある。

【 消費財市場における主な細分化変数 】

	細分化の変数	例	入手方法
客観的変数	地理的変数（ジオグラフィック変数）	国・地域・都市の規模・人口密度・気候	2次情報が中心（刊行物やインターネットから収集できる）
	人口統計的変数（デモグラフィック変数）	年齢・性別・世帯規模・家族のライフサイクル・所得・職業・教育・宗教・人種・国籍	
主観的変数	サイコグラフィック変数	社会階層・ライフスタイル・パーソナリティ	1次情報が中心（事業環境調査が必要な場合が多い）
	行動変数	購買状況・求めるベネフィット・使用者タイプ・使用率・ロイヤルティタイプ・購買準備段階・製品に対する態度	

出典：『マーケティング原理 第9版』P.コトラー、G.アームストロング著 ダイヤモンド社をもとに作成

(2) 市場細分化の前提条件

細分化された市場が有用なものでなければ、企業がアプローチする意味はない。コトラーは、細分化された市場（消費財の場合）が有用であるためには、次のような市場細分化の前提条件を満たす必要があるとしている。例えば、細分化しすぎて維持可能性がなくなってはいけない。

【 市場細分化の前提条件 】

測定可能性	セグメントの規模・購買力・プロフィールが測定できること
到達可能性（接近可能性）	セグメントに効果的に到達し、マーケティング活動が行えること
維持可能性（利益確保可能性）	得られたセグメントが十分な規模を持つか、対象とするに足る十分な利益を得られること
差別可能性	概念上、セグメントの差別化が可能であり、そのセグメントがマーケティング・ミックスの要素ごとに異なって反応すること
実行可能性	得られたセグメントを引き付けられる効果的なマーケティング・ミックスの構築が可能であること

出典：『コトラー&ケラーのマーケティング・マネジメント』P.コトラー、K.ケラー著 ピアソン・エデュケーション をもとに作成

(3) エリア・マーケティング

エリア・マーケティングとは、市場を地域ごとに細分化（セグメント）し、地域ごとに異なる消費者ニーズをとらえて展開するマーケティング活動のことである。小売業が特定地域内に集中した多店舗展開を行うことで、経営の効率化と地域内のシェア拡大を図り、競争優位を確立しようとする戦略を**ドミナント戦略**という。

(4) BtoBマーケティング

BtoBマーケティングにおいては組織的な購買が行われることが多いが、購買担

当者の個人的特性に基づく市場細分化が有効な場合がある。

また、BtoC マーケティングでは極めて高い市場シェアを獲得し長期的に維持することは困難な場合が多いが、BtoB マーケティングでは複数の寡占企業と取引できる場合などに極めて高い市場シェアを獲得し維持することも可能である。

3 標的市場の選択（市場ターゲティング）

H29-30
H21-23

標的市場（ターゲット）は、すべての市場の中から限定された市場を選択することで、次の3つに分類できる。

(1) 無差別型マーケティング

企業が単一のマーケティング・ミックスによって市場全体（フルカバレッジ）を狙い、マーケティング活動を展開する戦略である。幅広い訴求点を持つ一部の製品に応用され、競合品と対抗するため、製品差別化戦略を併用するのが一般的である。相対的なマーケティング・コストは他の戦略に比べて最小となる。

無差別型マーケティングは、ターゲット・マーケティングの一手法である。しかし、はじめから市場を同質であるとみなすマス・マーケティングと、市場を分析したうえで市場を単一であると判断する無差別型マーケティングは、ほとんど同じ手法をとることになる。

(2) 差別型マーケティング（分化型マーケティング）

企業が一つひとつの市場セグメントに対応したマーケティング・ミックスを構築し、複数の市場セグメントを狙い、マーケティング活動を展開するものである。最大の売上が期待できるが、その規模ゆえにマーケティング・コストが大幅に上昇する。したがって、企業はスーパーセグメントで事業展開を目指すべきである。スーパーセグメントとは、自社の資源を有効活用できる類似性を持つ複数の市場セグメントのことである。

① 選択的専門化
企業の目的に合わせて魅力的で適切な複数の市場セグメントを選択する。
② 製品専門化
複数の市場セグメントに販売できる1種類の製品に特化する。
③ 市場専門化
特定顧客グループの多数のニーズを満たすことに集中する。

(3) 集中型マーケティング

企業が一つの市場セグメントを狙い、最適なマーケティング・ミックスを構築し、マーケティング活動を展開するものである。ニッチャー企業の基本戦略である。

第14章　消費者行動と市場戦略　**321**

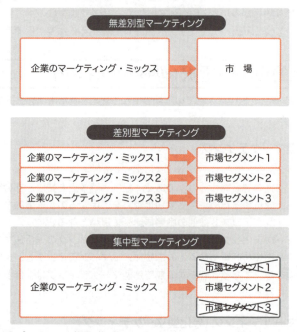

出典:『マーケティング原理 第9版』P.コトラー、G.アームストロング著 ダイヤモンド社を加筆

4 ポジショニング分析

R01-32
H25-27
H22-29
H21-28
H20-36

(1) ポジショニング分析

ポジショニング分析とは、自社製品の見直しや、新市場への参入を目的として、消費者の心の中における製品(ブランド)間の相対的な位置づけを明確にする手法である。したがって、心理的な要素である消費者の知覚に焦点があてられる。位置づけを明文化したものをポジショニング・ステートメントという。

製品(ブランド)ポジショニング分析では、ポジショニング・マップ(知覚マップ、選好マップ)が使われる。ポジショニング・マップはその製品が消費者の意識のなかでどのようなポジションを占めているかを視覚化したものであり、自社製品(ブランド)を客観的に位置づけ、消費者の知覚に基づいて、競合関係を明確にする。既存製品では充足されていないが、消費者の欲求理想点が多く分布しているポジションに焦点を絞るなど、今後の製品開発の方向性を明らかにする。ポジショニング・マップの座標軸には、製品の特徴を最もよく表す属性やイメージがあてられ、各象限に各製品やブランドをプロットする。しかし、開発中の製品や当該製品と競合する既存製品を対象として、消費者のポジショニング・マップを作成した場合に、開

発中の製品が空白領域に位置づけられたとしても、その製品に消費者ニーズや市場性があるとは限らないのことに留意する必要がある。

製品やブランドの代わりに、企業イメージをポジショニングし、CI（コーポレート・アイデンティティ）戦略に活用することもできる。

【ポジショニング分析の事例（乗用車の場合）】

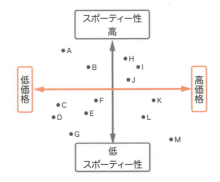

（A～Mは車名を示す）

(2) ブルー・オーシャン戦略 (Blue Ocean Strategy)

企業と顧客の両方に対する価値を向上させるバリュー・イノベーションを行うことで、競争のない未開拓市場を切り拓くことができるという経営戦略論である。W.チャン・キムとレネ・モボルニュは、競争の激しい既存市場である「レッド・オーシャン（赤い海）」から抜け出し、競争自体を無意味にする未開拓の市場「ブルー・オーシャン（青い海）」を創造すべきと指摘している。

5 市場の種類

(1) 市場の分類

市場の大きさは、特定の製品やサービスに対して存在していると思われる買い手の数で決まる。市場の種類は5つに分類できる。

① 潜在市場
潜在市場とは、製品やサービスに対し、十分なレベルの関心を持っていると表明している消費者の集合である。

② 有効市場
有効市場とは、関心、収入、特定の製品またはサービスへのアクセスを備えた消費者の集合である。

③ 有資格有効市場
たばこやアルコールなど、購入するために必要な一定の基準や資格を満たしていることに加えて、有効市場の条件を満たしている消費者の集合である。

第14章 消費者行動と市場戦略 323

④ **標的市場**

標的市場とは、有資格有効市場の中で企業が追求すると決めた部分のことである。

⑤ **浸透市場**

浸透市場とは、過去に企業から製品を購入している消費者の集合である。

厳選!! 必須テーマ［○・×］チェック —第14章—

過去 20 年間（平成 13 ～令和 2 年度）本試験出題の必須テーマから厳選！

■■■■ 問題編 ■■■■　Check!!

問1 (R02-32改題)　　　　　　　　　　　　　　　　　　　　　　　　［○・×］
調査を実施する前に、社外ですでに行われた調査や報告などA社にとっての一次
データを入手できないか、十分に検討する必要がある。

問2 (H22-27)　　　　　　　　　　　　　　　　　　　　　　　　　　［○・×］
バラエティ・シーキングとは、低関与製品のうち、ブランド間の差異が小さい場
合にみられる頻繁なブランド・スイッチングのことをいう。

問3 (H24-26)　　　　　　　　　　　　　　　　　　　　　　　　　　［○・×］
関与が高まってくると消費者の注意や情報探索の量が増加する。

問4 (H26-30)　　　　　　　　　　　　　　　　　　　　　　　　　　［○・×］
消費行動の分析においては、一般的に消費者個人ではなく、家族という生活単位、
あるいは家計という契約単位が基本的な分析の単位として用いられる。

問5 (H27-31)　　　　　　　　　　　　　　　　　　　　　　　　　　［○・×］
人は、購入した商品は最良と思う一方で、他の商品のほうがよかったのではない
かとも考える。こうした2つの認識の矛盾から高まる心理的な緊張状態をサイコグ
ラフィックスという。

問6 (H25-25)　　　　　　　　　　　　　　　　　　　　　　　　　　［○・×］
製品カテゴリー横断的な幅広い知識を持ち、さらには知識を伝える方法も幅広く
持っていることに特徴づけられる情報発信型消費者はリードユーザーと呼ばれている。

問7 (H29-35)　　　　　　　　　　　　　　　　　　　　　　　　　　［○・×］
準拠集団とは、消費者の態度や行動の形成に影響を与える所属集団のことである。

問8 (H20-38改題)　　　　　　　　　　　　　　　　　　　　　　　　［○・×］
サイコグラフィック変数は、消費者調査によって入手する。

問9 (H20-38)　　　　　　　　　　　　　　　　　　　　　　　　　　［○・×］
デモグラフィック変数には、性別、年齢、所得などが含まれる。

問10 (R01-27)　　　　　　　　　　　　　　　　　　　　　　　　　[○・×]

　BtoBマーケティングにおいては組織的な購買が行われることが多いが、購買担当者の個人的特性に基づく市場細分化が有効な場合がある。

■■■ **解答・解説編** ■■■

問1　×：一次データとは、調査している特定の目的のために新たに能動的に収集される情報であり、社外ですでに行われた調査や報告は二次データである。

問2　×：低関与製品のうち、ブランド間の差異が大きい場合にみられる頻繁なブランド・スイッチングのことである。

問3　○：購買関与度が高いほど、消費者の購買前の情報探索量は大きく広範囲に渡る。

問4　×：消費行動の分析では、家族という社会単位、あるいは家計という経済単位が用いられる。

問5　×：ある商品を購入した後に、その購入が正しい選択であったかどうかを疑う気持ちは認知的不協和である。

問6　×：マーケット・メイブンと呼ばれている。

問7　×：所属集団に限らず、あこがれや参加・所属を熱望する非所属集団も準拠集団に含まれる。

問8　○：主観的変数であるため、消費者調査を行って入手する。

問9　○：人口統計的変数の内容として、適切である。

問10　○：設問文のとおりである。

2次 がついた項目は2次試験でも活用する知識です

本章の体系図

本章のポイント

- 製品の概要を知り、製品戦略、ブランド戦略を理解する
- 様々な種類の価格設定方法を理解する
- 流通チャネルの選択、管理の方法について理解する
- 物流戦略について理解する
- 様々な種類のコミュニケーション戦略について理解する

第 15 章

マーケティング・ミックスの展開

I 製品戦略

II 価格戦略

III 流通チャネル戦略

IV コミュニケーション戦略

I 製品戦略

1 マーケティングにおける製品

(1) 製品

　製品とは、ニーズやウォンツを満たす目的で市場に提供され、注目・獲得・使用・消費の対象となるすべてのものである。広義には、物的生産物・サービス・イベント・人材・場所・組織・アイディア（アイデア）、またはこれらを組み合わせたものである。

　製品が有する価値は4つに分類することができ、最下位概念である基本価値から段階的に発展していく。消費者の主観的な価値である感覚価値と観念価値が製品のブランド価値となるが、最上位概念である観念価値が真のブランド価値である。

　ある製品を顧客の立場から捉え、その製品が誰にとって、どのような時に、どのような問題解決をするものであるかを表現したものを製品コンセプトという。

【製品の価値】

基本価値	製品が属する製品カテゴリーに存在するために必要な価値である。
便宜価値	製品の購買や使用などにおける利便性に関する価値である。
感覚価値	消費者に楽しさを与える価値や五感に訴求する価値である。
観念価値	品質や機能以外に製品が持つ意味やストーリーにより生み出される価値である。

出典：『マーケティング用語辞典』和田充夫他編　日本経済新聞社をもとに加筆

(2) 製品の3層構造

　製品は、単に有形の特徴によってのみ構成されているのではなく、顧客自らのニーズを満足させるようなベネフィットの複雑な束であり、3つの階層に分解することができる。

【製品の階層構造】

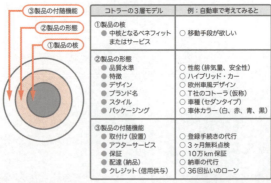

出典：『マーケティング原理　第9版』P. コトラー、G. アームストロング著　ダイヤモンド社を一部加筆

① **製品の核**…顧客が実際に何を買っているのかという問いを提示するものであり、顧客の抱える問題解決の手段となる中核的なベネフィットで構成される、本質的な部分である。
② **製品の形態**…実際に見たり触れたりできる部分で、品質水準・特徴・デザイン・ブランド・パッケージなどの特性を持つ部分である。
③ **製品の付随機能**…製品のうち、付随的なサービスを提供する部分である。

2 製品ミックス（プロダクト・ミックス）

R02-32
H29-31
H23-27

製品ミックスとは、ある特定の販売業者が購買者に販売するために提供する製品ラインおよび製品アイテムの集合である。企業の製品ミックスは、「幅」「深さ」「整合性」「長さ」の4つから構成される。卸売業や小売業の品揃えは、商品の幅（狭い、広い）と深さ（浅い、深い）によって、相対的に表現される。

幅が広く、奥行きも深い製品系列を有する消費財メーカーは、それを経営資源として活用し、流通業者から有利な取引条件を引き出せる可能性をもっている。

【 製品ミックス 】

	定義	例
幅	企業が提供している製品ラインの数	●ある企業は、家庭用洗剤、医薬品、化粧品、介護用品の製品ラインを有している
深さ	1つの製品ラインにおいて有している製品アイテムの数	●ある企業の家庭用洗剤には、5つのタイプと3つのサイズがある
整合性	用途、生産、流通チャネルにおいて、取扱対象となっている製品ラインに認められる関連性の密接度	●ある企業の製品ラインは、同じ流通チャネルを利用している消費財という点では整合性が高い。しかし、顧客に対してまったく違う機能を提供している点では、整合性が高いとはいえない。
長さ	企業が扱っている総アイテム数	●ある企業は、約15,000のアイテムを取り揃えている

3 消費財と生産財

製品の分類は、企業がマーケティング戦略を立案する場合に有用な情報を提供する。製品は、対象とする市場あるいは使用目的によって、消費財と生産財（産業財）に大別できる。同じ製品でも、消費財となる場合や生産財となる場合がある。

(1) 消費財と生産財（産業財）

① 消費財…個人的な消費のために最終消費者が購入する製品である。
　例 主婦が自己消費目的で購入するコーヒー豆
② 生産財…個人や組織がさらに加工したり、ある業務を行ったりする目的で購入する製品である。
　例 喫茶店の店長が業務目的で購入するコーヒー豆

第 15 章　マーケティング・ミックスの展開　**331**

【製品の分類】

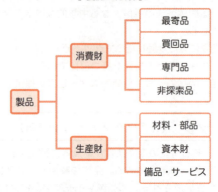

【消費財と生産財】

	消費財	生産財（産業財）
購買者	最終消費者	企業・公共機関
市場	水平的・開放的市場	垂直的・限定的市場
生産	大量生産	少量生産・受注生産
商品知識	十分な商品知識は不要	豊富な専門知識が必要
一回の購入量	少量	大量
購買動機	衝動的・感情的・習慣的	計画的・合理的・理性的
購買態度	個人的・感情的・趣味的・嗜好的	製品の能力・生産性・採算性を重視
購買頻度	多い	少ない
購買目的	個人的消費満足	使用による利益
需要の価格弾力性	大きい	小さい（短期的には需要の逆弾力性が作用する）
販売戦略	プル戦略	プッシュ戦略

(2) 消費財の分類（コープランド・コトラーの分類）

H23-31
H21-25

コープランドは、消費財を消費者の購買慣習によって「**最寄品**」「**買回品**」「**専門品**」の３つに分類している。コトラーは、第４の消費財として「非探索品」を分類に含めている。

① 最寄品
消費者が通常、頻繁にその場で購買し、類似品との比較や購買に対して最小の努力しか払わない消費財である。食料品や日用品など、比較的単価が安く、身近な小売店において購入することが多い。

② 買回品
選択と購買の過程で、顧客が自身への適合性・品質・価格・スタイルなどの基準で比較する消費財である。製品を購入する際に十分に比較検討した後に購入することが多い。

③ 専門品

固有の特性ないしはブランド・アイデンティティを持つものであり、特定の買い手グループが製品を買うために努力を惜しまない消費財である。製品の単価が高く、十分に計画したうえで購入することが多い。

④ 非探索品

消費者が製品を認知していても認知していなくても、普通なら購買しようと思わない消費財である。墓石、生命保険などの購買が該当する。製品の認知度が低いため、ほとんど関心はない。むしろ、嫌悪感といったマイナスの関心を持っている場合がある。

【 消費財の分類 】

	最寄品	買回品	専門品	非探索品
消費者の購買行動	購買頻度は高い、計画性は少ない、比較や購買に対しての努力は小さい、顧客の関与は小さい	購買頻度は低い、計画性と購買の努力は大きい、価格、品質、スタイルに基づきブランドを比較	強力なブランド選好とロイヤルティ、特別な購買の努力、ブランドの比較に対して小さな努力、価格感応度は低い	製品の認知度や知識は低い（認知しているとしても、関心はほとんどないか、またはマイナス）
価格	低価格	価格は高め	高価格	さまざま
販売方法	幅広く販売、便利な立地	少数の店舗で選択的に販売	商圏ごとに1店ないし少数の店舗で独占販売	さまざま
プロモーション	生産者によるマス・プロモーション	生産者と小売業者による広告と人的販売	生産者と小売業者による、慎重にターゲットを絞ったプロモーション	生産者と小売業者による積極的な広告と人的販売
例	歯磨、雑誌、洗濯用洗剤	大型家電、テレビ、家具、衣類	ロレックスの時計、良質のクリスタル製品などの贅沢品	生命保険、赤十字への献血

出典：『マーケティング原理 第9版』P.コトラー、G.アームストロング著　ダイヤモンド社

(3) 生産財の分類

コトラーは、生産財を用途によって「材料・部品」「資本財」「備品・サービス」の3つに分類している。

材料・部品は、完全にメーカーの製品の一部になるものをいい、原材料や加工材料・部品がある。資本財は、装置や付随設備など、寿命が長く、最終製品の開発や管理に利用されるものをいう。備品・サービスとは、寿命が短い物品および対事業所向けサービスのことで、産業用備品や保守・修繕備品、保守・修繕サービスなどをいう。

生産財の購買は、しばしば多額の金銭や複雑な技術的、経済的検討を必要とし、さらに組織の多くのレベルで多くの人々が相互に関わってくる。購買が複雑になれ

ばなるほど、購買決定にかかる時間は長くなる。

4 新製品開発

(1) 新製品開発のプロセス

　新製品の開発は、企業の経済的な価値を高めるものでなければならない。最小のリスクで、最大の利益を生み出す新製品が開発され、市場に送り出されることが理想である。

　そのため、新製品開発への投資がなされる前に、新製品開発のプロセスを体系化することが重要である。これにより、新製品開発のリスクを低減し、新製品の成功率を高めることができる。

　一般的に新製品開発のプロセスは、次の6つに分解できる。

【 新製品開発のプロセス 】

① アイディアの創造（アイディアの創出）

　新製品のためにアイディアを体系的に探索する段階である。アイディアは社内、社外のあらゆる情報源から収集される。

　アイディアの創造を活発化させるため、自由発想法（ブレインストーミング法、ブレインライティング法、ゴードン法など）や強制発想法（ナインチェックリスト法など）といった科学的な手法が活用される。

② アイディアのスクリーニング（選別・評価）

　新製品のためのアイディアを審査し、できるだけ迅速に良いアイディアを選び出し、取るに足らないアイディアを捨てる段階である。新製品のプロトタイプ（試作品）を開発するには多額のコストがかかるため、不必要なコストを節約する目的で行われる。

　スクリーニングの段階では、潜在性が高いアイディアを誤って除去する「ドロップ・エラー」や、潜在性が低いアイディアを採用して開発をすすめてしまう「ゴー・エラー」の危険があるため、主観を排除し、客観に徹することが重要である。

③ 事業性の分析

　新製品の売上・コスト・利益計画を見直し、これらの要因が企業目的を達成しているかどうかを判断する段階である。事業性の分析では、「定性的な評価」と「定量的な分析」が行われる。

定性的な評価では、主に顧客の選好を調査し、製品の特徴を明確化する。この時点で、新製品のアイディアは製品コンセプトとしての性格を持つ。**製品アイディア**は、企業が市場に提供する可能性のある製品を指しているが、**製品コンセプト**は、これを顧客の立場から捉え、その製品が誰にとって、どのような時に、どのような問題解決をするものであるかを表現したものである。これにより、製品のポジショニング分析が可能となり、定量的な分析を行うことができる。

定量的な分析には、次のようなものがある。

(a) 需要性分析…潜在売上高や成長性、消費者の購入率などを短期的、長期的に分析する。

(b) コスト分析…総コスト、単位当たりコストを明確にし、損益分岐点、投資回収率などを予測する。

(c) 競争分析…競合他社の類似製品や潜在的な競合企業、市場獲得シェアなどを分析する。

④ 新製品の開発 (試作品の開発、プロトタイピング)

製品のアイディアが具体的な製品として実現できるかどうかを確かめるために、製品のコンセプトを実際の製品に発展させる段階である。試作品 (プロトタイプ) は複数作られることが多く、反応は消費者モニターを使って調査され、最終的に顧客の満足を得られるものに候補が絞り込まれる。

⑤ テスト・マーケティング (市場テスト)

H22-25
H19-31

新製品の開発段階において、実際的なセッティングの中で製品と他のマーケティング・ミックスをテストする段階である。候補にあがった新製品は、実際の市場で消費者の受容性テストを受ける。適切なテスト結果を得るために、製品の属性は極力変更しないことが重要である。

テスト・マーケティングは、金銭的なもの、流通業者との取引関係、企業イメージといったリスクを回避するだけでなく、プロモーション戦略や価格戦略の策定を目的としている。複数のプロモーション手段や価格設定を試行した結果に基づいて、マーケティング戦略の修正などを行い、市場導入の準備を行う。

テスト・マーケティングは、実際に導入する市場に状況が似ている地域を選んで実施する。日本全国を標的市場とする場合は、人口統計学的環境が似ている静岡市や札幌市等が選択されることが多い。

⑥ 市場導入

新製品を市場で売り出す段階である。テストの結果に基づいて、各種の最終調整を行い、製品が本格生産され、新製品が実際の市場に導入される。この段階では、市場導入のタイミングを見極めることが重要となり、場合によっては、導入延期も検討する。

(2) 新製品開発の資金調達

R01-30

デジタル・マーケティングでは、製品開発のための資金をオンライン上の多数の消費者から調達する**クラウド・ファンディング**の手法がしばしば用いられる。

第 15 章 マーケティング・ミックスの展開 **335**

5 製品ライフサイクル

R01-28
H28-31
H26-01
H24-31

(1) 製品ライフサイクル

製品ライフサイクル（プロダクト・ライフサイクル：PLC）は、ある製品が市場に登場してからやがて消え去るまでに、売上と利益がたどる変化の過程のことで、導入期・成長期・成熟期・衰退期の4段階に分類できる。

　導入後売上が急速に上昇し、成熟期を経ずに短期間で衰退期を迎えるファッドと呼ばれるものや、成熟期を長く過ごすロング・セラー（定番商品）などもある。

① 導入期

企業が新製品を市場に導入する段階である。この時期は、製品の売上が伸びず、販売促進などに多くのコストを必要とするため、通常、利益はマイナスか、あったとしてもごくわずかである。製品も完全とはいえず、改善の余地が多く残されている。

　導入期の最大の課題は、自社のブランドを確立（製品認知）し、市場を創造することである。多くの消費者は、市場導入された新製品のベネフィット（便益）や使用方法はもとより、その存在すら知らないからである。

② 成長期

製品の売上が急速に上昇する段階であり、全体としての市場規模も急成長する。初期購入者が再購買するとともに、多くの新規購入者がこれに追随する。導入期や成長期において市場の業界標準が成立する場合、これに準拠する、または対抗するなど、成立した業界標準に対応したマーケティングを実行することが望ましい。また、新たなマーケティング機会を目指して、競争企業が類似製品で参入してくるので、ブランド・ロイヤルティを確立することが重要になる。

　競合ブランド間で激しい競争が行われる時期である。成長期の課題は、急速に成長する市場に対応するため、流通チャネルを重視して、スムーズな市場浸透を図ることである。

③ 成熟期

製品の売上が急速に鈍化する段階である。通常、期間は製品ライフサイクルの4段階のなかで最も長い。今日、多くの製品が成熟期にある。主要顧客は市場動向や他者の行動を見ながら、製品・サービスの購入を決める追随型採用者である。新規購入の需要よりも、買い替えや買い増しの需要が中心になる。

　成熟期の課題は、自社ブランドの売上高を増大させるため、他社ブランドの市場シェアを獲得することである。ただし、競争企業とのブランド間の技術的な差異はなくなるので、パッケージなど製品の副次的な機能での差別化が必要になる。ポジショニング分析による自社製品独自のポジションの確立が重視され、プロモーション戦略では、イメージ広告が重視される。売上の鈍化は激しい競争圧力を高め、市場から撤退する企業が出始める。

④ 衰退期

製品の売上高と利益高が急速に減少する段階である。消費者ニーズにマッチした他社の代替製品が参入することによって、自社の製品は衰退していく。衰退の原因

336　第1部　テキスト

は、技術革新やトレンド、政治的な規制、海外製品の参入などである。

衰退期には、ブランドの全面的なモデルチェンジか撤退が検討される。モデルチェンジを行う場合、単なる改良ではなくイノベーションを伴ったものでなければならない。新しいマーケティング・ミックスを構築し、従来とは異なったポジショニングを行う必要がある。撤退の場合は、収穫戦略を実施し、追加投資をせずに利益を最大限に搾りとることが求められる。衰退期で、ある製品に過度に投資を行うことは、経営効率を悪化させるばかりか、新たな製品への移行を阻害することになり好ましくない。衰退期の重要な課題は、撤退のタイミングを見逃さないことである。

留意すべきことは、売上高の減少が必ずしも衰退期を意味しないことである。売上高の減少の原因が、製品の寿命からではなく、不適切なマーケティング戦略が原因のケースもあるからである。

【 製品ライフサイクル曲線と各段階の特徴 】

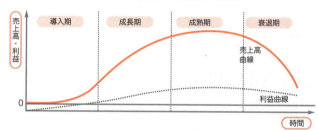

		導入期	成長期	成熟期	衰退期
特徴	売上	低	急成長	ピーク(低成長)	低下
	コスト	高	平均	低	低
	利益	マイナス	上昇	高	低下
	顧客	革新者	初期採用者	前期大衆 後期大衆	採用遅滞者
	競争者	ほとんどなし	増加	安定	減少
マーケティング目標		知名度の向上と製品の試用	シェアの最大化	利益の最大化とシェア維持	支出削減と円滑な市場撤退
戦略	製品	標準的な製品	製品の拡張、サービスと保証の充実	多様なブランド・モデルの開発	弱小アイテムのカット
	価格	コストプラス法による価格設定	市場浸透価格	競争者対応による価格設定	価格の切下げ
	チャネル	選択的	開放的	より開放的	選択的(不採算店舗の閉鎖)
	広告	初期採用者と流通業者への知名度向上	大衆(前期大衆、後期大衆)への知名度と関心の喚起	自社ブランドの差別的優位性の強調(他社との差別化)	メイン顧客を維持できる必要最低限の水準まで削減
	販売促進	消費者の試用を喚起するため、集中的に実施	消費者需要が大きいため削減	ブランドスイッチを狙うため増加	最小限に削減

出典:『マーケティング原理 第9版』P.コトラー、G.アームストロング著 ダイヤモンド社をもとに作成

(2) 計画的陳腐化政策

計画的陳腐化とは、既存製品の寿命を計画的に短縮することによって陳腐化させ、消費者の取替需要を喚起するマーケティング手法である。製品差別化が高度にすすんだ段階で、物理的にはまだ十分に能力を持っている既存製品について、計画的・定期的に機能、デザイン、スタイルを変更する。つまり、製品ライフサイクルのコントロールにより、既存製品を心理的に流行遅れ・旧型化することで新たな需要を

喚起するものである。例えば、自動車は、マイナーチェンジという形で性能の大幅な変更はないものの、デザインやスタイルといった細部を変更し、消費者の買い替え需要を喚起している。

計画的陳腐化の方法には、機能的陳腐化、心理的陳腐化、物理的陳腐化の3つがある。しかし、物理的陳腐化を計画的陳腐化の一形態とはみなさない主張もある。例えば、3年経過すると意図的に壊れるテレビを作ることは、社会的責任を果たしているとはいえないからである。したがって、天然資源の浪費や旧型モデルの処理といった問題と企業の社会的責任を十分に検討した上で計画的陳腐化政策の採用を判断すべきである。

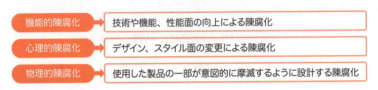

6 製品差別化戦略

(1) 製品差別化

製品差別化とは、自社製品を他社製品から区別させるため、品質、デザイン、イメージ、ブランド、包装、販売条件、付帯サービスなどの特徴を付け加え、この特徴を買い手に強調することである。同一の業界内において、企業間の製品の機能面にあまり差異がない場合、価格競争は競争者相互に不利益をもたらす。このような状況において、企業は製品差別化を行う。

製品差別化によく似た概念に非価格競争がある。非価格競争とは、製品やサービスの価格ではなく、品質、デザイン、ブランド、包装、販売条件、付帯サービスなどの面で展開される企業間競争のことである。

(2) 製品差別化のポイント

企業が製品差別化を図る場合、自社製品のどの部分に競合製品との差別化のポイントを持たせるかが重要になる。製品差別化のポイントは、次の3つである。

【 製品差別化のポイント 】

差異	説明	例
物理的な差異	製品の用途が同じで、製品の性能、構造、デザインなどに差異がある場合に生じる。	性能、機能、構造、素材、品質、デザインなど
イメージ的な差異	広告などの説得的な販売促進によって、消費者がその製品に対してブランド選好を持っている場合に生じる。	企業イメージ、ブランド、ネーミング、ラベル、包装・容器、広告など
サービス的な差異	情報提供、アフターサービス、信用供与などの付帯サービスに違いがある場合に生じる。	情報提供、アフターサービス、信用供与など

　企業は製品ライフサイクルにおける成長期の初めの時期には、製品の機能や性能で差別化を図ることが多い。しかし、製品間の競争が進むと、製品間の性能や機能が均質化・同質化し、製品の物理的な差異だけでは差別化を図ることが困難になる。加えて、消費者は製品相互間のわずかな違いを非常に気にするようになる。そのため、成熟期の段階では、イメージ的な差異やサービス的な差異で差別化を図るようになる。

(3) 製品差別化の種類

　代表的な製品差別化には、次のものがある。

① パッケージング

　パッケージング（包装） とは、製品を入れる容器や包装紙をデザインし、生産することである。効率的な輸送や製品の保護だけでなく、パッケージによって製品の魅力を高め、興味の喚起から製品の説明、販売まで行う必要がある。開けやすい・使いやすいなどの便宜価値や、デザインのイメージが中身にまで伝わるような感覚価値などでパッケージの価値を高める。包装は「個装」「内装」「外装」の3種類からなる。また、流通段階に応じて、製品の効率的な物流のための「工業包装」と、製品の保護や販売促進を目的とする「商業包装」に分類できる。

【 包装の種類 】

個装	物品個々の包装をいい、物品の商品価値を高めるため、または物品を保護するために適切な材料容器などを物品に施す技術及び施した状態をいう。
内装	包装貨物の内部の包装をいい、物品に対する水、湿気、高熱、衝撃などを考慮して、適切な材料、容器などを物品に施す技術及び施した状態をいう。
外装	包装貨物の外部の包装をいい、物品を箱、袋、たる、缶などの容器に入れ、もしくは無容器のまま結束し、記号・荷印などを施す技術及び施した状態をいう。

② ユニバーサル・デザイン

　ユニバーサル・デザインとは、バリアフリーの観点から、まちづくりや商品のデ

ザインなどにおいて、国籍、年齢、障害の有無に関係なく、誰もが利用しやすいように考えられたデザインのことである。バリアフリーは、デザイン対象を障害者や高齢者に限定している点で、ユニバーサル・デザインとは異なる。

(4) 製品差別化と市場細分化の違い

製品差別化と市場細分化はブランド化へのシナリオの中核にある考え方で、両者はしばしば代替的な関係に置かれる。

① 製品差別化

製品差別化は、"同種製品に対する需要は同質である"という「同質市場」を前提としている。製品差別化戦略では、多くの個別市場の需要を少数の製品ラインに集合させ、強力に広告や販売促進活動を行うことによって、少数の製品ラインに購買を集中させる。「供給側」の意思へ需要を引き寄せることにより、「水平的」な市場シェアを獲得する。製品差別化を通じた競争は、競争相手に対して正面から挑戦していく性格を持つ。

② 市場細分化

市場細分化は、"同種製品に対する需要は異質である"という「異質市場」を前提としている。市場細分化は数多く分散した需要そのものに対して、製品ラインやマーケティング・ミックスを合致させるものである。「需要側」に立って、需要の要求に合致していくことにより、「垂直的」な市場シェアを獲得する。市場細分化を通じた競争は、競争相手に対して側面から挑戦していく性格を持つ。

(5) 経験価値マーケティング

競争困難な製品やサービスではなく、付随する経験そのものをマーケティングの対象としてデザインすることを経験価値マーケティングという。製品やサービスをプロモーションする際、特徴やベネフィットを伝えるだけでなく、ユニークで興味深い経験と結びつける手法である。

製品・サービスが外面的なものであるのに対し、経験は個人の意識のなかだけに存在するものである。魅力的な経験（エクスペリエンス）を提供することによってもブランド・ロイヤルティを高めることができる。

7　ブランド戦略

(1) ブランドとは

① ブランドの定義

ブランドとは、自社の商品・サービスを、他社の商品・サービスと区別し、識別するための総称である。AMAは、ブランドを「ある売り手の財やサービスを、他の売り手のそれと異なるものと識別するための名前、用語、デザイン、シンボル、およびその他の特徴」と定義している。

消費者はブランドを製品構成の重要な要素とみなしているため、ブランド化（ブ

ランディング）によって製品に価値を付加することができる。

② ブランドがもたらす効果

優れたブランドは、**価格プレミアム効果**と**ロイヤルティ効果**を事業にもたらす。価格プレミアム効果とは、他社の同等の製品・サービスよりも高価格で、自社の製品・サービスを販売できるという効果である。ロイヤルティ効果とは、顧客が自社の製品・サービスを繰り返し購買するようになるという効果である。

さらに、流通業者の協力と支援の獲得、プロモーションの容易化、ライセンス付与やブランド拡張の機会の獲得、知覚の変化、といった効果も生じる。

(2) ブランドの機能

H24-30
H23-27

マーケティングにおけるブランドの機能には、「保証機能」「差別化機能」「想起機能」がある。想起機能は、製品カテゴリーの提示のみで特定ブランドが想起される「ブランド再生」と、ブランドの提示と連動して何らかの知識やイメージ、感情が想起される「ブランド連想」に区別できる。

【 ブランドの機能 】

保証機能 （品質保証機能）	そのブランドが誰に、どこで作られたのかを表す出所表示や品質保証として信頼を与える機能
差別化機能 （識別機能）	消費者が当該製品と他の類似する製品を識別する機能
想起機能 （意味づけ・象徴機能）	当該ブランドが独自に持っている意味や価値を消費者に与える機能

(3) ブランド・エクイティ（ブランド資産価値）

R02-34
H28-31
H26-32
H23-27
H22-29
H21-28
H19-36

ブランド・エクイティとは、製品やサービスに与えられた付加価値のことであり、企業にとって心理的価値と財務的価値を持つ重要な無形資産となる。

業界内の製品が品質、デザイン、イメージ、ブランド、付帯サービスなどで差別化されている場合、新規参入企業にとっては大きな参入障壁となる。差別化された製品が、強力なブランド・イメージを持ったブランド・エクイティを確立している場合、新規参入は困難をきわめる。

【 ブランド・エクイティとブランド知識に関連する用語 】

ブランド・エクイティ	ブランドの名前やシンボルと結びついた資産と負債の総和(正味資産)であり、①ブランド・ロイヤルティ、②ブランド認知、③知覚品質、④ブランド連想、⑤その他の所有資産(特許、商標、チャネル関係など)から構成される。ブランドの総合力を表す概念でもある。
ブランド・アイデンティティ	ブランドを通じて企業が消費者に伝達することを明確化したもの、すなわち、企業が顧客の頭や心の中に何を築きたいのか、顧客とどんな約束・契約をしたいのかをいう。機能だけでなく、情緒・自己表現も考慮する。ブランド・エクイティを確立するうえで特に重要な概念である。
ブランド・パーソナリティ	ブランドが有する人間的特徴の組み合わせであり、消費者は自分のパーソナリティに合うブランドを選ぶ傾向がある。ブランド・パーソナリティが持つ特性には、誠実、興奮、能力、洗練、無骨の5つがある。
ブランド・ロイヤルティ	ある特定ブランドに対する消費者の忠誠心のことであり、特定ブランドに強い愛顧を持ち、そのブランドに執着している状態をいい、ブランド・エクイティの中核となる要素である。近年では、消費者のブランドに対する愛顧度という意味で、「ブランド・パトロナージュ」を用いることがある。
ブランド認知	ブランドがある製品カテゴリーに属していることを消費者が認識あるいは想起できることである。ブランド認知は、"深さ"(ブランドを思い出す容易さ)と"幅"(ブランドが思い出される購買状況や使用状況の範囲)という2次元から捉えることができる。
知覚品質 (品質イメージ)	消費者が判断した品質に対する主観的な評価のことをいう。反対に、製品テストや仕様などによって客観的に測定される品質を客観品質という。
ブランド連想 (品質連想)	ブランドに関する記憶と関連するすべてのものである。ブランド連想には、"強く"(思い出されやすい連想)、"好ましく"(消費者が魅力的と感じ、なおかつコミュニケーション活動などを通じてより多くの消費者に伝達しやすい連想)、"ユニーク"(競合ブランドにはない独自性の高い連想)であることが求められる。
ブランド知識	ブランドから連想されるすべての考え、感情、イメージ、経験、信念である。ブランド知識は、ブランド認知とブランド・イメージに区別できる。
ブランド・イメージ	あるブランドについて考えたときに消費者が心の中に浮かぶ連想の集まりである。ブランド・イメージを構築するということは、消費者の頭の中でブランドとブランド連想を結びつけることである。

(4) ブランド知識

　企業のマーケティング活動に対する消費者の反応は、消費者が持っている知識の違いによって異なり、その反応の違いが売上や利益といったマーケティング効果にも違いをもたらす(差異的効果)。ブランド知識とは、この消費者の頭の中にあるブランドに関する知識のことである。消費者の頭の中に優れたブランド知識を構築することで、強いブランドを構築することができる。

　ブランド構築のモデルでは、「深くて広いブランド認知」→「強くて好ましくてユニー

クなブランド連想」→「肯定的で親近感のある反応」→「強くて積極的なロイヤルティ」へとステップアップしていく。

　ブランド知識を構築するには、①一般的なマーケティング手段、②2次的連想（他の連想から借り受けた連想）、③ブランド要素、の3つの手段がある。

(5) ブランド要素（ブランド・エレメント）

H27-32
H23-27
H21-28
H19-25

　ブランド要素とは、自社の商品・サービスを他社の商品・サービスと区別する要素（エレメント）のことである。ブランド要素は、ビジュアル（視覚的訴求）、サウンド（聴覚的訴求）、タッチ（触覚的訴求）、言語的意味、によってエクイティ構築に貢献する。しかし、それぞれの要素が担う役割が同じではなく、各ブランド要素には得意とする面と苦手とする面がある。

① ブランド・ネーム…ブランドの名前のことである。ブランド・ネームは、簡潔で覚えやすく、意味を有している、などの条件を満たしている必要がある。

② ロゴ…企業名、商標、マークのことである。ダンヒルやコカ・コーラなどの言語的なロゴと、ヤマト運輸の猫マークやアップル社のりんごマークなどの非言語的なロゴに分けることができる。商標には、商品に付与される商品商標と、サービスに付与されるサービスマーク（役務商標）がある。

③ シンボル…ブランドを表すマークのことである。ナイキの"スウォッシュ"やマクドナルドの"Mマーク（ゴールデンアーチ）"などが有名である。

④ パッケージ…商品の包装や容器のことである。多くの消費者は、コカ・コーラの黒いボトルを鮮明に覚えている。

⑤ スローガン…ブランドの特徴を伝える短いフレーズのことである。ナイキの"Just do it"や、セブン-イレブンの"セブン-イレブン、いい気分"などが有名である。

⑥ キャラクター…シンボルやマークの特別なタイプで、実在もしくは架空の人物、動物を表現したものなどがある。ケンタッキー・フライド・チキンの"カーネル・サンダース"やソフトバンク・モバイルの"お父さん犬"などが有名である。

⑦ ジングル…音楽によるブランド・メッセージである。日立グループのCMで流れる"この木なんの木、気になる木…♪♪"のメロディは、耳に残っている方が多いのではないだろうか。

【 ブランド要素の基本特性 】

ブランド要素	視覚	聴覚	触覚	言語性
ネーム	○	○		高
ロゴ、シンボル キャラクター	○			中
スローガン ジングル		○		高
パッケージ	○		○	低

出典：『製品・ブランド戦略』青木幸弘・恩蔵直人編　有斐閣アルマを加筆修正

第15章　マーケティング・ミックスの展開　　**343**

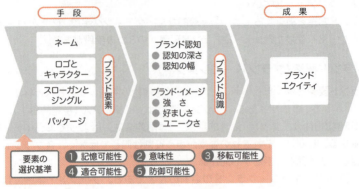

出典：『製品・ブランド戦略』青木幸弘・恩蔵直人編　有斐閣アルマ

(6) ブランド・スポンサー

メーカーは、ブランド・スポンサー設定に当たり、さまざまな選択肢を持っている。製品を生産者ブランド（ナショナル・ブランド）として市場に導入する方式、製品を流通業者に販売し、流通業者がプライベート・ブランドを設定する方式、ライセンス・ブランドを販売する方式、複数の企業が共同ブランドの製品を販売する方式、などがある。

① ナショナル・ブランド (NB：National Brand)

メーカーが所有するブランドである。メーカーは、全国的にテレビや新聞広告などを通じてマーケティング活動を実施しているため、知名度が高いという特徴がある反面、一般的に製品コストが割高となる。

② プライベート・ブランド (PB：Private Brand)

小売業者や卸売業者といった流通業者が所有するブランドのことで、プライベート・レーベル (Private Lavel) ともいう。一般的に、ナショナル・ブランドよりも販売価格が安く設定される。小売業者が所有するブランドを指すストア・ブランド (SB) もプライベート・ブランドの一種である。

流通業者の持っている消費者情報を製品開発に活かすことができるため、消費者ニーズに合致した製品を比較的安価で提供することができる。また、PB商品の導入によって、商圏内の競争関係にある店舗との間で、自らの店舗が独占的状況を作り出しやすくなる。

流通業者が商品企画を行い、生産はメーカーに委託するケースが多いが、生産された製品はすべて買い取ることが求められることが多く、売れ残りのリスクも存在する。品揃えにおけるPB商品の構成比が高まると、消費者の不満を招くことがある。

【 NBとPBの特徴 】

	ナショナル・ブランド (NB)	プライベート・ブランド (PB)
所有者	メーカー	流通業者 (小売業・卸売業)
製造コスト	高い	やや低い
知名度	高い	低い
販売促進コスト	高い	低い
価格	PBよりも割高	NBよりも割安
品質	高い品質を維持できる	消費者ニーズを反映できる
留意点	コスト削減の努力が必要	売れ残りのリスク

③ ジェネリック・ブランド (Generic Brand)

ブランド（商標）を設定せず、製品の一般名のみを記載したもので、ノー・ブランドともいう。包装などの余分な部分を省くことが行われる。製品開発や広告などのコストが削減でき、同等の機能を持つ他製品に比べて安価であることが多い反面、品質のばらつきや、NBと比べた際に価値が低く見られることがある。

④ ミックスド・ブランド

メーカーが同種の製品をNBとPBの2つの用途で供給することである。製品の内容は同一であるが、店先に並ぶブランド名は異なる。

⑤ ブランド・ライセンシング

ブランド保有者が第三者に対し、そのブランドを使用して製品・サービスを開発・販売する権利を付与することである。対価としてブランド使用料を得ることができる。

H21-28

⑥ コ・ブランディング (共同ブランディング)

H28-31
H21-28

コ・ブランディング (Cobranding) とは、異なる2企業の定評あるブランド名を同一製品に使用することをいい、2重ブランディングまたはブランド・バンドリングともいう。

コ・ブランディングは、複数のブランドが有するプラスの影響で、説得力のある製品ポジショニングを設定できる可能性がある。それにより、既存市場での売上増加や新規顧客・新市場の獲得、製品の市場導入にかかるコストの削減が可能となる。

反面、パフォーマンスが不十分だともう一方のブランドもマイナスの影響を受けることや、片方のブランドが多数のコ・ブランディングを行っている場合に連想の効果が希薄化する危険性があること、複数のコ・ブランディングを行っている場合に既存ブランドの焦点がぼやけることがある。

成分ブランディングはコ・ブランディングの一種で、製品に含まれる原材料や部品のブランドを利用して最終製品をブランド化することをいう。"Intel Inside"は、成分ブランディングの代表例である。

(7) ブランドの基本戦略

R02-34
H28-31
H23-27
H21-28
H20-28

ブランド・マネジメントを進める場合、最初に基本方針を決定しておく必要がある。アンゾフの製品・市場マトリックスを参考に、次の4つの類型で示したものを

第15章　マーケティング・ミックスの展開　**345**

ブランドの基本戦略という。ブランドの新規性を横軸に、市場の新規性を縦軸にとり、全体を4つの象限に分けて、①**ブランド強化戦略**、②**ブランド・リポジショニング戦略**、③**ブランド変更戦略**、④**ブランド開発戦略**に分類している。

① ブランド強化戦略 (ライン拡張)

ブランド強化戦略とは、既存市場に既存ブランドを展開するマーケティング戦略である。対象市場もブランドも変更せず、従来のマーケティング戦略を強化する戦略である。自社ブランドの市場浸透が弱い場合や、販売競争が激化しているなかで現状のポジションを維持したいときに有効である。ただし、同一製品カテゴリーにおけるカニバリゼーション (自社内競合) に留意する必要がある。

② ブランド・リポジショニング戦略 (ブランド拡張)

ブランド・リポジショニング戦略とは、新規市場に既存ブランドを展開することである。ブランド・エクステンション (拡張) ともいう。

ポジショニングとは、ライズとトラウトの定義によれば、「見込み客の頭の中で行われる商品の位置づけ」のことである。ブランド・リポジショニング (brand re-positioning) とは、ターゲット市場が変化し、ブランドのポジショニングが適切でなくなった場合に、ブランドの位置づけを再構築し、ブランドを再活性化することである。

ブランド・リポジショニング戦略において、価格帯が低い製品ラインに既存ブランドを付与すると、既存ブランドのイメージが低下する恐れがある。

③ ブランド変更戦略 (マルチブランド)

ブランド変更戦略とは、既存市場に新規ブランドを投入する戦略である。対象市場を変更せず、ブランドのみを変更する。ブランド変更戦略は、値崩れしてきたブランドの廃棄、不祥事を起こしたブランドの立て直し、消費者にとってのブランドの「鮮度」感を維持するときに採用する。また、ブランド変更戦略は、ブランド間の知覚差異は大きいが、製品自体やその購買への関与度は低い、という状況におけるブランド展開で採用されやすい。

④ ブランド開発戦略 (新ブランド)

ブランド開発戦略とは、新規市場に新規ブランドを導入する戦略である。ブランド開発戦略は、未経験の市場に、消費者の認知度がまったくないブランドで新規参入する。したがって、4つのブランド基本戦略のうち、最もリスクが大きく、リターンも大きくなる。飲料や食品、自動車、家電業界などでよく用いられる手法である。

【ブランドの基本戦略】

	既存ブランド	新規ブランド
既存市場	①**ブランド強化** ●対象市場もブランドも変更しない戦略 ●従来の戦略の強化・延長 ●市場への浸透が不十分な場合、市場での競争が激化した場合などにこの戦略が採用される ●リスクは最も低い	③**ブランド変更** ●対象市場は同じだが、ブランドを新規のものに変更する戦略 ●値崩れブランドの廃棄や新規ブランドの鮮度などを訴求できる ●過去に築いてきた知名度やロイヤルユーザーを放棄することになる ●ゼロからのスタートになるので、リスクは高い
新規市場	②**ブランド・リポジショニング** ●既存のブランドのまま、新規市場を狙う戦略 ●対象市場を変更することで、売上の増加を狙う	④**ブランド開発** ●未経験の新規市場に、消費者の認知度のまったくない新規ブランドで参入する戦略 ●最もリスクが高い ●ハイリスク・ハイリターン ●自社が先発ブランドの場合、当該ブランドと製品カテゴリーを結びつける連想戦略を進めるとよいとされる ●自社が後発ブランドの場合、先発ブランドといかにして差別化するかが課題となる

出典:『マーケティング戦略』和田充夫・恩蔵直人・三浦俊彦著　有斐閣アルマ　を一部修正

(8) ブランドの採用戦略

　ブランドの冠し方について、どのタイプを採用すべきか意思決定することを、ブランドの採用戦略という。ブランドの採用戦略は、標的顧客の相対的類似性、製品ライン間のイメージや競争地位の相対的類似性という2つの次元によって整理することができる。

　ブランド採用戦略は、ソニーのように企業名を訴求するケース（企業ブランド）、メビウスのように個別のブランド名を訴求するケース（製品ブランド）が基本パターンである。これらの基本パターンの応用と組み合わせにより、ブランドの採用戦略は、次のようなさまざまなパターンに分化する。

① ファミリー・ブランド戦略（企業ブランド戦略）

　ファミリー・ブランド戦略とは、企業が提供する多くの製品に共通的に用いられる単一ブランド（統一ブランド）のことである。1つの強力なマスターブランドの下に、同一コンセプトの複数の下位ブランド（サブブランド）が存在しているパターンである。

　ファミリー・ブランドとは、ソニーや日立のように、企業の名前がブランド化しているものであり、コーポレートブランドまたは企業ブランドと呼ぶこともある。

② ダブル・ブランド戦略

　ダブル・ブランド戦略とは、1つの製品に二重にブランドを付けるブランド戦略のことである。①メーカーがファミリー・ブランドと個別ブランドを重ねる場合、②メーカーがNBと流通業者（小売業が多い）のPBを重ねる場合、の2つのケース

がある。後者のケースを**ダブルチョップ**という。

③ ブランド・プラス・グレード戦略

ブランド・プラス・グレード戦略とは、グレード（購買対象者）を変えることによって、標的市場の違いに対応しようとするブランド戦略のことである。

企業が扱っている製品ラインの標的市場が異質的（グレードが異なる）で、製品ライン間のイメージや競争地位が同質的な場合、統一的なブランドにグレードを加える。消費者が製品から感じ取るイメージは同質的なので、ブランドに何らかの共通部分を持たせると同時に、標的市場の違いを明確にするために、グレードをつけて対応する。

3シリーズ・5シリーズ・7シリーズなどのグレードをつけているBMW、Aクラス・Cクラス・Eクラスでグレードを使い分けているベンツなど、自動車メーカーがブランド・プラス・グレード戦略を採用しているケースが多く見られる。

④ 個別ブランド戦略

個別ブランド戦略とは、個々の製品ごとに個別のブランドを付けるブランド戦略である。個別ブランド戦略と似た概念に、マルチブランド戦略がある。マルチブランド戦略とは、売り手が同じ製品カテゴリー内に2つ以上のブランドを展開する戦略である。

⑤ 分割ファミリー・ブランド戦略

分割ファミリー・ブランド戦略とは、製品ライン群を何らかの共通性に着目し、いくつかのカテゴリーに分け、カテゴリーごとに共通のブランドを付けることである。分割ファミリー・ブランド戦略は、企業が扱っている製品ラインの標的市場と製品ライン間のイメージや競争地位の度合いが「同質的・異質的」の中程度の場合、製品ライン群を何らかの共通性に応じて、いくつかに分類し、それぞれに異なったブランドを付けることである。

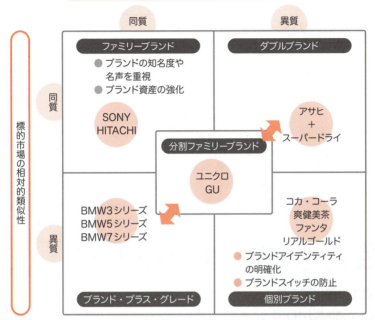

出典：『競争優位のブランド戦略』恩蔵直人著　日本経済新聞社　を一部修正

(9) ブランド・コミットメント

ブランド・コミットメントは、当該ブランドが購入する選択肢として消費者の心の中に根を下ろしている程度を反映するものとして捉えられている。ブランド・コミットメントは感情的コミットメントと計算的コミットメントという二次元で捉えられる。感情的コミットメントは当該ブランドに愛着を持っているようなポジティブな態度状態であるのに対し、計算的コミットメントは損得を考慮したうえでのコミットメントであり、消極的な態度状態である。計算的コミットメントは、「この商品から他の商品に切り替えるのが面倒だ」、「この商品から他の商品に切り替えて失敗したくない」というようなブランドに対する慣性的、リスク回避的な態度状態を表すものである。

第 15 章　マーケティング・ミックスの展開

II 価格戦略

1 価格の概念

価格の概念は、3つの次元で構成される。消費者の価格への反応は、各次元を重視する配分によって形成されている。「支出の痛み」よりも、「品質バロメーター」や「プレステージ性」を重視する場合、消費者は価格の高い方を選好する。

【 価格概念の構成次元 】

支出の痛み	消費者が支出を痛いと感じることである。
品質バロメーター	消費者が製品などの品質を正しく判断できない場合、価格で品質を推し量ることである。
プレステージ性	消費者が価格の高さに、ステータスや社会的地位の高さを感じることである。

2 需要の価格弾力性・交差弾力性

(1) 需要の価格弾力性

需要の価格弾力性とは、ある製品の価格が変化した場合、需要がどれだけ変化したかを示す比率のことである。市場をいくつかのセグメントに細分化し、セグメントごとの需要の価格弾力性を算出することによって、各セグメントに合った価格を検討することができる。

需要の価格弾力性は、次の式で求めることができる。

$$需要の価格弾力性 = 需要量の変化率(\%) \div 価格の変化率(\%)$$

通常は、価格が下がると需要量は高くなるので、需要の価格弾力性の値は「マイナス」になる。

価格の変動に対して需要がほとんど変化しないことを「価格弾力性が低い」あるいは「非弾力的」という。逆に、需要が大きく変化することを「価格弾力性が高い」あるいは「弾力的」という。具体的には、需要の価格弾力性の絶対値が1より大きい場合は弾力的、1より小さい場合は非弾力的となる。

ブランド製品のように需要の価格弾力性が低い場合、価格を引き上げても需要量はあまり変化しないので、価格の引き上げによって利益を高められる可能性がある。一方、需要の価格弾力性が高い場合、価格を引き下げると需要量は大きく変化するので、価格の引き下げによって利益を高められる可能性がある。

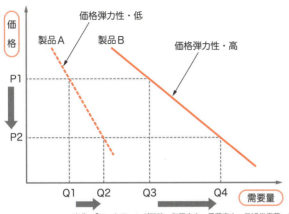

【 需要の価格弾力性 】

出典:『マーケティング戦略』和田充夫・恩蔵直人・三浦俊彦著　有斐閣アルマ

図表は、2つの需要曲線を比較したものである。P1を600円、P2を400円、Q1を4,500個、Q2を5,500個、Q3を8,000個、Q4を17,000個とする。需要の価格弾力性は、次の近似式で求めることができる。

〔(Q1－Q2)÷{(Q1＋Q2)÷2}〕÷〔(P1－P2)÷{(P1＋P2)÷2}〕

製品Aの需要の価格弾力性は、次の通りである。
〔(4,500－5,500)÷{(4,500＋5,500)÷2}〕÷〔(600－400)÷{(600＋400)÷2}〕＝－0.5
製品Bの需要の価格弾力性は、次の通りである。
〔(8,000－17,000)÷{(8,000＋17,000)÷2}〕÷〔(600－400)÷{(600＋400)÷2}〕＝－1.8
よって、製品Bの方が需要の価格弾力性は高い。

(2) 需要の交差弾力性

複数の製品を保有している企業では、その製品ラインに関する価格設定を行う場合、需要の交差弾力性を考慮する必要がある。**需要の交差弾力性**とは、ある製品の価格の変化率に対する、他の製品の需要量の変化率のことをいう。

需要の交差弾力性は、次の式で求めることができる。

> 需要の交差弾力性 ＝ 他の製品の需要量の変化率(%)÷ある製品の価格の変化率(%)

需要の交差弾力性は、次の3つに分類できる。
① マイナス…ある製品と他の製品は、補完製品の関係にある。
　例 液晶テレビとブルーレイレコーダー
② ゼロ…ある製品と他の製品は、独立製品の関係にある。

例 液晶テレビと電卓、軽自動車と高級スポーツカー
③ プラス…ある製品と他の製品は、競争製品の関係にある。
例 液晶テレビとプラズマテレビ、コーヒーと紅茶、牛肉と豚肉

3 価格設定法の体系

価格設定方法には、「コスト志向型価格設定法」「需要志向型価格設定法」「競争志向型価格設定法」の3つがある。
しかし、価格を設定する前に、次に示す2つの要因を考慮しなければならない。

(1) 価格設定にあたり考慮すべき要因

企業は、内部的な要因と外部的な要因を総合的に考慮したうえで、最適な価格を設定し、売り手と買い手が満足する状況を創出する。

【 価格設定にあたり考慮すべき要因 】

内部的な要因	外部的な要因
●製造コスト ●マーケティング・コスト ●製品特性 ●マーケティング目的 ●流通チャネルと販売方法	●競争状況 ●自社の地位 ●顧客の状況 ●需要 ●経済、政治・法律的状況

(2) コスト志向型価格設定法

コスト志向型価格設定法とは、コストを基礎にして価格を設定するものである。大多数の企業は、この価格設定法を採用している。具体的には、次のような方法がある。

① コスト・プラス法

コスト・プラス法とは、製造原価に一定額または一定率のマージンを加えて販売価格とするものである。マージン額やマージン率は、過去の実績や業界の慣習などを参考にして決定する。

【 コスト・プラス法のメリット・デメリット 】

メリット	デメリット
●価格設定の手続きが簡単である ●販売・取引が中心需要や競争の条件を基準とする方法に比べ、安定した利益の確保が可能である ●すべての企業がこの方法を採用すれば、価格水準がほぼ同一となり、価格競争が回避される	●需要や競争状況の動向が無視される ●消費者の立場よりも、一定の利益を確保しようとする企業の論理が優先される ●操業度によって変動する製造原価が価格に反映されない

② マーク・アップ法

マーク・アップ法とは、仕入原価に一定額または一定率のマージンを加えて販売

価格とするものである。コスト・プラス法に似た価格設定法であるが、コスト・プラス法は製造業で用いられるのに対し、マーク・アップ法は流通業で用いられる。

(3) 需要志向型価格設定法

需要志向型価格設定法とは、需給関係を分析することによって、最大利潤を獲得できると考えられる価格を設定するものである。具体的には、次のような方法がある。

① 需給関係の分析による方法

需給関係の分析による方法とは、需給関係を数量面から分析し、売り手にとって最も有利な販売量と価格を設定しようとするものである。

しかし、この方法は「需要は価格によってのみ変動する」ということを前提としており、現実的な適応性の面では問題がある。

② 消費者の評価を基準とする方法（知覚価値価格設定法）

消費者の評価を基準とする方法とは、「消費者はこの製品に対して、いくら位まで支払うだろうか」という視点から、買い手の知覚に基づいて価格を設定（知覚価格という）、あるいはその価格に見合った製品の開発を行うものである。

価格の品質バロメーター機能が作用するため、ある一定の水準よりも価格を下げると、かえって需要量が低下してしまう。価格の高い時計は品質も良く、価格の低い時計は品質も劣ると判断される傾向が強い。ただし、情報化社会の進展に伴い、消費者の持つ製品知識水準が向上し、価格の品質バロメーター機能が作用しにくい傾向にある。

(4) 競争志向型価格設定法

競争志向型価格設定法とは、競争企業がつける価格に基づいて、価格を設定するものである。具体的には、次のような方法がある。

① 実勢価格

実勢価格とは、業界内の平均価格と同じレベルに価格を設定するものである。市場における力関係やブランド・イメージなどが加味されるので、競争製品よりも高い価格を設定することもあれば、低い価格や同一価格を設定することもある。

プライス・リーダーとは、新たな価格を提示する企業のことである。プライス・フォロワーとは、プライス・リーダーが提示した価格に追随する企業のことである。業界内のリーダー企業が新たな価格を提示し、他の企業が追随するケースが多い。

② 入札価格

入札価格とは、販売者あるいは請負者を決定するために、複数の競合企業が文書によって提示する価格のことである。最も低い価格を提示した企業が落札者となる。

入札価格は、競合企業が提示しそうな価格を予測して、自社の価格設定を行うので競争志向型価格設定法と考えられている。通常、生産財の分野において活用されている。

第15章 マーケティング・ミックスの展開

4 新製品の価格設定法

R02-29
R01-31

　新製品を市場導入するとき、企業がとるべき価格対応は大きく分けて2つある。高価格を設定して早い段階で利益を刈り取る対応と、低価格を設定して大きな市場シェア獲得の後に利益を呼び込む対応である。

(1) 上澄み吸収価格戦略

H21-22

　上澄み吸収価格戦略（スキミング・プライシング、スキミング価格）とは、新製品に高い価格を設定し、価格にそれほど敏感ではなく価格弾力性が低い「イノベーター」や「初期採用者」などの顧客に販売しようとする戦略である。製品の普及にともなって、徐々に価格を下げていく。主に技術主導型の企業が採用しており、模倣されにくい新製品や耐久消費財の発売時に実施されることが多い。

(2) 市場浸透価格戦略

H21-22

　市場浸透価格戦略（ペネトレーション・プライシング）とは、新製品に低い価格を設定し、価格に敏感で価格弾力性が高い顧客に販売しようとする戦略である。模倣されやすい新製品で採用される。

【 新製品の価格設定法 】

	上澄み吸収価格戦略	市場浸透価格戦略
メリット	①短期間に大きな利益をあげることで、研究開発費、設備投資、プロモーション活動費など、新製品の開発コストを迅速に回収することができる。 ②流通業者の販売意欲を喚起することができる。	①早い時期に十分な利益を獲得できないが、大きな市場シェアを獲得でき、後発企業の参入障壁を築くことができる。 ②市場シェアが高まれば、規模の経済性や経験効果が働き、コスト面の優位性と大きな利益を確保できる。
成功条件	①技術的に高度であり、製品品質やイメージが優れている。 ②利益を期待できる十分な数の買い手による需要が存在している。 ③高価格に設定できる優位性を打ち消さない程度の生産コストである。 ④イニシャル・コスト（初期投資費用）が高くて競合企業の参入が困難である。	①市場の需要の価格弾力性が高く、低価格によって市場が拡大する。 ②販売量の増加に伴って、生産コストと流通コストが低下する。 ③低価格によって競争が排除され、販売者の低価格ポジショニングが確立されている。

出典：『マーケティング原理　第9版』P.コトラー・G.アームストロング著　ダイヤモンド社をもとに作成

　市場浸透価格戦略と似たものに導入価格戦略がある。**導入価格戦略**とは、ブランド・スイッチングを目的として、新製品の市場導入にあたり一時的に価格を引き下げる（いわゆる「お試し価格」）戦略である。一定期間を過ぎると本来の価格に引き上げるため、市場浸透価格とは区別する必要がある。嗜好性が高く、反復購買される場合に採用される。

5 心理面を考慮した価格設定法

製品・サービスの実際の価格と比較するために、消費者が用いる価格を**参照価格**という。消費者は、過去の買い物経験などを通じて蓄積された「内的参照価格」と、値札情報など実際の買い物場面で提示されている「外的参照価格」の影響を受けて、購買の意思決定を行う。企業は、消費者の心理面を考慮して価格を設定することがある。

(1) 端数価格戦略

端数価格とは、98円、980円、5,980円などのように、端数を付けて（大台を割って）消費者に安さを印象づけるものである。消費者は、9や8を伴った価格に対して、最大限に引き下げられていると感じる傾向がある。

端数価格は、衣料品、食品、日用雑貨品など幅広い製品分野で採用されている。

(2) 威光価格戦略

威光価格（名声価格、プレステージ価格）とは、製品に意図的に高い価格を設定し、消費者に製品品質の高さやステータスを訴求するものである。ブランド・イメージを高める意味で、イメージ価格戦略（イメージ・プライシング）ともいわれる。

威光価格は、購入頻度が低く、消費者が品質を判断しにくい高級品に適している。エルメスやロレックスのように、高級宝飾品や高級時計を販売している企業で採用されることが多い。

(3) 慣習価格戦略

慣習価格とは、缶コーヒーのようにいくつかの製品において、社会慣習上、ある一定の価格が定着したものである。ある製品の価格が、長い期間にわたって一定の水準で定着すると、その価格が消費者の観念の中で固定化し、価格の変更が困難になる。慣習価格より安くしても、低品質のイメージを与えるため、売上はそれほど伸びず、逆に値上げをすると売上が著しく減少する。

慣習価格が成立している製品では、通常、非価格競争が行われる。価格の調整は、品質や容量の変更を通して行われる。

慣習価格は、ガムやキャラメル、缶入り飲料などで採用されている。

第15章 マーケティング・ミックスの展開

【 心理面を考慮した価格設定法 】

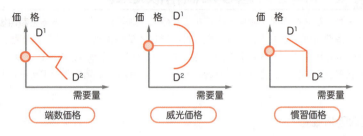

出典：『マーケティング戦略』和田充夫・恩藏直人・三浦俊彦著　有斐閣アルマを一部加筆

6　製品ミックスを考慮した価格設定法

　企業が複数の製品を販売する場合、個々の製品に対して別々に価格を設定するのではなく、取扱製品全体としての利益が最大となるような価格に設定する。製品ミックスを考慮した価格設定には、「抱き合わせ価格戦略」「プライス・ライニング戦略」「キャプティブ価格戦略」などがある。

(1) 抱き合わせ価格戦略

　抱き合わせ価格戦略とは、複数の製品やサービスを組み合わせて販売するものである。例えば、アトラクション料金付きの遊園地の入場券や各種ソフトが内蔵されたパソコンなどである。
　抱き合わせ価格戦略では、それぞれ個別に購入する場合よりも引き下げられた価格を設定している。単品で購入するよりも大きな金額となるので、消費者が安いと実感できる値引きをしなければ効力を発揮しない。

(2) プライス・ライニング戦略

　プライス・ライニング戦略とは、製品ラインのランクごとに、段階的に価格を設定する戦略である。この時の各価格ランクをプライス・ライン（価格ライン：価格線）という。例えば、ギフト、ネクタイ、スーツなどの製品は、3,000円、5,000円、7,000円のように、いくつかの価格帯に分類されていることが多い。製品がいくつかの価格帯に分類されていれば、消費者は自分が望む価格帯から製品を選択できる。
　企業としては、安い価格帯を加えることで、高い価格帯の製品の高級感を強調することができる。逆に、高い価格帯を加えることで、安さを強調することができる。ただし、各価格帯は、消費者が混乱しないだけの間隔を保つ必要がある。

(3) キャプティブ価格戦略

　キャプティブとは、「とりこ」「捕虜」という意味である。
　キャプティブ価格戦略とは、主体となる製品の価格を安く設定し、消費者に主体となる製品を購入させることで、いわゆる「捕虜」を確保する戦略である。そのうえで、

本体に付随している製品の価格を高く設定して十分な利益を獲得する。例えば、携帯電話やスマートフォンでは、端末本体の価格を安く設定し、本体に付随している通話料や通信料によって利益を獲得しようとしている。

7 割引による価格戦略

(1) 割引の類型

割引とは、前もって設定された基準に基づいて、一定の条件が満たされた場合に決められた価格を割り引くことである。割引には、次のような種類がある。

① 現金割引

現金割引とは、企業間の取引で決済を現金で行った場合の割引のことである。売り手側の金利負担・危険負担・集金コストなどが不要となるため、それに見合った分を価格から割り引くものである。

② 数量割引

数量割引とは、大量購買を行う買い手に対する割引のことである。一度の取引で大量に購買すると、小口・多頻度購買に比べて販売費その他のマーケティング・コストが低減されるため、その分を価格から割り引くものである。前もって大量に製品の購入をすることで受けられる割引をフォワード・バイイングという。

数量割引と似たものに「増量販売」がある。増量販売とは、買い手が一定量を超えて購入した場合、価格でなく数量で還元するものである。

【 数量割引 】

累積的数量割引	定められた期間内の総購入量が、一定量以上に達した場合の割引
非累積的数量割引	一回ごとの購入量が、一定量以上に達した場合の割引

③ 機能割引 (業者割引)

機能割引とは、メーカーが、卸・小売業の果たす機能を評価した上で行う割引のことである。メーカーが標準小売価格 (建値) を設定し、卸売業に対しては標準小売価格の30％引き、小売業に対しては20％引きというように、取引企業の機能の違いによって割引率を変えるものである。

④ 季節割引

季節割引とは、需要の季節変動がある製品において、需要が停滞する季節に購入する買い手に対して実施する割引である。需要が多い季節には、高価格を設定することにより利益を確保し、需要が少ない季節には、季節割引を実施して需要を喚起するものである。

季節割引と類似した割引に「一日の時間帯や一週間の曜日に対応した割引」がある。

⑤ アロウワンス (販売促進割引)

アロウワンス (販売促進割引) とは、買い手が売り手に代わって、各種の販売促進活動を行う場合に提供される割引のことである。

第15章 マーケティング・ミックスの展開 **357**

メーカーは、流通業者（卸・小売業者）が自社製品を有利に扱ってくれることを希望している。そこで、自社の希望に沿った行動をしてくれる流通業者に対して、一種の割引であるアロウワンスを実施するのである。代表的なアロウワンスには、広告アロウワンスや陳列アロウワンス、トレードイン・アロウワンスがある。

【 アロウワンスの種類 】

広告アロウワンス	自社の希望に沿った広告を実施した流通業者に対する還元
陳列アロウワンス	自社の希望に沿った特別陳列を実施した流通業者に対する還元
トレードイン・アロウワンス	新製品の発売時に旧製品を下取りする場合の還元

(2) 差別価格戦略

差別価格戦略とは、需要の価格弾力性が異なる複数の市場において、独占企業が異なる価格を設定する戦略である。一般的には、需要の価格弾力性が大きい製品には低価格、小さい製品には高価格を設定する。

同じブランド製品でも、ニューヨークと比べて日本国内の価格の方が著しく高いことがある。映画の料金には学生割引があるが、これも差別価格である。

8　建値制・オープン価格制とリベート

(1) 建値制とオープン価格制

① 建値制

建値制とは、メーカーが設定した希望小売価格を基準として、卸売価格、小売価格、マージン率を決定する制度である。換言すれば、メーカーがそれぞれの製品分野において『メーカー仕切価格－卸希望価格－標準小売価格』を設定し、このような価格体系を基本にして、卸・小売店に各種リベートを支払う制度である。

② オープン価格制

オープン価格制とは、メーカーが自社の出荷価格（仕切価格）だけを決定し、それ以降の卸・小売価格は、卸売業者や小売業者に任せる制度である。建値制の崩壊にともない、メーカーはオープン価格制を導入した。

(2) リベート

① リベート

リベートとは、個々の製品価格体系とは別に、一定期間の取引高（金額や数量）などを基準として、取引先に支払われる代金の割戻しのことである。

リベートは、専売率リベートや数量リベート、貢献度リベートが代表的であるが、その他にも拡販リベート、早期支払リベートなどがある。

【 リベートの種類 】

専売率リベート	販売業者の全取引額に占める、自社製品の割合の多少に応じて支給するリベート
数量リベート	自社製品の取扱高の多少に応じて、累進的に支給するリベート
貢献度リベート	メーカーの販売政策（価格水準の維持や一定の販売方式の採用など）への貢献度に応じて支給するリベート

② リベートとアロウワンスの違い

　リベートは、建値制に基づき、メーカーと流通業者との長期的な協力関係を維持するために用いるものである。つまり、メーカーが流通業者の利益を金銭的に補填するもので、価格というよりは流通に対応するものとして用いられる。アロウワンスは、特定の製品における短期的な割引である。

9　その他の価格戦略

(1) Hi-Lo価格戦略とEDLP戦略

① Hi-Lo価格戦略

Hi-Lo価格戦略（ハイ・ロー・プライシング） とは、一定の期間に価格が「高価格（High）」「低価格（Low）」になるという意味で、特売価格戦略ともいわれる。

　特売価格とは、通常の表示価格を一時的に引き下げた価格のことで、需要の拡大を図ることが目的である。セールとして多数の小売業で実施している。

　特売の際に行われる、原価を割るような安い価格設定をした商品をロス・リーダー（目玉商品）という。ロス・リーダーによって、多数の消費者を誘引するとともに、特売商品以外の商品の衝動購買を誘発するため、単品での利益よりも店舗全体としての利益をあげることを目的として行われる。

　販売時期よりも早い時点で仕入れるフォワード・バイイングを行うことで、自社に有利な条件で商品を仕入れることができるが、保管スペースの確保や商品の鮮度管理に注意が必要である。

② EDLP戦略

EDLP（エブリデイ・ロー・プライス）戦略 とは、一時的な値引きをしない代わりに、恒常的に価格を引き下げて商品を販売する方法である。

　ウォルマートに代表されるEDLP戦略は「毎日が安売り」のため、Hi-Lo価格戦略で行われるチラシ・プロモーションを行わないのが原則である。常に一定価格なので、消費者は価格に対する信頼感を持つことができ、ブランド・ロイヤルティの低下を防止できる。

第15章　マーケティング・ミックスの展開　**359**

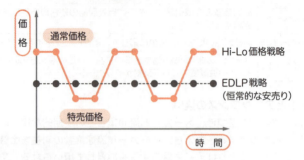

【Hi-Lo価格戦略とEDLP戦略】

(2) PSM法（価格感度測定法） H23-26

① PSM法の概要

PSM法（価格感度測定法：Price Sensitivity Measurement）とは、消費者に受け入れられる「最適価格」「高さの限界」「価格の安さ」といった受容価格帯を分析する方法である。新製品など過去に売上のデータがない場合に、どのくらいの範囲内に販売価格を設定すべきかを調査する。

PSM法では通常、4つの質問が消費者に対してなされる。

（質問1）どの価格であなたは、その製品があまりにも安いので品質に不安を感じ始めますか。（非受容最低価格）

（質問2）どの価格であなたは、品質に不安がないが、安いと感じますか。（受容最低価格）

（質問3）どの価格であなたは、その品質ゆえ、買う価値があるが、高いと感じ始めますか。（受容最高価格）

（質問4）どの価格であなたは、その製品があまりにも高いので品質が良いにも関わらず、買う価値がないと感じますか。（非受容最高価格）

同じ容量の牛乳の販売価格を例に説明する。販売価格が100円から500円までの牛乳がある場合、500円に近づくにつれて「高いが受容可能」「高すぎて受容不可能」と考える人が多くなる。つまり、価格が上昇するほど「受容最高価格」「非受容最高価格」の累積回答率が高くなる。通常、累積回答率が同じ場合、高いが受容可能な「受容最高価格」は、高すぎて受容不可能な「非受容最高価格」よりも低くなるため、曲線aは「受容最高価格」、曲線bは「非受容最高価格」となる。

一方、「安いが受容可能」「安すぎて受容不可能」と考える人は、牛乳価格が100円に近づくにつれて多くなる。つまり、価格が低下するほど「受容最低価格」「非受容最低価格」の累積回答率が高くなる。通常、累積回答率が同じ場合、安いが受容可能な「受容最低価格」は、安すぎて受容不可能な「非受容最低価格」よりも高くなるため、曲線cは「受容最低価格」、曲線dは「非受容最低価格」となる。

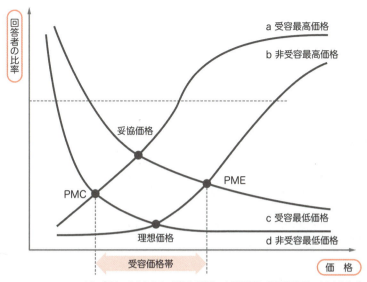

出典:『日本一わかりやすい価格決定戦略』上田隆穂著 明日香出版社 をもとに作成

② 受容価格帯

PSM法から導かれる価格には、以下の4つがある。PSMでは、PMC (Point of Marginal Cheapness) と PME (Point of Marginal Expensiveness) で挟まれる範囲が受容価格帯となり、企業は受容価格帯の範囲で価格を決定する。

【 受容価格範囲内の価格の種類 】

最低品質保証価格（PMC）	「安すぎる」と思う人と「高い（安くない）」と思う人が同数となる価格。この価格以下だと、消費者が「品質に問題があるのではないか」と感じるようになる安さの限界点である。
妥協価格	「高い（安くない）」と思う人と「安い（高くない）」と思う人が同数となる価格。消費者が「このくらいはしょうがない」と感じる価格である。
理想価格	「安すぎる」と思う人と「高すぎる」と思う人が同数となる価格。消費者が「こうあってほしい」と感じる価格である。
最高価格（PME）	「高すぎる」と思う人と「安い（高くない）」と思う人が同数となる価格。企業が最も利益を得られる価格であるが、これ以上高いと誰も買ってくれない価格となる高さの限界点である。

(3) ダイナミック・プライシング

R01-30

ダイナミック・プライシングとは、需給バランスや時期などに応じて価格を変動させる価格設定方法である。以前から鉄道運賃や航空料金、宿泊費などは、繁忙期である大型連休や年末年始、お盆などの時期は高額になるように、需給によって異なる価格が設定されていた。最近は、AI（人工知能）を用いて需給状況を瞬時に分析

し、詳細かつ複雑に異なる価格を設定できるようになった。

R01-31 ⑷ サブスクリプション価格

サブスクリプション価格とは、サブスクリプション（定額サービス）における価格である。顧客は企業が提供する複数のアーティストの楽曲を個人の嗜好に応じて無制限に視聴できる定額サービスなどに対して利用期間に応じて決められた価格を継続的に支払う。

R02-29
H27-28

10 ターゲット・コスティング

　ターゲット・コスティングとは、市場調査を行い、新製品に求められる機能を特定し、その製品のアピール力や競合製品の価格を考慮して、売れる価格を決定する。その上で、その価格より望ましい利益マージンを差し引き、達成すべきターゲットとするコストを算出する方法である。

　ターゲット・コスティングの目的は、最終的なコストの予測をターゲットとするコストの範囲内に収めることである。

III 流通チャネル戦略

1 流通機構

(1) 流通機構

　流通機構とは、生産物が生産者から最終消費者に流れるまでの社会的な流通の仕組みのことである。ある業界の流通の仕組みを流通機構（流通構造）というが、特定企業の流通の仕組みは流通チャネルという。流通チャネルは、メーカーにとってコントロールできるものであるが、流通機構はコントロールできない。

　我が国の流通機構は、「多段階性」「零細過多」「複雑性」という特徴を持っている。これが社会的な流通コストを増大させ、内外価格差の原因になっている。近年、多くの零細業者と少数の大規模企業からなる企業規模の二極分化の傾向が顕著になっている。

　生産者と消費者が直接つながっているものを直接流通、両者の間に流通業者（卸売業、小売業）が介在しているものを間接流通という。

【チャネルの種類（直接流通と間接流通）】

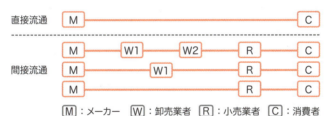

(2) 流通チャネル

　流通チャネル（流通経路）とは、ある商品・サービスを、メーカー（作り手）から消費者（買い手）へ移動させるときの物理的、取引的な経路のことである。

　流通チャネルは、水平的かつ垂直的な分業関係にある「生産と消費の隔たり」をつなぐ社会的な仕組みである。主に、メーカー、卸売業者、小売業者、物流業者などから構成される。生産と消費の隔たりとは、主体的分離（所有的分離、社会的分離）、場所的分離（地理的分離）、時間的分離のことである。

2 流通業の機能

(1) 流通機能

　生産者と消費者の間には、役割・空間・時間などの隔たりがあり、流通はその隔たりを埋める役割を担っている。流通について、「生産と消費の隔たり」を解消する機能に着目すると、①商的流通（商流）、②物的流通（物流）、③情報流通（情報流）の３つに分類できる。三者の関係は、商的流通機能を促進するために、物的流通機能と情報流通機能が存在しているとも考えられる。

【 流通機能 】

商的流通機能	商品の売買を通じて、商品やサービスの所有権を生産者から消費者へ移す機能である。所有権移転機能ともいい、流通の最も基本的な機能である。
物的流通機能	生産者と消費者の間に存在する空間的隔たりや時間的な隔たりを橋渡しする役割をいう。物的流通機能は、輸送や保管、流通加工などから成り立っている。 流通加工とは、財の基本機能を変えずに、買い手のニーズや用途に合わせて財を部分的に加工することである。
情報流通機能	情報流通機能とは、生産者と消費者の間に存在する情報の隔たりを埋める役割を担っている。

(2) 小売業の機能

① 小売業と小売業者

　小売業は、卸売業とともに流通機能の一部を構成している。AMAでは、小売を「最終消費者に対して直接販売することに含まれる諸活動」と定義している。

　(a) 小売業…個人的用途・非営利的用途を目的とする最終消費者に、商品やサービスを直接販売することに携わるすべての活動

　(b) 小売業者…主に小売活動によって売上を得ている事業者

② 小売業の基本機能

　(a) 販売機能…メーカー・卸売業者の代理人として製品（商品）を売る機能

　(b) 購買機能…消費者の代理人として製品（商品）を買う機能

H19-35 ## (3) 卸売業の機能

① 卸売業と卸売業者

　(a) 卸売業…再販売や生産財としての使用を目的に購入する小売業者などに対して、製品やサービスを販売することにかかわるすべての活動

　(b) 卸売業者…主に卸売に携わる事業者

② 卸売業の基本機能

流通過程の中で卸売業が伝統的に果たしてきた商流、物流、金融、危険負担など の機能をフルラインで遂行しようとするタイプの卸売業を全機能卸売業という。一 方、大規模小売チェーンの成長とともに、卸売業の役割への依存が低下する中で、 一部の機能のみを持つ限定機能卸売業のビジネス機会は拡大傾向にある。

卸売業は、原則として次のようなさまざまな機能を担っている。

- (a) 販売・販売促進を担当する
- (b) 購買・品揃え…小売業者が求める製品を選択し、購買し、取り揃える
- (c) 小口分散…大口の単位で購買し、小分けし、小売業者の負担を軽減する
- (d) 保管…製品を保管し、生産者と小売業者の両者の在庫負担を代替する
- (e) 輸送…生産者に代わって、小売業者に製品を配送する
- (f) 金融…小売業者には信用を供与(与信)し、代金支払に猶予期間を設置し、 生産者には期日までに代金を支払うなど、資金の融通を図る
- (g) リスク負担…生産者から製品の所有権を取得し、盗難・破損・損傷・腐敗 などに対するリスクを肩代わりする
- (h) 市場情報…生産者と小売業者の中間に位置するため、競合他社情報・新製品 情報・顧客の声・価格の動向などを察知して、それを両者に提供する
- (i) **リテール・サポート**…小売業の経営全般、あるいは、従業員の能力開発、 店舗レイアウト・データ分析・棚割管理など、小売業者への支援・指導を 行う

③ 卸売業の形態

H22-28

- (a) マーチャント・ホールセラー…商品の所有権を取得している独立の事業者 のことである。問屋、販売会社、商社などが該当する。
- (b) コミッション・マーチャント…商品の所有権を持たない事業者のことである。 買い手と売り手を集めて交渉をまとめる「ブローカー」、比較的長期間にわたっ て買い手または売り手の代理をする「代理店」などが該当する。

④ W/R比率

流通経路の長さ(多段階性)を示す指標に、W/R比率がある。W/R比率を式で示 すと、次のようになる。

W/R比率 ＝ 卸売販売金額 ÷ 小売販売金額

W/R比率は、消費財(食品など)の分野では低下傾向にあり、流通経路の短縮化 が進展している。大手小売業の発展と卸機能の集約化により、卸売業者数が減り、 卸売業の階層が減少しているためである。他の先進国と比べて日本のW/R比率は 高く、日本の流通業の非合理性が論じられている。他社と差別化できない卸売業は、 今日では生き残っていくのが難しくなってきている。

3 流通チャネル戦略の体系

流通チャネル戦略（流通経路戦略、マーケティング・チャネル戦略）の体系は、次の２つに分類される。

(1) チャネル選択

チャネル選択とは、企業が自社製品をどのようなチャネルに流したらよいのかを選択することである。

自社製品を、卸売業者や商社といった中間流通業者に販売するのか、一般小売店・量販店に販売するのか、自社で販社（販売会社）を持つのか、などの選択肢がある。

(2) チャネル管理

チャネル管理とは、企業が選択し、構築したチャネルの効果的な運用を図るために行うすべての管理である。

【 流通チャネル戦略の体系 】

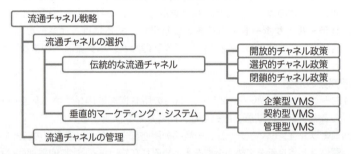

4 流通チャネルの選択

(1) 伝統的な流通チャネル

伝統的な流通チャネル（CDC：Conventional Distribution Channel）とは、単独または複数の独立したメーカー、卸売業者、小売業者により構成されるチャネル組織である。各々のチャネル・メンバーが独立した事業体であり、チャネル全体の利益を犠牲にしてでも、自社の利益を最大化しようとする部分最適志向が強い。流通段階が多段階である食品や日用雑貨品などの最寄品業界で多い。

伝統的なチャネル政策には、次の３つがある。

① 開放的チャネル政策

開放的チャネル政策とは、製品の取扱業者の数や範囲を限定せず、あらゆる利用可能なチャネルに対して広範囲に販売しようとするものである。得意先の選定を意図しないで、取引の申込みを受け、それを承諾する。消費者の購買頻度の高さに適

合させるため、多くの流通業者と取引を行う。食品や日用雑貨品などの最寄品で多く採用されている。

② 選択的チャネル政策 (限定的チャネル政策)

選択的チャネル政策とは、販売業者が、特定の地域に対して一定の条件を備えた業者を選定し、製品を優先的に販売するものである。選定された業者は、他の競合製品も扱うことができる。選択的チャネル政策を採用する企業は、業者に対して自社製品へのロイヤルティを向上させる必要がある。制度面における条件設定や、有効な動機づけを継続的に行う。化粧品や医薬品などの買回品や最寄品などで採用されている。

③ 閉鎖的チャネル政策 (専属的チャネル政策、排他的チャネル政策)

閉鎖的チャネル政策とは、販売業者が、自社製品のみを取り扱う業者を選定し、選定業者にのみ製品を販売するものである。ブランド・イメージの維持や、消費者に対して高いサービスが提供できるように、小売店を限定する。具体的には、専売店制度や販社制度という名称で展開している。自動車や家電などの専門品や、一部のファッション・ブランドなどで採用されている。

【 伝統的なチャネル政策の比較 】

	販売業者 (主にメーカー)	
	販路	チャネルコントロール力
開放的チャネル政策	広	弱
選択的チャネル政策	↑↓	↑↓
閉鎖的チャネル政策	狭	強

(2) 垂直的マーケティング・システム (VMS)　　H21-24

垂直的マーケティング・システム (Vertical Marketing System) とは、メーカー・卸売業者・小売業者が統合されたシステムとして働く流通チャネル組織である。あるチャネル・メンバーが他のチャネル・メンバーを所有しているか、契約を結んでいるか、または全メンバーの協力を得るだけの十分なパワーを持っている。

垂直的マーケティング・システムは、伝統的な流通チャネルよりも長期的な取引関係を目指して組織化されたものであり、市場取引コストを削減しようとする場合は、伝統的な流通チャネルよりも有利である。流通段階の各企業に専門的・技術的サービスが高度に要求されるような製品において採用される。垂直的マーケティング・システムの3類型は次の通りである。

① 企業型 VMS

同一資本のもとで、チャネルの中の異なる流通段階が統合されたシステムである。レギュラー・チェーン (RC) や、メーカーが設置する自社の卸売部門・小売部門、小売業が設置する自社の卸売部門・製造部門などがある。

② 契約型VMS

異なる資本のもとで、異なる流通段階が契約によって統合されたシステムである。フランチャイズ・チェーン（FC）、卸売業主宰ボランタリー・チェーン（VC）、小売業主宰ボランタリー・チェーン（VC）における本部と加盟店との契約などがある。

③ 管理型VMS

異なる資本のもとで、異なる流通段階の企業がパワー関係によって結びつきを強め、管理的に統合されるシステムである。消費財メーカーのチャネルにおいてよく見られる。

【 垂直的マーケティング・システムの3類型の比較 】

	チャネル・リーダー		
	管理力	投資負担	戦略変更の柔軟性
企業型VMS	強	大	低
契約型VMS	↕	↕	↕
管理型VMS	弱	少	高

5 流通チャネルの管理

H21-24

（1）流通チャネルの管理

流通チャネルは、さまざまな企業によって連結された複雑な集合体である。各チャネル・メンバーは他のチャネル・メンバーに依存している。

流通チャネルの管理とは、チャネル・リーダーによって、流通チャネルが適切に管理・運営されることである。チャネル選択に関する最適な意思決定がなされ、選択・構築された流通チャネルが最大の効果を発揮する。

チャネル・リーダー（チャネル・キャプテン、チャネル・コマンダー）とは、流通チャネルを管理するうえで、主導権を握る企業のことである。チャネル・リーダーは、他のチャネル・メンバーのマーケティング戦略を管理するような強力な主導権を持ち、リーダーシップを発揮する。

我が国の流通におけるチャネル・リーダーは、戦前までは卸売業者だったが、戦後になると大規模メーカーに取って代わった。大規模メーカーは、大量生産体制により流通を系列化し、メーカー主導で流通チャネルを管理してきた。現在では、大規模小売業が強力なバイイング・パワーを背景に流通チャネルを管理しているケースが多い。

（2）流通系列化

流通系列化とは、企業の流通政策において、選択したチャネルとの協調関係を強化していこうとする結果、志向される垂直的統合のことである。

流通系列化の手法としては、特約店（代理店、系列店）制がある。特約店制には、専売制や一店一帳合制、テリトリー制などがあるが、これらを排他的特約店契約と呼ぶ。

① 専売制（販社制）

専売制（販社制）とは、販売業者に対して、ある特定メーカーの製品以外の取り扱いを禁止する制度である。一般的に小売段階の専売店制を「専売小売制」と呼び、卸段階の専売店制のことを「販売会社（販社制）」と呼ぶ。

販社制を採用している業界は、卸段階では自動車、家電製品、タイヤなどがあり、小売店段階では牛乳、ガソリン、乗用車などがある。

② 一店一帳合制（単一帳合制）

一店一帳合制とは、メーカーが、小売業者の仕入先を特定の卸売業者に限定する制度である。小売業者は、仕入先である卸売業者1社を登録し、その卸売業者としか取引ができない、もしくは卸売業者は、自社の登録小売業者以外とは取引ができないというものである。

一店一帳合制は、粉ミルク、カメラ、家庭用合成洗剤など業界の一部で採用されている。

③ テリトリー制

テリトリー制とは、メーカーが、販売業者（卸売業者の場合が多い）に対し、製品の販売地域を限定する制度である。メーカーが指定した地域や顧客以外への販売を認めない「クローズド・テリトリー制」、同一地域に複数の販売業者を置く「オープン・テリトリー制」、販売業者の店舗立地のみを指定する「ロケーション制」などの形態がある。

テリトリー制は、卸売段階では家電製品や化粧品などで、小売店段階では新聞業界などで採用されている。

(3) チェーン形態

流通チャネルを管理する際には、チェーン組織が適している場合が多い。チェーン形態は、以下の3つに分類できる。

① レギュラー・チェーン（Regular Chain：RC）

レギュラー・チェーンとは、単一資本のもとで、直営方式により多店舗展開を行う集約的なチェーン形態（直営店）である。アメリカではコーポレート・チェーンと呼ぶ。

本部は、マーチャンダイジングの決定権を持ち、教育や財務管理などを行う。店舗は、本部の指示に基づきマニュアル通りに陳列と販売を行う。

② フランチャイズ・チェーン（Franchise Chain：FC）

フランチャイズ・チェーンとは、チェーン本部（フランチャイザー）が加盟店（フランチャイジー）に対し、一定の地域における独占的な販売権を与え、フランチャイズ・パッケージを提供する契約を結ぶチェーン形態である。

フランチャイズ・パッケージとは、本部が開発したサービス、商標、経営ノウハウ（経営指導）などを含めたものである。加盟店は、本部に対しロイヤルティ（特約料）を支払う。

第15章　マーケティング・ミックスの展開　　**369**

【 本部と加盟店のメリット・デメリット 】

	メリット	デメリット
本部	①資本力の小さな企業でも他人の経営資源の活用により迅速に多店舗展開することができる。②ロイヤルティの徴収により安定した経営ができる。	①加盟店に対する命令権がなく、アドバイスや要望に留まる。②システムの維持や継続的なノウハウ開発が必要となり、そのための資金や人材が必要となる。
加盟店	①十分な経営経験や店舗運営経験のない人でも比較的小資本で開業できる。②本部のノウハウやチェーンの知名度・イメージを活用できる。	①本部の良し悪しで加盟店の経営が左右される。②店舗の独自性を出しにくく、経営規模の拡大時には対象地域を自由に設定できない。

③ ボランタリー・チェーン（Voluntary Chain：VC）

ボランタリー・チェーンとは、フランチャイズ・チェーンに比べ結合力が弱く、資本的に独立している小売店が、経営の一部を本部にまかせて経営の合理化を図る任意連鎖組織である。つまり、主に商品の共同仕入を目的として結成された組織である。本部と加盟店の結合力の強さは、仕入の集中率で推測できることが多い。

ボランタリー・チェーンには、2つのタイプがある。

　(a) 小売業主宰型VC…アメリカでは、正式にはコーペラティブ・チェーンと呼ばれ、区別される。独立小売店が共同出資した協同組合などである。
　(b) 卸売業主宰型VC…卸売業が、本部の役目を担うものである。

(4) 国際フランチャイジング

フランチャイジングとは、フランチャイズの組織形態で行われる事業のことである。一般に、企業の海外進出には投資（資本移動）を伴うものと伴わないものがあるが、投資を伴わないものの一つにフランチャイズ方式（契約）での海外進出があり、これを国際フランチャイジングという。進出企業の業種は、外食、小売業（コンビニを含む）、サービス業の順に多い。国際フランチャイジングには、3つのタイプがある。

【 国際フランチャイジング 】

ダイレクト・フランチャイズ	本部を本国に置いたまま、進出先国でフランチャイジング契約を締結する形態である。
マスター・フランチャイジング（エリア・フランチャイジング）	現地企業と合弁で現地本部を設立して、本国にある本部と契約を結び、進出先国でフランチャイズ事業の運営業務を行う権利を与える形態である。
サブ・フランチャイジング	進出先国の現地本部が現地で加盟店を募集し、フランチャイズ契約による店舗展開を行う形態である。

出典：『日本企業の国際フランチャイジング』川端基夫著　新評論をもとに作成

⑸ パワー・コンフリクト理論

H28-26

パワー・コンフリクト理論とは、チャネル・システムにおけるパワーの源泉、コンフリクト（対立、衝突）が発生するメカニズムについて説明する理論である。L.W.スターンに代表される社会システム論の中で、研究が進められている。

① パワー

パワーとは、あるチャネル・メンバーが、他のメンバーのマーケティング戦略をコントロールできる能力であり、パワー資源と依存度の関数で決定される。

パワー資源によるチャネル管理は、「報酬と罰則」を与えることによって成立している。つまり、チャネル・リーダーの期待に合致した行動に対しては報酬を、期待に合致しなかった行動に対しては罰則を与えるのである。「報酬と罰則」の効果は、チャネル・リーダーが持つパワー資源に対して、チャネル・メンバーがどれだけ依存しているかによって決定される。

パワー資源には、次の6つがある。

【 パワー資源 】

経済的	報酬パワー資源	メーカーが持つ製品自体をはじめ、アロウワンス、テリトリー制などがある。
	制裁パワー資源	マージンの縮小や出荷停止などがある。
非経済的	一体化パワー資源	資源チャネル・メンバーに一体化したいと思わせるような資源で、系列の小売店がメーカーに対して持つものなどがある。
	正当性パワー資源	パワーを保持するために正当性が認められる資源で、フランチャイザーがフランチャイジーに対して持つものなどがある。
	専門性パワー資源	メーカーが持っている専門的な店舗管理の諸技術などがある。
	情報パワー資源	顧客情報や業界情報、POS情報などがある。

② コンフリクト

コンフリクトとは、チャネル・システム内に起こるメンバー間の対立や衝突のことである。チャネル・システム内にコンフリクトが起こると、チャネル管理ができなくなるため、コンフリクトを適切に制御することが重要になる。

コンフリクトの種類には、チャネルの同じ段階にある企業間に生じる水平的チャネル・コンフリクトと、本支店間といった同一チャネル内の異なる段階の間に生じる垂直的チャネル・コンフリクトがある。

コンフリクトが起こる原因には、①メンバー間の目標の不一致、②現実認識の不一致、③役割分担の不調和、がある。

チャネル・リーダーには、メンバー間のコンフリクトを未然に防いだり、コンフリクトが深刻化したりしないようにメンバー間の調整を行う役割が期待される。これをコンフリクトの制御戦略という。

第 15 章　マーケティング・ミックスの展開　　**371**

【 コンフリクトの制御戦略 】

交渉戦略	コンフリクトの当事者同士が交渉する。
相互浸透戦略	コンフリクト当事者の両組織の人事交流などを行う。
境界戦略	コンフリクト当事者の両組織の境界に位置するセールスパーソンなどに解決させる。
超組織戦略	第三者機関の裁定を受ける。

③ パワー・コンフリクト理論が主張するチャネル管理の方向性

　パワー・コンフリクト理論が主張するチャネル管理の方向性として、チェーン・システム内にコンフリクトが起こった場合、パワーによる「報酬と罰則」を与えるとともに、適切な制御戦略を行うことがある。

　従来は大手メーカーだけが巨大なパワーを持っていたが、現在は大手小売業も巨大なパワー（購買支配力、バイイング・パワー）を持つようになった。したがって、従来型の「報酬と罰則」によるチャネル管理だけでは不十分である。

　今後、L.W.スターンらが社会システム論の中で提示した、4つの行動（パワー、コンフリクト、役割、コミュニケーション）のうち、役割とコミュニケーションも考慮した戦略展開が必要となってくる。製販同盟はその代表例である。

6　生産と販売を結ぶシステム

(1) 製販同盟

　製販同盟（製販連携） とは、メーカーと小売業との間に結ばれた受発注管理・在庫管理・物流管理を中心とした、両者による共同作業化・統合化の形態のことである。

　製販同盟の目的は、①メーカーと小売業が互いに独立して行っていた受発注管理・在庫管理・物流管理を、効率的なロジスティック・システムの構築により情報共有し、メーカーと小売業双方のコストを削減すること、②メーカーと小売業が共同してより良い製品づくり・顧客づくりを目指し、メーカーと小売業が単独で得る成果以上のものを獲得すること、である。

　製（生産機能）・配（中間流通機能）・販（小売機能）の戦略提携は、次の2つのレベルに分類される。

① 機能的戦略提携

　機能的戦略提携関係とは、ロジスティクス分野における業務遂行レベルに限定された関係のことで、ECRが代表例である。業務遂行レベルとは、店頭の品揃えを最適化し、商品の供給を効率化することである。

　ECR（Efficient Consumer Response） とは、小売店のPOSデータをEDI（電子データ交換：Electronic Data Interchange）によって卸・メーカーが共有し、商品の効率的な補充を実現するシステムのことである。ECRと同様の概念として、**QR（Quick Response）** がある。

② 包括的戦略提携

包括的戦略提携関係とは、業務遂行レベルに加えて、商品開発も含めた関係を持ち、メーカーが特定の流通業者とともに、PB商品を共同開発することである。セブン＆アイ・ホールディングス「セブンプレミアム」、イオン「トップバリュー」などが有名である。流通業者の保有している消費者情報を商品開発に活かすことができ、消費者ニーズに合致した商品を比較的安価で提供することができる。

PB商品の共同開発は、メーカーにとっても開発リスクの軽減、安定受注などのメリットがある。しかし、消費財メーカーがNB商品の大量生産・大量消費を志向する場合、特定の流通業者との結びつきは、企業イメージの低下や他の小売業との取引量減少を招く恐れがある。

⑵ SCM（サプライチェーン・マネジメント：Supply Chain Management） H24-32

原材料の調達から、生産・流通段階を経て最終消費者にいたるまでの商流、物流、情報流にかかわる全活動をサプライチェーンといい、**SCM**とは**サプライチェーンを統合的に管理する経営手法**のことである。

SCMのポイントは、販売、供給、製造の各流通段階にあるそれぞれの企業が、互いに情報を共有しながら、あたかも一つの企業共同体のようにサプライチェーン内の流通効率化に取り組んでいくという、全体最適の考え方にある。

⑶ SPA (Speciality Store Retailer of Private Label Apparel) H24-32

SPAとは**製造小売業**のことである。固有のコンセプトに基づいて、商品を企画・開発し、製造、商品の流通、販売活動などを一貫して行う業態である。日本ではユニクロが代表例である。

ただし、SPAといっても、すべての機能を自社で保有しているとは限らない。商品企画から仕様開発までの企画機能を委託する企業や、自社工場を持たずに下請工場や協力工場に製造を委託する企業が多く存在する。

7 延期－投機理論

⑴ 延期－投機理論 H27-29 / H24-32

延期－投機理論とは、延期と投機という2つの原理によってチャネル・システムの構成を説明した理論で、バックリンが体系化した。

延期とは、製品の生産から消費に至る一連の流れのなかで、製品形態の確定と在庫形成を消費現場に近い点まで引き延ばすことを意味する。実需が把握されるまで製品の生産を延ばし、実需に応じてこまめに店舗へ納品するマーケティング・システムであり、消費者ニーズに適合した生産・流通体制ができあがる。

投機とは、消費現場から遠い点で前倒しして製品形態の確定と在庫形成を行うことを意味する。実需の把握を待たず、需要予測などに基づく計画的生産によって早く製品を生産し、早くまとめて店舗へ納品するマーケティング・システムであり、メー

第15章　マーケティング・ミックスの展開　**373**

カーは大きな規模の経済性を得ることができる。POSシステムといった情報システムの導入は、POSデータ（商品コード、販売数量、販売金額）やコーザルデータ（陳列情報、販促情報、天候などの売上に影響を与える販売要因データ）を分析・加工し、需要予測をするうえで不可欠な要素である。

　生産および流通活動に関する意思決定を実需発生点近くまで引き延ばすのか（延期）、それ以前に前倒しするのか（投機）によって、生産・流通システムは大きく変わってくる。次の図は、延期/投機の2分法で延期－投機理論を表現したものである。

【 延期－投機理論による生産・流通システムの決定 】

次元＼領域	生産		流通	
時間	受注生産	見込み生産	短サイクル	長サイクル
空間	分散生産	集中生産	分散在庫	集中在庫

出典：『マーケティング戦略』和田充夫・恩蔵直人・三浦俊彦著　有斐閣アルマ

(2) これからのチャネル対応

　従来のメーカー主導型のチャネルにおいては、投機型のマーケティング・システムが支配的であった。消費者ニーズやライフスタイルが多様化し、CS（顧客満足）が重視される状況では、延期の原理を導入して意思決定を消費現場に近づける必要がある。多くの製品の流通・マーケティングは投機型から延期型に移行している。

　延期型のマーケティング・システムを構築するためには、実需に合わせた受注生産を行い、分散生産・分散在庫で店舗の近接点に生産・配送拠点を持ち、短サイクルでの配送で在庫負担を軽減する必要がある。しかし、メーカーや小売業がそれぞれ個別に導入してもなかなか成功するものではなく、チャネル・システム全体で取り組んではじめて効果を発揮する。製販同盟やSCM、SPAなどが目指すゴールは、旧来の投機型の大量生産・大量流通システムを超えた、より顧客ニーズに密着した新たな流通チャネルの構築にある。

8 物流戦略

(1) 物流の重要性

　マーケティングにおいて、流通チャネル戦略（商的流通活動：商流）と同様に需要の充足を図るために重要なのが、物的流通活動（物流）である。物流活動は、流通チャネルを通じて、消費者に完成品を効率的に引き渡すものである。

　従来、物流活動は、マーケティングの主活動を支援するものとして位置づけられていたため、工場で製造した製品を低コストで顧客に届けることが目的であった。しかし、消費者ニーズの多様化と製品の多品種化、それに伴う欠品率の低下と在庫削減の同時実現、在庫管理・受発注システム等の情報化の進展などを背景に物流環

境が激変し、物流活動はマーケティング活動全体を完成させる機能として位置づけられるようになった。

⑵ 物流環境の変化

H19-35

① 物流要請の多様化

最近、大規模小売店舗をはじめとする小売業において、顧客サービスの一層の充実や流通コストの削減の手段として、「物流」を販売競争の手段として位置づける傾向がある。

卸売業が以前から受けている小売店からの物流要請には、「指定場所納品」「完璧な納品率の要請」「緊急納品」などがあるが、最近特に「指定時間納品」の要請が強まっている。小売業では、物流に関して「スピードと正確性」をより重視している。

しかし、物流需要の量的・質的な増大が物流コストを上昇させ、輸送の縮小や取引の停止といった問題を引き起こしている。

② ジャスト・イン・タイム物流

ジャスト・イン・タイム物流とは、トヨタ自動車が考案した生産におけるジャスト・イン・タイム方式（かんばん方式）の考え方を物流に応用したものである。必要なものを、必要な数量だけ、必要なときに仕入れることによって、余分な在庫を持たず、保管費の削減や、限られたスペースを有効に活用するシステムのことである。小売店からの多頻度小口配送の要求にも対応したシステムである。多頻度小口配送とは、発注単位の小口化、配送の多頻度化、注文から納品までのリードタイムの短縮化、配送時間の指定などである。

ジャスト・イン・タイム物流を行う場合、正確な予測のしくみと迅速・頻繁・柔軟な配送のしくみが必要である。

③ 活発化する物流経路からの卸売業集約化の動き

小売業は、物流の効率化の観点から、さまざまな物流方法に取り組んでいる。伝統的な「メーカー、卸売業、小売店の3段階を通過するルート」をはじめ、「メーカーから小売店への直接配送」「窓口問屋制による一括配送（共同配送）」「自社物流センターを使った配送」などである。

卸売業者は生き残り戦略の一つとして物流機能の強化を図っているが、特定の小売業者のための専門物流センターを運営した場合であっても、小売業者側に費用負担を求められない状況にある。

⑶ トータル・ロジスティクス

トータル・ロジスティクス (Total Logistics) とは、物流にシステムの概念を導入し、システム化という視点から物流全体の効率化を図ろうとする考え方である。マーケティングでは、「戦略的物流」という意味で使われている。物流の問題を企業経営の戦略的な問題として捉え、トータル（企業全体・流通機構全体）な視点で解決していこうとする発想である。そのため、トータル・ロジスティクスは、物流の上位概念であるといわれている。

主な機能には、注文処理、保管、在庫管理、輸送がある。

第 15 章　マーケティング・ミックスの展開　　**375**

① 注文処理（受注処理）

受け取った注文は、迅速かつ正確な処理が必要である。注文の処理が効率的に実行されれば、企業と顧客との双方が利益を得ることができる。現在、多くの企業が、注文、出荷、請求のサイクルを迅速に処理するために、コンピュータ化された注文処理システムを採用している。

② 保管

一般に、生産と消費のタイミングは異なるため、企業は製品を保管しなければならない。需要数量と需要時期との相違を、保管機能によって克服している。保管の目的の一つは、需要の不確実性への対応である。保管拠点を増やすとサービス水準は向上するが、新たな保管コストの発生により物流のトータルコストが増加する。保管拠点は、サービス水準と物流コストを勘案して設計する必要がある。

自動化の進んでいる倉庫では、入出庫管理をコンピュータで行っている。例えば、集品作業（ピッキング）において、バーコードを利用するスキャン検品を行うと、単なるリストピッキングに比べてその精度は高まる。

使用される倉庫形態は、次の通りである。
  (a) 保管倉庫（貯蔵倉庫）…製品の中・長期的な保管場所のことである。商品の品質保持や盗難予防が重要な要素となる。
  (b) 流通倉庫…検品、仕分け、品揃えなどを伴い、短期間だけ保管する倉庫である。顧客の要望に応じて、検針、値付け、包装などの流通加工を行う場合もある。

③ 在庫管理

企業は、過剰在庫と在庫不足の均衡に留意しつつ、適正な在庫水準を維持しなければならない。過剰在庫問題とは、必要以上の在庫コストの発生と保管製品の陳腐化の問題であり、在庫不足問題とは、緊急生産・緊急配送コストの発生と機会損失により顧客が不満を感じる問題である。

④ 輸送

輸送手段の選択は、製品の価格、輸送パフォーマンス、納品時の製品の状態などに影響を与え、これらのすべてが顧客満足度に影響を与える。企業は、倉庫・流通業者・顧客への製品の輸送にあたって、鉄道・トラック・水運・パイプライン・航空といった輸送手段の中から適切な方法を選択し、スピード、信頼性、利用可能性、コストなど多くの要因の調整を図る必要がある。

(4) 物流の効率化

トータル・ロジスティクスの視点に立ち、物流戦略を策定する場合、物流効率化が重要な戦略課題となる。物流効率化を図る方法には、次のようなものがある。

① 物流管理の合理化

個別の企業は、物流管理の合理化・省力化のために、①物流部門の設置、②物流会計の導入、③荷役作業の機械化、④情報機器の導入・情報化、⑤輸配送の計画化や平準化による受発注・配送方法の改善、⑥適正なサービス・コストの負担を要求するための取引慣行の改善、といった対策を講じることが必要である。

② 物流の共同化

物流効率化投資は、個別企業だけで実施すると負担が大きい。このため、複数の企業が共同して物流効率化投資を行う必要がある。

共同化は、物流効率化をはじめ、運転手や人材不足などの労務問題、交通渋滞や大気汚染などの社会的問題、経営基盤の脆弱な中小企業にとっての資金負担面の問題を解決するために有効な対応策になる。物流の共同化では、サードパーティ・ロジスティクス（3PL）事業者が運営を担うケースも見られる。

【 物流の共同化 】

対策	効果
集荷・配送の共同化	輸送ロットの大口化、帰り便の活用、交錯輸送の回避などでトラックの積載効率が向上する。
共同物流センターの設置	集荷・配送に加え、保管・物流加工・仕分けなどの共同化が可能になる。
共同物流情報ネットワークの構築	受発注・在庫データを統合したネットワークを構築することで、適正な在庫管理や的確な配送・納品が可能になる。

③ サードパーティ・ロジスティクス（3PL）

サードパーティ・ロジスティクス（3PL：Third Party Logistics） とは、専門性の高い第三者企業に対し、包括して物流機能を委託すること を指す。3PL業者とは、「荷主に対して物流改革を提案し、包括して物流業務を受託し遂行する業者」のことである。我が国では、大手運送業者や商社が参入している。

従来のアウトソーシングは、委託する範囲が物流業務の一部であるのに対し、3PLは、受発注業務から在庫管理・輸配送管理業務などロジスティクスに関する広範囲な業務を行う点で大きく異なる。委託する企業は、商流と物流の分離を図ることで、自社のコア・コンピタンスに経営資源を集中できる。

第 15 章　マーケティング・ミックスの展開　**377**

IV コミュニケーション戦略

1 コミュニケーション

(1) プロモーションとコミュニケーション

　企業がどんなに素晴らしい製品を開発しても、製品の存在を消費者に伝達しなければ、販売には結びつかない。また、製品の特徴や内容を消費者に正確に理解してもらわなければ、市場競争に勝ち残っていけない。製品の存在や効用、利点などをコミュニケーションによって市場（消費者）に伝達し、顕在的なニーズに訴求したうえで市場に受け入れられて、はじめてマーケティングは完結する。
　これが、プロモーションの意義であり、プロモーションをコミュニケーションとして捉える理由である。

(2) コミュニケーションの概念

　コミュニケーションにおける基本的な要素をモデル化した図が**コミュニケーション・モデル**である。送り手によるメッセージは記号化され、何らかの媒体を経由して受け手へと伝えられる。この流れを妨げる要素としてノイズがある。

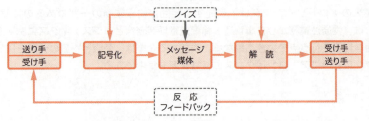

【コミュニケーション・モデル】

出典：『マーケティング戦略』和田充夫・恩藏直人・三浦俊彦著　有斐閣アルマ

① 「送り手」・「受け手」…送り手と受け手は、コミュニケーションの当事者である。マーケティング活動において、製品やサービスに関するメッセージは企業から消費者に送るため、送り手は企業、受け手は消費者である。広告の訴求対象となる受け手のことをオーディエンスという。
② メッセージ…企業が消費者に対して発信する情報や意味の集合体のことである。例えば、広告内容などである。
③ 媒体…メッセージを送り手から受け手に伝達するチャネルのことである。例えば、テレビや新聞、製品のパッケージなどである。
④ 記号化…伝達したいメッセージを記号へと変換する作業のことである。メッセージの記号化には、言葉やシンボル（駐車や喫煙を禁止するときの標示など）、

図柄、音などが一般的に使われる。
⑤ 解読…送り手から伝達されてきたメッセージに対して、受け手が何らかの意味づけを行うことである。この作業は、受け手の背景によって大きく変化する。例えば、同じメッセージでも、女性には好ましいが男性には不快な場合がある。また、解読と関連してサブリミナル広告がある。サブリミナル広告とは、テレビやラジオなどに、認知不可能な速度や音量でメッセージを出し、受け手の潜在意識下に訴える広告のことである。
⑥ ノイズ…コミュニケーションのプロセスを妨害するすべての要素のことである。ノイズの存在により、受け手は送り手が伝達したメッセージとは異なった内容のメッセージを受け取ることになり、受け手にメッセージがまったく到達しないこともある。ノイズには、テレビやラジオの受信を悪化させる別の電波などの物理的なものだけでなく、テレビ広告に対する家族との会話、セールスマンによって提供された誤った製品情報、競合製品の広告などがある。
⑦ 反応（フィードバック）…伝達されたメッセージによって起こる、受け手の変化のことである。例えば、製品の購買・非購買、態度の変容、投書などである。フィードバックされる反応の一部は、送り手に到達する。この場合、送り手と受け手の位置関係は逆になる。

(3) プロモーション予算のアプローチ法

プロモーション予算は、広告の予算総額を決める際に設定される。最も合理的な予算設定方法はタスク法（目標・課業管理法）である。

タスク法とは、目標を明確にし、目標を達成するためにどのような課業（タスク）が必要なのかを決定し、これらの課業に要するコストを見積もることにより、プロモーション予算を設定する方法である。

2 プロモーション・ミックス

(1) プロモーション・ミックス

プロモーション・ミックスとは、企業が広告目標やマーケティング目標を追求するために使用する**広告、人的販売、セールス・プロモーション（SP：販売促進）、広報（PR）活動、ダイレクト・マーケティング**等の手段を、その企業独自の形に組み合わせることである。近年は**口コミ**も重要視されている。

企業のマーケティング活動において、プロモーションの各要素を単独で展開するのではなく、最大の効果が発揮されるように最適に組み合わせることが大切である。媒体ごとに異なるメッセージを伝達した場合、消費者は企業やブランドのイメージに対して混乱を招く。そこで、テレビ広告と店頭のPOP広告や、製品のパッケージと折り込みチラシを連動させることがある。

(2) プロモーション・ミックスの決定要因

プロモーション・ミックスにおける各要素の相対的ウエイトを決定する代表的な要因は、製品のタイプである。各要素のウエイトは業種によって大きく異なり、同一業種内であっても企業によって異なる。

【 消費財と生産財における各要素のウエイト 】

重視する順	消費財を扱う企業	生産財を扱う企業
①	広告	人的販売
②	セールス・プロモーション	セールス・プロモーション
③	人的販売	広告
④	パブリシティ	パブリシティ

(3) プル戦略とプッシュ戦略

採用する戦略がプル戦略なのかプッシュ戦略なのかによってもプロモーション・ミックスは大きく左右される。現実には、多くの企業はプル戦略とプッシュ戦略を組み合わせて採用し、どちらかの戦略に、よりウエイトを置いている。

① プル戦略

プルとは「引っ張り込む」という意味である。**プル戦略**とは、消費者の需要を喚起し、消費者が自社製品を指名買いすることを促進する戦略である。したがって、最初に、広告やパブリシティによって消費者の需要を喚起する必要がある。

プル戦略は、ブランド・ロイヤルティが高い製品、ブランド間の知覚差異が大きい製品、最寄品などで採用されることが多い。

② プッシュ戦略

プッシュとは「押す」という意味である。**プッシュ戦略**とは、メーカーが自社製品を卸売業者に積極的に売り込むことから出発する。次に、卸売業者は小売業者へ、小売業者は消費者へと商品を販売する。したがって、プッシュ戦略においては、流通業者や消費者を説得する必要があるので、人的販売が最も重要視される。

プッシュ戦略は、ブランド・ロイヤルティが低い製品、ブランドの選択が店舗で行われる製品、ベネフィットが理解されている製品などで採用されることが多い。

(4) 統合型マーケティング・コミュニケーション（IMC）

統合型マーケティング・コミュニケーション（IMC：インテグレーテッド・マーケティング・コミュニケーション） とは、企業が多数のコミュニケーション・チャネルを慎重に統合・調整し、自社とその製品に関するメッセージに明快さ、一貫性、説得力を与えようとする考え方である。近年、新しいマーケティング・ミックスの考え方として、ミックス（混合化）から、さらに一歩進めたインテグレーション（融合化）への動きがある。これが、IMCである。

広告による伝達は広告部門、同様に人的販売は営業部門、製品のパッケージは製品開発部門、パブリシティは広報部門というように、部門ごとに予算編成、目標設

定、メッセージの作成を行ってきた。作成されたメッセージは、ミックスという考え方のもとで調整されてきた。

これに対しIMCは、複数の要素を融合させることによって、まったく新しいコミュニケーション活動を創造していくことを目的としている。IMCの実践において、ワンボイスといわれるように、企業は一貫性の強いメッセージを作り出し、適切な場所で、適切な時期に、適切なメッセージを、適切な顧客に届けることで、より大きな販売効果が期待できる。

IMCのアプローチでは、顧客関係性に重点を置いている。市場占有率だけでなく、顧客シェア、つまり顧客生涯価値（LTV）の重要性に着目している。したがって、一定期間に集中的にコミュニケーションを投下するよりも、断続的な働きかけを行っていくことが重要である。

また、企業やマーケターが顧客と接したり会話したりする「タッチポイント」は、店舗などの物理的空間だけに限定せず、オンライン上にもさまざまな形で設定される。

3 非人的コミュニケーションと人的コミュニケーション　H21-26

コミュニケーションは、非人的なものと人的なものに分類することができる。

(1) 非人的コミュニケーション

非人的コミュニケーションとは、人的な接触をしないで行われるコミュニケーションのことである。広告媒体や非広告媒体である特定の消費者向けの手紙や資料、店舗等の雰囲気、イベントなどがある。

(2) 人的コミュニケーション

人的コミュニケーションとは、人を通じて行うコミュニケーションのことである。顧客との信頼関係を築き、自社や自社製品の情報を伝達し、販売を達成させることができる。口コミも人的コミュニケーションの一形態である。

【 コミュニケーションの構成要素 】

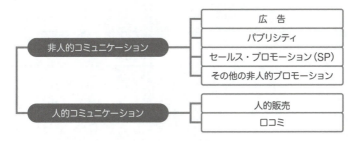

4 広告

(1) 広告の定義と特徴

コトラーは、広告を次のように定義している。「**広告**とは、明示された広告主によるアイディア、財、サービスに関する非人的な提示とプロモーションであり、しかも有料形態をとるものである。」

つまり、①広告主が明示されており、②非人的な媒体を用い、③有料である、という3つの条件を具している点に特徴がある。

(2) 広告媒体

H23-30
H22-26
H21-26

広告媒体とは、メッセージを受け手に到達させる伝達手段のことである。媒体（メディア）とは、テレビや新聞など一般的な伝達手段のことである。ビークルとは、媒体の中の特定銘柄のことで、日本経済新聞や読売新聞などを指す。媒体やビークルは、ターゲット、製品の特性、訴求点、予算などを考慮して決定される。

テレビ、新聞など不特定多数の人に情報発信できる媒体のことをマス媒体（マスメディア）という。一方、携帯電話や電子メールのように双方向で、個人的にやりとりできる媒体のことをパーソナル媒体という。インターネットなどの新しい媒体は、マス媒体とパーソナル媒体の両方の性質を兼ね備えている。

主な広告媒体として、①テレビ、②ラジオ、③雑誌、④新聞、⑤屋外広告（街頭のネオンサインやパネルなど）、⑥ダイレクト・メール（DM）、⑦インターネット、などがある。このうち、①～④を4大マスメディアという。

近年、ITの進展に伴い、インターネット広告が急速に拡大している。インターネット広告費は、2004年にラジオの広告費、2006年に雑誌の広告費、2009年に新聞の広告費、2019年にテレビメディアの広告費を上回った。

広告メッセージを伝達するために、最も効果的な複数の媒体を組み合わせることをメディア・ミックスという。

【 広告媒体のメリットとデメリット 】

	メリット	デメリット
テレビ	●広いカバレッジ ●広いリーチ ●映像・音・動きを伴う ●露出当たりの低いコスト	●セグメントしにくい ●絶対的に高いコスト ●メッセージが短命（一過性） ●ラジオよりザッピングが多い
ラジオ	●低いコスト ●セグメント可能 ●テレビよりザッピングが少ない	●音のみの利用 ●メッセージが短命（一過性）
雑誌	●セグメント可能 ●多くの情報を提供 ●メッセージが長命	●視覚だけによる訴求 ●広告変更などにおける低い柔軟性
新聞	●広いカバレッジ ●高い柔軟性	●視覚だけによる訴求 ●メッセージが短命（一過性）
屋外広告	●高い反復率 ●高い注目率	●特定の地点に限定 ●少ない情報を提供
ダイレクト・メール	●対象者の絞り込みが可能 ●多くの情報を提供	●接触当たりの高いコスト
インターネット	●低いコスト ●セグメント可能	●比較的新しい媒体であり、利用者が限定的

※ザッピングとは、チャンネルを頻繁に切り替えながら視聴する行為である。
出典：『マーケティング戦略』和田充夫・恩藏直人・三浦俊彦著　有斐閣アルマに一部加筆

上記以外にも、次のような広告媒体がある。
① 交通広告…電車の駅に張られている「駅張り広告」や、電車やバスの中にある「中吊り広告」などを総称したものである。
② POP広告…小売店舗の店頭や売場に掲示される広告である。
③ ノベルティ…企業名や製品名が入っている手帳やカレンダーなどである。
④ 折り込み広告…新聞に折り込まれている広告である。新聞に印刷される新聞広告とは区別される。
⑤ デジタル・サイネージ（電子看板）…通信機能を活用し、屋外に設置されたディスプレイやプロジェクターなどに画像や情報を表示する広告媒体のことである。コンビニエンスストアのPOSレジ前、電車のドアの上などに設置されている。ターゲットを絞って発信できる、広告内容を随時変更できる、取替えの手間がかからない、などの特徴がある。

(3) 広告媒体の決定

① DAGMARモデル

DAGMAR (Defining Advertising Goals for Measured Advertising Results) モデルとは、同じ広告効果階層モデルのAIDMAモデルやAISASモデルと比較すると、DAGMARでは広告コミュニケーション効果を説明し、実際に測定できるように1961年にR・H・コーリーによる提唱モデルである。事前に広告コミュニケーショ

ン目標を設定し、広告活動の成果とのズレによって広告効果が測定できる。広告の効果を広告に接触した受け手に与えるコミュニケーション効果に限定し、広告目標を数値化して測定を容易にすることが主張されている。未知、認知、理解、確信、行為の5段階からなる。

② 広告予算の算出方法

a.売上高比率法

自社の売上高を基準にして、一定の比率で広告予算を算出する方法である。

b.競争者対抗法

競合他社の広告費や広告出稿量を基準にして、自社の広告予算を算出する方法である。

c.目標課題達成法（タスク法）

広告目標を達成するために必要な作業を洗い出し、各作業にかかる費用を積み上げて算出する方法である。

③ GRP（全露出回数）

広告質量（質的価値と量的価値の積）は、到達範囲（リーチ）、露出頻度（フリークエンシー）、衝撃度（インパクト）、の3つの要素で決定される。通常、質量が大きくなるほど、予算も増大する。到達範囲（リーチ）と露出頻度（フリークエンシー）を掛け合わせて算出する指標をGRPという。

【 広告質量を決定する要素 】

	定義	例
到達範囲（リーチ）	広告の量的価値を決定する要因の1つであり、一定期間に標的市場におけるどれくらいの人々が当該メッセージに接触するかという割合である。	●この広告は、東京都民1,200万人のうち、5%の人の目に触れると期待できる
露出頻度（フリークエンシー）	広告の量的価値を決定する要因の1つであり、標的市場の平均的な人間が当該メッセージに何回接触するかという回数である。	●この広告は、平均5回の露出頻度を期待できる
衝撃度（インパクト）	広告の質的価値を決定する要因であり、特定の媒体を通じて露出される印象の強さである。	●聴覚のみに訴えるラジオによるメッセージよりも視覚・聴覚双方に訴えるテレビによるメッセージの方が衝撃度は高い ●タブロイド紙（大衆紙）への広告よりも全国一般紙への広告の方が信頼性は高く、衝撃度も高い

(4) 広告の分類

① 訴求内容による広告の分類（製品広告と企業広告）

(a) 製品広告…特定のブランドを訴求した広告のことである。広告の訴求内容は、ブランドそのものに関するもので、製造元企業についてはほとんど触れら

れない。

(b) 企業広告（制度広告）…広告主である企業を訴求した広告のことである。自社に対して消費者が望ましいと感じるイメージや好感度を抱いてもらうことを意図したものである。

② 製品ライフサイクル別にみた広告の分類 H24-31

(a) 導入期…導入期には、情報提供型広告が用いられる。情報提供型広告とは、使い方や価格などの製品情報を訴求した広告のことである。新製品を市場導入する時に最もよく活用され、主に一次需要の創造を目的としている。

(b) 成長期…成長期には、説得型広告が用いられる。説得型広告とは、自社ブランドが品質やコストの面で、いかに優れているのかを訴求した広告のことである。競争が激化している市場でよく活用され、主に二次需要の創造を目的としている。

(c) 成熟期…成熟期には、リマインダー広告（想起型広告）が用いられる。リマインダー広告とは、自社ブランドを消費者に忘れさせないようにすることを目的とした広告のことである。既に構築されているブランド・ロイヤルティを維持することによって、自社ブランドに対する消費者の意識の水準を高めておくためのものである。成熟期の広告では、機能面での差別化よりもイメージ面での差別化が重要になることが多い。

③ 比較広告

比較広告とは、自社ブランドと競合ブランドを直接・間接的に比較した広告のことである。ただし、比較広告は消費者の反感を引き起こし、マイナスに影響することがある。日本では、競争企業のブランドを明示しない間接的な比較広告が中心である。

④ 連合広告

連合広告とは、テーマを設けて複数の会社の広告を集めた広告のことである。共同の広告のため、単独での広告よりも予算を削減できる。

　　例 新聞で見かける名刺広告

⑤ ティーザー広告

ティーザー広告とは、情報を小出しにして消費者の関心と注目度を高めようとする「じらし広告」のことである。Teaseは「じらす」という意味である。

　　例 自動車の新型車発表の前に、シルエットの情報を流して予告する。

⑥ 流通広告

流通広告とは、メーカーまたは卸売業者が、取引先の流通業者に対して行う販売促進のための広告である。広告主が取り扱う製品を流通業者に仕入れてもらい、顧客に推奨してもらうために行う。

　　例 新製品の説明、販売代理店募集など

⑦ アドバトリアル

アドバトリアルとは、記事広告もしくは記事体広告で、新聞や雑誌に掲載される編集記事風の広告のことである。アドバタイジング（広告）とエディトリアル（編集）からなる造語で、広義のパブリシティに含まれる。編集記事との混同を避けるため

第15章　マーケティング・ミックスの展開　**385**

に、「PRのページ」などの注を入れて区別することもある。

⑧ フリーペーパー

日本生活情報誌協会（JAFNA）は、フリーペーパーを次のように定義している。「特定の読者を狙い、無料で配布するか到達させる定期発行の地域生活情報誌で、イベント、タウン、ショップ、求人情報、住宅・不動産、グルメ・飲食店、ショッピング、演劇、エステ・美容、レジャー・旅行、各種教室など多岐にわたる生活情報を記事と広告で伝える。」

フリーペーパーは無料印刷媒体なので、広告主は有料印刷媒体を購入しない層を含めた幅広い読者層に対して記事や広告を認知させることができ、興味・関心を高めた読者を雑誌や書籍などの有料媒体の購買につなげることも可能である。フリーペーパーの中には、地域のクーポン情報を掲載することで非常に高い閲覧数を誇るものがある。

近年では、携帯サイトと連動して、追加情報の提供や読者アンケートを実施するなど、メディア・ミックスによりシナジーを高めているフリーペーパーもある。

⑨ スポーツイベント等への協賛

近年、スポーツとビジネスの関わりが深まっており、スポーツイベントへの協賛も、企業広告の一環となる。例えば、スポーツ大会に社名を冠したり競技場へ広告看板を掲出したりすることによる企業イメージの向上、世界的なスポーツイベントへの関連機器の提供による権威付けなどがある。

（5）インターネット広告戦略

① インターネット広告

(a) 狭義のインターネット広告…バナー広告やモバイル広告などのように、有料の広告枠に提供され、誰でも使える機器によって閲覧でき、オーディエンスがクリックなどをすることによって双方向的に通信できるものである。

(b) 広義のインターネット広告…企業サイトのなかで展開されるマーケティング的なコンテンツのことである。動画配信で広告を含めたコンテンツが一方的に配信されるものは含まない。

② インターネット広告の分類

インターネット広告は、マスメディア広告よりも契約形態やフォーマットにおいて、より複雑である。インターネット広告は次のように分類できる。

(a) ウェブ広告…インターネットのページ上に掲載される広告で、画像やテキストによって表現される。記事風広告も含まれる。ウェブ広告はさらにバナー広告といった「定型」と、ポップアップ広告といった「定型外」に分類される。

  • バナー広告…ウェブページに表示される旗型の広告である。広告枠のなかで固定される「貼り付け」タイプと、複数の広告をローテーションで掲載する「ローテーション」タイプがある。

  • ポップアップ広告…ウェブ上に別画面が立ち上がる形式の広告である。

(b) メール広告…電子メールを用いてテキストや画像で配信される広告である。

  • メールマガジン広告…メールマガジン（定期的に発行されるメール形式で

配布されるコンテンツ）に挿入される広告スペースである。

- オプトイン広告…事前に受け取ることを消費者が許諾した、全文が広告のダイレクト・メール型の広告である。

(c) ペイドリスティング広告…インターネットで消費者が検索すると、検索結果ページに連動して表示される広告のことで、SEMとも呼ばれる。検索キーワード連動型（検索したワードと関連する情報を広告として表示する）と、コンテンツ連動型（ウェブサイトの情報内容を判別したうえで関連する内容の広告を掲載する）の2種類がある。

(d) モバイル広告…携帯電話のウェブサイトやメールマガジンに掲載される広告である。ピクチャー型広告、コンテンツ型広告、メール型広告などがある。

(e) インターネットCM…インターネット広告のなかに動画や音声を使って配信するCMである。ストリーミング方式とダウンロード方式の2種類がある。

③ インターネット広告の料金体系 `H23-30`

マスメディア広告では出稿された量、スペースの大きさや露出時間の長さによって規定されるが、インターネット広告の料金体系はより複雑である。インターネット広告の取引形態によって、次の4つの形態がある。

(a) インプレッション保証型…一定の期間に露出される回数を広告主が指定し、その回数に達するまで広告を表示し続ける方法である。同一スペースで複数の広告主によってローテーションで契約することが多い。

(b) 期間保証型…広告主から指定された一定の期間に広告を露出する。

(c) クリック保証型…消費者がクリックした数を保証した契約である。

(d) 成果保証型…消費者が実際に購買した個数や売上高に応じて広告主が料金を支払うことで、アフィリエイトともいう。アフィリエイト・プログラムとは、Webサイトやメールマガジンなどに企業サイトへのリンクを張り、閲覧者がそのリンクを経由して当該企業のサイトで会員登録したり商品を購入したりすると、リンク元サイトの主催者に報酬が支払われるという広告手法である。

④ SEM戦略 (Search Engine Marketing) `H19-38`

GoogleやYahoo! などの検索エンジンを用いた情報検索は、ネット・ユーザーにとってメールに次いで最も頻繁に行われる基本的活動の1つである。インターネット広告のなかでも検索キーワード広告費の増大が目立つようになっている。

検索キーワード広告とは、検索した結果を表示するウェブページに広告として掲載される広告のことである。例えば「スポンサー（サイト）」というような表示があり、検索結果とは異なるスペースに表示してある。この「スポンサー」とあるサイト表示が広告であり、有料の広告欄となっている。ここに広告を掲載する活動がSEMである。

⑤ SEO `H23-30`

検索エンジンでの検索結果そのものは無料であり、広告ではない。検索エンジンの結果で、より上位に自社ウェブサイトが掲載されるよう検索エンジンの特性に働きかける活動を、SEO（検索エンジン最適化、サーチ・エンジン・オプティマイゼー

第15章 マーケティング・ミックスの展開　**387**

ション）という。

⑥ クロス・メディア

〔H23-30〕

クロス・メディアとは、一つのコンテンツ・データを多用途として、複数メディアへ出力する手法である。「移動中は携帯電話、自宅ではパソコン」など、一人の利用者が異なるメディアへ横断するときの利便性向上や付加価値の追加を目的としている。

テレビ、新聞、雑誌の広告に「詳しくはホームページで」という表現でウェブサイトに誘導するなど、複数メディアの特性を補完しながら双方向コミュニケーションを図る手法はクロス・メディアである。一方、テレビ、新聞、雑誌などの複数メディアに、同一コンテンツを広告することはメディア・ミックスである。

⑦ CGM (Consumer Generated Media：消費者生成型メディア)

〔H24-33〕〔H23-30〕

インターネットなどを活用して消費者が内容を生成していくメディアのことである。消費者の書き込みによって内容が生成され、インターネットなどに関する知識を持たない一般消費者でも、容易に情報発信・共有できる。CGMは、①経験を蓄積するもの（ブログやSNS［ソーシャル・ネットワーキング・サービス］）、②質問や回答を蓄積するもの（Q&A型知識共有サイト）、③商品評価を蓄積するもの（Amazonなどの電子商取引サイト、@cosmeなどの口コミサイト）に分類できる。CGMの普及に伴って、消費者が企業のマーケティング活動の成果に及ぼす影響は大きくなっている。

CGMは、ソーシャル・メディアと呼ばれることがあるが、CGMの方がより広範囲のWeb上のメディアやサービスを指すことが多い。

⑧ トリプルメディア

〔R01-30〕〔H24-33〕〔H23-30〕

Webマーケティングで利用される3つのマーケティング・チャネルを整理したフレームのことである。一般の消費者が、SNSやブログ、ツイッターで発信するなど信頼を得やすい「アーンド・メディア (earned media)」、従来のマス広告のように対価を払って広告を掲載する「ペイド・メディア (paid media)」、自社サイトなどの「オウンド・メディア (owned media)」の3つを指してトリプルメディアといい、3つのメディアをうまく連携させていくことで、マーケティング活動の効果が高まる。

5 パブリシティ

〔H27-33〕〔H20-29〕

パブリシティとは、企業や団体がマス媒体（客観的な報道機関）に対して、意図している方針、商品の特質などの情報を自主的に提供することにより、対象媒体の積極的な関心と理解のもとに、広く一般に報道してもらう方法、およびその技術である。パブリシティは、**PR (パブリック・リレーションズ)** の一技法である。PRとは、企業などの組織が、公共（パブリック）との関係（リレーションズ）を良好に保つための諸活動である。日本の民間企業では、「PR（ピーアール）」と略され、「広報」という言葉が浸透し、広告・宣伝活動と同等に扱われることもある。PRでは、製品、人、地域、アイデア、活動、組織、国家等を対象としてコミュニケーションを実施する。

388　第1部　テキスト

パブリシティを効果的に活用するためには、製品や企業そのものに「話題性」「ニュース性」「特異性」「情報性」などが必要になる。さらに、これらの情報を、第三者であるマスコミに対して働きかけるパブリシティ活動が重要となる。パブリシティ活動の一つにハウスオーガンがある。

(1) パブリシティの特徴

パブリシティは広告と類似しているが、次のような独自の特徴がある。
① 第三者であるマスコミが、掲載するかどうかの意思決定を行う。
② 原則として、無料である。
③ 客観性が高く、受け手が信頼しやすい。

(2) ハウスオーガン

ハウスオーガンとは、企業が定期的に発行する企業誌や社内報の総称である。企業は、ビジョンや新製品を理解してもらうために、記者会見や展示会、見学会などを行う。企業が外部の投資家に向けて、自社の財務内容や戦略を伝える諸活動であるIR (インベスターズ・リレーションズ：投資家向け広報活動) も含まれる。

6 セールス・プロモーション

AMAは、セールス・プロモーション (SP) を次のように定義している。「**セールス・プロモーション**とは、消費者の購買やディーラーの効率を刺激するマーケティング活動のうちで、人的販売、広告、パブリシティを除くものである」。SPの主な目的は、顧客の購買の促進による短期的な売上やシェアの増加である。しかし、短期的な価格訴求型SPの繰り返しによってブランドを傷つけてしまうことがあるため、ブランド構築や育成という長期的視点を持つことが望ましい。

(1) セールス・プロモーションの分類

H25-27

① 消費者向けSP

消費者向けSPとは、メーカーが行うSPのことで、サンプリング、プレミアム、増量パックなどがある。

② 流通業者向けSP

流通業者向けSPとは、メーカーが行うSPのことで、特別出荷、アロウワンスなどがある。特別出荷とは、5ケースの注文に対して6ケース出荷するなどの特別な出荷条件のことである。

③ 社内向けSP

H20-37

社内向けSPとは、社内で行うSPのことで、営業にかかわる各部門の販売意識を高めるとともに、従業員スキルの向上を図ることを目的としている。社内販売コンテスト (セールスコンテスト)、セールス・マニュアルなどがあり、従業員対象の研修やセミナーも含まれる。

社内販売コンテストは、顧客への訪問回数を促進することが目的で、期間を定め

第15章 マーケティング・ミックスの展開 **389**

て行われる場合が多い。セールス・マニュアルは、新製品を発売するにあたり、セールスパーソンが製品コンセプトを明確に理解できるように用意する。

④ 小売業者によるSP

小売業者によるSPとは、小売業者が消費者に対して行うSPのことで、価格の引き下げ、チラシ、特別陳列などがある。特別陳列とは、陳列棚の一部に特設棚を設置し、大量に製品を陳列することである。

【 セールス・プロモーションの種類 】

メーカーの行うSP	消費者向けSP	プレミアム、カタログ、サンプリング、クーポン、スタンプ、消費者コンテスト(懸賞)、実演販売、消費者の組織化、オープン・ハウス、増量パック
	流通業者向けSP	ディーラー・ヘルプス、ディーラー・プロモーション、リテール・サポート、展示会、POP広告、リベート、アロウワンス、販売コンテスト、販売会議・販売業者間調整、特別出荷
	社内向けSP	社内販売コンテスト、販売用具マニュアル、セールス・マニュアル、社内各部門の調整
小売業者の行うSP		価格の引き下げ、チラシ、特別陳列

(2) セールス・プロモーションの代表的な手段

セールス・プロモーションの代表的な手段として、次のものがある。

① サンプリング

サンプリングとは、消費者に対してサンプル(試供品)を配布することである。広告だけでは競合製品との違いを訴求しにくい製品、実際に使用することで便益を理解しやすい製品などで活用される。

② プレミアム

プレミアムとは、「おまけ」のことである。メーカーは、プレミアムをおとりにし、製品の購入を促進することができる。プレミアムには、次の3つの方法がある。

　(a) インパック…製品のパッケージの内側に封入されているもの
　(b) オンパック…製品のパッケージの外側に添付されているもの
　(c) オフパック…製品と切り離して提供されるもの

③ クーポン

クーポンとは、ある製品に対して、一定額の値引きを約束した証書のことである。消費者が、クーポンの対象となる製品を購入する場合、クーポンを持参すれば、金額の値引きを受けることができる。しかし、クーポンは価格の引き下げではないので、クーポンを持っていない消費者は値引きを受けることができない。

日本では、雑誌、新聞、折り込みチラシによるクーポン広告が多い。近年では、POSレジスターと印刷機を連動させて、購入商品に応じたクーポンを印刷発行する企業もある。

④ ポイントサービス

売上に応じてスタンプやシールなどを配布し、集めた点数により商品・金券・割

引券を配布するスタンプに代わって、ポイントカード（顧客カード）を発行し、一定の条件で計算されたポイント（点数）をデータ記録・蓄積して顧客に付与する仕組みをポイントサービス（ポイント制度）という。

　ポイントサービスは、主に将来の値引きを約束するSPで、来店頻度を高め、顧客の固定化を図ることが目的である。ポイントカードを顧客に使用してもらうには魅力を高める必要があり、複数の企業間においてポイント連携するケースが増えている。ただし、ポイント連携は新規顧客の獲得に有利に働く一方、自社で付与したポイントを他社で使用されて売上増加につながらないことがあるため、利用顧客数の不均等などの発生により提携関係が永続しない場合もある。

7　人的販売

(1) 人的販売

H27-27
H19-37

　人的販売とは、人的コミュニケーションの代表で、2ウェイコミュニケーション（双方向コミュニケーション）を実現するものである。企業は人的販売によって、自社や自社製品についての情報を伝達したり、販売を実現したりすることができる。特に、販売を実現する段階において有効なプロモーションで、顧客との親密な関係を築くうえでも重要である。人的販売においても、パブリシティや広告などのプロモーション・ミックスを構築する必要がある。

　また、人的販売は、商談や営業のプロセスで顧客の新たな欲求やユーザーイノベーションを察知したり、競争動向の情報を収集したりする機能をもつ点においても、重要である。

(2) 販売員（セールスパーソン、セールスエージェント）の形態

H22-28

　人的販売を担当する販売員には、次の種類がある。

【 販売員の形態 】

種　類	定　義	例
オーダー・ゲッター	主に新たな顧客の開拓を行う販売員	生命保険の販売員
オーダー・テイカー	主に既存の取引関係の維持と強化を行う販売員	喫茶店の店員、ルートセールスの担当者
ミッショナリー・セールスパーソン	主に受注活動よりも顧客や販売の支援を行う販売員。製品説明だけでなく、販売促進全般をサポートする	化粧品の派遣販売員
配達員	主に製品の配達を業務とする販売員	ピザや弁当などの宅配担当者
カスタマーエンジニア	主に製品の補修を中心に行う販売員	複写機の保守担当者
コミッション・マーチャント	主に販売の成果を歩合によって受け取る販売員	タクシーの運転手

第15章　マーケティング・ミックスの展開　　**391**

H24-29 (3) 販売員に必要な知識

コンサルティング・セールスを展開する販売員には、次のような豊富な知識が要求される。コンサルティング・セールスとは、専門的な知識と技術で顧客の相談にのって、製品を売り込む販売方法のことである。

① 企業に関する知識…企業のビジョンや歴史、企業文化などの知識。
② 製品に関する知識…製品が持つ便益や素材、使用方法、メンテナンスなどの知識。
③ 顧客に関する知識…顧客の購買履歴や問題点（クレーム・悩み）などの知識。
④ 販売方法に関する知識…顧客の注文に応じたり、提案や問題解決を行ったりするためのさまざまな知識。

H25-30 (4) 営業

嶋口充輝は「営業は売れる仕組みとしてのマーケティングと売り込みを行うセリングとの間に位置し、マーケティングによって策定された売れる仕組みを市場で実現する人的活動」と定義している。

営業はマーケティングの下位概念であるが、単なる販売（セリング）にとどまるものではなく、販売を実現し価値を発生させるための、あらゆる人的活動が含まれている。したがって、セールスパーソンの行動・訓練・役割・評価などの課題を扱う人的販売に類似しているが、識別して捉える必要がある。

営業の主な目的は、既存顧客との取引関係の維持・拡大と新規顧客の獲得にあるが、顧客と対話を行うコミュニケーターでなければならず、顧客との信頼関係を構築することが重要である。顧客（買い手）が営業担当者（売り手）に対して持つ信頼は、「営業担当者が提供する商品および取引条件への信頼（企業信頼）」と「営業担当者自身への人間的信頼（人格信頼）」によって支えられている。

R01-30
H25-27
H24-33
H21-30
H20-29
H19-27
H19-28

8 口コミ

口コミ（WOM：Word of Mouth）とは、対面あるいはインターネット（ソーシャル・メディア）で伝播される情報を利用したマーケティング活動のことで、友人、家族、同僚など、消費者同士との間で製品・サービスに関する情報や感想等を交換する個人的なコミュニケーションの一形態である。

口コミには経験属性に関する情報が豊富に含まれている。経験属性は、購入以前に品質を把握することは不可能であるが、実際に体験することによってその品質を把握することが可能な属性である。

近年、ソーシャル・メディアの発達により、口コミが重要視されている。ブログのコメント書き込みやトラックバックといった強力なリンク機能などを活用して、遠く離れていても多くの人に瞬時に情報伝達が可能になったことや、消費者の情報過負荷が進んだことが背景にある。トラックバックとは、別のブログへリンクする際に、相手先のブログにURLやタイトルなどを自動的に生成して通知する仕組み

のことである。

　口コミは顧客が情報源であり、広告のような媒体費がかからず低コストであるが、消費者同士の個人的なコミュニケーションのため、企業によるコントロールが困難である。コトラーは、「苦情処理に満足した人は製品が良かったことを平均3人に話すが、不満だった人は平均11人に不平をもらす」と述べており、否定的な情報が口コミで広がるのを防ぐには、迅速な苦情処理が必要である。ネガティブな口コミについて、ブランドの熟知性が高ければ、ブランド購入意図も態度も大きく低下しないが、熟知性が低いとかなり低下する。そのため、口コミをマーケティング・コミュニケーションのツールとして利用する場合、倫理ガイドラインを整備・遵守するとともに、クレーム発生時の迅速な組織的対応による顧客ロイヤルティを維持する仕組み（サービス・リカバリー・システム）を構築する必要がある。

(1) ヴァイラル・マーケティング　H21-30

　ヴァイラル・マーケティングとは、インターネット技術を活用し、自動繁殖的にターゲットに広告・宣伝を行うマーケティング手法である。ヴァイラル（Viral）とは、ウィルスのことである。

　電子年賀状のように、製品やサービスによって利用者が知人に知らせたくなるものを1次的ヴァイラルといい、友達紹介キャンペーンのように、インセンティブによって誘引するものを2次的ヴァイラルという。しかし、企業が口コミをコントロールするのは困難なため、当たりはずれが大きく、コミュニケーション管理の観点からは問題が残っている。

(2) バズマーケティング

　バズ（Buzz）とは「蜂がぶんぶんと飛ぶ音」という意味で、バズを誘発するように人の口から口へと伝えていく口コミを応用したマーケティング手法のことである。

　従来の口コミと異なる点は、標的顧客を明確にし、発言に影響力を持つオピニオン・リーダー（情報発信人）と蜂集団（情報伝達人）の選定を行っていることである。

9 コミュニケーション戦略に関連する法規

コミュニケーション戦略に関連する法規制として、「特定商取引法」「消費者契約法」「電子契約法」「個人情報保護法」「景品表示法」などがある。

【 主な法規制 】

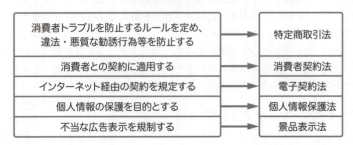

(1) 特定商取引法

特定商取引法（特定商取引に関する法律）とは、訪問販売や通信販売などの消費者トラブルを生じやすい特定の取引類型を対象に、トラブル防止のルールを定め、事業者による違法・悪質な勧誘行為等を防止することにより、消費者の利益を守るための法律である。

(2) 消費者契約法

消費者契約法の目的は、消費者契約を結ぶ過程や契約の内容に関するトラブルを解決して消費者を守ることである。

(3) 電子契約法

電子契約法（電子消費者契約および電子承諾通知に関する民法の特例に関する法律）では、消費者が行う電子消費者契約の要素に特定の錯誤があった場合に民法の特例を認めている。

(4) 個人情報保護法

個人情報保護法（個人情報の保護に関する法律）は、事業者の個人情報の取扱いルールを定めて、個人の権利や利益を保護するための法律である。個人情報とは、生存する個人に関する情報のことで、特定の個人を識別できる情報をいう。単独では個人を識別できなくても他の情報と照合すれば識別できる情報についても個人情報に該当する。

(5) 景品表示法

景品表示法（不当景品類及び不当表示防止法：景表法）は、商品及び役務の取引に関する不当な景品類及び表示による顧客の誘引を防止するため、独占禁止法の特

例（オープン懸賞の上限は、独占禁止法に基づくものである）を定めることにより、公正な競争を確保し、一般消費者の利益を保護することを目的として制定された。

【 景品・懸賞の上限 】

種類		定義	懸賞の上限	
懸賞	オープン	商品の購入をいっさいせずに誰でも応募できる懸賞	上限なし	
	クローズ	特定の商品を購入することによって懸賞への参加資格を生じるもの	一般懸賞	5,000円未満…取引価額の20倍 5,000円以上…10万円
		複数の事業者が共同で実施する懸賞	共同懸賞	金額に係わらず30万円
総付景品 （ベタ付け景品）		懸賞の方法によらず購入者全員に景品を提供するもの	1,000円未満…200円 1,000円以上…取引価額の20%	

※懸賞により提供する景品類の総額について、一般懸賞は売上予定総額の2％、共同懸賞は売上予定総額の3％が上限となっている。

第15章　マーケティング・ミックスの展開　　**395**

厳選!! 必須テーマ［○・×］チェック ──第15章──

過去 **20年間**（平成13〜令和2年度）本試験出題の必須テーマから厳選！

■■■ **問題編** ■■■ **Check!!**

問1 (H23-31)　　　　　　　　　　　　　　　　　　　　　　［○・×］
　品揃えの中心が買回品であるスーパーマーケットでの購買行動の多くは高関与の計画購買であるため、消費者が購買するブランドの決定にインストア・マーチャンダイジングが大きな影響を及ぼす。

問2 (H24-30)　　　　　　　　　　　　　　　　　　　　　　［○・×］
　ブランドの諸機能によって、競合他社に対して個別市場を形成することで価格競争が可能になる。

問3 (H23-27)　　　　　　　　　　　　　　　　　　　　　　［○・×］
　ブランドの強さは消費者のブランド・イメージによって決まる。ブランド・イメージは、ブランド知識とブランド・ロイヤルティという2つの次元から構成される。

問4 (R02-29)　　　　　　　　　　　　　　　　　　　　　　［○・×］
　ユーザーが製品やサービスのベネフィットに対して支払ってもよいと考える対価をベースに設定されるさまざまな価格設定方法を、一般にコストベース価格設定と呼ぶ

問5 (H29-28 改題)　　　　　　　　　　　　　　　　　　　　　　［○・×］
　威光価格の考え方は、消費者の価格感度を高め、需要の価格弾力性を低下させるうえで重要な手法である。

問6 (H26-29)　　　　　　　　　　　　　　　　　　　　　　［○・×］
　フランチャイズ方式とは、一般的に一定の資金の制約のもとでのスピーディーな多店舗化を達成するための手段のひとつである。

問7 (H27-33)　　　　　　　　　　　　　　　　　　　　　　［○・×］
　プロモーション・ミックスとは、広告、セールス・プロモーション、パブリック・リレーションズ、インベスターズ・リレーションズの4つの活動を、マーケティング目標に応じて適切に組み合わせることをいう。

問8 (H27-27)　　　　　　　　　　　　　　　　　　　　　　［○・×］
　人的販売は、営業担当者や売場担当者によって遂行され、広告と同様、説得的な情報を一方向で伝達する役割を果たしている。

396　第1部　テキスト

問9(R01-30)　　　　　　　　　　　　　　　　　　　　　　　　[○・×]

　クチコミには、経験しないと判断できない「経験属性」に関する情報が豊富に含まれている。

■■■ **解答・解説編** ■■■

問1　×：スーパーマーケットは品揃えの中心が最寄品であり、購買行動の多くは低関与の非計画購買である。

問2　×：ブランドがもたらす効果として、プレミアム価格が可能になる。

問3　×：ブランドの強さはブランド知識によって決まり、ブランド認知とブランド・イメージから構成される。

問4　×：知覚価値価格設定法の説明である。コストを基礎にして価格を設定する方法は、一般にコスト志向型価格設定法と呼ばれ、製造原価に一定額または一定率のマージンを加えて販売価格とするコスト・プラス法、仕入原価に一定額または一定率のマージンを加えて販売価格とするマーク・アップ法などがある。

問5　×：威光価格の考え方は、消費者の価格感度を低め、需要の価格弾力性を低下させるうえで重要な手法である。

問6　○：他人の経営資源を活用できるからであり、フランチャイズ・チェーン本部のメリットである。

問7　×：インベスターズ・リレーションズではなく、人的販売である。

問8　×：人的販売は、2ウェイコミュニケーション（双方向コミュニケーション）を実現するものである。

問9　○：設問文のとおりである。

第15章　マーケティング・ミックスの展開　　**397**

がついた項目は2次試験でも活用する知識です

本章の体系図

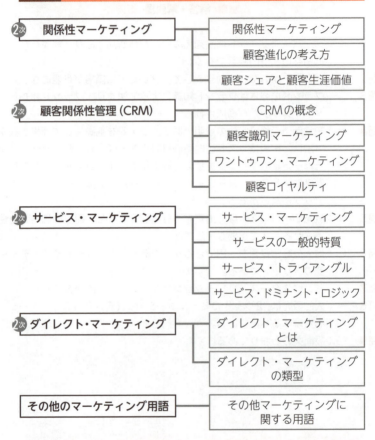

本章のポイント

- 顧客との関係性構築の重要性と、その手法について理解する
- サービスの特徴を理解するともに、サービス・マーケティングの構成要素について理解する
- ダイレクト・マーケティングの類型について理解する

第 16 章

応用マーケティング

I 関係性マーケティング

II 顧客関係性管理（CRM）

III サービス・マーケティング

IV ダイレクト・マーケティング

V その他のマーケティング用語

I 関係性マーケティング

1 関係性マーケティング

関係性マーケティング（リレーションシップ・マーケティング）とは、顧客やその他のステークホルダー（利害関係者）と強力で価値ある関係を創造し、維持し、強化するプロセスのことである。

多くの企業は、販売を重視する取引志向のマーケティングから、顧客との関係性構築を志向する関係性マーケティングの実践へと移行している。関係性マーケティングは、顧客に対し、より大きな価値や満足をもたらし、顧客との間に長期にわたる有益な関係性を維持することに重点を置く。競争の厳しい成熟した市場では、既存顧客を維持するよりも競合他社から顧客を奪い取る方が、はるかにコストがかかる。顧客を資産として考えることが必要なのである。

2 顧客進化の考え方

顧客という資産は、かかわりあうほどに大きくなり、進化していく。この顧客の進化こそが企業成長の基盤であり、競争優位の決め手となる。その意味でも、顧客満足（CS）に代わる指標として「顧客進化」の概念は重要である。

従来、多くの企業は、顧客獲得段階である「見込み客」から「顧客」への転化に専念してきた。反面、企業は、顧客をどのように進化させるべきかを無視してきた。

関係性マーケティングでは、長期的顧客の獲得・維持努力を通じて、顧客がさらに「得意客」へ、そして「支持者」から「代弁者・擁護者」を経て、最終的には「パートナー」へと進化するというシナリオを描く。段階が進むにつれて企業への忠誠度と親密感が増し、生涯価値が高まる。

【 顧客進化の過程 】

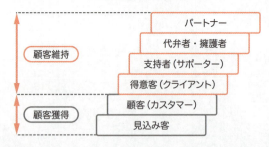

また、顧客を満足させるには、顧客の事前の期待値を上回るパフォーマンスを提供する必要があるが、次回購買時には前回のパフォーマンスのレベルが期待値になるため、さらに高いパフォーマンスを提供することが望ましい。

3 顧客シェアと顧客生涯価値

R01-26

(1) 顧客シェアの重要性

マス・マーケティングで重視された「市場シェア」に代わって、関係性マーケティングでは「顧客シェア」が重視される。

市場シェアを重視する企業戦略では、万人向けに同一商品を大量に生産し、あらゆる流通経路を使い、幅広くプロモーションし、顧客に共通した効用をアピールして、売上増加を図ろうとする。企業中心・製品中心・売上中心の発想（プロダクト・アウトの発想）である。

顧客シェアを重視する企業戦略では、ある時点で特定の顧客に集中して、可能な限り幅広く関連する製品やサービスを提供し、生活課題の解決に参加し、生涯を通じた信頼と愛顧を獲得しようとする。企業にとっては、顧客との長期にわたる相互関係、顧客が生涯の間にもたらす全利益の大きさ（生涯価値）が中核的な関心である。顧客シェアを高めることは、その顧客の企業に対する生涯価値を最大化することなのである。

(2) 顧客生涯価値

顧客生涯価値（LTV：ライフタイム・バリュー）とは、新規顧客が顧客ライフサイクルまたは一定年数の間に企業にもたらす利益の現時点における正味現在価値（NPV：Net Present Value）のことである。普通の価値測定では、顧客が今回または今期に購入した金額などの短期の価値を計算するのに対し、顧客生涯価値では長期にわたる価値を計算する。

(3) カスタマー・エクイティ（顧客資産価値）

H28-28
H20-34

ブランドの資産価値（ブランド・エクイティ）と合わせて、顧客を資産として考える必要がある。顧客の資産としての価値に応じて、新規顧客の獲得、既存顧客の維持、追加販売（既存顧客の拡大）の3要素を組み合わせる。3要素を検討する際は、「顧客維持による収益性の高さ」や「顧客獲得時の投資の回収期間の長さ」などを総合的に判断する。

カスタマー・エクイティの考え方によれば、新規顧客獲得の法則は次の通りである。

① 見込み顧客の将来価値が、その顧客の獲得コストを上回るまで、顧客獲得に投資する傾向にある。

② 多くの顧客を獲得しようとするにつれて、レスポンス率（反応率）は逓減する傾向にある。

③ 顧客維持による収益が大きいほど、顧客獲得投資は大きくなる傾向にある。

④ 初期顧客獲得投資のなかで投資回収期間が短いほど、顧客獲得投資は大きくなる傾向にある。

第16章 応用マーケティング **401**

Ⅱ 顧客関係性管理(CRM)

1 CRMの概念

CRM(顧客関係性マネジメント)とは、顧客満足度を向上させるために、長期的に顧客との関係を構築するための経営手法である。

顧客との取引関係を継続させるCRMの取り組みは、広義には商品やサービスの継続的な取引といった経済的局面だけでなく、心理的・社会的・制度的関係の強化を図る諸活動など多面的な概念をいう。

狭義には、企業が情報技術(IT:Information Technology)を駆使して、顧客データベースをもとに組織的に顧客サポートしたり、顧客との関係構築を図ったりすることを意味する。顧客の属性、購買履歴、問い合わせ履歴、趣味・嗜好などを分析し、顧客ごとの個別ニーズを詳細に把握したうえで、顧客を満足させる対応や提案を行い、顧客との関係をより強化し、収益の向上を図る。

2 顧客識別マーケティング

(1) 顧客差別化の必要性

すべての顧客に対して平等かつ画一的な対処をすることは、実際にはかえって顧客の不平不満を生みやすい。顧客差別化では、顧客は一人ひとり異なり、ある顧客を他の顧客よりも価値ある存在とみなす。顧客差別化には、航空会社による飛行回数と飛行距離(マイレージ)による差別化やクレジットカードのクラス別(カラー別)による差別化などがある。

【 顧客差別化の例 】

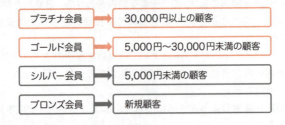

(2) 顧客識別マーケティングの台頭

顧客識別マーケティングとは、さまざまな価格・特典を個々の顧客に与えることである。顧客の持つ過去・現在・未来の「価値」に基づいて特典を与える。

顧客識別マーケティングで重要なのは、顧客の価値に基づいて特典を決めることである。顧客の情報を知的に使って、競争力を高めるのである。

(3) 顧客識別マーケティングの主な顧客分析手法

① デシル分析

デシル分析とは、顧客の購入履歴データをもとに、全顧客の購入金額の多い順に10等分して、各ランク（デシル）の売上高構成比を算出する分析手法である。例えば、集計対象の顧客数が1,500人なら、累計売上高の上位1～150位までが「デシル1」、151位～300位までが「デシル2」、のようにグルーピングする。デシルとは、ラテン語で"10等分"を意味する。

顧客層別の売上高から構成比を算出することで、自社の売上に貢献している優良顧客層を把握できるとともに、顧客層別に効果的な販売促進ができる。

② RFM分析

RFM分析とは、顧客の実際の購買行動に基づいて、最新購買日（Recency）、購買頻度（Frequency）、購買金額（Monetary）に着目して、顧客を複数の顧客層に分類し、それぞれの顧客層に対してマーケティング活動を行う手法である。

一般的には、R・F・M値の指標をそれぞれ5段階で評価する。つまり、5×5×5＝125のグループに分類することができる。顧客をいくつのグループに分類するかにより、3段階や7段階などで評価することもある。

デシル分析は比較的簡単に分析できるが、購入金額だけでランク付けを行うため、1度しか高額商品を購入しなかった顧客でも上位顧客に含まれることがある。ランキング上位者に一見客が多い場合、上位者に販売促進策を講じても継続的な購買に結び付かない恐れがある。

RFM分析では最新購買日や購買頻度を考慮するため、詳細な分析ができる。

【 RFM分析 】

最新購買日 (Recency)	顧客が最後に商品を購入した日のことである。自動車や住宅など販売頻度が低い商品・サービスを除くと、最近購入した顧客の方が、しばらく来店しない顧客よりも再来店の可能性が高いため、ロイヤルティの高い顧客と考える。最新購買日が直近ほど、R値は高くなる。
購買頻度 (Frequency)	一定期間における顧客の累計購買回数のことである。購買頻度が高い顧客ほど、自社に対するロイヤルティが高い顧客といえるので、F値は高くなる。ただし、対象期間が長い場合、新規の顧客はF値が低くなることもある。
購買金額 (Monetary)	一定期間における顧客の累計購買金額のことである。購買金額が多いほど、自社に対するロイヤルティの高い顧客であり、M値は高くなる。

③ FRAT分析

FRAT分析とは、購買頻度（Frequency）、最新購買日（Recency）、購買金額（Amount）、購買商品（Type）の各データを組み合わせて購買傾向を分析する手法である。

顧客セグメンテーションを、最新購買日、購買頻度、購買金額で分析する点はRFM分析と同じだが、RFM分析で「過去に何を購入したか」という商品戦略上のデー

タが欠落している点を補完している。ただし、情報量が膨大なため分析が複雑になるうえ、情報量が不足していると購買傾向が正しく反映されない恐れがある。

　Amazonで書籍を購入すると、過去に購入した書籍、購入した書籍と関連する書籍、過去に同じ書籍を購入した人が買った他の書籍などの情報がWebページ上に表示される。購買商品や関連商品が表示されることにより、顧客の利便性が向上するとともに、関連購買を誘発できる。

(4) FSP（フリークエント・ショッパーズ・プログラム）

　FSPとは、高頻度で来店する店舗のロイヤルユーザーに着目し、その生活様式、家族構成、購買性向などをデータベース化して、個人別に店頭プロモーションを展開する手法である。航空会社では、搭乗距離（マイレージ）に応じてポイント付与する仕組みをFFP（フリークエント・フライヤー・プログラム）として展開している。

　FSPは、顧客識別マーケティングの典型的なカードプログラムで、優良顧客の維持・拡大を図ることが目的である。顧客をランク付けし、一定の基準を達成した顧客に対して特典を用意するなど、優良顧客を識別して差別化を図る点で、単なるポイントサービスとは異なる。

　来店客に会員カード（IDカード）を配布し、POSターミナルから収集した顧客の購買履歴情報をデシル分析やRFM分析などでランク付けを行い、最適なプロモーション提案を設計する。そのうえで、購買実績に応じた値引きやインセンティブを提供し、自宅にクーポンや値引き案内を郵送するなどのプロモーションを展開する。

　小売業では、上位20％の顧客が全体売上の80％の利益を生み出す「パレートの法則」の考え方があり、FSPは食品スーパー、百貨店、カタログ販売などさまざまな業界で導入されている。データに基づいて、売場構成やチラシ掲載商品を見直すことにより、上位顧客が買い物しやすい店づくりを行うことで、来店頻度だけでなく、客単価も向上する。

3　ワントゥワン・マーケティング

(1) ワントゥワン・マーケティングの台頭

　マス・マーケティングは、規格量産品を不特定多数に向けて生産・販売する、短期的な取引・販売中心の戦略であった。これに対し、**ワントゥワン・マーケティング**は、長期的な顧客との「関係づくり」を重視し、顧客維持のためのしかけと組織づくりを、ITの活用によって実現しようとするものである。豊かな先進社会で売上高・利益を確保するためには、顧客維持戦略が不可欠である。

　ペパーズは、マス・マーケティングおよび3つのターゲット・マーケティング（無差別型・差別型・集中型）のすべてをマス・マーケティングとしてくくり、同一視している。

　ワントゥワン・マーケティングをマス・マーケティングと比較すると、次のようになる。

【 マス・マーケティングとワントゥワン・マーケティング 】

マス・マーケティング	ワントゥワン・マーケティング
●顧客獲得 ●販売・取引が中心 ●販売促進が中心 ●市場シェアの獲得が目的 ●規模の経済が働く ●モノローグ型 (独話型)	●顧客維持 ●関係づくりが中心 ●顧客サービスが中心 ●顧客シェアの獲得が目的 ●範囲の経済が働く ●ダイアローグ型 (対話型)

出典：『ONE to ONE マーケティング』D.ペパーズ・M.ロジャーズ著　ダイヤモンド社をもとに作成

(2) 顧客識別マーケティングとワントゥワン・マーケティング

　顧客識別マーケティングでは、顧客層別にランク付けを行い、ランクごとに顧客対応を行う。例えば、楽天では、獲得ポイント数と獲得回数で会員ランクが決まり、会員ランクが高いほど特典が受けられる。

　ワントゥワン・マーケティングでは、層別ではなく１対１で顧客対応を行う。例えば、美容院における顧客ごとのカット・カラー・パーマ情報や、靴製造・小売業における靴のカスタムメイドなどがある。ワントゥワン・マーケティングは、顧客識別化の最終形態といえる。

4　顧客ロイヤルティ

R01-26

　顧客が企業に対して持つロイヤルティには、行動的ロイヤルティと態度に関わる心理的ロイヤルティがある。２つの関係は図表のよう示される。

(1) 行動的ロイヤルティ (反復的行動)

　行動的ロイヤルティは、顧客が企業の店舗や製品・サービスなどに対して、訪問したり購買したり利用したりといった、実際の行動で示される。これは再購買率で測定される。

(2) 心理的ロイヤルティ (相対的態度)

　心理的ロイヤルティは、顧客が企業の店舗や製品・サービスなどに対して、自らの利益になると考えたり、好意的な感情を持っていたり、コミットメントが高い状態である。

【 行動的ロイヤルティと心理的ロイヤルティ 】

		行動的ロイヤルティ (反復的行動)	
		高	低
心理的ロイヤルティ (相対的態度)	高	真のロイヤルティ	潜在的ロイヤルティ
	低	見せかけのロイヤルティ	ロイヤルティなし

第16章　応用マーケティング　　405

⑶ 顧客ロイヤルティの分類

① 真のロイヤルティ

行動的ロイヤルティ、心理的ロイヤルティの両方が高い状態であり、状況の変化に強く多少の企業の状況の変化は顧客が吸収してくれる。企業にとって、大切にすべきロイヤルカスタマーでもある。

② 見せかけのロイヤルティ

行動的ロイヤルティは高いが、心理的ロイヤルティが低い状態であり、状況の変化に弱く、利便性の高い店舗や代替品や代替サービスが現れた時に乗り換えられる恐れがある状態である。

③ 潜在的ロイヤルティ

行動的ロイヤルティは低いが、心理的ロイヤルティが高い状態であり、企業の店舗や製品・サービスは気にいっているが、金銭面などの制約により購買行動などにつながらない状態である。

④ ロイヤルティなし

行動的ロイヤルティ、心理的ロイヤルティの両方が低い状態であり、企業の店舗や製品・サービスを気に入らず、購買行動も起こさない状態である。

III サービス・マーケティング

1 サービス・マーケティング

(1) サービス

物理的な製品（商品）である有形財とは異なり、サービスは無形財である。しかし、マーケティング戦略において、サービスと有形財を識別することは難しい。多くの有形財はサービスを伴っており、同様に、多くのサービスは有形財と一体だからである。

AMAは、サービスを次のように定義している。「販売のために提供される、あるいは商品販売に関して提供される諸活動、利益、満足である。」

(2) サービス・マーケティング

サービス・マーケティングとは、サービス業におけるマーケティングのことである。製品 (product)、価格 (price)、流通 (place)、プロモーション (promotion) に、物的証拠 (physical evidence)、プロセス (process)、人 (people) を加えたマーケティングの7Pを組み合わせることで、顧客のニーズに応えていく。

① 物的証拠 (physical evidence)

サービスでは、生産と消費が同時に起こるために、サービスの「場」の条件が顧客の品質の評価に大きな影響を与える。店舗やホテルの外観、店内レイアウト、食器類、飛行機のプレミアム・クラスの座席などのことである。

② プロセス (process)

サービスにおけるプロセスは、顧客に直接接するフロント業務の背後に位置するオペレーション業務（バックヤード業務）と関係が深くなる。バラツキのないサービス提供、サービス提供の迅速性、個別の要求に応えるサービス提供などのことである。

③ 人 (people)

対人サービスにおいては人材がサービス品質を左右し、結果として顧客満足に影響するため、サービスを提供する企業は人材を重視する。人材についてのサービス企業の課題は、①適切な人材の確保、②人材への動機付け、③人材の能力向上の3つである。

(3) サービス・リカバリー・システム

サービス・リカバリー・システムとは、サービスの失敗が起きてしまったときに、サービス組織が問題を正すとともに、顧客のロイヤルティを維持するための体系的な取り組みを行うことである。

サービスの不手際により、顧客関係性を損なうと、それまでのロイヤルカスタマーが競合他社に流出してしまう。しかし、優れたサービス・リカバリー・システムを

第16章 応用マーケティング

身につけることで、危機的状況をむしろ顧客との絆を強める機会に変えることができる。サービス・リカバリー計画を立てる際は、顧客を部門間でたらいまわしにせずに迅速に問題解決に当たれるよう、従業員に部門横断的トレーニングを行い、権限委譲（エンパワーメント）すべきである。

H19-28 (4) サービス満足保証制度

サービスの満足保証制度は、サービス品質に対する顧客の不安を緩和する効果や、悪い評判を緩和したり良い評判に転換したりする効果がある。そのため、①高価なサービス、②顧客がその種のサービスに関する知識をほとんど有していない、③顧客にとって購買リスクが高い、④新規顧客の獲得が難しい、⑤ネットを含めた口コミによる評判が需要に影響する、などのケースで販売促進策として有効に機能する。

R01-33 / H27-34 (5) SERVQUAL (サーブクォル)

顧客がサービスの品質をどのように知覚するかという、サービス品質の測定尺度である。信頼性、反応性、確実性、有形性、共感性という5つの測定項目で評価する。
サービス利用前と利用後の2時点で評価を計測し、それらの差を確認することが推奨されている。

R01-33 / H27-34 (6) 真実の瞬間

顧客が、サービスを評価し、満足・不満足を判断する決定的瞬間となるサービス・エンカウンター、もしくは顧客と企業のコンタクト・ポイントである。

R01-33 / H27-34 (7) サービス・プロフィット・チェーン

従業員満足、顧客満足、利益の連鎖的因果関係を表した考え方である。従業員の満足度が高まると、生産性の向上や離職率の低下をもたらし、サービスの価値や品質の向上につながる。それによって、顧客満足や顧客ロイヤルティが高まり、企業の成長と収益性に貢献するという考え方である。

2 サービスの一般的特質

【 サービスの本質と特性 】

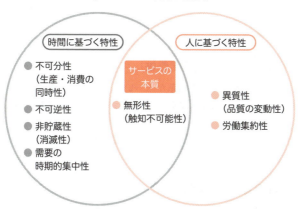

(1) 無形性（非物質性、触知不可能性）

　サービスは有形財のように、購買の前に見たり、触ったり、聞いたり、匂いをかいだりすることができない（サービスの本質的特性）。したがって、消費者はサービスの品質を事前に把握することはできない。売り手と買い手の口頭によるコミュニケーションが購買の決め手となる。

　サービスの可視化（見える化）を図るため、サービスを試す機会を設けることが必要である。

(2) 非貯蔵性（消滅性）

　サービスは、後の販売または使用のために貯蔵することができない。例えば、ホテルの空室はその日に販売できなければ、永久に損失を補填することができない。

　予約制の導入、季節・時間帯による差別価格を導入し、サービスの需給調整を図ることが必要である。

(3) 生産・消費の不可分性（同時性・非分離性）

　有形財は生産と消費の間に存在する。流通過程（卸売段階、小売段階）を経由して消費されることが多い。しかし、サービスは提供されるその場その時に購入者である消費者がいないと成り立たない。サービスは生産と消費が同時に行われ、提供者が人であれ機械であれ、その提供者とは不可分である。

　サービス内容の事前告知・調整を行い、「覆水盆に返らず」とならないように細心の注意を払う必要がある。

第16章　応用マーケティング　**409**

(4) 取引の不可逆性

提供されたサービスは返品することができない。例えば、理髪店で髪を切ってもらった後で元の髪型に戻すことはできない。

取引前の十分なコミュニケーション、取引後の不満解消のための付帯的サービスの告知・実施が必要である。

(5) 需要の時期的集中性 (需要の変動性)

サービスの需要は一般的に繁閑の差が激しい。例えば、夏場には海水浴客で混雑する民宿であっても、シーズンオフ期の冬場にはほとんど観光客が訪れないものである。

非貯蔵性と同様、予約制の導入、季節・時間帯による差別価格を導入し、サービスの需給調整を図る。

(6) 異質性 (品質の変動性・非均質性)

有形財の品質は標準化することが可能である。しかし、サービスの品質は標準化することが困難であり、誰が、いつ、どこで、どのように提供するかによって大きく変わる。例えば、同じ美容院でもベテラン美容師のサービスは品質が高いのに、新人美容師のサービスはベテランに比べて品質が低いのが普通である。

能力開発、動機づけ、マニュアル化・標準化により変動要素の縮小に努めることが必要である。

(7) 労働集約性

サービスは、人間の活動に委ねられているウエイトが非常に大きい。したがって、機械設備を使って大量生産し、規模の利益を享受することは難しい。

異質性と同様、能力開発、動機づけ、マニュアル化・標準化による労働生産性の向上、機械化・IT化による労働集約性の低減を図ることが必要である。

(8) その他の特性

上記以外にもサービスの特性として、臨場性、心因性、価値評価の困難性、所有権の非移転性等がある。

R01-33

3 サービス・トライアングル

有形財の場合、マーケティングは4Pを中心に構築される。サービス・マーケティングは、エクスターナル・マーケティング、インターナル・マーケティング、インタラクティブ・マーケティング、の3つの要素で構成される。3つの要素からなるサービス・マーケティングの三角形を**サービス・トライアングル**という。

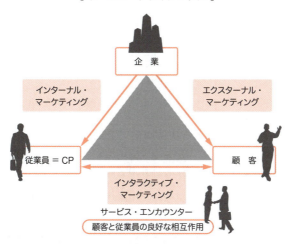

(1) エクスターナル・マーケティング

エクスターナル・マーケティングとは、顧客に提供するサービスの作成、価格設定、流通、プロモーション（4P）を中心とする伝統的なマーケティング活動のことである。企業と顧客を結び付けるマーケティングがエクスターナル・マーケティングである。

サービス業のマーケティング・ミックスを進める際、注意すべき点を価格戦略、流通チャネル戦略、プロモーション戦略に分けて説明する。

H27-35

【 サービス業のマーケティング・ミックスにおける注意点 】

価格戦略	①サービスにおける価格設定は科学的になりにくく、顧客との「交渉」で価格が決定されることが多い。 ②消費者がサービスの品質を評価することは難しいため、価格を基準に品質を評価する傾向が強い。「低価格＝低品質」と評価される恐れがあるため、安易な価格の引き下げには注意が必要である。 ③提供するサービスの需要が低く、価格の引き下げを検討する場合は、計画的に適切な値下げ幅を設定する必要がある。
流通チャネル戦略	①有形財に比べて、サービスのチャネルは短く、単純である。 ②中間業者がサービスのチャネルに介在する場合、中間業者の役割は、需要の創造・維持である。 ③店舗の数が多いほど、消費者の利便性は高まる。しかし、店舗の数を増やせば、サービスの品質管理が困難となり、従業員の生産性が低下する危険が生じる。
コミュニケーション戦略	①サービスの内容は抽象的で伝達しにくいため、消費者が具体的に評価できる「信頼性」「親近感」「礼儀正しさ」などを訴求するプロモーションが有効である。 ②サービスを「モノ」に結びつけてメッセージを反復する広告などのプロモーションが有効である。例えば、家事代行の利用権をカードなどの形態で販売することは、当該サービス需要拡大のための有効策となりうる。 ③有形財に比べて、広告の継続性が重要である。

H23-32
H21-30
H20-27

(2) インターナル・マーケティング

　インターナル・マーケティングとは、顧客満足を提供するため、企業が接客要員（CP：コンタクト・パーソネル）に対して行うマーケティング活動である。接客要員に顧客志向の活動を実践するよう意識改革を促すことが目的である。インターナル・マーケティングは、従業員（接客要員）を顧客とみなしたマーケティング活動と見ることができる。

　サービス業では、顧客満足は、従業員満足から生まれる。高い顧客満足を獲得するためには従業員を大切にし、誇りとやりがいを感じることができる職場環境を整備することが不可欠である。

　具体的な施策には、①マニュアル化、②従業員に対する能力開発（教育訓練）、③動機づけ（モチベーション維持・向上策）等がある。

① マニュアル化

　マニュアルを作成して浸透させることにより、サービスの異質性を是正し、サービス品質を一定水準に高めることができる。しかし、過度のマニュアルの徹底によるサービス標準化は、臨機応変な対応を阻害するため、逆に顧客不満足を誘発することがある。

② 従業員に対する能力開発・動機づけ

　マニュアルとは別に、従業員にある程度裁量を与え、顧客ニーズに柔軟に対応することも顧客満足度向上には重要である。接客要員に対する能力開発や動機づけを効果的に行うためには、次のような取り組みが有効である。

(a) 企業理念（クレド）を記載したカードの携帯
(b) 他業界の高サービスを体験する研修会
(c) 顧客情報の共有化
(d) トラブルやクレーム対応の事例共有化
(e) 良いサービスを実施した従業員の表彰

【 インターナル・マーケティング 】

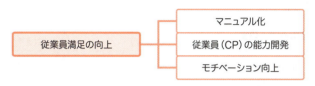

(3) インタラクティブ・マーケティング

インタラクティブ・マーケティングとは、顧客と実際に接触する従業員との間で行われる双方向のマーケティングである。品質を評価する場合、サービスにおいては、売り手と買い手との相互作用（サービス・エンカウンター）が重要であり、従業員が顧客に対して全力で尽くすことはもちろん、顧客こそが価値を共につくるパートナーであるという認識をもつ必要がある。サービスの品質は提供者の技術に左右され、専門的サービスほどこの傾向は強くなる。

相互作用による効果は、サービスの技術や接客態度、顧客の状態により影響を受ける。ただし、顧客との接触時間の長さが必ずしも顧客満足につながるとは限らない。

4 サービス・ドミナント・ロジック

サービス・ドミナント・ロジックとはモノ（有形財）とサービス（無形財）を区別することなく包括的に捉え、企業が顧客と共に価値を創造するという「価値共創」の視点からマーケティングを組み立てようとする考え方のことである。モノの観点から交換の世界を組み立てるグッズ・ドミナント・ロジックと対比される。

【 グッズ・ドミナント・ロジックとサービス・ドミナント・ロジックの比較 】

	グッズ・ドミナント・ロジック	サービス・ドミナント・ロジック
イメージ	有形財と無形財は単体	有形財と無形財を包括するプロセスとしてのサービスに焦点をあてる
交換されるもの	グッズ（財）	サービス（プロセス）
取引関係	1回のみ	継続的
顧客に対する認識	オペランド資源（操作対象者）	オペラント資源（価値共創者）
価値尺度	交換価値	使用価値または文脈価値
価値判断の主体	売り手	顧客
価値創造の方法	売り手がグッズに交換価値を付加する	売り手と顧客が一緒に文脈価値を共創する
マーケティングコンセプト	製品志向	顧客志向
交換プロセスの終点（企業の目標）	グッズの交換	顧客による文脈価値の知覚

　顧客が商品やサービスを利用することで初めてもつ価値を使用価値・経験価値といい、それぞれ異なる背景をもった顧客によって判断される価値を文脈価値という。

　製造業は、製品の使用価値を顧客が能動的に引き出せるようにモノとサービスを融合して価値提案を行うことが望ましい。例えば、顧客に対して、コト消費を加速させる製品の使用方法を教育するイベントを開催したり、その情報を積極的に発信したりすることなどがある。

IV ダイレクト・マーケティング

1 ダイレクト・マーケティングとは

H25-28

(1) ダイレクト・マーケティング

ダイレクト・マーケティングとは、一つまたは複数の広告メディアを使って、測定可能な反応あるいは取引をどんな場所でも発生させる双方向のマーケティング・システムのことである。

ダイレクト・マーケティングは、元々メーカーから消費者に対する直接販売で展開されていた。近年は、Webマーケティングやテレマーケティング、商品カタログを送付するカタログ・マーケティング、テレビ・ショッピング、自動販売機などの無店舗販売で展開されるケースが多い。

顧客データベースに基づく顧客管理システム、商品情報・生活情報を提供するマーチャンダイジング・システム、受注と発送ならびに代金回収など一連の処理システムなどのしくみもダイレクト・マーケティングに含まれる。

(2) ダイレクト・マーケティングの長所

ダイレクト・マーケティングでは、潜在顧客へのダイレクト広告を行い、測定可能なレスポンス（応答）を収集できることが最大の長所である。測定可能なレスポンスから顧客データが得られるため、データベースの構築や顧客との関係性の維持が容易になる。ダイレクト広告の媒体には、DMや専門誌、電子メールやインターネット広告などがある。

ダイレクト・マーケティングにおいて、新規顧客を開拓するにはマス広告の併用が必要だった。インターネットが一般化したことで、細かくセグメントした顧客へのコミュニケーションが可能になり、ダイレクト・マーケティングにおけるマス広告の重要性が低くなってきている。

【 ダイレクト・マーケティングの特徴 】

1. 在庫圧縮やリードタイムの短縮
2. 店舗施設関連の投資が不要
3. 営業時間、営業場所の制約を受けない
4. 顧客とのリレーションの開拓・維持が比較的容易
5. メディアの発達により、市場拡大が見込める

(3) ダイレクト・マーケティングのマーケティング・ミックス

ダイレクト・マーケティングにおけるマーケティング・ミックスの重要構成要素

第16章　応用マーケティング　**415**

は、「プロダクト」「オファー」「コミュニケーション」「フルフィルメント」であり、マーケティングの4Pに対応している。

① プロダクト（製品・商品）

ダイレクト・マーケティングでは、データベースに蓄積された市場や顧客の要望などの具体的な情報に基づいて開発される。市場・顧客の声を重視するダイレクト・マーケティングでは、製品開発はマーケット・イン（市場志向）で行われ、本格的な市場投入に近い状態でのテスト・マーケティングが可能である。

② オファー

オファーは、伝統的なマーケティングでの「価格」に相当する。ダイレクト・マーケティングでは、価格を含む販売戦略全体の策定まで考えることがある。販売のタイミングやサービス体制などについて、提供条件（オファーの基本的要素）や刺激・促進・誘引などのプロモーションのテクニック的な領域まで含むこともある。

③ コミュニケーション

コミュニケーションは、伝統的なマーケティングでの「プロモーション」に相当する。ダイレクト・マーケティングでは、メッセージを発信したらレスポンスを求め、レスポンスがあったら、レスポンスに基づいて再びやりとり（インタラクション）を繰り返すという、双方向性と継続性を備えている。

コミュニケーションの構成要素には、メディアとクリエイティブがある。メディアとは、伝達手段のことで、新聞、チラシ、ダイレクト・メール（DM）、カタログなどの媒体を指す。クリエイティブは、表現手法のことで、カタログやホームページのデザインを指す。メディア（媒体）があってもクリエイティブという要素がなければ、マーケティング目標を達成するためのコミュニケーション活動にはならない。

④ フルフィルメント

フルフィルメントとは、一般的には「遂行」「達成」「完了」を指すが、ダイレクト・マーケティングでは、製品の受注から出荷、配送、決済、アフターサービスに至るまでの一連の業務全体のことをいう。フルフィルメントは、伝統的なマーケティングでの「流通」に相当し、フルフィルメントを請け負う専門業者も存在する。

2　ダイレクト・マーケティングの類型

⑴ テレマーケティング（電話マーケティング）

テレマーケティングとは、電話を使って顧客に製品を直接販売するマーケティング手法のことである。

顧客への電話対応を専門に行うコールセンターでは、インバウンド業務やアウトバウンド業務を行う。

① インバウンド（受信）業務…顧客・見込客にダイレクト・メールや広告などを発送して、問い合わせや注文に電話で応じる業務のことである。

② アウトバウンド（発信）業務…企業側から顧客・見込客に電話をかける業務のことである。

416　第1部　テキスト

テレマーケティングは、対象顧客によって「B to B（企業対企業：Business to Business）」と「B to C（企業対消費者：Business to Consumer）」に分類できる。

(2) 通信販売

通信販売とは、販売業者または役務提供事業者が、郵便等により売買契約または役務（サービス）提供契約の申込みを受けて行う、指定商品もしくは指定権利の販売または指定役務の提供であって、電話勧誘販売に該当しないものである。

従来、通信販売はカタログ販売のことを指すことが多かったが、テレビ・ショッピング（テレビ・マーケティング）やWebを使った通販（Webマーケティング）も一般的になっている。

通信販売の特徴は、①実店舗がなく非対面であり、販売の場所に制約がない、②広告媒体を使用するため、広告媒体が特に重要な意味を持っている、③カタログ請求状況などレスポンスの測定が可能なため効果測定を行いやすい、などである。

(3) Webマーケティング

H23-29
H22-25

インターネットを活用した双方向のマーケティングのことであり、オンライン・マーケティングともいう。パソコン以外にも、スマートフォンや携帯電話などのモバイル端末、インターネット接続機能付きテレビからのインターネット利用も活発になっている。

① ホームページの特徴

インターネットのホームページには、情報発信と情報収集の2つの役割がある。

(a) 情報発信面…従来のマスメディアを補完する役割がある。テレビ、新聞、雑誌などの広告に「詳しくはホームページで」という表現がよく使用されているように、限られたマスメディアの紙面・時間をホームページで補完するケースである。ホームページでは、詳細な製品情報や在庫状況などをいつでも見ることができる。

(b) 情報収集面…直接顧客情報を入手し、アンケートやノベルティなどのプロモーションを仕掛ける役割がある。

② 電子メール (Eメール) の特徴

電子メールには、瞬時に同時同報発信ができるマルチターゲット発信機能、受信メッセージに書き加えるだけの返信機能、見本や音声、動画などを添付できる説明機能、受信者が簡単に他人に紹介できる転送機能、Webサイトへジャンプできるリンク機能など、従来のダイレクトメール（DM）にもテレマーケティングにもない独自機能がある。ホームページや電子メールの機能を活用して、電子商取引（eコマース）による販売や、発信者から定期的に情報をメールで流す「メールマガジン」で顧客関係性を構築することができる。

③ 電子商取引 (eコマース、EC)

インターネット上で行う商取引を総称したものであり、B to B取引とB to C取引がある。B to C取引の例として、楽天市場やAmazonなどのインターネットショッピングサイトが有名である。電子商取引が行われる市場のことを、eマーケットプ

第16章　応用マーケティング　**417**

レイスという。

　電子商取引には、自社のホームページで直接取引する以外に、商店街のようなバーチャルショッピングモール（仮想商店街）にネットショップ（電子商店）を出店する方法がある。バーチャルショッピングモールでは、運営事業者が、売り手（小売業者）と買い手（消費者）の間に立って商取引が行われるのが一般的である。

　Web上には、オークションサイトもある。オークションサイトは、C to C（Consumer to Consumer：消費者対消費者）取引が前提となっているが、小売業者などが、在庫セールなどの直接流通チャネルとして活用しているケースや、新たに小売業に参入するテスト・マーケティングの場として利用するケースもある。

④ O2O（オーツーオー）

　O2Oとは、ネットショップやソーシャル・メディア等のOnline側と、実店舗（リアル店舗）を示すOffline側の購買活動が相互に連携・融合し合う一連の仕組み・取り組みのことを指す。かつてはクリック＆モルタルと呼ばれ、実店舗とネットショップの各々を企業が運営するビジネス手法のことを主に指していたが、徐々に実店舗とネットショップの仕組みを融合するようになり、O2Oと呼ばれるようになった。O2Oは、「すべての（オムニ）顧客接点（チャネル）」という意味で、オムニ・チャネルと呼ばれることもある。デジタル時代の消費者がオンラインとオフラインを行き来し、認知・検討と購買が分離する傾向があるという問題への企業による対応策の1つである。

　一方、スマートフォン・タブレット端末の急速な普及を背景にショールーミングが行われるようになり、小売業界を中心に実店舗側への影響が懸念されるとの指摘がある。ショールーミングとは、実店舗で商品の実物展示を体験してから、より低い商品価格と消費者費用で同じ商品を購入することのできるネットショップを探して購買する行動を指す。

　ネットショップ側では、メールマガジンの登録会員に実店舗のセール情報や割引クーポンを送信するなどのプロモーション活動で実店舗へ誘導するしくみづくりを行うことが重要である。また、実店舗側では、スマートフォンアプリやQRコード等でネットショップへの誘引や、実店舗とネットショップのポイント制度統合による自社の価値を高める取り組み、などが重要である。

⑤ ユーザーイノベーション

　ユーザーイノベーションとはユーザーが直面する課題に対して、自らの利用のために製品やサービスを創造や改良することである。ユーザーは、個人ユーザー（消費者）だけでなく、ユーザー企業の場合もある。消費者イノベーションを、企業が活用する方法として次の2つがある。

　リード・ユーザー法は、企業がリード・ユーザーの特徴をもつ消費者イノベーターを見つけ、その情報からイノベーションを行なうという手法である。

　一方、**クラウドソーシング法**は、広く消費者イノベーターから情報を発信してもらい、その中の最適な情報からイノベーションを行うという手法である。ソリューション情報の獲得の際に、ユーザーの多様性が他者からの影響により下がらないようにユーザー同士のコミュニケーションを制限する必要がある。

V その他のマーケティング用語

R02-31
H30-36
H29-31
H29-29
H25-27

1 その他マーケティングに関する用語

(1) PEST分析

外部環境を捉えるための分析方法である。政治的環境（Politics）、経済的環境（Economy）、社会的環境（Society）、技術的環境（Technology）の4つの側面から外部環境を把握する。

(2) クロスセル分析

クロスセルとは、関連する商品を同時購入してもらうように販売することである。顧客情報や購買履歴をデータベース化し、分析することによって、効果的な関連商品の提案が可能となる。

(3) クロスバイイング

複数のカテゴリーから関連する商品を同時購入することである。

(4) アップセル

ある商品購入を検討している顧客へ、より上位で高額な商品を購入してもらうための販売活動である。

(5) ダンピング

企業が市場参入や市場獲得の目的で原価を下回る価格を設定したり、海外市場において国内価格より安い価格で製品を売ったりすることである。

(6) フリーライディング

経済学でのフリーライドとは、費用を負担せず便益を享受するただ乗りのことであるが、マーケティングでは、消費者が、丁寧な対面販売と手厚いサービスの店舗で情報探索だけを行い、実際の商品購入は低価格の店舗で購入することをフリーライディングという。

(7) チェリーピッカー

特売時のみ来店して特売商品だけ購入し、他の商品は買わずに帰る顧客のことである。

(8) ブラウジング

Webブラウザを利用してWebサイトを閲覧することである。Webブラウザとは、

第16章　応用マーケティング　**419**

Webを閲覧するためのアプリケーションソフトである。

(9) ステルス・マーケティング

「サクラ」と呼ばれる偽のクチコミ発信者を用いて、人工的にクチコミを起こすマーケティング戦略のことである。

(10) プラットフォーマー

プラットフォーマーとは、需要者と供給者を結ぶ「場（プラットフォーム）」を提供する事業者のことである。プラットフォーマーの提供するサービスはスイッチング・コストが高いとされる。

(11) シェアリング・サービス

カーシェアやシェアサイクルなど、シェアリングエコノミーと称されるサービスである。シェアリングエコノミーとは、インターネット上のプラットフォームを介して個人間でシェアをしていく新しい経済の動きで、場所・乗り物・モノ・人・スキル・お金の5つに分類される。

厳選!! 必須テーマ［○・×］チェック —第16章—

過去20年間（平成13～令和2年度）本試験出題の必須テーマから厳選！

■■■ 問題編 ■■■　　　　　　　Check!!

問1 (H20-34)　　　　　　　　　　　　　　　　　　　　　　　［○・×］
　顧客維持による収益が高くなく、顧客獲得時の投資を回収する期間が短い場合には、その顧客からの次期の収益を考えて投資する傾向にある。

問2 (H26-29)　　　　　　　　　　　　　　　　　　　　　　　［○・×］
　サービスの特性のひとつに「非均質性」がある。この問題を解決するための適切な方法が、顧客に対する来店ポイント付与制度である。

問3 (H23-32)　　　　　　　　　　　　　　　　　　　　　　　［○・×］
　サービス財は無形であるため、物財に比べ、利用前にその品質水準を評価することが難しい。

問4 (R02-31)　　　　　　　　　　　　　　　　　　　　　　　［○・×］
　クラウドソーシングにより製品開発を行おうとする企業が、そのために開設するネットコミュニティにおいては、参加者同士のコミュニケーションが活発に行わなければ、製品開発は成功しない。

問5 (H23-32)　　　　　　　　　　　　　　　　　　　　　　　［○・×］
　サービス財は生産と消費を時間的・空間的に分離して行うことができない。

問6 (H23-32)　　　　　　　　　　　　　　　　　　　　　　　［○・×］
　旅館を経営しているB社の顧客満足度向上に向けた具体的な施策として、接客のマニュアル化を徹底してサービスの標準化を図ることは適切である。

問7 (H26-29)　　　　　　　　　　　　　　　　　　　　　　　［○・×］
　サービス業においては、従業員が顧客に対して全力で尽くすことはもちろん、顧客こそが価値を共につくるパートナーであるという認識をもつことが重要である。

問8 (R01-33)　　　　　　　　　　　　　　　　　　　　　　　［○・×］
　サービス品質の計測尺度である「サーブクォル（SERVQUAL）」では、サービス利用前と利用後の2時点で評価を計測し、それらの差を確認することが推奨されている。

第16章　応用マーケティング　**421**

■■■ **解答・解説編** ■■■

問1 ×：顧客を維持しても収益が高くならず、新規顧客獲得に要する投資が早く回収できるため、新規顧客獲得への投資が大きくなる。

問2 ×：能力開発、動機づけ、マニュアル化・標準化により、サービス品質の変動要素の縮小に努めることが適切である。

問3 ○：サービスの一般的特質のひとつである無形性（非物質性、触知不可能性）のことである。

問4 ×：クラウドソーシングとは、インターネット上の不特定多数の人々に仕事を発注することにより、自社で不足する経営資源を補うことができる人材調達の仕組みである。クラウドソーシングで製品開発を成功させるためには、ソリューション情報の獲得の際に、ユーザーの多様性が他者からの影響により下がらないようにユーザー同士のコミュニケーションを制限する必要がある。

問5 ○：サービスの一般的特質のひとつである生産・消費の不可分性（同時性・非分離性）のことである。

問6 ×：接客のマニュアル化を過度に徹底してサービスを標準化することは、臨機応変な接客対応を阻害するため、逆に顧客不満足を誘発することがある。

問7 ○：サービスの品質を評価する上では、売り手と買い手との相互作用（サービス・エンカウンター）が働くからである。

問8 ○：設問文のとおりである。

■ 出題マップ：企業経営管理論①（第1章〜第9章）

	第1章：経営戦略の概要	令和2年度	令和元年度
戦略論（第1章〜第6章）	I 経営戦略の策定		
	II ドメイン		01-企業ドメインと事業ドメイン
	III 戦略論を理解するための経済学の用語	04-範囲の経済	07-経験効果・規模の経済
	第2章：成長戦略		
	I 成長戦略の概要	08-リエンジニアリング	
	II 多角化戦略		
	III M&A	05-多角化とM&A	05-戦略的提携
	第3章：競争戦略		
	I 競争戦略の概要		
	II 業界の競争構造の決定	03-売り手と買い手の交渉力	06-業界の構造分析
	III 業界内部の構造分析		
	IV 3つの基本戦略	04-コスト・リーダーシップ	
	V その他の競争戦略		
	VI 国際経営とグローバル戦略	08-リバースイノベーション、08-リバース・エンジニアリング、12-国際展開企業の経営スタイル	
	VII 競争地位別戦略		
	第4章：経営資源戦略		
	I 経営資源		
	II 価値連鎖（バリューチェーン）と垂直統合	06-バリューチェーン	04-コア・コンピタンス
	III PPMとビジネス・スクリーン	04-経験効果	02-PPM、07-経験効果・規模の経済
	IV VRIO分析	01-VRIO分析の競争優位、10-経路依存性	
	第5章：イノベーションと技術経営（MOT）		
	I イノベーションと技術経営		
	II イノベーションの進化過程	13-ネットワークの外部性、13-デファクト・スタンダード	08 (1) -コモディティ化、08 (2) -ネットワークの外部性
	III 製品設計と研究開発		11-製品アーキテクチャ
	IV イノベーションのマネジメント	07-商品開発戦略、08-バウンダリー・スパンニング	10-社内ベンチャー
	V ベンチャー企業のイノベーション		
	第6章：企業の社会的責任とその他戦略論の知識		
	I 企業の社会的責任（CSR）	11-スリー・サークル・モデル	
	II その他戦略論に関する事項	04-PIMS、09-ティモンズ・モデル	12-リーン・スタートアップ
組織論（第7章〜第12章）	**第7章：組織論の基礎と環境に組み込まれた組織**		
	I 組織論の基礎	02-意思決定のカテゴリー、14-組織の3要素、16-不確実性への組織の対応	03-アンゾフの意思決定
	II 環境に組み込まれた組織	15-生産技術と組織の管理構造	13-メディア・リッチネス理論、19-協調戦略
	第8章：組織構造と組織文化		
	I 組織構造と組織デザイン	17-経営戦略と組織の発展段階	
	II 組織文化	10-グループ・シンク、組織文化の逆機能	
	第9章：モチベーションとリーダーシップ		
	I キャリア・マネジメント		
	II モチベーション	19-期待理論、20-職務特性モデル、22-コンピテンシーの行動特性	16-目標設定理論、18-パーソナリティのビッグファイブ
	III リーダーシップ		17-フィードラーのコンティンジェンシー理論、SL理論、リーダー・メンバー交換理論、パス・ゴール理論
	IV コンフリクト・マネジメント		15-部門間コンフリクト

424　第1部　テキスト

平成30年度	平成29年度	平成28年度
	12-BCP、コンティンジェンシー・プラン	
	01-企業ドメインと事業ドメイン	01-企業ドメインと事業ドメイン
	08-規模の経済	
	30 (2) -成長ベクトル	
多角化戦略	01-多角化戦略	
M&A	04-M&A、06-MBO	
	07-競争戦略、32-競争の種類	
		06-コストリーダーシップ戦略
多数乱戦業界、10-タイムベース競争		03-衰退業界、05-多数乱戦業界
新興国への進出	13-グローバル戦略	
		07-競争地位別戦略
情報的経営資源		
垂直統合		03-コア・コンピタンス、08-バリューチェーン (価値連鎖)、11 (1) -エレクトロニクス産業の状況
	02-PPM	02-PPM
VRIO	03-VRIO、07-経路依存性	
連続的なイノベーション	11-ラディカル・イノベーション	
S字型曲線		
	11-製品アーキテクチャ	11 (2) -モジュール生産
-企業内起業家制度、-オープン・イノベーション	10-進捗管理	04 (1) -オープン・イノベーション
-技術開発型ベンチャー企業	09-中小企業への資金提供	09-アウトソーシング
-スリー・サークル・モデル		
-取引関係	05-カンパニー制と持株会社	
	21-組織アイデンティティ	
-インセンティブ強度原理		
-チーム	14-組織構造のデザイン、15-コントロール・システム	12-機能別組織・事業部制組織・マトリックス組織、14-官僚制、15-チーム・多能工化
	19-組織文化の特徴	13-並列的部門間関係
2-キャリア・アンカー	18-キャリア発達モデル	
5-内発的動機づけ	16-モチベーション理論、17-組織コミットメント、18-パーソナリティ	
6-パス・ゴール理論、17-パワー		
3-組織ストレス		

出題マップ **425**

出題マップ：企業経営理論②（第10章～第16章・その他）

		令和2年度	令和元年度
第10章：組織の発展と成長			
I	組織の長期適応と発展過程	17-経営戦略と組織の発展段階	
II	組織活性化	18-組織の一体化度	
III	ナレッジ・マネジメントと組織学習		14-組織学習
IV	組織変革（チェンジ・マネジメント）		
第11章：人的資源管理			
I	人的資源管理の意義と人事・労務情報	23-心理的誤差傾向	21-職能資格制度
II	雇用管理と能力開発	21-経験学習	
III	賃金管理と作業条件管理		
第12章：労働関連法規			
I	労働基準法	24-時間外労働上限規制、25-フレックスタイム制	22-年次有給休暇
II	労働安全衛生法		23-面接指導
III	労働保険・社会保険		25-労働保険、25-社会保険
IV	その他の労働関連法規	26-パワーハラスメント、27-外国人雇用	24-労働者の妊娠、出産、育児休業
第13章：マーケティングの概念			
I	マーケティングの基礎	35-ソサイエタル・マーケティング	
II	マーケティングの考え方	28-マーケティング・コンセプト	
III	ソーシャル・マーケティング		
第14章：消費者行動と市場戦略			
I	消費者行動分析	33-準拠集団	09-キャズムの理論、34-関与
II	標的市場の決定	29 (1) -市場細分化、32 (1) -1次情報の収集	27-市場細分化、29-BtoBマーケティング
第15章：マーケティング・ミックスの展開			
I	製品戦略	32 (2) -製品ミックス、34 (1) -ブランドの基本戦略、34 (2) -ブランドエクイティ、36-パッケージング	28-製品ライフサイクル、30 (1) -クラウド・ファンディング、32 (1) -新製品開発、32 (2) -データ収集方法
II	価格戦略	04-需要の交差弾力性、29 (2) -新製品の価格設定法	30 (1) -ダイナミック・プライシング、31 (1) -需要の価格弾力性、需要の交差弾力性、31 (2) -プライスライニング戦略、スキミング価格、サブスクリプション価格、キャプティブ価格、抱合わせ価格
III	流通チャネル戦略		
IV	コミュニケーション戦略	30-広告	30 (1) -タッチポイント、30 (2) -口コミ、オウンドメディア
第16章：応用マーケティング			
I	関係性マーケティング		26-顧客生涯価値、顧客進化
II	顧客関係性管理（CRM）		26-顧客ロイヤルティ
III	サービス・マーケティング	37 (1) -サービス・マーケティング、37 (2) -サービス・ドミナント・ロジック	33 (1) -サービス財の特徴、33 (2) -サービス・トライアングル、SERVQUAL（サーブクォル）、真実の瞬間、サービス・プロフィット・チェーン
IV	ダイレクト・マーケティング	31-デジタル・マーケティング	
V	その他のマーケティング用語		
その他			
			20 (1) -組織メンバーの行動モデル、20 (2) -コンサルタントの対応、32 (3) -データ分析方法

平成30年度	平成29年度	平成28年度
織のライフサイクル・モデル		17-発展段階モデル
織学習	20-SECIモデル	16-組織学習
	22-解凍－変化－再凍結モデル	18-クライシス・マネジメント
		20-360度評価
	12-カフェテリア・プラン、23-質的基幹化	19-RJP、21-人材のダイバーシティ
契約期間、25-割増賃金、26-就業規則、給の制裁、ノーワークノーペイ	24-労働条件明示、25-解雇、26-賃金、27-変形労働時間制・裁量労働制	22-労働契約、23-労働時間・休憩・休日、24-割増賃金、年次有給休暇
		25-健康診断、衛生委員会
		25-通勤災害
		24-最低賃金、求人票
マーケティング概念	31 (1) -製品開発	30 (1) -マーケティング概念
		30 (2) -マーケティングコンセプト
マーケティング概念		30 (3) -ソーシャルマーケティング
マーケティング計画	33-購買意思決定、34 (1) -消費者行動、35-準拠集団	29 (1) (2) -マーケティングリサーチ、33-消費者購買行動
	30 (1) (2) -市場ターゲティング	
製品開発、37-ブランドマネジメント、ブランドカテゴライゼーション	29 (2) -ブランド、31 (1) (2) -製品開発、36-マーケティングにおける製品	31 (1) (2) (3) -ブランド戦略、32-マーケティングにおける製品
価格戦略	28-価格戦略	27-価格戦略
マーケティングチャネル、流通チャネルの潮流、32 (1) -チェーン形態		26 (1) -マーケティングチャネル、26 (2) -チャネル管理
(1) (2) -プロモーションの手段	34 (2) -統合型マーケティングコミュニケーション	
		28-リレーションシップマーケティング
(1) -顧客進化、RFM、36 (2) -顧客ロイヤルティ		28-リレーションシップマーケティング
(2) -サービスマーケティング		
	29 (1) -フリーライディング、31 (1) (3) -製品開発	
		10-特許の戦略的運用

出題マップ　**427**

参考・引用文献

- 『経営管理』塩次喜代明・小林敏男・高橋伸夫著　有斐閣
- 『経営戦略―論理性・創造性・社会性の追求』大滝精一・金井一頼・山田英夫・岩田智著　有斐閣
- 『経営戦略論』石井淳蔵・加護野忠男・奥村昭博・野中郁次郎著　有斐閣
- 『経営経営論(21世紀経営学シリーズ)』寺本義也・岩崎尚人編　学文社
- 『戦略経営論』ガースサローナー・ジョエルポドルニー・アンドレアシェパード著　石倉洋子訳　東洋経済新報社
- 『アンゾフ戦略経営論　新訳』H・イゴール・アンゾフ著　中村元一・田中英之・青木孝一訳　中央経済社
- 『競争戦略論―橋ビジネスレビューブックス』青島矢一・加藤俊彦著　東洋経済新報社
- 『競争戦略論〈1〉』マイケル・E・ポーター著　竹内弘高訳　ダイヤモンド社
- 『競争戦略論〈2〉』マイケル・E・ポーター著　竹内弘高訳　ダイヤモンド社
- 『企業戦略論【上】基本編 競争優位の構築と持続』ジェイ・B・バーニー著　岡田正大訳　ダイヤモンド社
- 『企業戦略論【中】事業戦略編 競争優位の構築と持続』ジェイ・B・バーニー著　岡田正大訳　ダイヤモンド社
- 『企業ドメインの戦略論―構想の大きな会社とは(中公新書)』榊原清則著　中央公論新社
- 『競争の戦略』マイケル・E・ポーター著　土岐坤・服部照夫・中辻萬治訳　ダイヤモンド社
- 『競争優位の戦略―いかに高業績を持続させるか』マイケル・E・ポーター著　土岐坤訳　ダイヤモンド社
- 『日本の競争戦略』マイケル・E・ポーター著　竹内弘高訳　ダイヤモンド社
- 『組織論』桑田耕太郎・田尾雅夫著　有斐閣
- 『キャリアで語る経営組織』稲葉祐之・井上達彦・鈴木竜太・山下勝著　有斐閣
- 『経営組織』金井壽宏著　日本経済新聞社
- 『組織の経営学―戦略と意思決定を支える』リチャード・L・ダフト著　高木晴夫訳　ダイヤモンド社
- 『【新版】組織行動のマネジメント―入門から実践へ』スティーブン・P・ロビンス著　高木晴夫訳　ダイヤモンド社
- 『新しい人事労務管理 第4版』佐藤博樹・藤村博之・八代充史著　有斐閣
- 『管理会計の基礎』大塚宗春・辻正雄著　税務経理協会
- 『生産管理用語辞典』社団法人日本経営工学会編　日本規格協会
- 『ビジネスモデル革命』寺本義也・岩崎尚人・近藤正浩著　生産性出版
- 『図解　セル生産がわかる70のポイント』今岡善次郎著　工業調査会
- 『日経ものづくり:ものづくり用語』日経BP社
- 経済産業省『ものづくり白書』ホームページ
- 社団法人日本自動車工業会　ホームページ
- 『イノベーション・ダイナミクス』J・M・アッターバック著　大津正和＋小川進監訳　有斐閣
- Katz, R., and Allen, T.J. (1982) , "Investigating the Not Invented Here (NIH) syndrome: A look at the performance, tenure, and communication patterns of 50 R & D Project Groups," R&D Management, 12(1) : 7-19.
- 『Open Innovation(オープン・イノベーション)』ヘンリー・チェスブロウ著　産業能率大学出版部
- 『新・日本の経営』J.C.アベグレン著　日本経済新聞社
- 『企業の構造改革における「選択と集中」』織畑基一著　多摩大学「経営・情報研究」No.10 (2006)
- 『国際マーケティング』小田部正明・K.ヘルセン著　栗木契監訳　碩学舎
- 『第31回海外事業活動基本調査結果概要確報―平成12(2000)年度実績―』経済産業省
- 『中小企業のアジア地域への海外展開をめぐる課題と求められる対応』一般社団法人日本経済団体連合会
- 中小企業庁『中小企業白書』ホームページ
- 『新版ビジネス・経営学辞典』二神恭一編著　中央経済社
- 『経営学大辞典　第2版』神戸大学大学院経営学研究室編　中央経済社
- 『ゼミナール経営学入門』伊丹敬之・加護野忠男著　日本経済新聞出版社
- 『組織行動のマネジメント』ステファン・P・ロビンス著、高木晴夫監訳　ダイヤモンド社
- 『組織の心理学(有斐閣ブックス)』田尾雅夫著　有斐閣
- 『組織能力の経営論』DIAMONDハーバード・ビジネス・レビュー編集部編訳　ダイヤモンド社
- 『入門　組織開発』中村和夫著　光文社
- 『組織的公正と組織の価値観に関する一考察』三崎秀央著　福島大学経済学会
- Folger, R. & Konovsky, M. (1989) "Effects of Procedural and Distributive Justice on Reactions to Pay Raise Decisions,"Academy of Management Journal. 32, 115-130.

- 『組織と市場』野中郁次郎著　千倉書房
- 『企業経営の情報論』白石弘幸著　創成社
- 『クライシスマネジメント－危機管理の理論と実践（3訂版）』大泉光一著　同文舘出版
- 『労働基準法のあらまし2018』東京労働局
- 『過重労働による健康被害を防ぐために』厚生労働省・中央労働災害防止協会
- 『製造業における派遣労働者に係る安全衛生管理マニュアル』厚生労働省・中央労働災害防止協会
- 『戦略的マーケティングの論理』嶋口充輝著　誠文堂新光社
- 『マッキンゼー　現代の経営戦略』大前研一編著　プレジデント社
- 『コトラー＆ケラーのマーケティング・マネジメント 第12版』P.コトラー＆K.ケラー著　ピアソン・エデュケーション
- 『マーケティング原理 第9版』P.コトラー＆G.アームストロング著　ダイヤモンド社
- 『コトラーのマーケティング入門』P.コトラー著　ピアソン・エデュケーション
- 『コトラーの戦略的マーケティング』P.コトラー著　ダイヤモンド社
- 『コトラーのマーケティング3.0』P.コトラー・H.カルタジャヤ・I.セティアワン著　朝日新聞出版
- 『現代マーケティング　新版』嶋口充輝・石井淳蔵著　有斐閣
- 『マーケティング・ベーシックス　第2版』(社)日本マーケティング協会編　同文舘出版
- 『マーケティング用語辞典』和田充夫・日本マーケティング協会編　日本経済新聞社
- 『マーケティング戦略』慶応義塾大学ビジネス・スクール編　有斐閣
- 『ゼミナールマーケティング入門』石井淳蔵・栗木契・嶋口充輝・余田拓郎著　日本経済新聞出版社
- 『マーケティング』恩蔵直人著　日本経済新聞出版社
- 『マーケティングリサーチの論理と技法　第4版』上田拓治著　日本評論社
- 『モチベーション・リサーチ　購買動機調査の設計・技術・応用』戸川行男・牧田稔編　中央経済社
- 『消費者行動論』青木幸弘・新倉貴士・佐々木壮太郎・松下光司著　有斐閣
- 『買い物客はそのキーワードで手を伸ばす』上田隆穂・兼子良久・星野浩美・守口剛編著　ダイヤモンド社
- 『マーケティング戦略　第4版』和田充夫・恩蔵直人・三浦俊彦著　有斐閣
- 『製品・ブランド戦略』青木幸弘・恩蔵直人編著　有斐閣
- 『価格・プロモーション戦略』上田隆穂・守口剛編著　有斐閣
- 『消費者・コミュニケーション戦略』田中洋・清水聰著　有斐閣
- 『わかりやすいマーケティング戦略』沼上幹著　有斐閣
- 『現代広告論　新版』岸志津江・田中洋・嶋村和恵著　有斐閣
- 『R3コミュニケーション』恩蔵直人・ADK R3プロジェクト著　宣伝会議
- 『日本一わかりやすい価格決定戦略』上田隆穂著　明日香出版社
- 『例解マーケティングの管理と診断』徳永豊・森博隆・井上崇通編著　同友館
- 『現代商品知識』三上富三郎著　同友館
- 『競争優位のブランド戦略』恩蔵直人著　日本経済新聞社
- 『営業の本質』石井淳蔵・嶋口充輝編　有斐閣
- 『日本企業の国際フランチャイジング』川端基夫著　新評論
- 『ダイレクト・マーケティング』中澤功著　ダイヤモンド社
- 『ONE to ONEマーケティング』D.ペパーズ・M.ロジャーズ著　ダイヤモンド社
- 『個客識別マーケティング』B.ウルフ著　ダイヤモンド社
- 『スモールビジネス・マーケティング』岩崎邦彦著　中央経済社
- 『顧客資産のマネジメント』R.ブラットバーグ・G.ゲッツ・J.トーマス著　ダイヤモンド社
- 『ダイレクト・マーケティング』竹永亮編著　同文舘出版
- 『コミュニケーション・マーケティング』竹永亮編著　同文舘出版
- 『プライス・マーケティング』山口正浩編著　同文舘出版
- 『プロモーション・マーケティング』山口正浩編著　同文舘出版
- 『ロイヤルティ・マーケティング』木下安司編著　同文舘出版
- 『平成25年版情報通信白書』総務省
- 公益社団法人日本マーケティング協会ホームページ
- 消費者庁『消費者の窓』ホームページ
- 一般社団法人日本フランチャイズチェーン協会ホームページ
- 一般財団法人流通システム開発センターホームページ
- 『消費者心理学』山田一成編著、池内裕美編著
- 『日本の広告費　ナレッジ＆データ』（株）電通
- 『マーケティング・コミュニケーションと広告』八千代出版　石崎徹

- 『平成30年度 モノ×コトづくりビジネス展開のための知財戦略調査 サービス・ドミナント・ロジック事業化事例集』 中国経済産業局
- 『ユーザーイノベーション』 西川英彦
- 『ユーザーイノベーションを前提とした製品開発 コミュニティとネットワークの分解』 本條 晴一郎 AD STUDIES Vol.65 2018
- 『一般財団法人日本能率協会ホームページ』
- 『令和元年 情報通信白書』総務省
- 『2014年版中小企業白書』経済産業白書
- 『2019年版中小企業白書』経済産業白書
- 『シェアリングエコノミー検討会議第2次報告』
- 『シェアリングエコノミー協会ホームページ』

索 引

【数字】

1次情報	315
2ウェイコミュニケーション	391
2次情報	314
二要因理論	172
360度評価	225
36協定	254
3PL	377
三欲求理論	171
4P	289
5つの競争要因	40

【英字】

AIDMAモデル	308
AISASモデル	308
BtoBマーケティング	320
CADの導入	57
CDP	232
CGM (消費者生成型メディア)	388
CP (コンタクト・パーソネル)	412
CRM (顧客関係性マネジメント)	402
CS	400
CSR	112
CSV	112
DAGMARモデル	383
EBO	32
ECR	372
EDI	372
EDLP戦略	359
EMS	105
ERGモデル	171
eコマース (EC)	417
FRAT分析	403
FSP	404
GRP (全露出回数)	384
Hi-Lo価格戦略	359
HRM	220
IMC	380
IR	389
ISO26000	112
Jカーブ曲線	107
LBO	32
LPC	185
LTV	381, 401
M&A	31
MBI	32
MBO	32, 174
MOT	90
NB	344, 345

NIH症候群	103
O2O (オーツーオー)	418
OEM	103
Off-JT	231, 233
OJT	231, 232
PB	344, 345
PDCAサイクル	11
PEST分析	419
PIMS	119
PMC	361
PME	361
PM理論	183
POS	372, 374
PPM	75, 76
PR	379, 388
PSM法 (価格感応度測定法)	360
QCサークル	146, 155
QR	372
RFM分析	403
RJP	226
S-O-Rモデル	304
S-Rモデル	304
SBU	26, 76
SCM (サプライチェーン・マネジメント)	373
SECIモデル	206
SEM	387
SEO	387
SERVQUAL	408
SHRM	220
SIPS	308
SL理論	186
SNS (ソーシャル・ネットワーキング・サービス)	388
SP	389
SPA	373
STP	318
SWOT分析	7, 8, 81
S字型曲線	96
TLO	108
TOB	31
VMS	367
VRIO分析	81, 84
W/R比率	365
Webマーケティング	417
X理論・Y理論	173

【あ】

アージリスの未成熟・成熟理論	187
アーリー・アドプター	312

索 引 **431**

【あ】

アイディアのスクリーニング……334
アウトソーシング……108
アウトバウンド……416
アップセル……419
アドバトリアル……385
アドホクラシー……151
アドホクラシー文化……158
アフィリエイト・プログラム……387
アライアンス……134
アロウアンス制……357
安全管理者……263
暗黙知……206, 210

【い】

育児休業……276
育児時間……260
威光価格戦略……355
移行状態のマネジメント……213
意思決定……125, 126
意思決定者型……204
異質性（品質の変動性・非均質性）……410
遺族給付……273
一店一帳合制……368
一体化度……203
一般競争……45
異動……227
異動管理……227
移動障壁……46
イノベーション……33, 90, 92, 101
インクリメンタル・イノベーション……91
インターナショナル……63
インターナル・マーケティング……412
インターフェース……98, 105
インタラクティブ・マーケティング……413
インテグラル型……98
インバウンド……416

【う】

ヴァイラル・マーケティング……393
ウォンツ……287
売り手の交渉力……40, 43
上澄み吸収価格戦略（スキミング・プライシング）……354

【え】

営業……392
衛生管理者……263
衛生要因……172
エージェント……137
エクスターナル・マーケティング……411
エリア・マーケティング……320
延期－投機理論……373

エンパワーメント……147, 179
エンプロイー・バイアウト……32

【お】

応用研究……98
オーディエンス……378, 386
オーバーラップ型の開発手法……56
オープン・イノベーション……103
オープン・システム・モデル……138
オープン価格制……358
オープン戦略……95
オープンループ・コントロール……146
オピニオン・リーダー……313
オファー……416
オペラント条件づけ……304
オペレーション効率……38
オムニ・チャネル……418

【か】

解雇……256
介護休業……277
階層……125, 131, 144
外的な成長誘引……29
買い手の交渉力……40, 44
解凍－変化－再凍結モデル……214
開発研究……98
外発的動機づけ……177
外部環境……7, 8, 81, 212
外部不経済……17
開放的チャネル政策……366
価格政策（Price）……289
価格設定法……352
価格戦略……350, 359
価格プレミアム効果……341
価格ライン……356
拡散型多角化……28
革新者（イノベーター）……312
拡大的問題解決行動……305
カスタマー・エクイティ（顧客資産価値）……401
価値前提……127
価値連鎖（バリュー・チェーン）……72
金のなる木……75, 78
カフェテリア・プラン……228
株式公開買付け……31
環境の不確実性……131, 186
環境の複雑性……131
環境の変化性……132
関係性マーケティング……400
観察法……316
慣習価格戦略……355
カンパニー制……119
完備契約……74

管理監督者 ···············257	共通目的 ···············124
管理的意思決定 ···············125	共同化 ···············206, 377
官僚制 ···············139, 150	共同体段階 (集合化段階) ···············200
関連型多角化 ···············27	共同配送 ···············375
	業務効果 ···············38
【き】	業務災害 ···············266
機会 ···············8	業務執行職能 ···············125
機械的管理システム ···············132	業務的意思決定 ···············125
起業者的段階 (企業段階) ···············200	拒否集合 ···············307
企業戦略 ···············9	均衡 (組織均衡) ···············129
企業統治 ···············113	近接性 ···············159
企業ドメイン ···············14, 15, 24	勤続給 ···············236
企業内起業家制度 ···············101	勤務延長 ···············228
企業の渉外担当者 ···············104	
技術経営 ···············90	**【く】**
技術戦略 ···············99	クーポン ···············390
帰属意識の高揚 ···············159	口コミ ···············392
基礎研究 ···············98	クライシスマネジメント (危機管理) ···············214
期待説 ···············175	クラウド・ファンディング ···············335
機能横断型チーム ···············155	クラウドソーシング法 ···············418
機能戦略 ···············10	クラン・コントロール ···············145
機能的陳腐化 ···············338	クラン文化 ···············158
機能的定義 ···············13	グリーン・マーケティング ···············296
機能別戦略 ···············10	クリエイティブ ···············416
機能別組織 ···············147	クリック&モルタル ···············418
規模の経済 ···············17, 42, 77	グループ ···············154
基本給 ···············236	グループ・インタビュー ···············315
逆ピラミッド型組織 ···············153	グループ・ダイナミクス ···············160, 182
キャズム ···············313	クローズ戦略 ···············95
キャプティブ価格戦略 ···············356	グローバル ···············63
キャメロンとクイン ···············157	グローバル・シナジー ···············105
キャリア ···············169, 232	グローバル・マーケティング ···············62
キャリア・アンカー ···············169	グローバル戦略 ···············60
休業手当 ···············252	クロス・メディア ···············388
休憩 ···············254	クロスセル分析 ···············419
休日 ···············254	クロスバイイング ···············419
吸収能力 ···············95	
脅威 ···············8	**【け】**
業界標準 ···············95	経営計画 ···············6, 10, 226
強化説 (学習説) ···············175	経営資源 ···············7, 8, 70
凝集性 ···············161, 182	経営資源分析 ···············7
強制発想法 ···············334	経営人モデル ···············127
業績考課 ···············224	経営戦略 ···············6
競争回避 ···············38	経営目標 ···············7, 13
競争均衡の源泉 ···············82	経営理念 ···············7, 13, 157
競争志向型価格設定法 ···············353	計画的陳腐化 ···············337
競争戦略 ···············15, 38	経験学習 ···············233
競争対抗 ···············38	経験価値マーケティング ···············340
競争地位別戦略 ···············64	経験曲線 ···············76
競争優位 ···············9, 38, 49	経験曲線効果 (経験効果) ···············49, 52, 53, 76
協調戦略 ···············135	経験効果 ···············77
共通価値の創造 (CSV) ···············112	経験属性 ···············392

経済人モデル…………127
形式知…………206
継続雇用制度…………229
形態競争…………45
景品表示法…………394
経路依存性のある経営資源…………83
欠乏動機…………171
権威受容説…………190
研究開発…………98
権限委譲…………148, 153, 201
健康診断…………264
健康保険法…………271
懸賞…………395
限定的問題解決行動…………305

【こ】
コ・ブランディング…………345
コア・コンピタンス…………18, 74, 82
後期大衆（レイト・マジョリティ）…………312
貢献意欲…………124, 175
広告…………382
広告・販売促進政策（Promotion）…………289
高次学習…………208
公式化段階（形式化段階）…………201
公式組織…………133
交渉…………135
交渉力が強い供給業者…………43
厚生年金保険法…………272
構造づくり…………182
工程革新…………92
公的標準…………95
行動的次元…………179
行動的ロイヤルティ…………405
行動プログラム…………128, 200
行動変数…………319
購買行動…………302, 306, 311
公平説…………175
広報活動…………379
後方垂直統合…………73
合理的目標モデル…………138
ゴー・エラー…………334
コーザルデータ…………374
コーズリレーテッド・マーケティング…………296
コーペラティブ・チェーン…………370
コーポレート・シチズンシップ…………296
コーポレートガバナンス…………113
顧客機能…………8, 13
顧客シェア…………401
顧客識別マーケティング…………402, 404, 405
顧客生涯価値…………381, 401
顧客進化…………400
顧客満足…………400, 407, 408

顧客ロイヤルティ…………405
国際経営…………60
国際水平分業化…………100
個人情報保護法…………394
コスト・プラス法…………352
コスト・リーダーシップ戦略…………49
コスト志向型価格設定法…………352
コスト集中戦略…………51
個体群生態学モデル…………136
個別ブランド戦略…………348
コミットメント…………18, 178, 349
コミュニケーション…………124, 139, 157, 161, 290
コミュニケーション・ネットワーク…………159
コミュニケーション戦略…………378, 394
コモディティ化…………93, 94
雇用延長…………229
雇用管理…………226
雇用保険法…………268
コンカレント・エンジニアリング…………56
コングロマリット…………31, 60
コンソーシアム…………134
コンタクト・ポイント…………307
コンティンジェンシー・プラン…………11
コンティンジェンシー理論…………132, 185
コンピテンシー…………175
コンフリクト…………154, 189, 192
混乱問題…………213

【さ】
サードパーティ・ロジスティクス…………377
サーバント・リーダーシップ…………153
サービス…………407
サービス・ドミナント・ロジック…………413
サービス・トライアングル…………410
サービス・プロフィット・チェーン…………408
サービス・マーケティング…………407
サービス・リカバリー・システム…………393, 407
サーベイ法（質問法）…………315
災害補償…………240
サイコグラフィック変数…………319
最小多様性の法則…………211
最適シェア維持政策…………65
財務資源…………27
採用管理…………226
裁量労働制…………255
作業条件管理…………239
サブスクリプション価格…………362
差別価格戦略…………358
差別化戦略…………50
差別型マーケティング…………321
産学官連携…………58
産業競争…………45

産業クラスター	116
産業財	331
産業集積	115
参照価格	355
産前産後の休業	259
参入障壁	42, 46, 52, 93, 105
サンプリング	317
三方よし	118

【し】

シーケンシャル型の開発手法	56
シーズ志向	291
シェアリングサービス	420
支援活動	73
ジオグラフィック変数	319
時間外労働	254
事業継続計画（BCP）	11
事業場外労働制	255
事業戦略	9
事業ドメイン	14, 15
事業部制組織	147
事業別戦略	9
事業ポートフォリオ	15
事業領域	8, 55
資源依存	134
資源展開	9
自己管理型チーム	155
自己啓発	231, 233
自己申告制度	227
自己組織化（セルフ・オーガナイゼーション）	101
事実前提	127
支出の痛み	350
市場開発戦略	25
市場環境分析	7
市場コントロール	145
市場細分化	318, 319, 340
市場シェア	17, 41, 76
市場浸透価格戦略	354
市場浸透戦略	24
市場成長率	75
市場専門化	321
市場ターゲティング	321
市場テスト	335
市場の失敗	17
市場ポジショニング	318
システムIV理論	183
自然淘汰モデル	136
下請関係	134
失業等給付	268, 270
実験法	317
実勢価格	353

質的基幹化	227
シナジー	10, 27
老舗ブランド	118
死の谷	108
社会貢献のマーケティング	296
社会志向	291
社会志向のマーケティング	296
社会責任のマーケティング	296
社会的責任	112, 292, 338
ジャスト・イン・タイム物流	375
社内公募制度	227
社内ベンチャー	101
就業規則	247
習熟効果	77
集成型多角化	28
集団傾向（グループ・シフト、リスキー・シフト）	162
集団思考（グループ・シンク）	162
集中型多角化	28
集中型マーケティング	321
集中戦略	51
自由発想法	334
周辺需要拡大政策	65
集約型多角化	28
主活動	72
受動的器械型	204
受容価格帯	361
需要側の規模の利益	42
需要志向型価格設定法	353
需要の価格弾力性	332, 350
需要の交差弾力性	351
需要の時期的集中性	410
需要の変動性	410
準拠集団	313
ジョイント・ベンチャー	135
情意考課	224
障害給付	272
昇格	226
昇給	238
状況理論	186
衝撃度（インパクト）	384
使用者	246
小集団	162, 184
昇進	226
冗長性	211
商的流通（商流）	364
承認図方式	117
消費行動	302
消費財	331, 332, 380
消費者契約法	394
消費者志向（顧客志向）	291
消費者情報処理モデル	305

消費者の購買意思決定プロセス……310	スキャン検品……376
情報流通 (情報流)……364	スキャンロン・プラン……239
賞与……239	ステークホルダー……286, 400
初期採用者 (アーリー・アダプター)……312	ステージゲート管理……102
職業的自己概念……168	ステルス・マーケティング……420
職能給……237	ストレス……194
職能資格制度……230	ストレッサー……194
職務拡大……146	ストレン……194
職務給……236	スパン・オブ・コントロール……144
職務充実……146	スポット市場契約……74
職務特性モデル……176	スラック資源……134
職務分析……221	スリー・サークル・モデル……113
ジョブ・デザイン……146	スローガン……343
ジョブ・ローテーション……227, 232	
自律化戦略……135	【せ】
自律的コントロール……145	斉一性の圧力……161
自律的組織単位……211	正規従業員……226
新規参入者……42	精巧化段階 (成熟段階)……201
新規参入者の脅威……41	生産・消費の不可分性 (同時性・非分離性)
ジングル……343	……409
シングルループ学習……208	生産財……331, 332, 380
新興業界……53	生産志向……291
人口統計的変数……319	生産ユニットの進化過程……92
人材のダイバーシティ……226	政治戦略……136
人材フローマネジメント……220	成熟期……336, 385
人事考課……223	成熟業界……54
人事システム……220	製造小売業……373
真実の瞬間……408	精緻化見込みモデル……307
新製品開発のプロセス……334	成長期……336, 385
新製品の価格設定法……354	成長戦略……24
新製品の事業化……103	成長動機……171
新製品の普及プロセス研究……312	成長ベクトル……24
人的コミュニケーション……381	製販同盟……372
人的資源……70	製品・市場マトリックス……24
人的資源管理……220	製品アーキテクチャ……98
人的販売……391	製品アイテム……331
浸透市場……324	製品開発……24, 25, 56
シンボル……343, 378	製品開発部門……100
心理的契約……178	製品革新……92
心理的誤差傾向……225	製品関与……306
心理的陳腐化……338	製品差別化……338, 339
心理的ロイヤルティ……405	製品志向……291
	製品政策 (Product)……289
【す】	製品専門化……321
衰退期……336	製品戦略……330
衰退業界……54	製品の核……331
垂直型多角化……27	製品の価値……330
垂直的マーケティング・システム……367	製品の形態……331
垂直統合……73	製品の付随機能……331
スイッチングコスト……42	製品ミックス……331, 356
水平型多角化……27	製品ライフサイクル (PLC)……76, 99, 304, 336
スーパーセグメント……321	製品ライン……331, 351

セールス・プロモーション	379, 389	組織間関係	134
セールスエージェント	391	組織慣性	136
セールスパーソン	391	組織均衡論	129
接客要員	412	組織コントロール・システム	145
絶対的必要記載事項	248	組織資源	62
絶対評価	224	組織的公正	180
セリング	288	組織の環境戦略	134
セル生産方式	118	組織の行動能力	200
前期大衆（アーリー・マジョリティ）	312	組織のコンティンジェンシー理論	132
先行企業	53	組織の衰退	202
先行者優位	53	組織の成長と発展段階モデル	200
選好マップ	322	組織の適応能力	200
潜在市場	323	組織の動態化・柔構造化	202
全社戦略	9, 15, 24	組織の有効性	130, 138
選択定年制	229	組織のライフサイクル・モデル	200
選択的専門化	321	組織風土	157
選択的チャネル政策	367	組織文化	157
専売制	369	組織文化の逆機能	163
先発企業	53	組織文化理論	157
先発優位	53	組織変革（チェンジ・マネジメント）	210
前方垂直統合	73		

【た】

専門職制度	230	ダーウィンの海	108
専門品	333	ターゲット・コスティング	362
戦略	6	ターゲット・マーケティング	318, 404
戦略グループ	46, 48	代償型ルール	309
戦略策定	8	退職	228
戦略的意思決定	125	代替休暇	255
戦略的事業単位	26, 76	代替品	44
戦略的人的資源管理	220	代替品の脅威	40, 44
戦略的提携	33	態度的次元	178
		ダイナミック・プライシング	361

【そ】

総括安全衛生管理者	262	タイムベース競争	55
想起集合	307	ダイヤモンド・モデル	116
早期退職優遇制	229	貸与図方式	117
相互依存性	159	対立問題	213
総合給	237	ダイレクト・マーケティング	415
相互作用（サービス・エンカウンター）	413	ダイレクト・メール	382
相乗効果	30	ダウンサイジング	202
相対的必要記載事項	248	多角化	9, 24, 27, 135
相対評価	224	抱き合わせ価格戦略	356
相補効果	29	多義性	140
ソーシャル・マーケティング	295	多数乱戦業界	52
ソーシャル・メディア	388, 392, 418	タスク・フォース	155
疎外労働者型（官僚型）	204	タスク法	379
即時撤退戦略	55	達成動機説	172
属人給	236	タッチポイント	381
組織アイデンティティ	125	建値制	358
組織開発	205	ダブル・ブランド戦略	347
組織が活性化された状態	203	ダブルチョップ	348
組織学習	207	ダブルループ学習	208
組織活性化	203	男女雇用機会均等法	277

索 引　**437**

ダンピング……………419

【ち】

チーム……………154
チェリーピッカー……………419
知覚……………172, 302, 342
知覚マップ……………322
遅滞者（採用遅滞者、ラガード）……………312
知名集合……………307
チャネル・キャプテン……………368
チャネル・コマンダー……………368
チャネル・リーダー……………368
チャネル政策（Place）……………289
チャレンジャー……………64
長寿企業……………118
地理的変数……………319
賃金……………251
賃金管理……………235

【つ】

通勤災害……………267
通信販売……………417
強み……………7

【て】

抵抗問題……………213
低次学習……………208
定年延長……………228
定年者再雇用……………229
定年退職……………228
ティモンズ・モデル……………119
テキスト・マイニング……………303
敵対的M&A……………31
テクノロジー・プッシュ……………97
デジタル・サイネージ……………383
デシの理論……………177
デジュール標準……………95
デシル分析……………403
テスト・マーケティング……………335
デスバレー……………108
撤退障壁……………55
デビルリバー……………108
デファクト・スタンダード……………95
デプス・インタビュー……………315
デミング・サイクル……………11
デモグラフィック変数……………319
テリトリー制……………369
テレマーケティング……………416
電子契約法……………394
電子商取引……………417
電子メール（Eメール）……………417

【と】

投機……………373
動機づけ……………170, 171, 173, 214, 410
道具的条件づけ……………304
統合……………133
統合型マーケティング・コミュニケーション……380
統合担当者（リエーゾン担当者）……………133
同質化政策……………65
同質性……………159
統制スパン……………144
統制の幅……………144
到達範囲（リーチ）……………384
東南アジアへの進出……………60
導入価格戦略……………354
導入期……………336, 385
トータル・ロジスティクス……………375
独自能力……………8
特性論アプローチ……………181
特定商取引法……………394
特売価格……………359
特約店制……………369
トップ・マネジメント……………125
ドミナント戦略……………320
ドミナントデザイン……………93, 94
ドメイン……………8, 9, 12, 13, 202
ドメインの再定義……………13, 202
留置調査……………316
トランスナショナル……………63
取引コスト……………131
取引コスト・アプローチ……………131
取引の不可逆性……………410
ドロップ・エラー……………334

【な】

内的な成長誘引……………29
内発的動機づけ……………177
内部環境……………7, 8, 81
内部プロセス・モデル……………138
内面化……………206
ナショナル・ブランド……………344
ナレッジ・マネジメント……………206

【に】

ニーズ……………44, 95, 287, 330
ニッチャー……………64
入札価格……………353
任意的記載事項……………248
人間関係モデル……………138
妊産婦等……………259
認知的不協和……………311

【ね】

ネットワーク組織 154
ネットワークの外部性 94
年次有給休暇 258
年俸制 237
年齢給 236

【の】

能率 130
能力開発 231, 410
ノベルティ 383

【は】

パーキンソンの法則 150
ハーズバーグ 172
パーソナリティ 170
バーチャルショッピングモール 418
バーチャルチーム 155
ハーフィンダール指数 (HHI) 17
バイアス 127, 128, 316
ハイアラーキー文化 158
バイイング・パワー 368, 372
買回品 332
買収 31
配置管理 226
配慮 182
ハウスオーガン 389
バウンダリー・スパンニング 102
パス・ゴール理論 188
端数価格戦略 355
バズマーケティング 393
パッケージ 343
パッケージング (包装) 339
花形製品 75, 78
パブリシティ 388
パラダイム 157, 293
ハロー効果 225
パワー・コンフリクト理論 371
ハワード=シェス・モデル 304
範囲の経済 18
ハンズオフ型 107
ハンズオン型 107
販売員 391
販売志向 291
販売促進 379

【ひ】

非営利組織のマーケティング 295
ヒエラルキー 150, 193
非価格競争 338
非価格対応 64, 65
非関連型多角化 27

【ひ】

非貢献者型 (非構成員型) 204
非公式組織 124
ビジネス・スクリーン 79
非人的コミュニケーション 381
非垂直統合 73
非正規従業員 226
非代償型ルール 310
非探索品 333
非貯蔵性 (消滅性) 409
ピッキング 376
ヒューリスティクス 309
表出化 206
標準報酬月額 272
標的顧客 8, 13, 289
標的市場 318, 321, 324
非連続的なイノベーション 91

【ふ】

ファブレス生産 108
ファミリー・ブランド戦略 347
フィードバック・コントロール 146
フィードフォワード・コントロール 146
フィランソロピー 112, 298
フォロワー 64, 353
フォワード・バイイング 357, 359
不確実性 131, 132, 140
福利厚生 228
プッシュ戦略 380
物的資源 70
物理的陳腐化 338
物理的の定義 13
物流 364, 374
部分的無知 126
プライス・ライニング戦略 356
プライベート・ブランド 344
ブラウジング 419
プラットフォーマー 420
フランチャイズ・チェーン 368, 370
ブランド 340
ブランド・エクイティ 341, 342, 401
ブランド・コミットメント 349
ブランド・プラス・グレード戦略 348
ブランド・リポジショニング戦略 346
ブランド・ロイヤルティ 342
ブランド開発戦略 346
ブランド強化戦略 346
ブランド競争 45
ブランド戦略 340
ブランド変更戦略 346
ブランド要素 (ブランド・エレメント) 343
フリーペーパー 386
フリーライディング 419

プリンシパル	137
ブルー・オーシャン戦略	323
プル戦略	380
フルフィルメント	416
プレミアム	390
フロー経験	178
プロジェクト・チーム	133, 149
プロセス・イノベーション	91
プロダクト・アウト	401
プロダクト・イノベーション	91
プロダクト・マネジャー組織	100
プロダクト・ミックス	331
プロトタイピング	335
プロトタイプ	335
プロフィット・センター	148
プロフェッショナル官僚制	151
プロモーション	286, 378, 416
プロモーション・ミックス	379
フロント・ローディング	56
分化	133
分割ファミリー・ブランド戦略	348
分化と統合	133
分業	63, 150

【へ】

閉鎖的チャネル政策	367
並列的な部門間関係	163
ベースアップ	238
ペネトレーション・プライシング	354
ベネフィット	45, 319
便宜的抽出法	317
変形労働時間制	253
ベンチャー企業	107
ベンチャーキャピタル	107

【ほ】

ポイントサービス	390
防衛戦略	58
包括的な戦略提携	373
法定労働時間	252
報復戦略	58
法令遵守	296
ホームページ	417
ポジショニング分析	322
ポジティブ・アクション	278
ボランタリー・チェーン	368, 370

【ま】

マーク・アップ法	352
マーケット・イン	416
マーケット・メイブン	313

マーケット文化	158
マーケティング	286
マーケティング・コンセプト	291
マーケティング・ミックス	289, 290, 328
マーケティング・リサーチ	314
マーケティング3.0	292
マーケティング4.0	292
マーケティングの4C	290
マーチャント・ホールセラー	365
埋没コスト(サンク・コスト)	136, 212
マイルズ=スノーの環境適応類型	152
マクレランド	172
負け犬	75, 78
マス・マーケティング	318, 321, 405
マトリックス組織	149
マネジメント・サイクル	11
マネジメント・バイアウト	32
マネジメント・バイイン	32
マネジリアル・グリッド	182
魔の川	108
マルチナショナル	63

【み】

ミックス・フィット	289
ミドル・マネジメント	125
みなし労働時間制	255
民主的リーダーシップ	182
ミンツバーグの組織形態分類	151

【む】

無関心度	203
無形性(非物質性・触知不可能性)	409
無差別型マーケティング	321

【め】

名声価格	355
命令の一元性の原則	147
メセナ	296
メディア	382
メディア・ミックス	382, 388
メディア・リッチネス理論	139

【も】

目標設定理論	176
目標による管理	174
モジュール化	93, 99
モジュラー型	98
持株会社	119
モチベーション	170
モチベーション・リサーチ	302
模倣困難性	44, 81
最寄品	332

モラール ·········· 170
問題解決型チーム ·········· 155
問題解決者型 ·········· 204
問題児 ·········· 75, 78

【や】
雇止め ·········· 250

【ゆ】
有機的管理システム ·········· 132
有期労働契約 ·········· 276
有効市場 ·········· 323
友好的M&A ·········· 31
ユーザーイノベーション ·········· 418
有資格有効市場 ·········· 323
有能さのワナ ·········· 212
有力な買い手 ·········· 44
ユニバーサル・デザイン ·········· 339

【よ】
良い競争関係 ·········· 57
良い競争業者 ·········· 57
要員計画 ·········· 226
欲求階層モデル ·········· 171
弱み ·········· 7

【ら】
ライセンシング ·········· 60
ライフスタイル・アプローチ ·········· 309
ライフタイム・バリュー ·········· 401
ラッカー・プラン ·········· 239
ラディカル・イノベーション ·········· 91

【り】
リーダー ·········· 54, 64
リーダー・メンバー交換理論 (LMX理論)
·········· 189
リーダーシップ ·········· 181
リード・ユーザー法 ·········· 418
リードユーザー ·········· 95
リーン・スタートアップ ·········· 116
リエンジニアリング ·········· 26
リカートの研究 ·········· 183
利害関係者 ·········· 131, 212, 400
リスク・マネジメント ·········· 214
リストラクチャリング ·········· 26
リソース・ベースト・ビュー ·········· 81
リテール・サポート ·········· 365
リバース・エンジニアリング ·········· 61
リバースイノベーション ·········· 60
リベート ·········· 358
流通加工 ·········· 364, 376

流通系列化 ·········· 368
流通チャネル ·········· 363

【れ】
レギュラー・チェーン ·········· 367, 369
レバレッジド・バイアウト ·········· 32
レファレンス・モデル ·········· 105
連結化 ·········· 206
連結ピン ·········· 184
連続的なイノベーション ·········· 91

【ろ】
ロイヤルティ ·········· 319, 369
ロイヤルティ効果 ·········· 341
労働安全衛生管理 ·········· 240
労働安全衛生法 ·········· 262
労働基準法 ·········· 246
労働協約 ·········· 247, 274
労働組合法 ·········· 274
労働契約 ·········· 247, 249, 276
労働契約法 ·········· 275
労働時間管理 ·········· 239
労働者 ·········· 246
労働者災害補償保険法 (労災保険法) ·········· 266
労働者派遣法 ·········· 278
労働集約性 ·········· 410
労働条件 ·········· 246, 247
労働保険 ·········· 266
老齢給付 ·········· 272
ローリング・プラン ·········· 10
ロールプレイング法 ·········· 303
ロゴ ·········· 343
ロジスティクス ·········· 372
露出頻度 (フリークエンシー) ·········· 384
ロス・リーダー ·········· 359
ロワー・マネジメント ·········· 125

【わ】
ワーク・ライフ・バランス ·········· 240
割引 ·········· 357
割増賃金 ·········· 252
ワントゥワン・マーケティング ·········· 404, 405

2021年版 TBC中小企業診断士試験シリーズ

速修 **テキスト**

3 企業経営理論

第**2**部

テーマ別 **1次** 過去問題集

テーマ別１次過去問題集
❸ 企業経営理論

問題編

第 1 章	経営戦略の概要	446
第 2 章	成長戦略	452
第 3 章	競争戦略	460
第 4 章	経営資源戦略	473
第 5 章	イノベーションと技術経営（MOT）	481
第 6 章	企業の社会的責任とその他戦略論の知識	493
第 7 章	組織論の基礎と環境に組み込まれた組織	496
第 8 章	組織構造と組織文化	505
第 9 章	モチベーションとリーダーシップ	516
第 10 章	組織の発展と成長	527
第 11 章	人的資源管理	538
第 12 章	労働関連法規	543
第 13 章	マーケティングの概念	553
第 14 章	消費者行動と市場戦略	558
第 15 章	マーケティング・ミックスの展開	573
第 16 章	応用マーケティング	601

第1章 問題 経営戦略の概要

I 経営戦略の策定

平成25年度 第1問

経営計画の策定と実行について留意すべき点に関する記述として、最も適切なものはどれか。

ア 経営計画策定時に用いられる業績に関する定量的なデータを収集して分析することによって、新機軸の戦略を構築することができる。

イ 経営計画になかった機会や脅威から生まれてくる新規な戦略要素を取り入れていくには、計画遂行プロセスで学習が起こることが重要になる。

ウ 経営計画に盛り込まれた戦略ビジョンは、予算計画や下位レベルのアクション・プランと連動させるとコントロール指針として機能するようになり、戦略行動の柔軟性を失わせる。

エ 経営計画の策定に際して、将来の様々な場合を想定した複数のシナリオを描いて分析することによって、起こりそうな未来を確定することができる。

オ 経営計画の進行を本社の計画部門と事業部門が双方向的にコントロールすることは、事業の機会や脅威の発見には無効であるが、部門間の齟齬を把握するには有効である。

II ドメイン

平成25年度 第5問

Ａ社は医療分野での先端的な製品開発を通じて社会に貢献するという理念の下で、現在の医療機器事業に加えて新薬開発の支援や再生医療の分野を包含した将来的なドメインの定義を企図している。企業ドメインと事業ドメインの決定に関する記述として、最も適切なものはどれか。

446 第2部 テーマ別1次過去問集

ア　企業ドメインの決定は、現状追認ではなく将来の方向性を明示しているが、注意の焦点を絞り込んで資源分散を防止するのには適さない。

イ　企業ドメインの決定は、差別化の基本方針を提供し、新たに進出する事業の中心となる顧客セグメントの選択の判断に影響する。

ウ　企業ドメインの決定は、将来の企業のあるべき姿や経営理念を包含している生存領域を示すが、現在の生存領域や事業分野との関連性は示していない。

エ　事業ドメインの決定は、将来手がける事業をどう定義するかの決定であり、企業戦略策定の第一歩として競争戦略を結びつける役割を果たす。

オ　事業ドメインは、全社的な資源配分に影響を受けるため、企業ドメインの決定に合わせて見直すこともありうる。

平成**24**年度　第**1**問

複数事業を営む企業における企業ドメインと事業ドメインならびに事業ポートフォリオの決定に関する記述として、最も適切なものはどれか。

ア　企業ドメインの決定は、通常、新たに進出する事業における自社の競争力と当該事業の発展性を判断基準とし、当該事業の他事業への波及効果は個別事業選択の判断基準として考慮されていない。

イ　企業ドメインの決定は、通常、企業にとって多角化の広がりの程度を決め、個別事業の競争力を決める問題である。

ウ　企業ドメインの決定は、通常、多角化した複数事業間の関連性のあり方に影響するが、集約型の事業間関連性パターンでは規模の経済を重視して資源を有効利用しようとする。

エ　事業ドメインの決定は、通常、企業のビジョンの枠を超えて企業のアイデンティティの確立を規定し、企業の境界を決める。

オ　事業ドメインの決定は、通常、設定された領域の中で事業マネジャーにオペレーションを行う自律性を与える。

問題編　**447**

令和元年度　第1問

多角化して複数の事業を営む企業の企業ドメインと事業ドメインの決定に関する記述として、最も適切なものはどれか。

ア　企業ドメインの決定は、個々の事業の定義を足し合わせるのではなく、外部の利害関係者との間のさまざまな相互作用の範囲を反映し、事業の定義を見直す契機となる。

イ　企業ドメインの決定は、新規事業進出分野の中心となる顧客セグメント選択の判断に影響し、競争戦略策定の出発点として差別化の基本方針を提供する。

ウ　事業ドメインの決定は、将来手がける事業をどう定義するかの決定であり、日常のオペレーションに直接関連し、全社戦略策定の第一歩として競争戦略に結び付ける役割を果たす。

エ　事業ドメインの決定は、多角化の広がりの程度を決め、部門横断的な活動や製品・事業分野との関連性とともに、将来の企業のあるべき姿や経営理念を包含している存続領域を示す。

オ　事業ドメインの決定は、特定市場での競争戦略に影響を受け、将来の事業領域の範囲をどう定義するかについて、企業が自らの相互作用の対象として選択した事業ポートフォリオの決定である。

平成29年度　第1問

多角化した企業のドメインと事業ポートフォリオの決定に関する記述として、最も適切なものはどれか。

ア　多角化した企業の経営者にとって、事業ドメインの決定は、企業の基本的性格を決めてアイデンティティを確立するという問題である。

イ　多角化した企業の経営者にとって、事業ドメインの決定は、現在の活動領域や製品分野との関連性を示し、将来の企業のあるべき姿や方向性を明示した展開領域を示す。

ウ　多角化した事業間の関連性を考える経営者にとって、企業ドメインの決定は、多角化の広がりの程度と個別事業の競争力とを決める問題である。

448　第2部　テーマ別1次過去問集

エ　多角化した事業間の関連性を考える経営者にとって、事業ドメインの決定は、全社戦略の策定と企業アイデンティティ確立のための指針として、外部の多様な利害関係者との間のさまざまな相互作用を規定する。

オ　多角化を一層進めようとする経営者は、事業間の関連性パターンが集約型の場合、範囲の経済を重視した資源の有効利用を考える。

平成28年度　第1問

　ドメインの定義、および企業ドメインと事業ドメインの決定に関する記述として、最も適切なものはどれか。

ア　事業ドメインに関する企業内の関係者間での合意を「ドメイン・コンセンサス」と呼び、その形成には、トップマネジメントが周年記念の場などで、企業のあり方を簡潔に情報発信する必要がある。

イ　多角化している企業では、企業ドメインの決定は、競争戦略として差別化の方針を提供し、日常のオペレーションに直接関連する。

ウ　多角化せずに単一の事業を営む企業では、企業ドメインと事業ドメインは同義であり、全社戦略と競争戦略は一体化して策定できる。

エ　ドメインの定義における機能的定義は、エーベルの3次元の顧客層に相当する顧客ニーズと、それに対して自社の提供するサービス内容で定義する方法である。

オ　ドメインの定義における物理的定義は、エーベルの3次元の技術ではなく、物理的存在である製品によってドメインを定義する。

平成27年度　第2問

　複数事業を営む企業の企業ドメインおよび事業ドメインの決定に関する記述として、最も不適切なものはどれか。

ア　企業ドメインの決定は、現在の活動領域や製品・事業分野との関連性とともに、将来の企業のあるべき姿を包含して経営理念を反映している。

イ　企業ドメインの決定は、全社戦略策定の第一歩として自社の存続のために外部の多様な利害関係者との間の様々な相互作用の範囲を反映している。

問題編　449

ウ　企業ドメインの決定は、多角化した企業において個々の事業の定義を足し合わせることではなく、企業ドメインに合わせて事業の定義を見直すことが重要である。

エ　事業ドメインの決定は、将来の事業領域の範囲をどう定義するかについて、企業が自らの相互作用の対象として選択した事業ポートフォリオの決定であり、特定の市場での競争戦略に影響を受ける。

オ　事業ドメインの決定は、日常的なオペレーションがルーティン化していたとしても、競争優位を持続するためには必要である。

III　戦略論を理解するための経済学の用語

平成**29**年度　第**8**問

　規模の経済は、モノづくりをする企業にとって重要である。規模の経済を説明する記述として、最も適切なものはどれか。

ア　売り上げの増大をもたらすように複数の製品を組み合わせて生産するようにする。

イ　買い手にとって購入価値が高まれば販売数が増大するので、製品の普及度に注目してクリティカルマスを超えるようにマーケティング組織の規模を維持する。

ウ　現有製品の特性を分析し直し、製品の構成要素の機能や性能を向上させて、新たな経済価値を付与した製品の生産を行う。

エ　産出量の増大に伴って1単位当たりの製品を産出する平均費用を低下させるべく、一度に数多くのアウトプットを産出するようにする。

オ　累積生産量を増やして単位当たりのコストを下げるようにする。

平成**26**年度　第**7**問

　規模の経済と経験曲線および経験効果に関する記述として、最も不適切なものはどれか。

450　第2部　テーマ別1次過去問集

ア　規模の経済と経験効果は連続的に生じ、コスト低下の効果が生じない停滞期間が存在することは少ないが、物理的な特性が効率性の向上の水準を制限する場合もある。

イ　規模の経済の追求には相当額の投資が必要であり、多くの場合、特殊化した資産が投資対象となって長期間にわたって実現されるコストの減少を通じた投資回収を目指す。

ウ　規模の経済は、ある一定程度の総生産量が増加することによるコストの低下を指し、大規模な工場施設の建設などで模倣することはできるが、経験効果の構築にはある程度の時間を必要とする。

エ　規模の経済は、業界内において利益をあげられる企業数の上限を決定する一因となり、市場規模に対する生産の最小効率規模が大きいほど、当該業界に存在できる企業数は少なくなる。

オ　経験曲線は累積生産量の増加に伴ってコストが低下することを表し、累積生産量に対応する技術の進歩や改善等の要因からも生じるが、生産機能において生じる経験効果に限定されない。

令和元年度　第7問

経験効果や規模の経済に関する記述として、最も適切なものはどれか。

ア　経験効果に基づくコスト優位を享受するためには、競合企業を上回る市場シェアを継続的に獲得することが、有効な手段となり得る。

イ　経験効果は、ある一時点での規模の大きさから生じるコスト優位として定義されることから、経験効果が生じる基本的なメカニズムは、規模の経済と同じである。

ウ　生産工程を保有しないサービス業では、経験効果は競争優位の源泉にならない。

エ　中小企業では、企業規模が小さいことから、規模の経済に基づく競争優位を求めることはできない。

オ　同一企業が複数の事業を展開することから生じる「シナジー効果」は、規模の経済を構成する中心的な要素の１つである。

問題編　451

第2章 問題 成長戦略

Ⅰ 成長戦略の概要

平成20年度 第4問

　企業の成長をめぐる戦略に関する記述として、最も適切なものはどれか。

ア　自社が優位を占める成長分野への他社の参入を防ぐために、積極的に生産の増強を図ったり、広告宣伝などのマーケティング活動を展開して、市場支配力を強める戦略を追求する。

イ　社内の研究開発能力が不十分な場合、外部から技術導入を図ったり、重要な技術部品を社外から調達せざるをえないので、低価格戦略しかとりえなくなる。

ウ　多角化は成長には有効であるが、総花的な戦略を強めて、企業の競争優位を喪失させるので、収益を悪化させることになる。

エ　リストラクチャリングは自社の強みを喪失させるので、既存事業分野の価格競争や技術開発競争が激化しているときには回避しなければならない。

平成27年度 第10問

　リストラクチャリング(事業構造の再構築)に関する記述として、最も適切なものはどれか。

ア　リストラクチャリングの一環として事業売却を行う場合は、対象となる事業の従業員に時間をかけて納得してもらい、ボトムアップで売却ステップを検討していくことが課題となる。

イ　リストラクチャリングの一環として事業を子会社として独立させる場合は、各子会社に大幅に権限を委譲し、意思決定の迅速化を図ることが課題となる。

ウ　リストラクチャリングを円滑に進めるうえでは、既存の取引先との取引量を増やすことを目的に、リベートや割引販売などの販売促進策を積極的に行うことが課題となる。

エ　リストラクチャリングを円滑に進めるうえでは、業務プロセスを抜本的に見直すことによって業務を再設計し、業務の効率化を図ることが課題となる。

オ　リストラクチャリングを円滑に進めるうえでは、従業員のモチベーションを上げていくために、ストックオプションを導入していくことが課題となる。

平成29年度　第30問　設問2のみ

次の文章を読んで、下記の設問に答えよ。

マーケターがその活動の場として選択する市場は、ターゲット・マーケット・セグメントあるいは対象市場、標的市場などと呼ばれる。どのような市場セグメントをターゲットとするかは、企業の戦略や資源・能力の多様性に関連している。ま
た、ターゲットとする市場セグメントの選択パターンは、マーケターが対象とする
②
製品と市場、あるいはそのいずれかの選択に依存する。

（設問2）

文中の下線部②について、下表の空欄A～Dに当てはまる語句の組み合わせとして、最も適切なものを下記の解答群から選べ。

		市場	
		既存	新規
製品	既存	A	C
	新規	B	D

〔解答群〕

ア　A：競争相手の顧客奪取

　　B：新製品で顧客深耕

　　C：顧客内シェアの向上

　　D：フルライン化による結合効果

イ　A：顧客層拡大

問題編　**453**

B：新製品で顧客深耕

C：顧客内シェアの向上

D：製品系列の縮小

ウ　A：顧客内シェアの向上

B：新製品で顧客深耕

C：既存製品の新用途開発

D：新製品で市場開拓

エ　A：新製品で顧客深耕

B：新・旧製品の相乗効果

C：顧客内シェアの向上

D：フルライン化による結合効果

II 多角化戦略

平成**26**年度　第**5**問

シナジー効果に関する記述として、最も適切なものはどれか。

ア　動的なシナジーよりも静的なシナジーをつくり出せるような事業の組み合わせの方が望ましい。

イ　範囲の経済の効果とは別個に発生し、複数事業の組み合わせによる費用の低下を生じさせる。

ウ　複数事業の組み合わせによる情報的資源の同時多重利用によって発生する効果を指す。

エ　複数の製品分野での事業が互いに足りない部分を補い合うことで、企業全体として売上の季節変動などを平準化できる。

平成**24**年度　第**2**問

企業の多角化に関する分析フレームワークについての記述として、最も適切なものはどれか。

ア 外的な成長誘引は、通常、企業を新たな事業へと参入させる外部環境の機会も
しくは脅威のことである。

イ 事業拡大への誘引と障害は、通常、企業の多角化形態や将来の収益性の基礎に
までは影響しない。

ウ 新規事業への進出は、通常、当該企業の中核事業から始まり、マーケットシェ
アを維持するために行われる。

エ 内的な成長誘引は、通常、企業を多角化へと向かわせる企業内部の条件のこと
であり、多くの場合、防御的な性格を持ち、自社の内部資源を最大限に活用した
いという企業の欲求から生じる。

オ 防御的な多角化は、通常、当初の市場において変化するニーズに当該企業の技
術が適応していると判断した場合に行われる。

平成**30**年度　第**1**問

企業の多角化に関する記述として、最も適切なものはどれか。

ア 外的な成長誘引は、企業を新たな事業へと参入させる外部環境の条件である
が、主要な既存事業の市場の需要低下という脅威は、新規事業への参入の誘引と
なりうる。

イ 企業の多角化による効果には、特定の事業の組み合わせで発生する相補効果
と、各製品市場分野での需要変動や資源制約に対応し、費用の低下に結びつく相
乗効果がある。

ウ 企業の本業や既存事業の市場が成熟・衰退期に入って何らかの新規事業を進め
る場合、非関連型の多角化は、本業や既存事業の技術が新規事業に適合すると判
断した場合に行われる。

エ 事業拡大への誘引と障害は、企業の多角化の形態や将来の収益性の基盤にまで
影響するが、非関連型の多角化では、既存事業の市場シェアが新規事業の市場
シェアに大きく影響する。

オ 内的な成長誘引は、企業を多角化へと向かわせる企業内部の条件であり、既存
事業の資源を最大限転用して相乗効果を期待したいという非関連型多角化に対す
る希求から生じることが多い。

III M&A

平成29年度　第6問

　オーナー社長が経営する企業の事業承継の方法としてMBO（management buy-out）がある。MBOに関する記述として、最も適切なものはどれか。

ア　オーナー社長は、外部の投資ファンドに株式を売却して、役員を刷新して経営を引き継がせる。

イ　オーナー社長は、勤務経験が長いベテランで役員ではない企画部長と営業課長に株式を売却して、経営を引き継がせる。

ウ　オーナー社長は、社外の第三者に株式を売却して、役員ではない従業員に経営を引き継がせる。

エ　財務担当役員と同僚の役員は、投資ファンドの支援を受けることなどを通じてオーナー社長から株式を買い取り経営を引き継ぐ。

オ　役員ではない企画部長と営業課長は、金融機関から融資を受けてオーナー社長から株式を買い取り、役員と従業員を刷新して経営を引き継ぐ。

平成30年度　第4問

　企業の事業再編と買収の戦略に関する記述として、最も適切なものはどれか。

ア　企業の一部門を買収するタイプの買収は、通常、狭義のレバレッジド・バイアウトと呼ばれ、もともとは経営資源の拡大を意図したが、マネジメント・バイアウトやエンプロイー・バイアウトとは異なる範疇の手法である。

イ　事業規模の縮小は、通常、売却、企業の一部門の分離独立であるスピンオフ、企業の中核事業に関連しない部門の廃止などの手法を指し、事業ポートフォリオを変えて短期的には負債の削減につながる。

ウ　事業範囲の縮小は、企業買収によって期待した価値を実現できない際の買収見直しに用いられ、通常、従業員数や事業部門数の削減を伴い、事業規模の縮小と同様に事業ポートフォリオを変えることになる。

エ　自社資産を担保に調達した資金によって、オーナーではない経営者が自社を買

収するタイプの買収は広義のレバレッジド・バイアウトの一形態であり、通常、買収後には経営の自由裁量の確保や敵対的買収に対する防衛などのために株式を非公開とする。

オ　プライベート・エクイテイ投資会社が、企業の資産の大部分を買い取って当該企業を非上場化するレバレッジド・バイアウトでは、通常、当該企業の業務を維持し、資産の売却は長期的な計画の下で行う。

平成29年度　第4問

　日本企業は戦略的にM＆Aを活用するようになっているが、M＆Aよりも戦略的提携を選択する企業も多い。M＆Aには、契約成立前の準備段階と交渉段階、成立後の統合段階でのさまざまな留意点がある。

　日本企業のM＆Aと戦略的提携に関する記述として、最も適切なものはどれか。

ア　M＆Aの準備段階では、当事者の持つ研究開発、生産、販売などの重複部分や競合関係の明確化が重要であり、統合段階でデューデリジェンス(due diligence)を開始して機能統合していく。

イ　異業種のM＆Aには、基本的には、規模の経済と取引交渉力の増大というメリットがあり、業績不振の立て直しはできないが、自社の必要としない資源までも獲得してしまう恐れはない。

ウ　企業の独立性を維持できる戦略的提携は、パートナーが提携関係を裏切る可能性を最小化しつつ、提携による協力から得られる恩恵を最大限享受することが主な目的であり、企業の評判に悪影響が起こる可能性は、戦略的提携における裏切りのインセンティブを抑制できない。

エ　戦略的提携の目的が経済的な価値と希少性の追求にあっても、持続的な競争優位をもたらすとは限らないが、提携による業界内の新しいセグメントへの低コストでの参入は企業間の強みを補完する試みとなりうる。

オ　同業種のM＆Aには、基本的には、範囲の経済と習熟効果の実現というメリットがあり、組織文化の調整のコストは必要であるが、統合のコストはかからない。

問題編　457

平成**26**年度　第**4**問

　A 社は、現社長が高齢化したために、家族や親族以外の者への事業承継を MBI (management buy-in)によって行うことを検討している。MBI に関する記述として、最も適切なものはどれか。

ア　現社長と役員は、投資ファンドから資金を調達し、現経営陣を支援してもらう。

イ　現社長は、社外の第三者に自社株式を買い取らせ、経営を引き継いでもらう。

ウ　現社長は、投資ファンドに自社株式を買い取ってもらい、経営を外部から監視してもらう。

エ　現社長は、長く勤めた営業部長に自社株式を買い取らせず、経営を引き継いでもらう。

オ　現社長は、長く勤めた営業部長や経理課長に自社株式を買い取らせ、営業部長に経営を引き継いでもらう。

令和**元**年度　第**5**問

戦略的提携に関する記述として、最も適切なものはどれか。

ア　戦略的提携では、大学や政府機関が参加することはないが、同一の業種で競争関係にある企業間よりも異業種の企業間での提携が多く、継続的な関係の構築が図られる。

イ　戦略的提携は、共同開発や合弁事業設立のように、企業が独立性を維持して緩やかな結びつきを構築するが、資本参加や当該企業同士の組織的な統合を通じて経営資源の合体を図る。

ウ　戦略的提携は、提携による協力で得られる恩恵を最大限享受できる組織的な統合を図り、業界内の新しいセグメントや新たな業界への低コストでの参入と経営資源の補完を主な目的とする。

エ　戦略的提携は、当事者間での裏切りのリスクを内包するが、その回避のために、企業には互いの独立性を維持しつつも、階層関係を構築して関係の固定化を図ることが求められる。

オ　戦略的提携は、範囲の経済を利用できる内部開発によるコストよりも、共同開発のような提携によるコストが小さい場合、内部開発に代わって選択される。

平成**25**年度　第**4**問

　他社と連携を考慮する企業にとって、企業としての独立性を維持し、企業間に緩やかで柔軟な結びつきをつくるには、戦略的提携が有効な戦略オプションのひとつである。戦略的提携に関する記述として、最も不適切なものはどれか。

ア　企業の評判に悪影響が起こる可能性は、戦略的提携における裏切りのインセンティブを抑制する要素となる。

イ　戦略的提携が希少性を有しても、低コストでの代替が可能であれば、その戦略的提携は持続的な競争優位をもたらさない。

ウ　戦略的提携によって、新たな業界もしくは業界内の新しいセグメントへ低コストで参入しようとするのは、企業間のシナジーを活用する試みとなる。

エ　戦略的提携を構築する際、その主要な課題はパートナーが提携関係を裏切る可能性を最小化しつつ、提携による協力から得られる恩恵を最大限に享受することである。

オ　内部開発による範囲の経済を実現するコストが戦略的提携によるコストよりも小さい場合、内部開発は戦略的提携の代替とはならない。

第**3**章 問題 競争戦略

I 競争戦略の概要

平成**25**年度 第**3**問

　企業は収益を確保するべく、活動(オペレーション)の効率を高めようとする。オペレーション効率の特徴に関する記述として、最も適切なものはどれか。

ア　オペレーション効率とは、ライバル企業と異なる活動を効率的な方法で行うことである。

イ　オペレーション効率における競争は、生産性を改善しながら、優れた収益性を長期にわたって企業にもたらす。

ウ　オペレーション効率の差異がもたらす収益性は、企業間の差別化のレベルに直接的に影響を与えることはないが、コスト優位に影響を与える。

エ　オペレーション効率は、企業が投入した資源を有効に活用できるような活動のすべてを指している。

オ　オペレーション効率を改善するべく、他社をベンチマークするほど、企業の活動は似通ってくるので、両社の戦略の差異はなくなる。

II 業界の競争構造の決定

平成22年度 第10問

マイケル・ポーターは、競争戦略を策定する際に考慮すべき産業の利益率や競争に影響を与える要因として、下図の5つを指摘している。この図に関する説明として、最も不適切なものを下記の解答群から選べ。

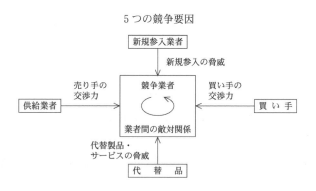

〔解答群〕

ア 買い手への対応は、消費者のクレームや消費者行動の変化に対処しつつ、高いマージンに結びつく市場との良好な関係を構築することが重要である。

イ 供給業者については、資金や原材料の供給先や労働市場との交渉力の保持が重要であるので、そのためには特定の資源の供給者に強く依存することなく、常に代替的な資源の開発に取り組むなど外部への依存性が強くならないようにしておくことが重要である。

ウ 競争業者との戦いは、マージンの高いドメインに自社を位置づけて、そこでの防衛的な地位を保つために、徹底した差別化戦略を展開することが第一に重要である。

エ 新規参入については、その可能性や参入を受けた場合の競争の変化を分析して、自社の市場への参入障壁をどのように築くことができるか、日ごろから注意しておかなければならない。

オ 代替品は、大きな技術の変化や消費者のニーズの変化によってこれまでにない新商品として登場し、既存の商品に取って代わる脅威になることがあるので、技術や市場のマクロなトレンドを見失わないように注意しなければならない。

令和元年度　第6問

「業界の構造分析」の枠組みに基づいて想定される、既存企業間での対抗度に関する予測として、最も適切なものはどれか。

ア　業界の成長率が高いと、製品市場での競合が激化して、業界全体の潜在的な収益性は低くなる。

イ　顧客側で生じるスイッチングコストが高い業界では、製品市場での競合が緩和されて、業界全体の潜在的な収益性は高くなる。

ウ　固定費が高い業界では、製品市場での競合が緩和されて、業界全体の潜在的な収益性は高くなる。

エ　事業戦略の方向性という点で、多様なバックグラウンドを有する企業が事業を展開する業界では、製品市場での競合が緩和されて、業界全体の潜在的な収益性は高くなる。

オ　退出障壁が高いと、製品市場での競合が緩和されて、業界全体の潜在的な収益性は高くなる。

平成29年度　第7問

企業の競争戦略と持続的な競争優位に関する記述として、最も不適切なものはどれか。

ア　競争戦略の実行に不可欠な独自の経営資源を持ち、製品市場における規模の経済を実現できれば、代替製品の脅威は事業の収益性に影響を与えず競争優位の源泉となる。

イ　経路依存性のある経営資源は、模倣を遅らせることで市場における競争者の脅威から先発者を保護する。

ウ　顧客からの強い支持を受ける製品差別化は、競合他社との間の競争に勝ち抜く手段である以上に、他社との競争を可能な限り回避できる自社市場構築の手段となる。

エ　差別化した製品と標準的な製品の機能的な差が小さくなるほど、差別化した製品を選好する顧客の割合は低下するが、標準的な製品よりも高い価格を設定し、

差別化した製品で高い収益性を確保しようとする場合、できるだけ多くの顧客を対象とすると戦略上の矛盾を生み出す。

オ　スイッチング・コストの発生する状況では、買い手側は、現在使用する製品やサービスと他の代替的な製品・サービスと価格や機能が同じであったとしても、別のものとして見なす。

平成 **27**年度　第**4**問

自社の仕入先および顧客に対する交渉力に関する記述として、最も適切なものはどれか。

ア　今まで仕入先から調達していた部品の内製の割合を高めていく場合は、自社の仕入先に対する交渉力は弱くなる。

イ　希少価値の高い原材料を仕入れている場合は、自社の仕入先に対する交渉力は強くなる。

ウ　顧客が他社製品へ乗り換える際に多大なコストが発生する場合は、自社の顧客に対する交渉力は強くなる。

エ　仕入先の売上高に占める自社の割合が高い場合は、自社の交渉力は弱くなる。

オ　自社が顧客の意思決定を左右できるような場合は、仕入先に対する交渉力は弱くなる。

III　業界内部の構造分析

平成 **22**年度　第**9**問

企業は新規参入を阻止して競争激化を抑制しようとするが、他方では業界内部の類似する戦略をとる企業の間で戦略グループが形成され、それが企業の自由な戦略行動を抑制するように作用し始める。前者は参入障壁であり、後者は移動障壁である。これらの障壁と戦略の関係に関する記述として、最も不適切なものはどれか。

ア　ある技術に基づいて生産し販売される製品分野は、ライバル企業の間で製品の

類似性が高くなるので、企業は顧客忠誠心やブランド力を高めてライバルとの差別化を図ることが重要になる。

イ　業界特有の販売チャネルや仕入れルートを同業者間で強化することは、他社の参入を防ぐには有効である。

ウ　業界内の競争を通じて形成された事業システムやマネジメント方式は、企業に戦略上の癖や慣性を生み出すので、企業が移動障壁に直面する事態にはならない。

エ　垂直統合や共同化は取引先への交渉力の強化や新たな技術の獲得には有効であるが、その縛りが強いと自社の戦略の成否が他社の戦略展開能力に影響されるようになる。

オ　同業者間に共通する戦略課題について協調を維持すると、やがて戦略の類似性が強まり、新規な戦略の展開が困難になる。

Ⅳ　3つの基本戦略

平成**24**年度　第**5**問

差別化戦略は競争者に対抗するための基本的戦略の1つである。商品の属性と製品差別化に関する記述として、最も不適切なものはどれか。

ア　売り手の信用をもとに安全性を確認するような信用的な属性については、物理的な差異による製品差別化よりも広告や宣伝活動による製品差別化が有効である。

イ　購入前に調べてみれば分かるような探索的な属性については、広告や宣伝活動による製品差別化よりも物理的な差異による製品差別化が有効である。

ウ　実際の消費経験から判断できるような経験的な属性については、物理的な差異による製品差別化よりも広告や宣伝活動による製品差別化が有効である。

エ　製品差別化は特定の売り手の製品に関する買い手の主観的な判断をベースとしている。

464　第2部　テーマ別1次過去問集

平成**23**年度 第**5**問

企業の競争優位の源泉に関する記述として、最も不適切なものはどれか。

ア　企業と顧客の間で情報の非対称性が大きな製品・サービスでは、通常、ブランド・イメージや企業の評判のような客観的にとらえにくい要因に基づく差別化の重要性が大きい。

イ　顧客が支払う意思のある価格の上限が顧客の支払い意欲を示すと考えると、通常、差別化による優位は顧客が自社の製品を競合する製品よりも高く評価しているという強みを持つことを意味する。

ウ　コスト優位は競合他社よりも低コストを実現できるため、通常、競合他社よりも低価格で製品販売しても利益を確保できる強みを意味する。

エ　コスト優位を確立した企業は、競合他社よりも常に製品1単位当たりのコストとそのコストの総額が低いため、低価格で製品・サービスを販売できる。

オ　どのような差別化による優位をつくるかを考える際には、通常、環境の変化だけではなく自社の強みと顧客の範囲をどのようにとらえて定義するかが重要である。

平成**23**年度 第**6**問

中小企業ではニッチ市場に特化したり、特定の市場セグメントに自社の事業領域を絞り込んだりする集中戦略がとられることが多い。そのような集中戦略をとる企業の戦略対応として、最も不適切なものはどれか。

ア　自社が強みを発揮している市場セグメントに他社が参入してきた場合、自社のコンピタンスをより強力に発揮できるようにビジネスの仕組みを見直す。

イ　自社製品の特性を高く評価する顧客層に事業領域を絞り込むことによって、これまでの価格政策を見直し、プレミアム価格を設定して差別化戦略に取り組む。

ウ　自社の得意とする市場セグメントに事業領域を絞り込むことによって、業界大手の追随を振り切ることができるばかりか、好業績を長期に維持できる。

エ　絞り込みをかけた事業領域の顧客ニーズが、時間の経過とともに、業界全体のニーズと似通ったものにならないように監視するとともに、顧客が評価する独自

な製品の提供を怠らないようにする。

オ　絞り込んだ事業領域で独自な戦略で業績を回復させることができたが、そのことによって自社技術も狭くなる可能性があるので、新製品の開発やそのための技術開発への投資を強めることを検討する。

平成28年度　第6問

　企業が競争優位を獲得するための競争戦略のひとつであるコスト・リーダーシップ戦略に関する記述として、最も適切なものはどれか。

ア　コスト・リーダーシップ戦略では、継続的に自社製品を購入する顧客を確保するために、ブランド・ロイヤルティを高めることが課題となり、企業の提供する付加価値が明確になっている。

イ　コスト・リーダーシップ戦略は、市場成長率が安定してきて、製品ライフサイクルの成熟期以降に採用する戦略として適しており、企業が脱成熟をしていくうえで有益な戦略となる。

ウ　コスト・リーダーシップ戦略は、多角化した企業において、シナジーの創出によるコスト削減を目指していく戦略であるので、事業間の関連性が高い企業の方が、優位性を得やすくなる。

エ　コスト・リーダーシップ戦略を行う企業が、浸透価格政策をとると、自社の経験効果によるコスト低下のスピードは、競合他社よりもはやくなる。

オ　コスト・リーダーシップ戦略を行っている企業は、特定モデルの専用工場を建設し、生産性の高い設備を導入しており、新しい市場ニーズへも迅速に対応できる。

Ⅴ その他の競争戦略

平成26年度　第3問

　業績が悪化している事業から撤退すべきであっても、なかなかそれができないのは、撤退を阻む障壁が存在するからである。そのような撤退障壁が生じている状況に関する記述として、最も不適切なものはどれか。

ア　自社の精神ともいうべき事業への創業者や従業員の思い入れが強く、現状で踏ん張らざるをえない。
イ　生産過剰で収益率が悪化しているが、業界秩序を守る協定が存在しているので同業者数に変化はなく、市場競争は平穏である。
ウ　撤退のための社内再配置等のコストがかさむので、撤退の判断が難しくなる。
エ　特定の業種にしか利用できない資産のために清算価値が低く、それを移動したり流用しようとすると、そのためのコスト負担が新たに大きくのしかかる。
オ　不採算に陥っている事業であっても、他の事業との関連性が強いために、撤退すると他の事業の不利益を招き、自社の戦略上の強みを失いかねない。

平成24年度　第4問

　いかに早く競争力のある製品を開発し、市場に供給するか、という時間をめぐる競争はタイムベース競争と呼ばれている。そのような競争をめぐる問題点や考慮すべき点に関する記述として、最も適切なものはどれか。

ア　商品購入時にユーザー登録をしてもらって利用特典を与える販売方式は、バージョンアップした自社商品への乗り換えを難しくするので、その企業の商品の普及スピードを鈍化させることになる。
イ　生産リードタイムの短縮によって、原材料の在庫の回転率があがるが、生産コストに変化はなく、収益も変わらない。
ウ　先発して市場に参入すれば、有利な立地や優秀な人材を先取りできるばかりではなく、市場動向に素早く対応して、売り上げが増大する可能性が高くなる。
エ　他社に先駆けて特許等で参入障壁を築いて防衛的地位を固めると、ニッチ市場

に入り込んでしまい、市場の変化に取り残されてしまうことになる。

オ　他社の競合品よりも多くの量の自社製品をすばやく生産することを続けると、単位あたりコストが増大し、市場競争で劣位に立たされることになる。

平成30年度　第5問

マイケル・ポーターによる業界の構造分析に関する記述として、最も適切なものはどれか。

ア　価値連鎖(バリューチェーン)を構成する設計、製造、販売、流通、支援サービスなどの諸活動において規模の経済が働くかどうかは、その業界構造を決定する要因であり、多数乱戦(市場分散型)業界では、すべての諸活動において規模の経済性が欠如している。

イ　継続的に売り上げが減少している衰退業界においては、できるだけ早く投資を回収して撤退する戦略の他に、縮小した業界においてリーダーの地位を確保することも重要な戦略の1つである。

ウ　成熟業界においては、新製品開発の可能性が少なく、成長が鈍化するために、多くの企業は、プロセス革新や現行製品の改良に力を入れるようになり、企業間のシェア争いは緩やかになる。

エ　多数乱戦(市場分散型)業界は、ニーズが多様であること、人手によるサービスが中心であることが特徴なので、集約・統合戦略は、この業界には適さない戦略である。

VI　国際経営とグローバル戦略

平成24年度　第10問

企業の海外進出とその戦略対応に関する次の文章を読んで、下記の設問に答えよ。

アジアの途上国は次々に経済的に自立し、新興工業国としてめざましい発展を続けている国も少なくない。このようなアジアの経済成長に対応すべく、エレクトロニクス産業や自動車産業を中心に現地への進出が相次いでいる。とくに巨大な市場

となった中国では激烈な企業間競争が繰り広げられている。
①
　しかし、わが国のエレクトロニクス産業は劣勢に立たされることが多いのに対して、自動車産業は市場への浸透を高めている。そうしたなかで、近年、中国での成功事例を踏まえて、リバースイノベーションの重要性が指摘されている。
②

（設問1）

　文中の下線部①のように中国市場の激しい競争のなかで、外資企業は成功をおさめる製品やサービスを輩出している。それらの企業の戦略行動には注目すべきいくつかの特徴が見られる。そのような特徴に関する記述として、最も不適切なものはどれか。

ア　合弁企業では現地のパートナー企業の中国人を董事長と総経理に登用して、本国からの社員の派遣を行わないことによって、中国社会や市場への浸透を図る例が多くなっている。

イ　富裕層をターゲットに先進国の高品質で高価格の製品を輸出して、ステイタス・シンボルに訴える顕示的な消費を促している。

ウ　ボリュームゾーンと呼ばれる巨大な大衆市場向けに、現地生産による低価格商品を投入して、価格競争を挑んでいる。

エ　有名ブランドながら、中国人好みのデザインや色彩、ネーミングにこだわったきめ細かい現地向けの商品政策を展開している。

オ　流通販売網を独自に整備し、現地の販売拠点に向けて魅力的な報償制度を設けたり、現地販売員に顧客志向のホスピタリティを訓練しながら売り上げを伸ばしている。

（設問2）

　文中の下線部②のリバースイノベーションに関する記述として最も適切なものはどれか。

ア　所得の高い先進国で先進的な技術の製品の普及を図り、その製品のライフサイクルにあわせて、次第に所得の低い途上国への輸出を行い、やがて現地生産に切り替えるイノベーション戦略である。

イ　先進国で開発された製品を、途上国の開発拠点で現地向けに開発し直し、現

問題編　**469**

地の生産販売を図りつつ、それを先進国モデルへと進化させるイノベーション戦略である。

ウ　対抗機種の性能を分析したり、それを分解したりして、技術特性を調査することから着手するイノベーション戦略である。

エ　通常とは逆にサプライヤー側からの開発提案を受け入れて、アセンブラーがサプライヤーと共同で製品開発に取り組むイノベーション戦略である。

オ　本国の研究開発部門でユーザーフレンドリーな製品の開発を行い、それを現地に持ち込んで、グローバルにイノベーション成果の普及を図るイノベーション戦略である。

平成**25**年度　第**9**問

　産業の空洞化が進行したり、国内市場が縮小したために、国内にとどまる中小企業は販売の低迷に直面する例が多くなっている。他方、拡大するアジアの市場を目指して海外進出する企業にも数々の問題が発生している。このような状況に直面する中小企業の対応に関する記述として、最も不適切なものはどれか。

ア　アジアの進出予定国のカントリーリスクを分析するとともに、現地人の採用は生産現場の雇用期限付きの賃労働者に限定し、現地人の幹部や現場指導者の登用は能力と適性を見て判断する。

イ　親企業の要請に応えて海外進出する場合、親企業の指導や支援を受けることができることを前提に、外国企業向け工業団地に工場を設け、そこに償却済みの設備を持ち込んで、単純な工程からなる少数の生産品目から開始する。

ウ　海外から安価な原材料や部品を輸入して販売コストの低減を図るとともに、余剰人員の合理化による賃金コストの削減を図り、収益の改善を目指す。

エ　特定の工業部品の製造販売に特化していたために、その部品の売上が低迷した中小企業は、生産設備をすべて売却して、アジアの新興国で評判の汎用商品を輸入して流通市場に参入するという成長戦略を展開する。

平成29年度 第13問

　世界的に展開する企業にとって、本国親会社と海外子会社との関係は重要となる。グローバルな統合の必要性と現地市場への適応の必要性を軸にした多国籍企業の戦略に関する記述として、最も適切なものはどれか。

ア　規模の経済が作用し、現地市場への適応の必要性が低い製品を提供する企業では、通常、本国親会社のリーダーシップで、各国の子会社の能力を最大限に発揮させ現地向けの製品を開発して全体の効率性を高める。

イ　グローバルな統合の必要性は低く、現地市場への適応の必要性は高い製品を提供する企業では、通常、全社方針のもと複数の国に共通する製品需要を吸い上げて集中的に生産拠点と販売拠点を整備し製品を供給する戦略をとる。

ウ　現地の習慣や文化への配慮の必要性は高く、グローバルな統合の必要性は低い製品を取り扱う企業では、通常、海外子会社が独自に製品開発やマーケティングに取り組み、現地の需要の変化に即座に対応する戦略がとられる。

エ　製品開発の固定費が大きく、各国の認可と文化的理解の必要性が高い製品を取り扱う企業では、通常、全社方針のもと集中的に生産拠点と販売拠点を整備し製品を供給することで全体の生産性を高める。

オ　製品開発の固定費が大きく、現地の習慣や文化への配慮の必要性が低い製品を取り扱う企業では、通常、国ごとに対応した製品開発、マーケティング、生産の戦略をとることで、現地のニーズにきめ細かく対応する。

VII 競争地位別戦略

平成24年度 第6問

　企業は自社の業界における相対的な地位を踏まえて競争戦略を展開することが重要である。そのような競争戦略に関する記述として、最も適切なものはどれか。

ア　チャレンジャーは、リーダーの高い技術力が生み出した差別化された製品と同質な製品を販売し、リーダーの差別化効果を無効にすることを狙うべきである。

イ　ニッチャーは特定の市場セグメントで独自性を発揮できる戦略を遂行して、強

問題編　**471**

い市場支配力を狙うことが必要である。

ウ　フォロワーは特定市場でリーダーの製品を模倣しつつ、非価格競争によって収益をあげることが基本戦略になる。

エ　ライバル企業に比べて技術力や生産能力に劣るニッチャーの場合、価格競争に重点をおいた販売戦略を幅広い市場で展開することが重要になる。

オ　リーダーは周辺の需要を拡大することによって、売り上げの増加や市場シェアの拡大を図ることができるが、その反面で新製品の投入を遅らせてしまうことになる。

平成**28**年度　第**7**問

業界での競争地位によって、企業はリーダー、チャレンジャー、フォロワー、ニッチャーに分類できる。そのなかで、チャレンジャーとニッチャーに関する記述として、最も適切なものはどれか。

ア　チャレンジャーは、業界で生き残ることを目標に、購買の動機として価格を重視するセグメントをターゲットにし、徹底的なコストダウンを行い、代替品を低価格で提供していく戦略を採る。

イ　チャレンジャーは、市場全体をターゲットとするフル・カバレッジにより、リーダーの製品を模倣していく戦略を採る。

ウ　チャレンジャーは、リーダーに対する価格・製品・プレイス・プロモーションという4Pの差別化よりも、ドメインの差別化を行う。

エ　ニッチャーは、狭いターゲットに対して、業界の価格競争には巻き込まれないように閉鎖型の販売チャネルを採用して、媒体を絞り込んだプロモーションを展開する。

オ　ニッチャーは、自社が属する業界のライフサイクルの導入期に活動が活発になり、他社の行動を追随する同質化を推進し、市場全体の規模を広げる役割を担っている。

第**4**章 問題 経営資源戦略

I 経営資源

平成**24**年度 第**3**問

　現代の企業において、経営資源の利用と蓄積は、経営戦略の策定と実行にとって重要である。経営資源は、通常、人的資源、物的資源、資金、情報的資源に区別される。情報的資源に関する記述として、最も不適切なものはどれか。

ア　企業活動における仕事の手順や顧客の特徴のように、情報的資源は日常の企業活動を通じて経験的な効果として蓄積される。

イ　企業活動における設計図やマニュアルのように言語や数値化されているような情報は、熟練やノウハウなどよりも模倣困難性が高くない。

ウ　企業にとって模倣困難性の低い情報的資源が競争にとって重要ならば、特許や商標のような手段で法的に模倣のコストを高める必要はない。

エ　企業の特定の事業分野における活動で蓄積された情報的資源の利用は、その事業に補完的な事業分野に限定されない。

オ　企業のブランドやノウハウのような情報的資源は、その特殊性が高いほど企業に競争優位をもたらす源泉となる。

平成**30**年度 第**2**問

　経営資源の1つとして区別される情報的経営資源に関する記述として、最も適切なものはどれか。

ア　企業活動における仕事の手順や顧客の特徴のように、日常の業務活動を通じた経験的な効果として蓄積される経営資源は、情報的経営資源には含まれない。

イ　企業活動における詳細なマニュアルや設計図は、熟練やノウハウなどの情報的経営資源と比較して模倣困難性は高くない。

ウ　企業にとって模倣困難性の低い情報的経営資源が競争にとって重要ならば、特許や商標のような手段で法的に模倣のコストを高める必要性は高くない。

問題編　**473**

エ　企業の特定の事業分野における活動で蓄積された情報的経営資源は、その事業
　　に補完的な事業分野でしか利用できない。

Ⅱ　価値連鎖 (バリューチェーン) と垂直統合

平成30年度　**第6問**

　価値連鎖 (バリューチェーン) のどれだけの活動を自社の中で行うかが、その企業
の垂直統合度を決めると言われている。自社の中で行う活動の数が多いほど、垂直
統合度が高く、その数が少ないほど垂直統合度が低いとした場合、ある部品メー
カーＡ社が垂直統合度を高める理由として、最も適切なものはどれか。

ア　Ａ社の部品を使って完成品を製造している企業は多数存在しているが、いずれ
　　の企業もＡ社の部品を仕入れることができないと、それぞれの完成品を製造でき
　　ない。
イ　Ａ社の部品を作るために必要な原材料については、優良な販売先が多数存在し
　　ており、それらの企業から品質の良い原材料を低コストで仕入れることが容易で
　　ある。
ウ　Ａ社の部品を作るために必要な原材料を製造しているメーカーは、その原材料
　　をＡ社以外に販売することはできない。
エ　Ａ社の部品を作るために必要な原材料を製造しているメーカーが少数であり、
　　環境変化により、Ａ社はこれらの原材料の入手が困難となる。
オ　Ａ社は、Ａ社の部品を作るために必要な原材料を製造しているメーカーとの間
　　で、将来起こりうるすべての事態を想定し、かつそれらの事態に対してＡ社が不
　　利にならないようなすべての条件を網羅した契約を交わすことができる。

474　第2部　テーマ別1次過去問集

Ⅲ PPMとビジネス・スクリーン

平成25年度　第2問

　プロダクト・ポートフォリオ・マネジメントに関する記述として、最も適切なものはどれか。

ア　「金のなる木」の事業や資金流出の小さい「負け犬」事業の中には市場成長率が低くとも高収益事業がある。

イ　投資家の注目を集める「花形製品」の事業は、マーケットシェアの維持に要する再投資を上回るキャッシュフローをもたらし、「負け犬」事業からの撤退を支える。

ウ　プロダクト・ポートフォリオ・マネジメントの考え方は、外部からの技術導入と資金調達とによる規模の経済の達成で優位性を構築する業界にも適用できる。

エ　プロダクト・ポートフォリオ・マネジメントの考え方は、製品市場の定義とはかかわりなく、相対的なマーケットシェアが小さくとも大きなキャッシュフローを生み出すケースにも適用できる。

平成27年度　第1問

　プロダクト・ポートフォリオ・マネジメント（PPM）に関する記述として、最も適切なものはどれか。

ア　競争優位性を期待できない「負け犬」事業からの撤退の検討に加え、資金投入によって成長市場で競争優位の実現を期待できる「問題児」の選択が重要である。

イ　競争優位性を期待できない「負け犬」事業からの撤退を進めるのに重要な資金供給源は「花形商品」の事業である。

ウ　衰退期に入った業界の「花形商品」事業は、徐々に撤退してできるだけ多くのキャッシュを生み出させることが重要である。

エ　プロダクト・ポートフォリオ・マネジメントの考え方では、資金の流入と流出は市場と自社事業との成長率で決まる。

オ　プロダクト・ポートフォリオ・マネジメントの考え方は、外部からの資金調達

問題編　**475**

を考慮していないが、事業の財務面を重視して事業間のマーケティングや技術に関するシナジーを考慮している。

平成29年度　第2問

プロダクト・ポートフォリオ・マネジメント(PPM)に関する記述として、最も適切なものはどれか。

ア　衰退期に入った業界の「金のなる木」事業と「負け犬」事業は可及的速やかに撤退し、成長率の鈍化した業界の「花形商品」事業の再活性化に多くのキャッシュを投入することが重要である。

イ　成長市場で競争優位の実現を期待できる「問題児」の選択と、競争優位性を期待できないが資金流出の小さい「負け犬」事業の中で市場成長率が低くとも高収益事業を選別することは重要である。

ウ　プロダクト・ポートフォリオ・マネジメントの考え方では、資金の流入は自社事業の成長率と市場の成長率、資金の流出は自社事業の競争上の地位(相対的な市場シェア)で決まる。

エ　プロダクト・ポートフォリオ・マネジメントの考え方は、事業間のマーケティングや技術に関するシナジーを考慮して、複数事業に対して財務面を重視した資金の再配分のガイドラインとなる。

オ　プロダクト・ポートフォリオ・マネジメントの考え方は、自社技術開発、外部技術の導入、外部資金の再配分により、範囲の経済を達成して競争優位性を構築する業界に適用できる。

平成25年度　第26問

次の文章を読んで、下記の設問に答えよ。

清涼飲料水の中のあるカテゴリは、年間を通して様々な機会に私たちが楽しむ飲み物としてすっかり定着している。その生産量もこの10年あまりの期間に10倍以上にも増加した。他の主要な飲料カテゴリと比較しても群を抜く伸びである。飲料メーカーX社は2年後を目途にこのカテゴリへの新規参入を検討している。

476　第2部　テーマ別1次過去問集

それに先駆けて、X社のマーケティング部門では、このカテゴリの製品市場における市場占有率(金額ベース)についてのデータ分析を行った。それをもとに、この市場の上位メーカーへの集中度がどのような状態になっているのかを検討することにした。この時のデータを簡易的に整理したものが下表である。表中の「その他」を分解してみると、30社がそれぞれ1%ずつの市場占有率を持つ構図が見られる。

順位	メーカー名	市場占有率(%) (金額ベース)
1	A社	25
2	B社	15
3	C社	15
4	D社	10
5	E社	5
	その他	30
合計		100

（設問1）

　文中の下線部①に示す「市場占有率」に関する記述として、最も適切なものはどれか。

ア　X社が参入を検討している製品市場での上位5社による累積占有率は70%に達している。この市場で第4位に位置するD社の占有率は10%である。これをいわゆるプロダクト・ポートフォリオ・マネジメントでの相対シェアとして換算すると0.55となる。

イ　寡占度が高い市場では、追随者(フォロワー)としての新規参入が比較的容易である。

ウ　国内のある製品市場においての個別メーカーによる金額ベースの市場占有率を算出するためには、a：「自社の当該製品の国内向け出荷額」、b：「当該製品に関する国内の全事業者による出荷額」、c：「当該製品に関する海外への輸出額」を用いる。算出式は、市場占有率(%)＝{a／(b＋c)}×100となる。

エ　表中のE社はこのカテゴリにおいて極めて差別化水準の高い新製品を開発し、高価格の小売形態を中心とする販売経路政策を通じて、価格プレミアム化

に成功した。このことから、出荷数量ベースでの同社の占有率は、売上高ベースのそれと比べて低い値となっている。

（設問2）

文中の下線部②に示されているように、X社のマーケティング部門はこの飲料水カテゴリの製品市場への新規参入に向けた検討を重ねている。その一環としてハーフィンダール指数の算出を行った。その算出結果として、最も近いものはどれか。

ア　約0.05
イ　約0.12
ウ　約0.33
エ　約0.50

Ⅳ　VRIO分析

平成**23**年度　第**3**問

企業の強みと弱みに関する分析フレームワークについての記述として、<u>最も不適切なものはどれか</u>。

ア　経営資源の模倣には直接的な複製だけではなく、競争優位にある企業が保有する経営資源を別の経営資源で代替することによる模倣もある。

イ　経営資源やケイパビリティが競争優位を生じさせており、企業の内部者にとって競争優位の源泉との関係が理解できない場合、経路依存性による模倣困難が生じている。

ウ　経営資源やケイパビリティに経済価値があり、他の競合企業や潜在的な競合企業が保持していないものである場合、希少性に基づく競争優位の源泉となりうる。

エ　経済価値のない経営資源やケイパビリティしか保持していない企業は、経済価値を有するものを新たに獲得するか、これまで有してきた強みをまったく新しい

方法で活用し直すかの選択を迫られる。

オ　成功している企業の経営資源を競合企業が模倣する場合にコスト上の不利を被るのであれば、少なくともある一定期間の持続的な競争優位が得られる。

平成**27**年度　第**3**問

　企業の経営資源と持続的な競争優位に関する記述として、<u>最も不適切なものはどれか</u>。

ア　ある市場において、競合企業が業界のリーダーのもつ経営資源を複製する能力をもっていても、市場規模が限られていて複製を行わないような経済的抑止力のある状況では模倣しない傾向がある。

イ　競合企業に対する持続可能な競争優位の源泉となるためには、代替可能な経営資源の希少性が長期にわたって持続する必要がある。

ウ　時間の経過とともに形成され、その形成のスピードを速めることが難しく、時間をかけなければ獲得できない経営資源には経路依存性があり、模倣を遅らせることで先発者を保護する。

エ　代替製品の脅威は事業の収益性に影響を与えるが、競合企業は代替資源で同様の顧客ニーズを満たす製品を提供できる。

オ　独自能力の概念では、競争戦略の実行に不可欠な経営資源であっても、自社製品や事業のオペレーションを特徴づける独自なものでなければ、その資源は競争優位の源泉とはならない。

平成**29**年度　第**3**問

　企業の経営資源に基づく競争優位性を考察する VRIO フレームワークに関する記述として、最も適切なものはどれか。

ア　外部環境の機会を適切に捉え脅威を無力化する経営資源は、業界内において希少でないときに、企業の一時的な競争優位の源泉となる。

イ　希少で価値がある経営資源を保有する企業は、他の企業がその経営資源を別の経営資源で代替するコストが小さい場合、持続的な競争優位を確立する。

ウ　組織内の事務作業を効率化する固有のノウハウは、業界内で希少でない場合、

企業の一時的な競争優位の源泉となる。

エ　独自に長い年月をかけて開発した価値ある経営資源を保有する企業は、その資源が業界内で希少でないとき、資源をいかす組織の方針や体制が整わない中でも持続的な競争優位を確立する。

オ　予測が困難な環境変化が起きない場合は、希少で価値があり模倣が難しい経営資源は企業の持続的な競争優位の源泉となる。

第5章 問題 イノベーションと技術経営（MOT）

I イノベーションと技術経営

平成**30**年度　第**9**問

技術のイノベーションは発生してから、いくつかの特徴的な変化のパターンをとりながら進化していく。イノベーションの進化に見られる特徴に関する記述として、<u>最も不適切なもの</u>はどれか。

ア　技術システムが均衡状態にあることが、技術開発への努力を導く不可欠な力になるので、技術間の依存関係や補完関係に注意することは重要である。

イ　技術進歩のパターンが経時的にＳ字型の曲線をたどることがあるのは、時間の経過とともに基礎となる知識が蓄積され、資源投入の方向性が収斂するからである。

ウ　優れた技術が事業の成功に結びつかない理由として、ある技術システムとそれを使用する社会との相互依存関係が、その後の技術発展の方向を制約するという経路依存性を挙げることができる。

エ　製品の要素部品の進歩や使い手のレベルアップが、予測された技術の限界を克服したり、新規技術による製品の登場を遅らせることもある。

オ　連続的なイノベーションが成功するのは、漸進的に積み上げられた技術進化の累積的効果が、技術の進歩や普及を促進するからである。

II イノベーションの進化過程

令和**2**年度　第**13**問

デファクト・スタンダードやネットワーク外部性に関する記述として、最も適切なものはどれか。

ア　デファクト・スタンダードの確立には、ISO のような国際的な標準化機関が重

問題編　**481**

要な役割を果たすことから、これらの機関での調整や協議を進めることが、デファクト・スタンダードの獲得に向けた中心的な方策となる。

イ　デファクト・スタンダードは、パーソナルコンピュータやスマートフォンのOS（基本ソフト）のようなソフトウェアにおいて重要な役割を果たすものであり、情報技術が関わらない領域では生じない。

ウ　デファクト・スタンダードは製品市場における顧客の選択を通じて確立するために、競合する製品や規格の中で、基本性能が最も高いものが、デファクト・スタンダードとしての地位を獲得する。

エ　当該製品のユーザー数の増加に伴って、当該製品において補完財の多様性が増大したり価格が低下したりすることで得られる便益は、ネットワーク外部性の直接的効果と呼ばれ、間接的効果と区分される。

オ　ネットワーク外部性を利用して競争優位を獲得するためには、ユーザー数を競合する製品や規格よりも早期に増やすことが、有効な方策となる。

平成25年度　第18問

下図は、横軸に時間、縦軸に重要な革新の頻度をとり、製品革新と工程革新の観点から見た生産ユニット（productive unit）の進化過程と生産性のジレンマを描いたものである。

ドミナントデザインの確立までを流動化段階、その後製品革新の頻度が減少しつつ工程革新が進む段階を成長段階、もはや製品革新は末端技術に限られ工程革新も成熟してきた段階を特定化段階と区分した場合、それぞれの段階に適した組織に関する記述として最も適切なものを下記の解答群から選べ。

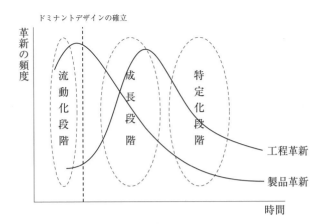

〔解答群〕

ア 成長段階後期になると製品アーキテクチャは安定し、市場規模は縮小し始めるので、業界として部品ごとに水平分業関係を築き、部品間のインターフェースについて規格を統一していくことが重要な成功要因になる。

イ 製品革新の頻度が少なくなってくると、しだいに工程革新へと関心がシフトしていき、生産性が次第に低下し、価格競争は少なくなるため、企業間で水平的な分業関係が構築しやすくなる。

ウ 特定化段階には企業間の分業が進み、製品・工程とも革新の頻度は低くなってしまうが、これを再び流動化段階に脱成熟させるには、一定以上の垂直統合が必要となる。

エ ドミナントデザインが確立される前の流動化段階では、市場規模も大きくなく、製品アーキテクチャの各要素の不確定性が高いため、1企業で新製品開発のリスクを負うのではなく、部品ごとに水平分業をして業界全体で新製品の開発を行うべきである。

オ ひとたびドミナントデザインが確立されると、製品アーキテクチャが確立するため、部品メーカーを内部化する垂直統合戦略をとり、効率的な生産ができるよう組織を機能別に編成すべきである。

平成24年度　第18問

　現代のように様々な分野で知識創造が行われている社会では、すべての技術的知識を自社内で開発することは困難であり、企業のイノベーションプロセスには外部からの知識が不可欠になっている。この外部の知識を評価し活用する能力は、イノベーションにとって欠かせない能力となっており、この能力は「吸収能力（absorptive capacity）」と呼ばれている。この吸収能力について、技術的機会や知識の占有可能性と、吸収能力や研究開発投資に関する記述として、最も適切なものはどれか。

ア　イノベーションが速い分野では、吸収能力の必要性は高くなるため、自社の研究開発投資を低く抑える必要がある。

イ　応用科学に関連する技術的機会の増加に比べて、基礎科学に関する技術的機会の増大は、Ｒ＆Ｄの必要性を低くする。

ウ　吸収能力が高くなるにつれて、当該企業は中央研究所のような基礎研究を行う部門を持つ必要性が低くなるので、研究開発投資負担を削減することが可能になる。

エ　自社の基礎研究への投資は、吸収能力を高める効果を持ち、急速に進化する科学技術をイノベーションに活かすことに役立つ。

オ　知識の占有可能性が高まると、社内外への波及効果が高くなるため、基礎科学分野よりも応用科学分野の方が、吸収能力の必要性は高くなる。

Ⅲ　製品設計と研究開発

平成25年度　第8問

　製品の設計が、部品間のインターフェースが単純なモジュラー的な場合と、複雑で調整が必要な擦り合わせ的な場合とで、製品開発や技術開発の進め方が異なる。モジュラー的な製品開発や技術開発に関する記述として、最も適切なものはどれか。

484　第2部　テーマ別1次過去問集

ア　モジュール部品を多様に組み合わせて得られる製品は、低価格・高機能を容易に実現でき、差別化による高い収益性を発揮できる。

イ　モジュラー化の進展によって、自社固有の技術開発余地が狭まり、標準部品を使った製品間の競争が激化し、価格競争が激しくなる。

ウ　モジュラー的な製品開発では、多様な部品を幅広く組み合わせるので、技術開発と製品開発が緊密に連携することが不可欠になる。

エ　モジュラー的な製品では、モジュール部品を広く外部から調達することが可能になるので、これまでの社内のモジュール部品の生産設備は埋没原価になる。

オ　モジュラー的な製品は、技術を持たない企業の参入可能性を高めるが、先発企業はシステム統合技術で先行するので、市場シェアには大きな影響を与えない。

平成27年度　第7問

製品アーキテクチャがモジュール化するにつれて、技術戦略は変わってくる。そのような変化がもたらす部品メーカーの状況や、部品メーカーの変化への対応に関する記述として、最も適切なものはどれか。

ア　製品サブシステムのインターフェースが標準化されるにつれて、部品メーカーは一定のデザインルールのもとで、独自に技術開発を進めることが可能になる。

イ　製品統合が容易になり、組立メーカーの製品が標準化されるにつれて、その収益が低下するので、部品メーカーも収益が悪化する。

ウ　製品のサブシステム間の関係が簡素になるので、部品メーカーは部品生産技術をめぐって、組立メーカーとの技術交流を緊密化することが重要になる。

エ　標準化された部品の生産プロセスにおける技術改良の余地がなくなり、価格競争が激化するので、部品メーカーの収益は悪化する。

オ　部品メーカーにとっては、自社固有の独自技術を梃子にして新規なモジュール部品を開発する必要性がなくなるので、これまで取引がなかった組立メーカーにも販路を広げることが重要になる。

IV イノベーションのマネジメント

平成21年度　第2問

　一般に企業はグローバル化するにつれて、海外でも研究開発活動を展開するようになる。このことについて説明する記述として、最も不適切なものはどれか。

ア　海外研究開発拠点の設置は、海外市場や海外生産への依存度が高くなると増える傾向が見られるが、進出先の研究開発力が劣っているとその傾向は弱まる。

イ　企業が海外研究開発拠点を設けるのは、技術移転、海外子会社の要請、現地の研究能力や技術の獲得などのためであるが、逆に国内で研究開発の規模の経済が大きい場合や技術ノウハウの保護を重視する場合、海外研究開発拠点の開設に消極的になりやすい。

ウ　国の差異を利用してグローバルに技術ノウハウを蓄積することによって、研究開発のグローバル・シナジーが実現される可能性が高い場合、海外研究開発拠点の設置が見られる。

エ　米国企業では既に1960年代に海外研究開発拠点の設立が見られるのに対して、日本企業のそれは1980年代に入ってから多くなるが、いずれも企業の海外進出が本格化したことと関連している。

オ　わが国では研究開発能力の低い産業分野に海外研究開発拠点を設ける例が増加しており、近年食品や繊維などの分野の中小企業が海外研究開発拠点を開設する傾向が強まっている。

平成30年度　第8問

　企業変革は、経営者にとって重要な戦略的課題である。企業におけるイノベーションと変革に関する記述として、最も適切なものはどれか。

ア　企業内起業家制度は、組織内で自律した位置づけと経営資源を与えられるベンチャー・チームを活用することがあり、イノベーションを生み出す企業家精神、哲学、組織構造を内部に発展させようとする試みである。

イ　企業の戦略的な優位を達成するために、製品・サービス、戦略と組織構造、組

486　第2部　テーマ別1次過去問集

織文化、技術の変革に取り組む必要があるが、これらの個々の変革は他と切り離して実行でき、各々の変革の結果は相互に独立的である。

ウ　製品イノベーションを戦略的に達成するには、水平的連携が必要となるが、水平的連携は、新製品にかかわる各々の部門が外部環境における関連する領域と卓越した連携を持つことである。

エ　製品イノベーションを戦略的に達成するには、バウンダリー・スパンニングが必要となるが、バウンダリー・スパンニングは、技術、マーケティング、生産の各担当者が、互いにアイデアや情報を共有することである。

オ　リエンジニアリングは、事業プロセスの急激な設計変更に対応し、プロセスよりも職務を重視した部門の専門化の取り組みであり、組織文化、組織構造、情報技術に対して逐次的変化を引き起こすため、従業員が不安や怒りで反応する場合がある。

令和2年度　第8問

　以下のA欄の①～④に示す新製品開発やイノベーションを推進するための取り組みと、B欄のa～dに示すこれらの取り組みに当てはまる名称の組み合わせとして、最も適切なものを下記の解答群から選べ。

【A　取り組みの内容】
① 新興国で開発された製品や技術を先進国に導入すること
② 新製品に関わる各部門が、外部環境における関連する領域と卓越した連携を持つこと
③ 製品の構造を分析し、動作原理、製造方法、設計図の仕様、ソースコードを調査し、学習すること
④ 職務よりもプロセスを重視した、事業プロセスの大きな設計変更を伴う職務横断的な取り組み

【B　取り組みの名称】
a　リバース・エンジニアリング
b　リエンジニアリング

問題編　**487**

c　バウンダリー・スパンニング

d　リバース・イノベーション

〔解答群〕

ア　①−a　　②−b　　③−c　　④−d

イ　①−a　　②−d　　③−c　　④−b

ウ　①−b　　②−d　　③−a　　④−c

エ　①−d　　②−c　　③−a　　④−b

オ　①−d　　②−c　　③−b　　④−a

令和元年度　第10問

社内ベンチャーに関する記述として、最も適切なものはどれか。

ア　社内ベンチャーは、新規事業に関する「学習装置」としての機能は果たせない
　　が、新規事業の推進と運営に必要な情報的資源を獲得して蓄積し、新規事業に挑
　　戦する心理的エネルギーを生み出す。

イ　社内ベンチャーは、新規事業の推進と運営について、本業や既存事業からの適
　　切な支援を得て、本業や既存事業の思考様式の枠組みの中で事業を推進するため
　　の組織である。

ウ　社内ベンチャーは、小さな独立企業のような運営を目的とするが、社内の他部
　　門の支援を得るために自律性よりも社内の意思決定プロセスとの整合性を重視す
　　る。

エ　社内ベンチャーは、プロジェクトチームやタスクフォースとして編成されるこ
　　とは少ないが、その運営ではハンズオフ型のベンチャーキャピタルに比べ、親企
　　業の関与の程度は低い。

オ　社内ベンチャーは、本業や既存事業の思考様式にとらわれない発想を生み出
　　し、本業や既存事業と異なった事業への進出や根本的に異質な製品開発を目的と
　　して設置されることが多い。

平成24年度 第8問

社内ベンチャーは、新事業の創造のために組織化されてきた。社内ベンチャーに関する記述として、<u>最も不適切なもの</u>はどれか。

ア　社内ベンチャーは、社内に独立性の高い集団を設けて小さな独立した企業のように運営させるが、新しい事業領域での学習のための装置としても適切な組織である。

イ　社内ベンチャーは、新事業の運営について自律感を高め、新事業の推進に必要な心理的エネルギーを生み出す組織としての役割を果たすことができる。

ウ　社内ベンチャーは、新事業の運営について、本業や既存事業からの過剰な介入や悪影響を排し、トップダウン型の思考様式から乖離した発想を生み出すことができる。

エ　社内ベンチャーは、ハンズオン型のベンチャーキャピタルに比べ、新事業に対して親企業の関与する程度は低くなる。

オ　社内ベンチャーは、本業や既存事業とは異なった事業分野への進出や根本的に異質な製品開発を目的として設置されることが多い。

平成25年度 第15問

企業間取引関係は、それぞれの企業の渉外担当者(boundary personnel)の行動によって担われている。この渉外担当者の役割に関する記述として、<u>最も不適切なものはどれか</u>。

ア　渉外担当者は、外部環境の情報に接することができるため、組織内の各部門に対し不確実性を削減する機能を持っており、しばしば組織変革にとって重要な誘導者となる。

イ　渉外担当者は、外部組織が自らの組織に対して影響力を行使する際にターゲットとなるため、それに対応するのに十分な交渉力を持つ必要がある。

ウ　渉外担当者は、外部組織との連結環としての役割を持つとともに、外部組織の脅威から自らの組織を防衛する境界維持的機能を果たしている。

エ　渉外担当者は、外部に対して組織を代表する顔であるため、組織内部の価値観

や規範、組織文化などからは自由に、外部組織の要請にあわせて臨機応変に行動しなければならない。

オ　渉外担当者は、組織内部でなされた組織的意思決定を、具体的な環境適応行動として実行する重要な役割を担っている。

Ⅴ　ベンチャー企業のイノベーション

平成**20**年度　第**7**問

　技術イノベーションと戦略の関係に関する記述として、最も不適切なものはどれか。

ア　開発時の技術が顧客の支持を受けるほど、その後の技術発展の方向が制約されやすく、技術分野が固定化されて企業の競争優位が失われていく。

イ　技術優位と市場ニーズが合致するとは限らないので、高機能の先端技術製品が技術的に劣る製品に敗れるという「ダーウィンの海」と呼ばれる現象がしばしば起こる。

ウ　自社技術の拡散スピードが速い場合、技術優位性は守りにくくなるが、先発者利得を獲得したり、累積生産量を大きくして製品の差別化を持続的に確立することができる。

エ　市場ニーズに適合的な技術に基づく製品は、企業の成長に貢献すればするほど、革新的な技術の製品が新しい市場を築き始めると、急速に市場を失うことがある。

オ　部門内に蓄積された大量の情報や暗黙知などは、技術部門と営業部門の交流を阻むので、市場ニーズから遊離した製品が開発されやすくなる。

平成26年度　第11問

　スタートアップ段階のベンチャー企業Ａ社は、将来の成長ステージについて段階を追って計画を立て、達成目標と時期を明確にしたマイルストーンの明示を真剣に考えている。同社は成果が出るまでに数年を要すると考えて、累積的なキャッシュフローはＪカーブ曲線を描くと予想し、それを経営の根幹に位置付けて計画を検討している。累積的なキャッシュフローが描くＪカーブ曲線に関する記述として、最も適切なものはどれか。

ア　新製品・サービスが意図した通りのプロセスで開発できるかどうかのリスクを示し、アイデアの創出から市場投入までの商業化段階での効果を指す。

イ　新製品・サービスが意図した通りのプロセスで開発できるかどうかのリスクを示し、市場投入前の先行投資であるサポートコストの影響を受ける。

ウ　新製品・サービスが顧客の望む数量や価格水準で受け入れられるかどうかのリスクを示し、市場投入後の再投資を含むスタートアップコストの影響も受ける。

エ　新製品・サービスの開発、生産、販売などを予想通り行えるかどうかのリスクを示し、商品の市場投入までの時間と量産までの時間の両方から影響を受ける。

平成27年度　第8問

次の文章を読んで、下記の設問に答えよ。

　技術開発型ベンチャー企業が自社開発の技術の成果を商品化していくプロセスは、いくつかの段階に分かれている。研究段階では研究開発チームなどでシーズを創出し、開発段階では研究から開発へと発想転換してマーケティングによる仕様の絞り込みで製品開発に取り組む。そのうえで、開発した製品を市場へ投入して事業化を成し遂げ、事業の拡大を意図した戦略をもとに生産・販売体制の確立を進めていく。しかし、段階を進めていく過程ではいくつかの障壁に直面し、その回避策を考える必要がある。研究段階から事業化に至るまでの障壁には、<u>基礎研究で開発されたシーズの社会的な有用性が識別しにくいことによる「デビルリバー（魔の川）」</u>、<u>①</u>
応用研究と製品開発の間で十分な資金や人材などの資源を調達できない「デスバレ

ー(死の谷)」があり、事業化を成し遂げた後にも、<u>市場で直面する激しい競争状況</u>
<u>を意味する「ダーウィンの海」</u>と呼ばれる障壁がある。

（設問1）

　文中の下線部①の「デビルリバー(魔の川)」と「デスバレー(死の谷)」に関する記
述として、最も適切なものはどれか。

ア　TLOなどを活用して大学の技術との連携を積極化するよりも、基礎技術や
　　高い要素技術を必要とする領域に踏み込んで自社技術の開発に注力することが
　　「デビルリバー」の回避につながる。
イ　技術シーズ志向の研究とニーズ志向の開発では、新たなシーズを絞り込む収
　　束型作業から大きなニーズを見つける発散型作業へ切り替えができなければ、
　　「デスバレー」を越えられずに資金的に行き詰まってしまう。
ウ　社内プロジェクトメンバーの担当を入れ替え、商品化や顧客マーケティング
　　に近いメンバーに権限を持たせることは「デスバレー」の回避につながる。
エ　所有している特許権や意匠権などの産業財産権のうち、一部の専用実施権を
　　第三者企業に付与するのを避けることで「デビルリバー」を超える時間の短縮に
　　つながる。

（設問2）

　文中の下線部②の「ダーウィンの海」を回避するための方策に関する記述とし
て、最も適切なものはどれか。

ア　研究開発段階で大手企業と共同開発をしていても、事業化以降はアライアン
　　スの解消を進める。
イ　生産と販売・アフターサービスを分離して独立させた体制の構築を進める。
ウ　生産に伴う原材料の支払いサイトと製品販売後の回収サイトの時間差を短縮
　　する。
エ　生産の外部委託を進め、製品企画と製品設計に注力する。

第6章 問題 企業の社会的責任とその他戦略論の知識

I 企業の社会的責任 (CSR)

平成30年度 第11問

　創業家とその一族によって所有、経営されるファミリービジネスの中小企業は多い。ファミリービジネスのシステムを、互いに重なり合う部分を持つ「オーナーシップ」「ビジネス」「ファミリー」の3つのサブシステムで表すスリー・サークル・モデルに関する記述として、<u>最も不適切なものはどれか</u>。

ア　スリー・サークル・モデルは、経営理念の核となる家訓の維持を重視するファミリービジネスに適用でき、ファミリービジネスの限界が何に起因するのかを知るなど、個々のファミリービジネスで異なる経営の問題解決に有用である。

イ　スリー・サークル・モデルは、直系血族の経営から従兄弟などを含む広い意味でのファミリービジネスへ変化していくようなファミリービジネスの時間による変化について、オーナーシップ、ビジネス、ファミリーの3次元から分類するモデルへと展開できる。

ウ　スリー・サークル・モデルは、ファミリービジネスの3つのサブシステムに対する利害関係者の関わり方を表し、ファミリービジネスの中小企業に関わるすべての個人は、自らを3つのサブシステムの組み合わせからなるセクターのいずれか1つに位置づけて問題解決に関わる。

エ　スリー・サークル・モデルは、ファミリービジネスの合理的経営のための戦略計画とファミリー固有のビジョンや目標との間の適合を図り、コンフリクト回避のためにファミリーメンバーの継続的関与と戦略を並行的に計画させるモデルである。

オ　スリー・サークル・モデルは、ファミリービジネスの中小企業に内在する複雑な相互作用の分析の助けとなり、企業内外の人間関係における対立、役割上の困難な問題を理解する際に、それらが何に起因するのかを知るのに役立つ。

問題編　**493**

平成25年度　第19問

　今日、雇用者である専門経営者や管理者が様々な理由で企業を支配するようになり、経営者の独走を制するためのガバナンスが求められるようになっている。専門経営者や管理者による企業の支配に関する記述として、<u>最も不適切なものはどれか</u>。

ア　株価による経営評価が行き過ぎることで、CSR が果たしにくくなった。

イ　企業規模の拡大に伴う株式の分散によって、経営者が企業の法的所有者である株主から直接的な影響を受けにくくなった。

ウ　企業で使用される技術の高度化によって、技術者集団ないし専門家に対する依存が大きくなった。

エ　様々な生産技術に精通する管理者が、企業全体の生産プロセスに対して大きな影響力を持つようになった。

オ　新製品やサービスを市場に提供し、競争を通じて利潤を追求する企業家的な行動が一般的なものとなった。

II　その他戦略論に関する事項

平成30年度　第7問

　部品の開発や生産をめぐる完成品メーカーと部品メーカーの取引関係は多様である。そのような取引関係に関する記述として、最も適切なものはどれか。

ア　委託図方式では、部品メーカーが部品の詳細設計を行うので、図面の所有権は部品メーカーに帰属し、部品の品質保証責任は完成品メーカーが負うことになる。

イ　承認図方式では、発注側が準備した部品の詳細設計に基づいて製造できる能力やコストを評価して部品外注先が選ばれる。

ウ　承認図方式や委託図方式では、部品メーカーには製造能力ばかりでなく設計開発能力が要求される。

494　第2部　テーマ別1次過去問集

エ　貸与図方式では、発注側が提示した部品の基本的な要求仕様に対して、部品
　　メーカーは部品の詳細設計を行い、部品を試作し性能評価をすることになる。

オ　デザインインでは、部品メーカーは当該部品の開発段階の参加と発注側作成の
　　詳細設計に基づく生産能力が求められるが、設計の外注が発生しないのでコスト
　　負担は軽減される。

第7章 問題 組織論の基礎と環境に組み込まれた組織

I 組織論の基礎

平成24年度 第14問

　組織が成立・存続していくためには、その協働体系が有効かつ能率的に機能する条件がある。この条件を明らかにした「組織均衡（organizational equilibrium）」の考え方には、5つの中心的公準がある。

　この中心的公準に関する記述として、<u>最も不適切なものはどれか</u>。

ア　貢献が十分にあって、その貢献を引き出すのに足りるほどの量の誘因を提供しているかぎりにおいてのみ、組織は「支払い能力がある」すなわち存続する。

イ　参加者それぞれ、および参加者の集団それぞれは、組織から誘因を受け、その見返りとして組織に対する貢献を行う。

ウ　参加者のさまざまな集団によって提供される貢献が、組織が参加者に提供する誘因を作り出す源泉である。

エ　組織は、組織の参加者と呼ばれる多くの人々の相互に関連した社会的行動の体系である。

オ　それぞれの参加者は、提供される誘因と要求されている貢献の差し引き超過分が正の場合にだけ、組織への参加を続ける。

令和元年度 第3問

　次の文中の空欄A～Dに入る用語の組み合わせとして、最も適切なものを下記の解答群から選べ。

　アンゾフは、環境変化が激しく、企業が決定すべき選択肢の評価基準も与えられていない高度に不確実な状況を、　A　という概念で捉え、　A　の状況下において、企業が取り組むべき問題を確定させ、その問題解決の方向性を探求することを経営戦略論の固有の課題と示した。

　その上で、企業が行っている意思決定を、　B　的意思決定、　C　的

意思決定、そして D 的意思決定に分類した。 B 的意思決定は、現行の業務の収益性の最大化を目的とするもの、 C 的意思決定は、最大の業績が生み出せるように企業の資源を組織化するもの、 D 的意思決定は、将来どのような業種に進出すべきかなどに関するものである。

〔解答群〕

ア　A：非対称情報　　B：業務　　C：組織　　D：戦略

イ　A：非対称情報　　B：日常　　C：管理　　D：計画

ウ　A：非対称情報　　B：日常　　C：組織　　D：長期

エ　A：部分的無知　　B：業務　　C：管理　　D：戦略

オ　A：部分的無知　　B：業務　　C：戦略　　D：長期

第7章 問題

令和2年度　第2問

H．I．アンゾフは、経営戦略の考察に当たって、戦略的意思決定、管理的意思決定、業務的意思決定の3つのカテゴリーを基軸として、企業における意思決定を論じている。

それぞれの意思決定に関する記述として、最も適切なものはどれか。

ア　管理的意思決定とは、最大の成果を引き出すための経営資源の組織化に関わる意思決定である。

イ　企業の多角化戦略は、管理的意思決定における主要な決定事項の1つである。

ウ　戦略的意思決定の対象となる問題は、事業活動を通じて生じることから、トップ・マネジメントが意識的に関心を寄せなくても、自ら明らかになる。

エ　戦略的意思決定は、企業外部の問題よりも、むしろ企業内部の問題と主に関わっている。

オ　戦略的意思決定は、企業における資源配分を中心としており、固定資産や機械設備など企業内部の資産に対する投資の意思決定と同じである。

問題編　**497**

II 環境に組み込まれた組織

平成19年度 第14問

　企業組織の境界の決定要因の一つに取引コスト（transaction cost）がある。取引コストと境界の決定に関する記述として最も適切なものはどれか。

ア　当該企業に特有の知識などを必要とする特異性が高い職務についての労働力市場は、内部化したほうが労使間の情報の非対称性が大きくなるため、取引コストを低くすることができる。

イ　当該部品を供給できる企業の数が少ない場合には、市場メカニズムを通じて取引すると取引相手が機会主義的に行動できる余地が少なくなるので、内部化したほうが取引コストを低くすることができる。

ウ　取引主体の合理性の限界を超える複雑な職務の場合、組織に内部化するよりも、市場メカニズムを通じて調達したほうが取引コストが低くなる。

エ　内部労働市場では組織が個人を評価する能力が高くなるので、個人の機会主義的な行動を抑制し、取引コストを低く抑えることができる。

平成25年度 第11問

　企業組織を設計するには、市場環境の変化、技術革新の速度、生産システムや職務特性、部門間関係など様々な変数に配慮しなければならない。組織設計に関する記述として、最も適切なものはどれか。

ア　航空会社などのサービス技術は、顧客に対する無形のアウトプットを迅速に提供することが求められるため、ルーティン化することは困難で、サービス現場での対人スキルが重視される。

イ　自動車組立てラインのように、部門間を業務が一方向的に流れて行く関係にある場合には、手順の規則化や事前の計画が重要で、部門間調整は上からのコミュニケーションが有効である。

ウ　熟練技術を要する職務は、戦略立案ほど非ルーティン化の程度は高くないため、公式のトレーニングや文書化したマニュアルが重視される。

498　第2部　テーマ別1次過去問集

エ　新製品開発などの補完的相互作用が必要な部門では、機能横断的なチームや非公式の対面的コミュニケーションが重視される。

オ　特定の注文品顧客を対象とした小バッチ生産システムでは、機械的マネジメントシステムが適している。

平成23年度　第19問

　企業はその生存にとって必要な資源を、外部環境を構成する他の組織に依存しているために、そうしたステイクホルダーからのコントロールを受け入れる必要があるという「資源依存モデル」がある。

　資源依存モデルに関する以下の設問に答えよ。

（設問1）

　資源依存モデルによれば、環境の構造的特徴によって、焦点組織が直面する不確実性は異なってくるという。このことに関する記述として最も適切なものはどれか。

ア　組織間相互依存度が高くても、重要な資源が豊かにある場合、組織間コンフリクトの可能性は低くなるため、焦点組織が直面する不確実性は低くなる。

イ　組織間で権力の集中度が高くなると、組織間コンフリクトの可能性が高くなるため、焦点組織が直面する不確実性は高くなる。

ウ　組織間で権力の集中度が低くなると、組織間の相互依存度が高くなり、組織間コンフリクトの可能性が高くなるため、焦点組織が直面する不確実性は高くなる。

エ　組織間の連結の度合いが高く、組織間で権力の集中度が低い場合、組織間コンフリクトの可能性が低くなるため、焦点組織が直面する不確実性は低くなる。

オ　組織間の連結の度合いが高いと、組織間の相互依存度が高くなり、組織間コンフリクトの可能性が低くなるため、焦点組織が直面する不確実性は低くなる。

問題編　**499**

（設問2）

　　資源依存モデルによれば、環境コンテキストは、組織の行動や構造の変化、経営者の継承や交代、組織内の権力関係の変化などをもたらすという。このことに関する記述として最も適切なものはどれか。

ア　環境コンテキストが組織内の権力関係に影響を与えることを通じて、誰が経営者として選任されるかに影響を与え、組織の行動や構造の変化をもたらし、その結果、環境コンテキストに変化を与えようとする。

イ　環境コンテキストが組織内の権力関係に影響を与え、組織の行動や構造の変化をもたらすので、誰が経営者として選任されるかを決めることを通じて、その結果、環境コンテキストに変化を与えようとする。

ウ　環境コンテキストが組織の行動や構造の変化をもたらし、組織内の権力関係に影響を与えることを通じて、誰が経営者として選任されるかに影響を与え、その結果、環境コンテキストに変化を与えようとする。

エ　環境コンテキストが誰が経営者として選任されるかに影響を与えることを通じて、組織内の権力関係に影響を与え、組織の行動や構造の変化をもたらし、その結果、環境コンテキストに変化を与えようとする。

オ　環境コンテキストが誰が経営者として選任されるかに影響を与えることを通じて、組織の行動や構造の変化をもたらし、組織内の権力関係に影響を与え、その結果、環境コンテキストに変化を与えようとする。

平成24年度　第9問

　　アライアンスやアウトソーシングに関する次の文章を読んで、下記の設問に答えよ。

　　企業を取り巻く環境は、グローバル化や先端技術の開発の進展などに伴って、かつてない要因をはらみながら激しく変化している。このような環境の変化に対応すべく、企業は他の企業や関係機関と連携を模索することが多くなり、戦略的にアライアンスを組む事例も報道されるようになっている。しかし、アライアンスが意図した成果を実現するには、相手をどう選ぶかにも増して、<u>アライアンスのマネジメントが重要である</u>ことを見落としてはならない。

　　他方、市場を通じて業務の外部化を図るというアウトソーシングも頻繁に実施さ

500　第2部　テーマ別1次過去問集

れるようになった。何をアウトソーシングするかの検討は慎重でなければならない
が、委託者と受託者の関係についても注意しておくべきであることは指摘するまで
②
もない。

（設問１）

　文中の下線部①のアライアンスのマネジメントとして最も適切なものはどれ
か。

ア　相手を上回る出資比率を維持して、意思決定の権限を確保することに留意し
　　て、それができない場合はアライアンスを見送るようにしなければならない。

イ　互いに連携によって得られる便益とそのために必要な費用を計算すると、信
　　頼が醸成されなくなるので、アライアンスは期待した効果を生みにくくなるこ
　　とに注意しなければならない。

ウ　提携企業間の人事施策、組織の特性、経営上の価値観などの社風の違いは、
　　相手企業を吸収合併して価値観の一体化を促すことによってしか克服できない
　　ことに注意しておくべきである。

エ　連携が長くなるにつれて互いに心が通い合い信頼が醸成されやすいが、その
　　ことによって取り引きの経済評価が甘くならないように注意しなければならな
　　い。

オ　連携の中身やお互いの能力について理解しあうことは重要であるが、手の内
　　を見せすぎることになるので、関係が深くなることは避けなければならない。

（設問２）

　文中の下線部②のアウトソーシングを戦略的に展開する際に注意すべき点に関
する記述として、最も不適切なものはどれか。

ア　アウトソーシングの受託者が多くなるにつれて、利害関係や連携方式が複雑
　　になるので、アウトソーシングの調整を担当する部署を設けて機敏な対応を確
　　保するべきである。

イ　アウトソーシングの主たる目的である相乗効果や新規事業の創造に結びつく
　　には、実務レベルでの密な意見交換や共同事業を推進するべきである。

ウ　自社能力の強化に振り向ける資金とアウトソーシングに伴う費用の負担と便
　　益を比較することで、アウトソーシングに踏み切るかどうかの判断をするべき

問題編　　**501**

である。

エ　受託者の能力不足や非協力的な態度が判明した場合、アウトソーシングの解消や違約による損害賠償を視野に入れてアライアンスの解消を検討するべきである。

オ　独自な能力をもつ受託者からは、共同事業を通じてその能力を学ぶ姿勢をもつように連携関係を強化するべきである。

平成25年度　第7問

完成品メーカーと部品メーカーの取引関係に関する次の文章を読んで、下記の設問に答えよ。

完成品メーカーと部品メーカーとの取引関係は、両社が属する業界の競争状況や①為替相場などの影響を受けながら複雑に変化している。完成品メーカーがこれまでの取引関係を見直して、新たな部品メーカーとの取引を検討したり、あるいは完成品メーカーが外部に発注していた部品を内製化することは頻繁に起こることである。このような取引関係の変化に対応して、部品メーカーは完成品メーカーに対し②て様々な手を打つことになる。

（設問1）

文中の下線部①に関する記述として、最も適切なものはどれか。

ア　ある部品の発注先を分散することによって、特定の部品メーカーから大量に調達する場合よりも、部品メーカー1社当たりの生産負担が軽減され、部品コストが低下する。

イ　外注する部品について発注先を多様化して競わせることによって、部品メーカーの忠誠心を高め、納入部品の価格を低く抑えることができる。

ウ　業界共通の汎用部品の場合、専門部品メーカー数社に発注を集約すれば、そのメーカーに独自能力が蓄積され、完成品メーカーの交渉力が低下する。

エ　重要な部品について、完成品メーカーが発注先の部品メーカーを増やせば、調達部品の発注明細の標準化や取引条件の単純化が進み、調達の管理コストが下がる。

502　第2部　テーマ別1次過去問集

オ　重要な部品については複数の会社に分散発注することで、部品メーカーの競争による品質の向上が期待でき、不測の事態による供給不足にも対応できる。

（設問2）

文中の下線部②に関する記述として、最も適切なものはどれか。

ア　完成品メーカーからの受注量を拡大して、現行の技術に依拠した生産の範囲の経済を発揮して、完成品メーカーへの交渉力を高める。

イ　完成品メーカー向けの部品の特殊な生産設備への投資によって、部品の値下げ圧力や取引先の切り替えに対抗する。

ウ　系列部品メーカーの場合、自社の生産技術やノウハウをブラックボックス化して、完成品メーカーの製品開発に積極的に参加する機会を増やす。

エ　自社の特殊な生産設備による部品が完成品の性能・機能にとって不可欠な役割を果たす場合、その生産能力増強については完成品メーカーからの投資負担を求めることができる。

オ　部品メーカーは、自社の設計による部品の生産納入を図る貸与図方式への転換を図ることで、継続的な取引を確保できるようになる。

令和元年度　第19問

現代の企業は、規模の大小にかかわりなく、さまざまなステイクホルダーの社会的ネットワークの中に埋め込まれている。企業は利害の異なるこうしたステイクホルダーから正当性を獲得するために、ステイクホルダーと協調戦略を採る場合がある。

以下のa～dの行動について、こうした協調戦略に関する記述の正誤の組み合わせとして、最も適切なものを下記の解答群から選べ。

a　企業とステイクホルダーとの間の資源交換をめぐって協定を締結すること。

b　ステイクホルダーの代表を、企業の一員として政策決定機関に参加させること。

c　組織間の共通目標を達成するために、複数の組織が資源やリスクを共有しながら、共同事業を行うこと。

問題編　503

d 特定の目標を達成するために、複数の組織間で、公式の調整機関を設置すること。

〔解答群〕

ア a：正　　b：正　　c：正　　d：正

イ a：正　　b：正　　c：正　　d：誤

ウ a：誤　　b：正　　c：誤　　d：誤

エ a：誤　　b：誤　　c：正　　d：正

オ a：誤　　b：誤　　c：誤　　d：正

第8章 問題 組織構造と組織文化

Ⅰ 組織構造と組織デザイン

平成23年度 第12問

　企業組織は、一般に分業と協業のシステムとして階層性という特徴を持っている。この組織編成に関する記述として最も適切なものはどれか。

ア　イノベーションを目的とした組織においては指揮命令系統の一元性が確保されていなければならないので、階層組織よりはグループ型のフラットな組織が望ましい。

イ　管理者の職務に関する事業の範囲やタイムスパンの責任に応じて、組織は階層を設計する必要がある。

ウ　組織における職務の公式化を進めることによって、管理者の統制範囲(span of control)は狭くなるので、階層数は増える傾向にある。

エ　組織の階層を構成する中間管理職の職務について、責任と権限が公式に一致しなければならない。

オ　不確実性が高い環境下では、分権化を進めるため、階層のないフラットな構造にすることが望ましい。

平成26年度 第14問

　有効な組織デザインには、適切なコントロール・システムを組み込むことが不可欠である。組織のコントロール・システムに関する記述として、最も適切なものはどれか。

ア　官僚主義的なコントロールとは、規則や基準、階層構造や合法的権威にもとづき、業務遂行のプロセス中での組織メンバーの行動を統制することをいう。

イ　クラン・コントロール(clan control)は、組織文化や帰属意識、伝統などの社会的特性を利用して行動をコントロールすることで、不確実性が高く変化が速い環境で重要になる。

問題編　**505**

ウ　市場コントロールは、組織内部の部門のコントロールには利用できないが、市場における価格競争が組織の生産量や生産性を評価する時に有効である。

エ　予算管理システムや事業部門の目標管理に基づく管理者の報酬システムは、市場コントロールの有効なサブシステムである。

オ　リーダーが従業員の知識や裁量を行使する範囲を明確に設定できない場合には、従業員自身に自己目標を設定させ、自らの成果を監視させる自律的コントロールが有効である。

平成**27**度　第**17**問

職務再設計とは、職務を通じた動機づけを目的とした管理方法の総称であるが、その方法のひとつである職務拡大に関する記述として、最も適切なものはどれか。

ア　新たな上司や同僚との調整コストが発生するというデメリットがある。

イ　個人が行うタスクの数や種類を増やし、職務に多様性を持たせる。

ウ　仕事のやりがいが感じられなくなった場合、同一レベルで同様のスキルを要する職務に配置換えを行う。

エ　職務の計画、実施、評価を、自分自身で管理できるようにする。

オ　複数の職務を横断させることでスキルの拡張を図る。

平成**22**年度　第**13**問

あなたがコンサルタントとしてアドバイスしている家庭用品メーカーＡ社には、以下のような特徴がある。これを読んで下記の設問に答えよ。

Ａ社は40年の歴史があり、主力事業は既に成熟期に入っていて、その事業を展開する部門では安定的な利益率を確保していた。社員は部品レベルでの品質改善に取り組んでおり、皆忙しいと言っているが、市場シェアはほとんど変わらない。全体的に現状に満足している社員が多く、職場は比較的和気あいあいとしている。

社長が主力事業部の従業員を活性化しようと、工場やマーケティング部門に権限を委譲し、生産コストや市場シェアによって評価する人事管理システムを導入した。しかし、その結果、市場シェアは増大したが、歩留りが悪化し、利益率は低下
①
してしまった。

その一方で、トップマネジメントは新規事業に対して積極的に取り組むことを指
示したが、部門管理者たちは最初は綿密な計画を立てるものの、実行段階になると
業務がスムーズに運ばなくなり、いつのまにか撤退を余儀なくされてしまうことを
繰り返してきた。

（設問1）

　文中の下線部①のような結果は、なぜ生まれたのか。考えられうる可能性とし
て最も適切なものを選べ。

ア　この事業部が扱う家庭用品市場がすでに成熟しており、価格競争でしかシェ
　ア拡大が難しくなっていたため、コスト削減をトップが指示した可能性がある
　から。

イ　事業部によって異なる目標管理制度が導入されたため、当該事業部の従業員
　が公平性を欠くと認識しこれに反発した可能性があるから。

ウ　市場シェア目標やコスト管理目標が、事業部の投資利益率目標とは連携して
　いても、Ａ社全体の利益率目標と合理的に連携していなかった可能性があるか
　ら。

エ　市場シェア目標を達成するために、マーケティング部門は価格を低く設定
　し、その結果、販売数量が増加し、生産部門はコスト管理を徹底したために品
　質を犠牲にすることになった可能性があるから。

オ　市場シェアや生産コスト管理のような、成果主義による管理方針に対して、
　従業員が反発した可能性があるから。

（設問2）

　Ａ社が下線部②のような組織になってしまう理由として考えられうる可能性と
して、最も不適切なものはどれか。

ア　従業員の間で意思決定権限が細分化されており、多くの管理者の同意を得な
　ければならない可能性があるから。

イ　従業員の業績評価システムが、ミスや失敗による減点方式になっている可能
　性があるから。

ウ　従業員の職務と責任・権限が、会社の利益と関係づけて理解されていない可
　能性があるから。

エ　主力事業部の規模や資産等のスラックが大きく、従業員が市場における変化
　や競争圧力を感じにくくなっている可能性があるから。

問題編　　507

オ　新規事業開発についてミドルマネジメントに十分な権限を委譲していないた
め、彼らの知識創造力を十分活用できていない可能性があるから。

（設問 3 ）

　A社の組織全体が抱えている問題点を改善する方策として、最も適切なものは
どれか。

ア　市場の動向に関する情報をもつ現場の従業員に権限を与え、ボトムアップで
変革案を作成させる。
イ　従業員に業績連動型の報酬制度を導入し、企業の利益と職務の関係を明確に
する。
ウ　中間管理職に権限を委譲し、彼らの自主性を重視したチーム運営ができるよ
うにする。
エ　中間管理職を横断する組織を作って、合議による変革プランを作成させる。
オ　トップマネジメントによる方針決定と執行担当管理者の意思決定権限の所在
を明確に定義する。

平成25年度　第14問

　企業は成長することによって、複数の製品やサービスを提供する事業部など、専
門化された複数の組織単位からなる複合組織になっていくことが知られている。複
合組織となった企業が、環境変化に対して組織的に適応するために必要な行動とし
て、最も不適切なものはどれか。

ア　環境分析に専門部署を割り当て、変化の渦中でも持続可能な長期的戦略計画を
立てさせる。
イ　既存の事業部に戦略的な重点課題の遂行を割り当て、責任を持って取り組ませ
る。
ウ　通常業務と新たな利益を創出する業務のための予算計画を分けることによっ
て、常に環境変化に反応できるような組織体制と組織文化を醸成する。
エ　複合組織の経営者は、専門化された組織間の調整を通じて、企業の環境適応を
図る。

平成20年度 第11問

　企業の規模や経営戦略、環境条件などさまざまな要因によって、組織が処理すべき情報の量や質が異なるため、それに応じて機能別部門組織(functional organization)、事業部制組織(divisional organization)、マトリックス組織 (matrix organization)など、異なる組織構造をデザインする必要がある。これに関して、下記の設問に答えよ。

（設問1）

　機能別部門組織に関する記述として、最も適切なものはどれか。

ア　機能別部門組織では、各機能部門が専門機能を基礎に編成されているため、全社的なコントロールを担当する次世代のトップマネジメントを養成することが難しい。

イ　機能別部門組織では、高度な分権化が進展しているため、トップマネジメントへの集権化の程度は低い。

ウ　機能別部門組織では、それぞれの部門が異なる機能を担当しているため、変化する環境でも部門間コンフリクトが発生する可能性は低い。

エ　機能別部門組織の利点は、機能部門ごとの専門化の利益を最大限に発揮できる点にあり、その分、規模の経済は犠牲になる。

オ　機能別部門組織は、単一製品−市場分野に進出している企業に採用される傾向が高く、あまり大規模な操業には適さない。

（設問2）

　事業部制組織に関する記述として、最も適切なものはどれか。

ア　事業部制組織では、各事業部は独立採算のプロフィットセンターとして管理されるために、複数の事業部にまたがる統合的な製品の開発などは遅れがちになる。

イ　事業部制組織では、各事業部を評価する統一的な基準がないために、本社機構のオーバーヘッドコストが高くなる傾向がある。

問題編　**509**

ウ　事業部制組織では、本社と事業部の間に擬似的な資本市場が存在することに
なり、一般に各事業部の限界利益率に応じて予算配分が行われる。

エ　事業部制組織は、複数の製品－市場分野に進出している企業で採用される傾
向が高く、事業部間の高度な連携をとることが容易になる。

オ　事業部制組織は、本社の情報処理負担が軽減されるとともに、事業戦略に関
する権限が本社に集中するために、事業部の再編成や既存事業の融合を通じた
新規事業を創造しやすくなる。

（設問3）

機能部門－事業部門からなる恒常的なマトリックス組織に関する記述として、
最も適切なものはどれか。

ア　マトリックス組織が有効に機能するためには、複数の命令系統に柔軟に対応
し、コンフリクトを創造的に解決する組織文化の裏付けが必要である。

イ　マトリックス組織では、機能マネジャーと事業マネジャーが同じ内容の権限
を持つので、従業員は2人の上司の管理下におかれ高いストレスを感じる。

ウ　マトリックス組織では、主要な権限を委譲された事業マネジャーと機能マネ
ジャーのコンフリクトが発生しやすいので、トップマネジメントの情報処理負
担は大きくなる。

エ　マトリックス組織は、環境変化の速い複数の非関連事業に多角化した企業
が、複数の事業部にまたがる横断的調整機能を導入したものである。

オ　マトリックス組織は、現場での事業感覚が重要である組織に導入すると事業
活動を制約してしまうため、主に本社機構に導入される傾向がある。

平成25年度　第12問

組織の中では、個人個人の努力の総和より大きい業績を達成するために、しばし
ばチーム活動が利用される。チーム活動に関する記述として、最も適切なものはど
れか。

ア　ある業務を個人よりもチームが担った方が良いのは、不確実性が低く、個人の

目標を超えた共通目標が必要なほど業務が複雑な場合である。

イ　チームの業績を高めるためには、異なるパーソナリティのメンバーが参加することが望ましく、チームに対する忠誠心が高いメンバーと低いメンバーが適切に組み合わされることが必要である。

ウ　チームのメンバーに対する金銭的報酬システムとして個人別業績評価を採用すると、チームの成果よりも個人の成果を優先してしまうため、チームメンバーに平等な固定給の報酬システムが、チームの業績を高める。

エ　チームレベルのアカウンタビリティを明確にし、チームメンバーがフリーライドする可能性を避けるためには、個人レベルのアカウンタビリティを明確にする必要がある。

オ　チームを効果的に管理するためには、個人間のコンフリクトをなくすように、各メンバーの役割は相互独立に設計し、相互依存度を最小限に抑える必要がある。

II　組織文化

平成**22**年度　第**17**問

　ある程度歴史を持った企業同士が、買収や合併をうまく遂行して高い成果に結びつけていくためには、事前にそれぞれの企業の組織文化、観察可能な人工物や標榜されている価値観レベルだけでなく、とくに暗黙に共有された仮定レベルの文化を明らかにしておく必要がある。このような組織文化を明らかにする方法として、最も適切なものはどれか。

ア　社員によるグループを構成し、そのメンバーたちに率直に組織文化について語りあってもらう。

イ　組織メンバー全員を対象に、どのような価値観を標榜しているかについて、質問紙調査法による調査を行う。

ウ　その企業で重要な役割を果たしている個人に、どのような組織文化を持っていると思うかインタビューする。

エ　その企業の具体的な問題解決の場面に、外部のファシリテータを介入させ、メ

ンバーが暗黙のうちに前提としている考え方を自ら気づくようにする。

平成24年度 第13問

小集団におけるコミュニケーションネットワークとして、以下の3つの型を仮定する。

これらのネットワークの型は、小集団における合意された意思決定への到達速度、伝達の正確さ、リーダーが出現する可能性、メンバーの満足度などに与える効果に差異がある。これらの比較に関する記述として最も適切なものを下記の解答群から選べ。

(A) チェーン型

(B) ホイール型

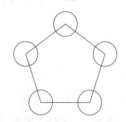

(C) 全チャネル型

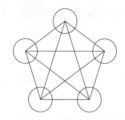

〔解答群〕

ア　3つの型のうち、全チャネル型のコミュニケーションネットワークが、意思決定への到達速度は最も速く、伝達の正確性は中程度である。また、リーダーが出現する可能性は最も低いが、メンバーの満足度は最も高い。

イ　3つの型のうち、チェーン型のコミュニケーションネットワークが、意思決定への到達速度は中程度だが、伝達の正確性は最も高い。また、リーダーが出現する可能性は最も高く、メンバーの満足度は最も低い。

ウ　3つの型のうち、チェーン型のコミュニケーションネットワークが、意思決定への到達速度は最も速いが、伝達の正確性は最も低い。また、リーダーが出現する可能性は中程度で、メンバーの満足度は最も高い。

エ　3つの型のうち、ホイール型のコミュニケーションネットワークが、意思決定への到達速度は最も速いが、伝達の正確性は最も低い。また、リーダーが出現する可能性は中程度で、メンバーの満足度は最も高い。

オ　3つの型のうち、ホイール型のコミュニケーションネットワークが、意思決定への到達速度は最も速く伝達の正確性は最も高い。また、リーダーが出現する可能性は中程度で、メンバーの満足度は最も低い。

平成19年度　第13問

次の文章を読んで、下記の設問に答えよ。

経営組織において集団は、個人が直接帰属意識を感じる準拠枠を提供するとともに、社会的欲求を充足する基本的単位として重要な役割を果たしている。集団圧力は参加者に同調行動を促すため、集団のリーダーは集団規範の形成や組織文化の形成に大きな影響を与える。役割や規則がとかく重視される公式組織に、価値を注入して活性化するリーダーシップの機能は、□□□□□といわれる。

（設問1）

　文中の下線部①の集団のダイナミクスに関する記述として最も適切なものはどれか。

ア　集団圧力が強く作用する非公式集団が多いほど、上位の公式組織の目標達成度は高くなる。

イ　集団圧力の強さは、その集団が個人にとっての環境をコントロールできる範囲が拡大するにつれて小さくなる。

ウ　集団に対する外部からの脅威は、集団の凝集性を高め、個人が集団の価値と

問題編　**513**

一体化する可能性を高める。

エ　集団の規模が大きいほど、その集団の組織内での威信が高くなるから、個人が集団の価値と一体化する度合いは強くなる。

（設問2）

文中の下線部②に関する記述として最も適切なものはどれか。

ア　集団の規模が大きくなると、個人の努力と集団の成果の関係が明確になるため、「ただ乗り」するメンバーが出てくる可能性は高くなる。

イ　集団の規模が大きくなるほど、またメンバーが経験を共有する期間が長いほど、集団の凝集性も高くなる。

ウ　集団の凝集性が高くなるほど、生産性も向上する。

エ　集団のメンバーがコンセンサスを重視しすぎると、「グループシンク(group think)」と呼ばれる現象に陥る可能性が高まる。

オ　同質性の高い集団の方が、個人の場合よりも、よりリスクの低い意思決定を行う傾向がある、このことを「グループシフト(group shift)」という。

（設問3）

文中の空欄に入る言葉として最も適切なものはどれか。

ア　温情型リーダーシップ

イ　権威主義的リーダーシップ

ウ　参加型リーダーシップ

エ　制度的リーダーシップ

オ　リーダーの連結ピン機能

平成29年度 第19問

　組織メンバーに共有された価値観や信念など、目に見えない基本的仮定に対処するためには、具体的な組織文化の類型についての知識が必要となる。組織文化の特徴と管理者に求められるリーダーシップに関する記述として、<u>最も不適切なものはどれか</u>。

ア　安定性と予測可能性を重視するハイアラーキー文化では、信頼性の高い製品やサービスを提供するために、規則や手続きを遵守するリーダーシップが求められる。

イ　企業を親しい仲間達の集まりのようなものと見なすクラン文化では、自らの経営理念を組織内部に浸透させ、従業員に共有された強い価値観を作り出すために、さまざまな社会化研修を行うなど教育者としての強いリーダーシップが求められる。

ウ　競争環境への対応を優先するマーケット文化では、規則や手続きなどの組織内プロセスよりも、市場シェアの向上などの結果を重視し、現実主義的なリーダーシップが求められる。

エ　変化する環境下で直面する課題に即興的に対応するアドホクラシー文化では、イノベーションと創造性が重視され、リスクを進んで取っていこうとする企業家的なリーダーシップが求められる。

第**9**章 問題 モチベーションとリーダーシップ

I キャリアマネジメント

平成**23**年度 第**15**問

優れた人材を採用し、定着率を高め、能力を高めるには、キャリア開発プログラムを充実させておく必要がある。キャリア開発プログラムに関する記述として最も適切なものはどれか。

ア キャリア開発の公平性を期すために、直属の上司による評価ではなく、人事部のような中立的機関が客観的評価基準を用意する必要がある。

イ キャリア開発プログラムは人事部のようなスタッフ部門ではなく、ラインの管理者の責任において策定される必要がある。

ウ キャリア開発は、組織階層を昇進することだけでなく、よりチャレンジングで魅力的なプロジェクトに参加させることを通じてなされる。

エ 経営戦略や事業計画は頻繁に変化するので、キャリア開発プログラムはそうした計画とは独立に長期的視点から設計しなければならない。

オ キャリア開発プログラムにおけるメンタリングでは、メンターがプライバシーに十分配慮し、自身の職務経験を基礎にした公式のアドバイスをするよう訓練される必要がある。

平成**29**年度 第**18**問

働き方の多様化とともに、個人にとっての働く意味や価値を問うキャリア概念の重要性が増している。D. スーパーらによるキャリアに関する命題として、最も不適切なものはどれか。

ア キャリア発達とは、職業的自己概念を発達させていくプロセスである。

イ 職業的自己概念は、私生活の満足やパーソナリティとは独立に構成される。

ウ 職務満足は、職業的自己概念を適切に表現する場を見つける程度によって決まってくる。

エ　人の職業に対する好みや能力は、時間や経験とともに変化し、職業的自己概念
として社会的に学習されていく。

オ　人はそれぞれ異なるパーソナリティを持っている一方で、職業に必要とされる
能力とパーソナリティには独自のパターンがある。

II　モチベーション

平成**29**年度　第**16**問

モチベーション理論に関する記述として、最も適切なものはどれか。

ア　A. マズローの欲求段階説は、多様な欲求が同時に満たされることによって、
個人のモチベーションが階層的に強まっていくことを提唱した。

イ　D. マクレガーのX理論とY理論は、個人は肯定的側面と否定的側面の両面
を併せ持つことを示し、状況に応じてモチベーションを刺激する組み合わせを変
化させる必要性があることを提唱した。

ウ　D. マクレランドの三欲求理論によれば、報酬や社会的な成功よりも個人的な
達成感を強く求める人は、自分の能力を超えたチャレンジングな仕事を好み、他
者と親和的な関係を結ぶリーダーになろうとする傾向を持つことを提唱した。

エ　F. ハーズバーグの二要因理論では、従業員が不満足を知覚する衛生要因と、
満足を知覚する動機づけ要因を独立した要因として捉え、必ずしも不満足を解消
せずとも、モチベーションを高めることができることを提唱した。

オ　V. ブルームの期待理論によれば、モチベーションは将来に対する合理的な計
算として捉えられ、特定の努力によって実現される目標の期待値と、目標を実現
することによって得られる報酬の期待値の総和として把握できることを提唱し
た。

| 平成**25**年度 | 第**16**問 |

次の文章を読んで、下記の設問に答えよ。

　C社の研究開発部門で働く研究員は、公式に仕事として与えられた研究開発テーマ以外にも、自らの興味や関心に基づき、非公式に新しい研究開発テーマを探索していた。もちろん、公式な仕事として与えられたわけではないので、新しい研究開発テーマを探索する場所や設備などの作業環境は良好なものではなかったし、昼休みや終業後の時間が費やされていた。

　このことをインフォーマルに伝え聞いた経営者は、研究員による自発的活動をより活発なものにするために、新たな研究開発テーマの探索に必要な作業環境を改善するとともに、就業時間外に行った活動にも金銭的報酬を支払う制度を導入することにした。

　ところが、新制度を導入した後には、研究員は昼休みや終業後の時間に、新しい研究開発テーマを探索することがめっきり少なくなってしまった。研究員にアンケートを取ってみると、作業環境の改善によって満足度が上がったわけでもなさそうであった。

（設問１）

　作業環境が改善されたにもかかわらず、研究員の満足度が改善されなかった理由として、最も適切なものはどれか。

ア　経営者の判断によって行われた作業環境の改善内容が、研究員が望んでいたものとは異なっていたから。

イ　作業環境に対する不満足の解消と、新たな研究開発テーマの探索を通じて得られる満足は別問題だから。

ウ　作業環境の改善内容が、研究員が望んでいた希求水準を下回っていたから。

エ　作業環境の改善を通じて低次欲求を充足しても、満足にはつながらないから。

オ　作業環境を経営者が改善してくれたこと自体が、研究員に対するホーソン効果を生みだしたから。

（設問 2）

　　昼休みや終業後の時間に、研究員が自発的に新たな研究開発テーマを探索しなくなった。その理由として、最も不適切なものはどれか。

ア　あくまで自らの意志で行っていたということを、金銭的報酬が与えられたことによって見失ってしまったから。

イ　新しい研究開発テーマの探索が、金銭的報酬のためであると知覚されるようになったから。

ウ　困難な仕事内容を考えれば、新しい研究開発テーマの探索の対価としてはふさわしくないと感じられたから。

エ　制度設計をした経営者が、研究員の自発的行動をコントロールするためではなく、研究員に報いるためのものであることをきちんと説明しなかったから。

平成**21**年度　第**15**問

　　規模の大小にかかわらず閉塞感に苛まれている成熟した事業を展開している企業では、優れた人材の持つ能力を制約したり破壊するような組織内環境をつくってしまう可能性がある。こうした組織を、人材の持つ専門能力やエネルギーを組織の力として効果的に統合するように変革を進めていくためには、個々の従業員のコンピテンシーを開発するとともに、その力を組織へ統合し、維持していかなければならない。こうした組織変革のプロセスに関する下記の設問に答えよ。

（設問 1）

　　組織における個人のコンピテンシーを高め、自発的に職務にコミットさせるようにするためのプロセスとして、最も適切なものはどれか。

ア　管理者は、部下のコンピテンシーの状態を絶えず評価し、彼らがミスを犯さないようにプロセスをチェックしていく。

イ　現場の従業員に経営資源を活用する権限を移譲し、自己規律に基づくエンパワーメントをしていく。

ウ　個人の自発的コミットメントを引き出すために、従業員の賃金のベースアッ

プ率を高くする。

エ　従業員個人の職務を明確に規定し、どの職務を担っても処遇に差が生じない
　　よう、一律の賃金体系を導入する。

オ　同僚や高い評価を受けている従業員に対して不公平感を感じないようにする
　　ため、従業員相互で評価についての比較をさせないようにする。

（設問2）

　　個人のコンピテンシーとコミットメントを、組織全体の力として統合していく
　ための施策として、最も適切なものはどれか。

ア　管理者は部下のメンターもしくはコーチとして行動し、専門職能を基軸とし
　　た分権的組織構造を構築する必要がある。

イ　個人間の情報伝達をオープンにするため、非公式の情報伝達ルートを制限
　　し、誰でも情報を入手できるようにする。

ウ　個人の責任・権限と財務的報酬を明確に定義した業績評価システムを構築
　　し、個人レベルの学習が組織にとってどう関係するかを理解できるようにす
　　る。

エ　従業員が参加できる集団的意思決定方式を導入し、全員一致の合意に基づく
　　政策決定を優先するようなリーダーによって運営される必要がある。

オ　成熟した事業部門の枠を越えて、他の事業部門との横方向の情報交換を促進
　　するような場の設定や、情報システムを導入する。

平成19年度　第17問

　　動機づけの過程理論と呼ばれるものには、目標設定理論（goal-setting theory）や
公平理論（equity theory）、期待理論（expectancy theory）などがある。これらの理
論に関する記述として最も適切なものはどれか。

ア　期待理論によると、ある努力をした結果高い成果が生まれたにもかかわらず、
　　低い報酬しか得られなかった場合、従業員は報酬の誘意性に関する主観確率を高
　　く見積もる傾向がある。

イ　公平理論によると、時間給制度のもとで、過大な報酬をもらっていると感じて

520　第2部　テーマ別1次過去問集

いる従業員は、公平な報酬を得ている従業員と比較して生産量を減らそうとする。

ウ　公平理論によると、出来高給制度の下では、過大な報酬をもらっていると感じている従業員は、公平な報酬を得ている従業員と比較して生産量を低く抑え、品質を高くするよう努力する。

エ　目標設定理論によると、従業員が目標の設定に参加した場合のほうが、目標が与えられた場合と比べ、高い業績を達成すると考えられる。

オ　目標設定理論によると、従業員により困難な目標を与えたほうが、高い業績を生むと期待される。

令和2年度　第19問

　期待理論における、組織メンバーのモチベーションの水準を規定する要因に関する記述として、最も不適切なものはどれか。

ア　成果が自身の報酬につながるかについての認知

イ　他者の報酬と比較した自身の報酬に対する認知

ウ　努力することで成果をあげられるかについての期待

エ　報酬がもたらしうる満足の程度

平成30年度　第15問

　働き方や価値観の多様化とともに、外発的動機づけに加え、内発的な動機づけがいっそう重要になっている。内発的な動機づけに関わる代表的な論者による説明として、最も不適切なものはどれか。

ア　A．マズローの欲求段階説における自己実現欲求は、外発的に動機づけられるものではなく、自分自身の理想を追い求め続けることを通じた内発的な動機づけとも考えられる。

イ　E．メイヨーとF．レスリスバーガーのホーソン実験では、従業員が自分たちの作業条件を決定することによって内発的に動機づけられていたことを発見し、これをホーソン効果と呼んだ。

ウ　M.チクセントミハイは、特定の作業に没頭する中で、自身や環境を完全に支配できているという感覚が生まれることをフロー経験と呼び、そうした経験は他者からのフィードバックも必要とせず、給与などの報酬とも無関係であるとした。

エ　R.W.ホワイトが提唱するコンピテンス(有能性)概念では、環境と相互作用する有機体の能力自体が、「うまくいった」という内発的な動機づけの源泉となる。

オ　内発的動機づけを概念として広く知らしめたE.デシは、報酬のためにやらされているのではなく、自分の好きにやっているという自己決定が重要であるとした。

平成23年度　第16問

　従業員の企業に対する帰属意識に関する概念に組織コミットメントがある。組織コミットメントとは、一般に組織と個人の心理的距離や関係を規定する概念である。組織コミットメントに関する記述として最も適切なものはどれか。

ア　規範的コミットメントとは、合理的に組織目標へ自我没入し、個人の役割状況にかかわらず、組織へ関与することである。

イ　功利的コミットメントとは、活動の継続・中止にかかわらず、首尾一貫する行動のことである。

ウ　情緒的コミットメントとは、個人の信念に基づいて組織の価値や目標へ感情的、かつ、熱狂的に支持をすることである。

エ　態度的コミットメントとは、組織の価値や目標を進んで受け入れ、関連した役割などに積極的に関与することである。

III　リーダーシップ

平成20年度　第15問

　リーダーシップ理論に関する記述として、最も適切なものはどれか。

ア　PM理論によれば、有効なリーダーシップスタイルは、P(目標達成度)とM

（集団維持機能）の関係および組織形態によって変わるという。

イ　パス－ゴール理論によれば、フォロワーのタスク特性からあいまいさを排除し、タスク自体から得られる満足度を最大化するリーダーシップスタイルが望ましいという。

ウ　フィードラーのコンティンジェンシー理論によれば、友好的で開放的なリーダーシップスタイルが望ましい成果を生むという。

エ　リーダーシップに関するオハイオ研究によれば、参加型のリーダーシップが、専制型のリーダーシップよりも望ましいという。

オ　リッカートによれば、支持的関係の原理や連結ピン機能が、媒介変数である従業員の信頼感や高い業績目標設定に影響を与え、その結果として生産性や欠勤率に影響を及ぼすという。

平成**22**年度　第**12**問

　リーダーシップの諸学説に関する記述として、最も適切なものはどれか。

ア　ハウスによるパス・ゴール理論は、リーダーの職務は部下の業務目標の達成を助けることであり、そのために必要な方向性や支援を与えることにあるとした。

イ　フィードラーによるコンティンジェンシー理論では、環境の不確実性が高い場合には有機的なリーダーシップが、不確実性が低い場合には機械的リーダーシップが望ましいとした。

ウ　ブレイクとムートンによるマネジリアル・グリッドは、「構造作り」と「配慮」という二軸でリーダーシップ特性を分類し、9-9型が最も高い成果を生むとした。

エ　リッカートによる参加型リーダーシップでは、リーダーは部下の意思決定に積極的に参加し、影響力を行使することが重要であるとした。

平成**21**年度　第**16**問

　リーダーシップに関する学説の多くは、「人間もしくは人間関係指向」と「課業指向」という指向性の区別に言及している。このことに関する記述として最も適切なものはどれか。

問題編　**523**

ア　アージリスは、職務拡充を通じて、課業指向的なリーダーシップを、人間関係
　　指向的なリーダーシップにかえていくことができると主張した。

イ　ハーシーとブランチャードは、高課業指向、高関係性指向のリーダーシップ
　　が、最も説得的で生産的であると主張した。

ウ　フィードラーは、低いLPCリーダーは課業指向で、高いLPCリーダーは人間
　　関係指向であると主張した。

エ　ブルームは、民主的・参加型リーダーシップが高い生産性を生むと主張した。

平成**30**年度　第**17**問

　集団のリーダーには、メンバーが集団目標を自身の目標として達成しようとする
ように働きかけることが求められるが、その手段としてメンバーを追従させるため
のパワーが必要である。個人や集団を追従させるパワーの源泉に関する記述とし
て、<u>最も不適切なものはどれか</u>。

ア　技術が高度化するにつれ、リーダーが専門的な知識やスキルを有している、あ
　　るいは専門家からのサポートを得ていることが、メンバーを従わせる専門力
　　（expert power）となる。

イ　職位権限など、組織から公式に与えられた地位は、それ自体が人々を従わせる
　　正当権力（legitimate power）となる。

ウ　メンバーが自身と同じような資質や個性を備えたリーダーに同一化する同一視
　　力（referent power）が生まれる。

エ　リーダーがメンバーの昇給や昇進、その他の好意的な労働条件を与えることが
　　できる権限を持っている場合、メリットを求めて指示に従う報酬力（reward
　　power）が生まれる。

オ　リーダーがメンバーに集団内での不利益を与える場合、恐怖心に裏付けられた
　　強制力（coercive power）が生まれる。

IV コンフリクト・マネジメント

平成24年度 第16問

組織ストレスに関する説明とその対処のための介入法として、最も適切なものの組み合わせを下記の解答群から選べ。

a　介入対象の組織の従業員が、努力・報酬・職場環境の評価に基づく介入が実行されていると認識する場合に、介入が最も効果的となる。

b　介入対象の組織の従業員が、介入案の策定や実施に関与し、その意思決定に参加することは、介入の効果を阻害する。

c　組織・個人レベルで変化に対応する能力・意欲があることが、介入の成功につながり、過去に類似した経験をしていることは、その後の介入への反応に影響を与えない。

d　現場の管理職の行動は、従業員へ介入を実行するプロセスにおいて、円滑なコミュニケーションを促進しようとする態度が、特に結果としての介入の効果の程度へ影響を与える。

〔解答群〕
　ア　aとb
　イ　aとd
　ウ　bとc
　エ　bとd
　オ　cとd

令和元年度 第15問

コンフリクトは、意思決定の標準メカニズムの機能不全を意味する。組織における部門間コンフリクトの原因、それへの対応に関する記述として、最も適切なものはどれか。

ア　組織内のスラックが豊富に存在すると、部門間の目標の独立性が減少し、部門

間コンフリクトが発生しやすくなる。

イ　組織内の部門間コンフリクトは、共同意思決定の必要性が高ければ高いほど、また予算など限られた資源への依存度が大きければ大きいほど、発生する可能性が高まる。

ウ　命令の一元性が確保されていると、部門間の目標や知覚の分化が進むため、部門間コンフリクトが起きる可能性は低下する。

エ　目標が共有されている部門間でコンフリクトが生じた場合、その基準を満たす解決策を探索するために、政治的工作やバーゲニングが使用される可能性が高くなる。

第10章 問題 組織の発展と成長

I 組織の長期適応と発展過程

平成28年度 第17問

企業は比較的規模が小さい創業段階から成長して規模が大きくなるためには、一般に成長段階に応じて異なる経営上の課題を解決していかなければならない。組織の成長段階と克服すべき課題や有効性に関する記述として、最も不適切なものはどれか。

ア 企業が多数の機能部門を持つような規模に成長すると、経営者は次第に業務的決定から離れ、規則や手続きを整備し官僚制的な組織構造を構築する必要が生じる。

イ 強力なリーダーシップを持つ企業家によって設立された企業は、必要な資源を獲得するために資本家や顧客、労働者、供給業者などから正当性を獲得する必要がある。

ウ 創業段階を経て環境との安定的な関係の構築に成功した企業では、経営者は非公式なコミュニケーションを通じた統制から、次第に権限を委譲しつつ、公式の統制システムを構築しなければならない。

エ 組織の公式化が進み官僚制の逆機能が顕在化した段階では、公式の権限に依拠した規則や手続きをより詳細に設計しなければならない。

オ 単一製品・単一機能で創業した小規模企業が、経営資源を有効に活用するために垂直統合戦略を採用した場合、集権的な機能別組織へ移行する必要がある。

平成16年度 第20問

組織のライフサイクルのどの段階にあるかによって、企業が直面する問題は変化するため、組織変革を担うコンサルタントの役割も異なってくる。いま、ライフサイクルを、誕生期、成長前期、成長後期、成熟期に分けて考えるとき、各段階とコンサルタントの役割について、下記の設問に答えよ。

（設問1）

　　ライフサイクルの誕生期または成長前期段階にある企業が直面する問題と、組
織変革に関する記述として最も適切なものはどれか。

ア　成長前期段階にある企業では、創業者の個人的能力への依存度が高く、とも
　　すれば曖昧になりがちな責任－権限関係を明確にするための組織構造のデザイ
　　ンをする必要がある。
イ　誕生期から成長前期段階にある企業では、官僚制化を防ぐために、経営理念
　　や社章などのコーポレート・アイデンティティーを確立するよう努める必要が
　　ある。
ウ　誕生期から成長前期段階にある企業では、組織規模も急激に拡大し官僚制化
　　が進むため、従業員には十分な経済的報酬を提供しないとコミットメントは得
　　られない。
エ　誕生期から成長前期段階にある企業では、組織文化を変革するために、計画
　　的な組織開発を進めていく必要がある。

（設問2）

　　ライフサイクルの成長後期または成熟期段階にある企業が直面する問題と、組
織変革に関する記述として最も適切なものはどれか。

ア　成熟期段階にある企業では、官僚制の逆機能を防ぐために、経営理念や社章
　　などのコーポレート・アイデンティティーを確立するよう努力する必要があ
　　る。
イ　成熟期段階にある企業では、組織内で権力闘争が起きやすいため、責任－権
　　限関係を明確に定めた規則や手続きの充実が必要である。
ウ　成長後期から成熟期段階にある企業では、リストラクチャリングなどにより
　　組織規模も小さくなっていくため、中央集権的な組織構造が必要となる。
エ　組織文化が環境に適合しなくなり成熟期段階に入った企業では、組織文化を
　　変革するために、トップマネジメントを入れ替えたり、組織構造の大胆な再編
　　成を行う必要がある。

528　第2部　テーマ別1次過去問集

II 組織活性化

平成27年度 第18問

組織の有効性や従業員のウエルネス（心身ともに良好な状態）の改善を目指して、人間的かつ民主的価値観のもとで計画的に組織変革に介入するマネジメント手法として、古くから組織開発が実践されてきた。組織開発が重視している価値観として、最も不適切なものはどれか。

ア　階層的な権威や支配にこだわらない。

イ　信頼関係で結ばれ、他者に対して開かれ、協力的な環境を持った組織が効果的で健全である。

ウ　組織メンバーは、責任感をもち、誠実で思いやりがある存在として尊敬に値する。

エ　変革の影響を受ける人を決定に参加させ、変革の実行に関与させる。

オ　問題解決の結果にはこだわらず、取り組みのプロセスを重視する。

平成17年度 第17問

企業組織を活性化する方法の一つとして「組織開発（Organizational Development）」と呼ばれる手法が注目を浴びてきた。組織開発に関する記述として最も適切なものはどれか。

ア　組織開発は、計画・組織・指揮・統制という管理プロセスの中で行われる従業員能力開発手法の一つで、主にジェネラリストを養成するために、管理プロセスの全体を経験させることを通じて行われる。

イ　組織開発は通常の業務を遂行中に「行動を通した学習（learning by doing）」によって行われる能力開発であり、自己啓発セミナーなどと組み合わせて行うと効果がある。

ウ　組織開発のチェンジエージェントとして行動科学者が活用され、参加的・協力的な組織文化を重視する傾向にある。

エ　組織開発プログラムが構造変革への介入を行う場合には、権限を集権化し管理

者の数を減らすことを通じ、人件費削減といった経済的効果を組織にもたらす。

オ　組織開発ではチームビルディング手法がよく使われ、集団圧力を使ってメンバーが落ちこぼれることがないように訓練する。

Ⅲ　ナレッジ・マネジメントと組織学習

平成19年度　第19問

次の文章を読んで、下記の設問に答えよ。

A社は産業用中間財部品を生産する中規模の企業で、機能部門別組織構造を採用している。売上高・利益率ともに、2年連続して低下してきたため、コンサルタントに調査・分析を依頼した。コンサルタントのヒアリングに対し、A社の社長や各部長は次のように答えたという。

社　　　　長：「年度計画や中期計画を策定することや財務管理の機能については私が責任を負っているが、技術革新の速度も比較的速く、顧客企業の要求もさまざまであるために、基本的に部長たちに事業に関する権限のほとんどは委譲している。各部門間の調整は、毎週の業務報告書と電話で行っているはずです。」

研究開発部長：「わが社の技術力は比較的高く、技術者はそのことに誇りを持っている。技術はある程度速く変化しており、開発した製品に自信はあるが、最近営業部門から顧客のニーズに関する情報が入ってこなくなっている。業績悪化の原因は営業力の弱さにあるのではないだろうか。」

製　造　部　長：「工場のものづくり能力は同業他社に比べて高いと思います。不良品の率も低いし、製造原価も最低限に抑えています。しかし、研究開発部門から提案される製品が、なかなかそのままでは量産できなかったりするので、しばしばこちらで若干のデザイン修正を行う必要があります。」

営　業　部　長：「営業部門の社員はよく働いています。お客様のニーズに合わせて勤務時間外の労働もいとわない者たちです。お客様には、わが社の

530　第2部　テーマ別1次過去問集

製品は技術的には品質も優れているとは言われるのですが、価格が
高すぎるところと、新製品の開発が他社に比べて若干遅くなる点が
弱点ではないでしょうか。」

（設問1）

このヒアリングから判断して、A社の組織をどのように分析するか。最も適切
なものを選べ。

ア　各部門に暗黙知を蓄積するメカニズムがないため、知識創造が適切に行われ
　　ていない。

イ　各部門のコスト意識が低いために、利益率が低下してきている。

ウ　各部門の専門能力は高いものの、それが「訓練された無能(skilled
　　incompetence)」につながり、シングルループ学習が促進される組織文化に
　　なっている。

エ　官僚制的組織文化が形成されてきており、部門間の壁が高くなってしまって
　　いるため、部門間調整が十分にできていない。

オ　研究開発部門や製造部門に比べて、営業部門の営業力が弱く、収益性の低下
　　につながっている。

（設問2）

このヒアリングからみて、A社の組織改善の方向性をどのように判断するか。
最も適切なものを選べ。

ア　各部門の情報共有を促進し、社長を含め部長たちが直接会合などで意見交換
　　できる機会を増やす。

イ　研究開発部門と製造部門の従業員を若干減らし、営業部門の人員を強化す
　　る。

ウ　事業部制組織を採用して、より分権化を促進し、PPM などを通じて財務管
　　理を強化する。

エ　社長に権限の多くを集中し、中央集権的に部門間調整ができるようにする。

オ　社内に電子メールシステムなどを導入し、直接会わなくても、情報の交換が
　　できるようにする。

問題編　531

平成25年度　第17問

　国際化する企業間競争において競争優位を獲得・維持するには、コスト削減能力だけでなく、知識基盤の裏付けを持ったイノベーションの遂行能力が必要不可欠である。イノベーションそのものを組織学習プロセスとして考えた場合、必要なメカニズムとして、最も不適切なものはどれか。

ア　結果の可視化とストーリー性を持ったリッチな分析

イ　現場ライン部門への権限委譲・能力開発にともなうスタッフ部門の削減

ウ　様々な視点を持った参加者の活用

エ　試行・実験を促進するような評価体系の整備

オ　成功・失敗経験のデータベース化と情報の共有

平成20年度　第19問

　企業が長期に成長・発展していくためには、シングルループ学習とダブルループ学習を適切に切り替えて行っていく必要がある。このことに関する記述として、最も適切なものはどれか。

ア　業績評価基準を成果主義型から過程重視型にシフトすることを通じて、シングルループ学習を抑え、ダブルループ学習を促進する可能性が高くなる。

イ　計画策定部門と執行部門を明確に区分し、適切なコミュニケーションを確保する組織を構築することで、シングルループ学習とダブルループ学習を適切に切り替える可能性が高くなる。

ウ　執行部門により多くの権限を委譲することを進めると、シングルループ学習を促進し、ダブルループ学習を阻害する可能性が高くなる。

エ　職務を細分化し、過程別専門化を進めていくことが、シングルループ学習を阻害し、ダブルループ学習を促進する可能性を高める。

オ　専門化された各部門の責任・権限を明確化することを通じて、シングルループ学習を抑え、ダブルループ学習を促進する可能性が高くなる。

令和元年度　第14問

組織学習は、一般に低次学習と高次学習に分けて考えることができる。組織学習に関する記述として、最も適切なものはどれか。

ア　D.マグレガーのいうY理論に基づく管理手法を採用すると、低次学習が促進されるため、組織の業績は悪化する可能性が高まる。

イ　新たに組織に参加した組織メンバーは、組織の周縁にいるために、社会化のプロセスを通じて積極的に高次学習をさせる必要がある。

ウ　高次学習とは組織の上位階層で行われている学習であり、低次学習とは組織の下位階層で行われている学習である。

エ　組織の行動とそれが環境に与える効果の因果関係が分かりにくい場合、迷信的学習といわれる低次学習が起こりやすい。

オ　低次学習とは組織の成果にとって悪い影響を与える学習であり、高次学習とはより高い成果をあげるために不可欠であるため、組織メンバーに高次学習を意識させることが重要である。

IV　組織変革（チェンジ・マネジメント）

平成24年度　第19問

次のケースを読み、この工場で組織変革がうまくいかなかった理由または採るべきであった手法に関する記述として、最も適切なものを下記の解答群から選べ。

「ある耐久消費財メーカーの経営者は、需要の変動に対応するために、それまでバッチ生産システムを採っていたアセンブリー工場に、新たにセル生産システムを導入しようと考えた。経営者ならびに工場長は、この工場の日常業務に影響を与えないよう配慮し、コンサルタントを秘密裏に導入して従業員の行動を分析させるとともに、工場とは離れた本社で変革案を作成した。

最終的に変革案がまとまった段階で、従業員全員を一堂に集め、会社のおかれた状況を説明し、明日からセル生産システムに移行すること、その移行の手続きにつ

いてほぼ一日かけて説明した。従業員は疲れていたようだが、ただ黙っていただけで特に反論もなかった。

その後、新しい職務訓練を経て、セル生産システムへの移行を実施したが、生産性は著しく低下してしまった。」

〔解答群〕

ア　工場と離れた本社で変革案を作成するのではなく、セル生産への移行プロセスに工場の実態を反映させるために、工場内で従業員が帰ってから作成すべきだった。

イ　従業員に対する説明の時間が長過ぎて、疲れてしまったため理解が得られなかったので、説明時間をもっと簡潔にすべきだった。

ウ　セル生産システムへの移行について説明した際に、従業員から反論がなかったのは良く理解できなかったからであり、従業員一人一人を対象に説明をすべきであった。

エ　変革案の作成ならびに執行計画について、従業員たちを参加させ、フェアプロセスを経ていると実感させるべきであった。

平成**29**年度　第**22**問

組織の計画的変革にはさまざまな手法があるが、その多くの背後にはK.レヴィン（Lewin）らが主張した、解凍―変化―再凍結モデルがある。この計画的変革モデルに関する記述として、最も不適切なものはどれか。

ア　解凍の際には、新しいことを学ぶだけでなく、その人のパーソナリティや社会関係と一体化していることをやめることが含まれるため、変わろうというモチベーションを起こさせることが重要である。

イ　解凍の際に変革に対して組織メンバーを動機づけるためには、自分たちの過去の失敗を認めることに対する不安や脅威を持たないよう、組織が危機に直面しているという意識を持たせないよう配慮する必要がある。

ウ　再凍結の過程では、新しい行動様式を身につけた人にとって重要な他者たちから、その行動や態度を認めてもらえるかどうかを試す機会を持たせる必要がある。

534　第2部　テーマ別1次過去問集

エ　再凍結の過程では、新しい役割や行動が、その人のアイデンティティにあって
　　いるかどうか、パーソナリティと矛盾しないかどうかを確認する機会を持たせる
　　必要がある。

オ　変化の過程では、模範的な役割を演じるロールモデルや信頼のおける仲間たち
　　との同一視と、そうした人々の立場から新しいことを学ぶことが必要である。

平成22年度　第16問

　あらかじめ予測不能な事態が生じた場合、それを危機として認識し、適切に対応
しなければ企業の存続が左右されてしまうことがある。このような対応の管理を、
予測可能な範囲内での変化への対応としてのリスクマネジメントと区別して、「ク
ライシスマネジメント」ということがある。

　クライシスマネジメントに関する下記の設問に答えよ。

（設問1）

　　不測の事態はあらかじめ予測することが困難ではあるが、多くの場合それに先
　立って何らかの兆候が見られる。したがってクライシスマネジメントでは、まず
　このような兆候を認識し、それが重大な危機を招く可能性があることを予測する
　組織能力が必要である。このような組織に関する記述として、最も適切なものは
　どれか。

ア　オペレーションの現場近くにいる管理者や従業員を重視して、状況のわずか
　　な変化を把握したり、それを事前に伝達した場合、十分に報いるような制度を
　　整備しておく。

イ　これまでの成功経験や処方箋を基礎に、職務をできるだけ規則的なものに定
　　型化し、これを遵守するよう義務づける。

ウ　組織としての情報処理能力を高めるために、他者とは異なる個人的意見を控
　　え、メンバーが共有している事柄を基礎に議論をするよう習慣づける。

エ　組織の中間管理職レベルの価値観を統一し、それを一貫性のある体系として
　　維持することによって、そこから逸脱が生じた場合に問題に気づくことができ
　　るようにしておく。

オ　わずかなミスやヒヤリハット事例を収集し、それぞれの部門で原因や対処方法について議論する機会を定期的にもつようにする。

（設問2）

　万一、不測の事態が発生してしまった場合、その影響を最小限のものとし、できるだけ迅速にその状況から脱却するための組織能力を高めておくことが必要である。このような組織に関する記述として、最も適切なものはどれか。

ア　過去においてその組織がどのように成功してきたかに関する事例をできるだけ多く用意しておき、不測の事態が発生した場合に直ちに参照できるようにしておく。

イ　組織として同じ過ちを繰り返さないためには、従業員に対して過失を犯さないよう十分な注意を払わせるとともに、過失を人事考課に反映させる仕組みを構築しておく。

ウ　不測の事態が発生したときには、組織内に不安が広がらないよう、非公式なコミュニケーションルートを遮断し、公式の責任 ― 権限関係を基礎に対応策を検討する。

エ　不測の事態が発生した場合の標準業務手続きや職務規則をあらかじめ用意しておき、計画的な訓練を行っておく。

オ　不測の事態の発生とその深刻さを適切に伝えるために、電話や書類などではなく、フェイス・ツー・フェイスのコミュニケーションを活用する。

536　第2部　テーマ別1次過去問集

平成27年度 第20問

　組織は、ときに環境変化に対して抵抗することがある。組織が変化へ抵抗する理由として、<u>最も不適切なもの</u>はどれか。

ア　個人が変革を志向していたとしても、グループの規範がこれを抑制する慣性をもつから。

イ　組織が有する公式化されたルールが、既存のルールに従うよう組織メンバーを社会化するから。

ウ　組織固有の特殊スキルを持つグループが、組織の外部へと専門家ネットワークを広げているから。

エ　組織内で大きな予算を有し決定権限を持つグループが、自らの利益や権力を守ろうとするから。

オ　組織を構成するサブシステムが存在するため、変化が部分的なものにとどまりがちになるから。

第11章 人的資源管理

I 人的資源管理の意義と人事・労務情報

平成26年度 第22問

近年、米国を中心に、人的資源を企業の競争優位の源泉としてとらえるSHRM（戦略的人的資源管理）が注目されている。人材の調達先（外部からの登用－内部での育成）、管理の対象（仕事の結果－仕事のプロセス）という二軸から分類した場合、それぞれに適合的な人的資源戦略が考えられる（下図参照）。人的資源戦略に関する記述として、最も適切なものはどれか。

ア　家父長型人的資源戦略では、企業内部の従業員がきちんと結果が出せるように能力開発を行う。

イ　協力型人的資源戦略は、コンサルタントや契約社員などの外部の人材に対して、仕事の結果を通じた統制を行う。

ウ　コミットメント型人的資源戦略では、企業内部の従業員に仕事のプロセスに対して責任を負うことを求めていく。

エ　伝統型人的資源戦略では、企業内部の人材を登用し、仕事のプロセスに対する統制がなされる。

平成23年度 第14問

　日本企業において人事制度の見直しが進んでいる。事業構造の再構築のなかで、成果に応じて格差のある報酬配分を行うことのメリットとデメリットを調和させた導入が重要になる。

　これに関する記述として、<u>最も不適切なものはどれか</u>。

ア　新たな評価制度を運用する際には、評価者と被評価者が意見を交わしながら目標管理シートを作成するなど、意思疎通の機会を通して満足感を高めるとよい。

イ　職場には既存の文化や風土、価値観が存在するため、新たな評価制度を導入する際には、その基準や手続きに関して十分に理解されるための時間が必要である。

ウ　評価者が被評価者の全般的な要望や意見を説明しながら評価を行ったならば、評価結果が期待したほどではない場合でも、不公正感が抑えられ、動機づけを高めることができる。

エ　評価に対する納得感は、自己比較とともに他者相対比較の側面もあることから、適切に動機づけを高めるためには、社内の公正な評価制度に関する情報開示が要となる。

オ　自らが投入した時間・努力量や成果と、それに対する評価・報酬とが見合うならば、人は公正感を感じる。

令和2年度 第23問

　次の文章の空欄A～Cに入る語句の組み合わせとして、最も適切なものを下記の解答群から選べ。

　採用や選抜、あるいは報酬配分の中で、管理者や人事担当者は、組織に所属する人々を評価しなければならないが、実際の評価の作業では、人間の認知能力に由来したバイアスが度々発生する。

　例えば、評価対象の実態について体系的に把握できる自信がない評価者であるほど、人を甘めに評価するという　　A　　が見られることがある。また、自分の得意な分野を評価することになった評価者であるほど、　　B　　に支配され、その分野について辛めの評価をすることがある。

問題編　**539**

さらには、実際に評価すべき項目は極めて多岐にわたるため、多くの評価者が、先に全体の評価結果を決めて、それに沿うように個別の項目の評価を行うことがある。このような評価バイアスを　C　と呼ぶ。

〔解答群〕

ア　A：寛大化傾向　　　B：厳格化傾向　　　C：中心化傾向

イ　A：寛大化傾向　　　B：対比誤差　　　　C：逆算化傾向

ウ　A：寛大化傾向　　　B：対比誤差　　　　C：中心化傾向

エ　A：論理的誤差　　　B：厳格化傾向　　　C：中心化傾向

オ　A：論理的誤差　　　B：対比誤差　　　　C：逆算化傾向

平成21年度　第20問

人事考課に関する記述として、最も不適切なものはどれか。

ア　人事考課で最も重要なことは公正な評価が行われることであるが、人事考課にともないやすい評定誤差として、中央化傾向、寛大化傾向、論理的誤差および対比誤差などがある。

イ　人事考課の評価基準には、定められた基準（レベル）に基づいて評価する絶対評価と評価対象者の中での比較による相対評価があるが、絶対評価の代表的なものにはプロブスト法などがある。

ウ　人事考課の評価項目には、能力考課、業績考課および情意考課があるが、そのうち情意考課とは職務に取り組む意欲や勤務態度、積極性や協調性などを評価するものである。

エ　人事考課は、昇進・昇格、昇給・賞与の管理、配置転換や人事異動および能力開発や教育訓練のニーズの把握など、さまざまな人的資源管理の根拠となる。

オ　ハロー効果とは、同じ考課者が同じ被考課者を評価しても、時間や順序が変わると異なった評価になる傾向のことをいう。

540　第2部　テーマ別1次過去問集

II 雇用管理と能力開発

平成24年度 第22問

　配置転換、出向、転籍等の人事異動に関する記述として、最も不適切なものはどれか。

ア　アナウンサーや機械工といった特殊な技能を必要とする業務に従事する労働者についても、労働契約において職種限定の合意が認められない限り、個別の同意を得なくても配置転換を命ずることができる場合がある。

イ　事業を全部譲渡する際に、転籍を承諾しない労働者がいる場合にも、転籍を承諾しないことのみを理由に解雇することはできず、解雇に当たっては整理解雇と同様の要件が求められる。

ウ　出向(在籍出向)者に対する就業規則の適用は、一般に、労働時間関係や勤務関係、服務規律関係、安全衛生関係などについては出向先のものが適用され、解雇、退職、人事異動などの従業員としての地位に関する事項については、出向元の就業規則が適用されると解されている。

エ　労働者に住居の移転を伴う転勤命令を課すためには、当該転勤先への異動が余人をもって代え難いといった高度の必要性までは求められないが、適正配置や業務能率の向上、能力開発、勤務意欲の高揚、業務運営の円滑化などといった、企業の都合を理由とするだけでは、転勤命令を課すことはできない。

平成20年度 第24問

　企業経営の中で人材育成は不可欠の要件の1つである。その手法としての能力開発の体系や手法に関する記述として、最も不適切なものはどれか。

ア　CDP(キャリア・ディベロップメント・プログラム)は、社員各自の希望と企業の人材ニーズに照らした長期的なキャリア・プランに基づく教育訓練と人事評価や処遇を合わせて行う必要がある。

イ　OFF‐JTは、集合教育、外部の講習会への参加などで、通常の業務遂行外で行われるため、計画的に実施することができる長所がある。

問題編　**541**

ウ　OJT は、上司や先輩が部下に対して日常的に業務上の知識や技能を指導する
方法で、その成果が仕事に直接反映されやすい長所がある。

エ　教育訓練は、一般に階層別教育訓練、職能別教育訓練および課題別教育訓練か
ら構成される。

オ　自己啓発は、社員の自発性に根ざした自らが必要と考えている業務上の知識の
レベルアップや他の知識の取得および自己の関心事について自ら挑戦すること
で、自己啓発意欲を支援する趣旨から企業がその費用の一部を支援する義務があ
る。

Ⅲ　賃金管理と作業条件管理

平成22年度　第14問

従業員の動機づけ理論と、報酬制度との関係についての記述として、最も適切な
ものはどれか。

ア　時間給のような固定給制度は、個人の特性による差異を反映した公平理論と整
合性が高い。

イ　職能資格制度のような能力給は、仕事そのものにやりがいを見いだそうとする
内発的動機づけ理論と整合性が高い。

ウ　職務給制度は、その職務をよりよく遂行することを通じて自己実現を達成しよ
うとする欲求階層説と整合性が高い。

エ　年功給与制度は、年齢の上昇とともにそれに見合った能力を身につけようとす
る人間の達成動機と整合性が高い。

オ　利益分配制度のような変動給与制は、個人の業績とモチベーションが最大に
なったときに受け取る報酬との間に強い関係があるとする期待理論と整合性が高
い。

第12章 問題 労働関連法規

I 労働基準法

平成25年度 第23問

賃金に関する基本用語の定義として、<u>最も不適切なもの</u>はどれか。

ア 基本給は、毎月支払われる賃金の中で最も基本的な部分を占め、年齢、学歴、勤続年数、経験、能力、資格、地位、職務、業績など、労働者本人の属性又は労働者の従事する職務に伴う要素によって算定される賃金で、原則として同じ賃金体系が適用される労働者全員に支給されるものをいう。

イ 賞与は、ボーナス、一時金、期末手当などの呼称で呼ばれることがあるが、労働基準法上の賞与は、定期又は臨時に、原則として労働者の勤務成績及び経営状態等に応じて支給されるものであって、その額があらかじめ確定されていないものをいう。

ウ 定期昇給は、あらかじめ定められた賃金表がある場合にはそれに基づいて、賃金表がない場合には、年齢や勤続年数、考課査定などをもとに、毎年1回以上定期的に個別賃金を引き上げるものであるのに対し、ベースアップは賃金水準を底上げするもので、賃金表がある場合には賃金表そのものを書き換えることにより行われる。

エ モデル賃金とは、学制どおりに進級して正規に学校を卒業し、直ちに入社して引き続き同一企業に勤務し、その後標準的に昇進・昇格、昇給して、世帯形成も標準的に経過している標準者の賃金カーブをいう。

オ 労働基準法上の平均賃金は、その算定事由の発生した日以前3カ月間にその労働者に支払われた賃金の総額を、その期間の所定労働日数で除した金額のことであり、解雇予告手当や休業手当、業務上の災害における災害補償の計算等に用いる。

問題編　**543**

平成24年度　第24問

試用期間と解雇に関する記述として、<u>最も不適切なものはどれか。</u>

ア　契約期間を1年間とする有期労働契約においても、最初の3カ月間を試用期間
　　と定めた場合に、本採用にふさわしくないと認められるときは、試用期間満了時
　　に本採用しないこととすることができる。

イ　試用期間中であっても、雇入れから14日を超えた後に解雇する場合には、解
　　雇予告除外認定を受けた場合を除き、少なくとも30日前にその予告をするか、
　　30日分以上の平均賃金を支払わなければならない。

ウ　試用期間満了時の本採用拒否は、解雇に当たる。

エ　労働基準法上の「試の使用期間」(試用期間)は14日間とされているが、この期
　　間中は、解雇権濫用法理は適用されず、労働者を自由に解雇することができる。

平成25年度　第20問

昭和63年の労働基準法の改正時に大幅な労働時間の弾力化が図られたが、その
後、経済社会の発展に対応して、弾力的な労働時間制度が拡充されてきた。弾力的
な労働時間制度に関する記述として、最も適切なものはどれか。

ア　企画業務型裁量労働制は、重要な事業方針等を決定する事業場において、事業
　　運営に係る企画、立案、調査及び分析の業務に従事するホワイトカラー労働者に
　　適用されるが、対象者が一定の年収以上の者に限定されているため、あまり普及
　　していない。

イ　専門業務型裁量労働制を新たに導入するためには、事業場の労働者の過半数で
　　組織された労働組合又は労働者の過半数を代表する者との間で労使協定を締結
　　し、かつ、対象業務に従事する労働者の同意を得ることが必要である。

ウ　フレックスタイム制は、就業規則等で1カ月以内の一定の期間の総労働時間を
　　定めておき、労働者はその総労働時間の範囲内で、各日の始業又は終業の時刻を
　　選択して働くという労働時間制度であり、時差出勤(時差勤務)もその一種であ
　　る。

エ　労働者が自宅で情報通信機器を用いて業務を行う、いわゆる「在宅勤務」につい

ても、当該業務が起居寝食等私生活を営む自宅で行われ、かつ当該通信機器が使用者の指示によって常時通信可能な状態におかれておらず、また、当該業務が随時使用者の具体的な指示に基づいて行われていない場合には、事業場外のみなし労働時間制を適用することができる。

平成**28**年度　第**23**問

労働基準法における労働時間、休憩・休日に関する記述として、最も適切なものはどれか。

ア　使用者は、労働時間が連続8時間を超える場合においては少なくとも1時間の休憩時間を労働時間の途中に与えなければならず、労働時間が連続12時間を超える場合には少なくとも1時間30分の休憩時間を労働時間の途中に与えなければならない。

イ　使用者は、所定労働時間が5時間である労働者に1時間の時間外労働を行わせたときは、少なくとも45分の休憩時間を労働時間の途中に与えなければならない。

ウ　使用者は、労働者に対して、4週間を通じ4日以上の休日を与え、その4週間の起算日を就業規則その他これに準じるものにおいて明らかにしているときには、当該労働者に、毎週1回の休日を与えなくてもよい。

エ　労働時間に該当するか否かは、労働者の行為が使用者の指揮命令下に置かれたものと評価することができるか否かにより客観的に定まるものではなく、労働契約、就業規則、労働協約等の定めのいかんにより決定されるべきものである。

平成**29**年度　第**26**問

労働基準法に基づく賃金の支払いに関する記述として、最も適切なものはどれか。

ア　使用者が賃金を労働者の銀行口座への振込みによって支払うためには、当該労働者の同意を得なければならない。

イ　使用者は、年俸制で年俸額が600万円の労働者に対しては、毎月一定の期日を

問題編　**545**

定めて月 50 万円ずつ賃金を支払わなければならない。

ウ　賃金は、直接労働者に支払わなければならないが、未成年者の親権者または後見人は、その賃金を代わって受け取ることができる。

エ　毎月の第 4 金曜日というような特定された曜日に定期賃金を支払うことを、就業規則で定めることができる。

令和元年度　第22問

「働き方改革」の一環として改正された労働基準法の第 39 条に定められた年次有給休暇に関する記述として、最も適切なものはどれか。

ア　使用者は、年次有給休暇を 10 労働日以上付与される労働者に、付与した基準日から 1 年以内に 5 日について、時季指定して年次有給休暇を取得させなければならないが、既に 5 日以上の年次有給休暇を請求・取得している労働者に対しては、時季指定をする必要はない。

イ　使用者は、雇入れの日から起算して 6 か月間継続勤務し、全労働日の 8 割以上出勤した週所定労働日数が 5 日である労働者に 10 労働日の年次有給休暇を付与しなければならないが、8 割未満である者に対してはその出勤日数に比例した日数の年次有給休暇を付与しなければならない。

ウ　使用者は、要件を満たした労働者に年次有給休暇を付与しなければならないが、労働基準法第 41 条に定められた監督若しくは管理の地位にある者又は機密の事務を取り扱う者は、この対象から除かれる。

エ　使用者は、労働者本人が時季を指定して年次有給休暇の取得を請求した場合、事業の正常な運営を妨げる場合であっても、これを変更することができない。

令和2年度　第24問

労働基準法第 36 条の手続きによる労使協定(以下「36 協定」という)によって、法定労働時間を延長して労働させることができる時間外労働(ないし時間外労働に休日労働を加えた時間)の上限に関する記述として、<u>最も不適切なものはどれか</u>。

なお、本問中、建設事業、自動車運転手、医師、鹿児島県及び沖縄県における砂

546　第2部　テーマ別1次過去問集

糖製造事業については考慮に入れないものとする。

ア　違反に対して罰則が適用される時間外労働（ないし時間外労働に休日労働を加えた時間）の上限に関する規定は、新たな技術、商品又は役務の研究開発に係る業務についても適用される。

イ　時間外労働の限度時間は、原則として1か月について45時間及び1年について360時間（対象期間が3か月を超える1年単位の変形労働時間制にあっては、1か月について42時間及び1年について320時間）である。

ウ　事業場における通常予見することのできない業務量の大幅な増加等に伴い臨時的に原則としての限度時間を超えて労働させる必要がある場合においては、36協定に特別条項を付加することができるが、それによって労働時間を延長して労働させ、及び休日において労働させることができる時間は、1か月について100時間未満の範囲内に限られ、並びに1年について労働時間を延長して労働させることができる時間は720時間を超えない範囲内に限られる。

エ　使用者は、36協定の定めるところによって労働時間を延長して労働させ、又は休日において労働させる場合であっても、1か月について労働時間を延長して労働させ、及び休日において労働させた時間は、100時間未満でなければならない。

II　労働安全衛生法

平成23年度　第23問

安全衛生管理体制に関する記述として、<u>最も不適切なもの</u>はどれか。

ア　衛生管理者は、少なくとも毎週1回作業場を巡視し、設備、作業方法又は衛生状態に有害のおそれがあるときは、直ちに、労働者の健康障害を防止するために必要な措置を講じる義務がある。

イ　産業医及び衛生管理者は、ともに原則として選出すべき事由が発生してから14日以内に選任し、それぞれ選任したときは、遅滞なく選任報告書を所轄労働基準監督署長に提出しなければならない。

ウ　常時10人以上50人未満の労働者を雇用する事業場では、業種を問わず、衛生

問題編　**547**

推進者を選任することとされている。

エ　常時 50 人以上の労働者を雇用するすべての事業場で設置が義務づけられている衛生委員会の委員には、必ず衛生管理者と産業医を指名しなければならない。

平成**21**年度　第**19**問

労働安全衛生法では、事業者に対して常時使用する労働者を対象に健康診断の実施を義務づけているが、健康診断等に関する記述として、<u>最も不適切なものはどれか</u>。

ア　事業者とは、事業を行う者で労働者を使用するものとされ、労働者の安全と健康を確保する義務主体で、法人企業であれば法人自体であり、個人企業であれば経営者個人である。

イ　事業者は、期間の定めのない労働契約によるパートタイム労働者でも、その者の１週間の所定労働時間が当該事業場の同種の業務に従事する通常の労働者の１週間の所定労働時間の３分の２以上の場合は、一般健康診断を実施しなければならない。

ウ　事業者は、常時使用する労働者に対しては年１回、深夜業など一定の業務に従事する労働者に対しては当該業務への配置替えの際および６か月毎に１回、定期的に一般健康診断を実施しなければならない。

エ　事業者は、常時使用する労働者を雇い入れるときは、当該労働者に対して一般健康診断を実施（健康診断を受けた後、３か月を経過しない者がその結果を証明する書面を提出した場合の診断項目は除く）しなければならない。

オ　事業者は、労働安全衛生法に基づいて作成すべき一般健康診断の健康診断個人票を５年間保存しなければならない。

III　労働保険・社会保険

平成**20**年度　第**23**問

労働者災害補償保険は、労働者の業務上または通勤途上の災害について、労働者を保護する観点から保険給付される制度である。しかし、中小企業の事業主や役員

であっても労働者災害補償保険の適用が受けられる特別加入制度がある。

　中小企業の事業主等の特別加入制度に関する記述として、最も不適切なものはどれか。

ア　特別加入ができる中小企業は、自社の労働保険の事務処理を労働保険事務組合に委託していることが必要である。

イ　特別加入している事業主等は、事業主や役員としての業務遂行中の災害については保険給付の対象とされていない。

ウ　特別加入の対象となる中小企業には、業種や企業規模などにより一定の範囲がある。

エ　特別加入の申請手続きは、事業主が事業場を管轄する労働基準監督署に直接行うことになっている。

平成27年度　第25問

　各社会保険の目的に関する記述として、最も不適切なものはどれか。

ア　健康保険は、労働者の疾病、負傷、死亡に関して保険給付を行い、国民の生活の安定と福祉の向上に寄与することを目的とするが、出産は保険給付の対象とならない。

イ　厚生年金保険は、労働者の老齢、障害、死亡について保険給付を行い、労働者及びその遺族の生活の安定と福祉の向上に寄与することを目的とするが、疾病、負傷は保険給付の対象とならない。

ウ　雇用保険は、労働者が失業した場合、労働者について雇用の継続が困難となった場合及び教育訓練を受けた場合に、生活及び雇用の安定と就職の促進のために失業給付等を支給することにより労働者の生活及び雇用の安定を図るとともに、失業の予防・雇用状態の是正・雇用機会の増大、労働者の能力の開発、労働者の福祉の増進を図ることを目的とする。

エ　労働者災害補償保険は、労働者が業務上の災害や通勤による災害を受けた場合に、被災労働者やその遺族を保護するために必要な給付を行う制度であるが、老齢は保険給付の対象とならない。

平成**22**年度 第**18**問

　日本国内の事業所で働く外国人労働者の労働・社会保険の適用に関する記述として、最も不適切なものはどれか。

ア　いわゆる不法就労の外国人は、業務上の災害のため傷病にかかった場合にも、労災保険の給付は受けられない。

イ　いわゆる不法就労の外国人は、健康保険の被保険者となることはできない。

ウ　健康保険の適用事業所の事業主は、日本国内に住所を有し健康保険に加入する満40歳以上65歳未満の外国人労働者についても、健康保険の一般保険料と合わせて介護保険の保険料を徴収しなければならない。

エ　雇用保険には国籍要件はないので、労働時間が週20時間以上で、かつ、31日以上雇用する見込みのある外国人労働者は、雇用保険に加入させなければならない。

オ　資格外活動の許可を受けて適用事業所に使用される外国人留学生は、2カ月以内の期間を定めて雇用される者や所定労働時間が短い者など、厚生年金保険の被保険者資格要件を満たさないものを除き、厚生年金保険の被保険者となる。

平成**20**年度 第**25**問

　厚生年金保険の保険給付には、老齢給付、障害給付および遺族給付がある。これらの保険給付に関する記述として、最も不適切なものはどれか。

ア　60歳台前半の老齢厚生年金(特別支給の老齢厚生年金)の支給開始年齢は、生年月日や性別に応じて段階的に引き上げられている。

イ　60歳台前半の老齢厚生年金(特別支給の老齢厚生年金)は、その受給権者が厚生年金保険の被保険者として在職している場合でもその全額が支給される。

ウ　遺族給付には、厚生年金保険の被保険者や老齢厚生年金・障害厚生年金(除く障害等級3級)の受給権者などが亡くなった場合に、その遺族に支給される遺族厚生年金がある。

エ　障害給付には、障害等級に応じた障害厚生年金と、障害手当金(一時金)がある。

オ　老齢給付には、60歳台前半の老齢厚生年金(特別支給の老齢厚生年金)と60歳
　　台後半以降の老齢厚生年金がある。

Ⅳ　その他の労働関連法規

平成22年度　第21問

団体交渉に関する記述として、最も適切なものはどれか。

ア　いわゆる争議団は労働組合ではないので、憲法上の団体交渉権の保護を受ける
　　ことができない。

イ　企業内組合との間で締結した労働協約に唯一交渉団体条項がある場合には、そ
　　れを理由に合同労組からの団体交渉申入れを拒否することができる。

ウ　使用者は、上部団体が交渉委員に加わることを理由に団体交渉を拒否すること
　　はできない。

エ　新規採用者の初任給の上げ下げの問題は、組合員の労働条件や待遇に関するも
　　のではないから、義務的団体交渉事項には当たらない。

平成20年度　第21問

近年の雇用形態や就業意識の多様化により、労働者ごとに労働条件の決定や変更
が行われるケースが増えていることに伴い、個別労働関係紛争が増加している。こ
れまでの個別労働関係紛争は労働基準法によって解決を図ってきたが、増加する紛
争の解決とその未然防止および労働契約が円滑に継続するための基本ルール等を定
めた「労働契約法」が平成20年3月1日に施行された。

労働契約法の労働契約の基本原則に関する記述として、最も不適切なものはどれ
か。

ア　労働契約は、雇用形態に応じた就業の実態に合わせて定められた個別基準によ
　　り締結し、または変更すべきものとする。

イ　労働契約は、労働者と使用者が仕事と生活の調和(ワークライフバランス)にも

問題編　551

配慮しつつ締結し、または変更すべきものとする。

ウ　労働契約は、労働者と使用者が対等の立場における合意に基づいて締結し、または変更すべきものとする。

エ　労働者と使用者は、労働契約に基づく権利の行使に当たって、それを濫用することがあってはならない。

オ　労働者と使用者は、労働契約を遵守するとともに、信義に従い誠実に権利を行使し、義務を履行しなければならない。

平成**25**年度　第**22**問

労働契約に関する記述として、最も適切なものはどれか。

ア　使用者が、就業規則を変更し、変更後の就業規則を労働者に周知させ、かつその就業規則の変更が、労働者の受ける不利益の程度等の事情に照らして合理的なものであるときは、労働契約の内容である労働条件は、当該変更後の就業規則の定めるところによる。

イ　使用者は、労働者と有期労働契約を締結したときは、その契約期間が終了するまでは、客観的に合理的な理由があり、社会通念上相当であると認められる場合でなければ解雇することができない。

ウ　有期労働契約が2回以上繰り返され、同一の使用者との間で締結された通算契約期間が5年を超える労働者が、労働契約が満了する日までの間に、無期労働契約への転換の申込みをしたときは、使用者は当該申込みを承諾したものとみなされるが、この場合、転換後の労働条件は、当該事業場における無期労働契約で働く同種の労働者と同一のものとしなければならない。

エ　労働者を定年後に子会社に転籍させ、当該子会社で有期労働契約によって継続雇用する場合、当該労働者の業務内容及び当該業務に伴う責任の程度に変更がないときは、継続雇用後の労働条件は、労働契約の期間を除き、当該子会社の無期労働契約の労働者の労働条件と相違することは認められない。

第13章 問題 マーケティングの概念

I マーケティングの定義

平成**22**年度 第**28**問

次の文章を読んで、下記の設問に答えよ。

マーケティングは、極めて実践的な概念であるため、マーケティングの活動主体となる組織・機関の範囲や、それらを取り巻く環境の変化を受け、これまでにもその定義がしばしば改定されてきた。アメリカ・マーケティング協会による近年の定義として、以下2004年のものと2007年のものが挙げられる。

（2004年の定義）

「マーケティングとは、顧客価値を創造・伝達・提供し、組織とその　A　の双方を利する形で顧客との関係性を管理するための組織機能と一連のプロセスのことを指す」

（2007年の定義）

「マーケティングとは、顧客やクライアント、パートナー、さらには広く　B　一般にとって価値のあるオファリングスを創造・伝達・提供・交換するための活動とそれに関わる組織・機関、および一連のプロセスのことを指す」

（設問1）

文中の空欄Aにあてはまる最も適切なものはどれか。

ア　エンプロイー
イ　カスタマー・リレーションシップ
ウ　ステークホルダー
エ　セールス・エージェント
オ　マーチャント・ホールセラー

問題編　553

（設問 2）

　　文中の空欄Ｂにあてはまる最も適切なものはどれか。

　ア　環　境
　イ　国民経済
　ウ　社　会
　エ　組織・個人
　オ　文　化

（設問 3）

　　以下のア～エは、2004 年の定義と比べたとき、2007 年の定義にはどのような
特徴があるかを記述したものである。このうち、最も不適切なものはどれか。

　ア　2007 年の定義に含まれる「交換」という言葉は、単発的な取引を通じて、組
　　織や機関が収益をあげることを意味する。
　イ　2007 年の定義は、「透明性」・「より広い参加者」・「継続性」の３つの観点の
　　重要性を示唆している。
　ウ　2007 年の定義は、持続可能性の視点を、より明確に示したものである。
　エ　2007 年の定義は、マーケティングを「組織・機関の中の一部門による機能」
　　ではなく、「より広い組織・機関全体の活動」として位置付けている。

II　マーケティングの考え方

令和**2**年度　第**28**問

　　マーケティング・コンセプトおよび顧客志向に関する記述として、最も適切なも
のはどれか。

　ア　企業は顧客を創造し、顧客の要望に応えることを基礎とする一方で、競合他社
　　との競争にも気を配る必要がある。これらをバランスよく両立する企業は、セリ
　　ング志向であるということができる。

554　第 2 部　テーマ別 1 次過去問集

イ　ケーキ店Xが「どの店でケーキを買うか選ぶときに重視する属性」についてアンケートを複数回答で実施した結果、回答者の89％が「おいしさ、味」を選び、「パッケージ・デザイン」を選んだのは26％だった。顧客志向を掲げるXはこの調査結果を受け、今後パッケージの出来栄えは無視し、味に注力することにした。

ウ　マーケティング・コンセプトのうちシーズ志向やプロダクト志向のマーケティングは、顧客志向のマーケティングが定着した今日では技術者の独りよがりである可能性が高く、採用するべきではない。

エ　マーケティング・コンセプトはプロダクト志向、セリング志向などを経て変遷してきた。自社の利潤の最大化ばかりでなく自社が社会に与える影響についても考慮に入れる考え方は、これらの変遷の延長線上に含まれる。

オ　マーケティング・コンセプトを説明した言葉の中に、"Marketing is to make selling unnecessary" というものがあるが、これはマーケティングを「不用品を売ること」と定義している。

III　ソーシャル・マーケティング

平成21年度　第30問

次の文章を読んで、下記の設問に答えよ。

　ある地域スーパーマーケット・チェーンでは、この10年間、「地元の小・中学校に芝生の運動場を」というスローガンを掲げて、地域の消費者がこのスーパーで買い物をして、ポイント・カードに2,000円分のポイントを集めるごとにクーポンを渡している。クーポンを手にした消費者は、地元の任意の小・中学校にクーポンを寄付する。一定額のクーポンと引き換えに、各学校が芝生の運動場への改良工事費を施工業者に支払うことのできる仕組みである。

（設問1）

　このスーパーマーケットが実施しているような社会的責任マーケティングの手法には特定の名称が与えられている。この名称として、最も適切なものはどれか。

ア　インターナル（Internal）・マーケティング

イ　ヴァイラル（Viral）・マーケティング

ウ　口コミ・マーケティング

エ　グリーン(Green)・マーケティング

オ　コーズ・リレイテッド(Cause-related)・マーケティング

（設問2）

　社会的責任マーケティングに関する以下の記述のうち、<u>最も不適切なものはどれか</u>。

ア　インターネットをはじめとするメディアが発達した今日では、企業の非倫理的・非社会的行為に対する非難や糾弾の意見が、迅速かつ広範囲に伝播していく現象が顕著になっている。

イ　企業のソーシャル・マーケティング活動は、事業遂行における法令遵守が的確に行われていれば、十分な責任が果たされているといえる。

ウ　ソーシャル・マーケティングの実践は、しばしば教育的要素をともなうため、いかに楽しくメッセージを伝達し、理解してもらうかが重要である。

エ　非営利組織や政府機関が社会問題などに直接的に働きかけるために実施されるマーケティング活動もソーシャル・マーケティングと呼ばれる。

平成30年度　第33問

マーケティング概念に関する記述として、最も適切なものはどれか。

ア　近年では様々なソーシャルメディアが普及しており、とくに SNS を活用した顧客関係性の構築に基づくマーケティングのあり方は、ソーシャル・マーケティングと呼ばれている。

イ　ソサイエタル・マーケティング・コンセプト(societal marketing concept)では、標的市場のニーズや欲求、利益を正しく判断し、消費者と社会の幸福を維持・向上させる方法をもって、顧客の要望に沿った満足を他社よりも効果的かつ効率的に提供することが営利企業の役割であるとしている。

ウ　マーケティングは営利企業の市場創造においてだけでなく、美術館や病院、NPO などの非営利組織にも適用されているが、非営利組織のマーケティングにおいてはマーケティング・ミックスのうちの価格要素の持つ相対的重要性は低い。

エ　マーケティング・ミックスの４つのＰは買い手に影響を与えるために利用できるマーケティング・ツールを売り手側から見たものであるが、これらを買い手側から見ると４つのＣとしてとらえることができる。4Ps の Place に対応するものは、Customer cost、つまり顧客コストである。

オ　マーケティング・ミックスは企業が設定した標的市場においてそのマーケティング目標を実現するための一貫したツールとしてとらえられるが、そのうちの販売促進の修正は、他のマーケティング・ミックス要素の修正と比べて長期間を要するものである。

第**14**章 問題 消費者行動と市場戦略

I 消費者行動分析

平成**24**年度 第**28**問

次の文章を読んで、下記の設問に答えよ。

モチベーション・リサーチでは、消費者の購買行動の根底にある深層心理を探るため、様々な定性調査手法が用いられる。たとえば、「ダイエットについて一般的な主婦はどう考えているでしょうか」といった質問への回答が専門家によって分析される。

モチベーション・リサーチの方法論には、いくつかの問題点が指摘されていたが、近年、インターネット調査とテキスト・マイニングを用いることでその問題が克服されるようになっている。

（設問1）

文中の下線部①のような調査手法の名称として最も適切なものはどれか。

ア　語句連想法　　イ　第三者技法　　　　ウ　文章完成法

エ　物語法　　　　オ　ロールプレイング法

（設問2）

文中の下線部②に関連して、モチベーション・リサーチの方法論上の問題として最も適切なものの組み合わせを下記の解答群から選べ。

a　サンプル・サイズの確保が困難。

b　解釈の客観性の確保が困難。

c　ビジュアル助成が困難。

d　非合理的な動機の把握が困難。

558　第2部　テーマ別1次過去問集

〔解答群〕

ア　aとb　　イ　aとd　　ウ　bとc　　エ　bとd　　オ　cとd

平成**29**年度　第**33**問

　消費者の購買意思決定に関する記述として、最も適切なものはどれか。

ア　原材料や味に特徴がある多様なドレッシングが販売されている。アサエルの購
　買行動類型によれば、商品間の差を理解しやすく、低価格で特にこだわりもなく
　購入できる商品に対して、消費者は多くを検討することなく、慣習的な購買行動
　をとりやすい。

イ　テレビを買い替える場合、過去の使用経験から特定ブランドに好ましい態度を
　有している消費者の多くは、他ブランドを詳しく検討することなく、当該ブラン
　ドを選ぶことがある。こうした決定方略は連結型と呼ばれる。

ウ　特別な人に贈る宝石の購入は重要性の高い買い物であるが、一般の消費者は宝
　石の良し悪しを正確に判断できない。アサエルの購買行動類型によれば、こうし
　た場合に、一般の消費者は複雑な情報処理を伴う購買行動をとりやすい。

エ　パソコンの購入に際して、消費者は最も重視する属性で高評価な候補製品を選
　び、その属性で候補製品が同評価であれば、次に重視する属性で選ぶ場合があ
　る。こうした決定方略は辞書編纂型と呼ばれる。

オ　マンション購入に際して、消費者は価格、立地、間取り、環境や建設会社な
　ど、検討すべき属性を網羅的にあげ、候補物件において全属性を評価し、総合点
　が高い選択肢を選ぶことがある。こうした決定方略はEBA型と呼ばれる。

平成**24**年度　第**26**問

　次の文章を読んで、下記の設問に答えよ。

　関与と知識は消費者行動、とりわけ購買意思決定に大きな影響を及ぼす。たとえ
ば、消費者が重視する情報源は、関与と知識の水準によって表のように異なってい
る。

問題編　**559**

	関与	
	高	低
知識　高	A	B
低	C	D

（設問1）

　文中の下線部の「関与」に関する記述として最も適切なものはどれか。

ア　感情的関与によって形成された態度は変化しにくい。

イ　関与が高まってくると消費者の情報処理は単純化される。

ウ　関与が高まってくると消費者の注意や情報探索の量が増加する。

エ　ブランドに対する関与の水準は、そのブランドを含む製品カテゴリーに対する関与に規定される。

（設問2）

　表のA～Dにあてはまる語句の組み合わせとして最も適切なものはどれか。

ア　A：製品仕様書　　　B：店頭の現物　　　C：販売員の説明
　　D：テレビCM

イ　A：製品仕様書　　　B：販売員の説明　　C：店頭の現物
　　D：テレビCM

ウ　A：テレビCM　　　B：製品仕様書　　　C：店頭の現物
　　D：販売員の説明

エ　A：テレビCM　　　B：店頭の現物　　　C：販売員の説明
　　D：製品仕様書

オ　A：販売員の説明　　B：テレビCM　　　C：製品仕様書
　　D：店頭の現物

平成26年度　第30問

次の文章を読んで、下記の設問に答えよ。

　消費行動の分析においては、一般的に消費者個人ではなく、家族という
　　A　　単位、あるいは家計という　　B　　単位が基本的な分析の単位として
用いられる。その理由は、　　C　　の選択や　　D　　の配分において、家族人
数に代表される規模的要因が大きく影響するため、個人ベースでの分析よりも家計
単位での分析が適しているからである。

　　D　　の配分としての消費行動は、生活様式や　　C　　によって規定され
るが、消費行動を分析する視点には、3つの代表的アプローチがある。それらは、
①ライフサイクル・アプローチ、ライフスタイル・アプローチ、ならびに②ライフコー
ス・アプローチである。いずれも、生活主体としての家族ないし個人の生活構造上
の特徴に着目し、その集約的指標と消費行動とを関連付けて分析するための視点で
ある。

（設問1）

　文中の空欄A～Dに入る語句の組み合わせとして、最も適切なものはどれか。

　ア　A：社会　　　B：経済　　　C：消費様式　　　D：支出

　イ　A：社会　　　B：契約　　　C：購買様式　　　D：支出

　ウ　A：生活　　　B：経済　　　C：購買行動　　　D：権限

　エ　A：生活　　　B：契約　　　C：購買行動　　　D：権限

　オ　A：文化　　　B：社会　　　C：購買様式　　　D：資源

（設問2）

　文中の下線部①に示す「ライフサイクル・アプローチ、ライフスタイル・アプ
ローチ」に関する記述として、最も適切なものはどれか。

　ア　近年の家計調査によれば、家族ライフサイクルの終点近くに位置する後期高
　　齢者による耐久消費財支出の増加傾向が読み取れる。

　イ　ライフサイクル・アプローチに示されるフルネスト（full nest）段階におかれ

問題編　**561**

た家計の消費支出をみると、医療、外食、ファッションといった項目の構成比が高まることが分かる。

ウ　ライフサイクル・アプローチは、家族という集団を人の一生に例え、「家族のライフサイクル」の普遍的な共通性に着目したアプローチである。個別の家族に固有な出来事の影響を反映した分析を行う点に最も大きな特徴がある。

エ　ライフスタイル・アプローチは、モチベーション・リサーチやパーソナリティ研究から発展したサイコグラフィクスを源流とするとされる。

（設問3）

　　文中の下線部②に示す「ライフコース・アプローチ」に関する記述として、最も適切なものはどれか。

ア　Fさんは、アメリカ人の夫とともに英会話による学童保育施設を開業した。これは DINKS 型ライフコースを選択する家族の増加を受けてのことである。

イ　ライフコース・アプローチでは、近年着目される「絆」の重視や「家族回帰」を通じた家族や友人グループの中での合意に基づいた集団的な意思決定の影響が尊重されている。

ウ　ライフコースの概念では、ライフイベントごとの選択のあり方が個々の人生の道筋の多様化を生み出すとされている。これら選択の多様化によって、社会人教育や婚活（結婚活動）など新たな消費機会が生まれる。

エ　ライフコースの複雑化により、年齢別労働力率曲線にみる女性の年齢階級別の就労状況は「V字曲線」と呼ばれるようになっている。

平成**20**年度　第**36**問

　消費者の購買行動は、いくつかの段階を経て行われている。これに関する記述として、最も不適切なものはどれか。

ア　ある特定の商品カテゴリーにおけるさまざまなブランドに関する消費者の知覚を図にしたものを知覚マップという。

イ　高関与の場合には、その商品カテゴリーの関心度が高いので、広範囲に情報探索活動が行われる。

562　第2部　テーマ別1次過去問集

ウ　購買行動の出発点となる問題認識は、最寄品の場合、家庭内ストックのような内部と、広告などの外部からの刺激が主な要因となる。

エ　消費者が商品を評価する際には、選好が重要であり、これは、この消費者の主観的評価に基づくものである。

オ　選択の対象として、存在を知っている商品のすべてについて、情報収集・評価を行う傾向にある。

平成**25**年度　第**25**問

次の文章を読んで、下記の設問に答えよ。

消費者の購買意思決定プロセスにおいては、特定の情報発信型消費者が他の消費者に対して強い影響力を持つことがある。このように情報源としてとくに重視される人々は　　A　　集団と呼ばれる。この種の集団には憧れや分離の対象といった個々の消費者が直接的な接点を持たない対象だけでなく、学校や職場、サークルなどのように実際に消費者自身が所属している集団も含まれる。

ロジャースによる普及理論は、　　B　　が特定の製品を採用することが新製品普及の最初のステップであるとしている。ハイテク技術を観察対象としたムーアの研究では、この次の段階にくる初期多数派への普及がいかに速やかに行われるかが製品普及の分かれ道であるという結論が導かれている。この分かれ道は　　C　　と名付けられた。

これに対してオピニオンリーダー理論では特定の製品分野についての深い専門知識を持った人々が、新しい製品に関する情報を収集し、自ら編集したメッセージで情報発信することの重要性が示されている。

オピニオンリーダーとは対照的に製品カテゴリ横断的な幅広い知識を持ち、さらには知識を伝える方法も幅広く持っていることに特徴づけられる情報発信型消費者は　　D　　と呼ばれている。このタイプの消費者は、インターネット上のコミュニティやソーシャルメディア上で情報を拡散させるコミュニケーション機能を果たす極めて現代的な情報発信者といえるだろう。

（設問1）

　文中の空欄A～Dに入る語句の組み合わせとして、最も適切なものはどれか。

ア　A：参照　　　　　　　B：イノベーター　　　C：キャズム
　　D：リードユーザー

イ　A：参照　　　　　　　B：インキュベーター　C：ディバイド
　　D：マーケットメーカー

ウ　A：準拠　　　　　　　B：イノベーター　　　C：キャズム
　　D：マーケットメイブン

エ　A：準拠　　　　　　　B：リードユーザー　　C：ディバイド
　　D：マーケットメーカー

オ　A：ミラー　　　　　　B：リードユーザー　　C：ディバイド
　　D：マーケットメイブン

（設問2）

　文中の下線部に示す「購買意思決定」についての消費者または企業の行動に関連する記述として、最も適切なものはどれか。

ア　ある小売商が店頭で靴下の「よりどり3点600円」の販促を実施した。多くの消費者は売れ筋の商品だけでなく、単独の販売ランキング下位の商品も購買していた。これは、バラエティ・シーキング論の主張と一致する。

イ　個々の消費者による購買行動はその人物の文化的、社会的、個人的、心理的な特性の強い影響を受けるが、マーケターに与えられた役割はこれらの特性を変容させることである。

ウ　消費者がある製品に対して高い製品関与水準を持つとき、この消費者は自らが蓄積した豊かな製品知識を容易に参照できるため、購買意思決定プロセスは単純化する。これは精緻化見込みモデルによる見解である。

エ　生産財の購買は組織内の異なる部門や複数の階層から構成される購買センターを通じて行われるため、購買主体は十分な知識を持って迅速な意思決定を下すことができる。

令和元年度　第9問

新製品や新サービスを受け入れる市場が一様ではなく、いくつかの異なったグループによって構成されているとする考え方に、市場をマニア・マーケットと大衆マーケットとに分けて市場の顧客層の質的な違いに着目するキャズム（Chasm：市場の断層）の理論がある。

キャズムの理論に関する記述として、最も適切なものはどれか。

ア　キャズムの理論では、大衆マーケットにおける新製品や新サービスの急成長は、目利きの層（アーリー・アドプター）と流行を後追いする層（レイト・マジョリティー）に対し、並行的に受け入れられる必要がある。

イ　キャズムの理論では、大衆マーケットを構成する流行に敏感な層（アーリー・マジョリティー）にいかに受け入れられ、その需要を喚起するかが課題となる。

ウ　キャズムの理論では、大衆マーケットを構成する流行を後追いする層（レイト・マジョリティー）には受け入れられても、無関心の層（ラガード）に受け入れられるかどうかが問題となる。

エ　キャズムの理論では、まずマニア・マーケットを構成する新しいモノ好きの層（イノベーター）と無関心の層（ラガード）とに受け入れられることが必要である。

オ　キャズムの理論では、マニア・マーケットを構成する新しいモノ好きの層（イノベーター）に受け入れられ、いかに目利きの層（アーリー・アドプター）の反応を推測するかが問題となる。

令和2年度　第33問

消費者と社会的アイデンティティに関する記述として、最も適切なものはどれか。

ア　感覚や好みに基づいて選択される場合と異なり、専門的知識が必要な製品やサービスに関しては、消費者は属性や価値観が自分と類似している他者の意見やアドバイスを重視する。

イ　自己アイデンティティを示すため、消費者は拒否集団をイメージさせるブランドの選択を避ける傾向がある。この傾向は、他者から見られている状況において

問題編　**565**

行う選択よりも、見られていない状況において行う選択で顕著に強くなる。

ウ　自己概念において社会的アイデンティティが顕著になっている場合、自分が所属している内集団で共有される典型的な特徴を支持するようになる一方、自分が所属していない外集団すべてに対して無関心になる。

エ　自分に影響を与えようとする意図をもった他者が存在する場合、消費者の行動はその他者から強く影響を受ける一方で、単にその場にいるだけの他者からは、影響を受けることはない。

オ　自分に対する他者からの否定的な評価を避け、肯定的な評価を形成していこうとする欲求は自己高揚と呼ばれる。自己高揚のレベルが高い消費者は、自分の所属集団よりも、願望集団で使用されているブランドとの結びつきを強める傾向がある。

平成29年度　第35問

他者や他者集団が消費者行動に与える影響に関する記述として、最も適切なものはどれか。

ア　準拠集団とは、消費者の態度や行動の形成に影響を与える所属集団のことである。

イ　消費者間ネットワークを用いて広くマーケティング情報を伝えたいと考えるとき、消費者間の弱いつながりが重要な役割を果たす。

ウ　他者の購買に影響を与えるオピニオンリーダーは、新製品をいち早く購入するイノベーターと呼ばれる人々であることが多い。

エ　人の目に触れる場で使用される製品より、人の目に触れない場で使用される製品の方が、ブランド選択における他者集団の影響が大きい。

II 標的市場の決定

平成**20**年度 第**38**問

市場を、全体を 1 つとみないで、セグメントに分割する接近法がしばしば用いられている。この市場細分化の軸の説明として、最も不適切なものはどれか。

ア 居住地域は、市場細分化変数として有効性が高い。

イ サイコグラフィック変数は、刊行データによって入手することができる。

ウ デモグラフィック変数には、性別、年齢、所得などが含まれる。

エ ライフスタイルは、生活者の生活価値観に基づいている。

オ ロイヤルティは、市場細分化変数の 1 つとなっている。

令和**2**年度 第**29**問

次の文章を読んで、下記の設問に答えよ。

中小企業の X 社では、同社が数年間にわたって取り組んできた、温室効果ガスを一切排出しない新しい小型電動バイクの開発が、最終段階を迎えていた。同社では、この新製品を小型バイク市場または電動アシスト自転車市場等のどのようなセグメントに向けて発売するかについて検討を重ねていた。同時に、これらの市場においてどのような価格で販売するのがよいかについても、そろそろ決定する必要があった。

（設問 1 ）

文中の下線部①に関する記述として、最も適切なものはどれか。

ア 小型電動バイクと従来型のバイクとの主な差異は、エンジンの構造などの機能面に限定されるから、小型電動バイクにはライフスタイルに基づくセグメントは適さない。

イ 小型電動バイクの走行性能は従来型のバイクに比較して多くの面で劣るため、ベネフィットによるセグメントを検討することは、この製品にとって不利

であり、適切ではない。

ウ　従来型バイクのユーザーのパーソナリティに関する調査を実施した結果、保守的で権威主義的なユーザーは従来型のバイクを強く好むことが分かったため、これらのユーザーを小型電動バイクのターゲットから除外した。

エ　調査を実施した結果、「保育園に子供を連れて行くための静かで小型の乗り物」を求める消費者の存在が明らかになった。セグメントはより細分化することが必要なので、X社では保育園の規模、子供を連れていく時間帯などの変数を用いて、このセグメントをさらに細分化した上で、ターゲットを選定することにした。

（設問2）

　　文中の下線部②に関する記述として、最も適切なものはどれか。

ア　X社は、小型電動バイクの開発に要した数年にわたる多大な費用を早期に回収するため、初期価格を高く設定すると同時に多額の広告費を集中投入して、短期間に市場から利益を得る市場浸透価格戦略を採用することにした。

イ　X社は、小型電動バイクの発売に当たり、性能の差により下からA、B、C、Dの4モデルを検討していた。モデル間の性能差は実際には大きくないが、消費者に最上位モデルであるDの品質をより高く知覚してもらうため、モデルAからCまでは小刻みの価格差、CとDの間にはやや大きめの価格差を設定した。

ウ　あらかじめプロトタイプのテストを繰り返し、最終的に販売を想定した製品のコストに基づいて価格を決める「ターゲット・コスティング」の方法で価格を設定した。

エ　小型バイク市場では、非常に多くの競合企業間で激しい競争が展開されているため、売り手であるX社だけでなく、買い手である多くのユーザーも市場価格に対する極めて大きな影響力をもつ。

オ　ユーザーが製品やサービスのベネフィットに対して支払ってもよいと考える対価をベースに設定されるさまざまな価格設定方法を、一般にコストベース価格設定と呼ぶ。

平成22年度 第29問

次の文章を読んで、下記の設問に答えよ。

　新興のデザイン家電メーカーＸ社は、パソコンの基幹部品の標準化・汎用化が高度に進み、消費者のパソコン使用経験が深まっている現状を潜在機会としてとらえ、革新的な製品によるパソコン市場への参入を計画している。ただし、パソコン市場を概観すると製品ライフサイクルの成熟化段階に達しているため、同社の新製品開発に先駆けたマーケティング計画の策定過程では、構想力に満ちた魅力的な製品コンセプト・アイデアの創出に加え、消費者の知覚の立場からの市場分析が重要な課題となる。そこで同社は、社内の関連部署のスタッフによって構成されるブランド・チームをつくり、製品（ブランド）ポジショニングに関する検討を行っている。
①
②

（設問1）

　文中の下線部①に関する以下の文章の空欄Ａ～Ｃにあてはまる語句の組み合わせとして最も適切なものを下記の解答群から選べ。

　知覚品質とは、消費者が　　Ａ　　にとらえる品質のことである。消費者が高品質を知覚する製品は、その品質連想によって価格　　Ｂ　　が生み出されるため、その価格を下げたとしても需要数量に大きな変化が生じないことがある。このことは同製品の需要の価格　　Ｃ　　が小さい状況を意味する。また、同種製品市場で事業を展開する他社が類似製品の値下げを行ったとしても、同製品の需要数量に大きな変化が生じないことがある。これは、同製品の交差（交叉）　　Ｃ　　の低さを示しているといえる。

〔解答群〕

　ア　Ａ：社会的　　　　　Ｂ：エクイティ　　　Ｃ：弾力性

　イ　Ａ：主観的　　　　　Ｂ：ノベルティ　　　Ｃ：有効性

　ウ　Ａ：主観的　　　　　Ｂ：プレミアム　　　Ｃ：弾力性

　エ　Ａ：主体的　　　　　Ｂ：レバレッジ　　　Ｃ：有効性

　オ　Ａ：能動的　　　　　Ｂ：レバレッジ　　　Ｃ：差別性

問題編　**569**

（設問2）

　文中の下線部②に関する以下の文章の空欄A〜Dにあてはまる語句の組み合わせとして最も適切なものを下記の解答群から選べ。

　市場が成熟し、ひとつの製品市場に多くのブランドが登場するようになると、競争関係にあるブランドの製品との　A　を保ちながら、多くの消費者の　B　に近接したポジションを見出すことは難しくなる。つまり、有効な　C　を行うことのできるブランド・ポジショニングが、ますます困難になるということである。このような状況を打開するためには、　D　の活用が必要になってくる。

〔解答群〕

　ア　A：カテゴリ同調性　　　　B：カテゴリ認識点
　　　C：市場細分化　　　　　　D：製品差別化

　イ　A：関　連　　　　　　　　B：欲求充足点
　　　C：製品差別化　　　　　　D：ライフスタイル・セグメンテーション

　ウ　A：競合性　　　　　　　　B：関与増加点
　　　C：顧客指向化　　　　　　D：機動的な営業力

　エ　A：距　離　　　　　　　　B：欲求理想点
　　　C：製品差別化　　　　　　D：市場細分化

　オ　A：類似性　　　　　　　　B：カテゴリ認識点
　　　C：市場細分化　　　　　　D：異質需要に関する知識

（設問3）

　X社はパソコン市場への参入に際して、自社の資源・能力の特異性であるデザイン創造力を考慮し、パソコンの「本体のサイズ」と「マルチメディア対応度」をもとに消費者の知覚マップを作成した。他のメーカーの製品導入状況を分析しながら、自社製品のポジショニングの検討を行っている。この段階で用いられている資料は下図のとおりである。この図をもとにX社が計画している新製品開発とそのポジショニングについての記述として、最も不適切なものを下記の解答群から選べ。

なお、図中の小さな四角(■)は消費者の選好分布を、白抜きの大きな四角(□)は、他のメーカーによる既存製品のポジショニングを示している。X社が開発を検討している製品が想定するポジションは図中の大きな丸印(○)によって表示されている。図中の縦軸はマルチメディア対応度の高低を、横軸は本体サイズ(本体を設置した時の容積)の大小を指している。

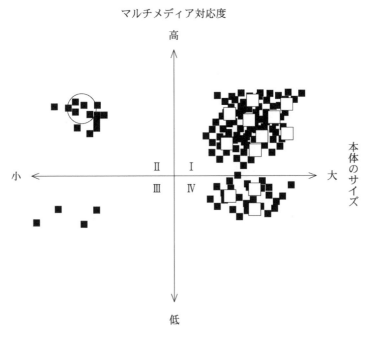

〔解答群〕
　ア　X社が開発を検討している製品はインテリア性が高く、家庭のリビングルームに設置し、テレビの地上デジタル放送の視聴や音楽ファイルの再生、電子マネーをつかったインターネット・ショッピングが可能なだけでなく、仕事や勉強にも快適に活用できるスペックを備えている。
　イ　X社のポジショニング計画は、いわゆるブルー・オーシャン(Blue Ocean)戦略としてとらえられるが、その市場成果はここでのブランド化によって吸収可能な消費者の数に依存している。
　ウ　X社は、種々の汎用部品を用いてコンパクトでスタイリッシュなシェル(筐体)仕様にすることにしたが、その際の大幅な費用増を相殺するために、

パソコン用液晶ディスプレイ・メーカーと長期契約を交わし、特定モデルの液晶部品を割引価格で調達しようとしている。

エ　X 社は競争相手による対応が行われていない未開拓のニーズに着目し、多機能がコンパクトにビルトインされた小型製品を開発し、象限Ⅱの標的市場での早期の製品普及後、象限Ⅰの大規模市場からの遷移顧客の獲得を企図している。

オ　マップ上の象限Ⅰに位置する企業は象限Ⅱにも参入することが可能である。したがって、X 社には先発の利益を獲得・維持するための工夫が必要とされる。

第15章 問題 マーケティング・ミックスの展開

I 製品戦略

平成28年度 第32問

顧客が製品やサービスに求める価値は、基本価値、便宜価値、感覚価値と観念価値の4つに分けられる。これらの価値に関する記述として、最も適切なものはどれか。

ア すべての価値を一度に高められない場合、基本価値のレベルにかかわらず、ターゲットに応じて他の価値のいずれかを強化することが得策である。

イ 製品やサービスが顧客にもたらす基本価値や便宜価値は、普遍性や安定性が高く、顧客は価値を理解しやすい。したがって、顧客の満足を得るために企業担当者は、常に、機能を増やし、効用を高め続けることを強いられている。

ウ 製品やサービスの感覚価値は、顧客の客観的な優劣判断を困難にする。そのため、この価値を高めることで、企業は一般的に価格競争に巻き込まれやすくなる。

エ 入手の難しい高価なブランドにおいては、観念価値の作用する割合が大きく、ブランドの歴史や物語などの訴求を通じて、ブランドの高い価値を支えている。

平成29年度 第36問

製品やサービスに関する記述として、最も適切なものはどれか。

ア 快適なドライブを楽しむことができた、子供の最高の表情を撮影できたといった消費体験を通じて、顧客は各製品に対する価値を見出す。このことを踏まえると、製品やサービス自体には価値の一部しか埋め込まれていないと考えられる。

イ 消費者は、製品が提供する便益やそれらがもたらす満足に消費の価値を見出す。ただし消費者が実際に手にするのは物的な製品自体である。そのため、企業は製品の提供価値よりデザイン、品質、特徴の検討を重視すべきである。

ウ ホテル業および鉄道業は、部屋あるいは列車（座席）といった有体財を顧客に提

問題編 **573**

供しているため、これらはサービス業と言い難い。

エ　マーケティング視点での製品開発におけるコスト設計では、製造コストと販売コストの低減がすべてにおいて優先課題となる。

平成22年度　第30問

明治40年から続く豆腐製造業を継いだA氏は、豆腐市場における価格競争の激化や原料価格の高騰によって、ここ数年の間、減収減益に悩まされており、A氏の豆腐工場は、今や廃業の危機に直面している。そこでA氏は既存の製品分野である豆腐製品を脱コモディティ化させるとともに、自社の資源を有効に活用できそうな新たな製品分野として手作りドーナツの製造に目をつけ、事業の再建を目指している。現在、A氏は、自社製品のブランド化とそのための資金調達に向けて、日夜奔走している。

以下はA氏が計画しているブランド構想についてのシナリオの一部であり、融資を相談している金融機関に対する説得材料でもある。このうち、最も不適切なものはどれか。

ア　A氏は、取引先の有力チェーン小売企業の棚の好位置により多くの新製品のフェイス獲得を図るため、その交換条件として同チェーンの安価なPB商品のための専用生産ライン増設への投資を検討している。

イ　A氏は製品による差別化だけでなく、自社製品の販売経路（チャネル）や営業手法による差別化機会を検討しているが、経験価値が重要となるドーナツの製造販売ではフランチャイズ方式による小売店舗網の構築を計画している。

ウ　持続的な競争優位を確立するためには、自社の内部だけでなく、外部の環境をしっかり把握しないといけないが、後者を分析するにあたっては競合に加え、異業種の市場の観察から市場創造の構想を練ることが欠かせない。

エ　消費者が、自社の製品の属性を識別し、明確に差別化されたものであるという知覚イメージをもつことがブランド化の要であるから、商品説明のためのコミュニケーションの基本として産業財の営業を参考にしようと計画している。

オ　豆腐の製造販売での新製品のブランド化を目指すにあたって、A氏は活気ある多くの商店街の空き店舗に簡易直営店を出店する計画を立てている。これは配送車両の積載率向上にもつながる。

平成30年度 第31問

製品開発に関する記述として、最も適切なものはどれか。

ア 「製品アイデア」とは企業が市場に提供する可能性のある製品を指すが、「製品コンセプト」といった場合には、これを顧客の立場から捉え、その製品が誰にとって、どのような時に、どのような問題解決をするものであるかを表現したものである。

イ 製品開発においては、顧客の潜在的な欲求や期待についての情報を様々なリサーチ手法を用いて捕捉し、そうしたニーズに基づいた開発を行うことが革新的な製品アイデアを導くための定石である。

ウ 製品開発の出発点は、新製品のアイデアを創出する過程であるが、そこでは社内外双方での情報収集が行われる。そのうち、社内におけるアイデアの源泉は研究開発部門と経営トップの2者に集約化されている。

エ 製品ライフサイクルの成熟期に差し掛かった製品のマーケティングにおいては、ユーザー数の拡大によって製品の売上向上を図る「市場の修正」と製品価格の値下げによる需要喚起を狙った「価格の修正」の2つの組み合わせによるリポジショニングを実施する必要がある。

令和元年度 第32問 設問1のみ

次の文章を読んで、下記の設問に答えよ。

製品開発を効果的に行うために、多くの場合、企業担当者は<u>製品開発プロセスを段階的に管理・実行</u>している。それぞれの段階において、調査や実験を行い、それ①ぞれの分析結果に基づき意思決定を繰り返すことで、新製品の成功確率を高めるよう努めている。

（設問1）

文中の下線部①に関する記述として、最も適切なものはどれか。

ア 「アイデア・スクリーニング」において、新製品アイデアが多い場合でも取捨

問題編　575

選択は十分に時間をかけて慎重に行うべきである。

イ　「市場テスト」では、実験用仮設店舗を用いて消費者の反応を確認するよりも、実際の市場環境で十分な時間や予算を投入して製品やマーケティング施策をテストするべきである。

ウ　開発中の製品および当該製品と競合する既存製品を対象に、消費者の「知覚マップ」を作成した場合、開発中の製品が空白領域に位置づけられたとしても、その製品に消費者ニーズや市場性があるとは限らない。

エ　新製品アイデアのスクリーニングの次に、アイデアを具現化させるための試作品開発段階である「プロトタイピング」に移る。製品アイデアを具体的な製品属性に落とし込む作業であるため、通常、技術担当者に全権が委ねられる。

オ　新製品開発に際して、市場規模を推定することは、製品開発の実現に投じる費用を誤って算定することにつながるため、不要である。

平成26年度　第1問

　市場の成熟期を迎えた製造業の企業は、これまでの経営戦略を見直し、成熟段階にふさわしい戦略をとることが重要になる。成熟期の戦略に関する記述として、最も適切なものはどれか。

ア　買い慣れた顧客が増えて、市場シェアを巡る競争は緩和するので、ブランド戦略を追求する。

イ　市場での競争が緩和するので、市場シェアの拡大のために生産や販売の分野に積極的な追加投資をすることが効果的になる。

ウ　市場や技術はほぼ安定するので、競争の重点をコストとサービスに置くようにする。

エ　通常、成熟期に向かうにつれて流通業者のマージンが減少し、撤退する流通業者が増えるので、製造業企業は強くなった交渉力を活かして流通支配力の強化を図る戦略を狙う。

オ　転用のきかない経営資源は、帳簿価格が清算価値を上回っていれば売却してキャッシュフローの増大を図る。

令和元年度 第28問

製品ライフサイクルの各段階に対応したマーケティングに関する記述として、最も適切なものはどれか。

ア　成熟期に入ると市場はより多くの消費者に支えられるようになるため、技術的に、より複雑で高度な製品の人気が高まる。

イ　導入期に他社に先駆けていち早く市場の主導権をとることが重要なので、投資を抑えつつ競合他社から明確に差別化された製品やサービスを導入期に投入することが望ましい。

ウ　導入期の主要顧客は市場動向や他者の行動を見ながら製品・サービスの購入を決める追随型採用者なので、このような消費者が抱える問題を解決できる製品・サービスを投入することが望ましい。

エ　導入期や成長期において市場の業界標準が成立する場合、これに準拠する、または対抗するなど、成立した業界標準に対応したマーケティングを実行することが望ましい。

平成21年度 第28問

次の文章を読んで、下記の設問に答えよ。

アメリカ・マーケティング協会によって説明されるように、一般にブランドとは「ある売り手の財やサービスが、他の売り手のそれとは異なるものであることを_____してもらうための、名前、用語、デザイン、シンボル、およびその他のユニークな特徴」であるとされている。現在では、ブランド概念のさまざまな側面②が議論されている。

（設問1）

文中の空欄に入る最も適切なものはどれか。

ア　広　告

イ　識　別

ウ　示　唆

エ　断　言

オ　明　言

（設問 2）

　　文中の下線部①に挙げられるものとして、ロゴ、キャラクター、パッケージ、スローガンなども、自社の製品を特徴づけ、他社製品と差別化するために用いられる代表的な知覚コードである。これらの総称として最も適切なものはどれか。

ア　ブランド・エクステンション

イ　ブランド・エレメント

ウ　ブランド・ライセンシング

エ　ポジショニング・ステートメント

（設問 3）

　　文中の下線部②に関連する以下の記述のうち、最も不適切なものはどれか。

ア　成分ブランドは、コ・ブランディング（Cobranding）の一種であり、最終製品自体がブランド化しているだけでなく、その製品に使用されているパーツなどもブランド化しているものである場合を指す。

イ　プライベート・ブランドは、卸売業者や小売業者による商標のことである。

ウ　ブランド・アイデンティティを確立するためには、ブランドの機能的便益だけでなく、情緒的・自己表現的便益を明確にすることが重要であり、それは顧客関係性の構築のためにも欠かせない。

エ　ブランド・エクイティとは、特定の組織にとって自社のブランドによって連想される内容から、その資産となる部分を総和したものであり、わが国においては、近年その測定についての標準算出式が導入されている。

オ　ブランド開発では「モノ」をどのような生活空間・生活場面と結び付け、「モノへの意味付け」を通じて価値や便益を創造・伝達し、どのように顧客との強力な関係性を構築するかが重視される。

平成23年度 第27問

次の文章を読んで、下記の設問に答えよ。

多くの製品がコモディティ化している今日の成熟市場では、消費者にとって価値あるブランドを創造・提供することが重要である。顧客ベースのブランド・エクイ
① ティという概念によれば、ブランドの強さは消費者の ［　A　］ によって決まる。
［　A　］ は、［　B　］ と ［　C　］ という2つの次元から構成される。強いブランドを構築するためには、ブランド要素の選択、支援的マーケティング・プロ
② グラムの開発、二次的な連想の活用によって、深く広い ［　B　］ と、強く、好ましく、ユニークな ［　C　］ を獲得する必要がある。

（設問1）

文中の空欄A～Cにあてはまる語句の組み合わせとして最も適切なものはどれか。

ア　A：ブランド・アイデンティティ　　　B：ブランド知識
　　C：ブランド・イメージ

イ　A：ブランド・イメージ　　　　　　　B：ブランド知識
　　C：ブランド・ロイヤルティ

ウ　A：ブランド・ロイヤルティ　　　　　B：ブランド認知
　　C：ブランド知識

エ　A：ブランド知識　　　　　　　　　　B：ブランド認知
　　C：ブランド・イメージ

オ　A：ブランド認知　　　　　　　　　　B：ブランド・アイデンティティ
　　C：ブランド・ロイヤルティ

（設問2）

文中の下線部①に関する記述として、最も不適切なものはどれか。

ア　成功している既存ブランドを利用することで、迅速かつ低コストで新製品を

問題編　**579**

導入することができる。

イ　製品ミックスの整合性が低下するほど、企業ブランドによって製品の意味を明確化する必要がある。

ウ　プライベート・ブランドは、ナショナル・ブランドと比べて、売上高に占める販売管理費が低いため、相対的に高い粗利益率を確保できる。

エ　ブランドによって、製品に対する消費者の知覚が変化することがある。

オ　ブランドの最も基本的な機能は、ある企業の製品を他の企業の製品から区別する識別機能である。

（設問3）

文中の下線部②に関する以下の文章の空欄A～Cにあてはまる語句の組み合わせとして最も適切なものを下記の解答群から選べ。

ブランドは様々な要素から構成され、それらによって消費者はブランドを知覚する。

　　 A 　　は視覚と聴覚に訴求することができるとともに、言語的な意味性も備えることができる。　　 B 　　は聴覚のみへの訴求だが、言語的な意味性は高い。

　　 C 　　は、視覚だけでなく触覚にも訴求できる点に特徴がある。

〔解答群〕

ア　A：キャラクター　　　　B：パッケージ　　　　C：スローガン

イ　A：ジングル　　　　　　B：キャラクター　　　　C：ロゴ

ウ　A：パッケージ　　　　　B：スローガン　　　　　C：ジングル

エ　A：ブランド・ネーム　　B：ジングル　　　　　　C：スローガン

オ　A：ブランド・ネーム　　B：スローガン　　　　　C：パッケージ

580　第2部　テーマ別1次過去問集

平成25年度 第29問

次の文中の空欄A～Dに入る語句の組み合わせとして最も適切なものを、下記の解答群から選べ。

　P氏はある酒屋の4代目として店を継ぐことになった。3代目からも聞いていたとおり、この店がある商店街は一昔前と比べると活気がなくなっている。

　P氏は自分の店の活性化策として　　A　　ブランド商品を品揃えの中核に据え、贈答用の小物や日常的に使用できる気の利いた雑貨もそのラインアップに加えた。美術大学で産業デザインを学び、コンテスト入賞経験を持つP氏は仕入れた商品に装飾を施すなど、　　B　　加工による独自の付加価値づくりを重視し、地域の消費者のギフト需要を吸収するようになっていた。

　P氏はさらに先代の時代から懇意にしていた取引相手である中小の地方酒造メーカー数社の同世代経営者と連携を深めていく。P氏は商店街の懸賞企画の一環で地域消費者の家庭での食生活や外食の嗜好についての大規模なアンケート調査を実施した。その結果、この地域市場には飲食料品の消費について明確な消費者クラスターが存在することが分かった。

　これを踏まえ、P氏は各酒造メーカーと原材料段階までさかのぼった共同商品開発に着手し、4種類の日本酒を　　A　　ブランド商品として導入した。その際、作り手の顔が見えるように、それぞれの酒造メーカーの企業名も併記する形のブランド名称を採用した。このようなブランド表記はダブル　　C　　と呼ばれる。

　P氏はこれら特異な商品を自店の　　D　　ブランドとして、商店街活性化のために活用しようと考えた。そして、地域の飲食店への卸売もスタートした。

〔解答群〕

ア　A：地域　　　　　　B：流通　　　C：マーク　　　　D：ラグジュアリー

イ　A：ナショナル　　　B：意匠　　　C：マーク　　　　D：小売店舗

ウ　A：プライベート　　B：意匠　　　C：マーク　　　　D：ストア

エ　A：プライベート　　B：自家　　　C：コンテンツ　　D：小売事業

オ　A：プライベート　　B：流通　　　C：チョップ　　　D：ストア

令和2年度 第34問

次の文章を読んで、下記の設問に答えよ。

企業は、ブランド・エクイティを創出し、維持し、強化するために、<u>自社ブランドの市場状況と製品状況を考慮しながらブランド戦略を展開している</u>。その成果を示す1つの指標が、毎年、ブランド価値評価の専門会社から発表される企業ブランド価値ランキングであり、それはランキングが上位であるほど<u>強いブランド</u>であることを示している。

（設問1）

文中の下線部①に関して、以下の表は、自社ブランドの市場状況と製品状況によって、当該ブランドが採るべき戦略を検討する際の戦略枠組みである。自社の既存ブランドが、既存市場において、新たなブランド名を付すことによって再出発を図るというCに該当する戦略として、最も適切なものを下記の解答群から選べ。

ここでいう市場とは、ニーズや用途を意味する。

		既存製品	
		既存ブランド	新規ブランド
市場	既存市場	A	C
	新規市場	B	D

〔解答群〕

ア　ブランド・リポジショニング

イ　ブランド開発

ウ　ブランド強化

エ　ブランド変更

（設問2）

文中の下線部②に関する記述として、最も適切なものはどれか。

ア　近年のグローバル版の企業ブランド価値ランキングではGAFAのようなIT
企業ブランドが存在感を増す中、日本版の企業ブランド価値ランキングでもモ
ノを中心に据えたブランドではなく、IT企業ブランドが上位を占めている。

イ　消費者のブランド選択は、想起集合に含まれる比較的少数のブランドの中か
ら行われる。しかし、近年のブランド数の増加に伴い想起集合サイズは大きく
なっているため、強いブランドが想起集合にとどまることは以前より容易に
なっている。

ウ　成分ブランディングは自社ブランドの品質評価を高める有効な方法である。
強いブランドほど、採用した成分ブランドによって良いイメージが生まれるた
め、1つの成分ブランドを採用する。

エ　同等の製品でも、強いブランドを付した製品は高値で取引されたり売上数量
が増加したりするなど、ブランドには顧客の知覚を変化させる機能があり、他
のブランドとの違いを生み出す原動力となっている。

オ　ブランド・エクイティとは、「同等の製品であっても、そのブランド名が付
いていることによって生じる価値の差」であり、多くのブランド連想を有する
ほどブランド・エクイティは高くなる。

Ⅱ　価格戦略

令和**元**年度　第**31**問

次の文章を読んで、下記の設問に答えよ。

原油や原材料価格の低下、あるいは革新的技術の普及は、製造ならびに製品提供
にかかる変動費を減少させるため、販売価格の引き下げが検討されるが、価格を下
げることが需要の拡大につながらないケースもある。企業は、需要の価格弾力性や
交差弾力性を確認したり、競合他社の動向や顧客の需要を分析、考慮したりして、
価格を決定する。

問題編　**583**

（設問1）

　文中の下線部①に関する記述として、最も適切なものはどれか。

ア　企業は、製品Ａの価格変化が製品Ｂの販売量にもたらす影響について、交差
　弾力性の値を算出し確認する。具体的には、製品Ａの価格の変化率を、製品Ｂ
　の需要量の変化率で割った値を用いて判断する。

イ　牛肉の価格の変化が豚肉や鶏肉の需要量に、またコーヒー豆の価格の変化が
　お茶や紅茶の需要量に影響することが予想される。これらのケースにおける交
　差弾力性は負の値になる。

ウ　消費者が品質を判断しやすい製品の場合には、威光価格が有効に働くため、
　価格を下げることが需要の拡大につながるとは限らない。

エ　利用者層や使用目的が異なるため、軽自動車の価格の変化は、高級スポーツ
　カーの需要量には影響しないことが予想される。こうしたケースの交差弾力性
　の値は、ゼロに近い。

（設問2）

　文中の下線部②に関する記述として、最も適切なものはどれか。

ア　ウイスキー、ネクタイ、スーツなどの製品では、低価格の普及品から高価格
　の高級品までのバリエーションを提供することがある。このように、複数の価
　格帯で製品展開することを「プライス・ライニング戦略」と呼ぶ。

イ　短期間で製品開発コストを回収することを目指して設定された高い価格を
　「スキミング価格」と呼ぶ。このような価格設定は、模倣されやすい新製品に最
　適である。

ウ　発売当日にCDやDVDを入手することに強いこだわりを持ち、価格に敏感
　ではない熱狂的なファンがいる。新製品導入にあたり、こうした層に対して一
　時的に設定される高価格を「サブスクリプション価格」と呼ぶ。

エ　若者にスノーレジャーを普及させるために、多くのスキー場は、往復交通費
　にウェアやスノーボードのレンタル料やリフト券を組み合わせた「キャプティ
　ブ価格」を設定し、アピールしている。

平成30年度 第34問

価格に対する消費者の反応に関する記述として、最も適切なものはどれか。

ア　2つの価格帯を用意した場合と、それらにさらなる高価格帯を追加し3つの価格帯を用意した場合のいずれにおいても、金銭的コストが最小となる低価格帯の商品が選択されやすい。

イ　健康効果が期待される菓子について、一般的に価格が高いとされる健康食品として購入者が認識する場合のほうが、嗜好品として認識する場合よりも高い価格帯で受容されやすい。

ウ　消費者は、切りの良い価格よりも若干低い価格に対して反応しやすい。これをイメージ・プライシングと呼ぶ。

エ　マンションを購入した人は、家具や家電品をあわせて購入することが多い。高額商品を購入した直後の消費者は、一般的に、支出に対して敏感になり、値頃感のある商品を求めやすいことが心理的財布という考えで示されている。

平成21年度 第22問

価格設定は、企業のマーケティング目的や、消費者心理を反映して行われる。以下の記述のうち、最も不適切なものはどれか。

ア　イメージ価格設定（イメージ・プライシング）は、消費者の自己イメージ形成欲求や顕示欲求が強い製品群において、とくに有効である。

イ　市場浸透価格（ペネトレーティング・プライス）の設定を通じて企業が市場占有率の最大化を目指すとき、ひとつには経験効果によって生産費用と流通費用が低減すること、いまひとつは市場の需要の価格弾力性が低いことが、その成功の条件となる。

ウ　消費者は、特定の製品の価格を正確に記憶していることは少ないが、過去の買い物経験などを通じて蓄積された内的参照価格と、値札情報など実際の買い物場面で提示されている外的参照価格の影響を受けて購買意思決定を行う。

エ　大規模な投資をともなう技術開発をベースとした新製品が市場に投入される際、上澄み吸収価格（スキミング・プライス）が用いられることが多い。企業がこ

の方法を採用するための前提条件は、利益を期待できる十分な数の買い手による需要が存在すること、さらにはイニシャル・コストが高いことから潜在的な競合企業の参入が困難なことである。

オ　同一の製品であっても、国内と海外、シーズン中とオフシーズン、あるいは業務用と家庭用などの区分によって、消費者間での需要の価格弾力性が異なることがある。

平成27年度　第28問

価格政策に関する記述として、最も適切なものはどれか。

ア　EDLP を実現するためには、メーカーとの交渉を通じて一定期間の買取り数量を決め、納入価格を引き下げ、価格を固定し、自動発注化や物流合理化などを促進する必要がある。

イ　キャプティブ（虜）・プライシングは、同時に使用される必要のある2つの商品のマージンを各々高く設定する価格政策である。

ウ　ターゲット・コスティングによる価格決定は、ある製品に要する変動費と固定費の水準をもとにして、そこにマージンを付加する方法である。

エ　日本の小売業では、チラシを用いた特売を活用したロスリーダー方式が採用される場合が多い。その主な狙いは消費者による単品大量購買を喚起することである。

平成22年度　第24問

現代においては、価格政策が他のマーケティング・ミックス要素（小売業者の場合は小売ミックス要素）と統合的に作用することで、企業の競争優位性が左右されるようになっている。現代の価格政策に関する記述として、最も不適切なものはどれか。

ア　小売業者が Hi-Lo 政策を導入し、フォワード・バイイングを行う場合、保管スペースが多く必要になったり、商品の鮮度が低下したりする。

イ　小売業者による EDLP 政策は、キャンペーンなどによる一時的な値引きを行わず、日常的に低価格で商品を販売する方法である。

ウ　情報化社会の進展に伴い、消費者のもつ製品知識水準が向上したため、価格の

品質バロメーター機能が作用しにくい状況が目立つようになっている。
エ　伝統的な価格設定方法のひとつにコスト・プラス法がある。この手法は、消費者の価格感度や製品市場での競争状況を価格設定に反映させている。
オ　プレステージ(Prestige)商品では、価格が低下するといったん需要が増加するが、さらなる低価格化が進むと需要は減少することも多い。

平成23年度　第26問

次の文章を読んで、下記の設問に答えよ。

近年、具体的な製品価格の決定に当たり、PSM (Price Sensitivity Measurement) 調査という方法が利用されるようになっている。PSMの基本的な考え方は以下のとおりである。

まず、消費者の受容価格に関する次の4つの質問がなされる。
①　どの価格で、その製品があまりにも安いので品質に不安を感じ始めますか。
②　どの価格で、品質に不安はないが、安いと感じますか。
③　どの価格で、その品質ゆえ、買う価値があるが、高いと感じ始めますか。
④　どの価格で、その製品があまりにも高いので品質が良いにもかかわらず、買う価値がないと感じますか。

下図の曲線a〜dは、この4つの質問に対する回答を示しており、aとbは価格の低い方からの、cとdは価格の高い方からの累積回答率でグラフ化されている。

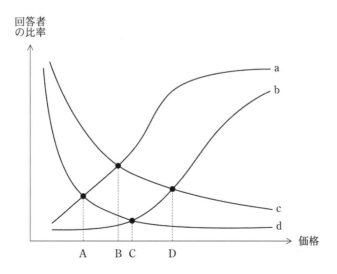

（設問1）

調査の質問①～④と、それぞれの回答率を示した図中の曲線a～dの組み合わせとして最も適切なものはどれか。

ア　①：a　　②：b　　③：c　　④：d
イ　①：a　　②：c　　③：b　　④：d
ウ　①：b　　②：a　　③：d　　④：c
エ　①：c　　②：d　　③：b　　④：a
オ　①：d　　②：c　　③：a　　④：b

（設問2）

この図から読み取ることのできる消費者の受容価格帯として最も適切なものはどれか。

ア　AB
イ　AC
ウ　AD
エ　BC
オ　BD

平成26年度 第31問

以下の図は、マーケティング・ミックスにおける価格の位置付けを示したものである。この図に関する記述として、最も不適切なものを下記の解答群から選べ。

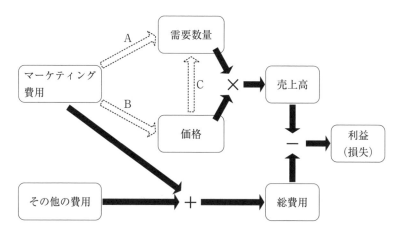

・図中の┈┈▷は、市場関係を表す。
・図中の━━▶は、組織内部の意思決定による定義関係を表す。
・図中の×、＋、－は、演算記号である。

〔解答群〕

ア　図中の点線 A に示す関係からは、広告や営業などの形で投下するマーケティング費用が需要数量の増加を意図していることが分かる。

イ　図中の点線 B に示すマーケティング費用と価格との関係からは、特定の製品の価格水準が、製品差別化の程度や販売経路の特徴といった他のマーケティング・ミックス属性の影響を受けていることが分かる。

ウ　図中の点線 C に示す関係からは、設定した価格によって需要数量が変動することが分かる。ブランド化した製品では需要の価格弾力性が大きくなり、高価格でも多くの販売数量の実現が可能となる。

エ　マーケティング費用は、管理費用などの間接費の製品配賦額や製造原価という直接費とは区別される、マーケティング活動に固有の費用として識別される。

III 流通チャネル戦略

平成 **22**年度 第**25**問

　ある地方都市の、手作りの折りたたみ式マウンテンバイクを製造する、小さな町工場の社長 Y 氏は、高視聴率を誇るテレビのビジネス情報番組で自社の製品が紹介されたことがきっかけとなり、全国から対応しきれないほどの数の引き合いを受けるようになった。昨今の健康ブームも相まって、自転車通勤に切り替えたり、週末にサイクリングで名所めぐりをする消費者が全国的に増加していることもあり、Y 氏はこの機会に自社で手作りする自転車を全国市場で販売することを決心した。その販売経路政策として、最も不適切なものはどれか。ちなみに Y 氏の町工場が生産する自転車の価格帯は、12 万円から 20 万円程度であり、テレビ報道を機に商標名の認知度も高まってきている。

ア　大手自転車メーカーと販売に関する提携をして、適切な小売店に納入していく。

イ　各々の地域市場において有力な自動車ディーラーの営業担当者を介した販売を進めていく。

ウ　自社製品の露出をできる限り高めるために、開放型チャネル戦略を展開する。

エ　全国市場でのテスト販売を兼ねて、まずは有力なインターネット・ショッピング・モールに出店し、売上の動向や収益性の判断を、相応の時間をかけて行う。

オ　大都市圏のみに数店舗を構えるライフスタイル型の専門店小売企業に取引先を限定し、高性能・高級ブランド自転車として販売していく。

平成 **21**年度 第**24**問

　ほぼ 100 ％ を PB(プライベート・ブランド)による品揃えとする、高級食品スーパーマーケット・チェーンを運営する A 社は、ある県の小売市場で急成長を遂げている。その県内で全 12 店舗を展開し、専用物流センターを活用している A 社は、提携する地域生産者および自社工場の稼働率を上げ、一定の規模の経済性を達成することを目指して、店舗網を拡大し、近隣都道府県へ進出することを計画している。A 社が現在検討している進出案に関する以下の記述のうち、最も不適切なものはどれか。

590　第 2 部　テーマ別 1 次過去問集

ア　A 社が使用する専用物流センターの効率的な稼働を考慮し、店舗網の拡大は、現在使用している物流センターのサービス範囲への集中出店(ドミナント出店)方式をとる。

イ　A 社の小売事業ブランド化は、強大な購買支配力(バイイング・パワー)をもとに展開されたものではなく、地域生産者とのパートナーシップによって支えられてきたので、店舗網の拡大後も、これらの生産者の成長を支援する役割が期待される。

ウ　A 社は、近隣都道府県への進出の一案としてフランチャイズ展開を計画している。それは、企業型垂直マーケティング・システム(企業型 VMS)の一形態である。

エ　A 社は、店舗網がある一定の地理的範囲を超えて、近隣都道府県の外部まで達した段階では、有休生産設備をもつ NB(ナショナル・ブランド)メーカーや進出先地域の生産者との間に新たに製造委託契約を交わすことができる。

オ　A 社は、より多くの地域に出店を進めることで、店舗業務や店舗支援業務が複雑になるので、より明確な目的意識をもってチャネル・リーダー(チャネル・キャプテン)としての役割を果たさなければならない。

平成**24**年度　第**32**問

　需要の不確実性の増大を背景に、多くの製品の流通・マーケティングは投機型から延期型に移行している。延期型のマーケティング・システムの構築の手段として、<u>最も不適切なもの</u>はどれか。

ア　POS システム

イ　SCM

ウ　SPA 型ビジネス・モデル

エ　製販連携

オ　大ロット生産

平成20年度 第39問

保管に関連する業務についての記述として、最も不適切なものはどれか。

ア　集品作業(ピッキング)において、バーコードを利用するスキャン検品を行う
　　と、単なるリストピッキングに比べてその精度は高まる。

イ　倉庫の中には、自動化が進んでいるものがあり、入出庫はコンピュータで管理
　　される。

ウ　貯蔵倉庫は、商品の品質保持や盗難予防が重要な要素となる倉庫である。

エ　保管拠点を増やすことは、サービス水準の向上と物流トータルコストの低減に
　　貢献する。

オ　流通倉庫は、検品、仕分け、品揃えなどを伴い、短期間だけ保管する倉庫であ
　　る。

Ⅳ　コミュニケーション戦略

令和2年度 第30問

広告に関する記述として、最も適切なものはどれか。

ア　BtoB マーケティングのコミュニケーションにおいては、受け手は特定少数の
　　顧客であるため、広告は不要である。

イ　広告効果階層モデルのうち「DAGMAR モデル」は、Desire, Attention, Grade,
　　Memory, Action, Recommendation を意味し、近年のオンライン上の消費者行
　　動を表す。

ウ　広告予算の算出方法には売上高比率法、競争者対抗法、タスク法などがある
　　が、これらのどれも用いずに、単純に前期の広告予算実績に基づいて広告予算を
　　決めている企業も多い。

エ　テレビ CM でメッセージを途中まで流し、「続きはこちらで」などとして検索
　　ワードを表示し Web に誘導しようとする方法は、「ステルス・マーケティング」
　　として非難される場合が多く、消費者庁も注意を喚起している。

平成27年度 第33問

プロモーションに関する記述として、最も適切なものはどれか。

ア　コーズリレーテッド・マーケティングは、一般的に、当該企業の事業収益と関連づけない。

イ　パブリシティについては、原則として、ニュース性の高い情報であれば、企業がコントロールすることができる。

ウ　パブリックリレーションズでは、製品、人、地域、アイデア、活動、組織、さらには国家さえも対象としてコミュニケーションを実施する。

エ　プロモーションミックスとは、広告、セールスプロモーション、パブリックリレーションズ、インベスターズリレーションズの4つの活動を、マーケティング目標に応じて適切に組み合わせることをいう。

平成21年度 第27問

数多くのブランドを展開する中堅アパレル・メーカーのC社では、各ブランドのプロモーション活動が局地的に実施されてきたことが理由で、企業理念と各ブランドの戦略が結びつかない状況に陥り、その結果、顧客離れが進んでしまった。この状況を打破するために、同社は、統合マーケティング・コミュニケーション(IMC)の視点の導入を図っている。IMCに関する以下の記述のうち、<u>最も不適切</u><u>なものはどれか。</u>

ア　IMCのアプローチは、顧客関係性に重点を置いているため、そのコミュニケーション目的は、市場占有率だけでなく、顧客シェア、つまり顧客の生涯価値の重要性に着目する。

イ　IMCの枠組みでは、コミュニケーション投資の効果、つまり投下資本回収率の計測を重視しているが、現実にはこれを測定することは非常に難しい。

ウ　IMCは伝統的な広告と同様、送り手から受け手に対する一方通行のコミュニケーションであることに変わりはないが、顧客起点である点と、顧客を含むステークホルダーへの配慮に重点を置いている点がユニークな特徴である。

エ　広告、販促、広報のいずれもが、企業の発信するコミュニケーション活動であ

り、これらは企業理念、企業戦略、事業戦略、ブランド戦略の中で一貫性をも
ち、いわば「ひとつの統一されたメッセージ」で結びつけられることが欠かせな
い。

オ　伝統的なマーケティング・コミュニケーションでは、一定の期間に集中的にコ
ミュニケーション投下を行っていたが、IMCでは複数のプロモーション・ミッ
クス要素を組み合わせて断続的な働きかけを行っていく。

平成24年度　第31問

　製品ライフサイクルの段階に対応した消費財のプロモーション戦略に関する記述
として、最も不適切なものはどれか。

ア　成熟期においては、自社ブランドに対するロイヤルティを維持したり、買い替
えや買い増しを刺激するために、リマインダー型広告が重要となる。

イ　成熟期の広告では、機能面での差別化よりもイメージ面での差別化が重要にな
ることが多い。

ウ　成長期には、自社ブランドの市場シェアを拡大するために、情報提供型広告に
よってブランド選好を確立する必要がある。

エ　導入期には、消費者向けSP（セールス・プロモーション）だけでなく、流通業
者向けSPによって製品の取り扱いを確保することも重要である。

オ　導入期の広告出稿においては、フリークエンシーよりもリーチの方が重要であ
る。

平成20年度　第29問

　女性がスパやエステティックサロンを選択する場合、口コミの利用が多く、広告
なども活用されている。事前に客観的な評価がしにくいので、消費者はその選択に
際して適切な情報を得にくいという状況にある。それは、欧米においても同様であ
り、調査員の公正な調査に基づくガイドブックが発行されたりしている。その日本
版の出版に関して、最も不適切なものはどれか。

ア　インターネットを通じて利用客の声を多数集め、それを調査対象選定に活用す

ることによって、ガイドブック購入者の参加意識を高めることが重要である。

イ　ガイドブック自体の認知度を高めるために、日本版の出版発表の前に、欧米版のガイドブックの認知度を高めるためのパブリシティを積極的に行うことが重要である。

ウ　このガイドブックの主要な読者層と重なる女性誌とタイアップして、その女性誌の名前を冠したガイドブックにすることが重要である。

エ　信頼度が判別できない情報が多数あるので、調査員による信頼度の高い公正な情報を提供することが重要である。

オ　若い女性の旅行目的の１つとして、スパやエステティックサロンが挙げられることがあるので、都市だけでなく、リゾート地のホテルのスパやエステティックサロンも対象に加えるのが重要である。

平成20年度　第37問

販売促進活動は、社内に向けても実施されている。これに関する記述として、最も不適切なものはどれか。

ア　シーズンオフ期における販売を刺激するために社内向けの販売促進が行われることがある。

イ　社内向けの販売促進の目的の１つには、顧客への訪問回数を促すことがある。

ウ　新製品発売時には、製品コンセプトを明確に理解できるようにセールスマニュアルを用意する。

エ　スキル向上を狙って、従業員対象の研修やセミナーが行われる。

オ　セールスコンテストは、社員の緊張感を維持するために、通常は通年行われている。

平成30年度　第35問

次の文章を読んで、下記の設問に答えよ。

プロモーションの役割は、<u>広告、販売促進、人的販売、パブリックリレーションズ(PR)の４つの手段</u>を用いて、製品やサービスに関する情報を伝達し、魅力をアピールし、販売を促進することである。プロモーション効果を高めるためには、そ

の目的や、対象となる製品・サービスの特性および知名、理解、好意・選好、購買、再購買といった購買プロセスの段階に応じて、4つのプロモーション手段を使い分けたり、適切に組み合わせたりすることが重要である。

（設問1）

　　文中の下線部①に関する記述として、最も適切なものはどれか。

　ア　2016年度の日本の広告費に関する注目点は、製作費を含むインターネット広告費が、はじめて、テレビメディア広告費を上回ったことである。

　イ　従業員と家族を対象にした運動会や部署旅行および従業員の家族を対象にした職場見学会を実施する企業が出てきている。これらの活動はPRの一環と捉えることができる。

　ウ　人的販売は、テレビ広告と比較して、到達する消費者1人当たりの情報伝達コストが小さい。

　エ　パブリシティは、企業や製品に関する情報の公表を通じて、新聞や雑誌などのメディアに取り上げてもらうための広告活動の1つである。

（設問2）

　　文中の下線部②に関する記述として、最も適切なものはどれか。

　ア　4つのプロモーション手段の重要性は、対象が消費財か生産財かによって変わるが、いずれの場合も、広告が最も重要である。

　イ　企業が広告を作成する狙いには、再購買時のブランド想起を促進したり、購買後に消費者が感じる認知不協和を減らしたりする効果を生み出すことが含まれる。

　ウ　製品やサービスに対する知名率や理解率が高いものの購買に至らない場合、買い手の当該製品やサービスに対する関与の高低にかかわらず、短期的なインセンティブを提供する販売促進が最も有効である。

　エ　プッシュ戦略と比較して、プル戦略の場合、一般的に、人的販売が重要視される。

平成24年度　第33問

次の文章を読んで、下記の設問に答えよ。

2000年代に入ったころから、インターネットにおいて、ブログをはじめとする
　A　が消費者の間で爆発的に普及した。　A　は消費者間での情報のや
り取りを促進し、CtoCコミュニケーションを強力なクチコミの場へと成長させた。
その後、2000年代後半になると、SNSや動画共有サービスなど、新たなツールが
目覚ましく発達し、　A　はソーシャル・メディアと呼ばれることが多くなっ
た。

　現在では、ソーシャル・メディアは「信頼や評判を稼ぐメディア」(Earned
Media)の主要な一部として、広告やスポンサーシップのような　B　、自社
サイトや販売員のような　C　と並ぶ、重要なマーケティング・コミュニケー
ション・ツールと考えられるようになっている。

（設問1）

　文中の空欄A～Cにあてはまる語句の組み合わせとして最も適切なものはど
れか。

ア　A：CGM　　　B：Owned Media　　C：Paid Media

イ　A：CGM　　　B：Paid Media　　　C：Owned Media

ウ　A：CRM　　　B：Owned Media　　C：Paid Media

エ　A：CRM　　　B：Paid Media　　　C：Owned Media

（設問2）

　文中の下線部の「クチコミ」に関する記述として、<u>最も不適切なものはどれか。</u>

ア　インターネット上のクチコミは対面でのクチコミよりも、広く速く情報が伝
　　播する。

イ　クチコミをマーケティング・コミュニケーションのツールとして利用する場
　　合、倫理ガイドラインを整備・遵守する必要がある。

ウ　購買意思決定においてクチコミが重視される原因のひとつに、消費者の情報

問題編　**597**

過負荷がある。

エ　コメント書き込みやトラックバックといった強力なリンク機能によってブログは情報伝播を促進した。

オ　消費者の購買意思決定段階の後半になるほどクチコミの影響は小さくなる。

平成25年度　第27問

次の文章を読んで、下記の設問に答えよ。

　ある金曜日の夕方、機械部品メーカーの2代目経営者のYさんは取引先とのミーティングを終えると足早に家電専門店チェーンの大型店舗に立ち寄った。この店舗は駅に隣接したショッピング・センター(SC)のテナントとして出店している。Yさんは、取引先が国際展開をしていることがきっかけで自社の創業以来はじめて海外市場へのアプローチに着手した。海外のエージェントとのリアルタイムの会議を円滑に行うために、翻訳機能付きの電子手帳の購入を検討している。

　いくつかの商品を比較している最中に、Yさんのスマートフォンにeメールが送られてきた。この家電専門店チェーンのウェブ店舗からのものだった。メールをあけてみると、数日前にYさんがスマートフォンを使ってこの小売業者のウェブ店舗で検索し、「お気に入り(bookmark)」に登録していた電子手帳の詳細情報が記載されている。また、このSC内店舗での売場の位置と①実際にこの商品を購入し、使用している消費者によるレビューが紹介されている。メールを見ながら売場に移動し、この電子手帳を手に取ってみるとYさんが今必要としている機能が満載の商品であることが分かった。

　Yさんはおもむろにこの商品の型番をスマートフォンに入力し、検索をかけてみた。すると、別の家電専門店のウェブ店舗では全く同じ商品が5,000円安い価格で販売されていることが分かった。Yさんは、早速この電子手帳をスマートフォンサイト経由で注文し、クレジットカードで決済した。また、このネットショッピングで②Yさんは購入額の10％のポイントを獲得した。日曜日の朝、Yさんは電子手帳を受け取り、あれこれ操作を試し、海外エージェントとのミーティングで想定されるフレーズを学習した。

（設問１）

　　文中に示すＹさんの行動に関する記述として、最も適切なものはどれか。

ア　ＹさんはSC内の家電専門店チェーンの店舗に立ち寄った際にこのチェーン
　　のウェブ店舗からeメールを受け取ったことで、AIDMAでいえばM
　　(Memory)にあたる内容を活性化することができた。

イ　Ｙさんは金曜日の夕方にSC内の家電専門店チェーンの店舗に立ち寄る前
　　に、このチェーンのウェブ店舗で翻訳機能付きの電子手帳を網羅的に検索して
　　いたので、買い物出向前に明確なブランドの選好マップが形成されていたとい
　　ってよい。

ウ　Ｙさんは店頭で受け取ったeメールを読むとすぐさま商品関連情報を検索
　　し、電子手帳の購買にいたる意思決定を行った。この一連の流れの中でＹさ
　　んはコミュニケーションに対する消費者の反応（購買）プロセスモデルのひとつ
　　であるAISASに含まれるすべてのステップを踏んでいたといえる。

エ　今回のＹさんの電子手帳の購買プロセスの一部にも見られたような、「実際
　　の店舗で商品の実物展示を体験してから、より低い商品価格と消費者費用で同
　　じ商品を購入することのできるウェブ店舗を探してそこで購買を行う」タイプ
　　の行為は一般にブラウジング(browsing)といわれている。

（設問２）

　　文中の下線部①に示す「消費者によるウェブ上のレビュー」は、情報化時代にお
けるある種の口コミとしてとらえることができる。顧客満足と口コミに関する記
述として、最も適切なものどれか。

ア　Ｙさんが最終的に電子手帳を購入した家電専門店のウェブ店舗では、購入
　　後の返品・交換時の送料や手数料を無料にするサービスを提供している。この
　　サービスは消費者の認知的不協和をできる限り軽減・解消することを意図した
　　ものであるといえる。

イ　一般に消費者は満足時よりも不満足時に多くの口コミを行うといわれてい
　　る。とくに消費者による熟知性が高いブランドでは、ネガティブな口コミによ
　　って消費者の購買意図が顕著に低下する効果が見られるため注意が必要であ

る。

ウ　高水準の顧客満足が実現すると既存顧客の忠誠顧客化による反復購買が行われるようになるだけでなく、満足顧客による口コミが新規顧客の獲得を支援するようになる。新規顧客獲得費用は既存顧客の維持費用よりも一般的に低いため、企業は積極的に優良顧客による口コミの影響を活用することが望ましい。

エ　顧客満足の理論によれば、顧客満足・不満足の程度は事前の期待度とは関係なく、対象商品の品質の良しあしの水準によるという点が強調されている。

（設問3）

文中の下線部②は、セールス・プロモーション（SP）に関連する記述である。SP に関する記述として、最も適切なものはどれか。

ア　1970 年代までは日本のメーカーにおいて SP 費が広告費を上回る状況が続いていたが、この 30 年間に数多くの企業がグローバル企業へと成長したこともあり、両者の比率が逆転している。

イ　Y さんが以前に同じ家電専門店チェーンの実店舗でスマートフォンを購入した際、専用ケースをおまけとして受け取った。この種の SP は長期的なブランド忠誠の醸成を支援する効果を持つ。

ウ　購買金額の一定割合が付与されるポイントサービスは、主として将来の値引きを約束する SP であり、顧客の再来店を促す役割を果たしている。

エ　メーカーによるインセンティブは消費者のみをターゲットとしており、具体的な活動には特売価格の提供、景品コンテスト、サンプリング、POP 広告などがある。

第16章 問題 応用マーケティング

I 関係性マーケティング

平成20年度 第34問

　ブランドの資産価値を考えることとあわせて、顧客の資産としての価値（顧客資産）を考えることが増えてきている。そこでは、新規顧客の獲得、既存顧客の維持、追加販売の3つの要素が考えられる。これに関する記述として、最も不適切なものはどれか。

ア　顧客維持による収益が高いと見込まれる場合ほど、顧客獲得への投資は大きくなる傾向にある。

イ　顧客維持による収益が高くなく、顧客獲得時の投資を回収する期間が短い場合には、その顧客からの次期の収益を考えて投資する傾向にある。

ウ　顧客獲得の対象となるセグメント数を増加させるにつれて、増やしたセグメントでのレスポンス率が徐々に低下していく傾向にある。

エ　見込み顧客の将来価値を予測して、それがその顧客の獲得コストを上回るかぎり顧客獲得に投資する傾向にある。

II 顧客関係性管理 (CRM)

平成28年度 第28問

　売り手とその顧客との関係性に関する記述として、最も適切なものはどれか。

ア　航空会社やホテル、スーパーやドラッグストアなどにおける CRM プログラム導入事例に触発された大規模飲料メーカー A 社は、一般的に低コストでできる仕組みであるため、最終消費者を対象とした顧客関係管理システムを導入した。

イ　地域スーパーの経営者 B 氏は、ロイヤルティ・カードを通じて収集した顧客の購買データを見て驚いた。既存顧客の下位1割は、特売商品ばかり購入しており、損失をもたらしているのだ。この種の顧客はとくに、ミルクスキマーと呼ば

問題編　**601**

れる。

ウ　ファストフードチェーンのC社は、ID-POSの導入にあたって、「リレーショ
　　ンシップ・マーケティングは、顧客との関係性を深め、継続・拡大する考え方だ
　　から、個々の顧客を特定するための有用なデータを集めていく必要がある」とい
　　う発想を持っていた。

エ　訪問販売による小売業者D社は、ここ数年、既存顧客の高齢化とともに顧客
　　数の減少に悩まされている。そこで、一般的に既存顧客の維持よりも費用がかか
　　らないことから、新規顧客の獲得にシフトしていく意思決定を行った。

平成**30**年度　第**36**問　設問1のみ

次の文章を読んで、下記の設問に答えよ。

　顧客リレーションシップのマネジメントにおいて、企業は、<u>収益性の高い優良顧客を識別し、優れた顧客価値を提供することで関係性の構築、維持、強化に努め、</u>
①
ブランド・ロイヤルティなどの成果を獲得することを目指している。

（設問1）

　文中の下線部①に関する記述として、最も適切なものはどれか。

ア　初めて購入した顧客がリピート顧客、さらには得意客やサポーターになるよ
　　うに、関係性にはレベルがある。自分のすばらしい経験を、顧客が他者に広め
　　ているかどうかは、関係性レベルの高さを判断するための手段となる。

イ　パレートの法則をビジネス界に当てはめると、売上の50％が上位50％の優
　　良顧客によって生み出される。

ウ　優良顧客の識別には、対象製品の購買においてクロスセルやアップセルが
　　あったか否かは重視されない。

エ　優良顧客の識別のために用いられるRFM分析とは、どの程度値引きなしで
　　購買しているか(Regular)、どの程度頻繁に購買しているか(Frequency)、ど
　　の程度の金額を支払っているのか(Monetary)を分析することである。

III サービス・マーケティング

平成27年度 第35問

サービスのマーケティング策に関する記述として、最も適切なものはどれか。

ア 家事代行の利用権をカードなどの形態で販売することは、当該サービス需要拡大のための有効策となりうる。

イ ドリンクバーのように顧客自身にサービス提供者が行う活動を代替してもらうことはコスト削減につながるなどメリットもあるが、顧客満足の視点からは避けたほうがよい。

ウ ファーストフード店においては、サービスを提供する空間が、顧客にとって居続けたいと感じる環境になるよう最大限の努力を払うべきである。

エ 旅行社が、目的地の空を覆うオーロラの神秘性を強くアピールすることは、不確実性をともなうとしても顧客満足を高めることになる。

平成23年度 第32問

次の文章を読んで、下記の設問に答えよ。

ある地方の山間部の温泉地で旅館を経営しているB社は、当該温泉地を代表する老舗高級旅館で、高サービス・高価格を特徴としている。その主要な顧客層は比較的裕福な中高年層であるが、景気の悪化の影響もあり、ここ数年来客数が減少しており、客室稼働率の低下に悩まされている。このような状況への対策として、同社は顧客満足度の向上に取り組もうとしていた。

（設問1）

物財と比べたときのサービス財の一般的特徴に関する記述として、最も不適切なものはどれか。

ア サービス財の場合、買い手がその生産に関与し成果に影響を及ぼす。

イ サービス財は需要の変動が大きいため、物財よりも多くの在庫をもたなければならない。

問題編　**603**

ウ　サービス財は生産と消費を時間的・空間的に分離して行うことができない。

エ　サービス財は物財と比べて品質を標準化することが困難である。

オ　サービス財は無形であるため、物財に比べ、利用前にその品質水準を評価することが難しい。

（設問2）

　B社の顧客満足度向上に向けた具体的施策として、<u>最も不適切なものはどれか</u>。

ア　従業員の研修を徹底し、接客技術・知識の向上を図る。

イ　従業員の表彰制度などを導入して、従業員のモチベーションを高める。

ウ　接客のマニュアル化を徹底してサービスの標準化を図る。

エ　料理、客室の調度品や寝具、温泉施設などに関する顧客の苦情やリクエストなどをデータベース化する。

オ　料理の特徴・楽しみ方や温泉の効能・利用方法などを顧客に分かりやすく説明する。

令和2年度　第37問

次の文章を読んで、下記の設問に答えよ。

　サービス・マーケティング研究は、<u>顧客満足研究</u>と相互に影響しあいながら新しい考え方を生み出してきた。市場の成熟化にともない<u>経済のサービス化</u>が進む中、<u>顧客満足を追求する企業のマーケティング手法にも、新しい発想が求められている</u>。

（設問1）

　文中の下線部①に関する記述として、最も適切なものはどれか。

ア　企業の現場スタッフが顧客と接する瞬間における顧客満足を向上させ、好ましいブランド体験を安定的に提供するためには、顧客に接する最前線の現場スタッフの権限を高める一方、中間のマネジャーは現場スタッフを支援する役割を担う。

イ　新規顧客の獲得が難しい現況においては、不良顧客に対して最も多くの企業資源を配分し、彼らの顧客レベルを上げるべく積極的にサービスを展開し、

サービスからの退出を防ぐべきである。

ウ 中程度に満足している顧客でも、簡単に他社へスイッチすることがなく、値引きに対する要求は少ないため、今日的な顧客満足戦略では、不満状態から満足状態への引き上げを極めて重視している。

エ 日本では高度経済成長期の頃から、企業は新規顧客の獲得よりも既存顧客維持の重要性を認識していた。

（設問２）

　　文中の下線部②に関して、サービス・マーケティングにおいて注目されているサービス・ドミナント・ロジックに関する記述として、最も適切なものはどれか。

ア 近年のサービス・ドミナント・ロジックに基づく製品開発においては、他社の技術や部品を採用したり、生産や設計のアウトソーシングを進めたりして、製品の機能やデザイン面の価値を高めることを重視している。

イ サービス化の進展は、サービス・エンカウンターにおいて高度な顧客対応能力を有する従業員の必要性を高めている。しかしながら、売り手と買い手の協業によって生産される価値はサービス財より低いため、製造業においてはインターナル・マーケティングは必要ない。

ウ 製造業では、商品におけるモノとサービスを二極化対比することによって、モノとは異なるサービスの特性を明らかにし、サービスの部分で交換価値を最大化する方向を目指すべきである。

エ 製造業は、製品の使用価値を顧客が能動的に引き出せるようにモノとサービスを融合して価値提案を行うことが望ましい。例えば、顧客に対して、コト消費を加速させる製品の使用方法を教育するイベントを開催したり、その情報を積極的に発信したりすることなどである。

問題編　**605**

IV ダイレクト・マーケティング

平成23年度 **第29問**

　ある地方都市の小規模菓子メーカーA社(資本金3,000万円)は、クッキー、ビスケットを中心に安心、安全な菓子作りに取り組んできた。低カロリーのクッキーは同社の主力商品であるが、健康志向の高まりによって大手メーカーも同様のクッキーを製造・販売するようになっており、売上は伸び悩んでいた。また、低カロリーのクッキーは、カロリーを抑えるために砂糖を使わず、乳脂肪分も控えているため、従来のクッキーに比べてどうしても甘みや口当たりに劣っており、その購買者は限られていた。

　しかし最近A社は長年の努力の結果、低カロリーながら従来のクッキーに勝るとも劣らない味を実現する新技術の開発に成功した。同社ではこの画期的な技術による新製品を今後の存続・成長の柱として育てるために、慎重にその市場導入の方法を検討している。この新製品の「低カロリーでおいしい」というベネフィットは、十分に消費者に知覚されるものであることが調査によって確認されていたので、価格は1箱380円(20枚、80グラム)と従来製品よりも150円ほど高い価格を設定し、これを堅持したいと考えていた。

　この新製品の流通経路政策として、<u>最も不適切なものはどれか。</u>

　なお、現時点での同社の売上は9割が地元スーパーチェーン、1割が自社のホームページによるものである。

ア　インターネットによる直接販売を強化するために、自社ホームページに加え、インターネット上のショッピングモールに出店する。

イ　カロリー摂取に敏感な人が多くいると考えられる病院やホテルの売店で販売する。

ウ　新製品の付加価値をアピールするために、地元の洋菓子店を新たな販路として開拓する。

エ　販売量を拡大するために、全国チェーンの大手スーパーにプライベート・ブランドとして供給する。

テーマ別1次過去問題集
❸ 企業経営理論

解答・解説編

第 1 章	経営戦略の概要	608
第 2 章	成長戦略	614
第 3 章	競争戦略	622
第 4 章	経営資源戦略	636
第 5 章	イノベーションと技術経営(MOT)	643
第 6 章	企業の社会的責任とその他戦略論の知識	652
第 7 章	組織論の基礎と環境に組み込まれた組織	654
第 8 章	組織構造と組織文化	662
第 9 章	モチベーションとリーダーシップ	673
第10章	組織の発展と成長	686
第11章	人的資源管理	697
第12章	労働関連法規	702
第13章	マーケティングの概念	715
第14章	消費者行動と市場戦略	720
第15章	マーケティング・ミックスの展開	734
第16章	応用マーケティング	763

| 第1章 | 経営戦略の概要 | 解答・解説 |

I 経営戦略の策定

平成25年度　第1問　解答：イ

経営計画に関する出題である。

ア：不適切である。 新機軸の戦略を構築するためには、環境分析と自社分析が必要である。業績に関する定量的なデータを収集・分析することのみでは新機軸の戦略構築は不可能である。

イ：適切である。 経営計画とは、事前に予め将来とるべき行動の案を練っておくことである。経営計画策定後、計画どおり進まないときに修正行動をとることがあるが、この際に組織的な学習が重要になる。

ウ：不適切である。 経営計画に盛り込まれた戦略ビジョンは、予算計画や下位レベルのアクション・プランと連動させることで、戦略行動を柔軟にすることができる。環境は不確実で変化していくものであるため、環境の変化に合わせて行動を変えなければならない。そのためには、経営計画と実績とのギャップを継続的に検知し、下位レベルのアクション・プランを見直す必要がある。

エ：不適切である。 企業の直面する環境は常に変化しており、起こりそうな未来を確定することはできない。発生確率が比較的高く、業績に対する影響の大きい不測事態をあらかじめ想定し、いくつもの戦略計画を策定しておくことが重要である。このような計画をコンティンジェンシー・プランという。

オ：不適切である。 経営計画の進行を本社の計画部門と事業部門が双方向にコントロールすることは、事業の機会や脅威の発見に有効である。計画部門と事業部門が双方向にコントロールすることで部門間のコミュニケーションを図ることができ、環境変化への柔軟な対応ができるようになる。

◎参考文献

伊丹敬之・加護野忠男著『ゼミナール経営学入門』日本経済新聞出版社

奥村昭博著『経営戦略』日本経済新聞社

Ⅱ ドメイン

平成25年度　第5問　解答：オ

企業ドメインと事業ドメインに関する出題である。

ア：不適切である。企業ドメインを決定することによって、企業の意思決定者たちの注意の焦点が限定されるため、資源分散を防止することができる。注意の焦点が限定されることで、企業が今後どの方向に事業展開すればいいのかという指針が提供される。

イ：不適切である。事業ドメインの説明である。企業ドメインとは、①企業全体の活動範囲の選択、②企業のアイデンティティ（同一性、あるいは基本的性格）の決定であり、差別化の基本方針や顧客セグメントの選択の判断までは影響しない。なお、企業ドメインは、事業ドメインの上位ドメインに相当する。

ウ：不適切である。企業ドメインは、現在の事業に関するドメインの定義の基礎を与えることに加え、将来の事業に関するドメイン創造を刺激するようなものでなければならない。

エ：不適切である。企業ドメインの説明である。事業ドメインとは、①事業範囲の決定、②事業の見方の決定であり、将来手がける事業をどのように定義するかの決定ではない。なお、事業ドメインは、企業ドメインの1段下のサブドメインに相当する。

オ：適切である。企業ドメインを起点として全社戦略が展開され、事業ドメインを起点に事業戦略が展開されるため、企業ドメインの決定に合わせて事業ドメインを見直すことがある。

◎参考文献

　寺本義也・岩崎尚人著『新経営戦略論』学文社

　伊丹敬之・加護野忠男著『ゼミナール経営学入門』日本経済新聞出版社

平成24年度　第1問　解答：オ

複数事業を営む企業における企業ドメインと事業ドメインおよび事業ポートフォリオの決定に関する出題である。

ア：不適切である。企業ドメインの決定は、新分野での競争力とその市場の発展性だけが判断基準ではなく、新分野進出による既存事業あるいは、企業全体の将来に与える影響も重要な判断基準となる。

イ：不適切である。企業ドメインの決定で個別事業の競争力を決めるわけではない。企業ドメインは、多角化の広がりの程度と、企業のアイデンティティ（同

一性、あるいは基本的性格)を決める。

ウ：不適切である。企業ドメインの決定は、多角化した複数事業間の関連性のあり方に影響する。事業間の関連性のパターンには集約型と拡散型があり、集約型は範囲の経済を重視して、経営資源を有効利用しようとするものである。

エ：不適切である。事業ドメインは、一つの事業の中での競争領域を決定するものであり、企業のビジョンの枠を超えるものではない。企業のアイデンティティを確立するものは、事業ドメインではなく、企業ドメインである。

オ：適切である。事業マネジャーは一定の製品あるいは市場に関する業務上の決定ならびに実行を行う権限を与えられているため、環境変化に対する戦略の変化も自律的に行える。

◎参考文献

伊丹敬之・加護野忠男著『ゼミナール経営学入門』日本経済新聞出版社

吉原英樹・佐久間昭光・伊丹敬之・加護野忠男著『日本企業の多角化戦略』日本経済新聞社

　令和**元**年度　第**1**問　**解答：ア**

ドメインと多角化に関する出題である。

ア：適切である。企業ドメインの決定では、外部の利害関係者との間のさまざまな相互作用の範囲を反映することが必要である。

イ：不適切である。競争戦略策定の出発点として差別化の基本方針を提供するのは事業ドメインである。

ウ：不適切である。将来の事業の定義の決定や全社戦略策定の第一歩となるのは企業ドメインの決定である。

エ：不適切である。企業ドメインの決定により、多角化の広がりの程度の決定や製品・事業分野の関連性、将来の企業のあるべき姿や経営理念を包含している存続領域が示される。

オ：不適切である。企業ドメインの決定は、将来の事業領域の範囲の定義や、企業が自ら相互作用の対象として選択した事業ポートフォリオを決定する。なお、事業ドメインの決定は、特定の市場での競争戦略の影響を受け、という部分は適切である。

平成29年度　第1問　解答：オ

ドメインと多角化に関する出題である。

ア：不適切である。企業の基本的性格の決定やアイデンティティの確立は、企業ドメインによって決定される。

イ：不適切である。企業の将来のあるべき姿や方向性を明示した展開領域は、企業ドメインによって示される。

ウ：不適切である。企業ドメインは多角化の広がりの程度を決定するが、個別事業の競争力を決定するのは事業ドメインである。

エ：不適切である。全社戦略の策定と企業アイデンティティの確立のための指針は、企業ドメインで定められる。

オ：適切である。経営者が集約型の多角化を採用する場合には、複数の事業で共通の経営資源を有効活用し、範囲の経済を得ようとする。

平成28年度　第1問　解答：ウ

ドメインに関する出題である。

ア：不適切である。ドメイン・コンセンサスとは、ドメインの定義による企業内外の利害関係者のアイデンティティの形成のことである。

イ：不適切である。競争戦略として差別化の方針を提供するのは、事業ドメインである。

ウ：適切である。単一の事業を営んでいる企業は、企業ドメインと事業ドメインは同義であるため、全社戦略と競争戦略も一体化して策定できる。

エ：不適切である。ドメインの定義における機能的定義は、顧客機能（顧客ニーズ）に該当し、顧客層（標的顧客）ではない。

オ：不適切である。ドメインの定義における物理的定義は、顧客機能（顧客ニーズ）に該当し、技術ではない。

平成27年度　第2問　解答：エ

ドメインに関する出題である。

ア：適切である。選択肢のとおりである。

イ：適切である。選択肢のとおりである。

ウ：適切である。選択肢のとおりである。

エ：不適切である。事業ポートフォリオとは、企業ドメインの定義の後に、自社が展開する事業の組み合わせの決定のことである。よって、企業ドメインが、

事業ポートフォリオを規定する。なお、事業ドメインの決定において、特定の市場での競争戦略の影響を受けるという部分は適切である。

オ：適切である。M.ポーターが、企業に競争優位をもたらすものは、業務効果（オペレーション効率）ではなく戦略であるとしているように、競争優位を維持するためには、日常的なオペレーションがルーティン化していたとしても、事業ドメインの決定し、戦略の方向性を明確にしておくことが重要である。

Ⅲ 戦略論を理解するための経済学の用語

平成**29**年度　第**8**問　解答：**エ**

規模の経済に関する出題である。

ア：不適切である。範囲の経済の説明である。

イ：不適切である。クリティカルマスとは、供給に多額の固定費がかかる事業者の採算割れを防ぐ最低の需要規模のことである。

ウ：不適切である。製品開発の説明である。製品開発には、新製品の開発のほか、機能や性能、品質等の面で既存製品を改良することも含まれる。

エ：適切である。選択肢のとおりである。

オ：不適切である。経験曲線効果の説明である。

平成**26**年度　第**7**問　解答：**ア**

規模の経済と経験曲線・経験効果に関する出題である。

ア：不適切である。選択肢の物理的な特性が効率性の向上の水準を制限する場合もある、という部分は適切である。これは、規模の経済が最適生産規模を超えると一般的に現有生産技術の生産性が低下し生産コストが上昇することを表している。そのため、選択肢のコスト低下の効果が生じない停滞期間が存在することもある。また規模の経済は、ある一時点の投資規模の拡大から生じることもあるため、選択肢の連続的に生じ、という表現は望ましくない。

イ：適切である。選択肢のとおり。企業は規模の経済を得るために、1単位当たりの製品を産出する平均費用を低下させるべく、産出量を増大させる。

ウ：適切である。選択肢のとおり。経験効果は、経験の累積がコストの低下をもたらすため、ある程度の時間を必要とする。

エ：適切である。最小効率規模（最小最適規模）は、平均生産費用を最小にするために必要な最小限の生産規模と定義される。最小最適規模が市場規模に比

べて大きくなればなるほど、市場で効率的に生産を維持しつつ、その市場内で生存可能な企業は大規模な企業のみに限られ中小規模の企業は市場から撤退せざるを得ないため、市場内の企業数は減少する。

オ：適切である。 経験曲線に影響を与える経験効果は、生産機能において生じるだけではなく、組織学習の効果も含まれる。

令和元年度　第7問　解答：ア

経験効果と規模の経済に関する出題である。

ア：適切である。 経験効果とは、経験の累積による、作業改善、生産工程・製品設計の改良などがコストの低下をもたらすことである。そのため、競合企業を上回る市場シェアを継続的に獲得し、累積生産量を増加させることが有効な手段となる。

イ：不適切である。 経験効果は、一定時点での規模の大きさから生じるコスト優位ではなく、上記のように、経験の累積によるコストの低下のため、競合企業を上回る市場シェアを継続的に獲得し、累積生産量を増加させることが有効な手段となる。

ウ：不適切である。 上記のように、経験の累積による、作業改善などがコストの低下をもたらす効果のため、サービス業においても経験効果による競争優位を得ることができる。

エ：不適切である。 規模の経済とは、一定期間内での生産量が大きいほど、製品の1単位当たりのコストが低下する効果のことであり、中小企業でも製品の市場シェアを獲得し、生産量の拡大により規模の経済に基づく競争優位を求めることができる。

オ：不適切である。 規模の経済よりも範囲の経済のほうが適切である。範囲の経済とは、それぞれ単一の製品を別々の事業で生産・販売する場合の総費用の合計よりも、同時に生産・販売したときのほうが総費用は少なく、効率がよいことである。

| 第**2**章 | 成長戦略 | 解答・解説 |

I 成長戦略の概要

平成20年度　第4問　解答：**ア**

企業の成長戦略に関する出題である。

ア：適切である。成長分野への他社の新規参入を防ぐためには、高い参入障壁を築くことが必要である。生産の増強を図って規模の経済を追い求めてコスト優位性を築くことや、広告宣伝を強化してブランドによる識別を強化することは、高い参入障壁を築くために有効である。

イ：不適切である。社内の研究開発能力が不十分でも、外部からの技術導入や重要な技術部品の社外からの調達について戦略的提携が実現すれば、必ずしも低価格戦略を採る必要はない。戦略的提携により、外部の技術や技術部品を他社へ供給することを制限できれば、持続的競争優位が実現でき、高付加価値戦略も実施できる。

ウ：不適切である。多角化そのものが収益を悪化させるわけではない。次の二つの条件を満たせば、多角化戦略は経済的価値を持つ。第一は、各事業間に何らかの範囲の経済が存在していることである。第二は、その範囲の経済を実現し維持していくうえで、企業内に複数の事業を保有する形態のほうが、その他の統治形態（他社との提携など）よりも低コストで済むという条件が満たされることである。戦略を持たない多角化が収益を悪化させるのである。

エ：不適切である。リストラクチャリングとは事業の再構築であり、自社の強みを増大させるために行うものである。

◎参考文献

マイケル.E.ポーター著『競争戦略論Ⅰ』ダイヤモンド社

J.B.バーニー著『企業戦略論（下）全社戦略編』ダイヤモンド社

寺本義也・岩崎尚人・近藤正浩著『ビジネスモデル革命』生産性出版

平成27年度　第10問　解答：**イ**

リストラクチャリング（事業構造の再構築）に関する出題である。

ア：不適切である。リストラクチャリングとは、事業構造の再構築である。不採算事業を切り捨て、将来有望な事業へ進出するなど、自社の強みを増大させるために行うもので、成長のためのマネジメントの1つである。事業売却は、

経営環境の変化に対応して迅速に行う必要があるため、ボトムアップではなくトップダウンで進めていくことが多い。

イ：適切である。各子会社に大幅に権限を委譲することにより、経営環境の変化に対応した、迅速な意思決定ができる。

ウ：不適切である。既存の取引先との取引量を増加させることで、既存の事業への依存度が高くなり、事業構造の再構築が困難になる。リベートとは、個々の製品価格体系とは別に、一定期間の取引高（金額や数量）などを基準として、取引先に支払われる代金の割戻しのことである。

エ：不適切である。業務プロセスを抜本的に見直すことによって業務を再設計し、業務の効率化を図ることは、リエンジニアリングである。

オ：不適切である。ストックオプションは、企業が従業員や取締役に対して、企業の株式を予め定めた価額（権利行使価額）で将来取得する権利を付与するインセンティブ制度であり、企業成長が見込まれる場合に採用される。このため、ストックオプションの導入が、リストラクチャリングを円滑に進めるための課題とはならない。

第2章 解説

平成29年度 第30問 設問2のみ

［設問2］　解答：ウ

製品・市場マトリックス（成長ベクトル）に関する出題である。

マトリックスのAは、既存の市場において既存製品の売上を増加することにより、企業を成長させる市場浸透戦略である。そのため、競争相手の顧客奪取か、顧客内シェアの向上が当てはまる。

マトリックスのBは、既存の市場に対して改良製品または新製品を導入することにより、企業を成長させる製品開発戦略である。そのため、新製品で顧客深耕が当てはまる。

マトリックスのCは、既存製品に対して新しい市場を開拓することにより、企業を成長させる市場開発戦略である。そのため、既存製品の新用途開発が当てはまる。

マトリックスのDは、新規の市場に新規の製品を導入することにより、企業を成長させる多角化戦略である。そのため、新製品で市場開拓か、フルライン化による結合効果が当てはまる。

上記より、選択肢の組み合わせを考えると、選択肢のウが最も適切である。

フルライン化による結合効果は、多角化戦略による相乗効果の知識により理解できる。多角化戦略による相乗効果とは、複数の事業の組み合わせによる情報的資源の同時多重利用によって発生する効果であり結合効果ともいわれる。

ここで、上記の「事業」を「製品」に置き換えて考えると、多角化戦略による相乗

解説編　**615**

効果（結合効果）は、複数の製品の組み合わせ（フルライン化による結合）であることがわかる。

II 多角化戦略

平成26年度　第5問　解答：ウ

シナジー効果（相乗効果）に関する出題である。

ア：不適切である。 時間軸に着目すると、シナジーには現在の「静的シナジー」と将来も含めた「動的シナジー」といった概念がある。静的シナジーだけでなく、時間の経過とともに技術革新などをもたらす動的シナジーをつくり出せるような事業の組み合わせが望ましい。

イ：不適切である。 範囲の経済は、経営資源を複数の事業で使用することにより投資や費用を抑えることが可能になることをいう。したがって、範囲の経済の効果は、シナジー効果による費用削減として同時に発生する。

ウ：適切である。 シナジー効果では、見えざる資産としての情報的経営資源を複数の事業が使い合っている。情報ゆえに、一つの分野で使っても減るわけでなく、複数分野の情報の組み合わせから新しい情報が生まれてくる可能性がある。

エ：不適切である。 相補効果（コンプリメント効果）の説明である。相補効果とは、複数の事業や製品が互いに補い合って一つの物的資源をより完全に利用するようにしている効果である。

◎参考文献

伊丹敬之・加護野忠男著『ゼミナール経営学入門』日本経済新聞出版社

平成24年度　第2問　解答：ア

企業の多角化に関する出題である。

ア：適切である。 多角化の外的な成長誘引とは、企業環境（特に市場構造要因）に関するものであり機会もしくは脅威のことである。外的な成長誘引の主なものは、①既存製品市場の需要の成長率の長期的停滞、②既存の主力製品の市場高集中度、③既存製品市場の需要の動向に不確実性が大きいこと、④独占禁止法の企業分割規定の強化などである。

イ：不適切である。 事業拡大（多角化）の誘引と障害は、企業に新しい分野への多角化を促進させ、その多角化形態や将来の収益まで影響する。企業の多角

化の動機の3つのモードは下表のとおりであり、その動機によって多角化形態や収益性に大きく影響する。

【 図表　多角化のモード 】

モード	内容
問題発生型	外部環境の変化（外的な成長誘引）があってから、多角化の意思決定が行われるため、多角化の準備が十分にできていない。したがってこのモードでの多角化では、将来の収益性に結びつかないことが多い。
適応型	企業内部に蓄積された未利用資源を有効に活用しようという動機から生じているため、問題発生型と比べて多角化のための準備ができている（経営資源の裏付けがある）。さらに多角化の意思決定は外部的な問題発生とは直接的な関連がないため、より有効なタイミングで実施することができるため、問題発生型に比べて収益性が高くなる。また、現存する未利用の資源を活用するため、その企業の本業と直接的・間接的に関連する市場に集約される傾向がある。
企業者型	目標ギャップ（目標ギャップ＝現在の達成水準－過去の達成水準）に対して企業者が敏感に反応して多角化が行われる。企業者精神に富む経営陣が事前に意図的に必要な経営資源を蓄積しながら、その企業にとって重要な分野へ企業を進出させていく。問題が発生する以前に多角化を行う点、多角化に必要な経営資源を意図的に蓄積しておく点で問題発生型と適応型とは異なる。また、現存の未利用資源に制約される程度が小さいため、本業を中心としながら新しい分野へ進出する傾向がある。

- **ウ：不適切である。**企業の新規事業（多角化）への進出動機は、既存事業の成長の停滞や企業内部の未利用資源の有効活用、規模拡大に向けた将来への先行投資などがあり、必ずしも中核事業のマーケットシェア維持のために行うものではない。
- **エ：不適切である。**内的な成長誘引は、自社の内部に蓄積された資源や能力のうち未利用資源を有効活用し、さらなる企業成長（多角化）を図りたいという企業の欲求であり、防御的な性格ではない。
- **オ：不適切である。**防御的な多角化とは、全ての経営資源を単一の事業に集中させた場合のリスクを分散させることを目的としているため、技術が適応している場合にのみ行うものではない。リスク分散効果は、環境からの影響がお互いに無関係か、あるいは逆の影響を受けるような事業同士を組み合わせることで得られる。

◎参考文献

伊丹敬之・加護野忠男著『ゼミナール経営学入門』日本経済新聞出版社

吉原英樹・佐久間昭光・伊丹敬之・加護野忠男著『日本企業の多角化戦略』日本経済新聞社

平成30年度　第1問　解答：ア

多角化戦略に関する出題である。

- **ア：適切である。** 外的な成長誘引とは、企業を新たな事業へと参入させる外部環境の条件である機会や脅威である。選択肢の主要な既存事業の市場の需要低下は脅威であるため、新規事業への参入の誘引となる。

- **イ：不適切である。** 特定の事業の組み合わせで発生するのは相乗効果で、各製品市場分野での需要変動や資源制約に対応し、費用の低下に結びつくのは相補効果である。

- **ウ：不適切である。** 本業や既存事業の技術が新規事業に適合すると判断した場合に行われる多角化は、関連型の多角化である。

- **エ：不適切である。** 非関連型の多角化は、既存事業と異質な分野に進出する多角化であるため、既存事業の市場シェアが、新規事業の市場シェアに大きく影響するとはいえない。

- **オ：不適切である。** 既存事業の資源を最大限転用して相乗効果を期待する多角化は関連型多角化である。

III　M&A

平成29年度　第6問　解答：エ

M&Aの手法のうち、マネジメント・バイアウト(MBO)に関する出題である。

- **ア：不適切である。** オーナー社長などの会社の経営者が、外部の投資ファンドなどの社外の第三者に経営を引き継いでもらう、マネジメント・バイイン(MBI)の記述である。

- **イ：不適切である。** ある会社の役員ではない企画部長と営業課長に、その会社の経営権を取得してもらい経営を引き継いでもらう、エンプロイー・バイアウト(EBO)の記述である。

- **ウ：不適切である。** オーナー社長などの会社の経営者が、社外の第三者に株式を売却して、社外の第三者が役員ではない従業員を任命して経営を引き継がせる、マネジメント・バイイン(MBI)の記述である。

- **エ：適切である。** ある企業の経営陣である財務担当役員と同僚の役員が、経営権を取得して経営を引き継ぐ、マネジメント・バイアウト(MBO)の記述である。

- **オ：不適切である。** ある会社の役員ではない企画部長と営業課長が、その会社の経営権を取得するエンプロイー・バイアウト(EBO)の記述である。

618　第2部　テーマ別1次過去問集

| 平成**30**年度 | 第**4**問 | **解答：エ** |

M&Aに関する出題である。

ア：不適切である。レバレッジド・バイアウト(LBO)とは、企業買収において、対象となる企業の資産を担保に、少ない自己資金で買収することである。企業の一部門、または全部門といった規模を表す概念ではなく、マネジメント・バイアウト(MBO)の際に、レバレッジド・バイアウト(LBO)の形態をとることもあるため、異なる範疇の手法とはいえない。

イ：不適切である。事業ポートフォリオとは、企業ドメインの定義の後で、どのような事業ドメインを組み合わせてもつかに関する決定のことである。事業規模の縮小が、事業ポートフォリオを変えるというつながりが不適切である。

ウ：不適切である。上記のとおり、事業規模の縮小と同様に事業ポートフォリオを変えるというつながりが不適切である。

エ：適切である。自社資産(買収対象の資産)を担保に調達した資金によって、オーナーではない経営者が自社を買収するタイプの買収は、広義のレバレッジド・バイアウト(LBO)の一形態である。

オ：不適切である。プライベート・エクイティ投資会社は、一般的には未上場企業の株式の取得・引受などの投資行為をする。しかし、上場企業に対しても、経営陣の賛同を経た、株式公開買付け(TOB)を通じて、非上場化をすることによりプライベート・エクイティ投資を行う場合がある。

◎参考文献

一般社団法人日本プライベート・エクイティ協会ホームページ

| 平成**29**年度 | 第**4**問 | **解答：エ** |

M&Aに関する出題である。

ア：不適切である。デューデリジェンス(Due Diligence)とは、投資を行うにあたって、投資対象となる企業や投資先の価値やリスクなどを調査することである。これは、契約成立後の統合段階ではなく、契約成立前の準備段階から開始する。

イ：不適切である。M＆Aの対象となる異業種が、現在の事業との関連が希薄な場合、非関連型多角化となり、規模の経済と取引交渉力のメリットは享受しにくくなる。また、関連性が乏しい企業の買収の際に、自社の必要としていない資源まで獲得する恐れがある。さらに、現在の主力事業との関連市場が停滞している場合には、異業種へ進出することにより、業績不振の立て直しができる可能性があるため、立て直しができないとはいいきれない。

ウ：不適切である。パートナー企業が提携関係を裏切ることにより、裏切った企業の評判に悪影響が起こる可能性がある場合には、裏切りのインセンティブは抑制される。

エ：適切である。選択肢のとおりである。

オ：不適切である。同業種のM＆Aが現在の事業との関連性が深い場合、関連型多角化となり、既存事業と新規事業との間のシナジー効果により高い収益性をもたらすことがある。企業のコア・コンピタンスとの関連性が希薄ではない場合には、範囲の経済も生じる。組織文化をすり合わせるための統合コストは、数値として測定することは困難であり、実現には時間やコストなどが莫大になることもある。

`平成26年度` `第4問` **解答：イ**

マネジメント・バイイン（MBI：Management Buy-in）に関する出題である。

ア：不適切である。マネジメント・バイインとはMBOの一類型で、経営陣が社外の第三者に自社株式を買い取らせ、経営を引き継いでもらうことである。現経営陣のまま支援してもらうものではない。

イ：適切である。選択肢のとおりである。

ウ：不適切である。外部から監視してもらうわけではない。

エ：不適切である。社内の従業員（ここでは営業部長）が経営を引き継ぐものではない。

オ：不適切である。社内の従業員（ここでは営業部長）が経営を引き継ぐものではない。

`令和元年度` `第5問` **解答：オ**

戦略的提携に関する出題である。

ア：不適切である。戦略的提携では、産学官連携などがあるように、大学や政府機関が参加することもある。

イ：不適切である。資本参加や当該企業同士の組織的な統合を通じて経営資源の合体を図ると、企業が独立性を維持して緩やかな結びつきを構築することが困難になる。

ウ：不適切である。戦略的提携は、企業としての独立性を維持し、企業間に緩やかで柔軟な結びつきをつくるため、選択肢の組織的な統合を図り、という表現が不適切である。

エ：不適切である。上記より、階層関係を構築して関係の固定化を図ることが求

められるという表現が不適切である。

オ：適切である。戦略的提携により、共同開発を低コストにすることは、企業間のシナジーを活用する試みである。

平成25年度　第4問　解答：オ

戦略的提携に関する出題である。

ア：適切である。戦略的提携によって協力するインセンティブが存在するのと同様に、協力関係を裏切るインセンティブも常に存在する。裏切りのインセンティブを抑制するための要素として、裏切りを犯した企業の評判への悪影響がある。この悪評はその企業の将来のビジネス機会へ直接的な悪影響を及ぼすため、企業は現在の提携関係を裏切らないという決断をすることになる。

イ：適切である。ある戦略的提携の目的・目標が経済価値を有し、希少で、かつ提携の基礎となる企業間関係が社会的に複雑で複製コストが多大であったとしても、低コストで代替することができれば、この提携は持続的競争優位にならない。

ウ：適切である。ある業界へ進出するには、スキルや能力、他の潜在的参入企業が持っていないような製品が必要になる。企業は、戦略的提携を活用することにより、これらのスキル・能力・製品を創造するのにかかる多大なコストを部分的に回避することができる。

エ：適切である。提携を行う企業にとっての重要な課題は、裏切りの脅威を避けながら協力関係を促進することである。

オ：不適切である。内部開発による範囲の経済を実現するコストが、提携によるコストよりも小さい場合、内部開発は戦略的提携の代替となる。内部開発が戦略的提携の代替とならない場合は、内部開発による範囲の経済を実現するコストが戦略的提携によるコストよりも大きい場合である。

◎参考文献

ジェイ・B・バーニー著『企業戦略論【下】全社戦略編 競争優位の構築と持続』ダイヤモンド社

第3章 競争戦略

解答・解説

I 競争戦略の概要

平成**25**年度 第**3**問 **解答：エ**

オペレーション効率に関する出題である。オペレーション効率のみに立脚した競争は、産業内のすべての競争業者が同じ次元で競い合うことになるため、収益性が低下する。

ア：不適切である。オペレーション効率とは、同様の活動を競合他社よりも上手に行うことである。

イ：不適切である。オペレーション効率の継続的改善は、卓越した収益性を実現するための必要条件であるが、十分条件ではない。オペレーション効率を頼りに、長期にわたって競争に勝ち残りつづけた企業はほとんど存在しない。

ウ：不適切である。オペレーション効率の差異がもたらす収益性は、企業間の差別化のレベルに直接的に影響を与える。同じ投入資源から他社より多くの成果を生み出せる企業は、無駄な努力を省いたり、より高度な技術を導入したり、従業員の動機づけを効果的に実践したり、個々の活動あるいは、一連の活動の管理に深い見識を有しているため、相対的なコスト優位や差別化のレベルに直接的に影響する。

エ：適切である。オペレーション効率とは、単に効率だけに限定される概念ではなく、製品不良率の圧縮や製品開発の迅速化など、投入資源をより効果的に活用するすべての実践を包含するものである。

オ：不適切である。オペレーション効率を追求することで、戦略の差異がなくなることはない。

◎参考文献

マイケル・E・ポーター著『競争戦略論Ⅰ』ダイヤモンド社

マイケル・E・ポーター、竹内弘高著『日本の競争戦略』ダイヤモンド社

II 業界の競争構造の決定

平成22年度　第10問　　**解答：ウ**

マイケル・ポーターの5つの競争要因に関する出題である。

ア：適切である。選択肢のとおりである。

イ：適切である。選択肢のとおりである。

ウ：不適切である。マイケル・ポーターは主著『競争の戦略』で、「競争戦略とは、業界内で防衛可能な地位をつくり、5つの競争要因にうまく対処し、企業の投資収益を大きくするための、攻撃的または防衛的アクションである」としている。したがって「防衛的な地位を保つために」というくだりは適切である。しかし、マイケル・ポーターは、5つの競争要因に対処する場合、他社に打ち勝つために、3つの基本戦略、すなわち、①コスト・リーダーシップ戦略、②差別化戦略、③集中戦略があると主張している。同書において「ときには、この二つ以上を主目標としてうまく行くこともあるが、後述するように、これが可能であることはまれである」とし、基本戦略の2つ以上の両立は難しいとしている。「マージンの高いドメインに自社を位置づける」コスト・リーダーシップ戦略と、「徹底した差別化戦略」を両立することは難しく、「第一に重要である」という表現は不適切である。

エ：適切である。選択肢のとおりである。参入障壁とは、参入コストを高くするような業界構造の属性である。新規参入の脅威におびえるのではなく、参入障壁をどのように築くかを、日ごろから注意することは適切である。

オ：適切である。選択肢のとおりである。たとえば、メガネ業界にとってのコンタクト・レンズ、レーシック手術の登場や高級基礎化粧品業界にとっての低価格整形外科手術の台頭は、「大きな技術の変化や消費者のニーズの変化によって、これまでにない新商品として登場し、既存の商品に取って代わる脅威になることがある」ことの典型的な事例である。

◎参考文献

マイケル・E・ポーター著『競争の戦略』ダイヤモンド社

大滝精一・金井一頼・山田英夫・岩田智著『経営戦略』有斐閣アルマ

ジェイ・B・バーニー著　岡田正大訳『企業戦略論【上】基本編』ダイヤモンド社

令和元年度　第6問　解答：イ

業界の構造分析に関する出題である。

ア：不適切である。 業界内の市場成長率が低いと、既存企業同士のポジショニング争いが激しくなる。

イ：適切である。 顧客のスイッチング・コストが高いほど、参入障壁が高くなり、新規参入者は参入する業界内において顧客獲得が困難になる。そのため、新規参入者の脅威が弱まり、既存業界全体の潜在的な収益性は高くなる。

ウ：不適切である。 固定費が高い産業は、業界内の企業が固定費を回収するために、価格競争に陥りやすい。

エ：不適切である。 多様なバックグラウンドを有する競争相手が、業界内に異業種からの異なる経営資源を持ち込んで、質のよい製品を低価格で展開すると、業界内の潜在的な収益性は低くなる。

オ：不適切である。 業界内の撤退障壁（退出障壁）が高いと、既存企業同士のポジショニング争いが激しくなる。

平成29年度　第7問　解答：ア

競争戦略に関する出題である。

ア：不適切である。 業界内の既存企業が、現状において持続的競争優位を発揮していても、大きな技術の変化や消費者のニーズの変化によって代替品がこれまでにない新製品として登場し、既存の製品に取って代わる脅威になり、業界内の企業の収益性に影響を与える可能性がある。

イ：適切である。 経路依存性のある経営資源とは、その形成のスピードを速めることが難しく、時間をかけなければ獲得できない経営資源である。

ウ：適切である。 差別化により、業界内の競合他社に対して、自社の製品やサービスなどにおいて、特異性を創造することで優位性を獲得できる。

エ：適切である。 標準的な製品よりも高い価格を設定し、差別化した製品で高い収益性を確保しようとする場合には、戦略ターゲットの幅を狭くすることになる。できるだけ多くの顧客を対象とすると、戦略ターゲットの幅を広くすることになり、戦略上の矛盾が生じる。

オ：適切である。 スイッチング・コストが発生する状況では、買い手の交渉力が弱まる。

| 平成**27**年度 第**4**問 | 解答：**ウ** |

売り手と買い手の交渉力に関する出題である。

ア：不適切である。例えば、買い手である自動車メーカーが、自社で部品を内製化する割合を高めていく場合には、売り手である部品メーカーに対する買い手の交渉力が強くなる。

イ：不適切である。売り手である仕入先の原材料の希少価値が高い場合には、買い手である自社のスイッチング・コストが高くなるため、買い手の交渉力は弱くなる。

ウ：適切である。買い手である顧客が、売り手である自社の製品から他社製品へ変更する際のスイッチング・コストが高いと、売り手の交渉力が強くなる。

エ：不適切である。買い手である自社が、売り手である仕入先の売上高の割合を高く占めるほど、買い手の交渉力は強くなる。

オ：不適切である。売り手である自社の製品に独自性があり高度に差別化されている場合やスイッチング・コストが高い場合、買い手である仕入先の意思決定を左右できるため、売り手の交渉力は強くなる。

III 業界内部の構造分析

| 平成**22**年度 第**9**問 | 解答：**ウ** |

参入障壁や移動障壁と戦略の関係に関する出題である。

ア：適切である。戦略グループ内部での競争に関する出題である。戦略グループ内部では、製品の類似性が高まるため、企業は顧客忠誠心やブランド力を高めてライバルとの差別化を図ることは適切である。

イ：適切である。業界への参入障壁に関する出題である。業界特有の販売チャネルや仕入れルートを同業者間で強化すると、新規参入業者は、販売チャネルや仕入れルートの確保が困難となり、参入障壁が高まる。

ウ：不適切である。ある戦略グループから別の戦略グループに移動する際の移動障壁に関する出題である。業界内の競争を通じて形成された事業システムやマネジメント方式は、企業に戦略上の癖や慣性を生み出す。企業はこの癖や慣性を変更することは難しいため、企業は移動障壁に直面する。

エ：適切である。戦略グループ内の制約に関する出題である。垂直統合や共同化は取引先への交渉力の強化や新たな技術の獲得には有効であるが、その縛りが強いと、自社の戦略の成否が他社の戦略展開能力に影響されるようになる。

解説編　**625**

オ：適切である。戦略グループの形成に関する出題である。戦略グループが形成
されると、他の戦略グループへ移動するためには、別の経営資源の獲得など
が必要となり移動障壁が形成され、新規の戦略の展開が困難になる。

◎参考文献

大滝精一・金井一頼・山田英夫・岩田智著『経営戦略』有斐閣アルマ

Ⅳ 3つの基本戦略

平成**24**年度 第**5**問 **解答：ウ**

商品の属性と製品差別化に関する出題である。

ア：適切である。信用的な属性は、購入する前も購入した後もその商品の品質を
判断することができないため、広告や宣伝活動による製品差別化が有効である。
例えば、保険や弁護士、医師など経験した後でも品質を判断できない場合は、
製品・サービス提供者を信用するしかなく、広告や宣伝活動が有効となる。

イ：適切である。探索的な属性は、購入する前に商品の品質を判断することがで
きるため、物理的な差異による製品差別化が有効である。

ウ：不適切である。経験的な属性は、実際に商品を消費することによって品質を
判断することができるため、物理的な差異による製品差別化が有効である。

エ：適切である。製品差別化は、常に顧客側の認知の問題である。顧客がある特
定の企業の製品を他の企業の製品よりも価値があると知覚する場合に製品差
別化が成立する。

◎参考文献

ジェイ・B・バーニー著『企業戦略論【上】基本編 競争優位の構築と持続』ダイヤモンド社

嶋口充輝・石井淳蔵著『現代マーケティング』有斐閣

平成**23**年度 第**5**問 **解答：エ**

ポーターが企業の競争戦略としてあげている3つの基本戦略のうち、差別化戦略、
コスト優位（コスト・リーダーシップ）戦略についての出題である。

ア：適切である。資本財や中間財の場合は、売り手も買い手も豊富な知識を持つ
企業同士であるから、非対称性は小さい。一方で、一般消費者は自分で購入
する製品・サービスの専門家ではないので、専門家である売り手の企業に比
べて、買い手である消費者の持つ知識は極めて限られている。このような製
品・サービスにおいては情報の非対称性は大きくなる。そのため、製品・サー

ビスそのものの特徴よりも、ブランド・イメージや企業の評判などが購入決定の要因となりやすい。

イ：適切である。顧客が企業の製品・サービスのもたらす便益に対して支払っても良いと考える上限の価格は顧客の支払い意欲と呼ばれる。これは、企業の製品・サービスに対する顧客の魅力度を金額で表現したものである。したがって、差別化優位を実現した企業は、価格競争に巻き込まれることなく、高い価格設定が可能となる。

ウ：適切である。コスト優位の戦略は、他社よりも低いコストを実現する戦略である。他社よりも低コストということは、他社が利益ゼロの価格で対抗してきても、自社には収益があることを意味する。そのため、一旦コスト優位の地位を占めると、同業他社からの攻撃をかわすことができる。

エ：不適切である。コスト優位とは、競合他社よりも低コストであるがゆえに、低価格で製品・サービスを販売したとしても利益を確保できる企業の力である。価格とは製品1単位の売上であるから、それを低くしても利益を得るためには製品1単位当たりの費用である、「平均費用」を低く抑える必要がある。したがって、コスト優位とは、「コストの総額が低い」ということでは必ずしもなく、競合他社と比べた「平均費用」の高低の問題であるため、選択肢の「競合他社よりも常に製品1単位当たりのコストとそのコストの総額が低い」という記述は不適切である。

オ：適切である。差別化による優位は、企業の持つ独自な資源や能力（自社の強み）が、顧客が価値と認める何か（顧客ニーズ）を生み出すときにもたらされるものである。すなわち、「自社の強み」と「顧客ニーズ」の適合が差別化優位の要となる。この適合は、多種多様な顧客ニーズの中で、その充足に「自社の強み」が活きるものを特定するところから始まる。いかに「自社の強み」を捉え、自社がターゲットとする「顧客の範囲」を明確にし、定義するかが重要になる。

◎参考文献

マイケル・E・ポーター著『競争の戦略』ダイヤモンド社

寺本義也・岩崎尚人著『経営戦略論』学文社

淺羽茂・牛島辰男著『経営戦略をつかむ』有斐閣

| 平成**23**年度 | 第**6**問 | 解答：**ウ** |

多くの中小企業がとる戦略の「集中戦略」に関する出題である。

ア：適切である。「自社のコンピタンス」とは、顧客に対して、他社にはまねすることができない自社固有の価値を提供するその企業独自の技術やスキルの

束である。これをより強力に発揮できるようにビジネスの仕組みを見直すことによって、模倣困難性の高い独自のビジネスモデルを構築することができ、より持続力のある競争優位性を発揮しやすくなる。

イ：適切である。自社の製品を高く評価する顧客層に事業領域を絞り込んで、その顧客層に競合他社が提供していない、あるいは提供できない顧客価値を自社が提供することによって、その価値を価格に転換することが可能になる。

ウ：不適切である。市場は常に変化しているため、長期的に見ると、戦略的に絞り込んだ事業領域と市場全体で要望される製品やサービスの間に品質や特長面での差が小さくなることも考えられる。そうなると、業界大手が容易に参入しやすくなるため、必ずしも「好業績を長期に維持できる」とは限らない。

エ：適切である。絞り込んだ事業領域の顧客ニーズが、時間の経過とともに業界全体のニーズと似通ったものになることは充分に考えられる。そうならないために、常に自社がターゲットとする顧客ニーズの変化に気を配り、それに応じた独自性のある製品を提供することが重要になる。

オ：適切である。自社技術が狭くなると、買い手の技術要請の変化による顧客ニーズに対応できなくなってしまう恐れがあるため、新製品の開発や新たな技術開発への投資強化を検討することは適切である。

◎参考文献

マイケル・E・ポーター著『競争の戦略』ダイヤモンド社

寺本義也・岩崎尚人著『経営戦略論』学文社

平成28年度　第6問　解答：エ

コスト・リーダーシップ戦略に関する出題である。

ア：不適切である。コスト・リーダーシップ戦略は、製品の生産やサービスの提供において、同一業界内の競合他社よりも、低コストで最優位を獲得する戦略である。低コストで業界内の最優位の地位を占めるためには、競合他社よりも高い市場シェアを獲得し、経験曲線効果を得ることや、原材料の大量購入により、原材料を低コストで調達することが優先課題となる。

イ：不適切である。選択肢アで紹介したとおり、競合他社よりも高い市場シェアを獲得し、経験曲線効果を得るためには、市場成長率が安定する成熟期よりも安定する前に、この戦略を採用するほうが適している。

ウ：不適切である。選択肢アで紹介したとおり、多角化した企業においてシナジーの創出よるコスト削減を目指していく戦略ではない。

エ：適切である。浸透価格政策（市場浸透価格政策）を採用するメリットには、早い時期に大きな市場シェアを獲得でき、規模の経済性や経験効果が働き、

コスト面の優位性と大きな利益を確保できることがある。

オ：不適切である。コスト・リーダーシップ戦略のリスクとして、コスト引き下げに注力しすぎて、業界内の顧客ニーズの変化に合わせ、製品やマーケティングを見直すことを忘れていることなどがある。そのため、新しい市場ニーズへも迅速に対応できることが不適切である。

Ⅴ　その他の競争戦略

<u>平成**26**年度</u>　<u>第**3**問</u>　**解答：イ**

撤退障壁が生じる理由に関する出題である。

ア：適切である。事業に対する経営者の愛着や従業員への思いやりなど、個人的・感情的な障壁によって撤退の判断が難しくなる。

イ：不適切である。撤退障壁が生じる業界では、生き残りをかけて企業間の競争が激しくなる。同業者数に変化がなく、市場競争が平穏な業界では、撤退障壁は低い。

ウ：適切である。社内再配置等のコストといった撤退のための固定コストが大きい場合は、撤退障壁が高くなる。

エ：適切である。転用のきかない耐久資産がある場合、移動や他に流用しようとするときのコストが高くなるので、撤退障壁が高くなる。

オ：適切である。不採算に陥っている部門を撤退し、流通チャネルとの関係悪化や会社全体で与えているパワーが弱まる結果、他部門の不利益を招いて自社の強みを失う可能性があるときは、撤退障壁が高くなる。

◎参考文献

マイケル・E・ポーター著『競争の戦略』ダイヤモンド社

<u>平成**24**年度</u>　<u>第**4**問</u>　**解答：ウ**

タイムベース競争に関する出題である。

ア：不適切である。ユーザーが特典をきっかけにあるソフトウェアを利用し始めた場合、競合他社の製品に乗り換えようとすると、使い方を再度学習するなどスイッチングコストが発生するため、最初に利用したソフトウェアやそのバージョンアップ版の普及スピードが速くなる。

イ：不適切である。生産リードタイムの短縮により、原材料費や原材料の購入に伴う金利、人件費など生産コストが下がる。さらに、販売上の機会損失（売

り損じ）が減り、売り上げが増えるという効果もある。

ウ：適切である。 先発企業は競争の鍵となるような有利な立地や優秀な人材などの希少資源を先取りできる。さらに、先発して市場参入するため利用者の生の声を吸い上げることができ、市場動向に素早く対応して、売り上げが増大する可能性も高くなる。

エ：不適切である。 先に特許等で参入障壁を築いておけば、他社が参入するまでに徹底的な優位性を確立することができ、その市場のリーダー企業になる。リーダーは、優位性を武器に全方位型の戦略や周辺需要拡大政策をとるためニッチ市場に入り込むことはない。

オ：不適切である。 競合他社よりも多くの量を素早く生産することで経験効果による単位コストの減少や販売機会の増加等で市場競争を優位に展開できる。

◎参考文献

大滝精一・金井一頼・山田英夫・岩田智著『経営戦略』有斐閣アルマ

石井淳蔵・奥村昭博・加護野忠男・野中郁次郎著『経営戦略論』有斐閣

伊丹敬之・加護野忠男著『ゼミナール経営学入門』日本経済新聞出版社

平成30年度　第5問　解答：イ

業界の構造分析に関する出題である。

ア：不適切である。 多数乱戦業界を制圧するためには、多数の中小企業や個人企業を少数の企業に集約するような、集約・統合戦略を行う。これにより市場シェアの大きい企業が享受するさまざまな優位性を獲得できる。そのため、すべての諸活動において規模の経済性が欠如しているわけではない。

イ：適切である。 衰退業界の特徴である。

ウ：不適切である。 成熟業界では、業界内の市場が広がっていかないため、これまでの成長率を維持するために、競合企業間のシェア争いは厳しくなる。

エ：不適切である。 上記、選択肢アのとおり、集約・統合戦略は有効である。

VI 国際経営とグローバル戦略

平成24年度　第10問

[設問1]　解答：ア

中国市場で成功をおさめる外資企業の戦略行動の特徴に関する問題である。

ア：不適切である。 日本の親企業主導ではなく、現地従業員を重要ポストに登用

するなど、それぞれの国・地域に合った経営を強める企業が増えている。ただし、本国からの社員の派遣を行わないわけではなく、本国の社員と現地従業員が共通言語を使って、ともに経営することではじめて多国籍企業の真の優位性を享受できる。

イ：適切である。経済成長の著しい新興国の富裕層市場をターゲットに、高価格・高品質・高サービスを提供する富裕層戦略は、ソニーやトヨタなどの日本企業がこれまで得意としてきた戦略である。日本企業がこれまで国内で蓄積してきた技術などの経営資源をベースにし、それを部分的に現地市場に適合させていく戦略である。

ウ：適切である。現在、日本企業が新興国市場開拓において力を入れているのが中間層をターゲットにしたボリュームゾーン戦略である。現地子会社の従業員のアイディアを取り入れ、現地の生活実態やニーズに合った無駄を省いた低価格製品を現地で開発し、高いシェアの獲得を目指す戦略である。

エ：適切である。家電のハイアールや自動車のBYDのような成長著しい中国の現地企業と中間層市場で日本企業が対抗していくためには、日本企業の経営資源を水平展開するわけにはいかない。現地のニーズを反映した現地向け商品やサービスを開発・提供し、中国市場で展開する企業が増加している。

オ：適切である。現地・外資企業との競争が激化する中国市場で、自社商品・サービスを現地の文化や市場に浸透させていくためには、各種販売促進政策による現地販売店の意欲喚起や、現地販売員の教育訓練が非常に重要である。

◎参考文献

吉原英樹著『国際経営』有斐閣アルマ

［設問2］　解答：イ

リバースイノベーションに関する出題である。リバースイノベーションとは、2000年代初めにGE社が医療事業の製品において最初に展開したとされているイノベーション戦略である。

ア：不適切である。これまで採用されてきた製品を画一的にグローバルに展開するグローカリゼーション戦略についての説明である。リバースイノベーションは、製品をターゲットである新興国向けに開発・販売し、その後、先進国向けにも適応・進化させながら展開するイノベーション戦略である。

イ：適切である。先進国で開発された製品は、新興国の中間層にとっては、高価格・高機能製品であり、そのままでは新興国市場に対応しきれない。そこで、新興国市場向けに、市場に合った機能・価格の製品を現地で開発し直して提供した後、新興国だけでなく先進国にも展開する。

ウ：不適切である。リバースイノベーション戦略では、技術重視ではなく、ターゲッ

トである新興国市場で求められている機能や価格を重視し、製品開発を行う。

エ：不適切である。サプライヤー側からの開発提案ではなく、アセンブラーである グローバル企業が新興国市場向けに製品や技術を開発し直すイノベーション戦略である。

オ：不適切である。本国の研究開発部門でユーザーフレンドリーな製品開発を行うのではなく、新興国において実施するチームに戦略・組織・製品を開発する権限を与え、新興国市場に適合した製品を開発し直し、現地での生産販売を行う。

◎参考文献

福田佳之『経営センサー　2011.4』株式会社　東レ経営研究所
　http://www.tbr.co.jp/pdf/sensor/sen_a206.pdf
DIAMONDハーバード・ビジネス・レビューホームページ
　http://www.dhbr.net/blog/articles/1481/

平成25年度　第9問　解答：エ

海外進出における中小企業の対応に関する出題である。

ア：適切である。海外においては、日本では想定できない事態が発生する可能性があり、できる限り進出先国・地域の最新の政治、経済等の情勢を入手した上で海外展開を検討すべきである。海外進出後の現地人の幹部や現場指導者の登用は、モチベーションを高めていく上でも重要であるが、育成段階においては、日本に比べて従業員の定着率が低いことも踏まえ、自社に対する帰属意識を高める取り組みを行いながら、育成していくことが課題となる。

イ：適切である。外国企業向け工業団地は、地元のデベロッパーや地元政府系工業団地と比較して、下水道、電力、生活インフラの質が高く、はじめて海外進出を行う企業にとっては入居するメリットは大きい。また、単純な工程からなる少数の生産品目から開始することにより、従業員の熟練度を無理なく上げていくことが可能となる。

ウ：適切である。『2011年版中小企業白書』によると、海外から輸入を行うことで「売上原価を引き下げることができた」と6割を超える中小企業が回答している。

エ：不適切である。グローバル競争が激化する中で、自社の製品に強みがないと取引先からの受注を維持することは容易ではない。汎用商品の輸入は、他社との差別化を図ることが困難であり、価格競争となる可能性があるため、中小企業が取るべき戦略としては望ましくない。

632　第2部　テーマ別1次過去問集

◎参考文献

『2011年版　中小企業白書』中小企業庁ホームページ

『2012年版　中小企業白書』中小企業庁ホームページ

『海外展開成功のためのリスク事例集』中小企業庁ホームページ

『中小企業のアジア地域への海外展開をめぐる課題と求められる対応』2013年5月14日　一般社
団法人　日本経済団体連合会

平成**29**年度　第**13**問　解答：ウ

多国籍企業の戦略に関する出題である。M. ポーターは、マルチドメスティック
戦略とグローバル戦略を次のように分類している。

	マルチドメスティック戦略	グローバル戦略
戦略策定	各国の市場や国ごとに策定	世界全体を単一市場として策定
最大化の対象	現地における競争優位性の最大化	共有化と統合による全社的なパフォーマンスの最大化
価値連鎖	価値連鎖のすべての機能を国別に配置	特定の価値連鎖の機能を国別に集中（各機能を最も有利なロケーションに配置）
組織戦略	大幅な子会社への権限委譲	本社による子会社の統制
製品戦略	現地向け製品を開発・供給	標準化製品を開発・供給

ア：不適切である。選択肢の前半を見るとグローバル戦略を採用している企業で
あることがわかるため、「現地向けの製品を開発」ではなく、標準化製品を
開発して全体の効率性を高める戦略を採用する。

イ：不適切である。選択肢の前半を見るとマルチドメスティック戦略を採用して
いる企業であることがわかるため、複数の国に共通する製品需要を吸い上げ
て、価値連鎖における生産機能や販売機能を実行する生産拠点や販売拠点を
集中的に整備するのではなく、すべての機能を国別に配置し、現地向け製品
を開発し供給する戦略を採用する。

ウ：適切である。選択肢の前半を見るとマルチドメスティック戦略を採用してい
る企業であるため適切である。

エ：不適切である。選択肢の前半を見るとマルチドメスティック戦略を採用して
いる企業であるため、選択肢イで紹介した戦略を採用する。

オ：不適切である。選択肢の前半を見るとグローバル戦略を採用している企業で
あることがわかるため、選択肢アで紹介した戦略を採用する。

第3章　解説

解説編　**633**

VII 競争地位別戦略

平成24年度　第6問　解答：イ

競争地位別にみた競争戦略に関する出題である。

ア：不適切である。リーダーの成功した製品を模倣して販売する戦略はフォロワーの定石戦略である。チャレンジャーはリーダー企業が真似（同質化）できないような徹底した差別化（製品、価格、流通チャネル、販売・プロモーションによる差別化）が定石戦略である。

イ：適切である。ニッチャーは特定市場でのミニ・リーダーであるため、その特定市場において、①周辺需要拡大化、②同市場内での非価格競争、③他の参入弱小企業の成功に対する同質化、といったリーダー戦略をとり、市場支配力を高める。

ウ：不適切である。フォロワーはリーダーの製品を模倣しつつ、中〜低価格志向の経済性セグメントを中心に低価格戦略をとることが基本戦略である。

エ：不適切である。ニッチャー企業の戦略方針は、限られた経営資源を特定の技術や特定市場に集中・専門化することによって利潤と名声を得ることであり、価格競争に重点を置いた販売戦略を幅広い市場で展開することはない。技術力においても、ある市場において特殊な優位性をもっており、ライバル企業と比較して技術力が劣るということではない。

オ：不適切である。リーダー企業は売り上げや市場シェアが高く、経営資源の質や量を武器に新商品開発や広告などを行い、周辺需要拡大政策を図る。

◎参考文献

嶋口充輝・石井淳蔵著『現代マーケティング』有斐閣

大滝精一・金井一頼・山田英夫・岩田智著『経営戦略』有斐閣アルマ

平成28年度　第7問　解答：エ

競争地位別戦略に関する出題である。

ア：不適切である。チャレンジャーの基本戦略方針は、リーダーに対する差別化である。

イ：不適切である。選択肢アで紹介したとおり、リーダーの製品を模倣していく戦略の採用ではない。

ウ：不適切である。チャレンジャーの戦略課題はシェアの拡大であり、最大シェアをもつリーダーのシェアを獲得していくことである。そのため、リーダーに対する差別化とは、ドメインの差別化（異なる標的顧客を設定）ではなく、

634　第2部　テーマ別1次過去問集

マーケティング戦略の差別化となる。

エ：適切である。ニッチャーの基本戦略方針は、製品・市場の絞り込みによる集中化である。

オ：不適切である。競合他社の行動を追随する同質化を推進し、競合他社が採用した差別化戦略を無効にしたり、市場全体の規模を広げる周辺需要拡大政策を行うのは、リーダーである。

| 第**4**章 | 経営資源戦略 | 解答・解説 |

I 経営資源

平成**24**年度 第**3**問 解答：**ウ**

情報的資源に関する出題である。

ア：適切である。情報的資源の多くは企業特異的であり、企業の具体的な日常の仕事のプロセスの副産物として蓄積される。

イ：適切である。設計図やマニュアルのように言語や数値化されているということは、目に見える資源であり、熟練やノウハウのように目に見えない情報的資源より汎用性が高くなるため、模倣困難性は低い。

ウ：不適切である。模倣困難性が低い情報的資源こそ特許や商標など法的な制度で模倣コストを高める必要がある。模倣困難性の低い情報的資源は、競合他社の模倣戦略により失われる短期的な優位（一時的競争優位の源泉）であり、持続的競争優位の源泉とはならない。また、競争相手との間で包括的なクロスライセンスを結ぶことを考慮すると、その製品市場における自社製品にとって重要でなくても、他の市場における競争相手の製品にとって重要となるような特許であれば模倣コストを高めておくことは競争上優位となる。

エ：適切である。情報的資源は、いったんでき上がるとさまざまな形で多重利用が可能となり、複数の分野で同時に利用できる。

オ：適切である。企業のブランドやノウハウのような情報的資源は、企業特殊性が高いほど市場からの調達や模倣が困難で、獲得や蓄積に時間がかかるため持続的競争優位の源泉となる。

◎参考文献

伊丹敬之・加護野忠男著『ゼミナール経営学入門』日本経済新聞出版社

青島矢一・加藤俊彦著『競争戦略論』東洋経済新報社

平成**30**年度 第**2**問 解答：**イ**

情報的資源に関する出題である。

ア：不適切である。情報的資源には、知識情報と企業情報があり、選択肢の内容は、知識情報である。

イ：適切である。情報的資源である熟練やノウハウのほうが模倣困難性は高く、その特殊性が高いほど企業に競争優位をもたらす源泉となる。

ウ：不適切である。模倣困難性が低い情報的資源が競争にとって重要ならば、競合他社に模倣されないように、模倣のコストを高める必要性が高くなる。

エ：不適切である。情報的資源は、他の事業分野での多重利用が可能である。

II 価値連鎖（バリューチェーン）と垂直統合

平成30年度　第6問　解答：エ

垂直統合に関する出題である。

ア：不適切である。A社は部品メーカーとして、売り手の交渉力が強いため、垂直統合度を高める理由に乏しい。

イ：不適切である。A社は部品メーカーとして、仕入れ先に対する買い手の交渉力が強いため、垂直統合度を高める理由に乏しい。

ウ：不適切である。A社は部品メーカーとして、仕入れ先に対する買い手の交渉力が強いため、垂直統合度を高める理由に乏しい。

エ：適切である。環境変化により、原材料メーカーによる売り手の交渉力を強く受けないようにするため、垂直統合度を高める。

オ：不適切である。将来の環境変化に対して、原材料メーカーによる売り手の交渉力を強く受けないように対応しているため、垂直統合度を高める理由に乏しい。

◎参考文献

マイケル・E・ポーター著『競争戦略論Ⅰ』ダイヤモンド社

III PPMとビジネス・スクリーン

平成25年度　第2問　解答：ア

プロダクト・ポートフォリオ・マネジメント（PPM）に関する出題である。

ア：適切である。「負け犬」は、市場成長率が低く、市場シェアが低いため、一般的に収益は低くなるが、ニッチな戦略に絞って高収益を上げることもできる。

イ：不適切である。「花形」は成長期の事業で、資金流入を多くもたらす反面、先行投資も必要になるため、短期的なキャッシュフローはプラスにならない。

ウ：不適切である。PPMは、現行の事業部門から得たキャッシュを将来の主力部門育成の資金源として考えており、外部からの資金調達は、考慮されてい

ない。

エ：不適切である。 PPMは、市場成長率および相対的な市場シェアとキャッシュフローとの関係性が、PPMの想定と異なる場合は適用できない。規模の経済性を追求することで優位性を構築できる量産型業界には適用できるが、競争要因が多数存在し、かつ特定の分野でユニークな地位を築くことで優位性を構築できる専門型業界（弁護士事務所、経営コンサルタント）には、適用できないという問題点がある。

◎参考文献
大滝精一・金井一頼・山田英夫・岩田智著『経営戦略』有斐閣アルマ
寺本義也・岩崎尚人著『新経営戦略論』学文社

平成27年度　第1問　解答：ア

プロダクト・ポートフォリオ・マネジメント（PPM）に関する出題である。

ア：適切である。 「負け犬」は、撤退、売却、縮小が戦略定石となる。「問題児」には、将来の芽がある場合が多いため、成長市場で競争優位の実現が期待できるならば、積極的投資によって「花形商品」に育成する選択が重要である。

イ：不適切である。 「花形商品」は、資金流入を多くもたらす反面、先行投資も必要になるため、短期的キャッシュフローは必ずしもプラスとはならない。資金供給源となるのは、「金のなる木」である。

ウ：不適切である。 「花形商品」は、市場成長率が鈍化すれば、「金のなる木」になる可能性があるため、支配的なシェアを維持するか、そのシェアをさらに拡大するかのいずれかが戦略となる。

エ：不適切である。 資金の流入は、経験曲線効果を理論的背景とする相対的市場占有率で決まり、資金の流出は、製品ライフサイクルを理論的背景とする市場成長率で決まると考えている。

オ：不適切である。 PPMの戦略定石は、事業間のシナジーを無視している。

◎参考文献
大滝精一・金井一頼・山田英夫・岩田智著『経営戦略』有斐閣アルマ

平成29年度　第2問　解答：イ

PPMに関する出題である。

ア：不適切である。 PPMにおける「花形商品」事業の市場は高成長率で、「金のなる木」事業は成熟期である。「負け犬」事業は成長率が低くても高収益の事業を選別することが必要なため、可及的速やかに撤退とはならない。

イ：適切である。選択肢のとおりである。

ウ：不適切である。PPMは、市場成長率と、相対的市場占有率で、自社の製品や事業を4つのセルに分類したものである。自社事業の成長率は含まれない。

エ：不適切である。PPMでは、事業間のマーケティングや技術に関するシナジーは考慮されていない。

オ：不適切である。PPMでは、事業間の関連性を考慮していないため、範囲の経済を達成して競争優位性を構築する業界に適用できるとは限らない。

平成**25**年度 第**26**問

[設問1] 解答：エ

市場占有率に関する出題である。

ア：不適切である。相対市場占有率は、自社を除く最大手企業の占有率と自社の占有率の比で表される。最大手A社の占有率が0.25に対してD社の占有率は0.1なので、相対シェアは、0.1÷0.25＝0.4と算出される。

イ：不適切である。一般的に追随者の模倣製品が競争力を持つには、価格競争と、そのためのローコストオペレーションが必要であるが、寡占市場においては価格の下方硬直化が起こりやすく、追随者にとっては参入障壁となる。

ウ：不適切である。国内の製品市場占有率には海外への輸出額は含まれない。すなわち、自社の当該製品の国内向け出荷額÷当該製品に関する国内の全事業者による出荷額×100で算出され、市場占有率（％）＝（a／b）×100となる。

エ：適切である。売上高＝価格×数量であり、売上高は一定で他社メーカーよりも高価格であれば出荷数量は少なくなるため、出荷数量ベースでの占有率は相対的に低い値となる。

◎参考文献

沼上幹著『わかりやすいマーケティング戦略』有斐閣

和田充夫・恩蔵直人・三浦俊彦著『マーケティング戦略 第4版』有斐閣

[設問2] 解答：イ

市場占有率から既存企業間の対抗度・敵対関係の強さを表すハーフィンダール・ハーシュマン指数（HHI）に関する出題である。HHIは各企業の市場シェアを2乗して足し合わせることで導かれ、値が小さいほど競争企業の数が多い、または規模とパワーが同等であることを表しており、競争激化に陥りやすいと推測される。本問においては、$(0.25)^2 + (0.15)^2 + (0.15)^2 + (0.10)^2 + (0.05)^2 + (0.01)^2 × 30 = 0.123$と算出される。

よって、正解はイである。

◎参考文献

沼上幹著『わかりやすいマーケティング戦略』有斐閣

Ⅳ VRIO分析

平成**23**年度　第**3**問　　**解答：イ**

経営資源戦略に関する出題である。

ア：適切である。例えば、他社の優れた人的コミュニケーション能力を、高度に
洗練された経営情報システムで代替することによる模倣が考えられる。

イ：不適切である。企業の内部者にとって競争優位の源泉とその関係が理解でき
ない場合の模倣困難性は、因果関係不明性である。経路依存性とは、企業が
現時点で競争優位性を獲得できるのは、それ以前の段階で獲得したり開発し
たりした経営資源のおかげであるといった、プロセスの前後関係に関する概
念である。企業の内部者にとって競争優位の源泉との関係が理解できない場
合の模倣困難性を、経路依存性とする選択肢の記述は不適切である。

ウ：適切である。経済価値がある経営資源やケイパビリティを競合企業が保持して
いない場合、それを持つ企業にとっては希少性に基づいた競争優位の源泉となる。

エ：適切である。経済価値を持たない経営資源やケイパビリティしか保持してい
ない企業は、経済価値を有するものを新たに獲得するか、これまで有してき
た強みをまったく新しい方法で活用し直す必要がある。

オ：適切である。戦略の選択と実行にあたって、模倣コストが大きく、希少で、
価値のある経営資源を保有し活用する企業は、ある一定期間持続する競争優
位を獲得し、標準を上回る利益をあげることができる。

◎参考文献

ジェイ・B・バーニー著『企業戦略論〈上〉基本編』ダイヤモンド社

平成**27**年度　第**3**問　　**解答：イ**

企業の経営資源と持続的競争優位に関する出題である。

ア：適切である。経営資源が有する経済的価値が、その経営資源を獲得するため
にかけるコストに見合わなければ、企業にとっての魅力は低くなる。

イ：不適切である。競合他社が代替により模倣することができる経営資源は、
VRIO分析の「模倣困難性に関する問い」には「No」となるため、持続的な競
争優位の源泉にはならない。希少性が長期にわたって持続しても、その代替
可能な経営資源は、一時的競争優位の源泉に留まる。

ウ：適切である。初期のイベントが、その後のイベントに大きな影響を与える場合、そのプロセスには経路依存性が存在する。つまり、企業が以前に獲得した経営資源により、競争優位性が形成されていくプロセスには、経路依存性があることになる。競争優位にある先発者の経営資源を模倣しようとしても、時間をかけなければ獲得できないなど模倣困難であれば、後発者は模倣にコスト上の不利を被るため、先発者は先発者優位を獲得することができる。

エ：適切である。模倣する方法には、直接的複製と代替による模倣がある。代替による模倣をしようとする企業は、競争優位にある企業が保持する経営資源を別の経営資源で代替することができる。また、リソース・ベース・ビューでは、個々の企業が保持する経営資源は異なっていることを前提としている。企業間で経営資源は異なるが、競合企業は、自社の製品・サービスとほぼ同様の顧客ニーズを同様の方法で満たしている。

オ：適切である。独自な経営資源でなく、外部調達できる場合、経営資源を模倣する際のコスト上の不利をもたらす要因である独自の歴史的条件を満たさない。よって、模倣コストが低く、模倣困難ではないため、持続的な競争優位の源泉にはならない。

◎参考文献

ジェイ・B・バーニー著　岡田正大訳『企業戦略論【上】基本編』ダイヤモンド社

大滝精一・金井一頼・山田英夫・岩田智著『経営戦略』有斐閣アルマ

平成29年度　第3問　解答：オ

VRIO分析に関する出題である。企業が持つ強みを分析する際に、(V)経済性に関する問い、(R)希少性に関する問い、(I)模倣困難性に関する問い、(O)組織に関する問いの4つの問いかけによるふるいをかけ、強みの優先順位を明らかにする。

ア：不適切である。企業が持つ経営資源が業界内において希少でない時には、VRIO分析の希少性に関する問いに対して「Yes」とならないため、一時的な競争優位の源泉にはならない。

イ：不適切である。企業が持つ経営資源を他の企業が別の経営資源で代替するコストが小さいとき、低コストで希少で価値ある経営資源を模倣できるため、模倣困難性に関する問いに対して「Yes」とならず、持続的な競争優位を確立できない。

ウ：不適切である。選択肢アと同様に、企業が持つ経営資源が業界内において希少でない時には、VRIO分析の希少性に関する問いに対して「Yes」とならないため、一時的な競争優位の源泉にはならない。

エ：不適切である。企業が持つ経営資源が業界内において希少でない時には、

解説編　**641**

VRIO分析の希少性に関する問いに対して「Yes」とならないため、一時的な競争優位の源泉にはならない。もちろん持続的な競争優位も確立できない。

オ：適切である。選択肢のとおり。

第5章 イノベーションと技術経営（MOT）　解答・解説

I　イノベーションと技術経営

平成30年度　第9問　　解答：**ア**

ア：不適切である。 技術システムが不均衡状態であることが、技術開発への努力を導く不可欠な力になる。

イ：適切である。 選択肢のとおり。

ウ：適切である。 選択肢のとおり。

エ：適切である。 選択肢のとおり。

オ：適切である。 連続的なイノベーションとは、既存の技術・知識等の延長上での小刻みな改善である。

II　イノベーションの進化過程

令和2年度 · 第13問　　解答：**オ**

ア：不適切である。 デファクト・スタンダードは、市場の実勢によって標準とみなされるようになった製品・規格である。

イ：不適切である。 デファクト・スタンダードは、情報技術が関わらない領域でも生じる。

ウ：不適切である。 規格を取り入れるメーカーや消費者が多い方がデファクト・スタンダードの地位を獲得することがあり、技術的優位性がある方が獲得するとは限らない。

エ：不適切である。 補完財の多様性が増大することで得られる便益は、間接的効果である。

オ：適切である。 ネットワークの外部性は、ユーザー数が増加するほど、1人の利用者の便益が増加する現象である。

平成25年度　第18問　　解答：**ウ**

A－U（アバナシー＝アッターバーグ）モデルに関する出題である。

ア：不適切である。 製品アーキテクチャが安定し不確実性が減少すると、専用的

解説編　**643**

な原材料の利用へと移行し、供給源は緊密に垂直統合されるようになる。

イ：不適切である。 ドミナントデザインが確立されると、市場の要求や技術的対処法は確実かつ画一的なものとなり生産性は向上する。競争の焦点は製品機能の新規性よりも価格へと移り、価格競争が激しくなる。

ウ：適切である。 バリューチェーンの中で、今まで携わってこなかった活動も取り込み、垂直統合度を上げることで、革新の創出を図る。

エ：不適切である。 ドミナントデザインが確立される前の流動化段階では、製品の大きな変更が頻繁に行われる。設計と製造部門の密接な連携が必要となるため社内プロセスとすることが相応しい。

オ：不適切である。 ドミナントデザインが確立されると、製品アーキテクチャは確立され製品革新は減少する。しかし、低コスト生産や生産量拡大のため、これから工程革新が起こる段階であるため、機能別組織への編成はすべきでない。

◎参考文献

ジェームズ・M・アッターバーグ著『イノベーション・ダイナミクス』有斐閣

ジェイ・B・バーニー著『企業戦略論【中】事業戦略編 競争優位の構築と持続』ダイヤモンド社

平成24年度　第18問　解答：エ

企業の吸収能力に関する出題である。

ア：不適切である。 研究開発活動は、技術知識の蓄積だけでなく吸収能力の形成にも貢献している。環境の不確実性が高く、イノベーションが速い分野では吸収能力の必要性が高くなるため、その源泉である研究開発の必要性も高くなる。

イ：不適切である。 技術的機会とは「入手可能な外部からの技術的知識の量」である。技術的機会の増加とは、入手可能な外部情報の量が増えることであり、企業が吸収能力を構築しようとするインセンティブを高める。基礎科学分野では応用科学分野に比べ、吸収して学習することが難しいので、企業は効果的な学習を生み出すためR＆D投資を増加させる。よって、応用科学に関連する技術的機会の増大に比べ、基礎科学に関連する技術的機会の増大はR＆Dの必要性を高める。

ウ：不適切である。 基礎研究によって得られる予備知識は吸収能力の源泉であるため、吸収能力が高くなっても基礎研究部門を持つ必要性は低くならず、研究開発投資負担を削減することはできない。

エ：適切である。 企業が基礎研究を行う目的は、特定の成果を求めるというよりも、一般的な予備知識を得るためである。予備知識を蓄積することで企業の

吸収能力は高まり、有益な科学的知識や技術的知識をイノベーションに素早く活かすことができる。

オ：不適切である。自社における知識の占有可能性が高まると、社内への波及効果は高まるが社外への波及効果は減少する。この場合、学習が難しい分野のほうが吸収能力の必要性が高まる。したがって、応用科学分野よりも学習が難しいとされる基礎科学分野のほうが、吸収能力の必要性は高くなる。

◎参考文献

太田耕史郎著『イノベーションの分析の新たな視点』(2004年)

クレイトン・M・クリステンセン、ロバート・A・バーゲルマン、スティーヴン・C・ウィールライト著『技術とイノベーションの戦略的マネジメント(下)』翔泳社

III 製品設計と研究開発

平成**25**年度 第**8**問 　解答：**イ**

技術経営 (MOT：Management of Technology) における製品アーキテクチャに関する出題である。

ア：不適切である。モジュール化は、製品統合の容易化(コスト低減)とともに、技術革新が活性化するが、中長期的には企業間の差別化を困難にし、過当競争と価格低下を誘引してしまう場合が多い。

イ：適切である。製品のモジュール化が進み、中間財(中間生産物)市場が成立するにつれて統合・組み合わせの付加価値が低下し、顧客価値が低下するため、価格競争が激化し、コモディティ化が進むようになる。

ウ：不適切である。技術開発と製品開発が緊密に連携することが不可欠になるのはインテグラル型の特徴である。モジュラー型はインターフェースがルール化されており、デザイン・ルールのみ理解していれば、他のサブシステムの開発状況が分かっていなくても技術開発が可能となる。

エ：不適切である。モジュール化は企業間の分業を促進する。また、デザイン・ルールに従い、企業はサブシステムを容易に開発することができるため、特定の部品に特化して強みを発揮できる企業も増える。設計と製造といった機能間での統合も容易になるので、EMS (Electronics Manufacturing Service) やファブレス企業のように、特定の機能に集中した企業も増える。これまでの社内のモジュール部品の生産設備を埋没原価とせず、活用することは可能である。

オ：不適切である。デジタルカメラ、薄型テレビ、DVDレコーダーなどは、日

本発の革新的な商品であるが、価格低下がより一層進むとともに、世界市場におけるシェアは低下している。

◎参考文献

延岡健太郎著『MOT [技術経営] 入門』日本経済新聞出版社

平成27年度 第7問 ▶ 解答：ア

製品アーキテクチャに関する出題である。

ア：適切である。 パソコンでは、CPUやOSなどの製品サブシステムのインターフェースが標準化されるにつれて、部品メーカーは一定のデザインルールのもとで、独自に技術開発を進めることが可能になる。

イ：不適切である。 組立メーカーは、モジュール化の進展による製品ライフサイクルの短縮化やコモディティ化により、収益が低下する可能性がある。しかし、パソコンの部品メーカーであるインテル®のように、独自性が高く差別化されたモジュール部品を製造することで大きな収益を得ることができる。

ウ：不適切である。 モジュール化により、すり合わせが必要ではなくなるため、組立メーカーとの技術交流を緊密化することが重要になるわけではない。

エ：不適切である。 選択肢イで紹介したとおりである。パソコン部品のCPUの性能が年々向上しているように、部品の生産プロセスにおける技術改良の余地がなくなるわけではない。

オ：不適切である。 選択肢イで紹介したように、部品メーカーは、独自性が高く差別化されたモジュール部品を開発する技術を活かして、新規のモジュール部品を開発していくことになる。

IV イノベーションのマネジメント

平成21年度 第2問 ▶ 解答：オ

企業の、海外における研究開発活動に関する出題である。グローバル化の進展が著しいが、シナジーを考えずに海外進出しても失敗する。海外拠点設置の目的・意義を問うている。

ア：適切である。 海外研究開発拠点の設置は、知識レベルが高く、相対的に人件費が安い人材を活用するために行われる。進出先の研究開発力が劣っている拠点を設置するメリットは薄れるため、設置意欲は薄れる。

イ：適切である。 国内での規模の経済が大きい場合は、海外研究開発拠点の設置

---

646 第2部 テーマ別1次過去問集

メリットが相対的に低下する。また、技術ノウハウの流出が心配な場合にも、拠点の開設には消極的になる。

ウ：適切である。グローバル・シナジーとは「国際的な複数の拠点で生み出された資源を多重あるいは共通利用することによって生じる国際的な地域（拠点）間シナジー」である。グローバルレベルで競争優位を獲得している企業は、海外研究開発拠点の能力を活用し、グローバルな製品開発に活かしている。

エ：適切である。米国企業の海外進出は1960年代、日本企業の海外進出は、1986年以降に増加しており、海外研究開発拠点の増加とほぼ同期している。

オ：不適切である。海外研究開発拠点は、国内で培ったノウハウのもとに展開されるため、研究開発能力の低い産業分野で増加するものではない。

◎参考文献

経済産業省ホームページ「日本企業の海外進出状況」

　http://www.meti.go.jp/statistics/tyo/genntihou/sanko/pdf/h2c3e1ni.pdf

大滝精一・金井一頼・山田英夫・岩田智著『経営戦略』有斐閣アルマ

平成30年度　第8問　解答：ア

ア：適切である。選択肢のとおりである。

イ：不適切である。企業が戦略的な優位を達成するためには、製品・サービス、戦略と組織構造、組織文化、技術の変革のそれぞれを有機的に実行することが必要である。

ウ：不適切である。製品イノベーションでは、製品の大きな変更が頻繁に行われる。設計と製造部門の密接な連携が必要となるため、自社内におけるプロセスとすることが望ましい。

エ：不適切である。バウンダリー・スパンニングとは、組織の内側と外側の境界線を連結する活動である。

オ：不適切である。リエンジニアリングは、プロセスを重視した取り組みである。

令和2年度　第8問　解答：エ

①：dが適切である。リバース・イノベーションとは、先進国で開発された製品を、途上国の開発拠点で現地向けに開発し直し、現地での生産販売を図りつつ、それを先進国モデルへと進化させる戦略である。

②：cが適切である。バウンダリー・スパンニングとは、組織の内側と外側の境界線を連結する活動である。

③：aが適切である。リバース・エンジニアリングとは、他社製品の構造や機能

を解析し、その製品における製品技術を読み取り、学習・製品開発すること
である。

④：**bが適切である。**リエンジニアリングとは、ビジネスプロセスを根本から再
設計し、経営効率を高める全社横断的な取組みである。

よって、エが最も適切である。

令和元年度　第10問　解答：オ

社内ベンチャーに関する出題である。

ア：不適切である。社内ベンチャーは、新規事業に関する「学習装置」としての
機能を果たす。

イ：不適切である。社内ベンチャーは、新規事業の運営について、本業や既存事
業からの過剰な介入や悪影響を排し、トップダウン型の思考様式の枠組みか
ら乖離した発想を生み出すことができる。

ウ：不適切である。社内ベンチャーは、独立性の高い集団を設けて、自律性を重
視して新規事業の運営を行う。

エ：不適切である。社内ベンチャーは、投資先のマネジメントに任せるハンズオ
フ型のベンチャーキャピタルに比べ、親企業の関与の程度は高い。

オ：適切である。選択肢のとおりである。

平成24年度　第8問　解答：エ

社内ベンチャーに関する出題である。社内ベンチャーとは、大企業病を克服し、
新事業の立ち上げを加速化して新興ベンチャー企業に対抗するために、ベンチャー
的な新事業展開や社内起業家の育成を目的に設立される組織である。

ア：適切である。業績を上げ続けてきた、もしくは成熟化が進んでいる既存事業
では新事業の創造は困難であるが、リスクや失敗を新しい経験を積む学習の
機会と捉えた社内ベンチャーの挑戦的な試みが新事業展開や事業構成の組み
換えなどの企業戦略を精緻化することにつながる。

イ：適切である。経営トップがリスクや失敗に対する姿勢を明示した上で、社内
ベンチャーに対し新事業展開の大幅な権限を委譲することにより、新事業展
開を実現させることへの大きなモチベーションにつながる。

ウ：適切である。本業の「脱成熟化」を促進するために、既存事業のやり方や評
価方法から離れ、新事業全体の決定と実施を委譲することで新しいアイディ
アが生まれやすくなり、新事業展開や社内起業家の育成につながる。

エ：不適切である。社内ベンチャーは、社内起業家が自社の全体戦略との関連性

を常にチェックしながら、利益の上がる新製品や新サービスの実現を図る組織のため、「投資」と「自社に不足する経営資源の補完」を社外の立場から提供するハンズオン型のベンチャーキャピタルの関与よりも、親企業の関与する程度の方が高い。

オ：適切である。社内ベンチャーは、機動性と創造性に富む新興ベンチャー企業に対抗し、大企業が本業の「脱成熟化」を促進して新事業展開を加速するために設置されるので、既存事業とは異なる事業分野への進出や既存製品と関連の低い製品開発を目的としていることが多い。

◎参考文献

大滝精一・金井一頼・山田英夫・岩田智著『経営戦略』有斐閣アルマ

平成**25**年度　第**15**問　**解答：エ**

企業間取引における渉外担当者の役割に関する出題である。

ア：適切である。渉外担当者は、外部環境の情報を組織内の各部門に伝える役割を持つため、情報の不確実性を削減する存在となる。また、組織は渉外担当者を通じて外部環境に触れることにより、組織変革の必要性を認識する場合がある。

イ：適切である。外部組織は自己目標を追求するために、自らの組織に対して影響力を行使する。その際、外部組織のターゲットとなる渉外担当者の交渉力により、その影響度合いが変動する。

ウ：適切である。渉外担当者は組織内外の接点に位置するため、外部組織との連結環としての役割を持つことになる。また、渉外担当者は外部組織からの影響力に対応することにより、外部環境の脅威から自らの組織を防衛する役割を担う。

エ：不適切である。渉外担当者は、他組織に対して組織を代表するという特徴をもつ。渉外担当者は組織の顔であり、外部環境に対して自らの組織の価値・規範を表現しなければならず、それとともに、外部の価値・規範を熟知しなければならない。

オ：適切である。渉外活動は、トップマネジメントの意向を受けた現場の業務担当者によって行われるものである。現場の業務的意思決定は組織的意思決定に基づいたものであるため、渉外担当者は組織的意思決定を具体的な環境適応行動として実行する重要な役割を担っている。

◎参考文献

山倉健嗣著『組織間関係』有斐閣

ルイス・W・スターン他著『チャネル管理の基本原理』晃洋書房

V ベンチャー企業のイノベーション

平成 **20** 年度　第 **7** 問　　解答：**ウ**

技術イノベーションについての市場競争環境に関する出題である。

- **ア：適切である。** 開発時の技術が顧客の支持を受けるほど、その後の技術発展の方向が制約されやすく、技術分野が固定化されて企業の競争優位が失われていく。

- **イ：適切である。**「ダーウィンの海」とは、最新の技術で開発された製品が市場競争を通して生き残ることが難しい現象を言う。ハーバード大学のブランスコム名誉教授が提唱した概念で、アイデア、起業、各種の共同ベンチャーが生まれ、かつ死んでいく競争市場を、「互いに競争している新しい生物で満ち溢れた海」という意味の「ダーウィンの海」(Darwinian Sea) になぞらえている。

- **ウ：不適切である。** 技術優位性は先発者利得の最も重要な源である。自社技術の拡散スピードが速く、技術優位性を守りにくい場合、後発企業から模倣されやすいため、先発者利得を獲得するのは困難である。その場合、累積生産量を大きくしても、コスト面での差別化につながりにくい。

- **エ：適切である。** 選択肢のとおりである。

- **オ：適切である。** 選択肢のとおりである。

◎参考文献

独立行政法人経済産業研究所編『イノベーションに関する“死の谷”問題を巡る議論について』
　　http://www.rieti.go.jp/jp/events/bbl/05020101.html
　一橋大学イノベーション研究センター編『イノベーション・マネジメント入門』日本経済新聞社

平成 **26** 年度　第 **11** 問　　解答：**エ**

Ｊカーブ曲線に関する出題である。

- **ア：不適切である。** リスクは開発だけでなく、生産、販売を含む。
- **イ：不適切である。** リスクは開発だけでなく、生産、販売を含む。
- **ウ：不適切である。** リスクは販売だけでなく、開発、生産を含む。
- **エ：適切である。** リスクは開発、販売、生産を含み、時間経過にともない成果が出ると、収益が上がっていく。

平成 **27**年度　第**8**問

[設問1]　解答：ウ

ア：不適切である。 デビルリバーは、基礎技術や高い要素技術を必要とする領域は大学に任せ、TLO などを活用して連携を積極的に行うことなどによって回避を試みる。

イ：不適切である。 デスバレーは、応用研究と製品開発ないし事業化との間に存在する資金や人材の不足などという障壁である。技術シーズ志向の研究のような基礎研究からニーズ志向の応用（開発）研究に至る際の障壁はデビルリバーである。

ウ：適切である。 選択肢のとおりである。

エ：不適切である。 一部の専用実施権を第三者企業に付与することは、資金の不足という障壁を回避することにつながり、デビルリバーではなく、デスバレーを超える時間の短縮につながる。

[設問2]　解答：エ

ア：不適切である。 ダーウィンの海という障壁は、大手企業とのアライアンスやファブレス生産に取り組み、生産、販売、マーケティング、アフターサービスが一体となった体制などによって回避を試みる。

イ：不適切である。 選択肢アで紹介したとおりである。

ウ：不適切である。 ダーウィンの海は、開発製品を事業化して軌道に乗せる際、既存製品や他企業との激烈な競争に直面するという障壁であり、この障壁を回避するためには、資金繰りの改善だけでは困難である。

エ：適切である。 ファブレス生産により、多大な設備投資や設備維持の負担やリスクを負わずに、設計や開発、マーケティングなどに専念する。

第5章　解説

解説編　651

第**6**章　企業の社会的責任とその他戦略論の知識　解答・解説

I　企業の社会的責任（CSR）

平成**30**年度　第**11**問　解答：エ

　スリー・サークル・モデルに関する出題である。

　スリー・サークル・モデルは、経営理念の核となる家訓の維持を重視するファミリービジネスに適用でき、ファミリービジネスの限界が何に起因するのかを知るなど、個々のファミリービジネスで異なる経営の問題解決に有用である。

　ア：適切である。選択肢のとおりである。

　イ：適切である。選択肢のとおりである。

　ウ：適切である。選択肢のとおりである。

　エ：不適切である。スリー・サークル・モデルは、ファミリービジネスの限界が何に起因するのかを知るなど、個々のファミリービジネスで異なる経営の問題解決に有用である。コンフリクト回避のためにファミリーメンバーの継続的関与と戦略を並行的に計画させるモデルではない。

　オ：適切である。選択肢のとおりである。

平成**25**年度　第**19**問　解答：オ

　企業統治に関する出題である。経営環境が複雑化・高度化するなかで、専門的な知識や技能を有する者が、株主に代わって経営を行うようになった所有と経営の分離についての特徴を問うている。

　ア：適切である。株価の上昇を目指して短期的な収益性の向上に努めることが、不正会計問題などを起こす要因にもなっている。

　イ：適切である。企業の大規模化に伴い、資本の大規模化も進行する。株式増大・株式分散が進み、最大株主の持ち株比率が小さくなるため、企業が危機的状態に陥らない限り、株主は経営者を解任できない状態となる。

　ウ：適切である。経営環境や技術が複雑化・高度化すると、トップマネジメントを支え、企業の重要な意思決定に参画する技術者や専門スタッフが必要となる。

　エ：適切である。経営環境の複雑化に対応するには、専門知識や特殊な能力が必要となり、生産技術に精通する管理者の重要性が大きくなる。

　オ：不適切である。中長期の企業価値向上を目指す企業家的な行動よりも、短期

652　第2部　テーマ別1次過去問集

の業績や株価にとらわれがちとなる。

◎参考文献

塩次喜代明・高橋伸夫・小林敏男著『経営管理』有斐閣アルマ

Ⅱ　その他戦略論に関する事項

平成30年度　第7問　　**解答：ウ**

- **ア：不適切である。**委託図方式は、図面の所有権や品質保証の責任は完成品メーカー側にある。
- **イ：不適切である。**貸与図方式の内容である。
- **ウ：適切である。**選択肢のとおりである。
- **エ：不適切である。**承認図方式の内容である。
- **オ：不適切である。**デザインインでは、設計の外注が発生する。

第7章 組織論の基礎と環境に組み込まれた組織 解答・解説

I 組織論の基礎

平成24年度 第14問 解答：オ

組織均衡論の中心的公準に関する出題である。

ア：適切である。 第5の公準に関する記述である。すべての参加者について、「誘因効用≧貢献効用」が成立していなければ、組織は生存し続けることができないことを意味している。

イ：適切である。 第2の公準に関する記述である。

ウ：適切である。 第4の公準に関する記述である。組織が参加者の貢献をインプットとして、参加者の誘因をアウトプットとして生産する変換体系であることを示している。

エ：適切である。 第1の公準に関する記述である。

オ：不適切である。 第3の公準では、提供される誘因と要求されている貢献の差し引き超過分が正の場合だけでなく、等しい場合にも組織への参加を続けるとしている。

◎参考文献

桑田耕太郎・田尾雅夫著『組織論 [補訂版]』有斐閣アルマ

令和元年度 第3問 解答：エ

経営戦略と意思決定に関する出題である。

空欄Aには、部分的無知が入る。

アンゾフは、環境変化が激しく、企業が決定すべき選択肢の評価基準も与えられていない高度に不確実な状況を、部分的無知という概念で捉えた。なお、非対称情報 (情報の非対称性) とは、取引される財・サービスの品質やタイプなどの情報が、売り手と買い手などの経済主体の間で異なる状態である。

空欄Bには、業務が入る。

業務的意思決定は、現行の業務の収益性の最大化を目的とするもので、組織における監督階層 (監督職能) で行われる。

空欄Cには、管理が入る。

管理的意思決定は、最大の業績が生み出せるように企業の資源を組織化するもので、組織における管理階層 (管理職能) で行われる。

654 第2部 テーマ別1次過去問集

空欄Dには、戦略が入る。

戦略的意思決定は、将来どのような業種に進出すべきかなどに関するもので、経営階層（経営職能）で行われる。

上記より、エが最も適切である。

令和2年度　第2問　解答：ア

意思決定に関する出題である。

- **ア：適切である。** 管理的意思決定では、最大限の業績を上げられるように企業の資源を組織化する。
- **イ：不適切である。** 経営環境に適応するための多角化戦略は、戦略的意思決定における決定事項の1つである。
- **ウ：不適切である。** 戦略的意思決定における、経営計画策定や組織編成、重要な人事・配置や経営全般の統制などの非定型的意思決定の問題は、意識的に関心を寄せなければ明らかにならない。
- **エ：不適切である。** 経営環境に適応するための戦略的意思決定は、企業外部の問題と主に関わっている。
- **オ：不適切である。** 資源配分や資源組織化は、管理的意思決定である。

II　環境に組み込まれた組織

平成19年度　第14問　解答：エ

取引コストアプローチに関する出題である。内部組織と市場メカニズム、どちらから資源取引を調整したほうが取引コストを低く抑えられるか、内部組織と外部環境の境界の決定と取引コストに関する理論として「取引コストアプローチ」がある。

- **ア：不適切である。** 特異性が高い職務についての労働力市場では、内部化したほうが、組織内で日常の言動を通じて、その人の能力、人格や性格、社会性等を評価できるため、労使間の情報の非対称性が小さくなる。
- **イ：不適切である。** 部品を供給できる企業の数が少ない場合には、「情報の偏在」が生じやすく、一般に人は自ら有利になるよう取引を導こうとしたり、少数主体間で駆け引き的行動が展開されるなど、機会主義的に行動する可能性が高まる。
- **ウ：不適切である。** 取引主体の合理性の限界を超える複雑な職務の場合、応募してきた労働者がその職務に必要な能力を持っているか評価するには、相当の

情報コストを必要とするため、市場メカニズムを通じて調達すると取引コストが高くなる。

エ：適切である。内部組織には内部監査能力が備わっているため、個人を評価する能力が高くなる。また、組織内では集団圧力が生まれるため、個人の機会主義的な行動は抑制される。

◎参考文献

桑田耕太郎・田尾雅夫著『組織論』有斐閣アルマ

平成**25**年度 第**11**問 **解答：エ**

組織設計に関する出題である。

ア：不適切である。サービス業では対人スキルを重視し、顧客を満足させるのに必要なことは何でもやらせている企業もあるが、顧客サービスのための規則や手順を決めている（ルーティン化している）企業もある。

イ：不適切である。組立てラインのように一つの事業部内で生産された部品が別の事業部へと流れる場合、事業部間において一般に包括的な立案や日程調整が必要となる。思いがけない問題や例外的なことが生じたとき、処理できるように部門間で水平方向のコミュニケーションが必要となる。

ウ：不適切である。熟練技術を要する職務は、作業活動の分析可能性が低いため、公式のトレーニングやマニュアル化が難しく、勘や経験が重視される。

エ：適切である。補完的相互作業が必要な部門は事業部間の相互依存性のレベルが高く、各部門が緊密に協力して密接な連絡を取り合うことが必要である。そのため、機能横断的なチームや非公式の対面的コミュニケーションが重視される。

オ：不適切である。特定の注文顧客を対象とした小バッチ単位での生産システムでは、労働者が生産工程で大きな役割を果たしており、高度な機械化はされていない。このような組織は有機的マネジメントシステムが適している。

◎参考文献

リチャード・L・ダフト著『組織の経営学』ダイヤモンド社

平成**23**年度 第**19**問

資源依存モデルに関する問題である。組織はオープンシステムとして外部環境に資源を依存している。その依存度の度合いは、①資源の重要度、②利害者集団がその資源の配分や利用に対して持つ自由裁量の程度、③代替的な資源の獲得の可能性、あるいは利害関係集団による資源の統制の度合い、によって決まる。

656　第2部　テーマ別1次過去問集

［設問1］　解答：ア

組織が直面する環境の不確実性の問題である。

- **ア：適切である。** 重要な資源が豊富にある場合、一方が自身の要求を満足したとしても、もう一方の不利益を生む可能性は低い。よって、相互依存度が高くても、コミュニケーションにおいて行き違いや誤解を生じる可能性は低く、不確実性は低くなる。

- **イ：不適切である。** 官僚制のように権力の集中度が高ければ、コンフリクトを解消するための手順や手続きが整備されており、対立や競合は抑制される。よって、コンフリクトが発生する可能性は低く、焦点組織が直面する不確実性は低くなる。

- **ウ：不適切である。** 権力の集中度が低い場合、コンフリクトを解消するための手続きが明確化されていないことが多く、対立や競合を発生させやすい。しかし、組織間の相互依存度が高くなるとはいえない。

- **エ：不適切である。** 組織間の連結の度合いが高い場合、各組織は独立して行動しにくくなり、相互依存度は高まる。また、権力の集中度が低ければ、組織間の競合や対立は起きやすく、コンフリクトの起きる可能性は高くなる。

- **オ：不適切である。** 組織間の相互依存度が高ければ、それだけ、組織間のコミュニケーションの必要性が高まり、コンフリクトの起きる可能性は高くなる。

［設問2］　解答：ア

環境コンテキストが組織のパワーモデルにもたらす影響についての出題である。

- **ア：適切である。** 特に環境の変化が組織の存続・成長に必要な場合は、環境変化に対処するためのパワーの変革を行う必要が出てくる。この中で、より環境に対応できる部門へとパワーのシフトが行われるが、それにより、組織内のパワー構造の変化によって経営者の交代が起きることがある。

- **イ：不適切である。** 環境に適応できる部門にパワーがシフトし、その部門のパワーの影響を受けた経営者に代わることにより、組織は環境に適応するために行動や構造を変化させる。

- **ウ：不適切である。** それまでの環境でパワーを持っていた部門は、環境を自らの都合の良い方向に解釈しようとするため、環境に適応した行動や構造の変化を起こしにくい。組織の行動や構造の変化が起きるには、組織内の権力関係の変化することが先である。

- **エ：不適切である。** 経営者の交代は、環境に適応できる部門へのパワーのシフトによって発生する。

- **オ：不適切である。** 選択肢エと同様に、パワーのシフトが行われた後に経営者の交代、組織の行動や構造の変化が発生する。

第7章

解説

解説編　**657**

◎参考文献

山倉健嗣著『〈論説〉組織論の現在』横浜経営研究第10巻第2号 (1989年)

山倉健嗣著『〈論説〉組織論の新展開』横浜経営研究第3巻第1号 (1982年)

桑田耕太郎・田尾雅夫著『組織論 (補訂版)』有斐閣アルマ

平成24年度　第9問

［設問1］　解答：エ

アライアンスのマネジメントに関する出題である。

ア：不適切である。出資比率による意思決定権限の確保の可能性のみが、アライアンスを結ぶかどうかの可否を決める条件ではない。また、資本関係を伴うアライアンスでは、誰が企業統治を行い、どのような形で意思決定がなされるかなどのコーポレート・ガバナンスの方針を十分な議論を尽くして決めることでアライアンスの効果が期待できる。

イ：不適切である。アライアンスの目的は、統合された事業価値を増加させることである。そのためには、アライアンスによる便益とリスク、コーポレート・ガバナンスの方針、相互に企業文化の理解を深めること、企業間の解消ルールの取り決めなどに関して、提携前に議論を重ねて信頼関係を醸成することが大切である。

ウ：不適切である。提携企業間の社風の違いを克服する方法として、吸収合併による価値観の一体化に限られるわけではない。互いの企業における人事交流や定期的会議、プロジェクトチームなども有効な方法である。

エ：適切である。統合された事業のポートフォリオの最適化と経営資源の共有による事業運営の効率化を持続的に実現するために、コーポレート・ガバナンスの方針に基づき、お互いの事業活動に関する経済評価を怠ってはならない。

オ：不適切である。両社の経営資源の活用によるシナジー効果を最大限発揮し、アライアンスによる便益を得るためには、企業間の関係を深め信頼関係を醸成していくことは非常に重要である。自社技術の情報漏洩に関しては、秘密保持に関する取り決めにより、リスクを軽減させるなどの留意が必要である。

◎参考文献

大滝精一・金井一頼・山田英夫・岩田智著『経営戦略』有斐閣アルマ

㈱アトラスコンサルティング『図解と実例でわかる　事業戦略実践ブック』日本実業出版社

［設問2］　解答：イ

アウトソーシングに関する出題である。

ア：適切である。アウトソーシングが契約内容どおりに進んでいるか、効果が上

658　第2部　テーマ別1次過去問集

がっているかを導入後も定期的にチェックする必要がある。受託者数や関係性が複雑になるほど、調整業務も複雑化するため、調整担当部署を設けて迅速な管理・実行をするべきである。

イ：不適切である。アウトソーシングの主たる目的は、外部資源の有効活用によるコスト削減や専門能力の活用、中核事業への経営資源の集中などであり、相乗効果や新規事業の創造に結びつく活動は、アライアンスの主たる目的である。

ウ：適切である。短期的なコスト削減や効率だけでアウトソーシングを選択するのではなく、①自社のコア・コンピタンスの強化に経営資源を集中、②コスト低減、③外部資源による専門性の向上など、何のためにアウトソーシングを導入するのか、目的を明確にして導入を判断すべきである。

エ：適切である。アウトソーシング導入による効果の定期的な見直しの中で、受託者の能力不足や導入時の契約内容と異なる非協力的な態度や違反が判明した場合は、他の受託者への変更や導入時の契約書に基づいて損害賠償請求を検討すべきである。

オ：適切である。共同事業などを通じて、自社にはない受託者の新たな能力を学習し、自社の中核事業に取り入れることで自社の競争力の強化につながる。

◎参考文献

大滝精一・金井一頼・山田英夫・岩田智著『経営戦略』有斐閣アルマ

平成**25**年度　第**7**問

[設問1]　解答：オ

取引関係の完成品メーカーに関する出題である。

ア：不適切である。ある部品を発注する際、発注先を分散せずに特定の部品メーカーから大量に調達することで、スケールメリットによる購入価格の引き下げ、発注費用の節減、社内調整や事務処理などに関わる社内コストなどの様々な調達コストを引き下げることができる。

イ：不適切である。発注先を多様化して競わせることによって、企業間における価格低下に向けた取り組みは加速化する一方、発注先が1社の方が、完成品メーカーは特定の部品メーカー1社に依存することになるため、部品メーカーの完成品メーカーに対する忠誠心は高くなる。

ウ：不適切である。業界共通かつ差別化されていない汎用部品である場合、完成品メーカーはどの部品メーカーからも調達できるため、完成品メーカーの部品メーカーに対する依存度は低くなり、完成品メーカーの交渉力は強くなる。

エ：不適切である。完成品メーカーが発注先の部品メーカーを増やすことで、そ

れぞれの部品メーカーに応じた発注明細の準備や取引条件の整理が必要となるため、調達にかかる管理コストは上がる。

オ：適切である。 複数の部品メーカーの競争により相互に刺激を与える環境が構築されることで、品質向上、価格低下、短納期での部品供給などに対する、より一層の企業努力が推進される。また、供給先を分散することによって、万一の事故や自然災害発生時における納期遅延や供給不足などのリスクを回避することができる。

◎参考文献

社団法人日本経営工学会編『生産管理用語辞典』日本規格協会

現代ビジネス兵法研究会著『なるほど！ポーターの競争戦略がイチからわかる本』すばる舎

[設問2] 解答：エ

取引関係の部品メーカーに関する出題である。

ア：不適切である。 受注量を拡大することによって、生産・販売など製品の単位当たりのコストが減少することを「規模の経済」を発揮するという。一方、それぞれ単一の製品を別々の事業で生産・販売する場合と比較し、複数の事業を展開した方が低コストで効率的な場合に「範囲の経済」を発揮するという。

イ：不適切である。 特殊な生産設備への投資を行ったとしても、部品そのものが汎用部品である場合、完成品メーカーはどの部品メーカーからも調達できるため、完成品メーカーの部品メーカーに対する値下げ圧力や取引先の切り替えを防ぐための有効手段にはなり得ない。完成品メーカーにとって必要不可欠で代替品がない場合、値下げ圧力や取引先の切り替えに対する対抗策となる。

ウ：不適切である。 自社の生産技術やノウハウがブラックボックス化されている場合、他社からはその内部構造や動作原理などが解明できない状態になっている。そのため、完成品メーカーは製品開発に際し、自社の技術やノウハウなどが適合するかどうかの判断ができなくなるため、可能な範囲でオープンにした状態で参加する必要がある。

エ：適切である。 完成品メーカーにとって必要不可欠な部品を提供するにあたり、その生産能力増強が必要な場合は、部品メーカーは完成品メーカーに対し投資負担を求めることができる。

オ：不適切である。 貸与図方式とは、完成品メーカーが最終的な製品の仕様やその製品に必要な部品の設計などを行い、部品メーカーは完成品メーカーが作成した設計図どおりに部品を製造し提供する方式のことをいう。

◎参考文献

網倉久永・新宅純二郎著『経営戦略入門』日本経済新聞出版社

令和元年度　第19問　解答：ア

　組織間調整メカニズムにおける協調戦略に関する出題である。協調戦略とは、組織間の依存関係を前提としつつ、互いの自主性を維持する戦略である。協調戦略には多様なものがあるが、インフォーマルなものからフォーマルなものの順に並べると以下の5つがある。

①規範

　組織間を調整するために共通の期待形成が行われることである。

②契約

　組織と組織との間の資源交換に関する契約や協定を締結することである。

③役員の受け入れ・兼任

　組織が他組織の代表を組織の一員として政策決定機構（取締役会や理事会など）に参加させることを通じて、他組織との関係の調整を図ることである。

④合弁

　2つ以上の組織が共通の目的を達成するために資源や能力を共有しあいながら共同事業を行うことである。

⑤アソシエーション

　2つ以上の組織が特定の目標を達成するために組織や団体を設置することである。例として業界団体があげられる。

　a～dはすべて正しいため、選択肢のアが最も適切である。

◎参考文献

　山倉健嗣著『組織間関係』有斐閣

解説編　661

第**8**章 組織構造と組織文化　　解答・解説

Ⅰ 組織構造と組織デザイン

平成23年度 **第12問**　**解答：イ**

組織デザインに関する問題である。

ア：不適切である。 イノベーションを目的とする組織は、新製品開発にスピード
と柔軟性が求められ、自己組織化を促進する開発方式がとられることがある。
この場合、組織のメンバーに対しては、事情が許す限り個人のレベルで自由
な活動を認めるべきである。自己組織化した組織は、多様な部門から参加す
るプロジェクト組織であるため、ライン組織の特徴の命令一元性の確保は難
しく、命令一元性の適用も除外する場合がある。

イ：適切である。 階層が多いと、トップの意思決定が現場に伝達されるまでに遅
れが出たり、時間のコストが増えたりするが、トップの権威は大きくなる。
階層が少ないと、トップと現場は相互に連絡しやすいが、トップの権威は小
さくなるなど、階層は統制スパンや事業特性等、様々な要因で規定される。

ウ：不適切である。 公式化とは、組織内の職務がどの程度標準化されているのか
を示す概念である。公式化の度合いが高い場合、組織ルールが多く、従業員
の自由裁量の幅が限定され、管理者の統制範囲は広くできる。

エ：不適切である。 情報システムの高度化により、情報の流れが迅速化し、組織
のどこにいる従業員も正式なチャネルを通さずに誰とでもコミュニケーショ
ンができるようになっている。分散処理型の情報システムを導入すると、マ
ネジャーに与えられていた決定権も実際に操作にあたる従業員が持つように
なり、責任－権限の分権化は進む。

オ：不適切である。 不確実性の高い環境下では、階層的な責任－権限関係は明確
ではなく、人々は比較的自由に組織内を走り回る。権限は分権化されており、
より現場の問題発生に近い点に権限が委譲されている。このように有機的な
管理システムでは、階層型ではなくネットワーク型の構造がよい。

◎参考文献

桑田耕太郎・田尾雅夫著『組織論（補訂版）』有斐閣アルマ

平成26年度 第14問 解答：イ

組織のコントロール・システムに関する出題である。

ア：不適切である。官僚主義的コントロールは、行動を標準化しパフォーマンスを評価するために行われる。官僚主義的コントロールは、規則や基準、階層構造や合法的権威など、官僚主義的メカニズムを用いて、従業員の行動を標準化しコントロールすることである。

イ：適切である。クラン・コントロール（仲間的コントロール）は、組織文化や帰属意識、伝統などの社会的特性を利用して行動をコントロールすることである。変化があまりに急で、組織がサービスの価格を設定できず、ルールや規則で従業員の正しい行動を特定できないような不確実性の高い環境で重要になる。

ウ：不適切である。市場コントロールは、企業、事業部門、あるいは部の製品に価格設定することが可能で、競争がある場合にのみ利用することができる。

エ：不適切である。官僚主義的コントロールのサブシステムの説明である。官僚主義的コントロールの一部として用いられるマネジメント・コントロール・システムには、予算、統計的報告、報酬システム、業務手続きといったサブシステムがある。

オ：不適切である。自律的コントロールにおいては、従業員自身に自己目標を設定させ、自らの成果を監視させるが、従業員が知識や裁量を行使する範囲を明確にすることのできる強力なリーダーを必要とする。

◎参考文献

リチャード・L・ダフト著『組織の経営学』ダイヤモンド社

平成27年度 第17問 解答：イ

職務拡大に関する出題である。

ア：不適切である。配置転換についての記述である。職務拡大は、作業単位の増加であり、仕事の数量や幅の問題である。

イ：適切である。幅のない、種類の乏しい仕事は、それだけ構造が単純であり、それを持続的に行うことになれば、単調な仕事になる。逆に、作業単位が多くなると、複雑になり、動作の繰り返しも少なくなる。多能工化を推進する際の根拠理論であり、仕事の数量や幅の問題である。

ウ：不適切である。従業員の能力発揮を目的として行われる配置転換についての記述である。

エ：不適切である。職務充実（enrichment）についての記述である。ジョブ・デ

第8章 解説

解説編　**663**

ザインは、作業の拡大化（職務拡大）と充実化（職務充実）に大別できる。職務充実は、仕事の中身のつくりかえである。ハーズバーグが提唱した概念で、職務の垂直的拡大ともいう。

オ：不適切である。 ジョブ・ローテーションについての記述である。ジョブ・ローテーションとは、一定の時期ごとに、従業員の職場や職務を変えて職務遂行能力の向上を図ることである。

◎参考文献

桑田耕太郎・田尾雅夫著『組織論』有斐閣アルマ

平成**22**年度　第**13**問

　権限委譲とその責任の明確化をテーマとしたショートケース形式の出題である。与件文をしっかり読み、問題に取り組むことが重要である。

［設問1］　解答：エ

　まず設問文をしっかり把握する必要がある。「考えられうる可能性」なので、ある程度の類推が必要であるが、与件文から逸脱しないように留意したい。なぜ、市場シェアが増大し、歩留まりが悪化すると利益率が低下するのかを考える。

　A社は従業員の活性化を図るため、マーケティング部門は「市場シェア」、工場は「生産コスト」を評価項目とした人事管理システムを導入した。A社の主力事業は成熟期に入っているため、価格戦略は最低水準にある。そのため、市場シェアを拡大させるには、さらなる価格低下を図らなければならなかったと考えられる。

　工場では部品レベルでの品質改善に取り組んでいたが、新しい人事管理システムにより、「生産コスト」が重視されるようになった。そのため、品質改善が軽視され、不良品の割合が高くなり、歩留まりが悪化したと考えられる。

　以上から、販売価格の低下、不良品率が高くなったことで利益率が低下したのである。

【図表　製品ライフサイクルの段階的特徴と戦略】

	導入期	成長期	成熟期	衰退期
売上高	低水準	急速上昇	緩慢な上昇	下降
利益	僅少	最高水準	下降	低水準あるいはゼロ
競争	ほとんどなし	増加	競争企業多数	減少
流通戦略	未整理	集中・強化	集中・強化	選択的
価格戦略	高水準	低下	最低水準	上昇

出典：大滝精一・金井一頼・山田英夫・岩田智著『経営戦略』有斐閣アルマを一部修正

ア：不適切である。 「コスト削減をトップが指示した可能性」は、工場やマーケティ

ング部門に権限を委譲したことから考えにくい。

イ：不適切である。 各部門で異なる評価項目の人事管理システムを導入したが、目標管理制度は導入されていない。与件文とは逸脱した内容である。

ウ：不適切である。 利益率低下の要因とも考えられるが、市場シェアの増大、歩留り悪化の理由とはなっていない。

エ：適切である。 前述のとおりである。

オ：不適切である。 従業員が反発することで、歩留りが悪化することは考えられるが、市場シェアの増大には結びつかない。

［設問2］　解答：オ

（設問1）と同様に「考えられうる理由」なので、ある程度の類推が必要となる。また、問われている理由は2つの視点から考えなくてはならない。1つは「業務がうまく進まない理由」、もう1つは、「撤退を余儀なくされてしまう理由」である。

ア：適切である。 従業員の間で意思決定権限が細分化していると、同意を得る作業が増加し、業務がスムーズに進まなくなる。

イ：適切である。 ミスや失敗を恐れ、自発的に業務を進めようとする意識がなくなる。

ウ：適切である。 従業員の職務と責任・権限が、会社の利益と関係づけて理解されていなければ、会社の利益獲得を無視した新規事業となってしまい、撤退せざるを得なくなる。

エ：適切である。 与件文より「和気あいあい」の雰囲気から、市場における変化や競争圧力を感じにくくなっていると考えられ、新規事業への動機づけが図りにくい。

オ：不適切である。 与件文より「工場やマーケティング部門に権限を委譲」とあり、十分な権限は委譲されている。部門管理者（ミドルマネジメント）はトップマネジメントからの指示で計画を作成するだけで、実行にあたっての権限と責任まで負っているとの意識が低いと考えられる。

［設問3］　解答：オ

組織上の問題点の改善策を問う出題である。（設問2）より、部門管理者（ミドルマネジメント）は実行にあたっての責任まで負っているとの意識が低いことから、計画から実行までの権限と責任を負わせ、権限と責任の所在を明らかにする必要がある。

ア：不適切である。 「現状に満足」「和気あいあい」の組織風土から、従業員に権限を与え、ボトムアップの変革案を要求しても効果は低い。

イ：不適切である。 業績連動型の報酬制度を導入すると、短期志向になりがちに

なり、新規事業への取り組みが軽視される恐れがある。

ウ：不適切である。 中間管理職である部門管理者の意識が低い中で、いきなり自主性を重視したチーム運営は難しい。

エ：不適切である。 部門間でコンフリクトが発生している場合の改善策である。

オ：適切である。 前述のとおりである。

◎参考文献

桑田耕太郎・田尾雅夫著『組織論』有斐閣アルマ

平成**25**年度　第**14**問　　解答：ア

組織のコンティンジェンシー理論に関する出題である。組織のコンティンジェンシー理論とは、あらゆる環境に適した組織化の唯一最善の方法は存在しないので、環境の変化により組織を変化させる必要があるという理論である。

ア：不適切である。 環境分析にあたって、不安定な環境にある組織は独立した企画部門を設ける場合が多い。環境変化に対応するために、計画の立案に幅を持たせ、環境のコンティンジェンシーについて様々なシナリオを予測する。持続可能な長期的戦略計画ではなく、時の経過に応じて計画を見直して新しいものに変えていく必要がある。

イ：適切である。 事業部に権限委譲が行われるので、戦略的な重点課題の割り当ても、既存の事業部ごとになる。

ウ：適切である。 新規業務のための予算計画を分け、財務資源の自由度を高めておくことで、環境変化に対して迅速に対応できるようになる。

エ：適切である。 異なる部門の管理者間で、認知・感情的志向に差異がある状態を「分化」といい、部門間の協調の程度のことを「統合」という。組織内で「分化」が進むと、部門間の調整により多くの時間・資源・労力を投入しなければならず、調整は次第に困難になる。環境変化により不確実性が高くなると、「分化」が進み、部門間の調整の必要性が高くなる。

◎参考文献

リチャード・L・ダフト著『組織の経営学』ダイヤモンド社

平成**20**年度　第**11**問

［設問1］　解答：ア

機能別部門組織の特性に関する問題である。機能別部門組織は、経営機能（販売・生産・購買等）のそれぞれの機能を部門に統合しているヒエラルキー型組織である。

ア：適切である。 機能別部門組織では、部門長の責任範囲は自部門に限られるた

め、会社全体を見渡すようなトップマネジメントの育成には適していない。

イ：不適切である。 機能別部門組織の構造は「命令一元化の原則」に則り構築されているため、すべての権限はトップマネジメントに集中している。

ウ：不適切である。 機能別部門組織は、規模が拡大するにつれて多重階層を形成するようになる。その結果、組織の情報処理能力が低下し、トップマネジメントの機能低下や部門間対立を惹起しやすい状況となる。

エ：不適切である。 機能別部門組織は、部門の専門化が高度化するにつれて規模の経済性を発揮することができる。

オ：不適切である。 機能別部門組織は、単一事業で製品の品種も少なく、規模の経済が重要な意味をもち、強力なリーダーシップを発揮できるトップマネジメントがいる場合に有効である。したがって、操業度は大きいほど有効に機能する。

◎参考文献

塩次喜代明・高橋伸夫・小林敏男著『経営管理』有斐閣アルマ

伊丹敬之・加護野忠男著『ゼミナール経営学入門第3版』日本経済新聞社

［設問2］ 解答：ア

事業部制組織の特性に関する問題である。

ア：適切である。 それぞれの事業部は独立性が高く、「組織の垣根」が生じる。「組織の垣根」により、事業部間のコミュニケーションが不足し、調整が困難になる。

イ：不適切である。 オーバーヘッドコスト（間接費）に関して、各事業部を評価する統一的な基準がないために発生する問題は、オーバーヘッドコストの高騰ではなく、各事業部への配賦基準の設定である。

ウ：不適切である。 限界利益率は各事業の規模を無視しているため、予算配分の基準としては適さない。事業部制組織では、各事業部に配分した資金がどれだけ利益を生み出しているかを示すROI（投下資本利益率）で予算配分を行うことが多い。

エ：不適切である。 アの解説文にあるとおり、事業部間には「組織の垣根」が顕在化しやすく、事業部間連携を阻害する傾向がある。

オ：不適切である。 事業部制組織では、本社はそれぞれの事業戦略に関する権限を事業部に委譲し、本社は全社戦略に集中することが特徴である。

◎参考文献

塩次喜代明・高橋伸夫・小林敏男著『経営管理』有斐閣アルマ

第8章 解説

解説編　**667**

[設問3] 解答：ア

マトリックス組織の特性に関する問題である。

ア：適切である。 マトリックス組織では、指揮系統の一貫性の概念が排除されているために、機能マネジャーと事業マネジャーの間にコンフリクトが生じやすい。コンフリクトを解消するために、①トップマネジメントが最終的な判断を行う、②あらかじめ命令の優先順位をルール決めしておく、などの対策が必要となる。

イ：不適切である。 従業員がストレスを感じる原因は、指揮系統の一貫性の概念を排除することによるあいまいさの発生と、機能マネジャーと事業マネジャーの対立により安心が失われることである。

ウ：不適切である。 情報処理負担が大きくなるのは、トップマネジメントではなくマトリックス組織内のマネジャーである。

エ：不適切である。 設問の組織形態は、部門単位のマトリックス組織である。選択肢のマトリックス組織は、複数の事業部を対象にするとは限らない。

オ：不適切である。 マトリックス組織は、現場での事業感覚を重視し、機能と事業を連携させるために用いられる。したがって、現場での事業感覚ではなく、全社戦略を重視する本社機構にはマトリックス組織を導入しにくい。

◎参考文献

ステファン・P・ロビンス著、高木晴夫監訳『組織行動のマネジメント』ダイヤモンド社

沼上幹著『組織デザイン』日本経済新聞出版社

平成25年度 第12問 ▶解答：エ

チーム活動に関する出題である。

ア：不適切である。 ある業務を個人よりもチームが担った方が良いのは、不確実性が高い場合である。

イ：不適切である。 チームの業績を高めるためには、多様なパーソナリティのメンバーが参加することが望ましい。しかし、チームへの忠誠心にバラツキが存在すると、忠誠心の低いメンバーの行動が原因で、忠誠心の高いメンバーは不満や不公平感を感じ、業績低下を招く恐れがある。

ウ：不適切である。 固定給の報酬システムは、チームの業績を高める妨げとなる。チームの業績を高めるには、集団ベースの評価や成果配分制度などで補完し、チームの努力とコミットメントを強化する必要がある。

エ：適切である。 チームメンバーが社会的手抜き（フリーライド）する可能性を避けるためには、個人レベルとチームレベルの両方において達成責任（アカウンタビリティ）を明確にする必要がある。

オ：不適切である。 効果的なチームには適度なコンフリクトが存在する。チームにおいて、タスクの内容をめぐるメンバー間の意見の相違に起因するコンフリクトは議論を活性化し、よりよい意思決定が可能となる。

◎参考文献

スティーブン・P・ロビンス著『組織行動のマネジメント』ダイヤモンド社

II 組織文化

平成**22**年度　第**17**問　**解答：エ**

組織文化に関する出題である。

ア：不適切である。 組織文化は暗黙知であるから、言葉では説明しにくい。

イ：不適切である。 組織文化は形式知化されておらず、質問紙調査法による調査は効果が得にくい。

ウ：不適切である。 選択肢アと同様に、組織文化は暗黙知であるから、言葉では説明しにくい。

エ：適切である。 社員は普段、組織文化を意識していないため、外部からの刺激は組織文化を明らかにする方法として効果的である。また、問題解決の場面は組織文化を意識しやすい。

◎参考文献

桑田耕太郎・田尾雅夫著『組織論』有斐閣アルマ

野中郁次郎・竹内弘高著　梅本勝博訳『知識創造企業』東洋経済新報社

平成**24**年度　第**13**問　**解答：ア**

　小集団におけるコミュニケーションネットワークに関する出題である。コミュニケーションネットワークに関する実験は、多くの学者が行っており表現もさまざまだが、本問の図(B)は、ホイール型ではなく、サークル型と考えられる。そのため、選択肢エとオについては、ホイール型について記述しているが、ホイール型とサークル型両方で解説を行う。チェーン型、ホイール型、サークル型、全チャネル型は、それぞれ異なる特徴を有し、ネットワークの有効性も集団が重きを置く基準によって異なる。つまり、コミュニケーションネットワークの構造は集団や組織の機能を規定するということであり、どのような構造にするかということは、組織の効率的目標達成にとって重要である。

解説編　**669**

（A）チェーン型（鎖型）

公式の指揮命令系統に厳密に則したネットワーク。正確さを求める場合に最も
適している。

（B）ホイール型（輪型）

リーダーがメンバー全員に対してパイプ役となるネットワーク。リーダーの存
在感を示すのに有効である。

※サークル型（循環型）：メンバーが、それぞれすぐ隣のメンバーにしかコミュ
ニケートできないネットワーク。明確なリーダーは現れず、組織化されにくく
不安定である。

（C）全チャネル型（全経路型）

メンバー全員がお互いに、積極的にコミュニケーションをとることができるネッ
トワーク。メンバーの満足度を高めたい場合に最適である。

【 図表　小集団ネットワークとその有効性基準 】

	チェーン型	ホイール型	サークル型	全チャネル型
意思決定の速度	中程度	速い	遅い	速い
意思決定の正確性	高い	高い	低い	中程度
リーダーの出現	中程度	高い	低い	大変低い
メンバーの満足度	中程度	低い	中程度	高い

出典：スティーブン・P・ロビンス著「組織行動のマネジメント」ダイヤモンド社を一部加筆

ア：適切である。図表のとおりである。

イ：不適切である。チェーン型では、リーダーの出現可能性、メンバーの満足度
ともに中程度である。

ウ：不適切である。チェーン型では、意思決定の到達速度は中程度だが、伝達の
正確性は最も高い。また、メンバーの満足度は中程度である。

エ：不適切である。ホイール型では、伝達の正確性は高い。リーダーの出現可能
性は高く、メンバーの満足度は低い。サークル型とした場合でも、意思決定
の速度は遅く、リーダーの出現可能性は低く、さらにメンバーの満足度は中
程度であるため、不適切である。

オ：不適切である。ホイール型では、リーダーの出現可能性は高い。サークル型
とした場合でも、意思決定の速度は遅く、伝達の正確性、リーダーの出現可
能性は低く、メンバーの満足度は中程度であるため、不適切である。

◎参考文献

スティーブン・P・ロビンス著『組織行動のマネジメント』ダイヤモンド社

狩俣正雄著『組織のコミュニケーション論』中央経済社

平成19年度 第13問

［設問1］ 解答：ウ

「集団のダイナミクス」とは、人間の集団生活の社会科学のことであり、レヴィンらによって小集団の特異な行動様式についてまとめられた。小集団の行動様式から、集団と個人の関係についての出題である。

ア：不適切である。メンバーの判断や行動を同じくさせようとする圧力（斉一性の圧力）が強く作用すると、組織の公的な権威を圧倒することもあり、組織の目標達成の障害となる。

イ：不適切である。集団の中では、独自の集団基準や集団規範が形成され、メンバーの判断や行動を同じくさせようとする圧力が働く。よって、集団が個人の環境をコントロールできる範囲が広がると、集団圧力の強さは大きくなる。

ウ：適切である。外部に競争する相手がいると、競争すること自体が情動的に不安な気持ちを喚起して、互いの魅力を大きくし、集団が一致団結しやすい。

エ：不適切である。集団の規模が大きくなると、さまざまな価値観や意見の人が多くなって、まとまりを欠き、個人が集団の価値と一体化する度合いが低くなる。

［設問2］ 解答：エ

「集団の凝集性」と「集団管理の病理」に関する出題である。凝集性の高い集団の特徴と凝集性を高める要因についての理解が求められている。

ア：不適切である。規模の小さな集団ほど、分業化や専門分化の原理により、個人の役割分担が明確になるため、個人の努力と集団の成果の関係が明確になる。

イ：不適切である。集団の規模が大きくなればなるほど、対面的でなくなったり、平行的な仕事でメンバーが相互依存的でなくなったりして、まとまりを欠き、凝集性が低くなる。

ウ：不適切である。確かに凝集性が高いほど、基準や規範に従い同調する人が多くなり、生産性や効率の向上に貢献する。しかし、凝集性の高い集団ほど、斉一性の圧力が組織の公的な権威を圧倒し、組織の目標達成の障害ともなりえることから、集団の凝集性が高くなるほど、生産性が向上するとは断定できない。

エ：適切である。「グループシンク」とは、一般的に集団は個人よりも優れた意思決定を行うことができると考えられるが、決定が非常に凡庸なものとなるなど、集団による意思決定が正常に機能しない現象のことをいう。「グループシンク」が発生する要因として、集団の意見へ同調させる圧力が強いこと

や意思決定者集団の結束力の強さが挙げられる。

オ：不適切である。「グループシフト（リスキーシフト）」とは、リスクの高い意思決定を行う傾向のことをいう。声の大きい人の意見に従ったり、多数決による決定では、それぞれの個人が責任を負うことがなくなり、慎重さを欠くなど、集団の決定は個人の決定よりもリスクを含みやすくなる。

［設問3］ 解答：エ

セルズニックの「制度的リーダーシップ」に関する出題である。

ア：不適切である。リカートのシステムⅣ理論の類型である。

イ：不適切である。リカートのシステムⅣ理論の類型である。

ウ：不適切である。リカートのシステムⅣ理論の類型である。

エ：適切である。セルズニックは、役割体系としての公式組織に価値観を注入された組織を「制度」と呼び、組織を制度にすることがリーダーシップの本質であると指摘している。

オ：不適切である。リカートの「連結ピン」機能とは、上部の決定を下部に伝えながら、下部の意思を上部につなぐ役割を果たす機能のことをいう。

◎参考文献

桑田耕太郎・田尾雅夫著『組織論』有斐閣アルマ

田尾雅夫著『組織の心理学』有斐閣アルマ

神戸大学大学院経営学科研究室編『経営学大辞典　第2版』中央経済社

平成**29**年度 第**19**問 解答：**イ**

組織文化とリーダーシップに関する出題である。

ア：適切である。ハイアラーキー文化でも求められるリーダーシップは、規則や手続きを遵守するリーダーシップである。

イ：不適切である。クラン文化で求められるリーダーシップは、支援的リーダーシップである。

ウ：適切である。マーケット文化で求められるリーダーシップは、現実主義的リーダーシップである。

エ：適切である。アドホクラシー文化で求められるリーダーシップは、リスクを進んで取っていこうとする企業家的（革新者的）リーダーシップである。

第**9**章 モチベーションとリーダーシップ　解答・解説

I　キャリアマネジメント

平成**23**年度　第**15**問　**解答：ウ**

キャリア開発プログラムに関し、キャリア開発の策定方針、策定箇所、メンタリングについても出題された。

キャリア開発プログラムは、ジョブローテーションに教育訓練を加えて、長期的、体系的に計画し、実行するものである。実行には、次の準備が必要で、これらから解答を導き出すことが必要である。

①いくつかのキャリアパス（職務経歴コース）の設定

②能力評価・個人情報の管理

③従業員自らによるキャリア設計

④育成機会の準備

⑤人事管理システムの一貫性確保

また、メンタリングは、若手がその職場にうまく適応し、仕事になじみ、一人前の社員として成長することで組織の発展にも貢献する人となるよう支援することを目的としている。

ア：不適切である。キャリア開発プログラムの策定・運用は、人事主導とライン主導とでそれぞれ適切な領域があるが、明確な線引きがあるわけではなく、それぞれの組織で落としどころを探していかなければならない。したがって、選択肢の「直属の上司による評価ではなく、人事部のような中立的機関が」とする記述は不適切である。

イ：不適切である。上記アより、選択肢の「人事部のようなスタッフ部門ではなく、ラインの管理者の責任において策定される必要がある」とする記述は不適切である。

ウ：適切である。選択肢のとおりである。

エ：不適切である。キャリア開発プログラムは、社員個人の職業生涯目標と会社の長期経営目標の達成とを両立させた長期的なキャリア育成計画を作成し、その計画に即した配置転換、昇進と能力開発を行う制度である。したがって、選択肢の「キャリア開発プログラムはそうした計画とは独立に長期的視点から設計しなければならない」とする記述は不適切である。

オ：不適切である。メンター（メンタリングをする先輩、指導者）は、自分の行動の要となる価値観はきちんと持っており、必要な時に自分の価値観を説明

解説編　**673**

したり、示唆を与えたり、情報を提供することは拒まないが、自分の経験や価値観を押し付けてはいけない。したがって、選択肢の「自身の職務経験を基礎にした公式のアドバイスをするよう訓練される必要がある」とする記述は不適切である。

◎参考文献

横山哲夫編著『キャリア開発／キャリア・カウンセリング』生産性出版

渡辺三枝子著『日経文庫　メンタリング入門』日本経済新聞社

平成29年度　第18問　解答：イ

キャリアに関する出題である。

ア：適切である。キャリア発達とは、個人が職業に関連すると考えた自己特性の配置である職業的自己概念を発達させていくプロセスである。

イ：不適切である。キャリア発達モデルからもわかるように、職業的自己概念は、人生における年齢や自分の適性や能力と密接な関係がある。

ウ：適切である。職務満足は、職業的自己概念を適切に表現する場である職業や職場などを見つける程度によって左右される。

エ：適切である。選択肢のとおりである。

オ：適切である。人はそれぞれ異なるパーソナリティをもつ一方で、パーソナリティの要因と職業に必要とされる能力には関連性がある。

II　モチベーション

平成29年度　第16問　解答：エ

モチベーションに関する出題である。

ア：不適切である。A.マズローの欲求段階説では、多様な欲求が同時に満たされるのではなく、高い次元の欲求は、低い次元の欲求が満たされてのちに実現するものとしている。

イ：不適切である。D.マクレガーは、否定的側面を持つX理論ではなく、肯定的側面を持つY理論に基づく管理を主張した。

ウ：不適切である。D.マクレランドの達成動機説（三欲求理論）では、欲求を達成欲求・親和欲求・権力欲求の3つに分類している。ただし、達成感を強く求める人は、自己実現に開かれた働きを回避するとして、高次であっても中庸の動機づけが望ましいとした。

674　第2部　テーマ別1次過去問集

エ：適切である。 F.ハーズバーグの二要因理論では、衛生要因を解消しなくても、動機づけ要因を満たすことでモチベーションを高めることができるとしている。

オ：不適切である。 V.ブルームの期待理論によると、モチベーションは特定の努力によって実現される目標の期待値と、目標を実現することによって得られる報酬の期待値の積で表される。つまり、総和と異なり、一方が欠けると動機づけられることはなく、それを得ようとする行動も起きない。

◎参考文献

桑田耕太郎・田尾雅夫著『組織論』有斐閣アルマ

平成25年度 第16問

［設問1］ 解答：イ

　モチベーション理論に関する出題である。C社の研究開発部門で働く研究員の行動と、経営者の施策を理解したうえで、モチベーション理論の知識と結びつけながら正答を判断する必要がある。本問のケースにおける解答の方向性としては、デシの内発的動機づけ理論がベースとなる。

　本問のケースにおける研究員は、自らの興味や関心という内発的な動機づけに基づき、非公式に新しい研究開発テーマを探索している。経営者は、研究員による自発的活動をより活発なものにするために、新たな研究開発テーマの探索に必要な作業環境を改善するとともに、就業時間外に行った活動にも金銭的報酬を支払う制度を導入することにした。しかし、自身の興味や関心に基づいた研究員の内発的動機づけが、外発的な報酬を得ることで阻害されてしまい、低下したと考えられる。

ア：不適切である。 与件文には、経営者の判断によって行われた作業環境の改善内容は新たな研究開発テーマの探索に必要な作業環境とある。一方で、研究員が行っていた新しい研究開発テーマの探索は内発的動機づけに基づくものである。研究員は公式な仕事ではないことを認識しているため、必ずしも職場環境の改善を望んでいたとはいえない。

イ：適切である。 新しい研究開発テーマを探索している研究員のモチベーションの要因は、フリンジ・ベネフィット（経済的利益）ではなく、自らの興味や関心など自分自身の内にあるものである。新しい研究開発テーマを探索する場所や設備などの作業環境は良好なものではなかったものの、内発的に動機づけられている研究員にとって、作業環境自体は満足度に影響を与えるものではなかったと考えられる。

ウ：不適切である。 研究員は作業環境の改善を望んでいたとはいえず、また、与件文には研究員が望んでいた希求水準も明示されていない。

エ：不適切である。 ハーズバーグの2要因説（衛生要因・動機づけ要因）によると、

解説編　**675**

作業環境は職務不満を防止するための衛生要因としている。公式な仕事であれば、作業環境の不備は不満につながりやすく、改善されても満足にいたることはない。しかし、このケースで研究員が行っている新しい研究開発テーマの探索は、内発的動機づけに基づく非公式な行動であり、作業環境はハーズバーグの2要因説による衛生要因とは別の問題である。つまり、新しい研究開発テーマの探索における作業環境の改善は低次欲求の充足とはいえない。

オ：不適切である。 ホーソン効果とは、米国のホーソン工場で、労働者の作業効率の向上を目指すための調査から発見された現象であるため、この名がついた。調査は工場の何を改善すれば一番効果的かを調査の目的とした。その結果、労働者に対して周囲や上司が関心を高めることが、物理的要因以上に効果のあることが判明した。このケースにおいて、経営者が作業環境を改善したことにより、作業効果がどのように変化したかは明示されておらず、また、ホーソン効果は研究員の満足度とは別の論点である。

［設問2］　解答：ウ

モチベーション理論に関する出題である。

ア：適切である。 研究員が自発的に新たな研究開発テーマを探索するのは、内発的動機づけに基づくものである。金銭的報酬という外発的な要因の介入により、研究員の内発的動機づけが低下したと考えられる。

イ：適切である。 選択肢アと同様、研究員の新しい研究開発テーマの探索が内発的な動機づけから金銭的報酬という外発的な動機づけにすり替えられてしまい、研究員の内発的動機づけが低下したと考えられる。

ウ：不適切である。 研究員が自発的に新たな研究開発テーマを探索するのは、内発的動機づけに基づくものである。元々、外部から対価を得るために行っているものではないため、対価がふさわしくないという論点自体が適切ではない。

エ：適切である。 経営者は研究員による自発的活動をより活発なものにするために、就業時間外に行った活動にも金銭的報酬を支払う制度を導入した。研究員にとっては、金銭的報酬が自分の行動をコントロールする要素となったため、内発的動機づけが低下したと考えられる。

◎参考文献

エドワード・L・デシ著『内発的動機づけ　実験社会心理学的アプローチ』誠信書房

平成**21**年度　第**15**問

組織変革のプロセスとコンピテンシーに関する出題である。

コンピテンシー導入のステップは、以下のとおりである。

①卓越した人材が発揮するコンピテンシーを特定する。

②各職務・職位ごとに重要とされるコンピテンシーを選択する。

③代表的な行動、スキル、能力を特定する。

④コンピテンシーを活用するプログラムを選択する。

⑤コンピテンシーモデルは誰のものであるかを良く考える。

［設問1］　解答：イ

ア：不適切である。コンピテンシーの向上は、上司や先輩からの訓練が最も効果的であり、本人が必要としている知識、スキル、専門能力をきちんと発揮しているか否かをじかに観察し、場合によっては必要な支援をすることも重要である。しかし、上司から提供するのは支援であり、全ての学習は、本人の自己責任に基づいて進められる。

イ：適切である。マネジャーのコンピテンシーの一つにエンパワーメントがあり、従業員に自信と意欲を持たせ、より大きな責任への動機づけを行う。

ウ：不適切である。コンピテンシー・マネジメントは、従業員の職務遂行能力の向上を通じて、組織へのコミットメントを引き出すことに主眼をおいている。

エ：不適切である。職務を明確にすることは重要である。しかし、コンピテンシー・マネジメントにおける報酬体系では、職務は固定給の一部に過ぎない。コミットメントを高めるには、個人が発揮した、または新しく開発したコンピテンシーに対して、および、組織・チーム・個人としての業績評価に対しての報酬を与えることが重要である。

オ：不適切である。各従業員に対して評価を行わなければならない以上、従業員相互で評価について比較させない、ということは事実上不可能である。また、従業員の評価や報酬は、その目標または職務の達成度と、その過程で発揮されたコンピテンシーが評価されるため、従業員同士の業績の比較はできない。

［設問2］　解答：オ

ア：不適切である。コンピテンシーの訓練においては、管理者がメンターやコーチになることが重要である。しかし、必ずしも組織構造が分権的である必要はない。

イ：不適切である。全ての従業員が全ての情報を持つ必要はない。また、必要以上に情報をもつことは、情報負荷を不必要に高めることになる。

ウ：不適切である。個人の組織へのコミットメントを高め、維持するためのシステムを構築するという点では正しい。しかし、個人の行動が組織の行動に反映されなければ、正しく評価をされず、個人のコミットメントは低下してしまう。

エ：不適切である。 リーダーは、組織変革の方向性を、あるべき姿へと方向づけるために従業員を導くべきである。

オ：適切である。 組織変革では、情報は一義的な解釈ではなく、いったんは多義的な意味を含むリッチな情報として把握される必要がある。そのためには、情報に関連する多様な領域、バックグラウンドを持つ人々を一つのグループにまとめる必要がある（自律的組織単位）。また、このグループは各々の専門領域に加えて、組織全体に関する知識や情報を共有している（情報の冗長性を持つ）必要がある。しかし、情報の冗長性は組織の情報負荷を著しく高めることになるため、情報システムなどの利用により、必要以上の多様性を組織が持たないようにすることが重要である（最小多様性の法則）。

◎参考文献

ライル・M・スペンサー、シグネ・M・スペンサー著、梅津祐良・成田攻・横山哲夫訳『コンピテンシー・マネジメントの展開』生産性出版

桑田耕太郎・田尾雅夫著『組織論』有斐閣アルマ

梅津祐良著『MBA人材・組織マネジメント』生産性出版

平成**19**年度 第**17**問 **解答：ウ**

動機づけの過程理論に関する出題である。過程理論では、個人はその場に応じた選択によって、働く意欲を意図的に向上させるものとしている。

ア：不適切である。 期待理論では、努力すれば相応の成果が得られそうだという期待（expectancy）と、その成果がその人にとって重要であると考える誘意性（valence）を掛け合わせたものがモチベーションの強さの関数であるとしている。努力した結果に対し低い報酬しか得られなかった場合、誘意性に関する主観確率を低く見積もる傾向がある。

イ：不適切である。 公平理論では、努力したことが、公平に報われているかという個人の評価がモチベーションに影響を与えるとしている。時間給制度の下では、過大な報酬をもらっていると感じている従業員は、生産量を増やそうとする。

ウ：適切である。 出来高給制度の下では、過大な報酬をもらっていると感じている従業員は、生産量を低く抑え、品質を高くするよう努力する。

エ：不適切である。 目標設定理論では、自らが何をどのようにすべきかを決定できるような状況のもとでは、モチベーションが向上するとしている。ただし、業績が良くなるかどうかは、立証されていない。

オ：不適切である。 目標設定理論では、目標の困難度の研究がなされ、困難な目標を与えられた場合、個人のパフォーマンスが高まるとされる。ただし、業績が良くなるかどうかは、立証されていない。

◎参考文献

ステファン・P・ロビンス著・高木晴夫訳『組織行動のマネジメント』ダイヤモンド社

令和2年度　第19問　解答：イ

モチベーションの水準を規定する要因に関する出題である。

個人が何かをしようと努力する動機の強さは、個人の努力→個人の業績→組織からの報酬→個人目標の達成のステップでモデル化できる。

ア：適切である。 成果が自身の報酬につながるかは、組織からの報酬にあたる。

イ：不適切である。 他者の報酬との比較は、上記のステップにはない。

ウ：適切である。 努力で成果があげられるかは、個人の努力にあたる。

エ：適切である。 報酬がもたらしうる満足の程度は、個人目標の達成にあたる。

◎参考文献

スティーブン・P・ロビンス著『組織行動のマネジメント』ダイヤモンド社

平成30年度　第15問　解答：イ

内発的動機づけに関する出題である。モチベーションの要因で、賃金や給与、人間関係、など個人の外にあるものは外発的な要因であり、承認や仕事そのものは内発的な要因として区別される。

ア：適切である。 A.マズローの欲求段階説における自己実現欲求は、満たされるほどいっそう関心が強化される欲求であり、行動によって報酬を得るのではなく、行動そのものを目的とする内発的な動機づけである。

イ：不適切である。 ホーソン実験とは物理的環境と生産性の関係を調べた実験である。実験のために選抜されたグループは、作業条件が悪くなっても生産性が上がったということや、実験グループに観察者がいると、観察者がいないグループよりも生産性が上がったということから、注目される、あるいは特別扱いを受けることで生産性が上がることをホーソン効果と名づけられた。

ウ：適切である。 M.チクセントミハイの提唱するフロー経験とは、それ自体が目的であるという自己充足的な活動であるとしている。たとえ初めは外発的な理由で活動していたとしても、自身が活動に夢中になると、内発的な報酬をもたらすようになるとしている。

エ：適切である。 R.W.ホワイトのコンピテンス（有能性）概念では、生物が環境と効果的に相互作用する能力のことを指す。例えば、ものをつかむこと、探索すること、歩くこと、注意や認知を集中させること、操作することなどを通じて周囲に変更を加えることは、環境との効果的な、そして有能な相互作

用を促進するものである。環境と効果的に関わりたいという内発的な欲求を満たすためにこれらの行動が持続する。

オ：適切である。 E. デシは内発的に動機づけられるためには、自らの有能さと自己決定が最も重要な条件になると考えた。自らの有能さを誇示でき、自己決定ができるような選択肢が多くあるところでは、内発的に動機づけられるとしている。

平成23年度 第16問 解答：エ

組織コミットメントに関する問題である。

組織コミットメントに関する研究は、以下の流れになっている。

①ベッカー（1960）、エチオニ（1961）は、組織コミットメントを情緒的－功利的コミットメントの2次元で考えた。

②マウディら（1982）は、組織コミットメントの形成過程に関して、組織への加入前、加入、所属の継続の3つの段階を考え、態度的－行動的コミットメントを検討した。

③メイヤーとアレン（1990）は、組織マネジメントの構成要素として、感情的コミットメント、存続的コミットメント、規範的コミットメントの3つを想定した。

ア：不適切である。 規範的コミットメントとは、組織への忠誠心のことであり、理屈抜きで、組織にとどまるべきであるからとどまっているという内容を表す概念である。選択肢の「合理的に組織目標へ自我没入し、個人の役割状況に関わらず、組織へ関与すること」とする記述は、情緒的コミットメントのことである。

イ：不適切である。 功利的コミットメントとは、たとえば、組織が自分の求めるものを与えてくれる限りにおいて所属するという、損得勘定に基づいた帰属意識である。選択肢の「活動の継続・中止にかかわらず、首尾一貫する行動」とする記述は、規範的コミットメントのことである。

ウ：不適切である。 情緒的コミットメントとは、組織の価値、目標、規範の内在化や権威への同化に基づく、組織に対するポジティブで強い志向性のことである。選択肢の「感情的、かつ熱狂的に支持」とする記述は、情緒的コミットメントとは異なる。

エ：適切である。 態度的コミットメントとは、個人が組織の目標や価値を進んで受け入れ、それに関連した役割などに対する個人の情緒的愛着であり、組織の目標に個人が同一化した状態である。

◎参考文献

桑田耕太郎・田尾雅夫著『組織論（補訂版）』有斐閣アルマ

田尾雅夫著『会社人間の研究』京都大学出版会

Ⅲ リーダーシップ

平成20年度 第15問 解答：オ

リーダーシップ理論に関する問題である。

ア：不適切である。PM理論では、PとMの両方の機能が高いPM型が最も高い生産性をもたらすとしている。

イ：不適切である。パス－ゴール理論では、リーダーは、部下に対して、「これだけの努力を払えば、これだけの成果を得ることができる」あるいは「これだけの成果を上げれば、これだけの報酬を得ることができる」ことを明確にしてやることが、部下が最も努力し、高い満足と成果をもたらす、としている。

ウ：不適切である。フィードラーのコンティンジェンシー理論は「経営行動において、唯一最善の方法はなく、状況によってそのあり方は異なる」という立場の理論である。

エ：不適切である。選択肢の内容は、リッカートのシステムⅣ理論に関する記述である。オハイオ研究では、リーダーシップは構造づくりと配慮の二つの次元を異にする要因からなるリーダーシップの2要因論が結論として得られた。

オ：適切である。「支持的関係の原理」とは、上司は部下に対して、自分（上司）が支持されているという実感を持たせるようなリーダーシップをとる、という原則である。また、連結ピン機能では、高い業績目標を掲げることが、人間の自己実現欲求を満足させ、生産性を向上させるために不可欠、としている。

◎参考文献

塩次喜代明・高橋伸夫・小林敏男著『経営管理』有斐閣アルマ

平成22年度 第12問 解答：ア

リーダーシップ理論に関する出題である。リーダーシップ理論は時代の流れとともに、特性理論→行動理論→コンティンジェンシー（条件適合）理論と、さまざまなアプローチにより研究されてきた。

最新のアプローチでは、特性理論への回帰が見られ、カリスマ的リーダーの備える特質あるいは特性を見いだそうとする研究が行われている。

【行動理論とコンティンジェンシー理論】

- 行動理論→オハイオ研究、ミシガン研究、ブレイク＆ムートン（マネジリアル・グリッド）、三隅二不二（PM理論）、リッカート（システムⅣ理論）
- コンティンジェンシー理論→フィードラー、ハーシー＆ブランチャード（SL理論）、ハウス（パス・ゴール理論）

ア：適切である。 パス・ゴール理論は、有能なリーダーは道筋（パス）を明確に示して従業員の業務目標（ゴール）達成を助け、障害物や落とし穴を少なくすることによりその道筋を歩きやすくするというものであり、現在最も尊重されているリーダーシップ理論である。

イ：不適切である。 フィードラーは、リーダーシップ・スタイルには属人的特性があるため、個々のリーダーの特性と、リーダーとメンバーの関係や仕事の明確化などの環境状況要因とを適合させることが有効なリーダーシップを発揮して、好業績を上げる条件になると主張した。メンバーとの関係がうまくいっていないなど環境の不確実性が高い場合には、仕事志向の機械的リーダーシップが、メンバーとの関係が好ましいなど不確実性が低い場合には、人間関係志向の有機的リーダーシップが望ましいとした。

ウ：不適切である。 マネジリアル・グリッドは、「人間への関心」を横軸に、「業績への関心」を縦軸に配置して、リーダーシップの類型化を図っている。グリッド（碁盤図）では、縦横両軸に沿って9つのマスがあり、横軸・縦軸のスコアがともに高くなる「9－9型（スーパーマン型）」のリーダーシップ・スタイルを理想型においた。選択肢の「構造作り」と「配慮」は、オハイオ研究のリーダーシップ特性を説明する2要因である。

エ：不適切である。 リッカートはリーダーシップ・スタイルをシステムⅠ（独善的専制型スタイル）、システムⅡ（温情的専制型スタイル）、システムⅢ（相談型スタイル）、システムⅣ（集団参加型スタイル）の4つに区別し、システムⅣのリーダーシップ・スタイルが最も従業員満足度、生産性とも高くなると結論づけている。集団参加型スタイルは、民主的な参画型のコミュニケーションが重要であり、影響力を行使することは従業員への懲罰の恐怖心や不信感を募らせ、従業員満足の低下を招いてしまうことになる。

◎参考文献

スティーブン・P・ロビンス著　高木晴夫訳『組織行動のマネジメント―入門から実践へ』ダイヤモンド社

田尾雅夫著『組織の心理学』有斐閣ブックス

| 平成**21**年度 | 第**16**問 | 解答：**ウ** |

リーダーシップ理論に関する出題である。リーダーシップ理論には、資質論や行動類型論、二元論、コンティンジェンシー（状況適合）理論などさまざまなアプローチがある。多くの理論は、人間関係指向と課業指向を切り口として、どのようなリーダーシップ・スタイルが有効かを展開している。

ア：不適切である。アージリスは、欲求によって人格が未成熟から成熟していく段階で、職務拡大を通じて、受動的行動から能動的行動へと変化していくと主張した。また、組織で働くことが個人の成長につながるように、職務内容の決定にメンバーを参加させる参加的リーダーシップの必要性を唱えた。

イ：不適切である。ハーシーとブランチャードは、SL（Situational Leadership）理論を提唱し、有効なリーダーシップ・スタイルは、メンバーの成熟度に応じて変えることが必要であると主張した。成熟度が高いメンバーは委任的リーダーシップ、やや高めのメンバーは参加的リーダーシップ、やや低めのメンバーは説得的リーダーシップ、低いメンバーは指示的リーダーシップが有効であるとした。

ウ：適切である。フィードラーは、リーダーシップ・スタイルには属人的特性があるため、個々のリーダーの特性と、リーダーとメンバーの関係や仕事の明確化などの環境状況要因とを適合させることが有効なリーダーシップを発揮して、好業績を上げる条件になると主張した。そこでリーダーが課業指向か人間関係指向かを測定するため、「LPC（Least Preferred Coworker：最も好ましくない仕事仲間）」という測定手段を開発し、LPCの低い得点は体制づくりに強い関心を示す（課業指向）リーダーであり、高い得点は人間関係に関心を示すリーダーであるとした。

エ：不適切である。ブルームは、リーダーシップ・スタイルを管理者の意思決定モデルに結びつけて、どのような状況では、どのようなリーダーシップが望ましいかをモデル化した。状況が12場面にまとめられ、メンバーの合意や情報の共有が欠かせられない状況ほど参加的リーダーシップが望ましく、その逆になるほど、専制的なリーダーシップが望ましいと主張した。

◎参考文献

桑田耕太郎・田尾雅夫著『組織論』有斐閣アルマ

田尾雅夫著『組織の心理学』有斐閣ブックス

| 平成**30**年度 | 第**17**問 | 解答：**ウ** |

　パワーの源泉に関する出題である。個人や集団、他社に対する影響力を与えるものについて、ジョン・フレンチとバートラム・ラーベンは5つのカテゴリー（強制力・報酬力・正当権力・専門力・同一視力）に分類した。

ア：適切である。専門力とは、専門技術、特殊なスキル、知識を有する結果として行使される影響力である。技術の高度化や仕事が専門化するにつれ、人々は目標達成のためにいっそう専門家に依存するようになっている。

イ：適切である。正当権力とは、組織の公式のヒエラルキーにおける地位の結果として得られる権力である。権威ある地位には強制力や報酬力も備わっている。

ウ：不適切である。同一視力とは、他人への称賛やその人のようになりたいという欲求から生じるもので、ある意味ではカリスマ性に似ている。例えば、活躍しているスポーツ選手がある製品を薦めたり使用していたりすると、そのスポーツ選手を好ましく思っているユーザーが同じ製品を購買するようなことがあげられる。

エ：適切である。報酬力とは、他社の目から見て価値のある報酬を与えることのできる人物は他者に対して力を有することである。組織であれば、昇給、好意的な業績評価、昇進、興味の持てる仕事の割り当て、などがあげられる。

オ：適切である。強制力とは、苦痛を与えたり、身動きを制限したり、心理学上の基本的欲求や安全欲求の制限を課すことで、ある人物を強制的に反応させることであり、それは恐怖心に依存するものと定義されている。組織であればAがBを解雇、停職、あるいは降格に処することができる場合にAはBに対して強制力を有していることとなる。

Ⅳ　コンフリクト・マネジメント

| 平成**24**年度 | 第**16**問 | 解答：**イ** |

　組織ストレスに関する出題である。適度なストレスは組織の成果に対して機能的であるとされるが、過剰なストレスはさまざまな障害を発生させるため、その影響をなくしたり軽減したりする必要がある。

a：適切である。ストレスの対処において最も効果的な方法は、社会的支持であるといわれている。社会的支持とは、親身になってくれる相手を得ることである。努力・報酬・職場環境を評価し、介入対象の組織の従業員が支持され

684　第2部　テーマ別1次過去問集

ていると認識することで、介入が最も効果的になる。

b：**不適切である。**介入案の策定や実施に関与し、その意思決定に参加することで、介入対象の従業員は自らの役割や地位について認識が明確になり、ストレスの軽減につながる。

c：**不適切である。**過去に類似した経験をしていることでストレス耐性が大きくなり、その後の介入への反応に影響を与える。

d：**適切である。**管理職のリーダーシップはストレスの対処に大きな役割を果たす。介入のプロセスにおいて、現場の管理職がコミュニケーションを促進させようと働きかけることで、結果としての介入の効果の程度へ影響を与える。

よって、aとdが適切な選択肢であり、正解はイとなる。

◎参考文献

田尾雅夫著『組織の心理学[新版]』有斐閣ブックス

田尾雅夫著『組織ストレスのマネジメントのための理論的枠組みを考える』人間環境学研究第1巻2号（2003年）

令和元年度 第15問 **解答：イ**

組織におけるコンフリクトに関する出題である。

ア：**不適切である。**組織内のスラックが希少な場合に、コンフリクトが発生しやすくなる。その配分をめぐって関係者の間で合意がなければ、少ない資源をめぐって互いに競合することになる。

イ：**適切である。**組織の中で、互いが相互依存的であればあるほどコンフリクトは発生しやすくなる。したがって共同意思決定の必要性が高ければ高いほどコンフリクトは発生しやすくなる。

ウ：**不適切である。**例えば、機能別組織のように命令の一元性が確保されている組織で、部門間の目標がまとまりを欠いたりすると、コンフリクトが起きる可能性は高くなる。

エ：**不適切である。**シュミットは自己主張性と協力性の二次元から、コンフリクト処理行動には①競争、②和解、③回避、④妥協、⑤協力の5つがあることを提唱した。ここで、バーゲニングとは交渉のことである。

◎参考文献

桑田耕太郎・田尾雅夫著『組織論』有斐閣アルマ

ステファン・P・ロビンス著『組織行動のマネジメント』ダイヤモンド社

| 第10章 | 組織の発展と成長 | 解答・解説 |

I 組織の長期適応と発展過程

平成28年度 第17問 解答：エ

経営戦略と組織構造、組織の成長と発展段階モデルに関する出題である。

ア：適切である。企業の成長と発展段階モデルにおける、公式化段階の過程である。この過程では、経営者は、戦略や企画立案といった問題に携わり、会社の業務活動はミドル・マネジャーに任せられる。企業内の制度に対して、規則や手続きが導入され、組織は次第に官僚的になっていく。

イ：適切である。企業の成長と発展段階モデルにおける、企業者的段階の過程である。この過程では、企業は存続に必要な諸資源を獲得するために、様々な利害関係者に組織の存在を認めてもらうような努力をする。

ウ：適切である。共同体段階の過程である。この段階では、強力なリーダーシップだけでは組織が有効に機能しなくなり、リーダーは権限委譲の必要性に見舞われる。

エ：不適切である。企業の成長と発展段階モデルにおける、公式化段階から精巧化段階の過程である。システムや制度の増大により、官僚的な形式主義が行き過ぎ、逆機能が顕在化している場合には、それ以上の公式のコントロールが必要でなくなり、公式システムを単純化させる場合もある。

オ：適切である。チャンドラーのモデルを発展させたガルブレイスとナサンソンは、経営戦略の変化とそれに伴う組織構造の変革とのダイナミックな関係について、単一機能組織が垂直統合戦略をとるならば、集権的機能部門制組織の採用を検討すべきであるとしている。

◎参考文献

桑田耕太郎・田尾雅夫著『組織論』有斐閣アルマ

リチャード・L・ダフト著、高木晴夫訳『組織の経営学—戦略と意思決定を支える』ダイヤモンド社

平成16年度 第20問

［設問1］ 解答：ア

誕生期は「企業者的段階」、成長前期は「共同体段階」と考えることができる。誕生期が組織と外部環境との関係を定義する段階であるとすれば、次の成長前期は組

686 第2部 テーマ別1次過去問集

織の内部統合をつくり出す段階である。組織が強力なリーダーシップを得ることに成功すると、組織内の諸活動は明確な目標に向けて統合されていく。

ア：適切である。成長前期は、組織の内部統合をつくり出す段階である。組織が成長を続けるためには、経営管理技術をもった強力なリーダーによって統合されていく必要がある。

イ：不適切である。官僚制化を防ぐためではなく、組織を結束するためにコーポレート・アイデンティティーを確立するよう努力する必要がある。誕生期から成長前期段階では、組織は文化を明示的に示し、できる限り統一化し、新規加入メンバーに対してしっかりと教え込む。

ウ：不適切である。成長後期の説明である。

エ：不適切である。成熟期の説明である。

［設問2］　解答：エ

成長後期は「公式化段階」、成熟期は「精巧化段階」と考えることができる。成長後期は規則・手続きが導入され、組織がしだいに官僚制的になっていく段階で、成熟期は、組織文化が環境について機能障害を起こす段階である。成熟期段階では、何らかの方向転換を通じて組織を再び適応的にするよう文化の諸部分を抜本的に変換するか、または合併や買収あるいは破産手続きを通じて、組織とその文化を破壊しなければならない。

ア：不適切である。官僚制の逆機能が弊害として生じるのは、成長後期段階である。また成長後期では、コーポレート・アイデンティティーが確立されている段階で、背後にある価値観や根源的信念は、当然のものとして受け止められている。

イ：不適切である。誕生期から成長前期段階の説明である。

ウ：不適切である。成熟期になると、プロジェクトチームやタスクフォースなどによって柔軟性を得ようとするとともに、組織構造は分権化され、権限委譲が進められ、全体として分化と統合のバランスが強調される。

エ：適切である。成熟期段階では、首脳陣の大量交代やパラダイムレベルでの深い文化変容によって、組織文化を抜本的に変革する必要がある。しかし、既存の組織文化があまりにも強固の場合、その組織文化を無理に変える努力をするよりも、組織自体を破壊して新しい組織を作った方が容易かつ低コストになることがある。

◎参考文献

桑田耕太郎・田尾雅夫著『組織論』有斐閣アルマ

II 組織活性化

平成27年度　第18問　**解答：オ**

　組織開発が重視している価値観に関する出題である。

　組織変革や組織開発は、今の状態よりもよくなること、効果的になることを目的とするため、どのような状態が組織にとって望ましいのか、という価値観が重視される。

　組織開発の研究者でありコンサルタントでもあるロバート・マーシャクは、組織開発の根底にある価値観として次の4つを挙げている。

①人間尊重の価値観

　人間は基本的に善であり、最適な場さえ与えられれば、自律的かつ主体的にその人が持つ力を発揮すると捉えることを重視する考え方。

②民主的な価値観

　ものごとを決定するには、それに関連する、できる限り多くの人が参加し関与する方が決定の質が高まり、関与した人々やお互いの関係性にとっても効果的である、と捉える考え方。

③クライアント（当事者）中心の価値観

　組織の当事者が現状と変革にオーナーシップをもつ、という考え方。

④社会的・エコロジカル的システム志向性

　組織開発の結果、社会や環境、そして世界に悪影響が生じることは避ける必要があるという考え方。

　ア：適切である。組織開発ではフラットな組織が好まれる。階層の削減はコミュニケーションを改善し、管理の範囲を広げることでマネージャーは密に部下を直接監督できなくなり、これによって従業員の自律性が高まるためである。

　イ：適切である。上記②より、組織開発では参加及び協力的なマネジメントが重視される。

　ウ：適切である。上記①より、組織開発では人間尊重の価値観が重視される。マクレガーが提唱したX理論Y理論で言えば、Y理論の考え方をベースとしている。

　エ：適切である。上記②より、組織開発では可能な限り多くの人の意見を聞くとともに、戦略立案の過程に参加し関与できることを重視する。

　オ：不適切である。組織開発は、今の状態よりもよくなること、効果的になることを目的としている。また、上記④からも組織開発の結果は重視される。

◎参考文献

ステファン・P・ロビンス著『組織行動のマネジメント』ダイヤモンド社

中村和夫著『入門　組織開発』光文社

平成17年度　第17問　解答：ウ

組織開発に関する出題である。

ア：不適切である。「組織開発」は管理プロセスからなる従業員能力開発手法で
はなく、組織全体にまたがる計画的変革である。

イ：不適切である。「組織開発」は、単なる知識や技能の習得ではなく、現実の態度、
行動を確かめ、フィードバックし、それを修正していくといった体験学習を
中心としている。また、個人が単位ではなく、グループ単位で行う。よって
選択肢の「通常の業務を遂行中に」という表現は不適切である。

ウ：適切である。発達段階では組織文化変容プロセスの管理は、ほとんどのメン
バーが組織文化を意識していないため、非常に複雑である。具体的な変容
メカニズムには、組織開発のような計画的変革 (planned change) がある。
自己が所属する組織単位の文化に対する自己洞察と、他の組織単位の文化に
対する洞察を深めることを通じて、全体組織レベルでの目標を確認させ、そ
れへのコミットメントを育成することを通じて、変革プログラムを進めていく。

エ：不適切である。構造変革への介入を行う場合、最近の傾向として、構造をよ
りフラット化し、分権化し、有機的になるようにしている。人件費削減によ
る経済的効果の他に、コミュニケーションを改善し、従業員の自律性が高ま
る効果がある。選択肢の「権限を集権化し」という表現は不適切である。

オ：不適切である。チームビルディング手法は組織開発でよく使われる。基本的
には、グループメンバー間の信頼を高めオープンな態度を形成するために多
くの相互作用を活用しようとしており、選択肢の「集団圧力を使ってメンバー
が落ちこぼれることがないように訓練する」という表現は不適切である。

◎参考文献

ステファン・P・ロビンス著『組織行動のマネジメント』ダイヤモンド社

幸田一男著『組織開発の理論と実践』産業能率短期大学出版部

桑田耕太郎・田尾雅夫著『組織論』有斐閣アルマ

Ⅲ　ナレッジ・マネジメントと組織学習

平成19年度　第19問

組織構造についての出題である。

［設問1］　解答：ウ

ア：不適切である。 暗黙知を蓄積するメカニズムがないことは、ヒアリング内容からは判断できない。

イ：不適切である。 各部門のコスト意識が低いことは、ヒアリング内容からは判断できない。

ウ：適切である。 現在のA社の各部門では、自部門以外の情報が入ってこないために、自部門の業務という制約条件の中での学習のみ行っている状況である。つまり、シングルループ学習が促進される組織文化になっている。

エ：不適切である。 部門間の壁が高くなっていることはヒアリング内容から類推できるが、官僚制的組織文化が形成されていることは判断できない。研究開発部門から提案された製品のデザイン修正を製造部門で行っているなど、官僚制的組織の特徴である分業が徹底して行われているとは言えない状況である。

オ：不適切である。 営業部門の営業力が弱いことは、ヒアリング内容からは判断できない。

［設問2］　解答：ア

ア：適切である。 A社の問題点は各部門の垣根が高く、各部門間での調整が取れていないことである。顔を合わせた場で、社長も含めた意見交換を行うことは、各部門間での意見調整を行ううえで有効である。

イ：不適切である。 各部門の人員構成に問題が生じていることは、ヒアリング内容からは判断できない。したがって、営業部門の人員を強化することで組織改善がされるとは考えにくい。

ウ：不適切である。 A社の問題点は各部門の垣根が高く、各部門間での調整が取れていないことである。事業部制組織を採用しても、分権化が促進されることに伴い各事業部間で垣根が生じることになり、改善策とはならない。

エ：不適切である。 機能別組織において、権限委譲がされている状態から中央集権的な状態へ変更しようとすると、トップマネジメントの機能低下を招くこととなる。トップマネジメントが中枢としての役割を一部放棄して、各部門の情報収集に奔走しなければならないためである。

オ：不適切である。 現在、各部門間の調整は業務報告書や電話で行われているようであり、顔を合わせての意見交換がされていないことが問題と考えられる。このような状況で、フェイストゥフェイスのコミュニケーションツールではない電子メールシステムを導入しても、問題は改善されない。

◎参考文献

塩次喜代明・高橋伸夫・小林敏男著『経営管理』有斐閣アルマ

桑田耕太郎・田尾雅夫著『組織論』有斐閣アルマ

平成25年度 第17問 解答：イ

　組織学習に関する出題である。1994年に一橋大学の野中郁次郎・竹内弘高によって発表されたSECIモデルによると、イノベーションを創生するには、人や組織に存在する知識を循環させて、新たな知識を生み出し、その新たな知識を生み出すサイクルを回すことが必要であるとした。そのフレームワークとして、以下の4段階のプロセスが提示されている。

　①共同化とは、組織内の個人、または小グループでの暗黙知共有、およびそれを基にした新たな暗黙知の創造である。②表出化とは、各個人、小グループが有する暗黙知を形式知として洗い出すことである。③連結化とは、洗い出された形式知を組み合わせ、それを基に新たな知識を創造することである。④内面化とは、新たに創造された知識を組織に広め、新たな暗黙知として習得することである。

【図表　SECIモデル】

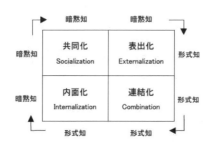

野中郁次郎・竹内弘高『知識創造企業』P.93 より

ア：**適切である**。結果の可視化とストーリー性を持ったリッチな分析は、暗黙知を形式知化する行動であるため、②表出化にあたる。

イ：**不適切である**。野中郁次郎は、イノベーションを起こす組織が知識創造のスパイラルを促進するために必要な要素の一つとして「冗長性」をあげている。例えば、異なる職能分野や技術分野の間で共有された知識が存在することによって、異分野間での対話が促され、知識スパイラルが促進される。スタッフ部門の削減は、冗長性を排除することとなる。

ウ：**適切である**。様々な視点を持った参加者の活用は、参加者それぞれの暗黙知を共有化する作業となるため、①共同化にあたる。

エ：**適切である**。試行・実験を促進するような評価体系の整備は、形式知をもとに新たな暗黙知を生み出そうとする行動であるため、④内面化にあたる。

オ：**適切である**。成功・失敗経験のデータベース化と情報の共有は、形式知を組

み合わせて共有化する行動であるため、③連結化にあたる。

◎参考文献

野中郁次郎・竹内広高著『知識創造起業』東洋経済新報社

平成20年度 第19問 解答：イ

シングルループ学習とダブルループ学習に関する出題である。

ア：不適切である。ダブルループ学習とは、それまでの組織のコンテキストの転換を要求する学習である。したがって、目標達成過程自体がコンテキストの転換を果たしていなければ、ダブルループ学習が促進されているとはいえない。

イ：適切である。適切なコミュニケーションを確保する組織の存在により、シングルループ学習の意識が強い人とダブルループ学習の意識が強い人の意見を調整し、適切に切り替えることができる可能性が高くなる。

ウ：不適切である。シングルループ学習が促進され、ダブルループ学習が阻害される要因は、現状のコンテキストに対する自発的、もしくは強制的な支持によるものである。権限の委譲については、ダブルループ学習を阻害する要因とはいえない。

エ：不適切である。職務を細分化し、過程別専門化を進めると、各職務の担当者は自身の業務以外に目が届かなくなり、手段行動のエラーしか修正できなくなる。つまり、シングルループ学習が促進され、ダブルループ学習は阻害される可能性が高まる。

オ：不適切である。専門化された各部門の責任・権限を明確化すると、各部門の担当者は自身の業務以外に関与する権限や意志が乏しくなる。それにより、シングルループ学習が促進され、ダブルループ学習は阻害される可能性が高まる。

◎参考文献

桑田耕太郎・田尾雅夫著『組織論』有斐閣アルマ

DIAMONDハーバード・ビジネス・レビュー編集部 編訳『組織能力の経営論』ダイヤモンド社

令和元年度 第14問 解答：エ

組織学習に関する出題である。

ア：不適切である。D.マグレガーのX理論の管理スタイルでは命令と統制による管理が行われ、Y理論の管理スタイルでは上司は部下に対して助言者となり、企業目標または部門目標と個人目標との調整を行う。Y理論に基づく管理手法を採用すると低次学習が促進されるということはない。

692　第2部　テーマ別1次過去問集

イ：不適切である。社会化とは、「新たに組織に参加した組織メンバーが組織の一員となるために、組織の規範・価値・行動様式を受け入れ、職務遂行に必要な技能を獲得し、組織に適応していく過程のこと」をいう。高次学習では組織の前提となる価値、目標、政策などのコンテキストそのものの修正を伴う学習が含まれるため、社会化の段階にいるメンバーに積極的に高次学習をさせる必要があるとはいえない。

ウ：不適切である。低次学習には、単なる行為の繰り返しや部分修正、シングルループ学習などがあり、高次学習には全体組織に影響を与える学習やダブルループ学習、規範・認知枠組・根源的過程の変化等がある。高次学習は多くの場合、組織の上位階層で起こるが、低次学習は組織の全階層で起こる。

エ：適切である。迷信的学習とは、組織の行動と環境の反応が断絶している状況で発生する。例えば、売上高の低下に対し、広告宣伝費の支出増加という行動をとる場合、実際には景気の回復や競争相手の失敗によって売上高が伸びても、その組織メンバーは「広告宣伝費の支出増は、売上高の上昇をもたらす」という信念を強化するようなケースがある。

オ：不適切である。低次学習の例として、公式の規則の制度化やマネジメントシステムの制度化、問題解決スキルの向上などがあるが、それらは組織の成果にとって悪い影響を与える学習ではない。

Ⅳ 組織変革（チェンジ・マネジメント）

平成24年度　第19問　解答：エ

　組織変革に関する出題である。組織を現在の状態から将来の望ましい状態にシフトさせていく変革実施のプロセスは、「移行状態」と呼ばれる。移行状態には固有の不安定な問題が発生するために、この時期の組織管理には特別の注意を払う必要がある。

ア：不適切である。組織変革を成功させるためには、変革過程へのメンバーの参加が必要である。この耐久消費財メーカーの経営者は、メンバーである従業員が帰ってから改革案を作成するのではなく、彼らを改革案の作成過程に参加させ、一緒に改革案を作成するべきだった。

イ：不適切である。従業員が慣れ親しんでいるバッチ生産システムでの仕事の仕方を変えさせるためには、彼らに自らを納得させる時間的余裕を与える必要がある。経営者ならびに工場長は、セル生産システムへの移行前日ではなく、セル生産システム導入の検討段階から、時間をかけて従業員に説明すべきだっ

た。

ウ：不適切である。 従業員の組織変革に対する理解度を上げるためには、十分な時間的余裕を与える必要があった。従業員一人一人を対象に説明しても、一日だけの説明では、従業員に現行のバッチ生産システムの問題点を認識させ、組織変革の実施を納得させることは困難である。

エ：適切である。 組織変革に従業員を参加させ、フェアプロセスを経ていると実感させることで、従業員の組織変革に対する抵抗を弱めるだけでなく、従業員を積極的に動機づける効果がある。

◎参考文献

桑田耕太郎・田尾雅夫著『組織論［補訂版］』有斐閣アルマ

| 平成**29**年度 | 第**22**問 | **解答：イ** |

　組織の計画的変革に関する出題である。環境変化により組織が新しい均衡状態の確立が必要なとき、組織の計画的変革を成功させるためには、解凍－変化－再凍結が必要である。

ア：適切である。 選択肢のとおりである。

イ：不適切である。 解凍の際には、新しいことを学ぶだけではなく、その人のパーソナリティや社会関係と一体化していることをやめることが含まれる。そのため、その人を変革に対して動機づけ、変わろうというモチベーションを起こさせることが重要である。動機づけのためには、自分たちの過去の失敗を認めることに対する不安や脅威を持たないよう、組織が危機に直面しているという意識を持たせないように配慮するのではなく、現状に対して正確に認識させ、誤った認識を知覚させることが必要である。その上で、脅威の原因を取り除いたり、心理的な障壁を取り除くことが必要である。

ウ：適切である。 選択肢のとおりである。

エ：適切である。 選択肢のとおりである。

オ：適切である。 選択肢のとおりである。

◎参考文献

石井淳蔵・加護野忠男・奥村昭博・野中郁次郎著『経営戦略論』有斐閣

ステファン・P・ロビンス著　高木晴夫監訳『組織行動のマネジメント』ダイヤモンド社

平成22年度　第16問

クライシスマネジメントに関する出題である。

［設問1］　解答：ア

危機管理の5段階モデルにおける、危機前兆の発見の段階に関する出題である。

ア：適切である。危機とは通常、ゆっくりと発展していくものとされ、早期の発見が危機対応の可能性を高くする。

イ：不適切である。職務を規則的なものに定型化、遵守すると盲目的になりやすく、逆に兆候を認識しづらくなる。

ウ：不適切である。上記説明のとおり、オープンなコミュニケーションが重要である。

エ：不適切である。上記説明のとおり、従業員全員参加型の取り組みが望ましい。危機は個人による環境の変化によって、危機の存在を認知することが多い。

オ：不適切である。選択肢の内容は、ヒューマンエラーを防ぐための組織上の取り組みである。

［設問2］　解答：オ

危機管理の5段階モデルにおける、封じ込め・ダメージの防止、平常への復帰、学習とフィードバックの段階に関する出題である。

ア：不適切である。危機対応で最も参考となるのは、外部の組織で発生している危機を参考にすることである。

イ：不適切である。選択肢はエラー・マネジメントの内容である。なお、エラー・マネジメントは、間違いに対して肯定的な立場をとり、エラーの連鎖をできる限り早期の段階で止めるために、むしろ間違いや問題点を組織のメンバーが指摘したり議論したりできるような開放的な文化を強調する。

ウ：不適切である。組織能力を高め、安全文化を創出するためには、従業員全員参加型の、オープンなコミュニケーション・ラインの確立が重要である。

エ：不適切である。選択肢の内容は、危機管理への表面的な取り組みであり、組織能力を高めることにはならない。

オ：適切である。上記説明のとおり「対話」が重要である。

◎参考文献

大泉光一著『クライシスマネジメント―危機管理の理論と実践（三訂版）』同文舘出版

田尾雅夫著『よくわかる組織論』ミネルヴァ書房

前中将之・寺川眞穂・小林敏男著『大阪大学経済学第56巻第2号平成18年9月―クライシスマネジメントに関する一考察：危機対応と組織学習の視点から』大阪大学大学院経済研究科

第10章 解説

解説編　**695**

| 平成**27**年度 | 第**20**問 | 解答：**ウ** |

組織変革に関する出題である。

ア：適切である。グループの規範などは、組織慣性が生まれる内的制約条件のひとつである。

イ：適切である。選択肢のとおりである。

ウ：不適切である。組織固有の特殊スキルは、模倣困難性の高いスキルであると考えられる。このスキルを持つグループが、組織外部の専門家ネットワークを広げても、模倣されることによる既得権益の喪失にはつながりにくい。そのため、自らの利益が失われる可能性が乏しいため、グループの成員がさまざまなルートを通じて影響力を行使し、変革に強力な抵抗を示す可能性が低くなる。

エ：適切である。既得権益の喪失の可能性がある戦略行動に対して、グループの成員はさまざまなルートを通じて影響力を行使し、変革に強力な抵抗を示す可能性が高くなる。

オ：適切である。選択肢のとおりである。組織の抵抗問題への対処には、新組織に向けての全社的な教育・訓練が必要である。

| 第11章 | 人的資源管理 | 解答・解説 |

I 人的資源管理の意義と人事・労務情報

平成26年度 第22問 　解答：イ

　人的資源戦略に関する出題である。SHRM（戦略的人的資源管理）は、競争戦略論と資源ベース理論をHRM（人的資源管理）に取り込む形で生まれた。

ア：不適切である。家父長型人的資源戦略では、企業内部の従業員に仕事のプロセスに対して責任を負うことを求めていく。

イ：適切である。協力型人的資源戦略は、"外部からの登用"と"仕事の結果"に適合した人的資源戦略である。

ウ：不適切である。コミットメント型人的資源戦略では、企業内部の従業員がきちんと結果が出せるように能力開発を行う。

エ：不適切である。伝統型人的資源戦略では、企業外部の人材を登用し、仕事のプロセスに対する統制がなされる。

平成23年度 第14問 　解答：ウ

　成果に応じた格差のある報酬配分とは、年俸制などの業績連動型賃金のことである。これらの人事制度、評価制度の導入・運用時の留意点の理解を問う出題である。

ア：適切である。業績連動型賃金制度を導入するメリットとして、業績目標の設定によりチャレンジ精神が醸成され、目標管理制度の効果が高まることが挙げられる。この際、評価者と被評価者の意見を交換しながら目標管理シートを作成することは、被評価者の満足感を高めることができる。

イ：適切である。制度を導入する際は、①確固たる方針と目標の設定、②目標と方針の社員への公表・周知徹底、③段階的な導入、④導入効果の精査、⑤状況に応じた柔軟な変更　というプロセスに留意しなければならない。

ウ：不適切である。評価は事実の確認のため、冷厳に事実をとらえていくという姿勢が必要で、評価結果をはっきりと説明し、上司と部下で評価の一致しなかった原因を明らかにする必要がある。したがって、選択肢の「評価者が被評価者の全般的な要望や意見を説明しながら評価を行う」とする記述は不適切である。はっきりした説明や評価の一致しなかった原因を明らかにすることにより納得感が高まり、「結果は期待したほどでもない場合でも、不公正感が抑えられ、動機づけを高めることができる」ことになる。

解説編　**697**

エ：適切である。制度を導入する際は、目標や方針の社員への公表・周知徹底が必要である。

オ：適切である。人事制度・評価制度の基本として、投入した時間・努力量や成果と、それに対する評価・報酬がバランスするとき、人は公正感を感じる。そのため、公正感を感じられる制度を導入しなければならない。

◎参考文献

楠田丘著『改訂5版職能資格制度』経営書院

令和2年度　第23問　解答：イ

人事考課の心理的誤差傾向に関する出題である。

空欄Aには、寛大化傾向が入る。

寛大化傾向とは、考課者の自信欠如から甘めに評価する傾向である。

空欄Bには、対比誤差が入る。

対比誤差とは、考課者が、自分の得意分野ほど辛めに評価したり、得意分野でないほど甘めに評価したりする傾向である。

空欄Cには、逆算化傾向が入る。

先に全体の評価結果を決めて、それに沿うように個別の評価をする傾向である。

よって、イが最も適切である。

◎参考文献

平野光俊・江夏幾多郎著『人事管理』有斐閣ストゥディア

平成21年度　第20問　解答：オ

人事考課に関する出題である。

ア：適切である。他には、ハロー効果や時間差による誤差の原則などもある。

イ：適切である。プロブスト法は、被考課者の日常の勤務態度、行動などに関連する具体的事例のリストを作成し、考課者が確信をもてる項目のみをピックアップしていく手法である。

ウ：適切である。なお、能力考課は仕事経験や教育訓練をとおしてストックされた「職務遂行能力」を評価対象とし、業績考課は一定期間にどの程度企業に貢献したかという「顕在的貢献度」を評価対象とする。

エ：適切である。人事考課を活用する目的は、①昇給査定、②昇進／昇格、③賞与査定、④配置／異動、⑤教育／訓練／能力開発である。

オ：不適切である。選択肢は、時間差による誤差の原則の説明である。

◎参考文献

中條毅編『人事労務管理用語辞典』ミネルヴァ書房

佐藤博樹・藤村博之・八代充史著『新しい人事労務管理』有斐閣アルマ

II 雇用管理と能力開発

平成24年度 **第22問** **解答：エ**

　配置転換、出向、転籍等の人事異動に関する出題である。配置転換とは、同一企業内の異動で、勤務場所や職務内容を変更することであり、勤務場所の変更を伴うものを「転勤」という。出向とは、自社の労働者を他の企業へ異動させることで「在籍出向」と「転籍出向」の2種類がある。在籍出向は、労働者が自己の雇用先の企業との労働契約は維持したまま、グループ会社、関連会社など他の企業の労働者として一定期間業務に従事することである。転籍出向は、自己の雇用先の企業から他の企業へ籍を移して他の企業の業務に従事することである。

ア：適切である。 ただし、「アナウンサー」として労働契約するように、職種・職務や勤務地を限定した場合は、使用者が自由に配置転換を命じることはできず、本人の同意を得ることが必要となる。

イ：適切である。 転籍拒否者の解雇の有効性は、整理解雇の法理によって判断される。伝統的な裁判例によると整理解雇にあたっては、①人員削減の必要性があるか、②解雇回避努力義務が履行されたか、③対象従業員選定の合理性があるか、④組合・従業員への説明および組合・従業員との協議がなされたか、の4要件があり、すべてを充足しなければ解雇は無効とされる。

ウ：適切である。 出向（在籍出向）は、出向元と出向労働者間の労働契約は存続するので、労務提供を前提としない部分は出向元の就業規則の適用を受ける。一方、出向労働者の労務提供は出向先企業の指揮命令のもとで行われるので、勤務管理や服務規律等に関しては出向先の就業規則に従うことになる。

エ：不適切である。 転勤命令は本人の職業上・生活上の不利益に配慮して行われるべきであるが、その不利益が甘受すべき程度のものである場合には、労働力の適正配置、業務の能率推進、労働者の能力開発、勤務意欲の高揚、業務運営の円滑化などを理由としたものでもよい。

◎参考文献

菅野和夫著『労働法』弘文堂

解説編　**699**

| 平成**20**年度 | 第**24**問 | 解答：オ |

能力開発・教育訓練の体系と手法についての出題である。

ア：適切である。CDP（キャリア・ディベロップメント・プログラム）は、社員個人の職業生涯目標と会社の長期経営目標の達成とを両立させるため、教育訓練と配置転換・昇進といったジョブ・ローテーションを連動させて行う制度である。

イ：適切である。OFF-JTは集合教育とも言われ、日常業務を離れて、内部・外部の専門家を招いて行われる能力開発である。

ウ：適切である。OJTの実施にあたっては、管理者の指導教育と体系的・計画的な研修プログラムの作成が必要である。

エ：適切である。教育訓練は、①階層別（新入社員教育、管理職教育など）、②職能（職種）別（技術者教育、営業職員教育など）、③課題（問題）別（安全・衛生教育、情報処理教育など）に区別され、OJTを基本に、OFF-JTと自己啓発を柱にして実施している。

オ：不適切である。自己啓発は従業員が自らの意思や判断によって、自己の能力開発に努力することであり、企業は経済的支援や時間的支援などの援助を行うが、費用の一部を援助するといった義務はない。

◎参考文献

神戸大学大学院経営学研究編『経営学大辞典　第2版』中央経済社

Ⅲ　賃金管理と作業条件管理

| 平成**22**年度 | 第**14**問 | 解答：オ |

モチベーション理論と報酬制度との関係に関する出題である。

ア：不適切である。公平理論は、個人の努力に対する公平な評価がモチベーションに影響を与えるという考え方である。例えば、同期に入社したライバルと比較して、努力相応の報酬が比較的良ければ、いっそう働く意欲を大きくするが、不公平な報酬を受け取るような場合、その後のモチベーションは低下するであろう。時間給のような固定給制度は定量的なものであり、個人の特性を反映する公平理論は定性的な要素が強いため、整合性は低い。

イ：不適切である。内発的動機づけ理論は、自分が何をすべきか、何をどのようにすればよいのかなどについて、自らの有能さを誇示でき、自己決定ができるような選択肢が多くあるところでは、内発的に動機づけられるというもの

である。動機づけるものはその人の内にあるため、外発的な要因の介入によって効果を失う。能力給は、人の内にある能力と外発的な報酬が関連づけられ、動機づけの原因とするものが内から外にシフトするため、内発的な動機づけは弱くなる。よって、能力給と内発的動機づけ理論の整合性は低い。

ウ：不適切である。欲求階層（段階）説は、人間の欲求を①生理的欲求、②安全の欲求、③社会的欲求、④自尊の欲求、⑤自己実現の欲求の5段階に分類し、低次なものから高次なものへと階層を構成すると考えた。低次の欲求は欠乏欲求と呼ばれるのに対し、自己実現のような高次欲求は成長欲求と呼ばれる。欠乏欲求がすべて充足されると、欠乏動機によって行動が喚起されることはなくなり、成長動機の自己実現欲求の発現に至るというものである。職務給は、職務の内容に対応して決められる賃金であり、職務は固定的で変わらないことから、成長動機は見いだしにくくなる。よって、職務給と欲求階層説の整合性は低い。

エ：不適切である。達成動機とは、困難で価値ある目標を、卓越した水準で達成しようとすることである。達成動機の強い人は、中程度の困難さで、努力によって成否が左右される課題を好み、うまくいっているかどうかフィードバックを強く求める傾向がある。年功給与制度は、年齢や勤続年数など属人的要素を基準に上昇する賃金制度のため、達成動機との整合性は低い。

オ：適切である。期待理論は、努力すれば相応の成果（報酬）が得られそうだという期待と、その成果がその人にとって価値がある、あるいは、重要であると考える誘意性を掛け合わせたものがモチベーションの強さの関数であるというものである。誘意性を個人の業績、期待を報酬と考えると、利益分配制度のような変動給与制は期待理論との整合性は高い。

◎参考文献

田尾雅夫著『組織の心理学』有斐閣ブックス

桑田耕太郎・田尾雅夫著『組織論』有斐閣アルマ

第12章 労働関連法規

解答・解説

I 労働基準法

平成25年度 第23問 解答：オ

賃金の基本的用語に関する出題である。労働基準法等の法令に定義される用語に加え、人事・労務管理の分野で使用される用語もあり多岐にわたっている。

- **ア：適切である。** 基本給の定義は選択肢の通りである。なお、基本給に加えて支給されるものに「手当」がある。労働者本人の属性又は職務に伴う要素によって算定されるものや、一部の労働者が一時的に従事する特殊な作業に対して支給され、賃金管理上、基本給とは区分される。
- **イ：適切である。** 行政解釈では、賞与を選択肢のように定義している。定期的に支給されるものや、支給額が確定しているものは賞与とみなされない。また、賞与の支払いについては、賃金支払いの5原則のうち、「毎月1回以上払い」と「一定期日払い」が適用されない（昭22.9.13 発基17号）。
- **ウ：適切である。** 定期昇給は毎年一定の時期を定め、その会社の昇給制度に従って行われる賃金の引上げを指す。年齢・勤続年数・考課査定などを基に行われる場合が多い。ベースアップは賃金曲線上の昇給ではなく、賃金曲線そのものを上に移動させ、年齢・勤続年数の変化や考課査定と関係なく、賃金表を書き換えて賃金を引上げることである。

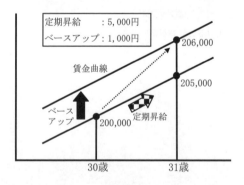

【 図表 定期昇給とベースアップの例 】

- **エ：適切である。** モデル賃金は、中途採用者の賃金決定や、企業間の賃金比較・賃金配分の適正化を図るための指標として活用されている。

オ：不適切である。 労働基準法上の平均賃金は、算定事由の発生した日以前3ヵ
月間に支払われた賃金の総額を、この期間の「所定労働日数」ではなく、「総
日数」で除した金額とされている。（労働基準法12条）

◎参考文献

吉田寿著『賃金制度の教科書』労務行政

『人事・労務用語辞典』日本経団連出版

平成**24**年度　第**24**問　**解答：エ**

　試用期間と解雇に関する出題である。試用期間とは、本採用決定前の「試みの期間」
であって、その間に労働者の人物、能力、勤務態度を評価して社員としての適格性
を判定し、本採用するか否かを決定するための期間とされており、法的には解約権
留保付労働契約と解される。この留保解約権の行使について、最高裁判例は、「解
約権留保の趣旨、目的に照らして、客観的に合理的な理由が存し社会通念上相当と
して是認されうる場合のみ許される」と判示しており、通常の解雇の場合よりも使
用者の持つ契約解消の裁量の範囲は広いと考えられている（三菱樹脂事件＝最判昭
48.12.12労判189－16）。

ア：適切である。 有期労働契約においても試用期間を設けることができ、試用期
間満了後の本採用拒否は解雇とみなされ、解雇予告の規定が適用される。た
だ、試用期間は長期雇用保障を前提とした制度であり、有期労働契約におい
て試用期間を定めることは、当該労働者との労働契約は長期雇用保障を前提
としていると解釈される恐れがある。

イ：適切である。 試の使用期間中であっても、14日を超えて引き続き使用され
るに至った場合には解雇予告の規定が適用される。したがって、就業規則等
により定められている試用期間にかかわりなく、14日を超えれば解雇予告
の規定は適用される（労働基準法21条）。

ウ：適切である。 上記のとおり、試用期間中の使用者と労働者は解約権留保付労
働契約が成立されているとされ、試用期間満了時の本採用拒否は解雇とみな
される。

エ：不適切である。 上記のとおり、通常の解雇の場合よりも使用者の持つ契約解
消の裁量の範囲は広いと考えられているが、解雇権濫用法理が適用され、労
働者を自由に解雇できるわけではない。なお、解雇権濫用法理とは「使用者
の解雇権の行使は、客観的に合理的な理由を欠き、社会通念上相当であると
認められない場合には、解雇権の濫用として無効とする」というものである（労
働契約法16条）。

解説編　**703**

◎参考文献

菅野和夫著『労働法』弘文堂

石嵜信憲編著『就業規則の法律実務』中央経済社

平成25年度 第20問　解答：エ

　弾力的な労働時間制である、裁量労働制（企画業務型・専門業務型）、フレックスタイム制、在宅勤務における事業場外のみなし労働時間制に関する出題である。法体系としては、フレックスタイム制だけが変形労働時間制の一形態であり、他はみなし労働時間制の一形態である。

ア：不適切である。企画業務型裁量労働制には、年収要件は設けられていない（労働基準法38条の4）。

イ：不適切である。専門業務型裁量労働制には、対象業務に従事する労働者の同意は求められていない。同意が必要とされるのは、選択肢アの企画業務型の対象労働者である（労働基準法38条の3）。

ウ：不適切である。フレックスタイム制は変形労働時間制の一種で、3か月以内の一定期間（清算期間）における総労働時間をあらかじめ定めておき、労働者はその枠内で各日の始業及び終業の時刻を自主的に決定し働く制度である。一方、時差出勤は、1日の実労働時間は定められており、その範囲内で働く時間帯を選べるしくみであるため、フレックスタイム制の一種ではない（労働基準法32条の3）。

エ：適切である。近年対象労働者が増加している「在宅勤務」は、選択肢のような要件を満たした場合に適用される。ある日の業務について、その一部を事業場内で行い、残りを自宅で行った場合についても適用され、原則、合わせて所定労働時間労働したものとみなされる（労働基準法38条の2）。

◎参考文献

厚生労働省労働基準局賃金時間課『弾力的な労働時間制度の実際』

厚生労働省労働基準局労働条件政策課『在宅勤務での適正な労働時間管理の手引き』

平成28年度 第23問　解答：ウ

　労働基準法における労働時間、休憩・休日に関する出題である。

ア：不適切である。使用者は、労働時間が6時間を超える場合においては少なくとも45分、8時間を超える場合においては少なくとも1時間の休憩時間を労働時間の途中に与えなければならない（労働基準法第34条）。12時間を超える場合の具体的な休憩時間は規定されていない。

イ：不適切である。使用者は、労働時間が6時間を超える場合においては少なくとも45分、8時間を超える場合においては少なくとも1時間の休憩時間を労働時間の途中に与えなければならない（労働基準法第34条）。イの労働時間は6時間を超えていない。

ウ：適切である。4週間を通じ4日以上の休日を与える使用者については、労働者に対して、毎週少なくとも一回の休日を与えなければならない規定は、適用しない（労働基準法第32条2項）。

エ：不適切である。労働基準法上の労働時間は、客観的にみて、労働者の行為が使用者の指揮命令下に置かれたものと評価できるか否かにより決まる（三菱重工業長崎造船所事件 最一小判平12年3月9日）。

平成29年度 第26問 **解答：ア**

賃金の支払いに関する出題である。

ア：適切である。使用者は、労働者の同意を得た場合には、賃金の支払について当該労働者が指定する銀行その他の金融機関に対する当該労働者の預金又は貯金への振込みの方法によることができる（労働基準法施行規則7条の2、1号）。

イ：不適切である。賃金は、毎月1回以上、一定の期日を定めて支払わなければならない（労働基準法24条2項）。ただし、毎回の支払い金額を年俸の12分の1にするという規定はない。

ウ：不適切である。未成年者は、独立して賃金を請求することができる。親権者又は後見人は、未成年者の賃金を代って受け取ってはならない（労働基準法59条）。

エ：不適切である。賃金は、毎月1回以上、一定の期日を定めて支払わなければならない（労働基準法24条2項）。一定期日とはその期日が周期的に到来する特定の日をいい、例えば、毎月第4金曜日というような定め方は、月によって期間が変動するので原則として認められない。

令和元年度 第22問 **解答：ア**

「働き方改革」の年次有給休暇取得に関する出題である。

ア：適切である。選択肢のとおりである（労働基準法施行規則24条の5）。

イ：不適切である。年次有給休暇の取得要件は、①雇入れの日から起算して6か月間継続勤務し、②全労働日の8割以上の出勤である。

したがって、全労働日の8割に満たない者について、年次有給休暇を付与

する義務はない（労働基準法39条）。

- **ウ：不適切である。** 労働基準法41条に定められた監督若しくは管理の地位にある者又は機密の事務を取り扱う者であっても、年次有給休暇の付与の対象である（労働基準法39条、同2項、41条）。
- **エ：不適切である。** 請求された時季に有給休暇を与えることが事業の正常な運営を妨げる場合においては、他の時季にこれを与えることができる（労働基準法39条5項）。

令和2年度　第24問　解答：ア

時間外労働の上限規制に関する出題である。

- **ア：不適切である。** 時間外労働や休日労働の限度時間や上限時間の規定は、新たな技術、商品又は役務の研究開発に係る業務については適用しない（労働基準法36条11項）。
- **イ：適切である。** 選択肢のとおりである（労働基準法36条4項）。
- **ウ：適切である。** 特別条項による上限は、年6か月以内に限り、時間外労働が年720時間以内、時間外労働と休日労働の合計が月100時間未満である（労働基準法36条5項）。
- **エ：適切である。** 特別条項の有無に関わらず、1年を通して常に、時間外労働と休日労働の合計が、月100時間未満、2か月～6か月平均80時間以内が上限である（労働基準法36条6項）。

II　労働安全衛生法

平成23年度　第23問　解答：ウ

安全衛生管理体制に関する出題である。

- **ア：適切である。** 衛生管理者は、少なくとも毎週1回作業場等を巡視し、設備、作業方法又は衛生状態に有害のおそれがあるときは、直ちに、労働者の健康障害を防止するため必要な措置を講じなければならない（労働安全衛生規則11条）。
- **イ：適切である。** 衛生管理者、産業医ともに選任すべき事由が発生した日から14日以内に選任し、選任後、遅滞なく選任報告書を所轄労働基準監督署長に提出しなければならない（労働安全衛生規則7条、13条）。
- **ウ：不適切である。** 業種によって「安全衛生推進者」と「衛生推進者」のいずれか

を選任しなければならない。常時10人以上50人未満の労働者を使用する事業所で屋外的業種と工業的業種では「安全衛生推進者」を、その他の業種では「衛生推進者」を選任しなければならない（労働安全衛生規則12条の2）。

エ：適切である。衛生委員会の委員は、総括安全衛生管理者又はそれ以外の者で事業の実施を統括管理するもの、衛生管理者、産業医で構成される（労働安全衛生法18条の2）。

◎参考文献

菅野和夫著『労働法第9版（法律学講座双書）』弘文堂

平成**21**年度 第**19**問 ▶ 解答：**イ**

労働安全衛生法の健康診断に関する出題である。

ア：適切である。労働安全衛生法における「事業者」とは、事業を行う者で、労働者を使用するものをいう。つまり、個人企業にあっては経営者個人、法人企業であれば法人そのもの（法人の代表者ではない）を指す（労働安全衛生法2条3号）。

イ：不適切である。一般健康診断の対象となるパートタイム労働者は、1週間の所定労働時間が、その事業場の同種の業務に従事する通常の労働者の1週間の所定労働時間の4分の3以上である者である（H5.12.1基発663号）。

ウ：適切である（労働安全衛生規則45条1項）。深夜業を含む業務の他に、坑内業務や異常気圧における業務など労働安全衛生規則13条1項2号の業務に常時従事する労働者（特定業務従事者）についても適用される。

エ：適切である（労働安全衛生規則43条）。なお、臨時に使用される労働者に対しては実施する必要はない（労働安全衛生規則44条）。

オ：適切である（労働安全衛生法66条の3）。なお、常時50人以上の労働者を使用する事業者は、定期健康診断を行ったときは、遅滞なく、定期健康診断結果報告書を所轄労働基準監督署長に提出しなければならない（労働安全衛生規則52条）。

III 労働保険・社会保険

平成**20**年度 第**23**問 ▶ 解答：**エ**

労働者災害補償保険の特別加入制度についての出題である。なお、選択肢のア、ウに「特別加入ができる（の対象となる）中小企業」とあるが、正確には特別加入す

る（の対象となる）のは中小企業の事業主等であり、企業全体で加入するわけではない。

ア：適切である。労働保険事務組合に労働保険事務の処理を委託している中小事業主等が特別加入の要件である（労働者災害補償保険法33条1号）。

イ：適切である。特別加入者の被った災害が業務災害として保護されるのは、労働者の行う業務に準じた業務の範囲であり、事業主や役員としての業務は対象とされていない（S40.12.6基発1591号）。

ウ：適切である。特別加入の対象となる中小事業主の範囲は、①金融業、保険業、不動産業または小売業では常時50人以下、②卸売業またはサービス業では常時100人以下、③その他の事業では常時300人以下の労働者を使用する事業主である（労働者災害補償保険法施行規則46条の16）。

エ：不適切である。特別加入の申請手続きは、労働保険事務の処理を委託している労働保険事務組合を通じて行う（同法34条1項）。

平成**27**年度 第**25**問 解答：ア

各社会保険の目的に関する出題である。

各社会保険の保険給付の対象は、次のとおり整理できる。

【 図表　各社会保険の保険給付対象 】

健康保険法	労働者又はその被扶養者の業務災害以外の疾病、負傷若しくは死亡又は出産（健康保険法第1条）
厚生年金保険法	労働者の老齢、障害又は死亡（厚生年金保険法第1条）
雇用保険法	労働者が失業した場合及び労働者について雇用の継続が困難となる事由が生じた場合、労働者が自ら職業に関する教育訓練を受けた場合に必要な給付を行う（雇用保険法第1条）
労働者災害補償保険法	業務上の事由又は通勤による労働者の負傷、疾病、障害、死亡（労働者災害補償保険法第1条）

ア：不適切である。健康保険では、出産も保険給付の対象である。

イ：適切である。労働者の疾病・負傷は、原則として、業務上のものが労働者災害補償保険、業務上以外のものが健康保険の保険給付対象になる。

ウ：適切である。雇用保険の失業等給付には、求職者給付、就職促進給付、教育訓練給付及び雇用継続給付がある（雇用保険法第10条）。

エ：適切である。労働者の老齢は、原則として、厚生年金保険の保険給付対象になる。

708　第2部　テーマ別1次過去問集

| 平成**22**年度 | 第**18**問 | 解答：**ア** |

外国人労働者の労働・社会保険の適用に関する出題である。労働者災害補償保険法（労災保険法）や雇用保険法、健康保険法、厚生年金保険法と各法を横断した知識が求められる。また、受験者にはなじみのない出入国管理及び難民認定法（入管法）の知識も必要となるため、非常に難解な問題となっている。

ア：不適切である。 適用事業所に使用される労働者であれば、出入国管理及び難民認定法（入管法）による在留資格ないし就労資格を有しない（不法就労の）外国人にも、労災保険法の適用がある（労災保険法3条1項）。

イ：適切である。 健康保険の被保険者の資格には国籍要件がなく、適法に就労する外国人は、適用事業所と実態的かつ常用的な使用関係があれば被保険者となる。ただし、不法就労の外国人は被保険者となることはできない（健康保険法3条1項、3項2号、平成4.3.31保険発38号）。

ウ：適切である。 市町村の区域内に住所を有する40歳以上65歳未満の医療保険加入者は介護保険の第2号被保険者となる。よって、外国人労働者であっても日本に住所を有する健康保険の被保険者であれば、介護保険の第2号被保険者となり、介護保険料は徴収される（介護保険法9条）。

エ：適切である。 雇用保険については、外国人公務員及び外国の失業補償制度の適用を受けていることが明らかである者を除き、国籍を問わず日本人と同様に被保険者となる。ただし、外国において雇用関係が成立した後、日本国内にある事業所に赴き勤務し、雇用関係が終了した場合に帰国することが通例である者は被保険者とならない。なお、「週所定労働時間が20時間以上で、かつ、31日以上の雇用見込み」の適用基準は、平成22年4月1日からの改正点である（雇用保険法4条1項、6条1号～3号、行政手引20355）。

オ：適切である。 外国人留学生は在留資格が「留学」であり、原則日本国内において就労はできない。ただし、資格外活動の許可を受けて就労することが認められており、就労可能時間が次のように制限されている。

厚生年金保険は、適用事業所であれば外国人労働者であっても加入しなければならない。パートタイマーなどの短時間労働者に関しては、1日または1週間の所定労働時間、かつ1か月の所定労働日数がその事業所で同じような業務をしている一般社員のおおむね4分の3以上の条件を満たす場合は、被保険者として扱うことが妥当とされている。

つまり、所定労働時間が週35時間（週休2日）、1日7時間の事業所で、留学生の勤務が週4日、1日7時間ならば、適用基準を満たすことになり、厚生年金保険の被保険者となる（厚生年金保険法附則3条、出入国管理及び難民認定法施行規則19条5項1号、2号）。

【図表　就労できない在留資格の外国人における「資格外活動許可」】

留学生	1週間の就労可能時間	教育機関の長期休業中の就労可能時間
大学等の学部生及び大学院生	1週間につき28時間以内	1日につき8時間以内
大学等の聴講生・専ら聴講による研究生	1週間につき14時間以内	
専門学校等の学生	1週間につき28時間以内	

◎参考文献

東京労働局職業安定部　ハローワーク『外国人の雇用に関するＱ＆Ａ』

平成**20**年度　第**25**問　　**解答：イ**

　厚生年金保険は、会社、商店などで働く労働者を被保険者とし、その老齢・障害・死亡を保険事故として、基礎年金に上乗せして報酬比例の年金を支給し、労働者およびその遺族の生活の安定と福祉の向上に寄与することを目的としている。本問はその保険給付についての出題である。

　ア：適切である。平成6年の法改正により、特別支給の老齢厚生年金の定額部分は、生年月日や性別に応じて引き上げられている。さらに後の世代については、平成12年の法改正で報酬比例相当額の支給開始年齢が段階的に引き上げられ、最終的には65歳未満の老齢厚生年金を廃止することとなっている。

【図表　特別支給の老齢厚生年金の支給開始年齢の引上げ】

●定額部分の支給開始年齢の引上げ（平成6年改正）

生年月日		支給開始年齢
一般男子	一般女子	
S16.4.1以前	S21.4.1以前	60歳
S16.4.2〜S18.4.1	S21.4.2〜S23.4.1	61歳
S18.4.2〜S20.4.1	S23.4.2〜S25.4.1	62歳
S20.4.2〜S22.4.1	S25.4.2〜S27.4.1	63歳
S22.4.2〜S24.4.1	S27.4.2〜S29.4.1	64歳

●報酬比例部分の支給開始年齢の引上げ（平成12年改正）

生年月日		支給開始年齢
一般男子	一般女子	
S28.4.1以前	S33.4.1以前	60歳
S28.4.2〜S30.4.1	S33.4.2〜S35.4.1	61歳
S30.4.2〜S32.4.1	S35.4.2〜S37.4.1	62歳
S32.4.2〜S34.4.1	S37.4.2〜S39.4.1	63歳
S34.4.2〜S36.4.1	S39.4.2〜S41.4.1	64歳

イ：不適切である。特別支給による老齢厚生年金の受給権者が被保険者である場合でも、その全額が支給されることがある。しかし、総報酬月額相当額と基本月額との合計額が支給停止調整開始額を超えるときは、一定額が支給停止されることもあることから、被保険者として在職しているすべての受給権者が、全額支給されるとは限らないため、誤りである（厚生年金保険法附則11条）。

ウ：適切である。なお遺族が一定の子のある妻または一定の子である場合には、国民年金の遺族基礎年金が併給される（国民年金法37条の2）。

エ：適切である。障害給付は、その障害の程度により1級から3級の年金が支給され、障害等級3級よりも軽い障害が残り一定の要件に該当する場合は、一時金である障害手当金が支給される（厚生年金保険法55条）。

オ：適切である。現行法での老齢厚生年金の支給開始年齢は、老齢基礎年金と同様に65歳と定められているが（60歳台後半以降の老齢厚生年金）、改正前の旧厚生年金保険法では支給開始年齢は60歳と定められていたため、つなぎの年金として当分の間、60歳から65歳になるまで、特別支給の老齢厚生年金が支給されている（厚生年金保険法附則8条）。

◎参考文献

森萩忠義著『年金相談の基礎』経済法令研究会

Ⅳ　その他の労働関連法規

平成**22**年度　第**21**問　**解答：ウ**

労働組合法から団体交渉に関する出題である。団体交渉とは、労働組合法に基づいて設立された労働組合が、使用者又はその団体と労働協約の締結その他の事項に関して交渉することをいう。

ア：不適切である。憲法28条では、「勤労者の団結する権利及び団体交渉その他

の団体行動をする権利は、これを保障する」と規定されている。これは団体
交渉による労働条件の対等な決定と団体交渉の助成とを基本目的とする規定
と解されていることから、団体交渉の主体となる争議団は、代表者を選んで
交渉の体制を整えれば、同条の争議権の保護を受けるとされている（津地四
日市支判　平21.3.18）。また、争議団は労働組合に含まれるかどうかにつ
いては、さまざまな学説があるが、労働組合に含まれるとする説が有力となっ
ている。

イ：不適切である。使用者は上部団体や少数組合との交渉を拒否するために、労
働協約において企業内組合を唯一の交渉相手と認め、他の組合と交渉しない
旨の「唯一団体交渉条項」を締結することがある。しかし、そのような条項
は他の組合の団体交渉権を侵害するものとして法律的には無効であり、使用
者はそれを理由に他の組合の団体交渉申入れを拒否することはできない（中
労委命令　昭56.11.18）。

ウ：適切である。上部団体も団体交渉の当事者となることから、使用者は上部団
体が交渉委員に加わることを理由に団体交渉を拒否することはできない。そ
の他に「正当な理由なき団体交渉拒否」として、使用者である者がそうでな
いと主張して行う交渉拒否、会社外の者を交渉担当者としていることを理由
とする交渉拒否などがある（労働組合法7条2号）。また、その上部団体が労
働組合の定義に該当し、かつ加盟組合に対する統制力をもつものは、加盟組
合に統一的な事項（労働条件の統一的要求など）についてその団体固有の団
体交渉権をもつ。

エ：不適切である。義務的団体交渉事項は、「組合員である労働者の労働条件そ
の他の待遇や当該団体的労使関係の運営に関する事項であって、使用者に処
分可能なもの」と定義される。新規採用者の初任給は、組合員の賃金問題と
密接に関連し、また将来にわたり組合員の労働条件に重要な影響を与えるも
のとして、原則として義務的団体交渉事項に当たる（東京高判平19.7.31）。

◎参考文献

菅野和夫著『労働法』弘文堂

| 平成**20**年度 | 第**21**問 | **解答：ア** |

　労働契約法は、わずか22カ条の短い法律である。しかし、労働契約に関する諸
原則のほか、就業規則と労働契約の関係や解雇権濫用規制など、個別労働関係につ
いての民事的なルールを1つの体系にまとめている。これにより、就業形態の多様
化により増加する個別労働関係紛争が防止され、労働者の保護を図りながら、個別
の労働関係が安定することが期待されている。

ア：不適切である。 労働契約の締結や変更にあたっては、就業の実態に応じて、均衡を考慮すべきとする「均衡考慮の原則」を規定している（労働契約法3条2項）。この「均衡考慮の原則」とは、近年問題になっている「格差」の是正を念頭に規定されたものである。パートタイマー、契約社員などのいわゆる非正規従業員と、正社員などの正規従業員との賃金その他の労働条件等の格差については、就業の実態に応じて、バランスを考慮すべきことを意味している。したがって、雇用形態（パートタイマーや正社員など）に応じて締結し変更すべきというのは、誤りである。

イ：適切である。 近年、仕事と生活の調和（ワークライフバランス）が重要となっていることから、この重要性が改めて認識されるよう、「仕事と生活の調和への配慮の原則」を規定している（同法3条3項）。

ウ：適切である。 当事者間の合意により契約が成立し、または変更されることは、契約の一般原則であるが、個別の労働者と使用者間では、現実には力関係で不平等が存在している。そのため、確認的に労働契約の基本原則である「労使対等の原則」を規定している（同法3条1項）。

エ：適切である。 個別労働関係紛争の中には、権利濫用に該当するところも見られることから、労働契約に関して「権利濫用の禁止の原則」を規定している（同法3条5項）。

オ：適切である。 当事者が契約を遵守することは、契約の一般原則であり、労働契約が遵守されることは、個別労働関係紛争を防止するために重要であるため、「信義誠実の原則」を労働契約に関して規定している（同法3条4項）。

◎参考文献

『ジュリスト　2008.3.1号』有斐閣

野川忍著『わかりやすい労働契約法』商事法務

平成25年度　第22問　解答：ア

労働契約に関する出題である。労働契約法と高齢者雇用安定法からの出題で、2つの法律とも平成25年4月1日施行で改正があった法律である。

ア：適切である。 就業規則の変更という方法で、労働契約の変更を行う場合は、選択肢のような要件が必要であると規定している（労働契約法10条）。

イ：不適切である。 期間の定めのある労働契約に関する解雇は、「やむを得ない事由」がなければできないとされている。この場合の「やむを得ない事由」とは、解雇権濫用法理における「客観的に合理的な理由を欠き、社会通念上相当であると認められない場合」よりも狭いと解されている（労働契約法17条）。

ウ：不適切である。 無期労働契約で働く同種の労働者と労働条件を同一にしなけ

ればならないという定めはない。有期契約から無期契約に転換する際、別段
の定めがなければ、直前の有期労働契約の労働条件と同一となる（労働契約
法18条）。

エ：不適切である。高年齢者雇用確保措置における特殊関係事業主（子会社、関
連会社等）と継続雇用される労働者間の労働契約は、最低賃金などの雇用に
関するルールの範囲内で、労働時間、賃金、待遇などに関して、特殊関係事
業主と労働者との間で労働条件を決めることができる。

◎参考文献

厚生労働省『労働契約法のあらまし』

厚生労働省『高年齢者雇用安定法Ｑ＆Ａ』

第13章 マーケティングの概念 | 解答・解説

I マーケティングの定義

平成22年度 第28問

　アメリカ・マーケティング協会（AMA）が公表している、マーケティングの定義についての出題である。

[設問1] 　解答：**ウ**

　AMAが2004年に公表したマーケティングの定義についての出題である。

　ア：不適切である。 エンプロイーとは従業員のことである。2004年の定義はマーケティングの対象を利害関係者全体としているため、従業員のみを抜き出すことは不適切である。

　イ：不適切である。 カスタマー・リレーションシップとは顧客関係のことである。2004年の定義は顧客関係の管理を重視しているが、空欄Aの次に「顧客との関係性を管理」との文章があることから、空欄Aにカスタマー・リレーションシップが入らないことがわかる。

　ウ：適切である。 2004年の定義は、①ステークホルダーを意識していること、②顧客価値の創造をマーケティングの対象としていることが特徴である。

　エ：不適切である。 セールス・エージェントとは、営業代理人のことである。アと同様、マーケティングの対象を利害関係者全体としているため、営業代理人のみを抜き出すことは不適切である。

　オ：不適切である。 マーチャント・ホールセラーとは、取扱商品の所有権を取得している独立の卸売事業者のことである。マーケティングの対象を利害関係者全体としているため、卸売業者のみを抜き出すことは不適切である。

◎参考文献

フィリップ・コトラー、ゲイリー・アームストロング著『マーケティング原理　第9版』ダイヤモンド社

[設問2] 　解答：**ウ**

　AMAが2007年に公表したマーケティングの定義についての出題である。

　コトラーによると、マーケティング・コンセプトは「生産志向→製品志向→販売志向→顧客志向→社会志向」と変遷している。近年特に重視されている「社会志向」は、企業は標的とする市場のニーズ、欲求、関心を明らかにし、消費者と社会との幸福を維持し、向上させ、競争相手よりも効果的かつ効率的に望まれている満足を

解説編　**715**

提供しなければならないとするマーケティング・コンセプトである。つまり、マーケティングは「顧客やクライアント、パートナー」だけでなく、「広く社会一般」にとって価値あるものでなければならないのである。

ア：不適切である。社会志向のマーケティングは、社会全体の幸福を目指すものであり、環境はその一部に過ぎない。

イ：不適切である。マーケティングは、経済活動のみに主眼を置くのではなく、社会全体の幸福を目指すものである。

ウ：適切である。マーケティングは、広く社会全体の幸福を目指している。

エ：不適切である。マーケティングは、組織・個人の利益を追求するのではなく、社会全体の幸福を目指している。

オ：不適切である。文化とは、社会のメンバーが家族などの重要な組織から学ぶ基本的な価値観のことであるが、社会の一側面に過ぎない。

◎参考文献

フィリップ・コトラー、ゲイリー・アームストロング著『マーケティング原理　第9版』ダイヤモンド社

［設問3］　解答：ア

2004年の定義と比較した、2007年の定義の特徴を問う出題である。

ア：不適切である。コトラーによると「交換」とは、「見返りとして何かを差し出すことによって、他者から欲しいものを獲得する行為」のことである。つまり、「欲しいものを手に入れるための数ある方法の一つ」であり、単発的な取引を通じて組織や機関が収益を上げることを意味するわけではない。

イ：適切である。AMAのホームページでは、定義を改正する重要な観点として「透明性」・「より広い参加者」・「継続性」の3つをあげている。

ウ：適切である。2007年の定義では、社会志向に焦点を当てている。企業は、社会志向の取り組みを実施することで、ステークホルダーからの支持を得られ、持続可能性を高めることができる。

エ：適切である。2004年の定義にある「組織機能」という表現が「組織・機関の中の一部門」を指すといわれている。一方、2007年の定義では、「組織・機関」という表現に代わり「より広い組織・機関全体」を指している。

◎参考文献

フィリップ・コトラー、ゲイリー・アームストロング著『マーケティング原理　第9版』ダイヤモンド社

アメリカ・マーケティング協会ホームページhttp://www.marketingpower.com/
    Community/ARC/Pages/Additional/Definition/default.aspx

II マーケティングの考え方

令和2年度　第28問　　**解答：エ**

マーケティング・コンセプト及び顧客志向に関する出題である。

ア：不適切である。顧客の要望に応えることを基礎とするのはニーズ志向（消費者志向）である。セリング志向（販売志向）では、大量生産品を効率的に販売することを重視する。

イ：不適切である。大多数が重視する味を追求し、生産性を追求するのはシーズ志向（生産志向）である。

ウ：不適切である。シーズ志向やプロダクト志向では、マーケティング・マイオピアに陥ることがあるものの、採用すべきかは市場の特性を踏まえて選択する。

エ：適切である。自社が社会に与える影響についても考慮に入れる考え方は社会志向であり、時代とともに変化してきたマーケティング・コンセプトの変遷の延長線上に含まれる。

オ：不適切である。"Marketing is to make selling unnecessary(superfluous)"とは、マーケティングの目的は営業を不要とするとしたP.F.ドラッカーの言葉である。

◎参考文献

P・F・ドラッカー著『マネジメント』

III ソーシャル・マーケティング

平成21年度　第30問

応用マーケティングに関連して、社会的責任マーケティングに関する出題である。社会的責任マーケティングとは、企業が自らの社会的責任を認識し、マーケティングを通じて社会責任を果たしていくことである。具体的な活動として、①製品・サービスの安全性確保、②環境への配慮、③企業の情報公開などがある。企業の社会的責任を一歩進めた考え方として、メセナ（文芸支援）・フィランソロピー（慈善行為）を行う「社会貢献のマーケティング」がある。

［設問1］　解答：オ

ア：不適切である。インターナル・マーケティングとは、サービス・マーケティングにおける企業から接客要員（CP：コンタクト・パーソネル）に対して行

解説編　**717**

うマーケティングである。

イ：**不適切である**。ヴァイラル・マーケティングとは、インターネット技術を活用し、自動増殖的にターゲットに広告・宣伝を行うマーケティングである。ヴァイラル（Viral）とは、ウィルスのことである。

ウ：**不適切である**。口コミ・マーケティングとは、情報の信憑性・信頼性を利用した、低コストで実施可能なマーケティングである。

エ：**不適切である**。グリーン・マーケティングとは、地球環境に配慮した製品・サービスそのものを提供するマーケティングである。

オ：**適切である**。コーズ・リレイテッド・マーケティングとは、市場に対してイメージ・製品・サービスを有する企業が、相互利益のために、信条によってリレーションシップ・パートナーシップを構築する活動である。

[設問2]　解答：イ

ア：**適切である**。インターネット技術により情報の共有化が瞬時に行える今日では、企業の法令遵守・社会的責任の遂行がより強く求められている。

イ：**不適切である**。企業の社会的責任は法令遵守より広範囲に及ぶ。法令遵守を的確に行っているだけでは、企業は社会的責任を果たしたことにはならない。

ウ：**適切である**。ソーシャル・マーケティングの実践では、設問文のような分かりやすく・参加しやすいプログラムの開発・提供が重要である。

エ：**適切である**。ソーシャル・マーケティングは、非営利組織が行う「非営利組織のマーケティング」と、営利組織が行う「社会志向のマーケティング」の2つに大別される。

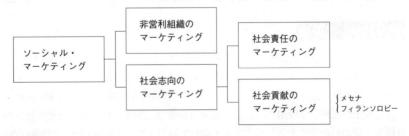

【図表　ソーシャル・マーケティングの体系】

◎参考文献

フィリップ・コトラー、ケビン・ケラー著『コトラー&ケラーのマーケティング・マネジメント』
　ピアソン・エデュケーション

ボルヴィック　ホームページ http://www.volvic.co.jp/index.html

グリーン・マーケティング協会　ホームページ http://www.green-ma.jp/

| 平成**30**年度 | 第**33**問 | **解答：イ** |

マーケティング概念に関する出題である。

ア：不適切である。ソーシャル・マーケティングとは、社会とマーケティングとの関係を考察する、社会に対応したマーケティングのことである。

イ：適切である。選択肢のとおりである。

ウ：不適切である。マーケティングは、非営利組織にも適用されている。特に非営利組織では、補助金や助成金、税制優遇などを受けている場合があるので、採算性や透明性などを考慮して価格戦略を組み立てる必要がある。よって価格要素の持つ相対的重要性が低いとはいえない。

エ：不適切である。Place（チャネル戦略）に対応するものは、Convenience（利便性）である。

オ：不適切である。前半部分の説明は正しい。4Pのうちプロモーションのひとつである販売促進は、製品、あるいはサービスの購入や販売を促進するための短期的な動機づけ、と定義されている。販売促進は、素早い反応を促し、それに報いることであり、修正も短期間で行うことが必要である。

◎参考文献

フィリップ・コトラー、ゲイリー・アームストロング著『マーケティング原理　第9版』ダイヤモンド社

第13章

解説

解説編　**719**

第14章 消費者行動と市場戦略

解答・解説

I 消費者行動分析

平成24年度 第28問

[設問1] 解答：イ

モチベーション・リサーチの技法に関する出題である。

ア：不適切である。語句連想法とは、刺激語を与え、その反応によって深層心理を調べる技法である。

イ：適切である。第三者技法とは、ある特定の状況に対して、ごく一般の人は、どう考え、どう行動するかを対象者に尋ねることによって自分の考えを第三者に投影して、対象者自身の真の感情を明らかにする技法である。

ウ：不適切である。文章完成法とは、課題の文章の欠けている部分を被験者に補わせる技法である。

エ：不適切である。物語法とは、所定のテーマについての物語に対象者を誘い、その物語に対して対象者がどういう反応を示すか探る技法である。

オ：不適切である。ロールプレイング法とは、実際に経験のないことを、自己流に演じることで生じる主観的なゆがみを分析する技法である。ゆがみを見出すことで、その人の行動傾向を予言することが可能になる。

◎参考文献

上田隆穂・兼子良久・星野浩美・守口剛編著『買い物客はそのキーワードで手を伸ばす』ダイヤモンド社

上田拓治著『マーケティングリサーチの論理と技法　第4版』日本評論社

戸川行男・牧田稔編『モチベーション・リサーチ　購買動機調査の設計・技術・応用』中央経済社

和田充夫・日本マーケティング協会編『マーケティング用語辞典』日経文庫

[設問2] 解答：ア

モチベーション・リサーチの問題点に関する出題である。モチベーション・リサーチは、①1人の被験者と向き合う時間が長いために、サンプル数が多くとれないこと、②回答された結果を処理する際に、解釈する人間の主観が入って解釈に客観性が保たれにくいこと、などの問題がある。

よって、モチベーション・リサーチの問題点は、選択肢a「サンプル・サイズの確保が困難」と、選択肢b「解釈の客観性の確保が困難」が最も適切となり、正解はアとなる。

◎参考文献

上田隆穂・兼子良久・星野浩美・守口剛編著『買い物客はそのキーワードで手を伸ばす』ダイヤモンド社

和田充夫・日本マーケティング協会編『マーケティング用語辞典』日経文庫

平成**29**年度　第**33**問　解答：エ

消費者の購買意思決定に関する出題である。

ア：不適切である。 選択肢より、「商品間の差を理解しやすく」、「低価格で特にこだわりもなく購入できる商品」であることが読み取れる。このようなブランド間の知覚差異が大きく、低関与の商品に対し消費者は、バラエティ・シーキング型購買行動を起こす。

イ：不適切である。 連結型は、検討する属性の各々に最低限これだけあれば満足できるという必要条件を設け、選択肢を順番に評価していく決定方略である。選択肢の内容は、感情参照型にあたり、過去の購買や使用経験などをもとに、最も好意的な評価・態度を形成している選択肢を選択する決定方略である。

ウ：不適切である。 選択肢の場合、ブランド間の知覚差異は小さく、高関与の商品の購買意思決定になり、消費者は不協和解消型購買行動を起こす。

エ：適切である。 対象となるすべての選択肢を重要度の高い属性から順番に評価し、その属性の属性値が最も高い選択肢を採用する決定方略を辞書編纂型という。

オ：不適切である。 検討すべき属性を網羅的にあげ、対象に関する全属性を評価し、総合点が高い選択肢を選ぶ決定方略を加算型という。EBA（属性による排除）型は、消費者は選択された1属性についてブランドを比較する。ある属性を選択する可能性は、その重要性に大きく関わっており、当該属性において必要条件に満たないブランドは排除される。

◎参考文献

フィリップ・コトラー、ケビン・ケラー著『コトラー＆ケラーのマーケティング・マネジメント』ピアソン・エデュケーション

青木幸弘・新倉貴士・佐々木壮太郎・松下光司著『消費者行動論』有斐閣アルマ

平成**24**年度　第**26**問

［設問1］　解答：ウ

消費者行動における関与に関する出題である。消費者行動とは、製品やサービスの購買・使用・所有・廃棄にかかわる人間・組織の行動を指し、中でも消費者の購

買行動について、最も研究努力が注がれた。主な消費者行動分析には、①Ｓ－Ｏ－Ｒモデル研究、②消費者情報処理研究、③ライフスタイル研究、の３つがある。

「関与」とは、消費者情報処理研究において、製品・サービスと消費者の価値との結びつきをとらえる概念として用いられ、消費者の情報処理への動機づけを規定するものである。思い入れやこだわりともいえる。「知識」とは、情報処理プロセスを経て、記憶内に貯蔵された内部情報として規定され、経験や学習を通じて獲得される。

ア：不適切である。 感情を喚起することで、態度形成を導くことができる。感情的関与とは、製品使用をとおした自我の維持・強化といった価値表現的・感情的動機を基盤とする関与のことである。高い感情的関与のもとでは、全体的・類比的な情報処理が行われる。一方、感情的関与に対する概念を認知的関与といい、分析的な情報処理が行われる。

イ：不適切である。 消費者の情報処理が単純化するのは、日用品など関与の低い商品やサービスを選択するときである。高級品や嗜好品など高関与の商品・サービスを選択するときは、情報処理能力が多く分配され、最適化を目指した情報処理をする。

ウ：適切である。 関与が高まると、選好されるブランドや店舗への執着が高くなるため、消費者の購買前の情報検索量は多くなり、購買努力も大きくなる。

エ：不適切である。 ブランドに対する関与の水準は、想起集合（買ってもよいブランド群）内のブランドに対して規定される。消費者は知っているブランド（知名集合）のすべてを検討するわけでなく、市場の諸ブランドを想起集合や拒否集合（買いたくないブランド群）にカテゴライズしていく。たとえ、知名集合に入っていても、拒否集合に入っていれば、決して購入されることはない。

◎参考文献

池尾恭一・青木幸弘・南知惠子・井上哲浩著『マーケティング』有斐閣

和田充夫・恩蔵直人・三浦俊彦著『マーケティング戦略　第4版』有斐閣アルマ

和田充夫・日本マーケティング協会編『マーケティング用語辞典』日経文庫

日本マーケティング協会編『マーケティング・ベーシック　第二版』同文館

［設問2］　解答：ア

コンタクト・ポイント（消費者が情報を取得する情報源）のポートフォリオに関する出題である。どのコンタクト・ポイントが効果的なマーケティング活動につながるかは、消費者の情報処理特性に依存するとされている。消費者の個人差要因（関与・知識）とコンタクト・ポイントを関連づけることで、適切なマーケティング活動の方向性を見出そうとしている。

【 図表　消費者類型とコンタクト・ポイント 】

消費者類型	特徴	コンタクト・ポイントの例
高関与・高知識	豊富な内部情報を持ちあわせており、積極的な探索・選択を行う。	製品仕様書・パンフレットなどの文字情報
高関与・低知識	積極的な探索は行うものの、文字情報だけでは十分な理解ができない。	販売員の説明、友人や家族の口コミ
低関与・高知識	製品情報は十分持ち合わせているものの、積極的な探索は行わない。	現物、サンプリング
低関与・低知識	製品情報はあまり持ち合わせておらず、積極的な探索も行わない。	テレビCMなどの広告

　よって、表Aは高関与・高知識のため「製品仕様書」、表Bは低関与・高知識のため「店頭の現物」、表Cは高関与・低知識のため「販売員の説明」、表Dは低関与・低知識のため「テレビCM」が最も適切となり、正解はアとなる。

◎参考文献

　青木幸弘・新倉貴士・佐々木壮太郎・松下光司著『消費者行動論』有斐閣アルマ

　和田充夫・恩蔵直人・三浦俊彦著『マーケティング戦略　第4版』有斐閣アルマ

　日本マーケティング協会編『マーケティング・ベーシック　第二版』同文館

平成26年度　第30問

[設問1]　解答：ア

　消費行動分析についての出題である。消費行動の分析においては、一般的に消費者個人ではなく、家族という「社会単位」、あるいは家計という「経済単位」が基本的な分析の単位として用いられる。その理由は、「消費様式」の選択や「支出」の配分において、家族人数に代表される規模的要因が大きく影響するため、個人ベースでの分析よりも家計単位での分析が適しているからである。

[設問2]　解答：エ

　ライフサイクル・アプローチについての出題である。

　ア：不適切である。一般に、後期高齢者が位置する退職後の高齢単身段階では、購買意欲が低下し、医療費の増大などにより、消費支出は急速に減少する。

　イ：不適切である。一般に満杯の巣段階（フル・ネスト）では、持ち家、子供用品、自転車、レッスン料、教育費などへの支出が高い。医療への支出は空の巣段階や高齢単身段階、外食への支出は独身段階、ファッションへの支出は独身段階や新婚段階で高まる傾向にある。

　ウ：不適切である。ライフサイクル・アプローチでは、人や家族は同様のライフ

サイクルを経験するという前提が置かれてきた。従って、家族に固有な出来事の影響を考慮し、それを反映して分析を行うことは馴染まない。

エ：適切である。サイコグラフィクスとは、消費者を心理的な次元の上に位置づける定量的な調査技法の総称である。

［設問3］　解答：ウ

ライフコース・アプローチについての出題である。ライフコース・アプローチでは、就学、就業、結婚、出産などのライフイベントの継起や役割の配列を、そのタイミングや間隔に着目しながら分析する。

ア：不適切である。DINKS（Double Income NO Kids）は、子供を持たずに仕事をする生き方であり、学童保育施設の利用とは結びつかない。

イ：不適切である。ライフコース・アプローチは、複雑化・多様化する家族のライフサイクルに対応することを主眼に登場した手法であり、個人の生き方に着目するのが特徴である。従って、「集団的な意思決定の影響を尊重する」という選択肢の説明は、馴染まない。

ウ：適切である。

エ：不適切である。平成25年男女共同参画白書によると、女性の年齢別労働力率を示す曲線は、若い世代ほど，M字カーブの2つの山が高くなると同時に谷も浅くなっており、V字とはいえない。

◎参考文献

青木幸弘・新倉貴士・佐々木壮太郎・松下光司著『消費者行動論』有斐閣アルマ

内閣府男女共同参画局編著『平成25年男女共同参画白書』新高速印刷

平成**20**年度　第**36**問　解答：オ

消費者行動分析（購買意思決定プロセス）についての出題である。

ア：適切である。知覚マップとは、消費者の選択にとって重要な各ブランドに関して、消費者の知覚を図にしたものである。

イ：適切である。購買対象となる製品・サービスに対して高関与であれば、情報を処理するために必要な能力は多く配分され、最適化を目指した広範囲な情報探索活動が行われる。

関与と選択の方向性は、図表の通りである。

【図表　関与と選択の方向性】

関与	情報処理能力の配分量	選択重視ポイント	選択の特性
高	大	ベネフィット最大化	最適化
低	少	コスト最小化	単純化

出典：(社)日本マーケティング協会編『マーケティング・ベーシックス』同文舘出版

ウ：適切である。「問題認識」とは、消費者が生活上の不満や不具合を感じ、解決しようと思いつくことである。これには、自らの日常生活上で感じる内部要因と、広告など外部からの刺激により感じる外部要因とがある。

エ：適切である。 消費者が商品を評価する際、主観的な知覚に基づき評価を行うため、選好が重要である。

オ：不適切である。 各商品・ブランドが有する特徴を一つひとつ挙げていけば膨大な数に上るため、通常消費者は、限られた数の主観的な次元に要約して評価を行う。

◎参考文献

㈳日本マーケティング協会編『マーケティング・ベーシックス』同文舘出版

平成25年度 第25問

［設問1］ 解答：ウ

新製品の普及プロセスと準拠集団の研究に関する出題である。

個人の行動規範や自己評価などの意識に対して影響を与える集団を準拠集団といい、空欄Aは「準拠」が当てはまる。準拠集団には、個人が直接所属する所属集団のみならず、あこがれや参加・所属を熱望する非所属集団（希求集団）、さらには模倣したくないと思う分離集団も含まれる。なお、参照集団とは調査で参考にする集団のことであり、ミラー集団という言葉はない。

E.ロジャースが提唱した新製品の普及プロセスには、イノベーター（革新者）、初期採用者、前期大衆、後期大衆、遅滞者、の5つのステップがある。最初のステップであることから、空欄Bは「イノベーター」が当てはまる。なお、インキュベーターとは孵卵器の意味で、起業家を支援・育成する仕組みをいう。

G.ムーアは、ハイテク製品が市場に普及していくとき、特に初期採用者と前期大衆の間にある明確なギャップをキャズム（深い溝）と主張している。よって、空欄Cは「キャズム」が当てはまる。キャズム理論によれば、カテゴリー間で求められるものが大きく異なるために、成長の伸びが止まる可能性を指摘している。なお、ディバイドとは格差のことである。

オピニオンリーダーとは対照的に、横断的な幅広い知識や伝達方法を持っていることから、空欄Dは「マーケットメイブン」が当てはまる。マーケットメイブン（市場の達人）とは、複数の製品カテゴリー、小売店などについて熟知し、話を自ら主導すると同時に、人から情報源として頼りにされている消費者のことである。マーケットメイブンは、オピニオンリーダーと比べて影響力は弱いものの、幅広い情報を提供し広めるため、口コミの生成などにおいて重要な役割を果たしている。なお、マーケットメーカーとは市場における値付け業者のことである。また、リードユー

ザーとは先端的な提案型ユーザーのことで、既存の製品では満足されないニーズを
ターゲット市場の他の消費者よりも先に感じている消費者である。

　よって、空欄Aは「準拠」、空欄Bは「イノベーター」、空欄Cは「キャズム」、空
欄Dは「マーケットメイブン」であるため、ウが最も最適である。

◎参考文献

　ジェフリー.A.ムーア『キャズム』翔泳社

　和田充夫・恩蔵直人・三浦俊彦著『マーケティング戦略　第4版』有斐閣

　青木幸弘・新倉貴士・佐々木壮太郎・松下光司著『消費者行動論』有斐閣

　田中洋・清水聰編『消費者・コミュニケーション戦略』有斐閣

［設問2］　解答：ア

　消費者行動分析に関する出題である。

ア：適切である。 バラエティ・シーキング行動（多様性追求行動）は、消費者の
　　ブランド選好が変化する際に、「複数から最適なひとつを選択する」ことが
　　前提の伝統的モデルでは対応できなかった消費者行動を説明したものである。
　　バラエティ・シーキング論によれば、消費者の購買への関与度は低いがブラ
　　ンド間の差異が意識されている状態では、ブランドに対する飽和感を解消す
　　るために多様性を求め、選好を変化させる心理が存在する。

イ：不適切である。 マーケティングにおいては消費者が非常に重視されるが、こ
　　れは顧客・消費者（または市場）の行動や意識を理解し適応することが目的
　　であり、特性の変容を目指すものではない。

ウ：不適切である。 消費者の購買意思決定プロセスが単純化するのは、製品関与
　　水準が低いときであり、高い製品関与水準を持つときに、消費者は積極的
　　に情報探索を行う。経験則をもとに情報処理を簡略化して選択することを
　　ヒューリスティクスという。精緻化見込みモデルは、意思決定を行う際の態
　　度の形成や変容を説明したもので、高関与な状態では、処理水準が深く、探
　　索量の増大と探索範囲の拡大を受けて、対象や状況に関する中心的な情報に
　　より態度が形成される。低関与な状態では、処理水準が浅く、探索量の少な
　　さと範囲の狭さのために、対象や状況に関する限定された周辺的情報により
　　態度が形成される。低関与の状態で形成された態度は変容しやすい。

エ：不適切である。 生産財の購買において、購買主体は十分な知識を持って意思
　　決定を下すが、消費財の購買と比較して、多くの購買者が関わり、より専門
　　的な購買努力を必要とするため、通常、購買決定にかかる時間は長くなる。

◎参考文献

　小川孔輔著『バラエティシーキング行動モデル：既存文献の概括とモデルの将来展望』

　フィリップ・コトラー、ゲイリー・アームストロング著『マーケティング原理　第9版』ダイヤモンド社

日本マーケティング協会編『マーケティング・ベーシックス　第2版』同文舘出版

和田充夫・恩蔵直人・三浦俊彦著『マーケティング戦略　第4版』有斐閣

令和元年度　第9問　解答：イ

キャズムの理論に関する出題である。

ア：不適切である。 アーリー・アダプター（アーリー・アドプター）とレイト・マジョ
リティでは、新製品や新サービスの採用において、求めることが大きく異なる。

イ：適切である。 アーリー・アダプターは、古い技術を新しい技術に置き換える
ことで得られる効果を重視するため、多少のトラブルがあっても自ら参加し
て対処する準備がある。一方で、アーリー・マジョリティ以降のユーザー層
は不連続性を嫌う傾向があり、新しい技術を採用するにあたって、トラブル
なくスムースに移行できることを優先する。

ウ：不適切である。 ラガードは、オピニオン・リーダーシップをまったく持って
いないため、ラガードに受け入れられるかどうかは問題にならない。

エ：不適切である。 キャズムを超えるためには、早期にアーリー・マジョリティ
への普及を図ることが重要である。

オ：不適切である。 キャズムの理論では、アーリー・アダプターに受け入れられ、
いかにアーリー・マジョリティの反応を推測するかが問題となる。

◎参考文献

青木幸弘・新倉貴士・佐々木壮太郎・松下光司著『消費者行動論』有斐閣アルマ

令和2年度　第33問　解答：オ

消費者と社会的アイデンティティに関する問題である。

ア：不適切である。 専門的な知識が必要な製品やサービス、つまり、当該領域に
知識がない場合は、権威のある人のいうことを信じる傾向にある。

イ：不適切である。 拒否集団とは、所属すると自分のアイデンティティを誤って
認識される恐れがあるため避けたいと思う集団である。拒否集団と関連する
製品を避けようとする欲求は、他者から見られているときに顕著になる。

ウ：不適切である。 自分が所属していない外集団に対しては知覚や行動が競争的
で差別的なものになりやすい。

エ：不適切である。 人間には、他者に対して「こうなりたい」、「こう思われたい」
という欲求があるため、単にその場にいるだけの他者からも影響を受ける。

オ：適切である。 自己高揚とは自分自身を肯定的に思いたいという欲求である。
自己高揚のレベルが高い消費者は、所属集団より願望集団で使用されている

第14章 解説

解説編　727

ブランドとの結びつきを強める傾向がある。なお、願望集団とは所属したい
と志向する憧れの集団である。

◎参考文献

山田一成・池内裕美編著『消費者心理学』

平成29年度 第35問 **解答：イ**

準拠集団に関する問題である。準拠集団とは、個人の行動規範や自己評価などの
意識に対して影響を与える集団のことである。

ア：不適切である。 準拠集団とは、態度や行動の形成に影響を与える所属集団だ
けではなく、あこがれや参加・所属を熱望する非所属集団(希求集団)、模倣
したくないと思う分離集団も準拠集団に含まれる。

イ：適切である。 消費者ネットワークを用いて、広くマーケティング情報を伝え
たいと考えるときは、消費者間の強いつながりだけでなく、弱いつながりが
広く伝えるための重要な役割を果たす。

ウ：不適切である。 他社の購買に影響を与えるオピニオンリーダーは、初期採用
者(アーリー・アダプター)と呼ばれる人々であることが多い。イノベーター
は、価値観や感性が社会の平均から離れすぎているため、オピニオンリーダー
にはなり得ない。

エ：不適切である。 人の目に触れない場で使用される製品より、人の目に触れる
場で使用される製品の方が、ブランド選択における他者集団の影響が大きく
なる。

II 標的市場の決定

平成20年度 第38問 **解答：イ**

市場細分化の軸についての出題である。

ア：適切である。 居住地域は、市場を地理的単位で区分する細分化方法であり、
一般的によく用いられている変数である。

イ：不適切である。 サイコグラフィック変数は、価値観など消費者の主観的な部
分に関するデータのため、刊行データでは入手できない。

ウ：適切である。 デモグラフィック変数は、性別、年齢、所得などが含まれる。
デモグラフィック変数は、次のように2つに分類される。

①帰属特性：年齢や性別など、消費者が生まれた時から持っている先天的な

特性

②達成特性：所得や学歴など、消費者が生まれた後、自らの努力で得た特性

エ：適切である。ライフスタイルは、生活者の主観に基づくサイコグラフィック変数の1つである。

オ：適切である。ロイヤルティとは、消費者がその製品ブランドに対してどのくらい忠誠度を持っているのかという点にポイントを置いた細分化の変数であり、行動変数の1つである。

令和2年度 第29問

［設問1］　解答：ウ

ターゲット・マーケティングに関する出題である。

ア：不適切である。セグメンテーションにおいては、様々な細分化変数を単独あるいは組み合わせることが重要である。X社の小型電動バイクは温室効果ガスを一切排出しない特性があるため、顧客の価値観を含めたライフスタイルに基づくセグメントも考慮する必要がある。

イ：不適切である。ベネフィットとは、利益、便益、効用などのことである。小型電動バイクは温室効果ガスを排出しないという走行性能以外のベネフィットがあり、ベネフィットによるセグメントを検討することが不利になるとは限らない。

ウ：適切である。従来型バイクを強く好むユーザーは小型電動バイクのターゲットから除外すべきである。ターゲット・マーケティングでは市場をさまざまなセグメントに区別し、このセグメントのいくつかを選択して集中化し、それぞれの標的市場にあった製品とマーケティング・ミックスを開発する。

エ：不適切である。セグメントを細分化し過ぎると、市場細分化の前提条件における維持可能性（利益確保可能性）を満たせなくなる。

◎参考文献

和田充夫著『マーケティング用語辞典』日本マーケティング協会

［設問2］　解答：イ

価格の決定に関する出題である。

ア：不適切である。市場浸透価格戦略とは、新製品に低い価格を設定し、価格に敏感で価格弾力性が高い顧客に販売しようとする戦略である。短期間に市場から利益を得るためには高い価格を設定する上澄み吸収価格戦略が適している。

イ：適切である。威光価格戦略による価格設定方法である。威光価格戦略とは、

製品に意図的に高い価格を設定し、消費者に製品品質の高さやステータスを訴求する方法である。

ウ：不適切である。ターゲット・コスティングとは、市場調査をもとに求められる機能を設定し、製品のアピール力や競合製品の価格を考慮して、売れる価格を設定する。。

エ：不適切である。小型バイク市場では、非常に多くの競合企業間で激しい競争が展開されているため、完全競争市場であると考えられる。完全競争市場では、供給者である企業も需要者である顧客も、価格に対して影響力を持たない。

オ：不適切である。知覚価値価格設定法の説明である。コストを基礎にして価格を設定する方法は、一般にコスト志向型価格設定法と呼ばれ、製造原価に一定額または一定率のマージンを加えて販売価格とするコスト・プラス法、仕入原価に一定額または一定率のマージンを加えて販売価格とするマーク・アップ法などがある。

◎参考文献

山口正浩監修『速修テキスト[1]経済学・経済政策』早稲田出版

平成**22**年度　第**29**問

　成熟化段階におけるマーケティング戦略についての出題である。成熟化段階においては、競合企業との技術的な差異がなくなるため、製品の改良や新製品開発等の製品ライフサイクルの延命策を行うことで、自社製品独自のポジションを確立することが必要である。

［設問1］　解答：ウ

　新製品開発による製品の差別化が成功するか否かについて、コトラーは「製品のポジションとはその製品の重要な属性について消費者がどのように定義付けをしているか」によるため、「消費者の実際の行動に影響を与える知覚」の重要性を説いている。知覚には選択的注意（さらされている情報の多くをふるい落としてしまう傾向のこと）、選択的歪曲（すでに持っている信条に合うように情報を解釈してしまう傾向のこと）、選択的記憶（学んだことの大半は忘れてしまうが、自分の態度や信念の裏づけとなる情報は記憶しているという傾向のこと）という3つのプロセスが存在しているため、同じものでも人によって受け止め方が異なる。したがって、A欄は「主観的」が適切である。B欄は、高品質のイメージから生み出されるものを選択する。

　エクイティとは資産のことであり、「価格エクイティ」という言葉はない。ノベ

730　第2部　テーマ別1次過去問集

ルティとは買い手に贈られる、売り手の名前が印刷された実用品のことである。「価格ノベルティ」という言葉はない。「価格プレミアム」とは、他社の同等の製品・サービスよりも高価格で、自社の製品・サービスを販売できるという効果である。レバレッジとは経済活動において、他人資本を使うことで自己資本に対する利益率を高めること、またはその高まる倍率のことである。「価格レバレッジ」という言葉はない。

したがって、B欄は「プレミアム」が適切である。C欄は、直前の「価格を下げたとしても需要数量に大きな変化がないことがある」という文章から、価格と需要数量の相関を表す語句が入ると推測できる。したがって「弾力性」が適切である。

よって、ウが最も適切である。

◎参考文献

フィリップ・コトラー著『コトラーのマーケティング入門』ピアソン・エデュケーション

石井淳蔵著『ゼミナール　マーケティング入門』日本経済新聞社

［設問2］　解答：エ

ブランド・ポジショニングについての出題である。ブランドの中核的な機能・目的の1つは知覚符号化であり、消費者が知覚する欲求理想点と効果的に結びつけるための意図的で計画的な目印づくりである。ポジショニングの目的は、標的市場において競合から自社を差別化し、競争上優位な地位を占めることである。

ブランドとポジショニングの目的を踏まえると、文脈上、A欄には差別化に近い語句、B・C欄には競争上有利な地位に立つことを表す語句、D欄にはCを実現させるための手段にあたる語句があてはまる。

ア：不適切である。「A：カテゴリ同調性」の同調とは「他と調子を合わせること」であり、差別化の逆を意味するものである。通常、同調性の高い製品群に直面した時には「B：カテゴリ認識点」に近接したポジショニングは容易であると考えられる。「C：市場細分化」のために「D：製品差別化」の活用を行うというのは、目的と手段が逆である。

イ：不適切である。「A：関連」は、差別化の逆を意味するものである。「B：欲求充足点」は判断が難しいため、他の選択肢との兼ね合いで判断するのが妥当である。「D：ライフスタイル・セグメンテーション」とは、ライフスタイルによる市場細分化だが、市場細分化の基準には、ジオグラフィック変数やデモグラフィック変数等多様な切り口がある。サイコグラフィック変数の一つであるライフスタイルのみで固定的に細分化することはないため、不適切である。

ウ：不適切である。「A：競合性」とは、ある者が財を消費すると他の者が消費できなくなることである。競合性のある製品であれば、多くの消費者の「B：関与増加点」に近接したポジションを見出すことは難しい。しかし、それと「C：顧客指向化」は関係がないため、不適切である。

エ：適切である。 成熟市場では他のブランドと「A：距離」を保ち、消費者の「B：欲求理想点」に近接したポジションを見出すことが難しい。つまり、有効な「C：製品差別化」を行うことが困難になり「D：市場細分化」を活用することが必要になるため、適切である。

オ：不適切である。「A：類似性」を保ちながら多くの消費者の「B：カテゴリ認識点」に近接したポジションを見出すことは難しくない。成熟市場では類似性が高まり、コモディティ化が進行していることが問題となっている。「D：異質需要に関する知識」が指しているものがわかりづらく判断しづらいが、前半の選択肢から不適切と判断するのが妥当である。

◎参考文献

東伸一著『ブランド論の代替的視座とマーケティング戦略への示唆』季刊マーケティングジャーナル　日本マーケティング協会

フィリップ・コトラー、ゲイリー・アームストロング著『マーケティング原理　第9版』ダイヤモンド社

［設問3］　解答：ウ

ポジショニング分析に関する出題である。

ア：適切である。 X社の競争優位性であるデザイン創造力を活かして高いインテリア性を実現し、高いマルチメディア対応度により、選択肢に記載されている様々なスペックを備えていることが考えられ、適切であると判断できる。

イ：適切である。 象限IIは競合がなく、ブルー・オーシャン戦略である。企業と顧客の両方に対する価値を向上させるバリュー・イノベーションを行うことで、競争のない未開拓市場を切り拓くことができると説いている。コトラーは市場細分化の前提条件として、①測定可能性、②到達可能性、③維持可能性、④差別可能性、⑤実行可能性を満たす必要性を説いており、吸収可能な消費者の数は、③維持可能性にあたる。

ウ：不適切である。 製品の技術的な差異がなくなる成熟化段階においては、製品の副次的な機能で差別化を行うことが多くなる。メーカーと長期契約を結び特定モデルを採用し続けることは、X社の競争優位性であるデザイン創造力を活かして消費者ニーズに対応するデザインに変更することを阻害する可能性があるため、不適切である。

エ：適切である。 標的市場への浸透に成功した後さらなる成長を図るためには、X社が提供するマルチメディア対応度が高い商品と同じ商品を好む象限Iにいる顧客を潜在顧客として捉え、市場の遷移を促すことで自社の顧客として獲得していくことが考えられる。

オ：適切である。 象限Iはマルチメディア対応度が高く、本体のサイズが大きい製品を提供するグループである。象限IIに位置するX社が成功すれば、象限

732　第2部　テーマ別1次過去問集

Iに位置する競合他社は本体サイズのダウンサイジングを図り、象限IIに参
入してくることが予想される。X社は、早期ブランド確立など先発の利益を
獲得し、後発企業への優位性を高める工夫が必要である。

◎参考文献

フィリップ・コトラー、ケビン・ケラー著『コトラー&ケラーのマーケティング・マネジメント』ピアソン・
エデュケーション

第15章 マーケティング・ミックスの展開 — 解答・解説

I 製品戦略

平成28年度 第32問 — 解答：エ

製品の価値に関する出題である。

ア：不適切である。製品の価値は、基本価値から段階的に発展していく。基本価値が十分に提供されているレベルでなければ、便宜価値は生み出されない。

イ：不適切である。顧客の満足を得る方法には、製品やサービスそのものを超えた付加価値である感覚価値や観念価値を高める方法もある。

ウ：不適切である。感覚価値は、顧客の主観的な価値であるため、製品やサービスの客観的な優劣判断を困難にする。しかし、感覚価値はブランド価値の源泉のひとつであり、感覚価値を高めることでブランド価値が高まるため、価格競争に巻き込まれにくくなる。

エ：適切である。観念価値は、製品の価値の最上位概念であり、真のブランド価値である。ブランドが持つ歴史や物語が、顧客の豊かな生活シーンの実現やライフスタイルへの意味づけを行い、ブランドの高い価値を支えている。

◎参考文献

和田充夫・恩蔵直人・三浦俊彦著『マーケティング戦略』有斐閣アルマ

和田充夫・日本マーケティング協会編『マーケティング用語辞典』日本経済新聞社

平成29年度 第36問 — 解答：ア

製品およびサービスに関する出題である。製品とは広義には、物的生産物・サービス・イベント・人材・場所・組織・アイデア、またはこれらを組み合わせたものである。製品が有する価値は、基本価値・便宜価値・感覚価値・観念価値の4つに分類できる。

ア：適切である。製品が有する最上位概念の観念価値とは、品質や機能以外に製品が持つ意味やストーリーにより生み出される価値である。そのため、製品やサービス自体には価値の一部しか埋め込まれていないと言える。

イ：不適切である。製品の価値は、便益やそれらがもたらす満足だけではないため、デザイン、品質、特徴同様に、提供価値も重視すべきである。

ウ：不適切である。ホテル業および鉄道業は、部屋や列車(座席)といった有体材の提供を通して、顧客に快適な空間を過ごしてもらい、楽しみや喜びを感

じてもらうなどの提供価値があるため、サービス業の1つと言える。

エ：不適切である。製品開発におけるコスト設計では、製造コストと販売コスト
の低減がすべてにおいて優先課題となるわけではなく、提供する価値とコス
トのバランスを考えることが、マーケティング視点では重要となる。

平成**22**年度 第**30**問 ▶ 解答：ア

既存製品のブランド化および新製品開発により脱コモディティ化を図る製品戦略
に関する出題である。成熟化段階では、製品の技術的な差異がなくなることで、ブ
ランドがコモディティ化しやすく、それが熾烈な競争を招いている。現在多くの市
場が成熟化段階にあるため、脱コモディティ化は重要な課題である。

ア：不適切である。PB商品の生産を行うOEMは、相手先ブランドとして市場
に製品を出すため、自社ブランドの知名度が上がらず、A氏の目指す自社製
品のブランド化とは矛盾する。

イ：適切である。コトラーによると、製品は3層構造（①製品の核、②製品の形態、
③製品の付随機能）に分解することができる。チャネルや販売方法は③製品
の付随機能に該当し、差別化は有効である。

ウ：適切である。激しい競争環境から抜け出すブルー・オーシャン戦略では、既
存の業種業態に縛られずにバリュー・イノベーションを行うことにより、新
しい価値市場を創造している。

エ：適切である。産業財の購買プロセスでは、消費財と比べ購買者と販売者の相
互依存関係が強いことが特徴としてあげられる。産業財の営業を参考に密接
な営業活動を展開することで、自社製品を明確に識別してもらうことが可能
になると考えられる。

オ：適切である。簡易店舗を複数持つことで、新ブランドの浸透を早める戦略と
考えられる。1店舗で販売する製品だけを積載するよりも、複数店舗で販売
する製品を積載したほうが、配送車両の積載率は向上する。

◎参考文献

フィリップ・コトラー、ゲイリー・アームストロング著『マーケティング原理　第9版』ダイヤモンド社

フィリップ・コトラー、ケビン・ケラー著『コトラー&ケラーのマーケティング・マネジメント』
　ピアソン・エデュケーション

平成**30**年度 第**31**問 ▶ 解答：ア

製品開発に関する出題である。

ア：適切である。選択肢のとおりである。

イ：不適切である。企業は顧客の質問や苦情を分析することによって、顧客の抱える問題をうまく解決する新製品を開発することができる。しかし、顧客ニーズに基づいた製品開発は、製品の改善にとどまるケースが多く、革新的な製品アイデアを導くための定石であるとはいいきれない。

ウ：不適切である。前半部分の記述は正しい。企業は内部の情報源として、正式な研究開発活動を通して新しいアイデアを見つけ出す。経営者、科学者、エンジニア、製造現場、セールスパーソンなど、社内におけるアイデアの源泉は広く存在している。

エ：不適切である。成熟期のマーケティング目標は、「利益の最大化」と「シェアの維持」である。ユーザー数の拡大によって製品の売上向上を図る「市場の修正」はシェアの維持につながるが、製品価格の値下げによる需要喚起を狙った「価格の修正」は利益の最大化につながるとは言い難い。

令和元年度 第32問　設問1のみ

［設問1］　解答：ウ

製品開発プロセスに関する出題である。

ア：不適切である。「アイデア・スクリーニング」では、できるだけ迅速に取捨選択をする。

イ：不適切である。市場テストの方法や必要性は新製品ごとに異なるため、実際の市場環境での市場テストを採用すべきだとはいいきれない。

ウ：適切である。選択肢のとおりである。

エ：不適切である。「プロトタイピング」では、技術担当者に全権が委ねられるわけではなく、経営層や開発部門などと協力し、機能面だけではなく、心理的特性を備えた製品づくりをしていく消費者モニターを使って調査され、顧客満足を得られるものに絞り込まれる。

オ：不適切である。新製品開発に際して、市場規模を推定することは、事業性の分析をするうえで必要である。

平成26年度 第1問　解答：ウ

製品ライフサイクルの成熟期の戦略に関する出題である。

ア：不適切である。製品が成熟段階を迎えると、売上の伸びは鈍化してくる。メーカーは販売しなければならない製品を多数抱えることになり、この過剰生産が競争の激化に結びつく。よって、市場シェアをめぐる競争は激化し、ブランド戦略を追求するようになる。

イ：不適切である。 製品ライフサイクルの成熟期では、市場シェアをめぐる競争は激化する。

ウ：適切である。 選択肢のとおりである。

エ：不適切である。 成熟期に向かうにつれて撤退する流通業者が増え、依頼できる流通業者数が減少した場合、必ずしも製造業企業の交渉力が強まるとはいえず、少数になった流通業者の交渉力が強まることで、流通業者のマージンが増加することもある。

オ：不適切である。 売却してキャッシュフローが増大するのは、経営資産の清算価値が帳簿価格を上回っていた場合である。

令和元年度 第28問 ▶ **解答：エ**

製品ライフサイクルとマーケティングに関する出題である。

ア：不適切である。 選択肢は、成熟期ではなく、成長期についての記述である。

イ：不適切である。 導入期は、流通やプロモーションに多額の資金を投じる必要がある。また、この段階では、新製品を発売した企業も数少なく、競合他社も、標準的な製品だけを生産する。

ウ：不適切である。 選択肢は、導入期ではなく、成長期についての記述である。

エ：適切である。 選択肢のとおりである。

平成21年度 第28問

製品戦略のブランドに関連して、ブランドの定義（消費者に識別させるための名称・記号・シンボル・デザイン・あるいはその組み合わせ）、ブランド要素（他社と差別化するための言語的・視覚的コード）、ブランド・エクイティ（ブランドが持つ無形の資産価値）に関する出題である。

［設問1］ 解答：イ

アメリカ・マーケティング協会（AMA）は、ブランドを"ある売り手の財やサービスを、他の売り手のそれと異なるものと識別するための名前、用語、デザイン、シンボル、およびその他の特徴"と定義している。

企業は、消費者に自社の製品・サービスを識別させるためにブランドを構築する。消費者は、ブランドにより他社の製品・サービスとの区別が可能となる。

よって、空欄が「識別」であるため、イが最も適切である。

- ブランドでは、消費者に自社の商品、サービスを識別させる
- ブランドでは、消費者は他社の商品、サービスと区別できる

[設問2]　解答：イ

ア：不適切である。ブランド・エクステンションとは、既存ブランドを新製品カテゴリーに使用するブランド戦略である。ブランド拡張戦略ともいう。

イ：適切である。エレメント＝要素・成分である。消費者への視覚的・聴覚的・触覚的・言語的訴求により、ブランド認知向上・イメージ形成に貢献する。ブランド・エレメントには、①名前、②ロゴ、③シンボル、④キャラクター、⑤パッケージ、⑥スローガン、⑦ジングル、などがある。

ウ：不適切である。ブランド・ライセンシングとは、ブランド保有者が第三者に対し、そのブランドを使用して製品・サービスを開発・販売する権利を付与することである。

エ：不適切である。ポジショニング・ステートメントとは、自社の製品・サービスの市場での位置づけである。

[設問3]　解答：エ

ア：適切である。成分ブランディングとは、製品に含まれる原材料や部品のブランドを利用して最終製品をブランド化することをいう。成分ブランディングは、コ・ブランディング（共同ブランディング）の一種である。"Intel Inside"は、成分ブランディングの代表例である。

イ：適切である。プライベート・ブランド（PB）とは、流通業者が保有するブランドのことであり、製造業者が所有するブランド"ナショナル・ブランド（NB）"と対比される。流通業者が保有する消費者情報の活用により、消費者ニーズに合った製品を比較的安価で提供することができる。

ウ：適切である。ブランド・アイデンティティとは、ブランドを通じて企業が消費者に伝達することを明確化したもの、すなわち、企業が顧客の頭や心の中に何を築きたいのか、顧客とどんな約束・契約をしたいのかをいう。差別性・永続性の高いブランドの構築には、消費者・競合・事業戦略などを十分に考

慮し、ブランド・アイデンティティを設計することが必要である。これをもとに企業は、ブランド認知・ブランド再生・ブランド連想を推進し、顧客関係性の構築を図る。

エ：不適切である。ブランド・エクイティの定量化においては、ブランド・エレメントそれぞれの数値化およびその統合、数値の金額換算が非常に困難である。ブランディング会社・調査会社が、独自の算出方法でブランド・エクイティの定量化を行っているが、現時点では標準化されていない。

オ：適切である。ブランド開発では、「モノ」と結びつけ、「モノへの意味付け」を通じて価値や便益を創造・伝達すること、すなわち「コト」の提供を忘れてはならない。顧客との強力な関係性を構築するためには、消費者への「モノ」＋「コト」の提供が重要である。

◎参考文献

フィリップ・コトラー、ケビン・ケラー著『コトラー＆ケラーのマーケティング・マネジメント』ピアソン・エデュケーション

木下安司編著『ブランド・マーケティング』同文舘出版

平成**23**年度 第**27**問

ブランド戦略に関する出題である。

［設問1］　解答：エ

顧客ベースのブランド・エクイティに関する出題である。ブランド・マネジメントに関する世界的な研究者として知られるケビン・ケラーは、「顧客ベースのブランド・エクイティは、消費者がブランドに対して高いレベルの認知と親しみを有し、自らの記憶内に強く、好ましく、そしてユニークなブランド連想を築いたときに生まれる」と主張している。

恩藏直人は、『製品・ブランド戦略』の中で、「ブランドの価値の源は消費者の頭の中にあり、強いブランドを構築することは消費者の頭の中に優れたブランド知識を構築することを意味している。ブランド知識はさらに、ブランド認知とブランド・イメージに分けられる」と述べている。

ブランド認知は、"深さ"（ブランドを思い出す容易さ）と"幅"（ブランドが思い出される購買状況や使用状況の範囲）という2次元から捉えられる。

ブランド・イメージには、"強く"（思い出されやすい連想）、"好ましく"（消費者が魅力的と感じ、なおかつコミュニケーション活動などを通じてより多くの消費者に伝達しやすい連想）、"ユニーク"（競合ブランドにはない独自性の高い連想）であることが求められる。

よって、空欄Aは「ブランド知識」、空欄Bは「ブランド認知」、空欄Cは「ブランド・イメージ」であるため、エが最も適切である。

【図表　ブランド知識に関連する用語】

ブランド知識	ブランドから連想されるすべての考え、感情、イメージ、経験、信念である。ブランド知識を構築するには、①一般的なマーケティング手段、②2次的連想、③ブランド要素、の3つの手段がある。
ブランド認知	さまざまな状況下で消費者がブランドを特定できることであり、消費者のブランド認識やブランド想起として把握される。
ブランド・イメージ	消費者による知覚と信念であり、消費者の記憶内の連想に反映される。
ブランド・アイデンティティ	ブランド戦略を策定するうえで長期ビジョンの核となり、ブランド資産の重要な構成次元であるブランド連想を生み出すベースとなるものである。デービッド・アーカーは、ブランド・エクイティを確立するうえで特に重要な概念であると主張している。
ブランド・ロイヤルティ	ある特定ブランドに対する消費者の忠誠心のことであり、特定ブランドに強い愛顧を持ち、そのブランドに執着している状態をいう。

出典：青木幸弘・恩蔵直人編『製品・ブランド戦略』有斐閣アルマ、フィリップ・コトラー、ケビン・ケラー著『コトラー＆ケラーのマーケティング・マネジメント』ピアソンエデュケーションをもとに作成

［設問2］　解答：イ

ブランドの特徴に関する出題である。

ア：適切である。 成功している既存ブランドを新製品に導入するのはブランド拡張戦略である。強いブランドのマーケティング優位性として、製品パフォーマンスについての知覚向上がある。成功している既存ブランド名を冠するだけで多くの宣伝コストをかけることなく、新製品のパフォーマンスを知ってもらうことが可能である。

イ：不適切である。 企業ブランド（ファミリー・ブランド）は、企業が提供する多くの製品に共通的に用いられる単一ブランドのことである。製品ミックスの整合性とは、多様な製品ライン間における関連性の度合いをいう。製品ミックスの整合性が低下しているときに単一の企業ブランドを採用することは、一つのブランドに対していくつものメッセージが発信されることになり、消費者に混乱を与えかねない。製品ミックスの整合性が低下している場合は、製品ライン群を何らかの共通性に着目し、いくつかのカテゴリーに分け、それぞれのカテゴリーごとに共通のブランドをつける「分割ファミリー・ブランド戦略」が適している。

ウ：適切である。 プライベート・ブランド（PB）とは、小売業者や卸売業者などの流通業者が所有するブランドのことである。プライベート・ブランドは、流通業者の保有している消費者情報を商品開発に活かすことができるため、

740　第2部　テーマ別1次過去問集

ナショナル・ブランド (NB) に比べ、研究開発、広告、販売促進、物流など
のコストを抑えられる。それにより消費者ニーズに合致した商品を比較的安
価で提供することができる。

エ：適切である。 顧客ベースのブランド・エクイティは、ブランドのマーケティ
ングに対する消費者の反応に、ブランド知識が及ぼす差別化効果と定義され
る。消費者が製品とそのマーケティング方法に対して、ブランドが特定され
るときの方が、特定されないときに比べて好意的に反応する等、消費者の知
覚に影響する。

オ：適切である。 アメリカマーケティング協会 (AMA) は、ブランドを「ある売
り手の財やサービスを、他の売り手のそれと異なるものと識別するための名
前、用語、デザイン、シンボル、およびその他の特徴」と定義している。ブ
ランドには、①識別機能、②品質保証機能、③意味づけ・象徴機能、という
基本的な3つの機能が存在する。

［設問3］ 解答：オ

ブランド要素についての出題である。

ブランド要素は、ビジュアル (視覚的訴求)、サウンド (聴覚的訴求)、タッチ (触
覚的訴求)、言語的意味、によってエクイティ構築に貢献する。しかし、それぞれ
の要素が担う役割は同じではなく、各ブランド要素には得意とする面と苦手とする
面がある。

【図表　ブランド要素の基本特性】

ブランド要素	視覚	聴覚	触覚	言語性
ネーム	○	○		高
ロゴ、シンボル キャラクター	○			中
スローガン ジングル		○		高
パッケージ	○		○	低

出典：青木幸弘・恩蔵直人編『製品・ブランド戦略』有斐閣アルマを加筆修正

図表より、空欄Aは「ブランド・ネーム」、空欄Bは「スローガン」、空欄Cは「パッ
ケージ」となるため、正解はオとなる。

◎参考文献

青木幸弘・恩蔵直人編『製品・ブランド戦略』有斐閣アルマ

和田充夫・日本マーケティング協会編『マーケティング用語辞典』日本経済新聞社

フィリップ・コトラー＆ケビン・ケラー著『コトラー＆ケラーのマーケティング・マネジメント』

ピアソンエデュケーション

平成25年度　第29問　**解答：オ**

　ブランド戦略に関する出題である。

　地域ブランドとは、地域にある自然的な資産等を活用して、他の商品との差別化を図り、地域発の事業を展開するものである。ナショナルブランド（NB）とは、製造業者（メーカー）が所有するブランドである。プライベートブランド（PB）とは、小売業者や卸売業者といった流通業者が所有するブランドのことである。本問には、地域に関する記述がなく、小物や雑貨など、日本酒以外の商品についてもブランドのラインアップにしていることから、プライベートブランドであることが分かる。したがって、空欄Aは「プライベート」が当てはまる。

　仕入れた商品の装飾など、流通の段階において、財の基本機能を変えずに、買い手のニーズや用途に合わせて財を部分的に加工することを流通加工という。したがって、空欄Bは「流通」が当てはまる。

　ダブルブランド戦略の一つに、ナショナルブランドとプライベートブランドを併記したブランドがある。これをダブルチョップという。したがって、空欄Cは「チョップ」が当てはまる。

　ストアブランドとは、小売業者（自店）が所有するブランドで、プライベートブランドの一種である。ラグジュアリーブランドとは、ルイ・ヴィトンなどの贅沢品において、価格が高くても商品を買ってくれる熱心なファン（ロイヤル顧客）を獲得しているブランドである。小売店舗ブランド、小売事業ブランドの呼称は、一般的に使用されていない。したがって、空欄Dは「ストア」が当てはまる。

　よって、正解はオとなる。

◎参考文献

　農林水産省・経済産業省『地域を活性化する農工商連携のポイント』

　和田充夫・恩蔵直人・三浦俊彦著『マーケティング戦略　第4版』有斐閣アルマ

　フィリップ・コトラー、ケビン・ケラー著『コトラー＆ケラーのマーケティング・マネジメント』

　　ピアソン・エデュケーション

令和2年度　第34問

［設問1］　解答：エ

　ブランドの基本戦略に関する出題である。

　ア：不適切である。ブランド・リポジショニングとは、既存市場に既存ブランドを展開することであり、設問の表ではBに該当する。

742　第2部　テーマ別1次過去問集

イ：不適切である。 ブランド開発とは、新規市場に新規ブランドを導入することであり、設問の表ではDに該当する。

ウ：不適切である。 ブランド強化とは、既存市場に既存ブランドを展開することであり、設問の表ではAに該当する。

エ：適切である。 ブランド変更とは、既存市場に新規ブランドを投入することであり、設問の表ではCに該当する。

[設問2] 解答：エ

ブランド戦略に関する出題である。

ア：不適切である。 インターブランドジャパン社による日本版の企業価値ランキング上位は、1位：トヨタ、2位：ホンダ、3位：日産であり、モノを中心に捉えたブランドが上位を占めている。

イ：不適切である。 想起集合とは、購買意思決定において消費者が真剣に考慮する代替案の集まりである。ブランド数の増加にかかわらず、想起集合に含まれる代替案の数はおおむね1～5ブランドである。

ウ：不適切である。 成分ブランドとは、商品を構成している要素である特定の成分をブランド化したものである。成分ブランドの採用により商品のブランド・エクイティが高まる効果があるものの、強いブランドほど成分ブランドとの整合をとるのが難しい。

エ：適切である。 優れたブランドは、価格プレミアム効果とロイヤルティ効果を事業にもたらす。

オ：不適切である。 ブランド・エクイティとは、製品やサービスに与えられた付加価値のことであり、企業にとって心理的価値と財務的価値を持つ重要な無形資産となる。選択肢は価格プレミアム効果の説明である。

◎参考文献

『Interbrand Best Japan Brands 2020』(株) インターブランドジャパン

和田充男著『マーケティング用語辞典』日本マーケティング協会

『技術のブランド化とそのマネジメント』日本オペレーションズ・リサーチ学会

II 価格戦略

令和元年度 第31問

[設問1] 解答：エ

需要の価格弾力性や交差弾力性に関する出題である。

ア：不適切である。選択肢の場合の交差弾力性は、製品Bの需要量の変化率を、製品Aの価格の変化率で割った値になる。

イ：不適切である。選択肢のケースでは、交差弾力性は正（プラス）の値になる。

ウ：不適切である。威光価格は、購入頻度が低く、消費者が品質を判断しにくい高級品に適している。

エ：適切である。選択肢のとおりである。

［設問2］ 解答：ア

価格の決定に関する出題である。

ア：適切である。選択肢のとおりである。

イ：不適切である。スキミング価格は、革新的な新製品の発売にあたり採用されるもので、模倣されにくい新製品に適用される。

ウ：不適切である。サブスクリプション価格とは、サブスクリプション（定額サービス）における価格である。顧客は企業が提供する複数のアーティストの楽曲を個人の嗜好に応じて無制限に視聴できる定額サービスなどに対して利用期間に応じて決められた価格を継続的に支払う。

エ：不適切である。選択肢は、抱き合わせ価格についての例である。キャプティブ価格では、主体となる製品の価格を低く設定し、主体となる製品に付属する製品やサービスで高いマージンをとる。例えば、スマートフォンの本体価格を安く設定し、毎月の利用料から利益を継続的に得るようなケースがあげられる。

平成30年度 第34問 **解答：イ**

価格に対する消費者の反応に関する出題である。

ア：不適切である。2つの価格帯を用意した場合は、低価格帯の商品が選択されやすいが、高価格帯を追加し3つの価格帯を用意した場合は、真ん中の中価格帯が選択されやすい傾向がある。

イ：適切である。嗜好品である菓子より、一般的に価格が高いとされる健康食品として購入者が認識する場合のほうが、購入者は高い価格を受け入れやすい。

ウ：不適切である。切りの良い価格よりも若干低い価格にするのは、端数価格戦略である。イメージ・プライシングは威光価格戦略のことである。

エ：不適切である。心理的財布とは、購入する商品の種類ごとに心理的に複数の金銭感覚を持っているという考え方であり、設問文の高額商品を購入した直後の消費者が支出に対して敏感になることではない。

◎参考文献

和田充夫・恩蔵直人・三浦俊彦著『マーケティング戦略』有斐閣アルマ

平成21年度　第22問　解答：イ

価格戦略における価格設定に関する出題である。

ア：適切である。イメージ価格設定とは、類似した製品・サービスに対して、プロモーション・販売店舗・付加的サービスなどで異なるイメージを確立し、異なる価格で販売する戦略である。したがって、消費者の自己イメージ形成欲求や顕示欲求が強い製品群では、利幅の大きい価格設定が可能である。

イ：不適切である。市場浸透価格戦略は、導入期から市場を限定せず、新製品を低価格で販売する価格戦略である。市場浸透価格戦略の対象は、需要の価格弾力性が高い消費者であり、需要の価格弾力性が高い市場で有効である。早い段階で十分な利益を獲得することはできないが、大きな市場シェアを確保しやすい。市場シェアが高まれば、規模の経済性や経験効果によるコスト面での優位性を築くことができる。

ウ：適切である。低価格の普及品から高価格の高級品までバリエーションがある製品の価格は、いくつかの価格帯にまとまっていることが多く、消費者はこうした製品に対して、過去の購買経験・情報探索に基づいた価格の妥当性を判断する数段階の参照価格を有している。プライス・ライニング戦略は、複数の参照価格に合わせて価格を設定する価格戦略である。

エ：適切である。上澄み吸収価格戦略は、新製品に高い価格を設定し、価格にそれほど敏感ではない消費者に販売する価格戦略である。需要の価格弾力性が低い市場において、新製品を高価格で販売する価格戦略である。短期間に大きな利益を上げることで、新製品の開発コストを迅速に回収することができる。上澄み吸収価格戦略は、製品品質やイメージ面で他社より優れているといった条件を満たしている場合に有効である。

オ：適切である。場所や季節、業務用か家庭用かなどの条件により、需要の価格弾力性が異なることに対応するため、①現金割引、②数量割引、③機能割引、④季節割引、⑤特売割引、⑥アロウワンス、などの割引による価格対応で、需要や利益の拡大を図っている。

◎参考文献

石井淳蔵、栗木契、嶋口充輝、余田拓郎著『ゼミナールマーケティング入門』日本経済新聞出版社

和田充夫、恩蔵直人、三浦俊彦著『マーケティング戦略』有斐閣アルマ

| 平成**27**年度 | 第**28**問 | 解答：ア |

価格政策に関する出題である。

ア：適切である。EDLP（エブリーデイ・ロー・プライス）戦略とは、一時的な値引きをしない代わりに、恒常的に価格を引き下げて商品を販売する方法である。ただ単に価格を低くするだけではなく、品質を維持しつつ、低コストで提供できるようにするため、全業務の抜本的な改革を行うことが必要となる。EDLP戦略を導入するためには、基準となる在庫量を下回ったら商品を自動的に発注するしくみの導入や、物流効率化、物流生産性向上を核とした物流合理化の促進などで、ロー・コスト・オペレーションを実現することが必須である。

イ：不適切である。キャプティブ・プライシングとは、主体となる製品の価格を安く設定し、購入を促進することで、いわゆる「捕虜」を確保する戦略である。その上で、主体となる製品に付随する製品の価格を高く設定して十分な利益を獲得する。

ウ：不適切である。ターゲット・コスティングとは、市場調査を行い、新製品に求められる機能を特定し、その製品のアピール力や競合製品の価格を考慮して、売れる価格を決定する。その上で、その価格より望ましい利益マージンを差し引き、達成すべきターゲットとするコストを算出する方法である。

エ：不適切である。ロスリーダーとは、特売の際に原価を割るような安い価格設定をした商品（目玉商品）のことである。チラシなどを活用し多数の消費者を誘引するとともに、特売商品以外の商品の衝動購買を誘発し、単品での利益よりも店舗全体の利益を上げることを目的としている。

◎参考文献

山口正浩監修『速修テキスト［4］運営管理』早稲田出版

フィリップ・コトラー、ケビン・ケラー著『コトラー＆ケラーのマーケティング・マネジメント第12版』丸善出版

上田隆穂・守口剛編『価格・プロモーション戦略』有斐閣アルマ

中田信哉・橋本雅隆・湯浅和夫・長峰太郎著『現代物流システム論』有斐閣アルマ

| 平成**22**年度 | 第**24**問 | 解答：エ |

価格政策に関する出題である。Hi-Lo政策やEDLP政策、コスト・プラス法など、価格政策に関する基本的な知識が必要である。

ア：適切である。Hi-Lo政策は、特売価格政策ともいわれる小売業の価格政策である。特売価格政策とは、一定期間に特定の商品を割引する価格政策である。

フォワード・バイイングとは、販売時期よりも早い時点に仕入れることで、自社に有利な条件で商品を仕入れることである。特売価格で販売されることが多い。販売時期より前に商品が納入されるため、保管スペースの確保や商品の鮮度管理が難しいというデメリットがある。

イ：適切である。 EDLP政策は、一時的な値引きをせずに日常的に低価格で商品を販売する方法である。米国の小売業ウォルマートに代表される価格政策である。

ウ：適切である。 買い手が、価格をよりどころとして製品・サービスの品質や性能を推定することを、「価格に依拠した価値の推定」という。言い換えると、買い手が価格を品質のバロメーターにしているといえる。「価格に依拠した価値の推定」は、製品・サービスの効能や機能がわかりにくい場合に行われやすい。情報化社会の進展に伴い、消費者の持つ製品知識水準が向上したら、効能や機能の分かりにくさが解消され、価格の品質バロメーター機能は作用しにくくなる。

エ：不適切である。 コスト・プラス法は、一定のマージンをコストに加え、価格を設定する方法である。コスト・プラス法では、消費者の価格感度や製品市場での競争状況を考慮しないで、価格設定する。

オ：適切である。 品質の高さやステータスを消費者に訴えるために、意図的に高く設定された価格を威光価格という。商品によっては、価格が高いことで品質も高いと判断され、価格が安いと品質も劣ると判断される。この場合、ある一定の水準よりも価格を低下させると、需要量も低下することがある。

◎参考文献

山口正浩編著『プライス・マーケティング』同文舘出版

石井淳蔵・栗木契・嶋口充輝・余田拓郎著『ゼミナール　マーケティング入門』日本経済新聞出版社

和田充夫・恩蔵直人・三浦俊彦著『マーケティング戦略』有斐閣アルマ

平成**23**年度 第**26**問

価格決定法の1つのPSM法（価格感度設定法）に関する出題である。PSM法とは、消費者がどれぐらいの範囲で価格を受け入れられるかを分析する手法である。

PSMでは通常、①消費者に受容されない最低価格（非受容最低価格）、②消費者に受容される最低価格（受容最低価格）、③消費者に受容される最高価格（受容最高価格）、④消費者に受容されない最高価格（非受容最高価格）、の4つの質問をする。

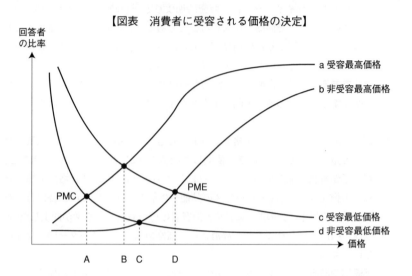

【図表　消費者に受容される価格の決定】

[設問1]　解答：オ

　牛乳1リットルの価格を例に説明する。100円から500円までの牛乳がある場合、500円に近づくにつれて「高いが受容可能」「高すぎて受容不可能」と考える人が多くなる。つまり、価格が上昇するほど「受容最高価格」「非受容最高価格」の累積回答率が高くなる。右上がりの"曲線aとbは価格の低い方からの累積回答率である"との記述があるため、aまたはbには「受容最高価格」か「非受容最高価格」のどちらかが該当する。通常、「受容最高価格」は「非受容最高価格」よりも低くなるため、aは「受容最高価格」、bは「非受容最高価格」が当てはまる。

　「安いが受容可能」「安すぎて受容不可能」と考える人は、牛乳価格が100円に近づくにつれて多くなる。つまり、価格が低下するほど「受容最低価格」「非受容最低価格」の累積回答率が高くなる。右下がりの"曲線cとdは価格の高い方からの累積回答率である"との記述があるため、cまたはdには「受容最低価格」か「非受容最低価格」のどちらかが該当する。通常、「受容最低価格」は「非受容最低価格」よりも高くなるため、cは「受容最低価格」dは「非受容最低価格」が当てはまる。

　したがって、質問①は「非受容最低価格」のため曲線d、質問②は「受容最低価格」のため曲線c、質問③は「受容最高価格」のため曲線a、質問④は「非受容最高価格」のため曲線bが最も適切である。よって、オが最も適切である。

[設問2]　解答：ウ

　PSM調査から導かれる受容価格帯についての出題である。PSM調査から導かれ

る価格には「最低品質保証価格」「妥協価格」「最高価格」「理想価格」の４つがある。

点Aは「安すぎる」と思う人と「高い（安くない）」と思う人が同数となり、最低品質保証価格（安さの限界点、Point of Marginal Cheapness：PMC）、この価格以下だと品質に問題があるのではないかと感じる価格となる。

点Bは「高い（安くない）」と思う人と「安い（高くない）」と思う人が同数となり、「このくらいはしょうがない」という妥協価格となる。

点Cは「安すぎる」と思う人と「高すぎる」と思う人が同数となり、「こうあってほしい」という理想価格となる。

点Dは「高すぎる」と思う人と「安い（高くない）」と思う人が同数となり、最も利益額が高い最高価格（高さの限界点、Point of Marginal Expensiveness：PME）、最も利益が得られる価格であるがこれ以上高いと誰も買ってくれない価格となる。

つまり、PMCとPMEで挟まれる範囲が受容価格帯となり、企業は受容価格帯の範囲で価格を決定する。

ア：不適切である。ABは、「最低品質保証価格」と「妥協価格」の間の価格帯である。

イ：不適切である。ACは、「最低品質保証価格」と「理想価格」の間の価格帯である。

ウ：適切である。ADは、「最低品質保証価格」と「最高価格」の間の価格帯である。安さの限界点と高さの限界点の価格帯であり、消費者が受容できる価格範囲とみなされる。

エ：不適切である。BCは、「妥協価格」と「理想価格」の間の価格帯である。

オ：不適切である。BDは、「妥協価格」と「最高価格」との間の価格帯である。

◎参考文献

上田隆穂著『日本一わかりやすい価格決定戦略』明日香出版社

上田隆穂・守口剛編『価格・プロモーション戦略』有斐閣アルマ

平成26年度　第31問　解答：ウ

マーケティング・ミックスに関する出題である。

マーケティング・ミックスは、製品政策、価格政策、広告・販促政策、チャネル政策の４つの要素で構成される。図中の点線Aは、広告・販促政策等にかける費用の多寡によって需要数量が変わることを表していると考えられる。点線Bは、製品政策やチャネル政策等にかける費用の多寡によって価格水準も影響を受けることを表していると考えられる。そして、設定した価格によって需要量が変動することを表したのが点線Cと読み取ることができる。

ア：適切である。

イ：適切である。

ウ：不適切である。 需要の価格弾力性とは、価格を上下させた時にその製品の需要量がどれだけ増減するかを表す指標である。価格弾力性が大きい場合、価格が下がった時の需要量の増加率がより高くなる反面、上がった時の減少率も高くなる。従って、価格弾力性が大きい時に、高価格でも多くの販売数量の実現が可能になるという説明は、不適切である。

エ：適切である。 原価計算では、総原価を製造原価、販売費、一般管理費に分類する。さらに、製造原価は、製品1個当たりの金額が直接計算できる直接費と、直接計算できない間接費に分けられる。間接費は、原価計算において適当な割合で各製品に配分するため、製品配賦額と捉えられる。また、選択肢では、直接費を狭義の製造原価として捉えている。それに対し、直接費、間接費を含んだものは広義の製品原価と考えられる。一般的にマーケティング費用はここでいう広義の製造原価ではなく、販売費に含まれるため、間接費や直接費と区別されるとする選択肢は適切である。

◎参考文献

和田充夫・恩蔵直人・三浦俊彦著『マーケティング戦略』有斐閣アルマ

Ⅲ 流通チャネル戦略

平成22年度　第25問　解答：ウ

販売経路政策についての出題である。

設問文に、「小さな町工場」「自社で手作りする自転車」「価格帯は、12万円から20万円程度」とあることから、"中小企業""量産が難しく希少性が高い""高価"というキーワードを導き出せる。

これらの特徴から、全国展開をする際には、「ニッチャー」の戦略が有効であると考えられる。

「ニッチャー」のマーケティング・ミックスにおけるチャネル政策は、「限定型・特殊型チャネル」である。特定市場の中で優位性を発揮するためには、開放型チャネルで、広範囲で販売する方法は有効ではない。各選択肢に対する判断は、チャネルを絞りこんでいるか、特殊であるかに留意すればよい。

ア：適切である。 適切な小売店に納入することは、一定の条件に合わせてチャネルを選択することである。限定型チャネル政策であり、有効である。

イ：適切である。 各々の地域市場において有力な自動車ディーラーの営業担当者を介した販売は、特殊なチャネル政策であり、チャネルを絞りこんでいる。

ウ：不適切である。 ニッチャーの経路政策は、「限定型チャネル政策」である。従っ

て、開放型チャネル政策は不適切である。「テレビ報道を機に商標名の認知度も高まってきている」「全国から対応しきれないほどの数の引き合いを受けるようになった」などを根拠に、開放型チャネルを選択しないように注意してほしい。

エ：適切である。 インターネット・ショッピング・モールに出店することは、自社の直接販売であり、伝統的なチャネル政策にはあてはまらない。しかし、チャネルをインターネットによる販売に絞りこんでいる点で、限定型チャネル政策と同様、特定市場をターゲットとするニッチャーの戦略として有効である。テスト販売を兼ねて、売上の動向や収益性の判断を行うことで、どの顧客層に支持されているかなど、特定市場を判断する材料を得ることができる。

オ：適切である。 大都市圏のみに数店舗を構えるライフスタイル型の専門店小売企業に取引を限定するため、限定型チャネル政策である。

◎参考文献

嶋口充輝・石井淳蔵著『現代マーケティング』有斐閣

和田充夫・恩蔵直人・三浦俊彦著『マーケティング戦略』有斐閣アルマ

平成**21**年度　第**24**問　**解答：ウ**

チャネル戦略における垂直的マーケティング・システム (VMS) に関する出題である。A社は急成長を遂げながら、流通チャネルの選択とチャネル管理をどのように行えばよいか、長期的な視点を持ちながら決定する必要がある。

ア：適切である。 独立した生産者、卸売業者、小売業者が、伝統的な流通チャネルを構成するもので、各自が自分の利益を最大化しようとする段階であり、A社は自社物流センターの効率を上げるために集中出店（ドミナント出店）を行うべきである。

イ：適切である。 資本の異なる企業間で、厳密な契約によらずにチャネルの異なる段階がチャネル・リーダーのもとにゆるやかに統合されている状態、すなわち垂直的マーケティング・システムの管理型VMSの段階に入っている。管理型VMSは、生産者が販売側の意識で活動することが重要となるため、A社が生産者の成長を支援する役割は不可欠である。

ウ：不適切である。 垂直的マーケティング・システムの契約型VMSの説明である。契約型VMSは、独立した企業間の契約締結により、チャネルを形成する。代表的なものに、フランチャイズ組織、ボランタリーチェーン、小売業者協同組合などがある。企業型VMSは、単一の資本の下に垂直統合されており、代表的なものに、自動車ディーラーや家電、化粧品の販社制度がある。

第15章 解説

解説編　　751

エ：適切である。製造工場のアウトソーシングや、多大な投資を必要としない進出先の生産者との契約等は、A社の取引コストを引き下げる効果がある。資金面で迅速な出店が可能である。

オ：適切である。チャネル・リーダーとは、チャネルを形成するチャネル・メンバー（メーカー、卸売業者、小売業者）のうち、リーダーシップを持ってチャネルを設計・構築、管理・運営する主体のことである。A社はチャネル・リーダーとして、チャネル戦略を主体的に推進することで、規模の経済性を達成することができる。

◎参考文献

フィリップ・コトラー、ケビン・ケラー著『コトラー＆ケラーのマーケティング・マネジメント』ピアソン・エデュケーション

和田充夫、恩蔵直人、三浦俊彦著『マーケティング戦略』有斐閣アルマ

平成**24**年度 第**32**問 **解答：オ**

延期－投機の理論に関する出題である。

ア：適切である。POSシステムの導入は、延期型のマーケティング・システムの構築に必要不可欠である。CVS（コンビニエンスストア）では、POSシステムの活用により、受注生産に近いかたちでの分散生産、流通での短サイクル・分散在庫の確立など、延期型のマーケティング・システムが導入されている。

イ：適切である。SCM（サプライ・チェーン・マネジメント）とは、小売から卸や物流、メーカーまでをネットワークで結び、販売や生産、在庫などの情報を企業間で共有することで、納期短縮や在庫削減を実現する仕組みである。

ウ：適切である。SPAとは、アパレルにおける製造小売業のことで、ギャップやユニクロが有名である。固有のコンセプトに基づいて、商品を企画・開発し、商品の流通、販売活動、販売促進などを一貫して行う業態である。SPA型ビジネス・モデルでは、最終的な在庫リスクを自社で負わなければならないため、需要動向を的確に把握し、売れ筋商品を企画・開発する必要がある。

エ：適切である。製販連携（製販同盟）とは、受発注・在庫管理・物流を中心としたメーカーと小売による共同作業化・統合化の形態のことである。製販連携の目的は、SCMと同様、旧来の大量生産・大量流通システムを超えた、より顧客ニーズに密着した新たな流通システムの構築にある。

オ：不適切である。大ロット生産は、投機型のマーケティング・システムを構築するための手段である。大ロット生産では、実需発生以前の計画に基づく見込み生産になる。延期型のマーケティング・システムを構築するためには、

実需に合わせて生産する小ロット生産が望ましい。

◎参考文献

和田充夫・恩蔵直人・三浦俊彦著『マーケティング戦略　第4版』有斐閣アルマ

平成**20**年度　第**39**問　解答：エ

チャネル戦略の「保管」と「ピッキング（集品作業）」についての出題である。

ア：適切である。 ピッキングにおいて、バーコードを利用したスキャン検品を行ったほうが精度は高まる。リストピッキングとは、システムを利用して印刷されたリスト（紙）に保管場所、商品名、ピッキング個数等が表示され、表示に従いピッキングする方式のことである。一つひとつ手作業で行うため、時間と労力がかかり業務効率は悪い。

イ：適切である。 近年物流システムは、①原価低減、②多頻度・小口配送への対応、③商品単位の管理、④車輌運行管理の効率化、⑤荷主等とのネットワークの構築等を狙いとしてITの活用が進んでおり、倉庫もIT化が進展している。倉庫管理システムの代表例として、自動倉庫が挙げられる。自動倉庫とは、入出庫口で処理を行うだけで、部品や商品の保管・取出しを自動的に行う倉庫のことで、高精度な入出荷管理、省力化、作業環境の改善および保管効率の向上が可能となる。

ウ：適切である。 貯蔵倉庫の主な役割は、商品の品質保持や盗難防止である。

エ：不適切である。 保管拠点を増やすことにより、輸送が複雑化してコストが増加する場合が多く、物流トータルコストの低減には貢献しない。

オ：適切である。 流通には、生産段階と消費段階の空間的、時間的隔たりをつなぐ社会的役割がある。流通倉庫は、基本的に短期間保管用である。

◎参考文献

中小企業金融公庫ホームページ http://www.jasme.go.jp/jpn/publish/info/no316.html

---

Ⅳ　コミュニケーション戦略

令和**2**年度　第**30**問　解答：ウ

広告に関する出題である。

ア：不適切である。 広告には商品を対象にした商品広告、企業の認知度・イメージの向上を図る企業広告、長期的なブランド構築を意図したブランド広告があり、取引促進のためにBtoCのみならずBtoBでも効果が期待できる。

解説編　753

イ：不適切である。 DAGMARモデルとは、1961年にR・H・コーリーが提唱した、「広告効果測定のための広告目標の明確化」で発表された理論が元になった広告効果の管理手法である。DAGMARは、Defining Advertising Goals for Measured Advertising Resultsの頭文字を意味し、広告活動を通じて、「知名→理解→好意→購買意向」へと段階的に心理変容した生活者の度合いを数値で把握できる。

ウ：適切である。 広告予算の設定方法には、予想される売上高に比率を掛けて設定する方法や、競争会社の広告費を参考にしながら設定するなどの方法がとられている。しかしながら、日経広告研究所の2018年の調査結果によると、前期の広告予算実績に基づいて広告予算を決めている広告主が7割以上を占める。

エ：不適切である。 テレビCMでメッセージを途中まで流し、「続きはこちらで」などとして検索ワードを表示し、じらすようなティーザー効果によりWebサイトに誘導しようとする方法は、クロスメディアと呼ばれる。なお、「ステルス・マーケティング」とは、「サクラ」と呼ばれる偽のクチコミ発信者を用いて、人工的にクチコミを起こすマーケティング戦略のことである。企業の商業的意図が含まれた情報であることを消費者に隠して訴求する手法をとり、倫理的に問題視されることが多い。

◎参考文献

和田充夫・恩蔵直人・三浦俊彦著『マーケティング戦略』有斐閣アルマ

嶋正・東徹著『現代マーケティングの基礎知識』創成社

石崎徹著『マーケティング・コミュニケーションと広告』八千代出版

平成27年度 **第33問** **解答：ウ**

コミュニケーション戦略に関する出題である。

ア：不適切である。 コーズリレーテッド・マーケティングとは、売上によって得た利益の一部を社会貢献の目的で寄付し、企業イメージの向上や売上の増加を目指すマーケティング手法である。コーズリレーテッド・マーケティングにおける活動により、新規顧客の獲得やニッチ市場への展開、売上の増加、好ましいブランド・アイデンティティの構築といった様々なマーケティング効果が期待でき、事業収益と関連づけられる。

イ：不適切である。 パブリシティとは、企業や団体がマス媒体に対して、意図している方針、商品の特質などの情報を自主的に提供することにより、対象媒体の積極的な関心と理解のもとに、広く一般に報道してもらう方法、およびその技術である。パブリシティの特徴は第三者であるマスコミが掲載の意思

決定を行うことであり、企業がコントロールすることはできない。

ウ：適切である。パブリック・リレーションズ(PR活動)とは、企業イメージや個々の製品のプロモーションや保護を目的としたさまざまなプログラムのことであり、企業などの組織が、公共(パブリック)と良好な関係を構築するための諸活動である。公共(パブリック)とは、企業の目的達成に対して利害関係または影響力をもつ集団のことである。パブリック・リレーションズでは、製品や人、地域、アイデア、活動、組織、国家も対象としてコミュニケーションを実施する。

エ：不適切である。P．コトラーは、プロモーションミックスについて、「広告、人的販売、セールス・プロモーション(SP：販売促進)、PR活動、ダイレクト・マーケティングの手段を、その企業独自の形に組み合わせたもの」と定義しており、投資家への情報開示であるインベスターズリレーションズは含んでいない。

◎参考文献

フィリップ・コトラー、ナンシー・リー著『社会的責任のマーケティング』東洋経済新報社

フィリップ・コトラー、ゲイリー・アームストロング著『マーケティング原理　第9版』ダイヤモンド社

フィリップ・コトラー、ケビン・ケラー著『コトラー&ケラーのマーケティング・マネジメント第12版』丸善出版

フィリップ・コトラー、ゲイリー・アームストロング、恩藏直人著『コトラー、アームストロング、恩藏のマーケティング原理』丸善出版

平成21年度 第27問　解答：ウ

プロモーションに関連して、統合マーケティング・コミュニケーション(IMC：Integrated Marketing Communications)に関する出題である。

ア：適切である。顧客との多種多様なコミュニケーション手段を通じて、顧客シェア、つまり顧客の生涯価値(Life Time Value)の向上を図る。

イ：適切である。IMCは多種多様なコミュニケーション手段を組み合わせており、どの手段がどの程度販売に繋がったのかを厳密に測定することは困難である。

ウ：不適切である。IMCにおいて、コールセンター等を活用した顧客とのワン・トゥ・ワンの対話は、重要な双方向のコミュニケーション手段の一つである。IMCを、一方通行のコミュニケーション手段と捉えることは不適切である。

エ：適切である。IMCの実践において、企業は一貫性の強いメッセージを作り出す必要がある。企業理念からブランド戦略までの一貫性がないと、IMCのコミュニケーション効果は薄まる。

第15章 解説

オ：適切である。マス・コミュニケーションとIMCとの比較である。顧客との
コミュニケーションは、マス・コミュニケーションからターゲット・コミュ
ニケーション、ワン・トゥ・ワン・コミュニケーションへと移行している。

◎参考文献

フィリップ・コトラー、ケビン・ケラー著『コトラー＆ケラーのマーケティング・マネジメント』
ピアソン・エデュケーション

平成**24**年度　第**31**問　　**解答：ウ**

製品ライフサイクル（PLC）に対応した消費財のプロモーション戦略に関する出
題である。製品ライフサイクルの各段階において、消費財のプロモーション戦略は
異なる。

ア：適切である。リマインダー型広告（想起型広告）とは、自社ブランドを消費
者に忘れないようにすることを目的とした広告である。コカ・コーラのCM
は、リマインダー型広告の代表例である。

イ：適切である。成熟期は、競争企業とのブランド間の技術的な差異がなくなる
段階のため、パッケージなど製品の副次的な機能での差別化が必要になる。

ウ：不適切である。製品情報を訴求する情報提供型広告は、導入期に用いられる
プロモーション戦略である。市場での競争が激化している成長期には説得型
広告が用いられる。説得型広告とは、自社ブランドが品質やコスト面でいか
に優れているのかを訴求した広告のことである。

エ：適切である。導入期のプロモーション戦略では、①マス広告によるブランド
知名度の向上、②店頭での使用を目的としたデモンストレーション販売、③
パブリシティ獲得のための活動、④取引先への自社ブランドの取り扱い提案、
などが行われる。

オ：適切である。フリークエンシーとは、露出頻度のことで、標的市場の平均的
な人間が当該メッセージに何回接触するかという回数である。リーチとは、
到達範囲のことで、標的市場において一定期間にどのぐらいの人々が当該メッ
セージに接触するかという割合である。知名度を高める必要のある導入期の
広告出稿では、どのぐらい消費者に接触できたかというリーチの方が重視さ
れる。

◎参考文献

和田充夫・恩藏直人・三浦俊彦著『マーケティング戦略　第4版』有斐閣アルマ

フィリップ・コトラー、ゲイリー・アームストロング著『マーケティング原理　第9版』ダイヤモンド社

756　第2部　テーマ別1次過去問集

| 平成**20**年度 | 第**29**問 | 解答：ウ |

口コミ・広告・パブリシティに関する出題である。サービスの無形性は、そのサービスを事前に評価することができず、またアイデンティティやコンセプトを消費者に伝達しにくいため、有形財以上に広告やプロモーションが困難になる。サービスの内容を表現する「有形象徴物」の考案や、ブランドを冠すること等、有形性を高めるプロモーションが有効である。

- **ア：適切である。**ガイドブック購入者の参加意識を高めることが、内容の信頼性の向上に繋がる。
- **イ：適切である。**「ミシュランガイド東京2008」の発売時のパブリシティ活動が参考になる。
- **ウ：不適切である。**女性誌とのタイアップは、消費者に商業的な印象を与え、結果その内容が消費者から見て客観性・信頼性の低いものになってしまう可能性が高い。
- **エ：適切である。**ミシュランガイドでは、読者から高い信頼を得るために、読者に対して匿名調査や独立性等を一貫してコミットしている。
- **オ：適切である。**消費者ニーズに対応した情報提供が必要である。

◎参考文献

和田充夫・恩蔵直人・三浦俊彦著『マーケティング戦略』有斐閣アルマ

日本ミシュランタイヤ㈱『ミシュランガイド東京2008』

| 平成**20**年度 | 第**37**問 | 解答：オ |

社内への販売促進活動についての出題である。

- **ア：適切である。**シーズンオフ期に落ち込みがちな販売を高めるため、社内向けの販売促進を行い、社内の士気を高めるきっかけとすることは効果的である。
- **イ：適切である。**社内向け販売促進活動の実施により、営業担当者のモチベーションを上げたり、知識を高めたりすることができるため、結果として顧客への訪問機会を拡大することができる。
- **ウ：適切である。**顧客へ新製品をセールスするにあたり、まず営業担当者自身が内容を正確に理解することが必要であるため、セールスマニュアルを用意することは重要である。
- **エ：適切である。**社内向けセールス・プロモーションを実施する狙いの1つに、「従業員のスキルの向上」がある。
- **オ：不適切である。**セールスコンテストも社内向け販売促進活動の1つであるが、期間を決めて実施する場合が多く、必ずしも通年で実施しているわけではない。

第15章 解説

◎参考文献

木綿良行・懸田豊・三村優美子著『テキストブック現代マーケティング論（新版）』有斐閣ブックス

平成**30**年度　第**35**問

[設問1]　解答：イ

プロモーションの手段に関する出題である。

ア：不適切である。 2016年は、インターネット広告費が前年比113.0％の1兆3,100億円で、総広告費に占める割合が初めて2割を超えた。しかし、テレビメディア広告費は1兆9,657億円で、テレビメディア広告費の方が依然高い。

イ：適切である。 従業員と家族を対象にした運動会や部署旅行および従業員の家族を対象にした職場見学会は、直接的には社員満足の向上を目的とするものであるが、社員満足向上を積極的に行っている企業イメージを発信するPRの一環と捉えることもできる。

ウ：不適切である。 テレビ広告は一度に多数の消費者に伝えることができるため、人的販売の方が、到達する消費者1人当たりの情報伝達コストは大きい。

エ：不適切である。 パブリシティは、企業や製品に関する情報の公表を通じて、新聞や雑誌などのメディアに取り上げてもらうための広報（PR）活動の1つであり、広告活動ではない。

[設問2]　解答：イ

プロモーション手段の活用方法に関する出題である。

ア：不適切である。 一般的に、消費財は広告が最も重要なプロモーション手段に対し、生産財は人的販売が最も大切である。

イ：適切である。 選択肢のとおり、広告の目的には、再購買時のブランド想起を促進したり、認知不協和を減らしたりする効果を生み出すことが含まれる。認知不協和とは、消費者が購入後にその購入は正しい選択だったかどうかを疑う気持ちである。

ウ：不適切である。 買い手の当該製品やサービスに対する関与が高い場合は、短期的なインセンティブより、差別化ポイントの情報提供などにより、商品を想起させる方が効果的である。

エ：不適切である。 人的販売はプッシュ戦略の代表的手段である。プル戦略の場合、一般的に広告が重要視される。

◎参考文献

株式会社電通『2016年　日本の広告費』

和田充夫・恩蔵直人・三浦俊彦著『マーケティング戦略』有斐閣アルマ

平成**24**年度　第**33**問

[設問1]　解答：イ

　ソーシャル・メディアに関する出題である。ソーシャル・メディアとは、Web上でユーザー同士の積極的なコミュニケーション活動を主要素として提供するサービスや仕組みのことである。

　CGM（コンシューマー・ジェネレーテッド・メディア）とは、インターネットなどを活用して消費者が内容を生成していくメディアのことで、一般消費者が直接情報発信できるメディアを指す。BBS、ブログ、SNS（ソーシャル・ネットワーキング・サービス）、動画共有サービスなどの爆発的な普及によって、個人の情報発信や情報収集が手軽になったことで、CGMという概念が登場した。ソーシャル・メディアは、CGMとほぼ同義であるが、CGMの方がより広範囲のWeb上のメディアやサービスを指すことが多い。一方、CRM（顧客関係マネジメント）とは、顧客との関係づくりに焦点を当てた管理手法のことである。したがって、空欄Aは「CGM」が当てはまる。

　トリプルメディア・マーケティングは、メディアを①ペイド・メディア、②オウンド・メディア、③アーンド・メディア、の3つに分類した考え方である。ペイド・メディア（Paid Media：企業が料金を支払うメディア）とは、テレビや新聞のように企業が料金を払って利用するメディアのことである。オウンド・メディア（Owned Media：企業が所有しているメディア）とは、カタログや企業Webサイトのように自社で所有しているメディアのことである。アーンド・メディア（Earned Media：企業が信頼や評判を稼ぐメディア）とは、Twitterのように消費者の自発的な情報発信において用いられるメディアである。したがって、空欄Bは「Paid Media」、空欄Cは「Owned Media」が当てはまる。

◎参考文献

　岸志津江・田中洋・嶋村和恵著『現在広告論　新版』有斐閣アルマ

　和田充夫・恩蔵直人・三浦俊彦著『マーケティング戦略　第4版』有斐閣アルマ

　公益社団法人日本マーケティング協会ホームページhttp://www.jma2-jp.org/

[設問2]　解答：オ

　クチコミに関する出題である。近年、ソーシャル・メディアの発達により、気軽な推奨や意図せざる推奨も含めて、消費者の情報発信力（クチコミ）をいかにして味方にするかということがコミュニケーション戦略上の大きな課題となっている。

　ア：適切である。対面でのクチコミでは、直接会って情報伝達しなければならな

いため、伝播に時間がかかり範囲も限定される。一方、ソーシャル・メディアを活用したクチコミでは、遠く離れていても多くの人に瞬時に情報伝達が可能である。

イ：適切である。 近年、クチコミによる宣伝効果を狙うため、自社の社員や専門業者が、消費者（第三者）を装ってSNSなどに商品やサービスを好意的に紹介するステルスマーケティング（アンダーカバー・マーケティング）が倫理的に問題視されている。

ウ：適切である。 情報過負荷の要因として、①売り手の供給力増大や消費者の購買行動の広域化による情報処理能力を超えた選択肢の提供、②コマーシャル情報やインターネット広告など消費者に向けた広告の増加、③消費者サイドの商品知識の増加、などが挙げられる。消費者は情報過負荷になると、自分自身では評価不可能になるため、人の意見（クチコミ）への依存度が高まる。

エ：適切である。 ブログには強力なリンク機能があることが特徴である。トラックバックとは、別のブログへリンクする際に、相手先のブログにURLやタイトルなどを自動的に生成して通知する仕組みのことである。

オ：不適切である。 購買意思決定段階の後半になるほど、クチコミの影響は大きくなる。消費者が実際に商品を購入する段階では、販売価格の比較や商品を実際に購入した人の評価・評判といった判断材料を得ようとする。購買後においても、自分の判断が正しかったかどうかを検証し、クチコミサイトで購入した商品の良い点や他の商品の欠点を探す行動をとって、葛藤による不快感（認知的不協和）を解消しようすることがある。

◎参考文献

岩崎邦彦著『スモール・ビジネス・マーケティング』中央経済社

フィリップ・コトラー、ゲイリー・アームストロング著『マーケティング原理　第9版』ダイヤモンド社

恩蔵直人・ADK R3プロジェクト著『R3コミュニケーション』宣伝会議

平成 **25** 年度　第 **27** 問

［設問1］　解答：ア

　消費者の購買心理過程モデルからの出題である。AIDAモデルは、消費者が製品やサービスを初めて知ってから購入するまでの心理的なプロセスを段階的に示したもので、消費者の反応が「注意（Attention）」「興味（Interest）」「欲求（Desire）」「行動（Action）」の順で生じることを説明している。AIDAモデルの発展モデルに、「記憶（Memory）」段階を明示したAIDMAモデルや、インターネットでの情報探索や購入後における知人との情報共有を考慮したAISASモデルがある。

　ア：適切である。 Yさんがeメールを読んだことで、電子手帳のレビューに掲載

760　第2部　テーマ別1次過去問集

された機能情報や他社の価格情報が記憶（蓄積）されたことになる。

イ：不適切である。 買物出向前には、1種類の電子手帳の詳細情報しか検索していないため、ブランドの選好マップは形成されていなかったといえる。ブランドの選好マップが形成されたのは、家電専門店チェーンに立ち寄り、いくつかの電子手帳を比較した時である。

ウ：不適切である。 AISASモデルに含まれる「注意（Attention）」「興味（Interest）」「検索（Search）」「行動（Action）」「共有（Share）」の5段階のステップのうち、電子手帳の購買に至る意思決定（Action）で終了しており、「共有」のステップには至っていない。

エ：不適切である。 ショールーミングの説明である。スマートフォン・タブレット端末の急速な普及を背景に、容易にネット情報の確認が可能になったことでショールーミングが行われるようになり、小売業界を中心に実店舗側への影響が懸念されている。なお、ブラウジングはWeb閲覧ソフトを使ってインターネットを閲覧することである。

◎参考文献

青木幸弘・新倉貴士・佐々木壮太郎・松下光司著『消費者行動分析』有斐閣

総務省『平成25年版　情報通信白書』

［設問2］　解答：ア

　顧客満足と口コミに関する出題である。使用による製品の再評価は顧客満足と直結している。製品に満足した消費者は、その製品を再購買する意向が高まる傾向にある。近年、ソーシャル・メディアの発達により、消費者のレビューが発信されるようになり、口コミの影響を考慮する必要性が高まっている。

ア：適切である。 認知的不協和とは、ある商品を購入した後に、その購入が正しい選択であったかどうかを疑う気持ちのことである。インターネットによる通信販売では、商品を実際に手に取って確認できないことが多いため不協和が生じやすくなる。もし、返品・交換時の送料や手数料を無料にすれば、たとえ不協和が生じたとしても、軽減・解消することが容易になる。

イ：不適切である。 ネガティブな口コミについて、消費者の購買意図が顕著に低下するのは、ブランドの熟知性が低い場合である。ブランドの熟知性が高い場合は、ブランド購入意図も態度も大きく低下しない。

ウ：不適切である。 新規顧客獲得費用は既存顧客の維持費用よりも一般的に高くなる。コトラーは、新規顧客獲得には既存顧客を満足させ維持するのに要するコストの5倍もかかる可能性があると主張している。

エ：不適切である。 期待－不一致モデルによれば、商品には、期待される品質の水準（期待水準）があり、実際の使用経験によって知覚された品質の水準（知

覚水準）と比較して、どれくらい一致しているか、あるいは不一致であるかどうかで、満足の度合いが決定する。知覚水準が期待水準と一致または上回っていれば満足し、期待水準を下回っていれば不満足となる。価格の高さは品質に対する期待の高さとも連動し、高価格で提供されていれば、それに見合うだけの品質の高さが期待されるが、安価に提供されているものであれば、そこそこの品質なのだろうと期待が低くなる。

◎参考文献

青木幸弘・新倉貴士・佐々木壮太郎・松下光司著『消費者行動分析』有斐閣

上田隆穂・守口剛編『価格・プロモーション戦略』有斐閣

フィリップ・コトラー、ケビン・ケラー著『コトラー＆ケラーのマーケティング・マネジメント』ピアソン・エデュケーション

[設問3] 解答：ウ

セールス・プロモーション（SP）に関する出題である。

ア：不適切である。佐々木弘人の研究における『有価証券報告書総覧』を用いた算定によれば、1979年から88年にかけて、広告費が1.7倍に増えたのに対してSP費は7倍に増え、金額も39：61でSP費が広告費を上回った。SPの重要性が高まった結果、広告だけに注意を払えばよいという時代ではなくなり、融合化への動き、すなわちIMC（インテグレーテッド・マーケティング・コミュニケーション）が重視されるようになった。

イ：不適切である。専用ケースのおまけ（プレミアム）は、短期的な売上やシェアの増加を目的とするSPである。長期的なブランド忠誠の醸成を支援するSPには、会員カードや友の会などの「消費者の組織化」がある。

ウ：適切である。ポイントサービスとは、ポイントカード（顧客カード）を発行し、一定の条件で計算されたポイント（点数）をデータ記録・蓄積して顧客に付与する仕組みのことである。

エ：不適切である。メーカーによるインセンティブは、消費者向けのSP以外に、アロウワンスや展示会などの販売業者向けSP、社内販売コンテストやセールス・マニュアルなどの社内向けSPがある。

◎参考文献

和田充夫・恩蔵直人・三浦俊彦著『マーケティング戦略　第4版』有斐閣アルマ

上田隆穂・守口剛編『価格・プロモーション戦略』有斐閣

フィリップ・コトラー、ゲイリー・アームストロング著『マーケティング原理　第9版』ダイヤモンド社

恩蔵直人『セールス・プロモーション研究の発展過程と今後の課題』早稲田商学第338・339合併号

第16章 応用マーケティング

解答・解説

I 関係性マーケティング

平成20年度 第34問 解答：イ

　応用マーケティングの分野、顧客維持型マーケティングについての出題である。企業が、顧客を引きつけ維持するプロセスを示すと、次図のようになる。出発点は「可能性のある顧客」である。企業は「可能性のある顧客」の中から的確な「見込み客」を選定し、その多くを「初回顧客」へと転換、続いて「リピート客」への転換を図る。その後、「クライアント」、「メンバー」、「信奉者」、「パートナー」と、顧客と企業がより積極的に協力し合う関係への転換を図る。このプロセスを実現可能にする手法が、リレーションシップ・マーケティングである。

【図表　顧客開発プロセス】

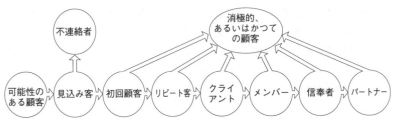

出典：フィリップ・コトラー、ケビン・ケラー著『コトラー&ケラーのマーケティング・マネジメント』ピアソン・エデュケーション

ア：適切である。「見込み客」から「初回顧客」への転換の際に、多くの経営資源を投下する。

イ：不適切である。 顧客維持による収益が高くなく、顧客獲得時の投資を回収する期間が短い場合には、新規顧客獲得への投資が大きくなる傾向にあるため、「その顧客からの次期の収益を考えて投資する傾向にある」は間違いである。

ウ：適切である。 企業は有望なセグメント順に顧客開発活動を実行するので、対象セグメント数を増加させれば、レスポンス率は徐々に低下する。

エ：適切である。 コストが利益を上回ってはならない。

◎参考文献
　フィリップ・コトラー、ケビン・ケラー著『コトラー&ケラーのマーケティング・マネジメント』ピアソン・エデュケーション

II 顧客関係性管理（CRM）

平成28年度 第28問 解答：ウ

　CRMおよび関係性マーケティングに関する問題である。CRM（顧客関係性マネジメント）とは、顧客満足度を向上させるために、長期的に顧客との関係を構築するための経営手法である。

　ア：不適切である。 CRMプログラムは、顧客層別や顧客ごとにアプローチするため、一般的に低コストとは言えない。また、航空会社やホテル、スーパーやドラッグストアなどは、直接最終消費者に接している業種・業態であるのに対し、大規模飲料メーカーA社はCRMプログラムを活用するために最終消費者のデータを収集することに課題がある。

　イ：不適切である。 特売商品ばかり購入し、他の商品を購入しない顧客は、チェリーピッカーと呼ばれる。

　ウ：適切である。 リレーションシップ・マーケティングは、顧客との関係性を深め、継続・拡大する考え方であるため、顧客属性や購買履歴などの客観的データだけでなく、趣味・嗜好などのデータを収集することで、顧客を満足させる対応や提案を行うことが可能になる。

　エ：不適切である。 一般的に、既存顧客の維持よりも新規顧客獲得の活動の方が、費用がかかる。新規顧客獲得よりも、既存顧客との関係性を強化していくことがCRMの取り組みである。

平成30年度 第36問 設問1のみ

［設問1］ 解答：ア

顧客リレーションシップ・マネジメントに関する出題である。

　ア：適切である。 選択肢のとおりである。

　イ：不適切である。 パレートの法則は、20：80の法則とも呼ばれ、自然現象や社会現象などさまざまな事例に当てはめられる。ビジネス界に当てはめると、売上の80％が上位20％の優良顧客によって生み出される。

　ウ：不適切である。 クロスセルやアップセルがあったか否かは優良顧客の識別において重視される。アップセルとは、商品を購入した顧客に、購入した商品の上位商品を推奨して販売する行為である。

　エ：不適切である。 RFM分析のRは、最新購買日（Recency）である。

III　サービス・マーケティング

平成**27**年度　第**35**問　　解答：ア

　サービスの一般的特性に関する出題である。サービスにはいくつかの特性があるため、有形財にはない問題や課題が存在する。サービスの一般的特性には、①無形性、②非貯蔵性、③生産・消費の不可分性、④取引の不可逆性、⑤需要の時期的集中性、⑥異質性、⑦労働集約性などがある。

ア：適切である。生産・消費の不可分性により、サービスが提供されるチャネルは有形財と比べ、一般的に短く単純になる。家事代行サービスの「利用権」をカードなどの形態で販売することにより、消費者はサービスの権利を時期や場所によらず購入できるようになるため、不可分性が回避でき、需要の拡大につなげられる。

イ：不適切である。需要の時期的集中性に対応するためには、需要管理と供給管理が重要である。供給管理のひとつとして、ドリンクバーのように顧客自身にサービス提供者が行う活動を代替してもらうことは、供給能力を高め、需要の時期的集中性への対応につながるため、顧客満足の観点から避けたほうがよいとはいえない。

ウ：不適切である。生産・消費の不可分性に対する戦略として、ファーストフード店ではサービスの受け手の人数を増やすために、サービス提供時間を短くする方法を採用することが重要である。

エ：不適切である。サービスの無形性により、オーロラの神秘をアピールしたとしても、消費者は事前に同一の体験をすることはできず、実際に旅行に参加してみなければ提供されるサービスの内容や質を具体的に評価できない。

平成**23**年度　第**32**問

［設問1］　解答：イ

サービスの一般的特質に関する出題である。

ア：適切である。生産・消費の不可分性（同時性・非分離性）に関する出題である。消費者の行動はサービスの成果に直接影響を及ぼす。例えば、美容室の美容サービスの成果は、顧客が的確に自分の要望や指示を与えることができるかどうかによって変わる。つまり、サービスは売り手によって独立して生産されるのではなく、買い手との協働によって生産されるものである。

イ：不適切である。非貯蔵性（消滅性）に関する出題である。サービスは、後の販売または使用のために在庫を持つことができない。例えば、ホテルの空室

はその日に販売できなければ、永久に損失を補塡することができない。

ウ：適切である。 生産・消費の不可分性（同時性・非分離性）に関する出題である。サービスは生産と消費を時間的・空間的に分離して行うことができない。美容室での美容サービスにおいて、美容師が顧客から離れて髪を切ることができないように、サービスの売り手と買い手は、同じ場所で同じ時間を共有することによりサービスが成立する。

エ：適切である。 異質性（品質の変動性）に関する出題である。有形財の品質は標準化することができるが、サービスの品質は標準化することが困難である。つまり、サービスの質は、誰が、いつ、どこで、どのように提供するかによって大きく変わる。例えば、同じ美容院でもベテランの美容師のサービスは品質が高いのに対し、新人の美容師のサービスはベテランに比べると低いのが普通である。能力開発、動機づけ、マニュアル化・標準化により変動要素を縮小できるよう努めることが重要である。

オ：適切である。 無形性（非物質性）に関する出題である。サービスは物理的な形状を持たないため、消費者が購入に先立って見たり、触れたりすることによってその品質を評価することが難しい。

[設問2] 　解答：ウ

サービス業の顧客満足度向上策に関する出題である。

ア：適切である。 従業員の研修は、インターナルマーケティングに該当する。研修によって高い顧客対応力を身につけさせることで、接客技術や知識が向上し、従業員全体のサービス品質が向上する。その結果、素晴らしい接客サービスを受ける顧客が多くなり、顧客満足度が向上する。

イ：適切である。 従業員のモチベーション向上策もインターナルマーケティングに該当する。表彰を受けた従業員はモチベーションが向上し、意欲的に仕事に取り組むようになり、生産性や定着率が高くなる。そのため、顧客対応のスキルやノウハウを高めることが期待でき、顧客満足度向上につながる。

ウ：不適切である。 接客サービスの内容をマニュアル化することは、サービスの異質性を是正し、サービス品質を一定水準に高めることができる。しかし、マニュアル化の徹底によるサービス標準化は、臨機応変な接客行動を阻害するため、時として顧客に冷たい印象を与え、逆に顧客の不満を誘発することがある。マニュアルとは別に、従業員にある程度裁量を与え、顧客ニーズに柔軟に対応して接客することも顧客満足度向上には重要である。

エ：適切である。 苦情やリクエストなどは顧客の声であり、積極的に取り入れていくことはサービス品質の向上につながる。顧客情報とともにデータベース化して管理することで、従業員間で情報共有化が図れるとともに、顧客の好

みに合わせたサービスが提供できるため、顧客満足度向上が図れる。

オ：**適切である。**サービスの品質評価は、サービス・エンカウンター（顧客がサービスに触れる場面）に大きく影響を受ける。優れたサービス・エンカウンターは、従業員が顧客との短い接触時間のなかで、的確で親身になって対応することによって作り出される。料理や温泉について顧客に分かりやすく説明することは、サービス品質を高めるため、顧客満足度向上が期待できる。

◎参考文献

尾上伊知郎・恩蔵直人・芳賀康浩・三浦俊彦著『ベーシック・マーケティング―理論から実践まで―』
同文舘出版

フィリップ・コトラー＆ケビン・ケラー著『コトラー＆ケラーのマーケティング・マネジメント』
ピアソンエデュケーション

上原征彦著『マーケティング戦略論―実践パラダイムの再構築―』有斐閣

和田充夫・恩蔵直人・三浦俊彦著『マーケティング戦略』有斐閣アルマ

山本昭二著『サービス・マーケティング入門』日本経済新聞社

令和**2**年度　第**37**問

[設問1]　解答：**ア**

顧客満足研究に関する出題である

ア：**適切である。**サーバンド・リーダーシップに見られる逆ピラミッド型組織では部下や仲間に権限委譲し、リーダーから常に成長の援助を受けることで、顧客の成長に奉仕することを志向するようになると言われている。

イ：**不適切である。**顧客リレーションシップマネジメントにおいて、企業は収益性の高い優良顧客を識別し、優れた価値を提供することで関係性の構築、維持、強化に努めるため、不良顧客に多くの資源を配分しない。

ウ：**不適切である。**従来、企業は見込み客から顧客への転化に専念してきた。顧客進化の段階が進むにつれて企業への忠誠度と親密感が増し、生涯価値が高まることから、昨今、企業は顧客から得意客へ、最終的にはパートナーへ進化させることを狙っている。

エ：**不適切である。**高度経済成長期後のバブル崩壊による低成長化とビジネスパラダイムの変化により、企業に顧客重点主義を生じさせ、自社の生涯顧客化こそが企業の生き残りの命題と捉えられるようになった。そうした中で、顧客満足の向上や顧客の囲い込みが求められるようになった。

◎参考文献

新津重幸著『日本型マーケティングの進化と第4次産業革命化の企業ビジネスパラダイム変革』

[設問2] 解答：エ

サービス・ドミナント・ロジックに関する出題である。

ア：不適切である。 サービス・ドミナント・ロジックでは、製品やサービスを顧客が使用する段階における使用価値に注目して商品開発を行うべきだとしている。

イ：不適切である。 昨今、製造業でもサービス化が進んでおり、製品に付帯するサービスで顧客の満足度を上げている製造業がある。ある化粧品メーカーは海外市場の店頭で日本流のおもてなし接客を行うために現地従業員へインターナル・マーケティングを実施している。

ウ：不適切である。 交換価値を価値尺度とする考え方はグッズ・ドミナント・ロジックである。一方、サービス・ドミナント・ロジックではモノは顧客の手に渡り、顧客が使用して初めて価値（使用価値・経験価値）を創出すると考える。

エ：適切である。 サービス・ドミナント・ロジックはモノを顧客が使用して初めて価値を生み出すという「価値共創マーケティング」発想である。ここでの価値判断は顧客が行うが、そこに至るどのような文脈で顧客に経験をしてもらうかについては企業からマネジメント（提案）が可能である。

◎参考文献

『平成25年版情報通信白書』総務省

増田貴司著『進む「製造業のサービス化」-今、何が起こっているのか-』(株) 東レ経営研究所
　　2010.12 経営センサー

『平成30年度 モノ×コトづくりビジネス展開のための知財戦略調査 サービス・ドミナント・ロジック事業化事例集』中国経済産業局

Ⅳ　ダイレクト・マーケティング

| 平成**23**年度 | 第**29**問 | 解答：エ |

流通経路政策に関する出題である。

ア：適切である。 インターネット上のショッピングモールに出店することは、消費者へのリーチが高まるため、販売機会が増えることになり、インターネットによる直接販売の強化策として有効である。インターネット上にはショッピングモールが数多く存在するため、A社商品を購入してくれそうな顧客層が集まりやすいショッピングモールを選定することに留意すべきである。

イ：適切である。 A社のような保有資源に限りがある中小企業は、すべての市場

ニーズに対応するのではなく、一定の基準によって細分化された消費者グループを標的市場として設定し、そこへ企業のマーケティング活動を集中することが必要である。「低カロリーでおいしい」A社のクッキーが受け入れられやすい市場として、カロリー摂取に敏感な人が多くいると考えられる病院やホテルの売店で販売することは有効である。

ウ：適切である。市場細分化を行うときには通常、①地理的変数、②人口統計的変数、③サイコグラフィック変数、④行動変数、といった変数により細分化する。A社のチャネル戦略として、「地元」という地理的変数を軸に、クッキーと相関関係が高い洋菓子店を開拓して販売展開することは、新製品の付加価値をアピールするのに有効である。

エ：不適切である。プライベート・ブランドとして供給することは、大手スーパーのブランド名でのOEM（Original Equipment Manufacturing：相手先ブランドによる生産）供給を指す。大手スーパーのブランド力を活かして販売量を拡大することはできる。しかし、大手スーパーとの競合による、A社のクッキーのブランド化への支障や、大量販売に伴う価格の値下げ要求、チャネルコントロールが困難になるなどが考えられることから、優位性のある新製品を従来製品よりも高価格で販売する意図とは合致せず、適切とはいえない。

◎参考文献

和田充夫・恩蔵直人・三浦俊彦著『マーケティング戦略』有斐閣アルマ

■ 編著者紹介

竹永　亮 (たけなが　まこと)

㈱経営教育総合研究所代表取締役主任研究員、中小企業診断士、経営学修士（MBA）、中小企業診断士の法定研修（理論政策更新研修）講師、元・早稲田大学大学院アジア太平洋研究科委嘱講師、パナソニック・エコソリューションズ創研特任講師、日経ビジネススクール講師。

岩瀬　敦智 (いわせ　あつとも)

㈱経営教育総合研究所主任研究員、中小企業診断士、経営管理修士（MBA）、法政大学大学院IM研究科兼任講師、横浜商科大学商学部兼任講師。㈱高島屋を経て、経営コンサルタントとして独立。現在は有限会社スペースプランニングMAYBE代表取締役。

渡邉　義一 (わたなべ　よしかず)

㈱経営教育総合研究所主任研究員、中小企業診断士、社会保険労務士、1級販売士、日商簿記1級、東京販売士協会参与、産業能率大学兼任講師。システムエンジニアを経て独立し、情報システムの設計・開発からシステム活用による業務改善と労務管理を中心に活動する。

林　義久 (はやし　よしひさ)

㈱経営教育総合研究所主任研究員、中小企業診断士。POSなどのデータ分析が専門。メーカーや小売に対して、客観的事実にもとづいたマーケティング戦略や店舗の陳列を提案している。

真山　良 (まやま　りょう)

㈱経営教育総合研究所研究員、中小企業診断士。マスコミ企業の人事担当として、人事・労務管理に携わっている。

横山　豊樹 (よこやま　あつき)

㈱経営教育総合研究所研究員、中小企業診断士。化学メーカーで国内・海外営業、チームマネジメントの経験を経て、現在は事業開発責任者として新規事業に取り組んでいる。

■ 執筆者紹介

戦略論執筆チーム

組織論執筆チーム

マーケティング論執筆チーム

■ 監修者紹介

山口 正浩 (やまぐち まさひろ)

㈱経営教育総合研究所 代表取締役社長、㈱早稲田出版 代表取締役社長、中小企業診断士、経営学修士 (MBA)、TBC受験研究会統括講師、中小企業診断士の法定研修 (経済産業大臣登録) 講師。

24歳で中小企業診断士試験に合格後、常に業界の第一線で活躍。2011年12月のNHK (Eテレ) の「資格☆はばたく」では、中小企業診断士の代表講師＆コンサルタントとして選抜され、4週間にわたる番組の司会進行役の講師とNHK出版のテキスト作成に携わる。

従業員1名から従業員10,000名以上の企業でコンサルティングや研修を担当し、負債3億円、欠損金1億円の企業を5年間で黒字企業へ事業再生した実績を持つ。日本政策金融公庫、日本たばこ産業株式会社などで教鞭をふるい、静岡銀行、東日本銀行 (東日本倶楽部経営塾) では、経営者へ実践的な財務会計の研修を行う。

主な著書は「マーケティング・ベーシック・セレクション・シリーズ」(全12巻) 同文舘出版、販売士検定関連の書籍は「動画で合格 (うか) る販売士3級テキスト＆問題集」早稲田出版など10冊、年度改訂の書籍を含めると350冊以上の監修・著書があり、日経MJ新聞「マーケティング・スキル (いまさら聞けない経営指標) 毎週金曜日 全30回」や月刊誌数誌「商業界」「近代セールス」の連載も持つ。近年、若手コンサルタントのキャリアアップに注力し、執筆指導のほか、プレゼンテーション実践会を主催している。

2021年版　TBC中小企業診断士試験シリーズ

速修 | **テキスト** ❸ 企業経営理論

2021年1月1日　　初版第1刷発行

編 著 者……………竹永 亮／岩瀬敦智／渡邉義一／林 義久／真山 良／
　　　　　　　　　横山豊樹
監 修 者……………山口正浩
発 行 者……………山口正浩
発 行 所……………株式会社 早稲田出版
　　　　　　　　　〒130-0012 東京都墨田区太平1-11-4 ワイズビル4階
　　　　　　　　　TEL：03-6284-1955　FAX：03-6284-1958
　　　　　　　　　https://www.waseda-pub.com/
印刷・製本…………新日本印刷株式会社

©Management Education Institute Co., Ltd, 2014, Printed in Japan
ISBN 978-4-89827-542-9 C0030
乱丁・落丁本は、ご面倒ですが小社営業部宛お送り下さい。
送料小社負担にてお取替えいたします。

書籍の正誤についてのお問い合わせ

万一、誤りと疑われる解説がございましたら、お手数ですが下記の方法にてご確認いただきますよう、お願いいたします。

書籍の正誤のお問い合わせ以外の書籍内容に関する解説や受験指導等は、一切行っておりません。そのようなお問い合わせにつきましては、お答え致しかねます。あらかじめご了承ください。

【1】書籍HPによる正誤表の確認

早稲田出版HP内の「書籍に関する正誤表」コーナーにて、正誤表をご確認ください。

URL:https://waseda-pub.com/2021_seigohyou

【2】書籍の正誤についてのお問い合わせ方法

上記、「書籍に関する正誤表」コーナーに正誤表がない場合、あるいは該当箇所が記載されていない場合には、書籍名、発行年月日、お客様のお名前、ご連絡先を明記の上、下記の方法でお問い合わせください。
お問い合わせの回答までに1週間前後を要する場合もございます。あらかじめご了承ください。

●FAXによるお問い合わせ

FAX番号：**03-6284-1958**

●e-mailによるお問い合わせ

お問い合わせアドレス：**infowaseda@waseda-pub.com**

お電話でのお問い合わせは、お受けできません。
あらかじめ、ご了承ください。